社会科学引文索引（CSSCI）来源集刊

新史学

History

第二十五辑

德国历史主义

German Historicism

主编 陈恒 王刘纯

中原出版传媒集团
中原传媒股份公司

大象出版社
·郑州·

本书系国家社科基金重大招标项目多卷本《西方城市史》（17ZDA229）阶段性成果

图书在版编目(CIP)数据

新史学. 第25辑 / 陈恒, 王刘纯主编.— 郑州 :
大象出版社, 2020.7
ISBN 978-7-5711-0667-6

Ⅰ.①新… Ⅱ.①陈… ②王… Ⅲ.①史学-文集
Ⅳ.①K0-53

中国版本图书馆CIP数据核字(2020)第121091号

新史学 第二十五辑
XINSHIXUE DIERSHIWUJI
主 编 陈 恒 王刘纯

出 版 人 王刘纯
责任编辑 郑强胜
责任校对 毛 路 李婧慧 牛志远 安德华
装帧设计 王 敏

出版发行 大象出版社(郑州市郑东新区祥盛街27号 邮政编码450016)
发行科 0371-63863551 总编室 0371-65597936
网 址 www.daxiang.cn
印 刷 洛阳和众印刷有限公司
经 销 全国新华书店
开 本 720 mm×1020 mm 1/16
印 张 27
字 数 483千字
版 次 2020年7月第1版 2020年7月第1次印刷
定 价 68.00元
若发现印、装质量问题,影响阅读,请与承印厂联系调换。
印厂地址 洛阳市高新区丰华路三号
邮政编码 471003 电话 0379-64606268

编 委 会

WE ARE GRATEFUL TO THE ABOVE JOURNALS FOR GRANTING US THE COPYRIGHT PERMISSIONS.

目 录
Contents

德国历史主义

1 《罗曼与日耳曼诸民族史》第一版序言 ……………… [德]利奥波德·冯·兰克
4 《历史知识理论纲要》1857/1858 年版 ……… [德]约翰·古斯塔夫·德罗伊森
15 历史知识原则
——1864 年 8 月 3 日在波恩大学建立者纪念日上的演讲
…………………………………………………………… [德]海因里希·冯·聚贝尔
25 《德意志史》第一卷(第二版)前言 …………………… [德]卡尔·兰普雷希特
32 历史中的因果性和价值 ………………………… [德]弗里德里希·梅尼克
52 当代历史学的思想潮流 …… [美]查尔斯·A. 比尔德 [美]阿尔弗雷德·瓦茨
76 《历史进程中的希腊哲学》"序言"与"总论:本书的目标、
领域及方法" ………………………………………… [德]爱德华·策勒
94 德国历史主义研究著作撮要 …………………………………………… 吕和应
102 简论 19、20 世纪之交历史主义在认识论方面的修正尝试 ……………… 张 骏
120 康德与赫尔德关于历史主义的争论 …………………………………… 冷金乘
136 梅尼克的历史主义观念 ……………………………………………… 马 宁

史学史与史学理论

150 历史是什么? 史学圆桌会议 ……… [澳]安娜·克拉克 [德]斯特凡·贝尔格
[澳]玛尔妮·休斯-沃灵顿 [澳]斯图亚特·麦金泰尔
171 1945 年之后的历史哲学
——一项文献计量学研究 ……………………………… [比]贝弗纳奇等

209 战后英国历史学的发展历程
——埃瑞克·霍布斯鲍姆教授访谈
…… [英]埃瑞克·霍布斯鲍姆 [英]丹尼·米卢姆

专 题

232 《圣经》叙事中耶稣、保罗与早期基督教“教内审判”的初始构型
…… 肖 超 郭元兵

251 超越左右:论斯塔尔夫人的政治妥协思想
——以《论国内和平》为中心 …… 潘 丹

273 从英国公众舆论的视角解析1882年英国占领埃及事件 …… 叶 亢

285 英格兰民族主义的起源和特征 …… [美]汉斯·科恩

309 货币“战争”与美国独立的起源 …… 王伟宏

320 维多利亚时期英国女性期刊探析(1837—1901) …… 张英明

341 中央与地方的互动:英国伊丽莎白一世时期对粮商的治理…… 冯雅琼

书 评

377 另一个“启蒙”:读《重估激进启蒙运动》 …… 屈伯文

390 理性、革命和历史
——评《旧制度与大革命》 …… 杨长云

402 中国学者对英国“宪政王权”的阐释新理路
——评孟广林《英国“宪政王权”论稿》 …… 柴晨清

408 《朝圣之旅》:法国历史人类学的新实践 …… 董涵宇

414 重建“共和主义”的伦理向度
——简评《共和主义与德性》 …… 朱 兵

德国历史主义

《罗曼与日耳曼诸民族史》第一版序言①

□[德]利奥波德·冯·兰克(Leopold von Ranke)

我必须承认,对我而言,这本书比印刷之前看起来更完美。但我还是希望善意的读者能更多地关注本书可能的优点,而不要只盯着它的缺点。鉴于本书正文并不具备澄清所有事情的功能,因此,我还是有必要对本书的意图、材料和形式作一个简要的说明。

一个史学家的意图取决于他的观点。关于我的观点,我有几点需要在此说明。第一,我把罗曼与日耳曼诸民族视为一个统一体。这一概念与以下三个相近的概念不同:第一个概念是基督王国的概念,这一概念包括亚美尼亚人;第二个概念是欧洲统一体的概念,因为土耳其人是亚洲人,而俄罗斯帝国包括整个北亚,如果不渗透和吸收整个亚洲的国际关系,就无法从根本上理解土耳其和俄罗斯的地位;第三个也是最相近的概念是拉丁基督王国的概念,斯拉夫人、拉脱维亚人、匈牙利人都属于拉丁基督教世界,它们具有某种独特的秉性。关于罗曼与日耳曼诸民族统一体之外的事情,我只在必要时涉及,而且一笔带过,我将集中关注拥有纯日耳曼或日耳曼-罗曼血统的亲缘民族,它们的历史是整个近代史的核心。接下来的导论主要是通过对外行动这条线索,试图说明对外行动在多大程度上在一个统一体和同类的活动中获得发展。这就是当前这本书基础观点的一个面相,而另一个面相则直接体现在本书的正文中。这本书远未涵盖这些民族的全部历史,

---

① 兰克生前出版的《罗曼与日耳曼诸民族史》一共有三个版本,分别是1824年第一版、1874年第二版和1885年第三版,而对应的序言则只有两篇:一篇是1824年第一版序言,兰克在1874年改动了第一版序言的个别字句;一篇是1874年第二版序言,即《罗曼与日耳曼诸民族史》被收入《兰克全集》时兰克新增的序言,这篇序言重在说明《罗曼与日耳曼诸民族史》为何只出版了第一卷;在第三版中(1885年),兰克未新增序言,也未对前两篇序言加以改动。——译者注

而仅仅涉及其中一小部分历史,[①]而这一段历史也可以视为近代史的开端——但它是复数的历史,而非单数的历史。一方面,这本书涉及西班牙君主制的建立、意大利自由的丧失;另一方面,还涉及一个双重对抗的形成,政治对抗因法国人而起,宗教对抗因宗教改革而起。足以把我们的民族分裂为两个敌对的阵营,而整个近代史都奠基于这一分裂。本书始于这样一个时代,在当时,意大利还是一个统一体,而且至少享有外部自由,因为教皇在意大利,所以意大利甚至还有可能被视为霸主。本书试图论述意大利的分裂,法国和西班牙人的入侵,一些国家丧失全部自由,另一些国家丧失自主权,最后还试图表现西班牙的胜利以及西班牙在意大利统治的开始。第二,本书也始于政治上虚弱的西班牙诸王国走向统一,统一的王国联合起来打击异教徒,并影响了基督教的内在发展。本书力图阐明这些事情是如何导致美洲被发现以及当地的几大王国被征服的,但最重要的是阐明横跨意大利、德意志和尼德兰的西班牙王国的形成。第三,本书也始于查理八世通过反土耳其的斗争——法兰西在此过程中遭遇了所有幸运与不幸——而成为基督教先锋,直到四十一年之后弗朗索瓦一世又寻求土耳其的帮助以对抗皇帝。第四,通过追溯德国在政治上集体反对皇帝、欧洲在宗教上集体反对教皇,本书力图为更全面地洞察宗教改革所引起的重大宗教分裂铺平道路。这种分裂应该首先考察。本书现在尝试把所有这些事件以及其他相关事件置于罗曼与日耳曼诸民族的统一体中加以把握。人们曾赋予历史学评判过去、教导当代人以利于未来的职责,当前的尝试不敢奢望这样的重任,它只是想说出[②]事情的本来面目。

要重新研究这段历史,材料从何而来呢?回忆录、日记、书信、外交报告以及目击者的原始记录等史料是当前这本书的基础。至于其他著述,只有当它们直接援引了上述原始材料或由于其包含了某种最初的认知而与上述原始材料等价时,才会被采用。每一页都会标明援引的著作有哪些。研究方法以及考证结果将在同时出版的另一本书中展现。尽管柏林皇家图书馆藏书甚丰,并得益于主管部门的特许以及图书馆员维尔肯、布特曼、施派克的仁慈,这座图书馆向我敞开了大门,但还有多少资料能进行新

① 在经兰克修订的第一版序言(1874年)中作“这本书仅仅涉及这些民族的一小部分历史”。——译者注

② 在经兰克修订的第一版序言(1874年)中,“说出”(sagen)被修订为“展示”(zeigen)。——译者注

的研究,只能留待日后。①

本书的形式取决于它的意图和材料。人们并不能要求历史学做到可以在诗性作品中发现的那种自由发挥(诗性作品至少在理论上可以自由发挥),而且我也并不知道,人们是否应该相信已经在希腊和罗马的大师的作品中发现了这样的自由发挥。严格地表现事实——即便事实可能是有限制的和枯燥乏味的——无疑是最高的法则。其次,对我来说,要阐明各个事件的统一性和演化。因此,我不会像人们期待的那样,对欧洲的公共关系进行一般性的表现。这样做即使不会扰乱我的观点,也会使其不够集中。我偏好更翔实地展示每一个处在异常活跃或霸主地位的民族、强权和个人的本来面目。我并不在意此前在这里或那里已提及它们,我如何能够避免提及它们的存在呢?通过这种方式,至少它们普遍采取的路线、它们选择的道路以及影响它们的思想都可以得到更好的把握。

最后,对个体的处理是史学工作中一个本质性的部分,而我能够就它说些什么呢?对个体的处理通常不是粗糙的、残缺的、死板的、令人生厌的吗?在这方面,古代和近代都有高贵的典范——人们不要忘了近代也有这样的典范,但我不敢模仿这些典范,因为它们的世界与众不同。对个体的处理,确实存在一个崇高的理想:使各个事件易于被人们理解,既要把握其统一性,又不失其多样性;这个理想是有可能实现的。但我知道,我离这一理想还有多远。还说什么呢!② 有人尝试过了,有人努力过了,但最终还没人实现这一理想。但人们乐此不疲!重要的事情始终是我们要处理什么,正如雅各比所说,我们要讨论人类的真正面目,不管这种面目是不是能够说清楚。换言之,我们要处理的是个体的生活、一代代人的生活、一个民族的生活,有时还要处理高居于它们之上的上帝之手。

本文译自 Leopold von Ranke, Geschichten der roomanischen und germanischen Völker Von 1494 bis 1535, Bd.1, Leipzig und Berlin: G.Reimer, 1824, S.Ⅲ-Ⅷ. Thomas Martin Buck, "Zu Rankes Diktum von 1824: Einevornehmlichtextkritische Studie", *Historisches Jahrbuch*, Bd.119, 1999, S.159-185。

译者:吕和应,四川大学历史文化学院副教授;刘苏苏,四川大学历史文化学院研究生

① 这句话在经兰克修订的第一版序言(1874年)中被删除。——译者注

② 这句话在经兰克修订的第一版序言(1874年)中被删除。——译者注

德国历史主义

《历史知识理论纲要》1857/1858年版

□［德］约翰·古斯塔夫·德罗伊森(J. G. Droysen)

导　论

第一章　历史科学

§1　历史不是历史事件的堆砌,不是一切事物的全部过程,而是有关发生的事的一种知识。

假如没有这种知识,发生的事就像没发生的一样;发生的事就算逝去了。就发生的事的知识性的精神而言,只有在回忆中,发生的事才不算逝去。

§2　历史学是以经验性的方式发现(Erfahren)和研究(Erforschen)的结果。

一切以经验性的方式进行的发现和研究,其方式都受发现和研究所指向的对象(Gegebenheit)的影响。而且,这种方式本身只能指向对其而言在当前感官上可感知的东西。

§3　历史发现和历史研究的对象(Gegebene)不是过去——严格来说,过去已经逝去——而是过去事物中此时此地尚未逝去的东西。

§4　现在的每一点都是一种生成物(gewordener)。这一点曾经是什么以及如何生成的,这些都逝去了;但在观念上,现在每一点的过去都还留存着。

然而,只是在观念上的微弱的气息,黯淡的余光;没人意识到它们在那里,好像它们没在那里似的。研究(Forschung)必须去唤醒无法显现的光芒,使之复现,去照亮在黑暗中的过去。

变亮的不是(整个)过去,而是其中那些还没逝去的东西。有限的精神(Geist)只能把握此时此地的东西;但借助一个记忆的世界,有限的精神就能让它的现在焕发光彩。

§5 自然没有记忆。只有人类精神和人类双手创造、塑造和接触的东西,只有人类的踪迹才能重新发光。

哪里有历史,“哪里就有人类的痛苦”。

通过创造、铸造和建构,人类在每次言语中都会留下他所表达的最独特的本质。

第二章 历史方法

§6 历史研究的方式由历史资料的形态学特性决定。

历史方法的本质是通过研究的方式进行理解(forschend zu verstehen)。

§7 理解得以可能达成的条件在于:人类的精神特质在感性的可知觉性中外化了人类的每一个内心过程,在每一个外化行为中都反映了一个内心过程。而这一外化行为在被知觉后,在此知觉过程中从观念上激发相同的内心过程。

只有相较于人类以及与人类相关的事物时,我们才是相同的和可知的。

§8 个体的外化行为,可理解为内心投射过程中内心的外化——此内心过程可理解为一种核心力量,这种力量就像表现在它的每一次外化行为中一样,也表现在它自身中。

个体只能在整体中被理解,而整体也只能借助个体来理解。

因为理解者如同被理解者一样,有一个自我,有一个自身的整体性,所以他能借助个体的外化过程来充实自己的整体性,又能根据自己的整体性来澄清个体的外化行为。

理解不是对概念、判断、推理的解释或总体把握,而是一种创造性行为,就像静电发生器互相靠近的两部分之间迸出的火花,就像交配怀孕一样。

§9 人类的存在依赖其所在的系统,他只有在理解他人、在被他人理解、在伦理共同体中(家庭、国家、艺术等)才具有整体性。

通过理解与被理解,个体只是其时代、民族、国家等的一种表达。

时代、民族、国家等的总和只是绝对的总体性和上帝的一种表达。

从历史中,也只有从历史中,我们才能学会理解上帝,而只有依靠上帝,我们才能理解历史。

神是原则、媒介和目标。余下言及的东西都是神的显现而已(司各特·爱留根纳)。

§10 超自然主义与唯物主义的世界观非此即彼,这种观点是错误的,在这两种世界观之间,需要加入历史的世界观。因为在伦理世界中,各种对立随时都会消融和更新。

根据人类认知方式指向的对象,科

学方法可分成三类:思辨的(神学或哲学的)、数学-物理学的、历史的。

过去的标准是:逻辑、物理和伦理。并不是这三种学科都有一个共同的知识上的目标,它们毋宁是三棱镜的三个面;就好像人的肉眼无法逼视永恒之光的光芒,而只能从折射的光谱中接近它。

§11　历史学是认识伦理世界的方法。根据它的最高概念(目的),伦理世界是一个不断生成、不断生长的事物。从其生成和生长的角度观察到的伦理世界就是历史。

历史性事物的真理在于它们的伦理目的,这些事物就是伦理目的的生成和现实性。

历史思考即在各种现实性中察觉其真理。政治家是实践的历史学家。

第三章　历史知识理论的任务

§12　历史知识理论(Historik)不是历史学各相关学科的百科全书,不是历史哲学(或神学),不是历史写作的诗学。它应该是历史学的工具(Organon)。

§13　到目前为至的各种尝试,不管是亚里士多德还是培根都没有认识到这项任务。首先认识到这项任务的是洪堡。

§14　历史知识理论包括历史研究的方法论和可被研究的事物的系统论。

方法论(Methodik)

§15　历史研究的前提是洞察到,我们的自我的内容经过了多重中介,是历史的结果。这种已确认的中介方式是记忆。

我们的知识最初是学习、吸收来的,它是我们的,又好像不是我们的。在这种知识中感觉到自由并能自由支配它,那是进一步的工作。

因为我们所知事物的整体性,因为我们理解和感觉到我们的内容,于是就形成了一种关于整体、部分、个体要素的新表象。我们需要检验、证实它。

1.启发(Heuristik)

§16　研究的起点是某种观念,是历史问题。如何作答呢?

启发能为历史工作创造素材。它是矿工的艺术,去发现、去获得光亮。它是“地层下的工作”(尼布尔)。

§17　部分历史资料是从我们试图理解的那个时代直接遗留下来的(流传物)。部分资料是转移到人们的表象中、经由变形而流传下来的(文献)。部分资料兼具以上两种形式(纪念物)。

§18　在丰富的流传物中,人们可以区分出:

①人塑造的作品(艺术的、技术的作品等)——收藏品。

②伦理共同体的形态(习俗,道德,

国家的、教会的和市民的秩序、规则等)。

③精神的产物(文学、神话、哲学等,也包括作为时代产物的历史著作)。

④事务性文献(文件、通信、报告等)——档案。

§19 在创造过程中引发或连带引发持续回忆的流传物就是纪念物。

包括各种意义上的文件。

接着是一切种类的艺术作品,包括有铭文和没铭文的。

铭文(碑铭学)。

钱币(发现钱币、钱币需求等,钱币学)。

纪念章、徽章(印章学)等。

§20 在文献中,过去的事物流传下来,就像人类的理解已有所领会,表达了过去,并把过去塑造成了记忆。

任何记忆,只要它不是固定在教条及书面训词之上,都有它自己的生命,它会与拥有该记忆的人们一起变化。

文献对事物的叙述,可能是主观的报道,也可能是实际现象的(为求实用的)陈述。

属于主观的报道有:通信、论战的小册子、历史歌谣直至《荷马史诗》、民间故事等。

属于实用的报道有:①间接的传统(例如政治现实中偶然提到的东西);②个体的传统(值得记住的东西之类);③实用的历史作品;④教导性的、修辞的和科学的历史写作。

所谓二手文献指对理解的理解。

§21 从历史问题出发寻找解答问题需要什么材料。

启发的艺术是通过预言性的察觉、组合、类比的方式扩大补充我们的材料。

启发不仅出现在开始,而且还出现在研究的每一个发展阶段。

2.批判(Kritik)

§22 批判的前提是启发、阐释等持续的共同作用;所有历史知识和其他有关的知识对批判来说都是辅助学科。

§23 批判不是寻找“本来的历史事实”,因为每个批判都是一个复合体,往往由无数意志行为构成。这些意志行为就那样消失了,只在由它们创造和塑造的流传物中或有关它们的理解和回忆中保留着。

§24 批判的任务是,确定手头的历史资料与留有证据的意志行为的关系如何。

§25 问题在于,这种材料是否真是那种被认为是或可能被认为是的东西,这是正确性(Echtheit)批判所要回答的。

异教的和基督教的圣人遗物、钱币学和碑铭学的批判。

古文献学(主动与被动的书写材料、

古文书学、形式、印章学)。

§26　问题在于,材料是否未受损害,还是它原来是和它可能是的样子,或者问题在于,哪些改变被认识到,而又有哪些改变超出任务目标的估计。这是内部交互批判法要回答的。(同样可应用于语言学的研究,传奇、神话研究等,也可应用于法律问题等。)

§27　问题在于,就过去那样的材料,它是否是并可能是,它被认为或可能被认为的样子。又或者说,问题在于,这些材料是否都可能只是部分的、相对的正确。这是正确性(Richtigen)批判要回答的。

官方文书的可靠性、统计数据等。

§28　正确性批判应用于文献就是文献批判。

在文献中,要区分:①文献报道内容的叙述;②在进行叙述的时代(女巫审判时代),统治性的表象方式所显现的一般色彩;③叙述者身上的个体色彩。

最初对历史的总体理解造成观点和记忆混淆,这种混淆支配着传统。

幸运的话,最初对历史的总体理解发生在它所处理的事件的历史当下,例如,在一个新的划时代事件之前,一个新的思想世界就出现了。

§29　根据历史材料所获得的事实,只包括从曾经的事实和流传下来的理解得来的部分,经由事实批判得以确立和分类。

此外,根据时间顺序视角(编年史、纲鉴本末)、党派视角等。

3.阐释(Interpretation)

§30　阐释与批判都不是寻找开端。在伦理世界,什么都需要中介。开端和结尾不是历史研究的任务,而是信仰、希望和思辨的事情。

历史研究不是解释(例如以推论的形式进行推导),而是理解。

如果后事是前事的必然结果,那么将不会有伦理世界,而只有永恒物质和新陈代谢的类似物。

如果历史生活仅仅是有机自然界,仅仅是永远相同事物的再生,那么它将失去自由、责任,不包括伦理内容。

§31　就像在人的行走中集合了这四点:①肢体机械的运动;②在平地或楼梯等不同地形行走肌肉的松弛紧张;③有支配躯体的意志;④有想借行进达到的目的,阐释也要遵循亚里士多德的四因说。

§32　实用的阐释根据事物本质中所含的因果关联来把握经由批判确立起来的事实。

材料丰富时,直接展示材料就够了。

材料不足时,我们根据相似例子所认识的事物特质就变成了假设,也就是说,变成已知数与未知数之间的等式。

就这两个片段式的未知数相互补充而言,两个未知数的类比符合比较法的理路。

§33 条件的阐释,其依据在于:从观念上看,条件存在于它们使之可能和如此这般的事实中。

空间的条件,根据地理学、地形学等来阐释。

时间的条件分散在事实出现的既成状态中,分散在或多或少对事实发生起决定性影响的同时代状态中。

第三类条件是媒介,物质的和道德的媒介,事实就是由它们所塑造的。

各式各样的原料和工具都属于物质媒介的范围,人们的激情、大众的偏见和情绪,诸如此类,都属于精神媒介的范围。

§34 心理学的阐释是要在事实中找寻事实产生的意志行为的各种动机。

就它们影响事实的过程而言,心理学的阐释要认识这些动机。但是,意志既没有完全在此过程中耗尽,也不是只借助意志事物才能生成。

尽管意志有善恶之分,事物仍然向前发展,借助意志事物得以实现自身。

每一个体都从属于一个伦理世界,其中心是他的自我、他的良知。凡尘的研究眼光看不透人格的圣地。

人无疑可以彼此理解,但只是表面上如此,人可以理解人的行动、言语,但也只是一时一刻的言行。

§35 理念的阐释补充为心理阐释留下的空缺。

因为个体为他自己建造了世界,就像他生活在伦理力量中;他生活的下一个更高的目的是在他身上实现这些理念。

伦理世界的理念本身就包含在人性中,但它们首先在进步的历史中展开,理念的展开是进步的历史的内容。任何时代的道德体系都是只对当时已展开的理念的思辨把握。

每个时代都是一切伦理理念整体构成的一个复合体,不管这些理念的展开是多么高级或低级。

§36 人们思考事实中的理念,要么根据理念在每个时代的同质性,这种性质可作为道德视域;要么根据理念在每个点前进的运动中。

在此运动中,时而这个理念领先,时而那个理念领先,在暂时支配地位的形态中,理念作为某人、某民族的思想,促成重要的进展。

阐释会在一个事实中显示某种思想或思潮,在那种思想或思潮中,事实的真理被认识到。那个事实是某种现实性,是那种思想的显现形式。思想必须在事实的正确性中得到检验，反之亦然。

4.表现(Darstellung)

§37　因为精神只有让自身形象化，才会变得有力和确定，所以对研究结果来说，需要一种对应的表现。

不是根据被研究的过去而是根据研究或研究者的动机来决定表现的形式。

§38　研究式的表现需要以研究的形式表现研究的结果。这种表现不是既成研究的汇报，而是假装再次去发现或找寻已发现的成果。研究式的表现是模仿这种找寻或发现过程：人们要么从一个未知物、一个疑问、一个两难困境出发，像是通过辩护做出判断；要么从一个既定事实出发，像法官那样，不断发现新东西，直到最终揭示出事情的整件面目。

这种方式更像是博学好古式的，而原来的方式更符合时评的任务。

§39　叙述式的表现模仿被研究对象的生成来表现；这种表现重建被研究对象，以获得一幅有关起源的图画。

这里，事实自身会客观地说话，这只是表面现象；没有让事实说话的叙述者，事实只是哑巴。客观的东西毫无思想性。

叙述式的表现有三种主要形式：

①传记式的表现是展现历史上某个群体的天赋如何从一开始就确定了他的存在，如何在他的存在中证明自身。比如关于某人的传记。

②专题式的表现是展现某个群体在其生成和成长过程中最初是如何自我深化的，如何跋涉前行的，即这个群体如何展示其天赋的。比如，李维叙述了罗马是如何建成的。

③灾难式的表现是展现有权势的党派、趋势等处于竞争中，更高的思想盘旋在竞争之上，竞争双方显示为思想的外观和形态。人们看到，从提坦之战中新的世界和神祇是如何产生的。

§40　教学式的表现赋予被研究对象在历史整体中的位置，使个体与整体关联起来。

教育人类世代的思想使历史成为教化的媒介；因为在人类历史上，思想简要仿效的那种精神上的跋涉称作教化。

由此，课程的历史过程、历史课程的过程得以发展。

§41　讨论式的表现(erörternde Darstellung)是把丰富的研究成果应用于当前的某个需要说明的事件，应用于某个要解答的问题，应用于需要作出决断的选择中。

适合讨论的因素一方面是主体——也即国家、教派等在其历史脉络(Antezedentien)是如此明确的东西，一方面是与主体相关的因素，因为每个因素中，大量确定的动机根据其历史关联来看是现成的。

每个国家有其政策。实际的讨论——包括在议院和报刊上的讨论——涉及伦理世界的所有领域，在那里，每个方面都有国家的参与。

学习历史而非法学才是政治和行政教育的根本。

每个大型机关都需要把历史研究做类似的讨论式运用：譬如教会的领导、货物的管理等。

系统论（Systematik）

§42　历史研究的领域是伦理世界。

伦理世界总是处于无休止运动着的现实中，是各种事业、状态、利益、冲突等等的无限混合。伦理世界可根据各种各样的视角来思考——实践的、道德的、宗教的等。

§43　一切运动的秘密在于它的目的。当历史沉思（Betrachtung）在事物的运动中把握了事物的方向，看见达到目的之上的目的，这种沉思预感到，在这一目的中，运动终止了，事物在此是静谧、圆满与永恒的现在。

§44　恶附着于有限的精神上，是其有限性在光下的阴影。但是，作为"在事物进程中消失而且注定衰落的恶"（司各特·爱留根纳），它从属于历史运动的经济学。历史反对神与恶魔的二元性。

§45　人有其"似神性"（Gottähnlichkeit），在有限事物中包含无限的主体，具有自身的目的；人不像神也有其自我的起源，人必须生成为他应该是的东西。

人最初是在伦理共同体中生成的。伦理力量塑造了人。

人生于已生成的伦理世界，人生而有意识，生来自由，生来责任重大。他创造自己的小世界，建造"他的自我"的蜂房。

§46　因此，人类通过个体活动进行创造和塑造，在劳动中生成，他创造了伦理力量、伦理世界。

如果没有持续的进步，如果没有历史，人类的作品就像是一堆废物。

如果没有连续性的意识，如果没有历史，人类的工作就像沙地一样贫瘠。

如果没有对目的和最高目的的确信，如果没有历史神正论（Theodizee），人类的连续性就只是一种重复的圆周运动。

这一最高目的同时也是开端和起源。

§47　伦理世界可作历史的考察。

①根据伦理世界得以形成的素材（Stoff）来考察；

②根据伦理世界自我完形的形式（Form）来考察；

③根据伦理世界自我构建的工作者

(Arbeiter)来考察;

④根据在运动中实现自身的目的来考察。

a.历史活动中的素材

§48 历史活动的素材是自然的赠与(Gegeben),是历史生成的产物;它们同时是历史的可能性和条件。

a)人类研究和理解自然,塑造和研究自然以利于人类的目的,人类把自然提升到他的领域(发现、发明;采伐、建造等)。

b)以及历史活动的结果(状态),即已形成的人类组织(Gestaltung)立即变成新的活动的手段、条件和素材(国家学说等;文化史)。

b.历史活动中的形式

§49 使伦理存在得以实现的形式即伦理共同体,那些作为伦理力存在的共同体类型处于核心与良知之中。

不加入共同体或完全自足的,要么是牲畜,要么是神。——亚里士多德《政治学》1.1.12

根据人的类别,这些共同体或起源于人的自然需求,或起源于人的理想需求,或起源于二者。

作为伦理力量,这些共同体,就其本身以及与其他共同体的关系而言,都有其生成过程,有其历史。

§50 在自然共同体中,自然的东西经由原始的意愿、爱和责任等,转变为伦理的东西。

§51 家庭(家长制)。

§52 家族(Geschlecht)和氏族(Stamm)(家族制)。

§53 民族(自然国家、自然宗教。——种族-信仰的世界)、民族志。

§54 作为将来的完成:实现了的人类理念。

§55 在理想的共同体中,精神性的东西必须进入现实性,而且非常显著地生成一种精神之间的联系。

§56 言语行为与语言。

§57 美与艺术。

§58 真理与科学。

§59 神圣与宗教、信仰与教会。

§60 作为将来的完成:“牧人与羊群”。

§61 在实用的共同体中,活跃角逐的是各方的利益。

§62 福利的领域(社会、工作、经济、好生活等)。

§63 法律的领域(个人与所有权、权力与法律、审判等)。

§64 权力(Macht)的领域,权力是通过一种更高的共同利益而建立在对立和相近的利益之上的。

国家是官方的权力,保护和捍卫内部与外部的利益。

权力处于最充分的健康、自由以及所有伦理领域的运动中才是至上的。(国家艺术的科学)

国与国的关系:战争、合约、民族权利——统帅、外交官、政治家。

联邦、邦联、国家体系、世界体系等。

§65 作为将来的完成:主日。

c.历史活动中的工作者

§66 每个人都必须是伦理主体,得自己塑造自己的伦理世界;对他而言,他有其历史。

孤立乃至最孤立的事物也因它与之相关的东西而是历史性的。(专门史)

但在诸历史之上才是历史本身(über den Geschichten ist die Geschichte)。

§67 正如家庭、国家、艺术作品可与家庭的、权力的和美的理念相比较一样,经验性的、短暂的自我也可与哲学思考中的自我、历史学家从事研究中的自我相比较。

这个一般的自我、具有人性的自我是历史的主体。

§68 历史运动并非要么是自由的,要么是必然的,这种非此即彼的观点是错误的。

必然性是至善(任意、偶然和无目的性的反面)。

自由是伦理的东西(忍受强迫、无意志和只认事实的反面)。

最高的自由是为最高的至善,为可认识的历史目的而活。

§69 一切运动都是在历史世界中完成的。因此,更好地对应部分(即思想)是从现实状况中发展出来的,这些思想使特征得以实现。

§70 思想是对现实的批判;思想改造现实,为得是在实现后马上挑起类似的批判。

思想的连续性——薪火的交相传递——就是历史的辩证法。

§71 由现实状况产生思想,又把思想转变为新的现实状况,这是人类的工作。

许多只为自己目的活着的人,没有选择和自由意志地工作,对历史而言是不自由的;他的小世界在历史温室的外围运行。

在历史运动中,预感、宣告和实现新思想、“给运转的时代命名”的是历史上的伟人。

d.历史活动中的目的

§72 一切生成和生长都是一个目的的运动,经由自我完成来达到自身。

在伦理世界中,目的与目的之间由无数的链条串联。

这样每个目的都有它的生成、它的合理性;但与此同时,每个目的都是其他目的的条件,受到其他目的的制约。

§73 伦理学被导向历史知识理论(Historik)。历史运动将各种特殊目的综合成更高的目的。

历史是人类的种属概念(如在种属意义上的动物、植物)。

历史的诸时代不是人类这个自我的年龄,而是人类认识世界、认识自我和认识上帝的不同阶段。

在生成过程中,历史为实现自身而工作着。

§74 ①在"从创造物追溯到上帝"的过程中,在"对人类下一代的教育"过程中。

§75 ②在伦理力量的实现——即中断的世代保留在人类的理念中,牧人和羊群、神域的过程中。

§76 ③在"伦理人像君王一样完全自由";"因为,我为你戴上王冠和法冠,让你自作主张"(《炼狱篇》XXVII 142)。

§77 ④在永恒的逻各斯从世界的生成和人类的生成回归到上帝怀抱的过程中。

§78 对人有限的目力而言,开端和终结是遮蔽着的。但借助研究,人的眼睛却可以认识潮流的方向:来自何处,去向何方。

人的眼睛能看见一切有光照耀的东西,一切事物在光里存在而且由光产生;眼里显现的东西是对光的一种反映。

人的眼睛不能忍受光源发出的光芒,但在有光照射的区域,人的眼睛能预感到更为广阔的范围、包容更广的天界。

人类世界及其历史是众多圈子中的一个;而且历史上的伟人只是神降过程中阳光里的一粒尘埃。

§79 历史不是光和真理,而是一种献祭,正如《约翰·福音》所说:他不是那光,乃是要为那光作见证。

本文译自 J. G. Droysen, *Historik*, Band I, Stuttgart: frommann-holzboog, 1977, S. 397-411。1857/1858 年版《历史知识理论纲要》与后来各版《纲要》有部分重合,译者在翻译时参考了 1882 年版《纲要》的英译本(参见 J. G. Droysen, *Outline of the Principles of History*, trans. by E. B. Andrews, Boston: Ginn & Company, 1893, pp. 9-58),同时参考了胡昌智译的《历史知识理论》(北京大学出版社,2006 年)。熊莹和杨扬帮译者解答了部分拉丁语和希腊语疑难,特此致谢。

译者:吕和应,四川大学历史文化学院副教授;刘苏苏,四川大学历史文化学院研究生

德国历史主义

历史知识原则
——1864年8月3日在波恩大学建立者纪念日上的演讲

□[德]海因里希·冯·聚贝尔(Heinrich von Sybel)

在德国上一辈人中,历史科学已经获得了多方面的活跃发展。历史研究的新材料大量涌现,表达技巧也受到前所未有的关注。科学和生活彼此影响,却又不丧失科学的精确和真实。由于如此多样的进步和成就,科学研究必须自我反思,不断讨论技术和方法、目标和手段、任务和领域。当历史科学与自然科学激烈竞争成果涌现时,经常会产生这样的问题:这两者的研究方法彼此一致还是各有不同,研究成果是否同样可靠,是否受同一套原则指导。当科学变得世俗和实用,这些古老的争论就变成:理论进步或者实际效用是否可以决定科学的价值和形态。当历史研究关注那些影响国家和教会现状的事物,新的问题又产生了:面向现实需求的科学研究,是否不必在意某种永恒的研究界限;在这个研究界限之内,政治和教会现实需要是否也无涉科学研究的基本前提。显然,这些问题很有趣也很重要。历史研究关切的问题正是:人类在何种程度内被允许追求科学知识,以及人类的认识可以走多远——在何种范围内,人们才承认历史批判是科学探索,并能借此获得可靠结果。

我觉得,在今天这样一个节日里,在我们大学创立者的纪念碑下,很适合探讨这些基本科学问题。很明显,只有这些问题都获得了明确的解答和正确的判断,我们才能捍卫这位伟大奠基者的重要价值。我并不打算彻底解释清楚这些问题的外延和内涵,而且那样做也太专横了,我也尤其要避免触及科学和政治、宗教需求之间的关系。相反,我试图探讨这个问题的另外一面,即历史科学产生准确知识的可能性,以及与此相关的另一问题,即历史研究中使用数理意义上精确方法的可能性。

人们总是抱怨历史知识的频繁变化,这种抱怨乍看起来没什么不合理。历史研究越是有进展,就会有越多"事实"被视为一知半解的错误假设而被人抛弃。今天一个研究者建构在以往观点废墟上的东西,明天可能会被另一个研究者的结论击碎。通常要经历数年的辛勤努力,才能将遥远的过去置于新的视野之下。成年人如今可能很难信任他在学校里学到的历史知识。的确,现在的学校更注重教化(Bilden),较少关注学习知识(Lehren),不太重视听写笔记,而以强化心灵为目标。此外,最新的研究成果通常要过很久才能纳入教学中,而且那些将短短几年高中学到的知识当成一生财富的人,面对丰富多产的历史学专业领域,必定手足无措。对于个人而言,这种处境难堪而费力,但对于历史学本身而言,却是优势。静静矗立在既定传统道路上的消极惰性,才是精神生活真正的敌人。当然,我们也并非是要任意、无凭无据地革新,而是平稳、有序、逐步地发展出可靠的知识。

那么历史研究中要用什么来引导证据、证明事实呢?

自然科学家仅仅研究感官对象,在每一次研究中,他都可以用眼睛看、用感官观察研究对象。通过丈量和称重、实验中的分离和纳入、运用高度精确的计算进行控制,他可以相当准确地展现出实验对象的本质。

相反,历史学家研究的就是人类的行动和处境,只有部分材料可以通过感官观察,大部分情况下,只能通过精神理解力(geistiges Verständniss)来认识人的思想、动机和倾向。从一开始,历史研究就缺乏自然科学家可以任意支配的那种精确控制方法,更重要的是,历史学家只能依靠自身对人物和事件的独特观察得出结论。

因此,历史学家普遍受到限制,要么从事件遗迹或者结果进行回溯,要么根据第三方证词建构一幅画面,这个人也许是目击者,也许是从目击者那里听到的信息。没有人会质疑哪一种研究方法能提供更大真实性。亲眼看见事件,就算看看残存的碎片,也好过听取哪怕最好的目击证人的证词。因此,对于历史学家来说,只要能遇上过往事件的真实遗迹,就获得了无价之宝。一旦如此,他就马上进入了和自然科学研究者有诸多相似的境地:像地质学家根据化石追溯早期地形变化一样,历史学家也能如此笃定地、从文物和文书中发现人类生活的历史。的确,人类事务的发展受到个人意志的影响,并不像地质学那般遵循万古不易的法则。因此,根据某个历史残留物而对整个人类历史做出的结论,无法像自然科学那样坚实。不过如此丰富、精致、多样的人类活动残留物,充满了人类精神的积淀,也是历史研究之幸。除了描述各种人类活动结果的碑刻和文书,还有不可胜数的契书、电报、信件和档案,这些东西并不描述什么,它们是事件活动的一部分,直接为我们提供了事件的关系和发展顺序。一旦可以利用这种材料,历史学的批判精神便只针对一个问题,即这些材料的真实性。这项研究活动结束后,剩下的事情就是利用那些可靠的材料对其进行综合,利用某种普遍原则进行解释,文辞优美地进行表达。

但是历史学家的资料不仅是过往事件的残留,还有对事件的叙述。从狭义上说,历史批判的任务便始于此。只有解决这一问题,才有可能获得历史知识。因此,尽可能精确地进行叙述是重要的。

如果要从第三方陈述中识别事实真相,就必须检验材料的价值,区分原始内容和推测的成分、公正和偏颇的证词。我们首先应该问问,目击证人是否愿意说出真相,是否能够说出真相。那么,重点在于我们能否完成、怎样完成这些任务。如果要检验讲述者能否说出真相,问题就变成了讲述者是否按照词语的准确意义陈述事实,他是否勾画出准确的事实画面。当然,单个记录或者消息,如果其内容可以被单个感官认知完全理解,在从一个人到另一个人的传递过程中,可能不会有重大扭曲。但是,一旦我们要整合多个单一记录,进行总结或排序,做出叙述或判断,事情就大不一样了。这里指出的不仅是一个历史学现象,也是一个心理学现象:两个陈述者绝不会用同一种方法对同一件最无关紧要和最明显的事件进行陈述;即便同一个人也不会用同一种方法多次陈述同一事件;甚至一个最谨慎、最具科学精神的人,也需要极高的自控能力,才能仅仅就事件本身的顺序而非主观偏见进行叙述。简而言之,经过人的理解和表达,就不存在任何客观事实;透过人类的精神,事实或多或少都会被改变。这就好像一束白光接连穿过各种颜色的玻璃:图像仍能保持原有轮廓,但颜色会随玻璃而变化。

一旦打算陈述存在于脑海中的事物,描述者的本性就会对他所要描绘的事件发挥塑造力。再清晰的观察也不会对此有所改变,因为在陈述中,即使是正确的印象也会被修改。对真相最强烈的爱也无法阻止这一切,因为在此刻,陈述者相信他所精心描绘的就是事实。最单纯的公正性也不能保证没有扭曲事实,因为在大多数情况下,这种扭曲都是单纯而无意识的,避免扭曲的方法就是反思性、批判性和自觉的理解。

让我们更加接近问题的重点。相对于对事件的叙述,刚才所提到的记录、公文、通信是行动的残余。我们都清楚,第一、二手材料不一定总能站住脚,比如信件和电报就总是相互混杂,许多政府记录本身就是叙述,不少电报和外交报告似乎也是如此。不过,我们需要注意,一定要分清相关文献属于哪个类别,以及对每种文献要运用哪种标准。作者的终极目标决定一切:有时,他的意愿是实施或引导行动;有时,他希望通过叙述让读者了解情况。举个例子,如果收集最近伦敦会议上各国大使与各国政府之间的电报和公文,无疑会发现大使们的报告中有一些陈述性的内容,但这些并非是一部会议史,而只是会议的一些历史镜像。有些公文带有叙述口吻,也不是对会议经过的叙述,只是一些会议磋商的材料和要素。但是当会议落幕,布伦诺男爵(Baron Brunnow)就会写一份历史性的会议概要——当然,完全为了大众需要,会谨慎尽量回避事实上的错误——这份概要立刻呈现出主观态度,所勾画的图景染上了强烈的立场色彩。德意志大使不甘示弱,马上从自己的立场提出陈述,这份陈述跟俄国大使的说法相去甚远,尽管他也很尊重事实。只要行动的参与者自己事后叙述行动和经验,也就是撰写回忆时,这种情况就会发生,毫无例外。大人物的回忆录很重要,但是也永远无法避免内容的扭曲。比较一下拿破仑、拉法耶特或者迪穆里埃(Dumouriez)等将军的战争回忆录和相关公文电报,就会发现回忆录中有许多遗漏、模糊和错误之处。原因很简单,将军们在战场上发布的命令,本身不是对行动的叙述,而是行动本身或者行动的原因,他们本身的表达欲则根本不重要。回忆录中,有时故意说谎,但更经常的是无意间改动事件的相互关系、记忆模糊、判断变化。马尔蒙元帅(Marmont)在回忆录中附录了重要文献档案,就是为了不误导读者。但是令人惊讶的是,在很多关键处,他的附录直接否定了他的陈述。大家都知道,伟大作家的自传也不可能丝毫不错,唯有头脑清晰的歌德用标题表达了这一事实,那本不朽的著作就叫作《诗与真》(*Wahrheit und Dichtung*)。

事实上,除了历史事件的真实痕迹,所有的历史传统都存在于诗与真的汪洋大海之中。从叙述中,我们看到的不是事实本身,只是一种在叙述者头脑中形成的印象。我们知道,对这种印象的叙述根本不可能符合事实原貌。从这些叙述追溯到最初的印象,再从最初的印象追溯到最初的事实,剔除主观的补充和修改,以此恢复客观事实,再经过最全面、最准确的表述,这些就是历史批判的工作。

一般而言,历史批判有两种方法。

陈述者的性格就像媒介,通过它研究者才能看到事实之光,但是这个媒介总是扭曲或折射光线,因此还要把折射和模糊计算进去，为此我们必须要对这个媒介，也就是陈述者的人性有准确的认识。这个方法有点类似天文学家的研究方法：由于大气折射光线，我们所看到的星星都不在我们看见的位置上，但是若知道了大气层的知识，就可以计算或者消除观察的误差。我们很快就能明白，由于历史学家要抓住的不是某种媒介，而是各色人等，因此他的换算过程更简单；同时因为历史学家面对的是人性，而人性不像感官认知，无法用数学计算，因此也就永远无法像数学一样清晰明确。尽管如此，也绝不能否认历史学存在严格科学方法的可能性。生命本身告诉我们，虽然人性不可见，但我们仍能理解他人，理解人性的一切，理解最深层的思量和决定。诗人和艺术家通过语言的仿造品告诉我们，教育者和统治者也用坚定的教导证明，真正理解他人是可能的——我们可以从他人心灵中理解他人，观察他人思想的发展，领会他人观念、情感的状态和规则。这些正好就是历史批判的依据，是历史知识的基础，也能赋予我们根据对事件的叙述得出准确结论。普遍的人性其实并不难发现。我们非常清楚这样一句话：理解朋友容易，理解陌生人或敌人难。还有一句话：同类容易理解。但是，人类的共性存在于个体差异之中，因此所有人之所以能相互理解，恰恰是因为人性都源于共同的人性原则，也受其制约。

但是，我们对人性的理解是有限制的，内在限制是因为人人皆有不同，外在限制是因为历史学本身的不完备。因此，我们时常无法通过检查陈述者的本质，以证实他所说的话。那么，第二种研究方法就是对此进行的补充。科学研究可以从确定的单个事实推断出广泛的联系，也能从确定的联系中推知模糊事件的原貌。这种推论的可能性和可靠性依赖于一种认知，即不存在独立的事件。毋宁说，每个事件在时空、原因和影响上，都与其他时间相互关联，依据确定和可知的规则影响着其他事件，也被其他事件所影响。事物的连续性无法打破，因此有关某一事件的错误看法必定会撞上另一事件的正确看法：错误的看法要么一错再错，要么连续性上的断裂会引导我们接近错误的源头。因此，只要批判性地确定历史事件的顺序，也就拥有了一种判断叙述准确性的可靠手段，而无须确切了解陈述者本人。从一开始，每个历史学家就最好以最诚实的态度，保证事物关系正确、编年准确、地点无误、因果顺畅、逻辑合理。从这一点上来说，我们也能得出结论：历史科学有能力获得完全准确的知识。也是从这一点上来说，历史知识的可靠性所需要的前提条件，就是尘世事物发展的必然规律以及彼此联系。因为，如果这些不存在，或者可以在某处被破坏，那么从事件连续性中进行的推论，以及对人类的所有推测，都将沦为一种偶然。历史知识的双重源头就被摧毁了。历史科学与其他科学一样，都受到对支配性法则理解程度的限制。根据人性来检验陈述者，根据时空、因果的连续性检验事件：这就是历史批判的两种操作方法，也是历史知识的两个前提。

现在我要说点别的。在座的大多数人在听到如此简单的结论后，是否会问：为何要如此大费周章地讨论这些基本原理，那不是完全自明且毫无疑问的吗？我本人强烈反对质疑这些基本理论原则，但是反复讨论很有必要，因为科学或非科学的实践总是发现很难运用这些原则。下面请允许我对此进行一些评论。

正如前文所言，人们会改变对事实的印象，但这种改变并非是故意的，故意撒谎除外，不过这种谎言基本一眼可识破。印象改变是完全无意识的，往往发生在人们刚理解一件事，或者之后马上进行复述的时候。自然科学家对自然物并无好恶之分，但是人类的活动却激发观察者的好恶之情，人会感到和谐或是矛盾，会因为受压迫或有需求而产生欲望。如果没有清醒的意识，这些情感将把我们对事物的观点推向特定的方向和态度，事物越是关己，人就会越固执地不肯松手，不管事后有怎样的批判性反思。假设今天德国有个作家，在没有任何证据的情况下，说彼得大帝青年时代非常喜欢演奏长笛和阅读报纸，但是却受到父亲虐待，逃跑不成差点被判处死刑。其实，他是将腓特烈大帝的遭遇转移到了俄国沙皇，而且没有提供任何真实材料。我们会嘲笑这样一位作家，因为我们对彼得大帝只有学术研究上的兴趣，而没有个人情感。相反，如果在瑞士，以否定的态度讨论有关威廉·退尔(Tell)的传说，可能就令人很不愉快了。瓦尔德施塔特(Waldstatt)解放150年以后，已经没有任何可信的见证人，人们改编了一首古老的北欧史诗，歌颂解放战争中一位所谓的英雄退尔，内容违背了许多文献记录。瑞士人民心系退尔，他们并没有因为退尔的故事无法证明而将其视为非历史的，相反，他们诉诸另一条原则：由于没有足够的证据证伪，因而史诗的内容仍有可能是真的。实际上，传说的唯一“证据”就是瑞士人民的愿望，他们希望退尔曾经活过。但是对于只承认证据的科学，退尔不曾存在。

我们看到，情感会产生不符合事实却被广泛传播的叙述，无视科学的判断而继续存在，这种现象不断上演，19世纪以前就已经如此。现在我们根据证据

（不仅是叙述，还有当时的文件）知道，法国革命战争的起源不是奥地利、普鲁士抑或是英国，而是雅各宾党人的战争狂热。在1791年和1792年，法国民众正确地感觉到，充满敌意的统治者们践踏了他们的新自由；获得胜利以后，法国统治者明确要将自己描述为一场不义之战的受害者，以此将自己的征服活动合法化。这种情绪催生了一场始料未及的文艺浪潮，展现革命战争的原因和过程，彻头彻尾地塑造了正义的法国抵抗者的形象，尽管有完全相反的证据，但时至今日，这股浪潮依然有影响力，不仅影响法国，也已深入影响到德国。一本表达相反观点的德语著作被翻译成了法语，如果译者发表这本反法著作，他在巴黎将会受到驱逐出境的威胁。译者抗议道，这本著作只是叙述了档案文献中的真实情况，他收到的回应是，他要是敢发表出来，一定没有好下场。在我们这个自由的时代，批判、独立和纯粹研究的精神已经越来越深入人心，上述那些反面现象的意义并不大，但是却非常有力地证明了批判方法的重要性。非批判性态度倾尽全力，也只能暂时保住那些非历史的神话。

但是这种情况不仅仅存在于欧洲。对于我们而言，在理论上，历史批判的原则似乎非常显而易见，但在现代国家中这项研究异常年轻。漫长的中世纪，除了极少数伟大孤独的思想家，总体而言并不存在批判性的历史思想。这种思想最早出现在15世纪，也就是所谓的文艺复兴时期，古典精神的复兴时代；16世纪宗教改革时期，这种思想才真正诞生；18世纪后半叶哲学和科学革命席卷欧洲，它获得了全面发展。中世纪缺乏这种批判性思考产生和发展所必需的一系列条件。我想说，批判性思考的源泉是成熟的教化，这种教化让人类的想象和理性达到某种平衡，将明确的事实放在令人愉悦的想象之前，愿意以诗歌来表达某些事实，但是将这种事实同有关事物的科学性事实进行严格区分，这种教化还让人从自然科学那里学到了无所不在的规律和法则，从哲学中学到只有在法则之下才有的自由和真理。中世纪的历史思考与这些正好相反。虽然，中世纪从不缺少单个观察者，他们不乏谨慎地将他们视为重大的事件记录在日历和年鉴中；也有一些人，将个人经验像记流水账一样记录下来；还有个别作者时而效仿古代先贤，时而受其艺术才华鼓舞，有时再加上个人的勤奋、细致和天分，写出了浑然一体的作品。只有将这些历史记录同人类活动与状况的遗迹联系在一起（比如信件和契据、法令和证书等），科学历史学才能达到某个极为不完备，但已经可以获得真实事件的可靠历史图景的阶段。当我们将事实真相同主流观念相对比,就会惊讶地发现:一座巨大的幻境遮天蔽日,彻底遮蔽了事实。

人们将12或13世纪称为前历史时代,认为那是一个没有历史著作、没有记忆和判断、没有知识和文化的时代,这种说法是错误的。实际上,那是教权和王权争夺统治权的时代,是艺术和诗歌繁盛的时代,是伯恩哈德(Bernhard)和阿贝拉尔(Abälard)、大阿尔伯特(Albert des Großen)、托马斯·阿奎那(Thomas von Aquin)的时代。但是即便这样的时代也没有产生历史判断,没有追求历史事实的精神,没有批判反思的痕迹。宗教领域的权威原则是既定宗教教义,它也是统治其他一切的传统。人们更倾向于信仰而非检验,想象比理性更具优势。人们不区别理念和现实、诗歌和历史。英雄史诗被视为优秀而真实的历史,历史往往和诗歌纠缠不清。人们将漫长的历史源头追溯为某件大事或某个人物。几乎没有人想到,这种做法是通过虚构的历史或者文献,赋予现状古老庄严的神圣性。只要结果符合现存法规、现实利益和主流信仰就够了,没人感兴趣这种追溯是否真实。人们写作历史的时候,不是根据材料本身的性质进行编纂,而是以《但以理书》中被曲解的有关世界历史四大帝国的预言为划分材料的基础。根据该预言,神圣德意志罗马帝国是最后一个帝国,将一直存在到世界末日。编年史家在描写某件事的时候,会一字不差地抄袭另一位编年史家,还会抄袭百年前古代作品中的句子,而原作者也许描述的是别的事。多方引用材料的编年史家们时常自相矛盾,编纂者总是将两个完全冲突的说法编进他的作品里,但无人抗议这种操作。只有极为罕见的几个人有这种倾向,即通过内在联系理解事物,即弄清事物的因果法则或发展规律。人们更喜欢多姿多彩的细节、喜欢猎奇,这种趋势在每个时代都出现在自然科学、地理学以及历史作品之中。我们可以理解,是这样一种爱好产生了一种百年前的观念:一般历史进程根本无法激发兴趣,只有那些激动人心的重大事件才可以。今天,每个人都知道,经过数个世纪的发展和一场场震颤世界的战争,罗马教廷统治才拥有了如此强大的权力。但是纵观整个中世纪,除了两三位学者,大家都相信,君士坦丁大帝在4世纪将意大利、整个西部领土以及所有岛屿赠与了西尔维斯特教皇(Sylvester)。这个荒谬的故事不但出现在史书中,还出现在法典中。据此,教皇乌尔班二世强占科西嘉岛,教皇哈德良四世(Hadrian Ⅳ)将爱尔兰交由渴望扩张的英国。除了教皇争夺霸权,教廷还发动了一场震撼世界的战争：十字军东征。中世纪历史中，很少有事件像十字军这样，被我们了解得如此细致，比如缘起或者耶路撒冷王国的建立。我们也清楚，在怎样的政-教环境下，教皇乌尔班二世号召欧洲投入这场圣战，教皇特使是如何被授予官方领导权，同时博埃蒙德·冯·塔兰托亲王（Boemund von Tarent）又是如何从外交和军事行动中收获颇丰。我们还知道，十字军东征是多么缺乏计划和纪律，而人们又是如何用笨重的工具和为理想献身的热情，取得了微不足道的成功。但是，短短几个世纪后，参与者的狂热幻想创造出了另一幅历史画面：本应属于乌尔班二世和博埃蒙德的光荣，被转移给了隐者彼得（Einsiedler Peter）和布永的戈弗雷（Gottfried von Bouillon），声称后两者的行动都受基督的直接教诲和领导，所有的历史细节都以此重写，整部历史充斥着过分神圣的光辉和华丽的骑士风度。50年后，华丽开幕、献给上帝的耶路撒冷王国仍在突厥人的威胁下濒临崩溃，人们希望有人能再次有如神助、扭转乾坤。很有可能，弗赖辛主教奥托（Otto von Freising）听到了有关某个通古斯/中国部落崛起的传言，说它保护了一些传教士，并且从东方威胁突厥。奥托主教就在他书写的编年史中讲了个有关东方三博士的后人、祭司王约翰的故事，他依循先例朝圣耶路撒冷，击败了突厥人，抵达底格里斯河，等待河水结冰再过河，结果一等数年未果，最后不得不折返家园。后来，祭司王约翰的一封信在欧洲各个君主中流传，信中以辛巴达冒险神话的风格，阐述了他的王国的神圣，而且人们居然普遍相信，教皇亚历山大三世曾向祭司王约翰派遣一位特使，而特使的报告自然没有被公开。类似的现象到处都有，人们总是用渴望幻想的目光对准过去和遥远的地方。法兰克人是特洛伊人的后裔，英国人是暴政之地布鲁图的后裔，丹麦王族源于奥丁神，与罗马人平分天下而治。莉布斯公主（Libussa）在波西米亚以神奇的力量创造了一个伟大国家，其很长一段时间都可以和法兰克人匹敌。《尼伯龙根之歌》中，东哥特人狄奥多里克（Theodorich）是拥有半神能力的英雄；查理·马特（Carl Martell）死后被火化在埃奥利群岛的火山上。查理曼已经领兵前往并征服了耶路撒冷。一群鸟给德意王国王海因里希一世戴上王冠，他还将自己的萨克森领地捐献给教皇。在西班牙，一个冷血无信仰的雇佣兵首领，居然变成了盖世英雄席德。人们可以在大量教会传说中，发现无数随意编造的故事，被捏造和改写的文献，古老日耳曼神话和英雄传说的残余，这些混杂在一起，改变了对古代的记忆。我们不能忘记,在整整一辈人中,只有两三个或者十来个学者抗议这种幻想之风,但是当时和后来的无数人都没能提出怀疑和批判。任何思考这些问题的人都会承认,那些人生活的世界与我们的不同,他们的历史视野与我们的差别,就像托勒密天文学与哥白尼天文学的差距那么大。

我们知道,由于这些谎言的存在如此广泛且持久,历史批判精神觉醒后要花费数个世纪清除它们。而且今天这些谎言仍在大肆传播,所以我们必须承认,人类的喜好偏颇是滋生这些谎言的温床,它深深扎根在人性之中,而且还要明白,承认理论是一回事,将批判基本原则运用于实践是另一回事。进一步说,如果历史科学的存在状况不该模糊一团,那么就必须精准地掌握每条原则。一直以来,自然科学的各个方面都充满着确定性,一切都建立在批判性证据之上,一切都归入自然法则之下。人类生活的其他领域是否存在其他规则和实践,自然科学并不讨论,它只是在自己的领域内坚守秩序。我们知道,任何事物如果不以自然法则为基础,不能引导人们认识这些法则,自然科学就无法理解它。现在,同样的原则也统治着历史研究的本质,但是因为就像前文讨论过的那样,由于人心的渴望和现实生活的需要,历史学的研究比物理学更容易偏离这些法则。但是科学不管人的喜好与需求,它只寻找真理。

这种原则所及有多远,科学研究的范围就有多大。在科学领域内,有可能获得更可靠、更客观的知识;在它之外,无限制的主观想象争奇斗艳。我们确实不能蔑视后者,尽管存在谎言和空洞的编造,但它也为民族创造出了最深邃的诗歌,交织着人类心中最高贵的情感,交织着宗教和爱国热忱。想象可以在其他地方获得权利,唯有在科学中、在客观知识及其法则中,才无立足之地。

威廉三世在两处要地为学术创建了高贵的家园,一处在普鲁士首都,另一处在我们心心念念的德意志边境。这两座学府开办之初,尼布尔开设历史学课程,他是这个世纪最努力运用批判历史学基本原则、发展历史知识的人。撒路斯特说,国家建于精神,存于精神。但愿在我们的大学中,后辈将继续忠于草创之初的这种精神。

本文译自 Heinrich von Sybel, *Über die Gesetze des Historischen Wissens*, Bonn: Verlag von Max Cohen & Sohn, 1864。

译者:李娟,兰州大学历史文化学院讲师

德国历史主义

《德意志史》第一卷(第二版)前言

□[德]卡尔·兰普雷希特(Karl Lamprecht)

译者按:卡尔·兰普雷希特(Karl Lamprecht,1856—1915)是19世纪末、20世纪初德国最著名的文化史家。他不仅对以兰克为代表的政治史学派提出了严厉批评,而且还身体力行撰写了《中世纪德意志经济生活》《德意志史》等多部文化史巨著,并在由其著作引发的史学争论中积极从事文化史理论建构工作,提出了一系列文化史观。

《德意志史》(*Deutsche Geschichte*)作为一部德国通史,也是兰普雷希特最主要的文化史代表作。该书于1891—1909年历经19年全部出齐,是一套体量庞大,多达12卷19本的鸿篇巨制。该书前数卷甫一出版即在学术界和大众读者中掀起了广泛的热议,在第5卷(1894—1895)出版后,围绕对其评价,在传统史学界出现了一场被称作"兰普雷希特争论"(Lamprechtsstreit)或"方法之争"(Methodenstreit)的著名论战,这迫使兰普雷希特不得不暂停写作,集中精力应对批评意见,以至于到1904年才得以继续写作和出版其他各卷。1901—1904年,兰普雷希特增加了2卷3本对近代历史的补充。

本篇文章是《德意志史》第一卷第二版面世时兰普雷希特所作的前言。这部书的第一版没有前言,第三版(1902)出版时兰普雷希特另外撰写了一篇前言。本文也是理解兰普雷希特文化史构想(Kulturgeschichteskonzeption)的重要文献。[①]

《德意志史》第一卷第一版面世时我并没有写前言,所

① 德国马克思主义史学家汉斯·施莱尔(Hans Schleier,1931—2018)曾将兰普雷希特最具代表性的21篇文章汇编成《卡尔·兰普雷希特,兰克外的其他选择:历史理论写作》(1988),并在每篇文章前作了简要介绍。本篇说明参考了施莱尔的简介。——译者注

以现在这篇文字就作为整部著作的前言,在这里我谈一些问题。

本书第一卷出版后,我不断被询问:“这部书的受众到底是哪些人?”对此我可以明确地回答,在写作之初我完全没有想过《德意志史》所针对的特定读者群。但从一开始我心里就很清楚我写作此书的目的:通过我的视角,在对德意志历史总体的描述中,阐释清楚德意志人民(Volk)的过去,以及有关历史世界观(geschichtliche Weltanschauung)。这一类问题也令我不由得想去深入研究,这也是我的职责所在。于是我遵从自己内心的求知渴望,同时,从更加崇高的意义上讲,我也想探寻科学的足迹:因为在通常情况下,一位学者往往只是不知疲倦地固守于自我深造(Selbsterziehrung)那一块小小的阵地,但写作历史的最高境界应该是为他的科学研究和他的人民服务。

现在,《德意志史》已经找到属于自己的前景道路。我可以料想到的是,除了一些非议声,更多的读者对《德意志史》给予了认可,与此同时我也会深入思考那些发人深省的评论。我明白,我所阐述的德国史是在更广阔的学科领域下进行的,并且在多个学科那里获得了赞同。让我感到疑惑的是,假设我没有特别去强调文化史(Kulturgeschichte)这一观点,社会各界对这部书的评价会不会还和现在一样?

在自然科学领域早已超越了那种描述现象的方法的时代,现如今现象通过个体特征被区别开来。在童年时代的启蒙基础课上,林奈系统①对我们的知识体系产生了无比深远的影响。当我们置身于植物世界,只要通过观察花朵所展示出来的独一无二的特征,就可以辨认出各种各样的花朵。

这项研究的进步长久以来一直向着这一方向继续完善。细胞这一有机世界里最初始、最简单的单元已经被彻底认知了,再根据其排列方式的变换关系,纵然客观现象是无穷无尽且形态多样的,我们依然可以摸索出其规律进行效仿复制。解剖学和生物学第一次清晰地展示了生命体和有机体的世界,并做了进一步的解释;生物起源学这一新兴的自然科学学科正在生长萌芽,而它所提出的问题不再仅仅是“万物原本是怎样的”

① 卡尔·冯·林奈(Carl von Linné,1707—1778),瑞典植物学家,首先构想出定义生物属种的原则,并创造出统一的生物命名系统。林奈在生物学中的最主要的成果是建立了人为分类体系和双名制命名法。在他看来:“知识的第一步,就是要了解事物本身。这意味着对客观事物要具有确切的理解;通过有条理的分类和确切的命名,我们可以区分开认识客观物体……分类和命名是科学的基础。”《自然系统》(*Systema Naturae*)一书是林奈人为分类体系的代表作。——译者注

(wie es eigentlich gewese),而是要说明“万物究竟是如何形成的”(wie ist eseigentlich geworden)。

然而,任何类比总有缺憾。我已经体会到,历史学在任何时候也不会变成自然科学。但那种纯粹的政治史书写方法难道不应该通过类比并按照林奈自然分类书写方式(Naturschreibung)的研究方法加以改造重现吗?如果只看到了人类之花是如此繁茂这一表象就浅尝辄止,那么漫道探究这朵花播种、生根、发芽,最后开花的整个形成过程,都是毫无必要的。我们反反复复提出的问题只能是探究事情原本是怎么样的,而对于事情究竟是如何形成的这一问题难道不值得思考吗?在历史科学领域,那种历史书写流于表面的时代已经过去了,接替他的是一种全新的历史书写方法的时代。这种新方法源自生命有机科学的论点,需要从历史生命中最小的细胞如何发展壮大开始着笔。所以,我们正处于历史学巨变洪流的中央。

发展中的历史学必然需要强调文化史的重要性,以此为路径,也就是融合现在的文化史思潮,历史学将通过扩宽研究视野从而成为备受瞩目的显学。这难道会是一种不幸吗?历史学方法所经历的必要的根本性改变与这个民族伟大的合理的趋向正相吻合,相互促进其发展,这不是极好的吗?如果只通过一种宏大视角(große Gesichtspunkt)审视历史的漫漫长河,那么历史研究将始终停留在童稚阶段;如果历史研究秉持一种当下视角(Standpunkte der Gegenwart),那么历史学家首先是他同时代人的档案保管员,他所做的就是从这个蕴藏着无数档案的宝库中挑拣出一段段“过往”呈献给世人,而这些“过往”即成为理解现在和预知未来的密钥。因此,每一段追溯既往的历史书写必然会渗透着书写时代的精神潮流,同时也是这个书写时代所竖立起的感怀历史的纪念碑。我们无法想象我们时代的历史书写如果没有打上文化史、经济史、宪政史、精神史的烙印将会是什么模样。

虽然当前学界的研究志趣从产生到消逝都比较迅速,尽管如此,新的志趣还是触动更深层次史学潮流的涌动方向。科学方法的革新运动依然在进行着,历史研究的革新运动也从未停滞。在已经发生变革的背景下,运用描述的方法去阐释正在向前推进的19世纪的基本史实就失去了它的研究价值。而在更深层的研究维度下,至少需要在文化史导向和历史科学方法转换之间找到共同的基础:这一任务难度巨大,而唯一令人满意的解决路径是,要如同详尽记述精神发展层面那般去记述19世纪物质层面的发展。无论如何可以肯定的是,这种记述方式的转变正在进行。同时需要强调的是,如此一来作者才能感受到他的著作对于历史学转型的微薄贡献,而这一贡献远远超越了所表露出来的当今盛行的文化史倾向。

只有达到以上的要求,才有可能在现如今出现由一位学者独立写作一部完整的德国史,但实际真正着手动笔也并不容易。"生命是短暂的,但艺术是永恒的"(Vita brevis ars longa)①这句名言让我充满动力,跃跃欲试;在这样的情况下,每一项写作的尝试从一开始都需要把读者的理解力考虑在内。个人研究不仅涉及所要应对的批评意见,而且这些批评意见还会愈演愈烈,尤其在个人研究进入到无穷无尽的创作阶段后期;更为艰难的是,在历史现象经历了千变万化之后,作为书写历史的执笔者还要试图去寻找并且梳理出这一系列事件变化中相统一的重心,如果不能做到这些,史学家将会迷失在历史的幻境之中。

大约15年前(1879年)我就下了撰写《德意志史》的决心。我很清楚,如果想要写成此书最为重要的准备工作是什么,其一我必须摒弃自己已有知识储备中的理论方法,其二要树立属于自己的历史世界观。当我做好准备一切就绪的时候,我意识到我已经走在接近理想的路上了,于是我开始动笔。然而从现在开始,这项书写任务需要我源源不断地投入精力。人是一个微观的小世界,不可能自我欺骗地告诉自己几十年过去了而先前制定的内在先决条件没有发生一点变化。此外,谁有决心放弃进一步的研究,好像要倾注全部的心血,花费几十年时间,断断续续完成一部著作以彰显历史内在的统一性?况且这样的决心如何确保这部著作的统一性?这样的行径难道可以被理解吗?我经过大量的前期工作,花了相对较短的时间来准备这本书,只要我还拥有健康的身体,只要我还活着,我一定会坚守我的初心与底线。因此,只有这样,我才能期望我的著作中将有贯穿整体的精神(Geist),至少到目前为止我所提出的外部的先决条件中,一旦满足第一个要求,一部历史著作就必然能如同艺术杰作一样流芳百世。

暂且不去考虑这些以后研究中的必要前提,目前我已经做了大量的前期工作,尤其针对历史科学方法这一转变。其他大量与之相关的初步工作,已经令我颇为受益。除了德意志帝国年鉴和其他相关的古文献,新近出版的有关中世

① 德文为Leben ist kurz,aber die kunst ist lang。——译者注

纪早期史和德意志史的研究还包括茨维迪克[①]的《德国史图书集成》这一大部头著作，以及赫伦[②]和乌柯尔特[③]基于文献汇编新修订的德国史，最后还要提到昂肯[④]的德国通史研究。怀着崇敬的心情，我对以上文献加以运用，此外我也参阅了其他部分文献，特别要提到的，例如贝佐尔德[⑤]的德国宗教改革时代史研究。除此之外还有：考夫曼[⑥]的截至查理一世时代的德意志史研究；吉泽布雷希特[⑦]的德意志皇帝研究；洛伦茨[⑧]的 13—14 世纪之交的历史；林德纳[⑨]的卢森堡王朝的文策尔皇帝时期研究；巴赫曼[⑩]的德意志帝国史；詹森[⑪]的中世纪末以来的德意志人民史；乌尔曼[⑫]的神圣罗马帝国皇帝马克西米里安一世时期研究；鲍姆加滕[⑬]的卡尔五世研究以及其他许多研究著作自然也被我纳入参阅的范围之内。但是，不言而喻的是，他人著作中占据显要位置的伟人传记在本人著作的阐述中并不重要。比如新近出版的一些深入探析路德其人的传记作品，尤其是考斯特林[⑭]、特奥多尔[⑮]、伦茨[⑯]的著作都是不值一提的。

前文我提到了许多相关文献，但写作《德意志史》对我来说首先是一项陌生而全新的研究，我最主要的意图是以一

---

① 汉斯・冯・茨维迪克-卢登豪斯特（Hans von Zwiedineck-Südenhorst，1845—1906），奥地利历史学家，格拉茨大学教授。——译者注

② 阿诺德・赫尔曼・路德维希・赫伦（Arnold Hermann Ludwig Heeren，1760—1842），历史学家，哥廷根大学教授。——译者注

③ 弗里德里希・奥古斯特・乌柯尔特（Friedrich August Ukert，1780—1851），图林根州哥达完全中学校长。——译者注

④ 赫尔曼・昂肯（Hermann Oncken，1869—1945），历史学家，兰普雷希特的反对者。——译者注

⑤ 弗里德里希・贝佐尔德（Friedrich Bezold，1848—1928），历史学家，波恩大学教授。——译者注

⑥ 格奥尔格・考夫曼（Georg Kaufmann，1842—1929），历史学家，波兰布雷斯劳大学教授。——译者注

⑦ 威廉・冯・吉泽布雷希特（Wilhelm von Giesebrecht，1814—1889），历史学家，慕尼黑大学教授，兰克最器重的弟子之一，著有《德意志诸帝史》（*Geschichte der deutschen Kaiserzeit*）。——译者注

⑧ 奥托卡尔・洛伦茨（Ottokar Lorenz，1832—1904），历史学家，系谱学家，兰克的追随者。——译者注

⑨ 特奥多尔・林德纳（Theodor Lindner，1843—1919），历史学家，萨克森州哈勒大学教授。——译者注

⑩ 阿道夫・巴赫曼（Adolf Bachmann，1849—1919），历史学家，布拉格一所德语大学教授。——译者注

⑪ 约翰内斯・詹森（Johannes Janssen，1829—1891），法兰克福完全中学教师。——译者注

⑫ 海因里希・乌尔曼（Heinrich Ulmann，1841—1931），历史学家，格雷夫斯瓦尔德大学教授。——译者注

⑬ 赫尔曼・鲍姆加滕（Hermann Baumgarten，1825—1893），历史学家，斯特拉斯堡大学教授。——译者注

⑭ 朱利叶斯・考斯特林（Julius Köstlin，1826—1902），神学家、教会史家，哈勒大学教授。——译者注

⑮ 卡尔德・特奥多尔（Kolde Theodor，1850—1913），教会史家，拜恩州埃尔兰根大学教授。——译者注

⑯ 马克斯・伦茨（Max Lenz，1850—1932），柏林大学教授、新兰克学派代表人物，兰普雷希特的反对派。——译者注

种批判的眼光去审视遥远的过去所发生的事。从这一层面来说，我认为我的著作已经基本履行了自己的使命。之后计划写作的部分，最主要的还是基于前人的研究成果进行总结。我的大部分观点被证明是正确的。尽管如此，我目前所做的研究仍然引发了许多批判的声音，但这也归因于我的研究过于超前，超越了现在的学术范式；而现在摆在我面前的选择是，踏上自主的学术创新之路，抑或是走上前人已经铺垫完善的坦途。除此之外，我还要在政治史书写和评判史实之间做出选择。

最终我还是选择更为独立的学术路径，也正是因为《德意志史》中最重要的部分所呈现出的不同于传统史学著作的特质，使得我的研究被公认为带有文化史的标志，但这部著作依然是一部无所不包的历史。《德意志史》得以圆满付梓，在相当程度上我要感谢众多学者对这部书的杰出贡献。在这里我谨向以下学者及其研究成果表示谢意：尼策①有关德国民众的历史研究；毛勒②、梅茨恩③、伊纳玛④、施莫勒⑤和布赫⑥的经济史研究；施罗德⑦和布鲁纳⑧的法律史著作；席勒⑨的文学史研究；已经出版的保罗⑩的《德国哲学概论》；艺术史方面有格鲁特出版社出版的德国艺术史，尤其是加尼特克⑪的绘画史研究；此外还有豪克⑫的教会史研究和哈纳克⑬的教义史研究。此外，还有数目众多的专题论著，其中一些对我的写作产生了意义非凡的裨益，这是我在家中思考的；在这里我仅举数例，如加尼特克有关早期加洛

① 卡尔·威廉姆·尼策（Karl Wilhelm Nitzsch，1818—1880），历史学家。——译者注

② 格奥尔格·路德维希·冯·毛勒（Georg Ludwig von Maurer，1790—1872），经济史家。——译者注

③ 奥古斯特·梅茨恩（August Meitzen，1822—1910），柏林经济学家、普鲁士农业史研究权威。——译者注

④ 卡尔·冯·伊纳玛-施特恩埃格（Inama-Sternegg，1843—1908），奥地利经济学家。全世界第一本以“经济史”命名的著作的作者，19世纪著名的经济史和统计学家。——译者注

⑤ 古斯塔夫·施莫勒（Gustav Schmoller，1838—1917），著名经济史家。——译者注

⑥ 卡尔·布赫（Karl Bücher，1847—1930），莱比锡大学教授，国民经济学家、经济史家。——译者注

⑦ 理查·施罗德（Richard Schröder，1838—1917），海德堡大学教授，研究方向为宪政史。——译者注

⑧ 海因里希·布鲁纳（Heinrich Brunner，1840—1915），柏林大学教授，法律史专家。——译者注

⑨ 威廉姆·席勒（Wilhelm Scherer，1841—1886），柏林大学教授，文学史家、实证主义者。——译者注

⑩ 赫尔曼·保罗（Hermann Paul，1846—1921），慕尼黑大学教授，德意志学家。——译者注

⑪ 胡伯特·加尼特克（Hubert Janitschek，1846—1893），奥地利艺术史家，莱比锡大学和斯特拉斯堡大学教授。——译者注

⑫ 阿尔伯特·豪克（Albert Hauck，1845—1918），莱比锡大学教授，教会史专家。——译者注

⑬ 阿尔伯特·冯·哈纳克（Albert von Harnack，1851—1930），柏林大学教授，教会史专家。——译者注

林王朝的花体首字母图案画研究，来源是艾达泥金装饰手抄本[①]的精装本；以及文特[②]有关易北河东部地区的德意志化研究。以上列出的都是独立分散的文献，而我所做的是将这些文献进行相互联系，再进行汇总之后进一步研究这些文献和古物，我的大部分工作就是如此；而且我会尽可能地还原历史原貌，为此我不辞辛劳。我的《中世纪德意志经济生活》(*Deutsches Wirtschaftslebenim Mittelalter*)就是这一研究方向的前期著作；之后我还做了一些艺术史研究，因为在艺术史圈内产生了一定的影响力而很快得到了学界更为广泛的认可；此外在文学史上我也颇有建树，取得了一些不俗的成绩。但是我并不满足于此，我认为应该继续创新，在文化现象(Kulturerscheinung)这个领域内我应当从总体的角度提炼出新鲜的原创观点，而这只能通过我深入地研读文献，钻研古物才能实现。

正是因为如此我才不断地开拓自身的研究领域，而我也更需要来自各方朋友们真诚的意见，这些意见将使我在各种跨学科领域更好地掌握历史生活的本真。一直以来，我都在最广博的范围内遍寻历史；"知识的总和"(Universitas litterarum)[③]对于我来说不再是一句空话；如果我没有将相邻学科的思想相互碰撞，如果没有我的辛勤努力，这本书将不会出版。最后，我向来自柏林大学、波恩大学、马尔堡大学、莱比锡大学的同僚们致以最真诚和发自内心的感谢，感谢他们给予我最无私的帮助！

莱比锡 1894 年 8 月 10 日

本文译自 Karl Lamprecht, Vorwortzur Deutsche Geschichte, Bd. I, 2. Auflage, Berlin 1894, S. Ⅴ-Ⅺ, in: Hans Schleier: *Karl Lamprecht. Alternative zu Ranke. Schriften zur Geschichtstheorie*, hg. von dems., Leipzig: Verlag Philipp Reclam jun, 1988, S. 125-131。

本文系教育部人文社会科学研究青年基金项目"兰普雷希特史学研究"(17XJC770001)的阶段性成果

译者：柏悦，西北大学历史学院讲师

① 艾达泥金装饰手抄本(Adahandschrifft)现存于特里尔国家博物馆，这部四福音书是查理一世的姐姐艾达发起修订的，故名。——译者注

② 格奥尔格·文特(Georg Wendt, 1854—?)，德国历史学家。——译者注

③ 知识的总和是德国现代大学的治学理念，强调大学应当是涵盖全科门类的综合性大学。——译者注

德国历史主义

历史中的因果性和价值[1]

□[德]弗里德里希·梅尼克(Friedrich Meinecke)

一

在当前历史科学发展的进程中,我们至少可以辨认出两种不同的大的趋势,它们并不是孤立地发挥作用,而是在不同程度上各自包含着对方的要素。任何一种趋势并不能单方面得以实现,它必须借助另一方才能实现自己的目标。对于某种趋势的目标而言,它同时也是达到另一种趋势的路径和提示。因果性的追寻就是其中一种,而价值的理解和阐明则是另外一种。历史因果性的寻求不可能脱离对于价值问题的参照,同样,价值的理解也依赖于对历史因果起源的研究。

什么是因果性?什么是价值?

我们多多少少可以从历史的直接观察中发现三种不同的因果性,分别是机械的、生物的、精神-道德的。机械因果性意味着原因和效果的完全类似,生物因果性似乎允许效果超出原因之上,通过生命胚胎完全成为一个发展完成的生命体,它带有自身的结构、目的及合法性。精神-道德因果性则冲破了单纯的机械因果性关联,自发的和带有

---

① 我在数年前已经撰写了下面这些不包含评论的论述,最初只是为了自己的用途,在一定程度上来说明历史学。我之所以决定将其出版,主要是受到当今年青一代身上所发生的历史思考与研究的转变,它向我们提出了一个任务,就是重新检视与比较历史学的根本动机与年青一代的需求。这一变化使我们不得不严肃看待它,不久前有一个和年轻世代接触紧密的著名学者——普鲁士自由邦政府的文化部长贝克尔(Becker)强烈地表达了这一点。[《历史意识的变化》(*Der Wander im geschichtlichen Bewusstsein*),《新评论》(*Neue Rundschau*),1927年2月]当他在布雷斯劳历史学家大会第一次披露相关思想的时候,收到了大量有关主观主义侵入精神科学的洞见者的嘲讽。我对他某些方面的表现同样感到相当疑虑。不过人们不应该带着职业的傲慢进行审判,也不能把头埋进沙子了事,而应该像他那样,直接面对我们时代的精神危机。

目的性的人性冲动——它们无法为机械的或者生物的因果性所说明——影响了人的活动,打断了机械的因果关联。而后者被呈现到思想之前的时候,曾显得那么绝对和连续,排除了任何干扰。真是奇迹！任何一种因果性实质上仍是个谜。我们的思想为因果性冲突所困扰,这些矛盾无法在表象和迷惑中得到解决。三种因果性对于开放的研究者而言,就是一股无法抵抗的真实力量,施加在历史生活之中。它不得不时常与这三种因果性打交道。当他找寻一个国家贫富或一场战役胜败的理由时,便会遇到一组原因通过纯粹机械的方式发挥作用,并且被认定为机械的,这些问题必须进行深入考察。它的兴趣会随着在事件中发生结晶化而增加,不同形式和组织的人类团体在它面前展开、进步、繁荣,然后衰落。最后它发现历史中的现象以及作为一个整体的人类生存,好像都是由形态学方式所决定的。然而不单单形态学方式超越了发挥决定性影响的机械因果性,人类自发性的行为现在得以介入,使之发生干扰和转折,并且增强或减弱了事件的形态。这在历史中注入了复杂性和独特性,试图用单一法则对其加以解释的任何尝试都将徒劳无功。于是,历史的面貌将被烙上三种不同的印记,而其中任何一种印记遗留的标志和图像都会被另外两种特征所覆盖。只有眼光浅薄的人才会认为自己有能力辨认这些印记和图像,能够敏锐地和无可争辩地将它们分开。在这三者之中,最为简单明了和最少争议的是机械的因果性带来的特征。而当我们要辨认第二和第三种印记的特征时,非常容易犯下只发现一样却忽视另外两样的错误。直到启蒙时代的古老历史编纂学主要把历史看作是个体决定和行动的结果,作为“实用的”历史编纂学,它试图根据那些动机的理性或非理性梳理这些行为的大杂烩。相反,现代历史编纂学把视野扩展到了超越个人的因果性和过程。但这同样形成了一种倾向——尤其在那些鲁莽和浅薄的研究者中间——即低估了个体的独立有效,把他们当作是更大的集体性形式和力量的工具。这些力量表现在生活中,就是来源和影响过程的机械性和工具性。实证主义虽然不是完全排他,但更多倾向用机械的概念化处理这些集体性力量;而最近的倾向更多地趋于有机化,并在斯宾格勒那里达到巅峰。假定所有个体的历史现象都能依靠各式各样的生物性形成原则来解释,这些原则在各种伟大的文化内部发挥着作用。而兰克对于历史的科学化尝试拒斥了所有以上的主张,它回避了清晰、普遍的因果性解释。[①] 这使得兰克的尝试面临种种非科学的控诉,因为它缺少了科学所必要的关键属性。然而也正是出于这个原因,它能更加生动和直接地看待三种因果性(机械的、生物的、精神-道德的)的交互作用和融贯。同时,这也能避免试图区分这三种要素,并把这个或那个树立为主要的影响因素。它对一种原因被其他的(原因)压制和抹灭抱有先天的厌恶,而当要解释个体现象并将其纳入一个更大的序列及结构时,它偏向用难以确切表达的技巧加以处理,而不是用明确的原则立场来面对。它把艺术的直觉和以艺术直觉方式组织事件不仅仅看作是对历史本质优美的甚至多少无用的修饰——该本质由纯粹的因果性所注目,而且将其(直觉)视作一种必要的和不可缺少的技巧,这种技巧可以帮助观照三种特征的融贯,尽管这一融贯从来不是完整地而是片面地提供给人们以判别。

在这里科学延伸到了艺术。它试图补充知识的内容,依靠的是位于真正知识范围之外的途径。换句话说,它不再是一门纯科学,仅仅寻求因果性解释,而是迈向了其他什么东西。[②] 因此,正式意义上讲,实证主义关于兰克历史编纂学"非科学"的指控并非完全错误。而后者可以这样正当地回复,事物的性质和历史在更大方面的复杂来源,都需要这样一种处理模式。单独通过因果性方式掌握历史材料,当它走向极端轻率的尝试时,反而会损害历史事物本身,这将导致一个因果特征为其他特征所磨灭。如果以柔顺的态度运用因果性方式时,它将立刻发现自身在事物面前无能为力。只有一条不再是纯科学,或者说纯因果性的道路才能引领我们走向存在的深处。尽管它同样无法完全揭露这些深处的情形,但至少能够给予我们一种关于它们的直觉式理解,并借由直接的观察传达出同情的感受。在科学失败的地方,历史学应当更为明智地吸纳超科学的方法,而不是套用科学的手段,不可避免地导致错误的结果。

其实在历史学中运用超科学的方法

① "在兰克那里,我们永远不会说清楚和彻底了解有关任何事件的原因。"[冯·贝娄(V. Below):《新历史方法》(*Die neue historische Methode*),《历史杂志》(*Historische Zeitschrift*),第81卷,第249页]

② 库尔特·斯特恩伯格(Kurt Sternberg):《作为历史科学的逻辑》(*Zur Logik der Geschichtswissenschaft*),第2版,1925年。在我完成这项研究的时候,斯特恩伯格所谓"由逻辑向道德的转换"进入了我的思想。他在第85页写道:"如果历史的观察不是纯粹科学的,那么它至少还是科学的。它不会比科学少,只会比科学多。也就是说,它导致超越科学之外,因而允许一种内在的方式。"这一认识导致的正当结果是,许可历史学家在纯粹科学认知方法失败的地方,使用类似艺术的方法加以介入。而且这不只是同意他采取的行动,也是要求他采取的行动。

有着更深层的正当性，不仅仅因为用别的方式无法掌握三种因果特征的融贯。如果历史学愿意保留为一门纯粹因果性科学，它将被迫接受所有人类事件的整体作为它的研究范围，或者至少对它们有所把握。然而这显然与历史学所能做的不同。它在巨大和庞杂的事件堆中只挑选极小的片段，也就是被坚持认为是本质的部分；而关于非本质的人类活动的占有，正确地被视作无意义的显微镜式的好奇。那什么是本质？只有因果性具有本质吗？或者只有那些以普遍的、决定性的方式影响人们和人类命运的东西叫做本质吗？有时就是这么定义的，只有那些充满一定程度“有效”的东西才会引起历史学家的关注。正如李凯尔特所指出的那样，“有效程度自身永远无法充当评判什么是历史的本质的标准”①。如果从纯粹因果性考量，天然的生理条件和生活必需，诸如土壤和阳光、饥饿感和爱等才是人类事件中“最具有效”的因素。但对历史学家尤其是非唯物主义历史学家而言，这些因素都理所应当地被看作引发所关注事件的因果前提，它们只有以特别的方式表现出来或者达到了一个非寻常的程度时，才会引起历史学家的注意。

除了上述这些人类生活的基本因素，那些在民族与国家权力争斗时做出的重大抉择同样是因果性上高度“有效的”，它们总是吸引了历史学家的注意力，即使在最原初的历史写作中也是如此。同样，国家与社会制度的整个范围正当地吸引现代历史学的各个流派，无论实证主义还是唯心论，政治史抑或文化史。但在我们把“有效”视作“本质”的实践，并把其他人类活动视作非本质的实践，关于“有效”的两种不同用法通常混合在一起。有时它意味着对于人类生活发挥因果性影响的某些东西，因而仅仅指向纯粹因果律的领域。有时它也意味着某些对于我们当下生活仍具有持续影响的东西，这方面的影响同时包含有因果和超因果的意义。② 过去大事件发生的因果意义，比如罗马帝国的建立，

---

① 引文译文参考［德］李凯尔特：《文化科学和自然科学》，北京：商务印书馆，1986年，第97页。——译者注

② 爱德华·迈耶（Eduard Meyer）认为：“我们把那些过去在发生的时刻没被耗尽的事件叫做历史，它们明确地对接下来的时代发挥着影响，并且产生有关它们的全新进程。”［《古代史》（*Geschichte des Altertums*），第1卷，第3版，第188页］在这关键性的段落中，有关“历史的”概念化确认只提及了因果要素而没有谈论价值要素。然而在数页之后，“内在价值”也就是个体特征的明确形成重新出现，被当作用来挑选历史事物的另一准则。这种内在和谐的匮乏就是专业学者中思潮类型的特征。他们认识到历史的兴趣中因果性和价值是相互联系的要素，但是没有人能够真正处理它。因此当牵涉基本定义问题时，历史学家屈从于纯粹的因果性思考。有关迈耶的批判亦可参见李凯尔特《历史哲学问题：一种导论》，第3版，第59页。

通过成千上万的后效,因果性决定了我们现在的生存。超因果的意义位于那些不以纯科学兴趣的因果性链条中,前者以我们希望从中获得收益以利于生活为鹄的。这些收获可以是实用的,帮助我们在生活中更有效地行动。它也可以在纯粹沉思的领域中体现出来,摆脱了直接的和实用的关切,这就是价值、生活价值,是我们在任何一种情况下从历史中赢得的东西。历史给了我们满足、智慧和生活的路标,这在后面将详细讨论。正是这方面的需求伴随并超越了追求因果性知识的单纯愿望,从根本上在每个时代吸引人们进入历史,此情况在现代尤甚。现在我们终于完全明白,为何有关揭示三种因果性特征融贯的因果探寻从根本上讲受到一股最个人化的动机引领,这一探究的武器库超越了获得知识的单纯因果性方法,通过直觉和生活形式像艺术家那样与历史现象更亲密地接触。正是历史对于我们及生活的价值使得我们希望用这种方式进行征服。

对于因果性知识的理论追求与关于生活的价值需求事实上紧密联系在一起,在我们关于历史的旨趣中不可区分。理论需求和同时发生的价值需求一样,不是真理的价值吗?每一种科学都应该确定是服务于真理的探索,对于真因果性的研究应该是一致的、严密的,不受任何实际目的而分散注意力。但对我们这些奉献给科学的仆从来说,生活如果没有注入对于真理的渴望,那么就不会是圆满的。我们由之加深和拔高了生活的度量,而理论就在其中转变成为一种文化和生活方式。但是实用的倾向不能过早介入,贸然影响因果性的研究。因果性道路必须首先延伸到它的极致,然后人们才能且必须要求超因果的方法来满足源自生活深处的价值需求。

历史中的"本质"不仅与因果性有关,而且也和价值有关,这可以通过一个假想的例子加以说明。假设一部过去不知名作者的作品被发现,它具有无与伦比的深度和精神方面的力量,但同时代的人们对此一无所知,因此它在当时根本不具备任何影响。那么我们是否能够就此宣称这部著作是历史的非本质和非重要的呢?它能够强烈地影响我们,并且通过我们开始产生因果性,不过这只是由于它对我们展现了价值。这价值是我们感兴趣的核心,并且通过它仅可能的方式——因果性,在我们中间实现了自身。但这里对于我们的历史兴趣而言,正是过去伟大的精神价值的理解与复活,而不是因果性的分析起到了作用。理解的尝试必须自然依赖因果方法,也必须确认这部作品的因果起源。不过同样的,因果性探究只是手段,而目的在于一个精神价值的完整复原。

一个狂热的因果论者或许会反对这种看法,确实一个人可能或者必然在研究作品时不用顾及它在当时的影响,但它之所以对探究有益,就是因为它是一个因果性的产物,它使得至今不为人所知的那股造就这样作品的时代能量显露出来。对此的答复是,如果那些主要的价值没有预先占有其自身存在,并提供我们生活以丰富性,那么这些因果性根本不会引起我们的丝毫兴趣。

是的,有一种东西始终隐藏在对因果性追求的背后,它就是直接或者间接地对价值的探索,从最高程度的意义上来说,也就是对文化的探索——在自然因果关联中精神的突破与揭露,正是第三种因果性特征才产生出这些价值。正如李凯尔特所言,我们在繁杂的事件中挑选什么值得研究的标准正是在于这些事件与主要文化价值的关系。李凯尔特告诉我们,历史学家只探究价值关联的事件。他还指出,历史学家的任务仅仅在于说明与探寻,不用给出自己的相关评价,这样他就坚守了学科界线。第一个论点是正确的,呼应了历史学家或多或少意识到的一个观点。第二个论点主要源于保护历史学科学特质的关切,防止主观方面倾向的干扰。可是第二种情况能够完全实现吗?不可能。① 因为仅仅选择价值关联的事件就已经离不开一种评价。而李凯尔特的主张,只有当与

① 李凯尔特接受"心理上的评价与价值关联的不可区分性"(《历史哲学问题:一种导论》,第3版,第67页),但他希望把评价从历史的逻辑本质中分离出去。历史学家活动中心理上不可分的东西必须被逻辑学家认识到是以精神上必然方式联结起来的,尽管他们可以用自己特殊的方法加以区分。再者,评价并不是历史学家活动的多余副产品。我当然同意李凯尔特所谓"历史学家能够避免有关他的对象的价值判断",不过,离开评价而写出的历史要么是材料积累,为真正的历史写作做准备,要么是号称真正历史,却显得枯燥乏味的内容。历史学家的气质只有通过不经意的评价活动才能恢复生机与色彩,这与马克斯·韦伯的历史研究与发现恰好相符。海因里希·迈尔(Heinrich Maier)虽然在别的地方与李凯尔特不同,但他也认为"价值判断与历史无关"[《论历史认识》(*Das Geschichtliche Erkennen*),1914年,第34页],与此同时,他把价值判断看作一种空疏的假学问,否认生机勃勃的历史学家有权利进行这项工作。这就是说在恰当的历史探究中价值判断应被排除出去,与此同时道德及审美探究被认为是合法的。那么历史学家是否应当尝试在同一部作品中同时满足这两项要求呢?而这两项要求在恰当的工作中是否相互冲突呢?这是不可能的和混杂的,因为它等于要求一种双重标准,撕裂了历史学家活动的内在精神统一。一种想要获得成功的历史逻辑必须把这样的精神统一当作它的出发点,一定要分析具体和生动的历史主体而不是逻辑上建构出来的历史学家。而生动的历史学家往往发现自己即使不情愿,却一直在进行着价值判断。经常沉浸在历史书写实践中的历史学家以不同于哲学家的方式感受这一点。冯·贝娄说道:"事实间的联系摆脱不了价值判断的影响。"[《从拿破仑战争到我们时代的德国历史写作:历史与文化史》(*Die deutsche Geschichtschreibung vor den Befreiungskriegen bis zu unseren Tagen*),第2版,第113页]这种说法也许走得有点远,某些简单种类的因果联系可以不受价值判断的影响。但是那些更为复杂的联系——比如有关宗教改革、法国大革命以及1918年崩溃的原因的建立——总是部分由价值判断决定的。

事件关联的价值单独在普遍范畴中存续下来时才能成立，比如宗教、国家、法律等。历史学家不但依靠普遍范畴挑选他的材料，而且还根据这些材料对他具有的生动兴趣完成这项工作。他紧紧抓住这点领会到某种事物拥有多少价值，在这中间他就是在进行评价。对于文化上重要事实的表达与揭示，归根到底离不开对它们所反映的价值的生动感受。尽管历史学家可以形式上摒除了自我价值评判，他们事实上在字里行间对读者施加影响。这一结果就像在兰克那里体现的那样，评价活动显得更加深厚和感动，而不是以道德化的修饰直接出现，哪怕它被认为是一种机巧。历史学家含蓄的价值判断往往比直白的判断更能引发读者的评价行为。这样看起来，因果性被提供为价值的要素，精神力量的揭露在因果性之网中传达得更为直接，也更富有成果。不过，如果要完全澄清这些事件的价值的话，即使是直白的评价也常常难以避免。我们在某些形式的宗教礼拜中，发现圣默和神父的祷词在赞美上帝时交替进行。历史在广义上也是这样一种神事。有些人希望看到属于自己个人的精神目标，它在对世界的揭示中得到确认。有些人寻求精神生活之力量和连续的意识，它在个体自身内部涌现，并且试图找到一条能够采取的进入和参与的路径。有些人则敬重一股强力，它把我们的生存从受自然奴役的状态中解放出来，带向精神的自由状态。只要人们想到神圣性，他就会在历史中寻找到它。

那些只承认无神性的因果关联的研究者，他们只想在其中发现因果性而不是别的什么东西。但正如我们所显示的，这些行为受到最广泛的价值需求的驱动，如同它只是真理的价值。自然科学家当然同样受到真理的价值的鼓舞，可是他或许能够忽略其他的价值从而开展自己的工作，在构成人性的“分辨、选择、评判”三大专门功能中，他在自己的领域内只运用了“分辨”这一项。而文化科学家则必须利用这三项，因为他研究的事件源于整个范围的人性，它们正是依靠“分辨、选择、评判”而成为实在，也只有通过这三个术语才能得到理解。在自然科学家可以离开价值而进行工作的地方，文化科学家即使能够只采用自然科学的方法来处理历史，还是由于他的工作和价值紧紧绑在一起。哪怕材料的汇编也很难逃离价值。

现在我们明白有两种主要趋势存在于历史写作之中，一种是执着于因果性，但它无法摆脱价值关联，也几乎没有疏远过其自身内在的价值；另一种是关注价值，不能将其赋之以因果性。这就构成了两极，两种趋势细微的差别和明暗以及各种不同的混合处在这两端之间,使得各自在对方之中总是可能和存在的。当历史学变得更加科学化、历史的本质和历史学家的任务用更深层次的话语讨论时,我们才有办法更清晰地说明这两大趋势之间的差别。古代的政治史编撰用史诗的方式来叙述事件,天真地将感受到的价值与因果性混为一谈。①启蒙历史学希望表明启蒙发展的文化价值是历史写作唯一可取的主题,但大量不可忽视的政治事件却抵抗着这些价值的渗透,由此造成的结果便是这两类要素只能无机地联系起来,历史学家把其中一个摆在另一个旁边。带有政治偏见的历史常常关心某些特别彰显的价值,也就是那些能够反映其政治理想的价值。但从我们的观点来看,这一主张必须完全摒弃。因为我们说的历史价值的概念不仅包含个体自身政治或者其他理想,而且还包括每一个自主精神存在的重大表露,自然这也就把那些理想的对立面包含在内。威廉·洪堡或许是呼唤我们这种意义上历史的第一人,他指向了人类的精神价值(这就是他用观念称呼的东西),同时依靠对所有已知因果性的研究而成立。兰克以他的历史研究满足了这一点,他以理想的方式把价值的揭示与因果探寻联结起来,并且归根到底在历史中发现了上帝。因此他也许会承认那种吸引价值的趋势是历史最终和最具决定性的基础。

19世纪后半叶的实证主义带来了对上述历史的反动,它要求一种价值中立、纯因果性的历史。尽管它只能在一些孤立的方面将科学化的历史实践推向无与伦比的量度,但这增强了那种把因果探究摆到中心位置的倾向。这样的结果便造成一种异常专业、精细的历史研究方式,它在今天仍然大行其道。在过去的事件以因果方式被探究的过程中,同时伴随浮现出来的还有一些未知的价值。不过正像企业中固有的劳工等级的区分,研究还是显得过于机械化,尽管发现的数量很多,但那些价值至今没被获得精神方面的深入了解和重视。同时,这发展出了面向价值更为强烈和热情的感受反应,它在当下正在进行中。这就是一种提炼和压缩价值的趋势,它压制处于低层次的价值,为的是提升甚至夸大高层次的文化价值。上述所有的行为需要一个因果性探究的根基,这点原则上能够被人们接受,但在年青一代这样

① 在马基雅维利那里,用价值观点的视角充当挑选历史材料的标准已经变得十分重要。他在《佛罗伦萨史》“序言”中责备他的前驱布鲁尼(Bruni)和波吉奥(Poggio),认为他们只叙述了充满斗争的佛罗伦萨城的外在方面而非内在方面。

那样的实践中,我们发现了一种令人不安的忽视该根基的倾向。他们使用“综合”这样的口号,试图克服烦琐的因果问询,直接达到关于生活和过去的高尚价值。主观主义和神秘主义的印象由此产生,导致与过去的精神直接获得统一,而不需要走过详尽论证这一令人疲倦的弯路。他们的目标如其所说就是把“永恒”和“不变”从过去释放出来,允许时间中的历史条件淡出视野。他们或多或少不依靠归纳来建构过去,而是利用传统中某些惊人线索和自我理想的过度附着来加以完成,结果导致他们以拥抱自己的幻想而告终。这种对于最高文化价值的渴望在格奥尔格学派那里得到了最为特殊的表达,这一学派成员都是斯特凡·格奥尔格的追随者。他们给自己的创作设立了一套严格的标准,因此最好的作品都能免于粗糙过程所带来的谬误,并且常常在形式完满度方面达到一个很高的水平。但是这带来了一种过度美化和提炼精神氛围的倾向,导致简单、朴实的因果性被消解。

来自真正职业历史学家的作品相对还没受到这些倾向的侵蚀,不过如果人们能够了解年青一代的感受,就会注意到这些倾向在他们中间往往是异常的强烈。这种倾向是由我们所处时代相似的精神状况产生的。正像某些人所说的那样,这是心灵对于机械文明所产生的威胁的反应,用来对抗在世界大战和1918年大崩溃中挣脱出来的那股巨大的强力。它大概会成为一股冉冉上升的潮流,毫无疑问将是未来历史科学的一个重要组成部分。我自身的尝试也在向这股潮流靠拢,所以我能够凭借切身经验断定它那巨大的内在必要性,同样也能感受到它的危险。未来我们下一代的学科机制可能建筑在僵化的以及主观主义肆无忌惮的基石之上,而保卫它的东西永远都是相同的,那就是因果性离不开价值,价值离不开因果性。因果性的探究如果失去了对价值的强烈热情,那么就会变成一项无生机的任务,无论在其中投入多少技术上的技巧都无济于事。而理想价值的展现如果没有对具体实在的直接乐趣,以及总体和微妙的因果关联,那么就会失去滋养的土壤,变成空洞和任性的行为。从今日事务种种表现来看,两种趋势间的平衡将再也不能实现,而这一完美状态在兰克那里仍是可能的。现代性问题和现代性思维方式摧毁了两者的和谐,兰克却能够在内外两方面感受到它。现代人的思想看上去只能选择一边倒,才能保护自己应对自身环境带来的压力与紊乱。不过这种对于和谐的渴望仍将作为一种冲动而持续存在下去,它只能在我们的文化完全腐烂和崩溃的状态下消亡。

二

当李凯尔特出版了他关于文化价值的先锋性著作,使得这一概念占据历史技艺的核心地位时,阿尔弗雷德·多弗以一种不信任和猜疑的态度谈论它,认为它是“像鳗鱼一样滑溜”的概念。[①] 作为直接受兰克指导的学生,多弗已经习惯于把直觉放在概念性理解之上,并且总是生存践行和呼吸着文化价值,不需要一个来自第二性事物的命名。不过概念思维紧密地跟在直觉思维之后,它对于直觉到的东西的严格限制的尝试不会被阻止。从当下我们面对的例子来看,较为直观的思维方式并没有真正达到它的目标,它带给现在争论的问题更多是晦涩而不是明晰的。它也许会用语言的贫困来为自己开脱,强迫使用一些模棱两可的术语,但是它仍然可能试图通过更为精确和详细的定义,来修正这一概念上的含混。这就是我们希望能够尝试的事情。我们经常看到来自经验的原创闪光的口号无法发展出一种不可怀疑的丰富性,帮助分散的个体现象统一成更大的关联。如果说明和划界的行为尚有可能的话,它们在这一过程中也是缓缓地跟在后面。人性、人文主义、民族、民族主义、历史主义、个体主义等一开始都是些模糊不清和松散的概念,它们当然是不可缺少和富有成果的。使用这些概念会慢慢加深和厘清内容本身,尽管这永远无法达到完美状态。

价值本质的确定是现代哲学的主要关切点。历史学家可以从中寻求到些东西,但他无须也不能制止基于他自身经验形成的有关价值本质的观念。从哲学家的观点来看,这些观念显得粗糙、模糊以及不充分。不过它们从历史研究的实践中得来,因而比产生自逻辑抽象过程的观念具有更多本能上的确定性。

我们跟随特勒尔奇区分了低等的纯粹动物性生活价值和高级的精神性生活价值或者文化价值。[②] 历史学家只会用因果性处理前者,而后者构成了历史学家专属的兴趣范围,他们把对那些价值的理解视为最高目标。我们使用的精神并不是一般意义上心灵的意味,而是像

① 《文章与书信选》(*Ausgewaehlte Aufsaetze und Briefe*),第 2 卷,第 279 页。

② 我无法赞同李凯尔特所做的区分[《生活价值与文化价值》(*Lebenswerte und Kulturwerte*),《逻各斯》(*Logos*),第 2 卷,第 131 页以下,另《生活哲学》(*Die Philosophie des Lebens*),第 156 页以下],他认为在生活价值的感受中所能体会到的价值根本上并不存在,而且生活价值多多少少是和生活疏远、对立的。除此之外,我和李凯尔特关于文化本质的观念非常接近,说到底,我俩的区别更多是术语上而非实质上的。

古老的用法,指的是一种高度发展的心灵生活,它名义上通过"分辨、选择、评判"创造出文化。文化就是精神要素在普遍的因果关联中得到揭示和凸显。在文化和自然存在中间有着一块同时参与两者的区域。我们用正在变成流行的术语来说,就是所谓文明的领域。文明和更高级、完全精神化的文化被区分开来。这一做法虽然少了一点准确性,但广泛地流传开来,处理这两大概念的方式是可以交换的。[①] 文明把自身抬升到自然之上,而自然由思维进行再造,受到生存意志的驱动并聚焦在有用的东西上。整个技术发明的领域主要就是这一块。这些发明和精神与原产大脑的成果一样,可以对文化做出贡献。不过,人们也可以用生物学的术语进行解释,把它们称为"适应"。于是发明的行为就被分为生物的和文化的两个方面。一旦一项发明取得成功并且推广普及,那么它就面临退回到自然层面的危险,除非它能够得到独立的精神存在的支撑。因为应用技术在动物中也能找到例证。我在论述国家理性的著作中试图给出一个关于这种功利性的中间区域的例证。历史学家将不得不一直处理这一问题,不仅仅因为他至今所探究的大量因果性属于这一领域,而且该场所发生的事件能够通过几乎无法为人察觉的提升转变成文化成就。当有用变成唯一美的和好的东西的时候,心灵自身就被席卷而过,没有别的方式可以放置它。要不然,技术就成为没有心灵的和没有精神的思想产物,只是文明而不是文化。文化只有当人发动他所有内在力量对抗自然时才能发生,而这股力量不只是他的意志和思想,还包括更高意义上具有价值的行为。例如,他以对象本身出发,创造或者寻找美的和好的东西,或者以其本身为目的寻求真理。[②] 所有评价行为在此意义上对历史学家就是有价值的。[③] 它使历史学家确信历史中精神要素的持续性和产出

① 文化与文明的起源与差别总有一天要进行深入研究。对我的知识范围而言,康德是第一个使用它的人。我们在他的《世界公民观点之下的普遍历史观念》第七个命题里看到,"道德性的观念仍然属于文化,但这个观念在延伸到求名欲和外在礼仪的道德表象的运用中,只是构成了文明的方面"。

② 我在这里沿用老式的理想事物的三分法。虽然这无法穷尽它们的范围和内容,但是也许可以作为一种简化而使用。

③ 我把文化成果与文化价值等同视之。文化价值并不像李凯尔特所认为的仅仅附着在历史实在上,无法自身成为实在。它们是历史实在的整合性因素,只有借助精神-道德因果性的配合才能产生,后者和机械的、生物的因果性一起实现了价值。亦可参见特勒尔奇对李凯尔特的批评(《历史主义及其问题》,第153页)。他认为李凯尔特的主张只是把文化价值附加在真正的历史现象上。超越历史实在的客观文化价值系统的存在是一个形而上学的问题,它必须留给哲学家以解决。

性，并且向他显示直至所处时代自身展开的过程。但是，正如我们之前所说，如果想完整地理解它，那么他必须研究其因果过程的根基，这部分绝大多数情况下和文化没有什么关系。因此，在认真完成的历史记述中，就像在生活中那样，受到评价的和有价值的东西仅仅在这里那里零星闪耀，好比平凡生长之中罕见的茂盛。

这些文化成就与价值数量无法与庞大的人类事件总体相提并论，不过在历史中仍然是多到无法计量。因为每个人的心灵都能够创造文化价值，它们可能仅仅是出自行善目的本身的职责行为。那么，历史学家进行选择的原则是什么呢？其中之一当然是因果方面的影响。所有强烈和持续影响文化保存与发展的文化成就都值得研究和阐述。重要和非重要之间的界线是流动的，历史学家的不同技巧和视角会使它跟随发生变化。历史学家的视角会造成筛选事实材料的不同，他可能在聚焦历史形式方面采取更局限或者更包容的态度。例如，在城市史写作中被看作重要的事实到了一个更高的平面——在国家史的写作中就变得无足轻重。① 同样，技巧的变动和依赖是我们在另外的联系中已经提到过的第二条选择文化成就的标准，这类成就是历史现象内部专属的文化价值。在文化的历程中，伟大的文化成就和精神要素的揭示不能单独依靠因果影响程度的评估。它们同样取决于自己，也就是说无关乎它们是否影响了各自的时代，这些成就和要素仅仅由于自身的缘故值得研究、展现和崇敬。诗人对于不再实用但使其倾心的古董灯的描述正好适用于它们，“（什么是）美的东西看上去正在于它自身”。这是一个至今没有完全渗入历史学家平常观念的要点，用来界定值得研究事物的标准。特勒尔奇和我经常谈到“因果性的过高估计”，仍然预设了材料的选择。②

高估因果性意味着文化价值创生时的个体时刻没有被恰当地认识到，那些来源于精神-道德个体活动自发性的因果性被忽略，它们无法像机械的、生物的本质的因果性那样，轻易地被排序进入

① 海因里希·迈尔以制图的程序方式非常有益地注意到这一点（《论历史认识》，1914 年，第 33 页）。

② 阿尔弗雷德·多弗（Alfred Dove）持有相同的看法。我将提到他写给李凯尔特的那封优美的信（1899 年 1 月 27 日）（《文章与书信选》，第 2 卷，第 208 页）。他说：“历史学家奉献给流逝生活的兴趣与它所能为我们生活铺展道路的程度完全无关。为什么他能做到这一点呢？因为这种关系能够远离因果性的方式而存在，只要生活认定其自身具有意义，它唤醒了我们从人类普遍视角而来的作为价值事物的同情。我们不只是通过因果性接触到过去，而是简单地利用同情，跨越位于中间区域的因果性空间。”

因果关联。当独特的精神力量突然进入受到机械的和生物的因果序列时，文化价值才能发生。每个精神事物，每个文化价值都是独一无二、个别的和无法取代的。欣赏这种个体也就是对它的价值有所感受，不再把它当作因果链条中间的重要一环加以看待，而且要从它自身出发进行评估。当然存在着中间性和价值中立的个体，事实上每个对象都有些东西与其相关。而历史的个体只包括那些展现出朝向好的、美的和真的趋势的现象，因此对我们才具有意义和价值。这一趋势越能反映人类结构的自我肯定和生存并加以高尚化，那么它就越强烈和越具有价值。

关于个体的理解——无论它在单一个体之内还是在超个体的人类结构中，在德国取得了重大进步，它借由观念论和浪漫主义的思想，进而创立了现代历史主义。这种理解导致关于发展思想的正确评价，而这点常常被错误地当作现代历史主义的关键标准，它（关于发展的思想）实在显得太过模糊和易变。① 人类胎儿的发展是一种生物上的而不是历史的发展。而后一种发展仅仅发生在人类活动的自发因素以价值本身为目的介入的场合，并且生产出独特和个别的东西，通过历史个体得到“发展”，而且所有能够历史地发展的事物总是个体，它们通过这种发展被展示出来。② 我们如果修正或者保留某些观点，仍可接受兰克意味上的世界历史，它无非就是充满大小不一的个体的单一巨大个体。该历史的所有文化价值就像被装进更大个体盒子里的历史个体一样，到达它们的最高层次就是世界历史。它们每一个只有根据各自与世界历史的联系才能得到充分理解。

任何努力生存想要塑性和成为结构的东西反过来受到形式和结构法则的驱动。这一形态学方面的动见在斯宾格勒

① 李凯尔特区分出七种不同的发展概念［《自然科学概念形成的界限》(*Die Grenzen der naturwissenschen Begriffsbildung*)第四章，第5页］。多弗在上面引用给李凯尔特的信中，同样提及了有关发展思想的过高估计。不过我无法同意他的基础论据，多弗认为“在个体到个体之间，不存在所谓的发展”。他无法认识到每个个体都是包含在更高的个体内，高级个体内部产生的发展把牵涉具体个体的分隔和独立的部分，用精神联结了起来。事实上，德国新教的精神普遍有一种发展，使得从作为个体的路德进展到了作为个体的康德。关于多弗看待历史的方式，参见我的评论（《历史杂志》，第116卷，第83页）。

② “历史的发展不是别的什么，而只是用生成与生长来领会历史个体。”（李凯尔特：《历史哲学问题：一种导论》，第3版，第47页）

代表的史学①那里表现得最为极端和一边倒,它逐渐在现代思想中占据优势地位。然而历史的价值之所以能够充当人类生活的形式与结构,不只是因为它们是生活的必需,而且还是某种精神-道德价值的理想。一旦精神个体在形式中得到明晰,它将唤起历史学家对于价值的兴趣。当它(价值)缺失的时候,形式仅仅作为生物界的生存方式保留下来,历史学家只能以因果元素将它纳入历史叙述用来解释其他价值,而不是作为价值本身进行说明。

对于人类眼光而言,生物的和精神-道德的价值领域至少不是那么清晰可分,它们经常和对方细微地融合在一起。我们用功利性的中间区域展现了其如何发生,我将再次提到在国家理性的书中所做的工作。正是由于两个领域缺少明确的界线引发了有关现代文化科学的各种意见,因为这些界线可以进行不同的解释和划分,有时被认识到而有时则根本没有。这是摆在历史学家面前最令人苦恼的问题。他常常必须要和非确定性搏斗,来确认他所研究的这个或那个事实是用生活和自然的必须来解释,还是用精神-道德和价值因素来解释。更有甚者,生活和自然的必需、生物因果性流遍哪怕承诺价值的人类自身,威胁到削弱价值的纯洁性,反射出虚幻的价值以取代真正的价值。最令人惊奇的事实是,两种领域以一种非常紧密的因果纽带联系在一起。伟大和神圣的文化价值经常有一个平凡和非纯粹的起源,它们努力向上以摆脱黑暗的深邃,这看上去就像上帝需要恶魔来实现自身一样。于是,当人们像歌德那样重新相信神圣自然的和谐一致时,这些关系就会发出更令人安慰的光芒。当人类生活的自然过程与道德律令不发生冲突时,它们就不会变成有罪的,并且呈现为生产神圣果实不可缺少的、缘近的和富有营养的土壤。歌德难道不是让他耽于声色在伟大的艺术中自由驰骋吗?它有没有罪恶的问题完全已经撤退到背景之中。

特别的问题在于那些往往更为指向因果性的历史研究类型,轻视有关价值的因果性。这就是当它遭遇巨大的文化价值的时候,忽视或者掩盖了这些价值通常可怖和可憎的起源。很少有历史学家像布克哈特那样拥有敏锐的观察力,后者揭示了文艺复兴时期的文化令人畏

① 这甚至不是一种真实与一致的形态。“它只能没有希望地把一种机械化的有机性带给理解”,列奥波德·齐格勒(Leopold Ziegler)在他最新著作《德意志神圣帝国》(*Das heilige Reich der Deutschen*)(第1卷,第418页)中以一种粗野和精神的奇怪混合用上述言语很好地表达出来。

惧的政治及社会基础，同时表明了它是如何与那股魔鬼般的力量相联结并内在地受到影响。强权政治的伟大结果重塑了文化，再次活力化了生活，这比任何以某种平和方式记录下的东西还要多，马基雅维利式的基础和副作用以条件关系被加以处理。当然，这一处理也就丧失了有关历史悲剧性的一切感受。

文化来自自发性，基于精神-道德价值的因果性生发，依然和生物、机械种类的因果性联系在一起，这是历史学家永远无法解开的谜题。文化和自然，或者我们所说的上帝和自然，毫无疑问是个统一体，不过它是一个在其内部得到区分的统一体。上帝带着烦恼和痛苦挣扎松脱自然，承载着罪恶并且冒着随时倒退回去的风险。对于无情的和诚实的观察者而言，这就是最终的结论，但是它又无法作为最终结论得到接受。只有一个在内容方面越来越普遍的信念与怀疑进行永不停歇的斗争时，我们才能坚信它可以提供一个有关生活和文化的超越性解决方案的慰藉，而这个问题对我们来说是无法解决的。不过，我们已经失去了哲学家曾经带来或者能够带来这一超越性解决的信念。

哲学系统和意识形态的价值作为真理令人捉摸不定，但它们的文化价值是毋庸置疑的。伟大思想家的思维成就就是支撑它们的精神最高峰，也是可怜的、渴望真理却永远犯错的人类所能取得的最高成就。只有伟大宗教人物的著作以及完美的艺术作品排在它们之上。

两种文化价值在上述过程中出现。一种是通过预先指向目标的有意创造而产生，它们可以是宗教和哲学的、政治和社会的，可以是思维建构、艺术作品以及科学。另一种则是从具体的、实用的生存必需中直接产生，没有经过预先谋划。在前一种价值内，人们寻求从自然向文化最直接和最险峻的攀登。而在后一种价值内，人们仍然停留在自然的平面上，不过他们向上一瞥，望着引导性的价值顶峰。为了满足生活必需，他努力发现一种令人满意的方式，能够让真、善、美的价值自发地得到实现。亚里士多德在论述城邦时应用了这一点，城邦的建立是为了使生活可能，它的存在是为了使生活优美。自然首先在城邦内通过这样的方式变成了文化，那就是绕着轴心旋转。在所有这些情况中，无论文化建筑的作品是直接的还是非直接的，精神实体由此产生，历史的个体同样如此，它的因果性起源和冲撞以及历史学家研究的价值一起发生。通常与评价挂钩的主观主义至少部分遭到了压制，现象中拥有的价值被赋予了优先性，作为精神存在的独一无二和无法取代的表征。[①] 这就意味着进入了问题的核心，那些认为自己的作品和文化贡献是用自我预设和说到底艺术式的直觉给逝去的生活注入生机的想法不再可能，这一过程只有经过自我生命之血的输送才能实现。只有对所有人性的宽容和慈爱的感受能够获得可能的一定程度的客观性。在这点上，特勒尔奇的价值相对主义是中肯的。[②] “价值相对并不是相对主义、无政府主义、随机性和恣意性。它偏向意指一种事实与规范的融合，是活动的和更新的，无法被普遍的、永恒的决定。”价值相对换句话说就是历史意义中的个体。它就是关于未知绝对的独特、内在的价值特征，这种绝对被信仰认定为所有价值的创造性基础，价值在它之上变成相对的，并且和时间、自然连在一起。

我们可以在历史个体的固有价值内合乎逻辑地区分出对于我们以及对于我们生活的价值部分。主观性需求在界定价值要素这个方面起到了更有效的作用。从历史中吸取教训、例证和告诫就是那些所谓根深蒂固的基本动机之一，它们通常引领了历史的写作。这就给历史书写的科学性带来了巨大威胁，比如导致有倾向的失真、理想化以及错误的表达。纯粹的历史感能够公正地对待历史写作的科学及超科学的特性，能够容许我们真诚希望从历史中学习一些对自己生活有帮助的东西。历史中因果性的充分研究让位于提炼丰富的实用教训。历史中出于普遍、典型和重复性缘由所发生的一切在当下可能再次上演，并且借由过去时代相关经验的观照得到把握。[③] 另一方面，不可仿效和替代的个体在历史中无法提供这种实用的功效。但

① 这同时是对抗现代“综合者”危险倾向的保护伞，那些人把个体现象仅仅看作普遍发展的工具与例证，在实践中这就是种种抽象主义横断面上的点。通过这一方式，它们有变成实证主义的危险，而后者被认为是得到克服的东西。最近的文学与艺术史已经显露出这方面令人不安的迹象。它已经累积到非常高的程度，以至影响到学校的教学，参见 P. 瓦格纳(P. Wagner)《历史主义?》(*Historismus?*)[《科学与学校教育新年鉴》(*Neue Jahrbuecher fuer Wissenschaft und Schulbildung*)，1927 年第 4 期]中论述的内容。

② 《历史主义及其问题》，第 211 页。我们不打算深入检查该文本所谈到的历史主义的危机，比如历史性思想的倾向使得所有价值都变得相对。我们把自己限制在这样的评论方面，只有极少信仰的虚弱精神才会面对这种相对化的历史主义负担感到绝望和放弃。对一种未知绝对的信仰无法为它所撼动。因而，要求这样的未知信仰展现自身以至于被接触和触摸到，就是有关神圣观念拟人化的保存。

③ 黑格尔当然否认人民与政府从历史中能够学到任何东西，或者能够依据从中吸取的教训行事。而更准确的说法可能是，他们很少学到观察者希望看到他们学到的东西。然而俾斯麦直白地承认：“对我来说，历史首先就是能够学到教训的东西。如果事件没有重演，那么它们的条件和特征仍会重演，观察和研究它们有助于刺激和形成人的精神。”[《与梅明格的谈话》(*Gespraech mit Memminger*)，1890 年，《俾斯麦全集》第 9 卷，第 90 页]

它可以变成一个精神内容,并且成为那些拥有相关的、易接受个体的人们的理想模范,帮助深化和丰富他们的文化。整个时代和世代可以从过去特别相关的时间段吸收其文化价值的营养。晚近的文化从原则上来说需要这样的支持。不过这总是伴有一种性腺上依赖性的危险,内在地被过去的精神所压垮。反之,像马克斯·韦伯这样强韧的精神能够用最负价值的目标来激励他不现实的价值中的历史研究计划:"我想看看我能忍耐到何种程度。"①

历史所能给予的最完美和最高的教导,必定是来自非主动追寻的历史个体的纯粹欣赏,这一方式就像我们前面描述过的那样。② 于是,历史自身的价值变得对我们有价值。它只包含在对精神无限创造力的证实之内,虽然它不能保障我们获得直线式进步,但能够允许在自然的束缚中不断地重生有价值的历史个体。既然所有历史个体因果性联系在一起,共同组成了世界历史的巨大个体,特殊的历史个体就能在总的过程中被意识到并植根于此。它们就是民族、国家、教会、社会等方面,我们当下都生活在内,而试图对其施加影响。这种意识恰好能够发展出有关最强力的道德力量。人们曾经把独立的、无意识的传统看作像是自然进程一样,现在它变成了世代间的纽带,充当已经获得的文化价值的保卫者,得到了真正的精神化,成为最充分意义上的文化价值。

> 于是生命取得了胜利,新的力量逐步发展。

上述结果导致历史不是什么别的东西,而只是文化史,文化意味着独特精神价值和历史个体的产物。政治史派和文化史派之间发生争论的原因在于没有一方明了历史中价值和因果性的联系。政治史编撰把国家视作历史生活的核心因素,这从因果性术语来看是完全正确的,因为最强的因果性甚至影响了文化生活,它们通常来源于国家。既然文化价值的研究需要最广泛的因果基础,国家

① 玛丽安妮·韦伯(Marianne Weber):《马克斯·韦伯:一份传记》,第690页。

② 这里比较中肯的意见参见冯·贝娄《从拿破仑战争到我们时代的德国史学,历史与文化史》,第2版,第113页以下。我不同意特勒尔奇有关"当下的理解是一切历史研究的终极目的"[《新教对于现代世界形成的意义》(*Bedeutung des Protestantismus*),第6页]的观点。这确实是一个合法的及必要的目的,但不是唯一的和最高的目的。我经常与特勒尔奇争论这一点,他在《历史主义及其问题》(第696页)中指责我具有"一种挣脱进入客观的纯粹沉思的倾向"。关于特勒尔奇的批评,参见施迈德勒(Schmeidler)《当代历史学家的心理学及历史学的处境》(*Zur Psychologie des Historikers und zur Lage der Historie in der Gegenwart*),《普鲁士年鉴》(*Preuss Jarhbuecher*)1925年11月号。这篇论文带来了一些好的东西,不过它在一些细微的熟悉态度中,展现了我们这个时代这份职业普遍特征的平均水平。

处于历史探究的中心位置就有了另一个理由。那么国家是否同时可能是最高的文化价值呢？黑格尔曾经有过这样倾向，①试图把国家抬升到这样一个高度，尽管这一做法总是受到健全的情感的约束，使得宗教在价值方面具有超然性质。国家不可能成为最高的价值，因为它比其他历史个体更为强烈地与自然和生物上的必需连在一起，这就阻止了它成为一个完全精神和道德的事物。最纯粹形式的宗教和得到最高程度表现的艺术才是最高的文化价值。次一等级的文化价值或许可以称作哲学与科学。这里可以提出疑问的是，是否人们活跃的和多产的生活在这里受到了轻视？我们更赞成那种纯粹沉思性的精神活动。生活的飞跃虽然肯定在某些程度上与生活本身相关联，但它位居的层级是否高于那些形成生活的尝试？

该问题的回答并不是简单的是或否，这里最为明显体现出价值相互纠缠的特征。如果一个人寻求帮助自己提升到自然之上的高度，它们毫无疑问将是宗教、艺术、哲学和科学的领域。丰富多样的生活把人和自然紧密地联系起来。因此他在这范围内创造出来的文化价值就包含有较多世俗的东西，比那些来自沉思性和远离世界区域的文化价值显得更加浑浊和少了纯粹性。不过，创造这类价值的任务并不是一种累赘，相反它比纯粹精神领域提出文化价值更为急迫和紧要。宗教只有摆脱神性的神秘享受、渗入多产的生活并成为它的发酵剂，才能赢得生产文化价值职责的完整的必要性和急迫性。这对于其他创造出来的文化价值是相同的，例如艺术、哲学和科学的文化价值亦是如此。对它们而言，丰富多产的生活成果不是直接性的要求，而是间接地使得所有最高文化价值义务地与服务生活发生关联。我们可以明确地阐明，多产的生活自身无法创造最高的文化价值，不过人们最先和最急切的任务是在它之中和之上创造文化价值。沉思性的生活只能带来关于生活的印象，而不是生活本身。正是这个原因，它的产物比多产生活的产物更为完美和精神化。历史学家的注意力必须时刻强烈关注这样一个问题，生活中与自然必

① 此外可以参考非黑格尔主义者的观点，例如迪特里希·舍费尔(Dietrich Schaefer)提道："(除了国家和民族的观念)人类没有比它更高的文化价值。"[《历史与文化史》(*Geschichte und Kulturgeschichte*)，1891年，第47页]在这里，他首先只谈到作为最高文化价值的国家与民族的观念——我喜欢从他口中听到这么一个值得注意的名词，但由于它被过分夸大了，所以根本无法接受。不过他也经常注意到，国家秩序的建立与发展根本上是人类精神所能体现的最高等级的作为(第5页)。

需联系的部分在多大程度上已经重塑和转变成了文化。

我们认为这些考量建立起了政治史在历史科学中的中心地位,它比过去任何有关论证更加深刻。政治史相较于宗教史、艺术史等,面对的是较不完美的价值,不过并不嫉妒后两者游走在高度人性中的好运气。政治史研究国家这一最具因果性的历史生活影响要素,同时探索国家能够产生的价值,这就触及了有关生活深度和高度的思考。政治史为了能够实现这一目标,必须把它自己置于生活的中心。政治史在所有历史科学中最贴近生活,而经济史或社会史是否更亲近生活则可以根据历史学家保有的历史生活的概念展开不同的讨论。我们把这些概念理解成自然和文化的相互渗透。两者关系越紧张,争夺就越火热,历史存在的量度也越大。我们在国家内部看到了这种二元对立的最高形式,国家不能获得文化方面的最大胜利,但它提供了最深刻和最惊人的文化与自然互搏的场景。精神化和道德化国家的尝试紧随着个人精神化和道德化的提升,尽管人们知道这些尝试无法完全实现,但它们是诉诸道德行为的最高需求。国家将一直建设最具影响和广泛的生活共同体,渴望完美的人们只有在渴望完美的国家中自由地呼吸。国家文化价值的问题性、不确定和不安定像巨大的磁铁吸引着政治史家,他们对大部分世界历史没有意识,而聚焦在伟大的国家方面,文化与自然的竞争在他们身上变得波澜壮阔。

政治史依旧保留了一块中间区域,展现出政治生活中有关文化价值的奋斗以及沉思中生成的文化价值的历史。这就是政治观念的范围,行动的生活与思想的生活融合在一起。活跃的政治生活需要引起一种获得形成有关这样生活的印象的冲动,现实与理想在其中相互交织。这种创造意味着希望它们能够直接对生活做出反应,而不只是间接地通过艺术与科学形成的印象进行反应。当这成为结果的时候,它们就成了真正历史进程的序幕,并且单凭这点已经值得作为重要的因果性加以研究。人们是带着什么样的热情在追溯人民主权和社会主义理想的观念起源啊!不过有关这些观念的专属文化价值在于人们思想生活内直接而莽撞的尝试中,它们试图挣脱纯粹自然的束缚,至少在一种幻想中使得国家精神化。这些观念同样被认为是出于自身的利益,为了各自的个体价值,而不仅是由于它们的因果影响而发生。它们可以在所有生命中得到回味与表现,能够倒退回这一洪流中。尽管其他人可能受到历史生活其他部分的更大影响,对我而言，我可以毫不犹豫地说出个体观念的展望总是最深切地打动自己，这些观念在政治生活粗野的世俗力量和努力摆脱这些压迫重量的冲撞中被唤醒。它们又显得比纯粹思想生活的产物更为世俗化，更和现实混合在一起。进而，它们的一切被愈发生动地视作自然现实中的滋养沃土，没有任何精神创造可以不依赖这土壤而凭空产生。政治观念把世俗与精神的气味混合在一起，如同兰克告诉我们的那样，倘若国家能够达到纯粹精神实体的层面，它也可以做到这一点。那么，文化价值的更高来源是应该定位于国家本身还是属于在国家之上的精神观念呢？举例来说，究竟是希腊城邦还是柏拉图的理念发展出了这些价值？试图用例证来说明这点是迂腐的。因为有时是国家，有时又是来自国家的政治观念确认或者拒斥了文化价值，后者代表了更高的精神成就。而在许多其他例证中，像上述这样的评价活动本身就被制止。总的来说，文化价值的等级化必须大致上进行。这是由于它们个体的特征使得采用任何单一普遍的标准都将徒劳而返。我们把文化价值当作个体看待的时候，就能大致感受到它们相对的文化潜能或者自然束缚，但无法精确地把它们的量度计算出来。自然和文化中间区域的不可通透性已经阻塞了完全精确的可能性道路。个体不可言说。正是这个事实造就了我们对于历史世界的无限迷恋。历史世界往往神秘而又公开地一直创造崭新的精神实体，然而并没有将它们由低到高地排列起来。如兰克所言，每个时代都直接与上帝关联。

接下来我们以这句话作为结尾，它精确地道出了我们在和这个职业广为流传的抗争中能够树立起来的东西。“一个(时代的)价值根本不在于从它那里产生什么，而存在于它自身之内，存在于它真正的自我之内。”①

本文译自 Friedrich Meinecke，“Kausalitaeten und Werte in der Geschichte”，*Historische Zeitschrift*，Bd. 137，1928，S. 1–27，同时参考了英译本，见 F. Stern (ed.)，*The Varieties of History：From Voltaire to the Present*，London：Macmillan，1970，pp.267–288。

译者：张骏，四川大学历史文化学院专职博士后

① 《历史上的各个时代》(*Epochen der neueren Geschichte*)，1888 年，第 5 页。

德国历史主义

当代历史学的思想潮流

□[美]查尔斯·A. 比尔德(Charles A.Beard)、[美]阿尔弗雷德·瓦茨(Alfred Vagts)

一

利益和思想这两条路径上的发展,已使得历史学在所有学问中加冕王冠。三种宏大施政观念正在竞逐全人类的接纳和崇信——民主制、法西斯主义和共产主义——而从本质上来讲,这三大观念都必须依赖对历史事实(history as actuality)的解释。社会中的人性是否包含一些稳定的元素?各种制度类型,是否真的具备塑造和把控人性的机能?是否基于这些机能,政治家便可以放心大胆地去改造现有制度,或规划社会组织的新形式?抑或,莫非历史所揭示出的人性,不过是由杂乱的观念、迷信和莫名情愫所组成的一团无形的、流散的混沌,领袖们靠着神话与符号就可以随心所欲地将这混沌般的人性加以编排,以达成某种目标——而这些目标,不过是那些身具魅力和权势的人们凭着他们自己的激情,替全人类做出的选择?

这些便是当下面临的基本问题,实际上也是人类亘古面临的问题。自然,今日新旧世界的时局大势,会将上述问题带入那些人类事务研究者们的头脑中,只要他们对于事态走向和他们自身工作的未来不是全然地漠不关心。那些全心投身于工作的文献历史学家或档案学者们,就其对价值的感知,对研究主题的选择来讲,又有哪一位不是深受诸如《晨报》头条新闻、游行者的叫嚷以及宗派主义教唆者日复一日悄声鼓吹的影响呢?如果说语文学家、文物学家和训诂学家们尚能与这世界维持一种若即若离的关系,那些研究重大历史问题——诸如罗马帝国的崛起、现代欧洲的产生、美国的发展壮大以及东方的"觉醒"之类——的历史学家们,却再也不能偏安于象牙塔内,对已然长期影响西方文明的政府和经济危机无动于衷了。如若他们果真对眼前的事态发展漠不关心,又怎能指望他们对过去有真实的了解呢？所谓现实世界(practical world)的喧嚣，无时无刻不在穿透着历史学家用他们的研究建筑起来的那堵厚厚的墙。人们一直在不依不饶地问：历史学作为一组可靠的知识，关于事物的本质和发展趋向，究竟能告诉我们什么？一些历史学家沉默不语，内心深处却在考问着自己；而那些急于给出答案的历史学家，则滥造出一些稀奇古怪的历史学研究。那么青年人当然会质疑：为什么要学习这样一个对于人性毫无助益的学科呢？

吸引人们不断投入精力与热情去进行历史学探究的，并不仅仅是外部事件。历史学家的思想深刻地受着一个内在疑问(inner questioning)的困扰，这个疑问既关乎历史事实的性质，也关系到历史编纂学(historiography)①的性质。思想者们头脑中的观念，在被用于批判性分析的同时，也在发生着变迁；变迁的原因，一方面在于思想者们本就难以准确把握观念的含义，另一方面思想者们也会去探究它们与其他观念以及与它们所对应的现实之间的联系，从而引起观念含义的改变。中世纪的经院哲学家们堪称在相当程度上与凡尘世界隔绝，对一种统一和谐(general unity)的忠诚，也限制了他们的思考，可是即便是他们，也受到某种动摇，从而发展出了怀疑思维，以及各种难容于当时诸多宏观预设的反命题(antitheses)。可以推断，即便不曾发生“新教反叛”(Protestant Revolt)，经院哲学发展至今日，其关于自然物理与人类历史的观念也将与1450年大不一样。比如，比较博叙哀(Bossuet)与维柯两人的历史观念就会发现，忠实于“同一个”天主教会的两位思想家，其思想的差异有多大。可以形象地这么说：各种观念时而齐头并进，时而分道扬镳，有时甚至陷入相互冲突，不管它们与外部世界的联系如何。

历史学家头脑中的史学观念有一段漫长的发展史，可谓千头万绪，蔚为大观，哪怕仅是勾勒出一个大致轮廓，也不太可能。然而，历史观念是如何从内部被抽丝剥茧地加以思考(exfoliation)的，这一问题却可以讲清楚。在世纪之交，关于历史学家的方法、规范和成就，形成

① historiography一词的中文翻译颇为混乱，原因是很难确定一个固定的译法。一般来讲，该词有三种含义：(1)指广义历史学，几与history一词同义，一般译作“历史学”或“史学”。参考伊格尔斯、王晴佳《全球史学史》一书“前言”和“致谢”；(2)指某一具体史学领域的学术史状况，一般译为“史学史”；(3)指历史学的方法、流派乃至史学观念、史学理论、历史哲学进行的立论或争论，一般译为“历史编纂学”。参见何平《西方历史编纂学史》。本文会涉及该词的三种含义，根据语境有不同译法，希读者察之。——译者注

了一个广为流行的观念，一些德国研究者称之为历史主义（Historismus）。和所有这类术语一样，历史主义（historism）在不同场合有不同的含义。这真是一个变化多端的（opalescent）词语。尽管如此，当卡尔·霍伊西（Carl Heussi）为了方便用这个词来定义1900年前后专业历史学家进行的历史学写作时，他的理由是充分的。以这一观念为主导的历史学家可分为两大类：（1）其中一些人对他们所做的工作没有太多反思，只是机械地遵照书本和课堂上所教的方法；（2）另一些人则对他们的工作有所思考，有意识地遵守一些特定的前提预设。这些前提包括：非常重视由来已久的主、客观对立观点，相信各种历史事件是可以放在一个囊括所有的整体中加以组织的，信奉连续性演化的观念，以及规定历史是有记录的、可观察的，等等。①

如此界定的历史主义，当其对历史学家思想的影响力达到顶点时——其实是在那之前——历史学家们也在对这个概念加以反思；通过逻辑思维以及探究其是否符合现实，历史学家们努力领会这一概念的含义，并对其有效性加以验证。人类似乎天生是一种有思想的动物，历史学家也具有这一特质。他们不断地思考再思考，渐渐得出一些与从前不同的结论。

对历史主义进行这一内在批评的过程，很好地反映在1912年、1913年意大利历史学家贝奈戴托·克罗齐（Benedetto Croce）的一些散篇之中，这些作品在1916年以《历史学的理论与实际》为标题结集出版。就在这些作品以书籍的形式发表之际，一战的危机打破了欧洲历史学家的宁静；然而需要指出的是，早在外部事件的喧嚣宣告现实世界（world of practice）的危机之前，克罗齐早已预见到了历史思想中危机的到来。再一次地"想象的浪漫主义和唯物的实证主义这一组对立命题"被明确地提出。历史主义已经无法在精神上满足历史学家了，这个由实证主义类型的历史主义所主导的时代，正在接近尾声，如果说尚未结束的话，一种新的历史学观念正冉冉浮现，这一观念具备了人类心智与精神中那些为历史主义所排斥的特点。克罗齐并没有煞有介事地谈论这种新观念是何种样貌，将在各国之间传播多远，将在多长一段时间内居于引领地位，如此那就跨入了预言的领域。可以确定的是：自从大

① Karl Heussi，*Die Krisis des Historismus*（Tubingen，1932），p.20；更全面的概述，参见 Charles A. Beard，"That Noble Dream"，*American Historical Review*，XLI，76 ff。

战伊始，对历史主义——如霍伊西所定义的——的信奉便开始瓦解了，无人知道结果是怎样，然而专业历史学家们已经开始寻求一种更广博、更深刻、更令人满意的东西。大战的爆发，与历史学思想中长期占统治地位的实证主义和唯物主义观念之间是何关系？这对历史学家来说是一个值得深思的问题。

从莱茵河延绵到乌拉尔山以至更远，各种历史事件引起了人与人之间、国与国之间“客观关系”(the objective relations)的巨大变迁，历史主义曾长期不懈地关注这些变迁。俄国布尔什维克的一整套思想和政策模式都建立在他们独特的历史解释和历史观念的基础上，他们宣告了“资产阶级历史”(bourgeois history)的终结，宣告了“向自由王国的飞跃”(den Sprung in die Freiheit)，宣告了人类从往古历史的暴政中被解放出来，以及人类作为历史创造者的至高地位。偶然之间，他们撕破俄国的档案袋，公布了协约国之间的秘密条约和档案，揭露了与发动战争相关的利益和阴谋。完全抛开俄国革命这一事件不论，单是这些档案的公开本身，便足以在那些考察1870—1914年这段历史的历史学家们中间引起一场革命了，如若不然，这些档案本是可能继续尘封数十年的。布尔什维克借以发动一场声势浩大的革命的那套历史解释模式，是不是一种“合理的”历史解释呢？如果它不具备“合理性”，则布尔什维克们又是如何得以如此高效而无情地推翻沙皇，继而消灭克伦斯基政权的呢？这些都是有待历史学家们思考的问题，除非他们从空间上与之距离太过遥远，决定有意回避这些问题，或保持沉默。美国历史学家可能正忙于处理亚拉巴马州的重建和密歇根州的地方主义问题，没有受到上述问题的影响，可是中东欧的历史学家们却至少是对这些问题感到不安的，如果说尚未惊诧到要去对历史主义作一次重新检视的话。

在德国，战争的后续效应，以及克罗齐所宣告的历史主义的危机，打破了大多数“客观论”(objective)历史学家的平静。随着浮华不实的威廉二世体制一败涂地，人们试图在魏玛宪法下建立一种新的政治制度；随后，共产主义煽动者、费姆暗杀团(Fehme murderers)[①]的枪声，以及希特勒“冲锋队”(storm troopers)的踏步声透过墙垣，渗入书斋，德国历史学家们也真切地感到了这样一种紧迫性：是时间好好地思考历史写作技艺与历史事实之间的关系了。许多曾在旧制度下

① 费姆暗杀团：一个对纳粹主义的敌人实施暗杀行为的纳粹秘密组织。——译者注

过惯安稳日子的历史学家，把沉默当成了逃避的方式，暗中希望威廉皇帝东山再起，或是旧制度复辟。另一些人，尤其是年青一代的历史学家，则致力于重新思考当下的历史学和历史写作观念。德国曾是历史主义的家乡。关于历史观念的讨论，这里有丰富的传统。历史主义的反命题，在历史学家的头脑中早已开始成形。战争的危机不过使得思考的挑战更迫切了。在详细介绍1919年至1933年间德国学者深刻而富有创新性的工作之前，我们可以先说一句：在这段时间内，历史事实和历史编纂学都得到了一次透彻的研究，就其广度和深度而言，这些工作已超越了20世纪。任何一个时段、区域和层面的历史，任何一种可能性，似乎都得到了考察。为达到一种更高水平而进行的建设性思考，使得一种新的历史学观念呼之欲出，只有那些处心积虑地回避对他们自己的工作加以反思的历史学家，才会忽视这些新观念。①

欧洲大陆的所有这些研究和探索，却没能对美国历史学产生任何明显的影响。我们的大学似乎极少开设史学史(history of historiography)这样的课程，也很少去关注它。当一位历史学家在使用大量注释，当他在选择和编排他的那些"事实"的时候，他究竟是怎么想的？极少数的历史学家，偶尔会显示出他们对欧洲历史学思想的趋向是有所注意和了解的。学术刊物上出现过一些关于该主题的讨论，但这些讨论极少带着良好情绪和"客观性"，与其说表达了一种对学问的爱好，倒不如说反映了自尊心受到的伤害。或许，下面这句话可以概括美国人对这个话题的普遍观点："美国历史学家没有什么历史哲学；他们不需要；他们对历史哲学持怀疑态度；任何对这一问题展开思考的人，都会被视为一个试图强迫他们接受某种观念的外来者或神秘主义者。"人们不是都说美国只有哲学史而没有历史哲学吗？或者这么说吧，如果说对于在历史中寻找到某种统一性这件事，美国人尚未完全拒绝的话，他们却已将实现该目标的那个圆满日子推迟到了遥远的未来——直到搜集到足够多的事实，发表了足够多的专著。总之，我国的历史学研究中似乎存在这样一种趋势，即拒绝承认存在任何适用于所有历史学写作的统摄性观念，认为历史编纂学充其量是在大学里讲授的某一项"研究"，要么就是将该问题抛向未来的一个遥远时期，从而回避

① 想要理解相关的文献线索，参考霍伊西的著作。

了该问题。

那么有没有理由假定，欧洲关于历史编纂学性质的探讨以及从中产生的具有启发性的观点，将会对美国的历史学研究产生影响呢？毫无疑问，放任我们业已习惯的那些前提预设，去承受苏格拉底式反诘的挑战，这是一件痛苦的事。这些前提已经如此深刻地浸润在我们的思维过程中，以至于我们对任何侵扰都心怀一种本能的怨愤。不仅如此，那些沉浸在资料整理、文献注解和史料汇编中的历史学家，对于任何教条、先验观念和哲学论点，都是持一种怀疑态度的。在他们看来，这些哲学元素会导致思维的不严谨、对事实的歪曲，并且在“体系”的名义下造成一种总体混淆。然而从过去的经验来看，欧洲史学批评及其建构性作用波及范围会越来越广，极有可能会登陆美国的海岸。康德的先验论（transcendentalism）曾漂洋过海来到美国，对新英格兰神学造成了极大破坏，而那时在德意志，对黑格尔的扬弃和批评却已经开始瓦解康德的唯心主义帝国了。及至马克思在他的家乡将黑格尔主义掀个底朝天的时候，黑格尔的历史哲学却正意气风发地来到这个国家。今天，当我们青年一代似乎正倾向于接受马克思的历史机械论时，曼海姆却已发现了它的漏洞。某一思想骚动在欧洲平息三四十年之后，便会在美国听到最响亮的回声——这个说法绝非不着边际。如果这个理论是正确的，那么1912年困扰克罗齐的问题，将于1950年在美国再度出现。

其他一些原因也预示着，美国历史编纂学长期遵循的一些前提预设将经受一次彻底的审查。其中之一便是，一些不具专业资质的年轻写作者们正在对历史发生兴趣，比如阿加的《人民的选择》（*The People's Choice*）、①塞尔迪斯的《大陆》（*Mainland*），②更不必说一些历史类小说，如玛格丽特·米切尔的《飘》。大众对于历史学的兴趣的增长，不管这一现象是好还是坏，职业历史学家毫无疑问地会看在眼里，并给出一些批评和回应。更有可能对历史学思想发生影响的，是其他人文研究（humanistic studies）——包括经济学、政治学、社会学、人类学和社会地理学——中出现的一种新趋势，该趋势主要体现为学科边界的拓展，目的在于更加切近地适应和触摸真

① 赫伯特·塞巴斯蒂安·阿加（Herbert Sebastian Agar），美国记者、历史学家，其1933年的作品《人民的选择》对美国总统制进行了评价，获普利策历史学奖。——译者注

② 美国作家、文化批评家吉尔伯特·塞尔迪斯（Gilbert Seldes）1936年发表的一部艺术、文化批评著作。——译者注

实;这个拓展的过程,促使各学科的研究者们纷纷侵入了诸多历史学领域的时间和空间边界。下列问题频频被提出:这个被称为历史事实的无所不在的介质(medium),其性质究竟如何?我们该如何探究这个问题?我们能得出什么结果?那些包含在历史之中,但并不纯然是经济的、政治的和理性的特性,究竟是什么?所有有关经济和公共政策的观念,都在一定程度上遭到了颠覆。只有彻底揭示每个具体问题与其他问题之间的关系,我们才有望形成一个"完整的逻辑链条"。

于是,一方面源于自己的思考,另一方面受大众作家和其他领域严肃学者的影响,美国的历史学家们很可能会感到,自己正被敦促对自己的工作展开一场无休止的反思。很快外界会对他们产生一种误解,以为他们正掌握着某种具统摄意义的哲学或方案,尽管他们声称自己没有。事实上,任何一位历史学家在誊写札记,在筛选和安排"事实",以便组建起句子、段落、片段、章节和卷册时,对于自己正在做的事情,难道会毫无观念吗?如果他脑中没有什么观念,那么他究竟在做什么?如果有,那个观念又是什么?

二

在关于历史编纂学(historiography)这样一种涵盖极广的概念背景下,欧洲和美国的共同性,以及一定程度上它们的差异性,都体现了出来;关于这一主题,欧洲大陆由弗里德里希·梅尼克(Friedrich Meinecke)做出的最新贡献,也必须置于这样一种背景之下来考虑。[①]这一背景下,不该有任何单纯批判的观点,即那种仅仅因学派和私人的争斗而产生的观点。如果说梅尼克的著作确实引起了争议,应该看到这些作品的精神是追求真理——一个我们尽管可能永远实现不了,但可以奋力追求的目标。

梅尼克论述的"历史主义"(Historismus),不带任何有羞辱意味的东西。[②]它也不仅仅是一种方法论,或一种适用于任何情形的历史书写方式。对梅尼克来说,历史主义是"西方思想史上经历过的最伟大的精神革命之一",是新近关于生命和认识论的后笛卡儿原理在历史学中的运用。最后,是对自然权利学派及

① *Die Entstehung des Historismus*.ZweiBande.(Munich:R. Oldenbourg.1936,pp.1-304,pp.305-656.19M)

② 理解这句话的含义,以及作者在全文中的态度,要考虑三个背景:一是作者认为美国历史学家所理解的"历史主义"(实证主义的或批判的)与梅尼克的论述有较大差异;二是两次世界大战期间美国学者对德国知识界的普遍提防;三是作者本人一般被认为是一名"进步主义"史学家。——译者注

其关于人性,尤其是关于人类理性的稳定性之信念的扬弃。“历史主义的精髓在于,在看待历史和人类的发展趋势时,用一种个体化视角取代总体化视角。”一名法国作家将历史主义定义为“关于时间的差异性的认识”(le sens de la defference des temps)。因此,历史主义与启蒙时代流行的观念是相反的,当时的观念认为就其可以互相替换的程度而言,时间的本质是永恒不变的,并且事件和时间周期都是有可能复现的。历史主义则强调历史事件与人物的不可重复性和唯一性,而反对历史的统一性和连续性——即只存在一种真,一种美,一种善。按默泽(Moser)的论述,历史主义主张“每一个时代(每一个国家,如此类推)都有它自身的风格”,而在兰克看来,历史主义声称其讲述的历史“是真实的过去”(wie es eigentlich gewesen ist),或许这一表述在比较级下更为真实,即“是更加真实的过去”(wie es eigentlicher gewesen ist);也就是说,历史主义自称,其对过去的描述比启蒙的历史编纂学来得更加真实。在梅尼克看来,这种历史主义对于历史编纂学来讲简直就是绝对的善(absolute good),因为在他的书中,仅有一处承认“历史主义不是一种拯救全人类的信仰,那种信仰会将所有非信徒都划归劣等阶级”(第 310 页)①。粗略地看,从历史编纂学的角度来讲,在渡过其形成阶段之后,历史主义已然成为“历史法学派”(school of historical jurisprudence)以及经济学中的施莫勒学派(Schmoller school)②的关注重心。

以对历史主义的此种理解为前提,梅尼克将它的兴起视为历史编纂学的一部分,该部分专门处理历史意识或历史概念的起源问题,与纯粹的批判史学方法有所不同。因此,他的著作是一部“观念史和精神史”(Ideen-und Geistesgeschichte),或者说是“一部关于那些广泛存在于历史思考背后的一些有关形式(Gestaltung)的原则和评价标准的历史”(第 8 页)。它勾勒了近代以来一大批历史写作者的思想路径所经历的变迁和转折,他们包括:沙夫茨伯里、莱布尼茨、戈特弗里德·阿诺德(Gottfried Arnold)③、维柯、伏尔泰、孟德斯鸠、休谟、吉本、罗伯森(Robertson)、弗格森、柏克、莱辛、温克尔曼、赫尔德、歌德和兰克,等等——所有这些人中,除维柯孤立在外,其他人

① 以下文中括号内的页码是比尔德和瓦茨引用的《历史主义的兴起》1936 年德文版的页码。——译者注

② 施莫勒是历史主义或制度主义经济学的先驱,他所开创的学派注重历史在经济学中的角色。——译者注

③ 戈特弗里德·阿诺德(1666—1714),德国神学家、历史学家。——译者注

相互都有联系。这些思想家们展现了从启蒙和自然权利观念向梅尼克定义的历史主义的演变历程。从他们的名字可以看出,历史主义虽是关于历史的思想,却不仅仅是历史学家的思想,后一种理解过于狭隘和专业化了。新思想与批判性研究的完全结合,要到兰克的时代才告实现。

或许,下页中的表格能很好地呈现这一演变历程的开端和结果。梅尼克的杰出作品呈现出了细致而丰富的差别,揭示了诸多历史主义思想家们相互之间的关联,相形之下,表格自然有所不足,但它确实是呈现梅尼克写作纲要的最简捷途径。

以下对这一简要表格作一说明:沙夫茨伯里和莱布尼茨最先富于革命性的认识到了独立的个体性,对英国人来说,这一个体性体现了光荣革命后英国贵族中那些有识之士们个体性的完全解放。直到这时,由于不列颠世界各阶级的解放,为自然权利理论所支持的那些权利诉求才渐渐得以实现。梅尼克将沙夫茨伯里和同时代的德国人莱布尼茨与戈特弗里德·阿诺德一同看待,认为他们"在一种共同的精神独立的氛围中生活和思想,不受尘世权威所辖制,而是虔诚地信奉上帝。归根到底,这才是他们得以为历史主义做出开拓性贡献的基础"(第55页)。也就是说,这些人共同的"直觉知识"(scientia intuitiva)来自神秘主义、虔信主义和新柏拉图主义,在上帝和个体信徒之间重建了一种直接联系。①

① 这和在美国被称为复兴主义或觉醒运动的现象类似,其第一次发生的时间是18世纪30年代。这些运动显然完全是关乎情感的,它们以一种几乎永恒不息的方式,似乎催生了某种本土历史主义或一种"精神史",或者至少是一种历史观念。试比较亨利·沃德·比切尔(Henry Ward Beecher)于1857年介绍科南特对当年美国的复兴运动时说的话:"迄今为止,人类的历史学都是外在的和物体的……人类不知心灵是何物,不了解它是由何种力量所构成,那些引发了人类历史上无穷无尽的事件的能力,究竟是什么……当构成人类心灵的每一种力量都得到科学的探明之后,当它的规律、它的反应状况和变异状态都被记录下来时,则历史科学将进入一个新时代。"引自 Davenport, *Primitive Traits in Religious Revivals*, p.vi。

历史学思想

启蒙思想	历史主义
自然法,超时间稳定性	历史主义,仅具有暂时和地方有效性的规律
在人们理性共识的基础上建立国家的契约论	国家建立的基础是政治权力、地缘因素和人的才干
人的理智可以理解万物	人的理智不能理解万物(维柯语)
相信人类最高理想的不朽,相信人性从本质上是普遍相同的,相信历史是循环的	相信时间和空间是人类理想的决定因素,相信个人主义,相信历史人物、行为和事件的个体性
世界精神	民族精神
人类的福祉	各族类的福祉
人生而平等	人生而不平等
人类理智足以对任何事物加以阐释;相信智识、理智主义、理性主义和实用主义	相信灵魂、直觉、非理性、直观、柏拉图主义、新柏拉图主义;相信存在一种"无须思考且超越思考的智慧"(柏克语)
人是历史的目标和载体	国家是历史的目标和载体
世界是人类的世界	世界是"国家的世界"(维柯语)
伸张人权,拒绝强力政治	推崇国家理由,认可强力政治
相信朝向确定终点的进步;世界是进步的	"历史发展的无穷尽"(莱布尼茨语);世界是循环发展的(歌德语)
国家和人一样,处于法律之下	国家是活的实体,高于法律
从自然权利的角度可判定历史行为的对错;存在战争罪问题	应避免下道德判断;不存在战争罪问题
认为中世纪是愚昧行为的集合(伏尔泰、休谟语)	对骑士时代怀有崇高敬意
相信理性	相信命运
中世纪在历史上是可悲的、愚昧的	中世纪被给定了一种悲剧的特征
形式的、风格化的美	个性化的美
革命;国家保卫人的权利;民主制;进步	保守主义;柏克的"圣徒与骑士"的国家;梅特涅的复辟

然而,梅尼克的这样一种归类忽略了这两个国家不同的社会环境:在世俗世界里,德国的两位思想家都附庸于他们的统治者,英国思想家沙夫茨伯里则作为统治阶级的一员而享有独立性,因为在英国,规则是"统治权应从财产权中自然衍生出来"(第25页)。沙夫茨伯里是他自身所在阶级的合法代言人,这个阶级信奉一种"基于诚信和财产而自然形成的统治"(第19页),两位大陆人则是国家官吏,所任的官职使得其思想观念带有某种"财产性特征"(property qualification)。梅尼克本该自始至终留心这一区别的。该区别也更好地解释了德国和意大利(如维柯)这些靠领薪水过活的理论家们(salaried ideologues)的特殊处境,他们和沙夫茨伯里一样——如梅尼克所言——经历了一场情感革命(Gefuhlsrevolution)。从多方面来看,这是一场反革命的(antirevolutionary)革命,一场深入到精神和思想意识领域的"觉醒运动"(awakening),而不像美国的宗教复兴运动那样,一般而言仅局限于神学领域。因此,欧洲已经具备了后来作为历史主义基础的一些元素:新柏拉图主义、新教虔信主义、新的美学感受,以及一种想要与原始的、远古的人类交流的全新而强烈的愿望。最后一项本是某种反传统主义(anticonventionalism)的倾向,却在史前史(Urgeschichite)这个领域发现了原初的且常常是典范式的(exemplary)人,这一探索有时甚至带有某种类似今日荣格心理学的逻辑。[布朗热(Boulanger)①"想要将人类从他们生活其间的尘世恐惧中解脱出来,方式是揭开那些被认为早已不复存在的恐惧的根由"(第201页)。]另一方面,18世纪的历史思想也使用了其他一些建立在理性主义基础上的方法,以便占领历史世界,让它为各种生活中的目标发挥作用——而不致沦为简单的古物收藏癖——这在伏尔泰、孟德斯鸠和休谟的思想中都有所体现。

伏尔泰的"历史哲学"赋予了历史以战斗性,把"有用的真理"当作武器,服务于法国资产阶级的进步解放运动当中;伏尔泰终其一生都在书写法国资产阶级的普世文明史,而对资产阶级的敌人,那些来自一个"野蛮"的过去时代的遗民,则穷其一生与之战斗(第82页以下)。正是在这一具体立场上,伏尔泰开始了"阐释世界历史的奋斗,从那时起,在这个领域的奋斗便与旨在开创未来的所有战斗配合起来;脱离了前者,后者是无法

① 尼古拉·安托瓦内·布朗热(Nicolas Antoine Boulanger,1722—1759),法国启蒙作家。——译者注

进行的”。

> 凭着一种博学多知的惊人才华，伏尔泰使得西方人开始相信，每一个伟大的新观念都需有一涵盖甚广的历史学基础。……由于意识形态的战场上经常上演着历史学武器的激战，历史真理一直面临着一种危险——被各种意识形态生发其中的那些时代潮流所遮蔽。尽管如此，值得安慰的一点是，在那些思想独立的人们心中，历史真理有着重要地位，而在连续不断的历史阐释和批判性讨论下，历史真理也得到了更深入的研究。（第 89 页）

以上本该是梅尼克遵循的一条线索，毫无疑问应当作为其著作的逻辑重心，可是实际上，考虑到一些他认为居于更优先层的指导性原则，这条线索却被忽略了；如此的结果揭示了不同作者在历史学观念上的区别，然而这些观念在塑造各种政治世界观时所起到的作用，却未能得以充分彰显。

孟德斯鸠比伏尔泰更坚决地打破了一项历史学的恶习，这一恶习也被认为是启蒙的一大根本弱点，那就是以当代的标准评判过去——“将人们生活其间的所有那些本世纪的观念，投射于遥远的时代，这是所有错误根源之中最严重的一个”（第 96 页，第 166 页）。伏尔泰心安理得地把历史上一些他认为没有意义的时段抛诸一旁，孟德斯鸠则不遗余力地提出一项主张，该主张后来被称为“历史学须赋予无意义的东西以意义”。自然观念，作为一种应任其发展的情感力，已在孟德斯鸠那里萌芽（第 144 页以下），然而作为道德因素的自然与作为物理因素的自然两者之间的矛盾，依然未能得到解决（第 152 页）。在他身上还体现出了一种相对主义的肇端，这种相对主义主张，此一时的真理可能是彼一时的谬误，世上只存在某种具有相对的善的法则。

尽管孟德斯鸠还不可能完全摆脱理性主义的绝对化思维，但仍然可以这么说：他的政治相对主义为未来的历史主义开辟了道路（第 159 页）；休谟的心理主义（psychologism）或许也起到了作用，该主义试图“通过历史学来廓清人自身对于人性的描绘”（第 219 页）。虽然孟德斯鸠对观念很感兴趣，但他也凭着天生的直觉探究现实，可惜仍未能觉察到历史人物的个性特点——这一概念与发育［development（Entwicklung）］的概念密切相关——虽说他的确将各民族理解为单独的个体，有着自身的“一套观念”（suite d' idees）和各具特色的“系统的思维方式”（maniere de pensertotale）（第 190 页）。尽管如此，就对历史世界本质的把握这一点来讲，梅尼克仍认为他和休谟是最杰出的思想者，掌握着启蒙时代先进的思维工具(第212页)。

柏克视法国大革命为自然权利观念的结果，并对此提出最强烈的思想和政治抗议，他捍卫着“圣徒和骑士”的国家，去抗拒平等主义和功利主义的洪流。梅尼克以“现世虔诚”(world piety)这一概念来总结柏克对于人类生活的判断：“对世界的本来状态抱一种虔诚的忍耐，不去排斥它的深渊和阴暗面，心怀这样一个希望——通过个人本分地安于现世的生活，最终达到一种超越的和谐，生命亦由是获得意义。”在此，自然成了一切已有存在的合法性证明；它不再是一种为了达成政治上更理想的状态而被援引的权威，相反，该状态之所以未能达成，却是因为自然遭到了干涉。从前的一种逆来顺受的态度(spirit of acquiescence)，重新出现在了柏克这种与世无争的清教主义(Protestantism)当中，为历史主义提供了肥沃的情感主义土壤，梅尼克将其称为“有生机的传统主义”(第298页)，一种前历史主义；之所以如此，是因为这种清教主义杜绝了(至少在字面上)那种“按照清规戒律来安排真实世界”的企图——兰克在论及新经院哲学(new scholasticism)的理性主义时[在他为《历史政治学刊》(*Historisch-politische Zeitschrift*)写的开篇词中]，也对这种企图提出了批评。

旧帝国下诸邦国的特殊性，兼之以在政府中的亲身任职，塑造了尤斯图斯·默泽(Justus Moser)这个地方历史学中崛起的天才的形象和思想。[①] 默泽原本只是一位传统主义者，致力于为古已有之的正义原则作辩护，这与他个人的生活经历相关，但渐渐地他的思想和世界观里开始有了一种对于古代事物的有意识的、有比较的和有反思的热爱，于是走上了历史主义的道路(第331页)。默泽宣称，若非是“对原始文献进行一番细致而长期的研究，历史学著作是产生不了的”。正如梅尼克所言，“历史编纂学中，一种全新方法浮现了，它由两部分组成：针对原始文献展开的、有意识的工作，以及与此相伴随的、无意识的智力素质”(第337页)。

由此看来，认知的主要途径便是材料研究和直觉[即移情(Einfuhlung)活动，该术语来自赫尔德，第385页]；具体方法即是“建立在经验基础上的直觉”(第356页)。后者系由温克尔曼，这位研究古希腊文化的德国学者——带到历史主义中来的；他所提供的“历史学工作

① 默泽以撰写他所在的奥斯纳布吕克主教领地的地方史中突出社会、文化因素而著称。——译者注

中的直觉洞见[intuitive insight(seelische Einfuhlung)]”,被未来的历史主义当成了一种必不可少的基本认知手段(第322页)。这就是兰克所说的——在提及国家和其他历史构成物(formations)的时候——历史学家“在自己心中产生出对历史存在物的同情”的必要性。

然而梅尼克也指出,从本质上讲,是默泽的官方雇佣身份促使他去为现存事态的秩序提供一种辩护和合法性,使之能够抵抗来自开明专制和资产阶级《人权宣言》的侵袭,也使他欣然接受了“狂飙突进”(Sturm und Drang)这一天才般的概念——该概念主张在美学和个性方面,个人应当从启蒙的标准化法则下解放出来。同时,这一身份也促使他将“狂飙突进”这一概念移植和应用到他自己的邦国,继而整个帝国,于是帝国自身也开始展现出个性与天才,从理智的法则下解放出来,按照它自身的意志无拘无束地发展——这便是“作为超人的国家”(State as Superman)。

默泽对国家的强调,清楚地揭示出历史主义的官僚化特征。然而,他个人的臣服绝不是彻底的。事实上,他和赫尔德等其他人,都像所有那些比他们的封建领主品格更高尚、智力更发达的下级官员一样,心怀一分郁闷(第360页以下)。默泽甚至在考虑,是否应当每一百年左右便在人类的头脑中掀动一场全面革命,以带来更好的道德状况(第363页)。比之杰斐逊关于某种不断重复的健全革命这一乐观主义愿望,默泽的想法或许构成了一个悲观主义版本。然而接下来,法国大革命爆发出的可怕现实遏止了这些德国思想家们——默泽、赫尔德、歌德等人的希望。

就思想状态与个人效忠的关系而言,处理得最不和谐的要数赫尔德。歌德试图在魏玛大公国看顾赫尔德,让他的个性和一腔愤懑能够适应在德意志境内郁郁不得志的生活——封建关系和军事负担已让这个国度奄奄一息(第496页)。然而郁闷、绝望已极的赫尔德,却在宗教和彻底的形而上学中找到了容身之所:每个人生命的目的,尽管指向人性,却是超越尘世的;尘世只是一个训练的场地,我们的人性仅仅是第一场练习;人类的当前状况不是别的,正是两个世界之间的一种联系。“如果你迫不得已,就为国家服务吧;如果你可以选择,则应为人性服务。”(第453页、第455页)在赫尔德看来,国家并不像兰克所认为的那样,是一种有生命的个体,而是受着一帮野心勃勃而贪恋权力的人们操纵的一套机制(第471页)。就此而论,对于梅尼克本人那种普鲁士至上主义(Prussianism),赫尔德必定是非常反感的。

在众多郁郁不得志的德国人中起着调合作用的歌德，其心思只是偶尔注意到了历史学。在所有思想领域，歌德对历史学的掌握最缺乏系统性，尽管也曾有过这样一些片言只语，如称历史写作“是摆脱过去的一种方法”，或“被称为‘时代精神’的那种东西，其实不过是那些先生们自己的精神”。但梅尼克仍坚持将他算作历史主义的开创者之一。他论述歌德的那几章是最主观的，也是最契合梅尼克本人的思想和心境的。近来，将两地名加以对照比较（juxtaposition）的这一方法，常被用作政治宣传，从而失去了原本的意义；尽管如此，我们还是可以说梅尼克试图对波茨坦①和魏玛作一综合比较研究，当然我们知道他更重视歌德——尤其是歌德那值得怀疑的“弗里德里希主义”（Friedericianism）②（第488页）——而非波茨坦。为了尊重作者的私人经历，对于梅尼克对歌德的崇敬之情，我们不宜作过多窥探；梅尼克认为自己与歌德性情十分相似，“都在独裁的环境下展现出了一种自我保全的适应力……以及用歌德本人的话来说，对于他从本性上就自然地钦慕的‘可敬畏之物’（reverence），表现出了一种顺应的能力——这种‘可敬畏之物’后来将升华为歌德所称的三大崇敬对象：那些在我们之上的、与我们平等的以及在我们之下的”（第487页）。这位赞同“国家理由”（Staatsrason）的历史学家，在歌德的下面这句话中找到了自己的合法性：“我宁愿造成不公，也不愿忍受混乱，这就是我的天性。”（第557页）歌德的言行，实际上与伏尔泰有着广泛的分歧；后者常常被援引以说明人有获取私利的趋向，然而他也继续提醒我们说，那些渴望公正的人们也应当是被祝福的。

歌德这位德意志思想界中最杰出的人物，同时也是最普遍的被引述者，如今却在帮助梅尼克制造“一种与官僚制相结合的神义论”——一套为遭遇和忍受一国之邪恶与不道德提供合理性的理论，基于同样的目的，梅尼克写下了《国家理由观念》（*Die Idee der Staatsrason*）这部著作。从梅尼克与歌德的这种可以说是单方面的相遇，我们可以看到他本人正站在德国大学历史教授漫长为官经历的终点——作为教师的梅尼克，如今既是居住在一个“自由主义”不占优势的地区，体验不到哪怕一丁点儿它所提供的

① 1918年以前，波茨坦是普鲁士国王和德意志帝国皇帝居住的地方，王室宫殿是著名的“无忧宫”（Sanssouci）。——译者注

② “弗雷德里希主义”指18、19世纪德意志邦国对普鲁士国王的尊崇态度。——译者注

那种“共同统治”的好处，也就比以往的任何思想家都更需要德国思想学术所探寻并提供的那种自我安慰。① 同样的厌世态度在梅尼克的历史主义中随处可见，尽管他也曾温和地反对这样一些晚近现象，诸如斯宾格勒的“文化悲观主义”(Kulturpessimismus)(第612页)，反对一个国家彻底地排斥外国文化产品(第591页)，反对生活的日益浅薄化。梅尼克提醒我们，歌德在晚年发出的这样一声抗议呐喊，至今仍回荡在我们耳边：“我看到一个时代即将来临。”歌德在1828年对艾克曼说道：“在那个时代，上帝对人类已经失去兴趣，为了更新万物，他不得不将一切打得粉碎。”(第598页以下)梅尼克的厌世态度似乎与黑格尔一脉相承，后者提到了“理性的狡计”——理性竟能强令非理性(unreason)为其服务，从而“令非理性成了世界和历史中的一分安慰”(第420页)。通过重新解读歌德，这位历史学家半遮半掩地将自己的感受掺入了历史：“历史的本质是一场为实现更高程度的个体性而进行的战斗，这种个体性亟待从诸多客观强力之中解放出来。”(第489页)这和恩培多克勒跳入火山口有区别吗？② 抑或，如同一位现代德国诗人论及投降和不抵抗时所说的，这不就是“海潮的消退”吗？③

将梅尼克这部皇皇两卷大作与他从前的观念史论著比较，人们不难看出，观念一方面与利益密切相关，另一方面又与社会和经济紧密联系着。休谟被认为是英国新兴资产阶级的一个代表，在伟大的第一次工业革命的振奋年代里写作，他对于社会的那种朝气蓬勃的认知，尚未受到任何灰暗阴霾的搅扰。弗格森被认为已经观察到了工业革命带来的劳动分工过程，并警告他的同时代人，该过程将导致社会的全面崩解，社会各领域再也不会为某种宏大精神所充盈，而这种精神是本该统领一个国家的(第285页)——这就预示了民族主义在工业化社会的功能。在伏尔泰眼中，当理性主义向后看时，也与它向前看时一样的自信，理性主义在政治和历史学领域都引发了革命，也催生了那种不太看重军事和政治事件的文明史写作。关于伏尔泰，梅尼克写道：“可以把他称为启蒙历史学家中的银行家，负责他那个时代世界历史这部分资产的管理与流通。”(第

① 就在17年前，梅尼克本人还为帝国撰写了一部宪法草案，这部草案在魏玛共和国时期接受了讨论。

② 恩培多克勒是古希腊哲学家，相传为了证明自己预言的准确性，他跳入埃特纳火山而死。——译者注

③ Gottfried Benn, *Gesammelte Gedichte*, 1927, p.188.

112页)因此,相比历史主义谱系的思想家而言,启蒙思想家在梅尼克那里受到了一种更富于物质主义色彩的诠释;比如,相比柏克,梅尼克便将伏尔泰置于一个更加物质化的基础上;他大书特书后对于并非总是光彩得来的世俗财物的兴趣,对于"生活的安逸"(douceurs de la vie)和"生存的艺术"(art de vivre)有何等的兴致(第80页)。可是对于柏克的"不光彩之处"(partiehonteuse),他对英国根深蒂固的腐败的支持,却只字不提。在我们看来,这既不公正也不合理。

考虑到日后历史主义对外交和其他国家行为的看重,的确可把它视为一场缺乏革命性、不那么激进、也不彻底的解放的结果,解放的主体是欧洲的资产阶级群体,具体来讲就是德意志资产阶级。这一点在梅尼克那里是很清楚的,尽管没有明白讲出,因为他写道:早在革命发生之前,西欧启蒙运动的汹涌潮流便已使得解放成为事实。然而他也坦承,从莱布尼茨到兰克的德国思想家们有一种共同的宿命,那就是被迫在个人信仰与官方信仰之间进行调和——清教主义就意识不到这一区别——并过着一种双重的生活:靠着寒微生计聊寄余生,仅在精神领域享有普遍自由(第45页)。尽管有此挥之不去的阴影,梅尼克仍将每个思想家的个人经历和社会地位,而不是他们的社会—经济依附关系及其外在表现,视为影响他们历史学思想的基本因素:"一个思想家的核心观点,总是深深植根于他品格和思维的原初气质(Anlage)当中的。"(第31页)他使得这些思想家显得个个特立独行,而不是依赖于与群体和时势的联系。

让作者完全放弃对德国思想家们作一种物质主义的诠释的,是这些支薪官僚们对于"美好天国"(Klassenjenseitigkeit)、对于超脱尘世的感知,可是这一感知是否具有误导性呢?梅尼克确实清晰地描绘了这些思想家们如何任职于德意志邦国的底层,如何痛苦地依附于国家的统治政权。笼统而言,压迫的强度直接决定了他们想象力的奔放程度(Gedankenflug);尽管尚未取得明确进步,进步的可能性却总是无限的(progressus in infinitum)。然而物质生活的限制依然存在,它激发了精神的升华,并引发了对那种超道德的、无须对任何人负责的国家的敬重,如果不是崇尚的话,这种国家自有它自己的一套"理性"和道德。

所有这些情况,的确使得梅尼克所定义的那种历史主义成了德国知识阶层官僚化的一个副产品,成了奴役制度对德国商业实业的一种顽固作用;商业实业很晚才在德国发展起来,它只得到了一小部分知识分子的支持,却处在军队和国家双重官僚制的统治之下。这一官僚制尽管高度依赖于正在崛起的资本主义,却与之并无共鸣,但也并未限制那些最终控制了帝国的具体利益群体的发展,也就是重工业和大型农业集团。因此,作为国家雇佣历史学家的产出物,历史主义也就成了——这一点在兰克身上体现得最为彻底——那个备受阻碍和限制的官僚主义理想的保卫者,这一理想在当时德国那独具一格的环境里流传甚广。的确,作为一名申言"国家理性"的历史学家,梅尼克是最后这一两代历史学家中的一员,这些人运用历史学来支持和合法化那套官僚制统治,以及这种统治背后那些东西。如此,他的那些受过"观念史"训练的学生们,总是竭力证明种族观念早在17世纪英国革命时期便已发挥作用,也就是自然而合乎逻辑的了。他有时也责骂这些年轻人,但态度温和,只是提醒他们,孟德斯鸠"固然不以他那些野蛮的先人们为耻,但也不会去神化他们"(第179页)。在其他一些引述中,梅尼克则对种族问题多有强调,这是我们在他的早期作品中不曾看到的(比如第182~183页,第258页),这不禁令我们怀疑:这位老师向他的学生们低头了。我们发现梅尼克相当地缺乏连贯性,因为一方面他说在当时的政治、社会和精神状况下,伏尔泰的历史撰述是"最为清澈的精神之镜",另一方面又视歌德为独一无二的绝世天才,称其关于历史的评说绝没有受凡俗因素的干涉,也不受任何意识形态的影响。这副奇特的标尺只适用于一个人,换一个人就完全不适用。

以上,我们试图将德国历史主义置于其政治、社会和精神环境中去考量,希望能尽可能地超越一种片面评述。从前文来看,亨利·塞(Henry See)关于德国"早期的历史哲学具有形而上学特征"①的说法,显然是浮浅的。这种批评,源自对德国史学史的结构和历史条件缺乏了解。面对梅尼克所热情赞颂的历史主义这一兴起历程,我们的目的毋宁是分析其内在观念的性质,并考察与之紧密关联的周边利益因素。

不论"历史哲学"在英国和美国正在扮演或将要扮演何种角色,都将与之在德国的角色大相径庭,肤浅地生搬其术语更是极端危险的。我们或许已经设立了"观念史"的讲席,正如哈佛大学校长最近所言,然而如果占据这些讲席的教授们只是拘泥于他们的语文学行当,不充分考虑那些与观念总是密切关联的利

① 亨利·塞:《历史学的科学与哲学》,第17页。

益因素，我们关于世界的知识便不会扩展，我们的作品也不会变得深刻。《国家理由观念》一书的作者所提供的方法论是远远不够的。美国历史编纂学的内容、目的乃至施行，都将不同于德国的历史主义，或是它在欧洲大陆其他国家的对应物，除非我们承认周遭的社会环境对历史写作不会产生任何影响。

三

如果我们把梅尼克的作品放在1936年以前已经由大陆思想家们建立起来的批判史学的背景下来看，便能得出一些于实践有益的结论。历史主义，作为主要在1900年以前流行的那种历史写作，很明显只是用一个难以捉摸的词语给出了一个定义而已，尽管是一个挺方便的定义。同样明显的是，在兰克那种形式冷静、材料详赡，所谓的"宏大类型"的历史学背后，隐藏着德国官僚阶层对启蒙运动的敌意。对上面建立在梅尼克分析基础上的表格（第468页）加以仔细考察后，每个人作为他自己的历史学家，应都能看到19世纪最后几十年出现的两种历史思考方式，并可以选择他自己青睐的一种——或是两种都选，如果他办得到的话。然而，仅有历史学的类型学仍是不够的。很多其他元素，尤其是来自经济学和生物学的，比如说达尔文主义，也应该置于表格之上，才能让它更完整。在对这些观念有一个总体观照之后，历史学家便可以——如果他办得到的话——决定他是愿意成为一个启蒙风格下的历史撰述者呢，还是像兰克和梅尼克那样，成为启蒙的牺牲品。超越这一个人化考虑的是，近期历史编纂学方面的文献还提出了一些其他推断，美国的专业学者都必须对这些论点加以注意，如果他们还想跟上专业领域内的思想潮流的话。

今天正在发生这样一场运动，主旨在于拒绝用与物理学、生物学的类比作为对历史事实进行编排的准则。一个有着广泛共识的结论是，诸如"社会是一个有机体"，或历史学奉"因果链"为圭臬的类比法，是不可应用于人类事件的；因为这些类比与我们所知人类事件的性质并不相符，如果我们确实知道一些东西的话。不论社会的本质是什么，它都不会是一个与植物学或生物学意义上的有机体完全吻合的有机体。不论人的本质是什么，他也不会仅仅是一个与物理学所处理的那种物质相同的物理实体。历史编纂学必须放弃这样的预设和方法，回归属于它自身的研究题材——人物、事件、由人建立的制度、观念，以及处于时间流逝中的各种利益——并根据对这些素材的认知来采用合理的方法。毫无疑问，完全不受物理学术语的束缚也是很难的。历史写作中充斥着一些词语，比如“辉煌的”(brilliant)、“角度”(point of view)、“视角”(perspective)、“良好的平衡”(well-ballanced)，这些词语多借用光学、土木工程学以及其他一些大体上应归为物理学的学科。然而，如果历史写作想要触及其研究素材的真实状况，它就必须坚决地抛弃这类词语，采用一套与其处理的素材相符合的、更加合理的术语体系。要想写出更好的历史学著作，这一点似乎是无法逃避的任务。

这一举动将使得近来历史学思想中一些造成严重问题的主张消失于无形。亨利·亚当斯论述如何将“相律”(rule of phase)应用于历史学的那封“给美国历史学教师们的信”(Letter to American Teachers of History, 1910)——在其中他试图将一种普通物理学理论应用于真实的历史——我们便可将其归诸奇思怪想。[①] 奥斯瓦尔德·斯宾格勒的《西方的没落》也可以同样归于奇思怪想，因为它将生物学类比与循环物理学胡乱结合在一起。很有可能的是，大批历史学家还会继续在这些类比的束缚下工作。然而，近年来在历史编纂学思想上已达成共识，认为这类方法对于达成正确的历史学结论——这种结论需反映人类所有领域的现实——并无助益。这并不是说历史学研究将不再运用数学和统计学方法，而是说从一开始就要认识到这些方法的局限。避免失败的好办法，就是不要主动去招致失败，而不是花一生的时间在一个离题万里的假设下工作，尽管知道那将不可避免地走向失败。

摆脱与物理学和生物学相关联的这一自我强加的束缚后，历史编纂学将回归到真实的历史，回归到历史学家本人的主观的、心理学本质。作为事实的历史现象究竟是什么？至今仍没有令人满意的答案。但库尔特·里茨勒(Kurt Riezler)似乎已接近真相，他将历史学视为随时间衍变的一系列观念和利益关系(interests)。[②] 观念在思想家的头脑中变化，要么通过内部审查，要么受外部利益关系的影响，不管这种关系是心理的还是物质的。而利益关系，不管是心理的还是物质的，也会在观念的影响下变迁。

---

① Henry Adams, *The Degradation of Democratic Dogma*, p.137 ff.那些思维敏捷的观察者也会注意到斯宾格勒的“没落”(Untergang)一词也是来自物理学。德语用“Untergang”一词指太阳的落山或船的沉没。英语中的对应词“decline”有同样的语源。关于善、正义、权利等抽象词汇的物理学起源，见 P. Lafargue, *Le determinismeeconomique de Karl Marx*(Paris, 1909)。例如，“idea”一词本身，也源于希腊语“eidos”。表示面相、物理形态；“eidolon”，表示形象、影像、幻象、观念等。(Lafargue, p.54)

② “Idee und Interesse in der politischen Geschichte”, *Die Dioskuren*(1924), p.1 ff.

所有这一切都随时间的推移而发生变化,这便是真实的历史。与里茨勒的想法相近,并对其构成一种支持的,是克罗齐对理论与实践之间关系的揭示——目前美国历史学家对这一主题还完全没有意识。① 理论有顺应实践的趋向,尽管看上去它似乎是坚定地反实践的。实践也有顺应理论的趋向,不管两者之间的分歧有多大。与实践不发生关联的"纯"理论,几乎是不可思议的。同样的,"纯"实践如果是指完全未经思考的行为,在真实历史中也几乎是不可能存在的。不论这些关于历史现象的观念还有多少不足,我们都知道,比起物理学的机械论观念,或生物学的有机论观念,它们更加符合或更能反映真实的历史现象。毫无疑问,依照里茨勒和克罗齐的建议去做,在历史学的前提和结论的构建研究中,将出现富于启发的作品。如此,我们对于历史学的本质就有了更多的了解,并触及了一些结论,这些结论关乎历史编纂本身的理论与实践的最高标准。

关于历史现象本质的观念既已构建起来,与此相伴随的是对历史学家及其从事的智识工作加以探究,即研究他是如何对历史数据加以选择和编排的。这里,我们将遇到大量比物理学和生物学类比法有益得多的观念。那种认为每个历史学家都是一个绝对独特的个体,专断地将他本人所理解的意义注入历史事件那无意义的混沌之中的观念,大体上已被抛弃了。歌德被公认为已接近真相,他说被历史学家称为时代精神的东西,实际上是他自己的精神,时代不过是在其中被映照了出来。每个历史学家的确都有自己的"参照图式"(scheme of reference),或是他据以判断价值、真实性和重要性的一套观念。这套观念中,包含一些被认为是人类必不可少的事物(客观必然性),一些可以实现和值得追求的事物。这一"参照图式",这套观念或哲学,存在于每个历史学家的头脑或精神之中,不管他多么激烈地否认其存在。它可能隐藏在潜意识之中,或以习惯性的预设、偏好等形式存在,抑或表现为对某个地域、阶级或狭小社会环境的倾向性。此外,它也可能相当完整地存在于意识之中,并且由于哲学、历史学、美学和伦理学思想方面的知识而被清晰化和扩大化。这套观念可能仅仅是一种天真的态度:先入为主地形成论点,记下笔记,再以一种想当然的自信把笔记粘贴起来。但这套观念也可能是一种公正的态度,历史学家深知自己的偏好或是

① Benedetto Croce, "Politica in Nuce", ibid., pp.14 ff.

他人的可能偏好，同时对历史编纂的可能操作方式也烂熟于心，在这样的思维基础上行事。于是，知识的广度和深度就成了最为重要的一项因素。

一些历史学家，由于认识到了所有历史学创作中都存在主观行为，产生了某种与历史相对性有关的怀疑主义，但这种怀疑主义已经得到了遏制，因为他们开始意识到这一事实，即并非有多少历史学家，就有多少种可行的、彼此不同的"参照图式"。关于在以往历史写作中被实际采用的"参照图式"，尽管目前尚不知其准确数量，但研究已经揭示出，它们之间有不少类似的或重复的情况，无论其数量还是其性质都是可知的。其中一些获得了不严格的称谓——比如自由主义的、法西斯主义的、共产主义的。每个历史学家多少都受一位法国作家所说的"记忆的社会架构"的束缚。① 而社会群体的数量是有限的。当代历史编纂学的最高任务之一，便是对社会心理学这一领域进行更深入的探究。

然而有人会说，如果不存在一种永久有效的"参照图式"，人们对其有效性有着普遍共识，并给予它无可争议的支持，我们岂非又回到了相对主义？的确是这样。但这只是一种有限的相对性，而不是混乱；同时我们也从绝对历史真相的幻想中解放出来。不论哪一种"参照图式"被选择，不管它是自由主义的、法西斯的，还是马克思主义的，材料和史实都有了受到严谨的、批判性的对待的可能性，从而在一定程度上实现了科学精确性。读者并不需要历史学家以完美的客观性自诩方可放心，因为那种东西并不存在。即便设想其存在，也只能是某种单纯的意图(contemplation)，或者干脆就只是一个否定命题(negation)；因为至少在一定程度上，历史学主题的选择，以及在某一主题内对事实的选择，是一件涉及主观意志、偏好和价值评判的行为。

那种主张历史学家们能够了解历史上真实发生了什么的历史主义，其命运又如何呢？这种哲学，尽管它也否定了哲学本身，已被毁坏得面目全非。正如1900年的观念和利益关系的状态是无法重现的，这种历史主义也无法恢复了。认为历史学就是历史学家站在观察的视角，对眼前的事实进行充分的构想，这种观点已被准确地描述为某种"隐秘形而上学"。这一观点基本上将历史真实视为某种偶像，只要经过一番坚持不懈的

---

① C. Bougle, *Bilan de la sociologiefransaisecontemporaine* (Paris, 1935), reviewed by A. Koyre in the *Zeitschrift fur Socialforschung*, 1936, Heft 2, pp.260 ff.

探寻和记录,这一偶像的形态和容貌便能被发现。如今这一偶像已被破坏,信徒们再也无力将其拼接起来。与此同时,那种主张有多少数量的人类,便有多少种"参照图式"或历史观念的无限相对主义,已由于与求知活动本身难以相容而被放弃,取而代之的是一种有限相对主义,包含相对少的几种"参照图式"。此外,这几种"参照图式"并非绝对对立,而是有着一些共同点,并且是开放的,随着时间的推移,它们在历史进程中接受事实的检验。不仅如此,重视历史事实之间的关联,并按照某种统一性将这些关联加以意味深长的编排,这一理念也得到了延续和加强;在批判能力得到普遍承认的情形下,这种编排很大程度上是确定可实现并被认知的,这一信念也得到了延续和加强。某种或许可以称为历史发展的主线的东西,正在被更坚固地建立起来,同时细节也正在被更有信心地填充进去,但那种认为可能认识到历史全貌的幻想已经不复存在了。"内在性"(immanence)和"超越性"(transcendence)之间古老的竞争仍在继续,[①]就历史学而言,当它越来越多地求助于"观念史"、观念和知识的社会学,以及哲学社会学以后,这一点就更为明晰了。然而,不管是从前还是现在,历史学从未打算侵入纯粹的形而上学领域。[②]

历史编纂学的危机和转型,并未导致霍伊西意义上的历史主义方法被完全放弃。直觉主义(intuitionalism)[③]并没有复辟。正好相反,对经验、联系等事实的看重反而加强了。"没有档案,就没有历史学",这一长期以来的说法依然有效。知识仍须通过文献整理、辨析、考证、稽核等方法来获得。但历史学的兴趣已大幅扩展,直到与各种形式的文化相交接。它不再集中于军事、政治和外交事件,即便是这些事件,也正被殚精竭虑地与相关的经济和文化事件联系起来,以考察其起源、性质和意义。毫不夸张地讲,当代历史编纂学认为没有任何人类行为是不能与之相容的,并且这绝不仅止于一种胸襟开阔的姿态而已。这一态度源自对终极真理的探求——这种探求必然将历史学引向人类生活的一切表现形式。如果历史学家自己不做出转变,人类学

① 神学理论中,"内在性"指神性是存在于所有物质实体之中,物质是神的外在表现,"内在性"是一神论、泛神论等教义的基础;"超越性"则主张神性是外在而独立于物质世界的,同时也超越所有物质世界的规律和知识。——译者注

② 这部分结论借鉴了霍伊西,pp.102-104。

③ 这一哲学学说认为人类知识,尤其是数学和逻辑学知识,是先天地存在于人的精神构造当中的,而不是通过经验和发现获得的客观实在。——译者注

家也会迫使其这样做。可以确定的是,所有那些与性别、家庭的生物及文化关系相关的现实生活,日常生活的维持、操劳与提升,都已越来越明确地进入了历史学的关注视野;与此同时,人口研究、生物学探索,以及关于天赋、性格和家庭遗传特征的生物统计学研究,都在向人类更深度的物质和精神活动进军,这些活动也正是社会稳定、延续和进步的关键之所在。批判式历史主义的方法仍在被使用,尽管对其局限的认识也在加深。其兴趣的范围扩大至其研究素材的极致——全部历史事实。

此种理解下的历史学,便不再是向经济学、社会学和人类学提供"烂谷皮"(dry husks)了。所谓"烂谷皮"即一些军事、政治和外交事件,好像那就是历史写作的全部似的。与此相反,当历史学被配备以令人尊敬的方法,并开始向更宽广的知识领域进军后,它便可以渗入所有专业领域,并向这些领域清楚地展示历史事实——这一无处不在的介质了。今天人们已渐渐意识到,此种理解下的历史学,能够为宏观公共政策提供诸多指导,不啻是对人类思想的一大恩赐。这些指导可能是虚弱的,可是除此之外我们又拥有什么呢?一国的公共政策,总是部分地与国际事态和趋势相关联。因而关于这些主题的历史学必然对国家有用。一国的公共政策,也总是部分地与国内事态和趋势相关联。这方面主题的历史学同样必然有用。如果历史学提供的意见是贫乏的、不精确的、偏颇的、轻率的,且充满了恐惧、轻蔑和麻木,那么宏观公共政策将异常糟糕。如果历史学的意见是充分的、精确的、全面的、系统的——这需要不辞辛劳的工作,以及对历史学之责任的一种大无畏的理解——则宏观公共政策必将受益匪浅。历史学家肩负一种公共责任,哪怕他们自己常常批判和否认这一点,甚至不惜埋首于分析性的语文学的尘垢之中去寻求逃避;这责任便是:不论他们撰写的那种历史是好是坏,不管他们如何抗拒,逃避其工作带来的结果,他们都将创造新的历史。随着历史学家们越来越多地意识到自己的责任,历史学的地位也将提升,不论是在为它服务的历史学家们眼中,还是在它所服务的社会的眼中——至于结果是福祉还是灾难,便不得而知了。

本文译自 Charles A. Beard and Alfred Vagts,"Currents of thought in Historiography",*The American Historical Review*, Vol. 42, No.3(1937), pp.460-483。

译者:王禹,四川大学历史文化学院讲师

德国历史主义

《历史进程中的希腊哲学》『序言』与『总论：本书的目标、领域及方法』

□[德]爱德华·策勒(Eduard Zeller)

译者按：

策勒及其《历史进程中的希腊哲学》

爱德华·策勒(Eduard Zeller,1814—1908)出生于德国西南部符腾堡州,在黑格尔主义气息浓厚的图宾根大学新教神学系接受教育。1840年任图宾根大学神学院教师,1847年任伯尔尼大学神学教师,1849年收到马堡大学神学教授职位的邀请。但是策勒在基督教史研究当中主张与秉持的历史批判主义方法引起教会组织不满,使他最终未能获得神学教授席位,只在马堡大学获得了一个哲学教学职位,并且被禁止教授神学课程。策勒一直到1862年才赴海德堡大学任哲学教授,1872年起任柏林洪堡大学哲学教授直至1895年退休。

在德国国家图书馆的作者介绍页面上,策勒被界定为哲学家、新教神学家、高等教育家和历史学家,其工作主要涉及知识论、哲学史、教会史、系统神学与实践神学等。

策勒在基督教史、基督教社会学领域受到其岳父、同样来自图宾根大学新教神学系的著名基督教研究学者鲍尔(Ferdinand Christian Bauer)以及大卫·施特劳斯(David Strauss,我国出版有其《耶稣传》)影响,是他们的历史批判主义方法的继承者和鼓吹者。策勒著有《施特劳斯其人其著》(1874)、《十二使徒历史批判研究》(1854)、《古希腊一神论的发展》(1862)、《罗马时代的宗教与哲学》(1866)、《国家与教会》(1873)、《论正确与错误的教义信仰》(1894)、《基督教会史》(1898)、《基督教前史》(1899)。

作为著名的古典学家,策勒与同时代的古典学者和哲学史家第尔斯(H. Diels)及其老师乌则内尔(Usener)过从甚密,他们之间的通信是研究古典哲学、古典文献学乃至19世纪古典学术史的宝贵资料。作为著名的古代哲学研究者,策勒编纂了《研究苏格拉底、柏拉图和亚里士多德的德语文献》(1892—1899);他和亚里士多德德文译者 Bonitz 共同倡议、主持,在柏林皇家科学院出版了亚里士多德著作的历代希腊文注疏汇编,共 24 正册、3 册补编。策勒还参与了 19 世纪最重要的亚里士多德研究学者诸如布兰迪斯(Brandis)、波尼茨(Bonitz)、布伦塔诺(Brentano)等人关于亚里士多德形而上学成书及其思想体系的争论,他的研究成果以及其他古希腊哲学研究论文结集为《演讲与论文集》(1865—1884);其古典哲学著作还有《柏拉图研究》(1839)、《历史进程中的希腊哲学》(1844 年首版)、《希腊哲学史纲》(1883)、《柏拉图论早期及同时代哲学家》(1892)。

策勒也是新康德主义的发起者之一。在哲学立场上,策勒早年是黑格尔主义者,整理出版有黑格尔的《宗教哲学讲演录》。但是长期对《圣经》与教会史进行的历史客观研究,使其逐渐认识到黑格尔逻辑学对知识内容及其形式的混淆。策勒在马堡大学时期逐渐转变为康德哲学的追随者与倡行者,而 1862 年就任海德堡大学哲学讲席教授席位的就职演讲《认识论的意义与任务》,宣告策勒彻底成了一个"回到康德去"的康德主义者,他批判性地重新认识并试图解决康德提出的认识论问题。其主要哲学著作还有《莱布尼茨以来哲学史》(1873)、《哲学论文集》(1887)、《论作为经验科学的形而上学》(1895)。

策勒最著名、流传也最广的著作是《历史进程中的希腊哲学》,共三卷六册,首版于 1844—1852 年的图宾根,策勒任教马堡大学时对其进行了全面扩充和修订,后来转至莱比锡出版,在他生前各卷陆续出版了 2 到 4 版,直至 1902 年最后一版。这套希腊哲学史一经面世,至今一直是古希腊哲学研究公认的奠基之作,长期以来被认为是研究希腊哲学的权威性著作,被译成许多西方语言。

策勒的这部希腊哲学史从公元前 6 世纪开始,一直延续到公元 3 世纪左右的新柏拉图主义,但并未过多涉及早期基督教教父思想家对希腊哲学的借鉴、改造以及与新柏拉图主义之间的互动、渗透。策勒将希腊哲学史划分为"苏格拉底以前的学派""苏格拉底、柏拉图、亚里士多德和逍遥学派""亚里士多德以后的哲学:斯多亚学派、伊壁鸠鲁学派、怀疑主义和新柏拉图主义"三个时期,并首次提出和使用了"前苏格拉底哲学"(Die vorsokratische Philosophie)这一术语。策勒对古希腊哲学史的分期法,以及在探讨前苏格拉底哲学之前,从地中海周边的东西方文化交流与融合、早期宗教和神话来分析哲学诞生的背景、思想内容与观念的起源,也被以后大部分希腊哲学史著作接受并大体沿用下来。

策勒的这部哲学史巨著突破了黑格尔的哲学史观，而以其科学、客观的历史批判主义，表达了对康德精神的敬意。他强调用历史批判的方法从历史的自身发展中去探索哲学史，而不是像黑格尔那样引用资料只是为了论证自己的哲学观点。策勒特别强调要从事实、史料出发，主张对历史上的哲学文献进行历史分析，从中找出思想自身以及思想史中哲学概念的本质和内在联系。策勒的哲学史在注释中大量引用资料，并对这些资料作了语文学和思想分析，以比较客观的态度从大量史料中得出结论。

19世纪末至今，西方对古希腊哲学史料的考证、文献整理、哲学研究有很大进展，改变或推翻了原来的一些看法，策勒有的观点也就显得有所陈旧。但是他的希腊哲学史研究不仅奠定了现代西方研究希腊哲学史的基本分期、历史与理论框架，其对黑格尔哲学史撰述方式的变革也影响了西方整个哲学史研究和撰述的路径与套路，例如我们熟知的文德尔班《哲学史教程》、罗素《西方哲学史》。虽然总体上策勒的哲学史观继承了黑格尔的思想，但是如同现代德意志另一位著名哲学史家宇伯威格（F. Ueberweg，1826—1871）在其《哲学史》中所说，策勒的"哲学立场，是用经验的和批判的因素加以改变了的一种黑格尔主义"。此外，策勒根据这部大型希腊哲学史缩写的《希腊哲学史纲要》（1883），也广为流传、翻译，德文及英译本再版至今，我国出版有中译本（翁绍军译，山东人民出版社）。

《历史进程中的希腊哲学》（1876年德文第四版）

20年前，当我定稿出版本书第一卷的时候，原本设计的是一个不同的计划，预计篇幅要小得多。我曾经用下面这段话来阐述指导自己写作本书的原则：

> 对待这个课题我时刻提醒自己，初次从事这项研究给自己的任务是，要在博学广涉与历史的思辨研究之间保持中间路线。一方面，不要仅仅以一种经验的态度去收集事实；另一方面，也不去建构先天理论。而是要经由传统自身，通过批判的筛查与历史的组合，获得有关它们重要性与相关性的一种知识。然而，由于文献资源的特点以及现代关于他们的评价分歧，使得对前苏格拉底哲学进行表述具有特殊困难，不可能在没有一系列批判性讨论的基础上充分完成这项任务，经常就会流于细枝末节。不过历史阐述的清晰性也不能因此受损。因此

我尽可能地把这方面的讨论放到注释当中,根据文献之权威性让证言与引用各得其所。但是我选用的作品很多,其中有些现在已经难以获取,因此经常有必要大段引用,以便读者能够据其考查我所作阐释的真实性,避免无谓地浪费时间。于是,注释的数量、相应的整部著作的体量都增长到了一种十分可观的程度。但是我希望,在所有的内容都交给具有科学需求的读者之前,我目前做出的选择都是正确的,当然无疑这是为了能够节省读者的时间,而不是为印刷商节省纸张。

在准备本书其后卷册以及新版势在必行的过程中,我都坚持了上述立场。对我作品的接纳已经充分证明写作过程中我坚持这种愿望的合理性,不过也出现了其他(此前我并不那么了解的)原则从而引发我的关注,即古代哲学家必须以哲学的方式来对待。迄今为止我自己还从不曾认为这种处理方式是一种错误。我只是坚持,而且比以往更加坚定,对哲学体系的哲学理解——然而必须与哲学批评区分开来——完全应该与对其的历史理解保持一致。其实我从来不认为,如果不去探究一个学说及其思想的重要核心,不去检测其间的相互联系,或者不去追索它们的真实意义,也不从总体上去判定不同体系的关系及其重要性,而仅仅只是止步于罗列孤立的学说及其表述就能够写出一部真正的哲学史。但是,另一方面,我必须反对对哲学尊贵之名的滥用,不能以此为旗号而剥夺哲学具有独特品格的历史事实,不能将古代哲学家明确否认的推论强加于他们身上,不能抹杀他们自身的矛盾,并且用纯粹的捏造去填充他们思想体系的裂隙。过往的伟大历史事件在我眼中如此之伟大,以至于我不能假定自己可以超越他们的历史条件与局限性而添油加醋。在我看来,这种文过饰非反而会以低劣取代其伟大。无论如何,没有什么能够超过获取历史的真实,在真相面前,对任何思想家个人乃至学派的偏好都得让路。无论谁要解释一个哲学体系,都必须在其创造者自身思想的关联中去重构其理论。我们仅能从哲学家自身证言当中、从其他有关学说的论述当中得知,但是,在与其证言的对照之中、在审察其真实性与可信度过程中、在通过各种方式的推论和重组完成对其思想的阐述当中,我们必须审慎地谨守如下两点:首先,对直接证据的进一步归纳在任何时候都必须建立在我们占有全部证据的基础之上,当某个哲学理论对我们来说需要更多理论支撑,那么我们就必须总是去检判该学者体系中的其他部分是否在他的估价当中也很重要，而并非是一种障碍。其次，我们必须查问自己是不是有正当的理由假定，我们所考察的哲学家对自己提出的问题，是不是也正是我们对他提出的问题？我们从他们的其他表述得出的答案是不是适用于他？或者他们的推论是不是对我们来说也是必然的？无论如何，以科学的审慎精神做出推进都是我自己的致力方向。大家将看到，之后我著作的其他版本会依然如故。为此我将博采众长，不管其作者来自何方，不管其观点的重要性是大抑或是小，与我的观点会是多么的不同。虽然各方作者让我受惠良多，帮助完善并纠正了我的阐述，然而还请大家理解，在所有的关键问题上，我只能忠实于自己对前苏格拉底哲学的看法，按照主题需求坚定而明确地捍卫这些看法，反对那些在我看来并不令人信服而且站不住脚的反对意见。

我曾将本书的第二版题赠给我的岳父——图宾根的鲍尔博士①，但是在第三版中我却不得不删除这个题赠，因为他已经不再与我们生活在一起。但是此处我情不能已，满怀敬爱与谢忱，不仅念及他之于我的挚友与慈父之谊，而且在我的科学劳作中给予我乃至所有弟子的光辉垂范，即对真理追求的矢志不渝、孜孜不倦的执着与勤勉研究、力透纸背的批判精神以及对历史的广博探索和高度融合。

1876年10月18日于柏林

《历史进程中的希腊哲学》全书总论

第一章　本书的目标、领域及方法

哲学的概念或定义②

在希腊人的用法里，“哲学”这一术语的意义及其界限差异很大。③ 它原本

① 费迪南德·克里斯蒂安·鲍尔(Ferdinand Christian Baur，1792—1860)，德国新教神学系统的教会史与教义史学家，求学并任教于图宾根大学新教神学系，是基督教史与《新约》研究的“图宾根学派”的创立者。在黑格尔影响下，开启了《新约》研究的历史-批评方法，认为公元2世纪基督宗教完成了犹太基督信仰与保罗基督信仰的融合。鲍尔深刻影响并直接促进了策勒的基督教史研究。鲍尔死后，策勒与其子共同整理编辑出版了五卷本《教会史》。——译者注

② 在策勒本书德文本及英译本的目录以及正文当中并未出现此类小节标题以及相应编号，而是标注于每章节并非起始页的右页，即单页码的上方页眉正中处。本译文特将该类标题译出并列于相应小节的开头。中译文参考了Longmann Green出版社1881年的S. F. Alleyne英译本，不再一一注明。——译者注

③ 参见海姆(Haym)提供的富有参考价值的材料，见埃尔希(Ersch)与格鲁伯(Gruber)主编的《科学与艺术大百科全书》(*Allgemeine Encyclopädie der Wissenschaften und Künste*)，sect.iii.b.24，第3页及以下。

指的是所有精神文化以及诸多文化领域的所有成就,①甚至智慧(*Σοφία*)这个词也是由此而来,并被应用到所有技艺与类型的知识上面。② 直到智者时代,"哲学"似乎才初次被赋予了更为严格的意义,通常用来表明去寻求一种广泛的知识,但须经由更为专门和充分的教导,日常教育和无头无绪的生活口用常无法承担这一任务。③ 当此之际,哲学被理解为心灵对于事物的探究,其追求既非作为职业附庸也不是为了提供消遣,而是一种独一无二的特定使命。但是,哲学这个词也尚未在今天的意义上被限定为哲学的科学,甚至也不是一般意义上的科学,另外一些用在它身上的名称之意义则更加模糊:例如做哲学就是从事研究,将自己投身于任一理论活动,等等。④ 在苏格拉底(Socrates)的时代,哲学家在更为狭窄的意义上通常被用来指认那些贤人或者智者,⑤在更为准确的意义上,指的是探究自然的人士(physicists)。⑥

---

① 克罗伊斯(Croesus,吕底亚最后一位国王,公元前 561 年至前 546 年在位,为波斯帝国居鲁士大帝推翻)对梭伦(Solon)说,他曾经耳闻"许多关于他的智慧及其游历四方的经历"[ὡς φιλοσοφέων γῆν πολλὴν θεωρίης εἵνεκεν ἐπελήλυθας(Herodotus,i.30)]。与之类似,伯里克利(Periclēs)在某个葬礼上曾演讲:"我们有教养而不奢靡,有智识而不软弱。"[φιλοκαλοῦμέν γὰρ μετ᾽ εὐτελείας καὶ φιλοσοφοῦμεν ἄνευ μαλακίας(修昔底德:《伯罗奔尼撒战争史》,ii.40)]。在许久以后,甚至在那些对这个词语的精确意义并不熟悉的作者那里,我们还会看见对它一仍其旧的模糊使用。——译者注。以下脚注当中所有圆括号均为译者补注,不再一一注明。

② 参见亚里士多德(Aristotle)《尼各马可伦理学》(*Eth.Nic.*)vi.7 开头,以及其后从荷马诗作《玛基提斯》(*Margites*)中转录的诗行。此外还可参见本书下文有关智者的章节。

③ 根据一则广为人知的逸事,此前是毕达哥拉斯采用了哲学家这个术语。但是,首先,这个传闻并不那么准确;其次,如果认为哲学指的是竭力追求智慧,那么他也没有明确遵从这个意义。

④ 例如,色诺芬(Xenophon)《回忆苏格拉底》(*Mem.* iv.2,23)的表述就有这个意思。(据其第一部分)欧绪德谟(Euthydemus)的哲学就在于其对诗人以及智者作品的研究当中。与之类似,苏格拉底在《会饮》(*Conv.*1,5,译者注:色诺芬著)中将自己比作从事研究的撰作者(αὐτουργούς τῆς φιλοσοφίας),从而与智者的弟子卡里阿斯(Callias)形成对比。在色诺芬的《居鲁士之教育》(*Cyrop.*vi.1,41)中,φιλοσοφεῖν大致说的也是深思、探研。伊索克拉底(Isocrates)在《赞辞》(*Paneg.* c.1)中也以这种方式使用这个术语,将自己的所作所为称作"那些我对演讲进行的研究"(τὴν περὶ τοὺς λόγους φιλοσοφίαυ),甚至径直称作研究(φιλοσοφία)、哲思(φιλοσοφεῖν)[参见 *Panath.*c.4,5,8;《论交换法》(*Περὶ ἀντιδόσ*)的第181~186、271、285 页以及其他许多地方]。柏拉图也在很多文本当中采用这一宽泛的意义,例如《高尔吉亚》(*Gorgias*)484 C 与 485 A 及以下;《普罗泰戈拉》(*Protagoras*)335 D,《吕西斯》(*Lysis*)213 D;此外还可参见《美涅克塞努》(*Menexenus*)的开头部分。

⑤ 例如,这个头衔曾经被赋予七贤,还有梭伦、毕达哥拉斯(Pythagoras)以及苏格拉底,甚至那些前苏格拉底的自然哲学家们。

⑥ 赋予哲学家们的"自然学说""关于自然的言论"(φυσικοί,φυσιολόγοι)等称呼特别应用于伊奥尼亚学派以及与他们相关的人。

最初明确使用这个词语的是柏拉图。柏拉图将那种在其沉思以及实践当中注重本质而非现象的人称作哲学家，他所理解的哲学，是趋向真正实在的心灵高地，是对理念的科学认知与道德阐明。最终，亚里士多德进一步限定了哲学的领域，完全将实际活动排除在哲学之外，但他仍然在一种更为广义和一种更为狭义的定义之间摇摆。就其广义而言，哲学包含了所有科学知识及其研究；就其狭义而言，它被限定于对事物终极原因的探究，即"第一哲学"。

当刚刚开始试图给予哲学一个精确的定义时，这种努力就再次被抛弃，亚里士多德之后诸学派的哲学时而特别将哲学定义为智慧的实践、寻求幸福的艺术、生活的科学，时而又几乎不将哲学与经验科学加以区别，时而又混淆于单纯的博学。这种混淆不仅为逍遥学派和整个亚历山大里亚时期的博学嗜好助长，而且特别是被斯多亚学派推波助澜。自从克律西波（Chrysippus）将语法、音乐等各种技艺都纳入其所认为的哲学探究，将哲学作为神圣与人类事物的科学，这一极端定义就已经放弃了任何对哲学领域进行精准限定的艰难努力。① 此后科学与神话学、神学般的诗艺越来越纠缠不清，这些领域的边界日益混乱，哲学概念很快就丧失了其独特性。新柏拉图主义者将花谢之神 Linus 和俄耳甫斯（Orpheus）视作第一批哲学家，将迦勒底（Chaldean）的神谕视作最高智慧的原始来源，而将自身学派的祭仪、禁欲主义以及神力迷信当作真正的哲学。此外，基督徒神学家以同样的方式将僧侣生活美其名曰基督教哲学，并划分出各种各样的僧侣教派，包括牧羊人（*Boσkoí*）这个被柏拉图、亚里士多德一直视为人类理智最高活动的名称。②

但是这也不仅仅是一个寻求准确定义以及固定意义的命名问题。语言的不确定性通常也意味着思想的不确定性，于此亦不例外。如果哲学这个术语的领

① 根据这一定义，斯特拉波（Strabo）在其著作的开头宣称，地理学也是哲学的一个核心部分，他还说博学就是哲学家的事业。以上涉及的更多权威将在本书的相关章节加以介绍。

② "哲思"（φιλοσοφεῖν）和"研究"（φιλοσοφία）在那个时候是用来指称那种禁欲生活及其各种不同类型的通用名称。所以，例如在上面提到的例子里，索佐门（Sozomenns）在其《基督教会史》（*Hist. Eccles.* vi.33）将他对牧羊人（Boσkoí）的说明总结为如下表达。基督宗教也并不经常将自己称作"研究"（φιλοσοφία），而在优西比乌（Eusebius）的《教会史》（*Church History*, iv.26, 7）当中，萨迪斯主教麦力托（Melito）则将犹太-基督宗教称作"对……的研究"（φιλοσοφία）。斐洛（Philo）在其著作《每个正直的人都是自由的》（*quod omnis probus liber*, 877, C, D）以及《论沉思生活》（*vita contemplate.* 893D）里简洁地描述了艾赛尼派（Essenes）和犹太苦行教派特拉普提派（Therapeutae）的神学及其对经文的寓意解释，称之为"哲思，研究"（φιλοσοφεῖν, φιλοσοφία）。

域是逐渐确立起来的,那么哲学自身也只是逐渐才演变成为智识生活的一种特殊形式。如果这个词语是在更为宽泛和较为狭窄的两种意义之间波动,那么哲学本身相应地也在波动,时而被限制在一种有限的科学领域内,时而又被掺入各种类型的其他成分。前苏格拉底的哲学部分也是在与神话观念的交织关系当中发展自己。甚至对于柏拉图,“秘索思”(mythus)也是一种必然性;在新毕达哥拉斯主义时代之后,多神崇拜的神学也在哲学那里产生了某种影响,以至于哲学最终也不过是成为神学传统的解释者而已。就毕达哥拉斯主义者、智者、苏格拉底、犬儒学派以及昔勒尼学派而言,科学思辨与实际探求交织相关,这些哲学家自己也不将后者与其科学思考区分开来。柏拉图断定,道德行为作为知识也是哲学的一个重要组成部分,而在亚里士多德之后,哲学日益被从实践的视角加以看待,最终与道德文化和真正的宗教等同起来。只是在希腊人那里,各门科学(现代所接受的术语)最后才缓慢地、但绝非准确地从哲学当中区分出来。对于希腊,哲学不仅仅是所有科学努力所趋向的中枢,而且原本哲学就将它们囊于一身。这种形态的特殊意义使得希腊人不会耽于关于事物的任何部分或者孤立的观点,也使得他们的知识一开始就被限制,以至于同我们对特定事物所拥有的研究相距甚远。因而,从一开始希腊人的目光就直接指向了事物的总体性,各门特殊科学只是一点一点地将自己从共同科学中分离出来。柏拉图自己就将手艺和实践技艺排除在外,认为只有哲学和数学的各门分支才是真正的科学,他对数学的处理也使其仅仅只是哲学的一个部分而已。除了数学之外,亚里士多德还将所有的自然探究都纳入哲学名下,尽管这些探究都深入到特定事物之中。只是到了亚历山大里亚时期,特殊科学才实现了独立发展。然而我们发现,在斯多亚学派以及逍遥学派那里,哲学探究又和大量博闻强识与经验观察混杂起来,而且往往被其束缚;在罗马时代的折中主义者那里,这种博学特征变得更为突出。即使新柏拉图主义者的奠基者严格地将自己限定在纯粹哲学的追问范围内,但其学派对古代权威的依赖使其哲学阐述依然承载着堆砌博学的重负。

一方面,如果只将希腊人称为哲学,或者只将其哲学作品当中讨论的内容收入我们的希腊哲学史当中,而将所有并未冠以哲学之名的内容排除在外,显然我们的阐述范围在某种程度上将太过狭窄,而在某种程度上对于大多数内容来说又会显得太过宽泛。另一方面,如果我们只就哲学自身来加以处理,就像我们在希腊所发现的哲学或者非哲学那样,那么又会产生如何确定哲学内容、并将其与非哲学的内容区别开来的问题。显而易见,这样的检测只存在于构成哲学概念的内部。然而,这个概念随着个体以及整个时代哲学立场的变迁而发生变化,显然,哲学史的范围必须也要以相应的态度和相同的比例不断地变化。这个困境存在于事物的本性之中,无可逃避,尤其潜藏于我们的发展进程中,从而招致混淆的印象、模糊或者矛盾的观念,而无法产生稳固的概念;或者让每个作者轻信自身,以晦暗不清的历史意义来确定在自己的阐述里面收入或者排除多少内容。如果哲学概念发生修改,主观的印象就会发生更多改变,这样,以不确定的方式最终留给我们的唯一资源——即可资使用的参考学说,从一种科学的角度来看也就于事无补。无论如何,从以上这些反思只能获知一件事情:作为阐述的基础,我们必须尽己所能将哲学的本质看作是一种真正的、彻底的理论。这并非完全不切实际,就主题而言也能够获得一定程度上的认可。我们之所以对此愈加抱有期望,是因为我们关注的不是任何哪个哲学体系的术语或者内容,而是最一般和最形式化的哲学概念,它们在每个体系中都是以或默认或明确的方式被作为预设的。即使某种程度上允许不同主张,但这种困难对于所有探究知识的旅人来说都是共同的。我们所能做的仅仅是就每个人的能力而言去追寻真理;如果有必要的话,让我们的所得被更先进的科学加以修正。

哲学如何被定义这个问题,只有哲学科学自身能够回答。就此论题而言,我必须将自己限定于一个已经找到的最终表述,只要对我手头的任务是必要的。我认为,哲学首先是一个纯粹的理论活动,也就是说,一种仅只专注于探究实在的活动。从这个观点出发,我把所有实践的或者艺术的那些努力排除在哲学概念和哲学史之外,不管它们与世界上的任何特定理论会有什么样的可能联系。其次,我将更为严格地将哲学定义为科学。我不仅仅将它当作思想,而且是自觉地、系统地在事物相互关系中直接对它们进行认知的思想。凭借这一独特性,我不仅将哲学与日常生活中的非科学反思,而且与宗教式的以及诗意的世界观区别开来。最后,我认为哲学与其他科学之间的区别在于:所有其他科学都以特定领域的探究为目标,而哲学则将所有存在总和视作一个整体来观照,在个体与整体的关系中寻求理解个体,并通过整体原则寻获所有知识的关联。因此可以确立这个目标立此存照,而且我也不会将哲学史领域再做更多扩展。

在开始阶段这样一个目标体现得还不会十分明确,因为已经发现最初会掺杂有大量的外在因素,对此我们无须讶异。但是这也不能阻止我们从承载了哲学特性的大量希腊智识生活当中做出概括,在其历史展现当中就其自身并为其自身做出认真思考。在这样的进程模式中确实存在粗暴对待实际历史关联的危险,但是我们可以郑重对待下列考虑以摆脱这种危险:哲学与其他因素的长期混杂,科学为自身赢得独立存在之进程的长期性,晚期思想融合的特殊性,哲学从整体上对于文化的重要性及其对于现实条件的依赖。如果充分考虑到这些周边情况,如果在几个思想体系当中我们能够细心地将哲学内容与纯粹附着的材料区分开来,依据简明的哲学标准和概念检测具体思想的重要性,考察哲学思想的发展,那么就能同时满足对历史完整性和科学准确性的要求。

希腊哲学的范围

一方面,我们研究的目标已经得以确立,而且希腊哲学也被我们与其他具有同源关系并紧密相关的现象区分开来,但是对于希腊哲学的广度及其边界依然存有深远疑惑。我们是否只局限在希腊种族成员内部?抑或是在整个希腊化文化圈当中进行探索?在后一种情况下,这个领域的范围如何确定?当然,不管是限定在希腊科学史及其向罗马和东方扩展的历程之内,还是追寻其效应直至当今我们的时代,都是完全合理的,而且或多或少都是可以选择的。不过,只要在数量上希腊因素盖过了外来因素,除非何时其分量倒转而不得不放弃希腊名称,那么将哲学称作是希腊人的还是更为自然。希腊因素不仅伴随着希腊-罗马哲学,在新柏拉图主义者及其前驱那里也是如此,甚至犹太人的亚历山大学派与当时的希腊哲学之间关系也更紧密,而且对其自身发展也产生了更多影响,希腊因素显然超过了基督教世界的任何现象,因此我将这个学派也纳入此处的阐述范围之内。另一方面,我把公元1世纪的基督信仰思辨排除在本书之外,因为在此处我们可以发现希腊科学已经被一种新原则压倒并丧失了其自身的独特性。

历史的方法:历史写作与历史建构/反对黑格尔[①]

对这种历史材料的科学处理必须与一般意义上的历史书写保持同样的准则。我们的任务是要确认并阐述发生了的事情,但是即使可能的话,对其进行哲学建构也不是历史学家应该做的事情。

---

① “反对黑格尔”为英译者添加。——译者注

出于两点原因,这样一种建构是不可能的。首先,因为永远无人能够穷尽人性的概念以及有关其历史发展所有条件的准确知识,对于从经验事实的细节及其变迁所做出的推论,也不能证明其合理性;其次,历史进程本身也并不具有对一个客体进行先天建构的本性。所以,历史在本质上是个体进行自由活动的产品,尽管在这种活动中有一个普遍规律在发挥作用,尽管这个活动能够完成自身,然而,没有任何特定的效应,包括在所有特殊细节当中最重要的历史现象,都不可能从先天必然性的视角予以完全的解释。个体活动服从于偶然性,而偶然性又是有限意志与理解力的产物。如果从这些个体活动的一致、冲突、摩擦出发而产生出作为一个整体的、有规律的事件进程,那么不管是该进程中的特殊事件还是进程整体,其实都没有指向任何的绝对必然。皆属必然的不过是都属于这个一般进展过程,以及好似出自其历史的逻辑架构;至于其间所有的编年发展,或多或少都是偶然的。所以这两个因素相互之间的紧密交织是不可能的,甚至在我们的反思当中也是把它们完全分离的。必然性通过一系列中间物而完成自身,中间物的任何一个都可能被设想为超出自身;但与此同时,老练的目光能够在明显最为偶发的观念和行动之中察觉到历史必然性的线索,从生活在千百年前人物的随意行止当中,命运会以其如此必然的所有力量浮现出来对我们施加影响。① 因而,历史领域据其本性区别于哲学领域。哲学不得不寻求事物的本质、事件的一般规律,而历史不得不展示一个特定时间里明确的既定现象,以它们的经验状况来解释它们。两门科学都需要对方,但是没有哪一方能被对方排挤掉或者被替代,而哲学史在其进程中也不能以其发展来取代一个哲学体系的形成。说哲学体系的历史序列与刻画哲学体系的概念逻辑序列保持同一,②这是混淆了两个完全不同的事情。按照黑格尔的设想,逻辑必须阐释思想自身的纯粹概念,哲学史则考察人类思

① 对这些问题更为详尽的讨论,可以在我讨论人类意志自由、罪以及世界之道德秩序的学位论文中找到。《神学年鉴》(*Theologisches Jahrbuch*),v.vi.,1846、1847 年。特别请参阅第 220 页及以下、第 253 页及以下。

② 参见黑格尔《哲学史》,i.43。我对这个论断的异议刊登在《当代年鉴》(*Jahrbücher der Gegenwart*,1843,p.209,sq.);施万格勒(Albert Schwegler)在其《哲学史》(*Geschichte der Philosophie*,p.2 sq.)也提出了自己的反对意见。本书第二版我再次重申这一异议,适逢此时来自奥斯陆的孟拉特(Marcus Jacobus Monrad)教授在给我的一封名为《哲学史撰作中的逻辑理性力量》(*De vi logicæ rationis in describenda philosophiæ historia*)的信中为黑格尔的主张做了辩护。在本章的结论部分我对自己相关讨论的形式做了一些调整,并做了一些补充,此处不再赘述。

想的编年发展。如需其中任一方与另一方保持一致,则须预设逻辑的——或者更为严格地说——本体论的概念构成了所有哲学系统的基本内容,而且我们在历史进程中已经从同样的开端处、在纯粹概念的逻辑构造中以同样的次序把握到了这些概念。但实情并非如此。哲学并不是纯粹的逻辑或者本体论,按照一般意义来说,哲学的对象是实在的。不同的哲学体系向我们展现了迄今为止为获得一个科学的世界观而做出的所有努力,然而,它们的内容不可能被化约为纯粹逻辑概念,却不丧失其自身特性而消融于共相当中。再者,当思辨逻辑从最为抽象的概念出发以获得其他更为具体的——即哲学思想历史发展由之出发的具体思考,那么首先是从外部自然,继而是从人出发,并且只能通过逻辑和形而上学的抽象来引导。但逻辑与历史当中各自的发展规律是不一样的。逻辑仅仅只是被概念的内在关系占据,而不考虑任何历史联系;而历史则处理在时间进程中、在人类观念中引发的变化。就前者而言,前后概念的发展过程完全依据逻辑的观点而被操控,因此思想从每一个结论出发合理地推理出下一个结论,并且二者互相关联。就后者而言,事件发展依据心理动机而发生,每一位哲学家都从前辈那里流传下来的学说出发再行建构,每一个时代都因传统而前仆后继;无论是他们对于学说的自身理解,还是他们的思维模式、经验、知识、需要以及科学资源,这些都让他们的建构成为可能。但是从我们的立场出发,这些东西可能与我们想要从中建构的东西完全不同。逻辑结论只能将哲学的历史发展规整到可被哲学家认识的程度,并承认其中的必然性,至于能走多远,取决于科学信念受其制约的所有环境因素。此外,不管是推论还是争论,能够从早先哲学当中直接或间接抓取的东西,其决定性的影响从某种意义上来说通常都来自实践生活的条件和需求,来自宗教兴趣以及经验知识与一般文化的现状。不可能将所有体系仅仅视作其直系前辈的后果,就其来源和内容来说,也没有任何体系贡献的特定思想都是自身封闭做出的。各种思想当中的新鲜成分都来自已有的新鲜经验,或者说所获得的新观点都有其先兆;此前未被注意的思想与因素现在都被纳入思考,与此前相比,某些特殊时段因其他意义而备受关注。所以与黑格尔的立场不同,我们必须坚持,没有哪种哲学体系的建构原则可以被一种纯粹的逻辑概念来表达,也没有哪种体系单单依据逻辑发展规律就可以从其前辈出发用以构造自己。任何对于过去的考察都会向我们表明,哪怕只是粗略地承认黑格尔主义者或者其他任何思辨逻辑的序列与各种哲学体系相吻合,这都是不可能的,除非我们生造出某些与其实情完全不同的东西来。因此,这种尝试在原则上和实践上都只能是失败,能够保留下来的真相仅仅只是某种普遍的信念,相信哲学发展受某些固定规律支配。

历史进程的合法性/历史的法则及其统一性①

实际上,这种对于哲学史的信念绝不意味着放弃。我们无须将自己局限在仅仅只是积累传统并对其进行批判的检测上,或者只是流于某种并不令人满意的实用主义程序,只是根据个体特征、环境以及影响去孤立地解释个别问题,而不去尝试给出整体性的阐述。当然,我们的研究必须建基于历史传统知识,我们的所作所为必须既直接地被纳入传统之中,又要从传统中做出严格的推论。只要我们还是以孤立的态度对待事实,就不可能建立起我们的事实。因为传统自身并非事实,如果我们不放眼单个事实之间的关系、因果之间的关联、个体在整体之中的位置,我们就不能成功地证明传统的可信度,不能解决其中的矛盾,也不能填补其中的裂隙。所以,只要脱离它们的相互关联,不去获得关于它们核心本质与历史重要性的有关知识,我们就几乎没有可能去理解事实。最后,我们的研究关注的是科学体系,而不只是停留在意见与事件上,因此与其他相关具体事物的特定研究相比,此中对于主题真正本质的需求要更为紧迫,要通过我们对传统中每一个特殊事物相互关系的知晓,或者从传统中推论出一个伟大的整体才能满足。

统一体的第一步由个体造成。每一个哲学主张首先都是某个特定人物的思想,那么就需要通过他的才智特性及其形成环境来加以阐释。因此我们的第一项任务就是将每个哲学家的主张整合到一个综合的整体中去,展示这些主张同其哲学特点的关系,去探求最初约束其思想的原因和影响。也就是说,我们必须首先确定每个体系的原则,解释该原则如何产生,考虑其体系如何成为这个原则的成果,这也是因为,一个体系的原则就是表达某个哲学家特定哲学品质的最为清晰、最为基础的思想,形成其所有看法的整体核心。当然,一个体系里的所有个别事物并不能够由这个原则做出解释,甚至一个哲学家掌握的所有知识、他形成的所有信念(通常都产生于其科

① “历史的进程与合法性”为英译者修改。

学思想成熟之前很久)、他从万千经验当中得出的所有概念,也不是由这个哲学家仅凭其哲学原则而建立起联系来的;偶然的影响、随意的事件、各种错讹以及推理错误都会不断地干扰哲学家,而记录和描述当中的隔阂也会妨碍我们对某个学说的不同内容之间的原初关联做出断定。以上所述就存于事物的本性之中,但我们无论如何都必须保留问难,直至我们穷尽一切力所能及的手段去寻求解答。

不过,与自身特有思维模式相关的每个哲学家并不是独立存在的,其他哲学家与他联系在一起,而他也将自己与其他哲学家并联;其他哲学家与他产生冲突,而他也与其他哲学家形成冲突;不同哲学学派也在相互之间的依赖、一致和矛盾等多种关系之中形成自身。作为追索这些关系的哲学史,根据相关形式可以将这些哲学家划分成一些较大或者较小的派别。我们会发现,正是在互相之间的明确关联当中,那些哲学家才成长并成为他们确实成长并成为的这种样子,才使得我们有必要将他们归为所属的派别,借此来解释他们的专属特点及其重要意义。但是,即使这样一种解释也不可能满足所有要求,因为每个哲学家除了具有其所属派别的共同特点,还拥有许多自身特有的东西。他不仅继续从事前人的工作,而且有所增益,或者就原有的前提与结论展开其他论辩。然而,一个哲学家的个性愈加重要,其历史影响就会延伸得愈加久远;一旦开辟出新的路途,其个体特征也会愈加深远地将自身消弭直至消失于普遍、必然的历史进程当中。某个个体的历史重要性取决于其成就对于普遍需求的满足,只要如其所需,其作品就将成为普遍财富的一个组成部分。然而众人之中的一个纯粹个体也不过转瞬即逝,只有当其将自身以及个性都投入广泛的服务之中,将其具体活动融为公共劳作的一部分,其个体才能以一种坚忍的态度,在更宽阔的层面发挥作用。

但是如果说个体之于其所属群体的关系有如此益处的话,那么对于属于某个更大整体、并且身处其中才被理解的这些群体来说,其和整体之间的关系是否也具有同样的益处?一般而言,每个民族、历史上每个一以贯之的人类遗产,其精神生活都依其尺度与方向在追寻此种益处,部分地依凭其成员的特定品质,部分地依凭决定其发展的自然与历史条件。即使愿意,任何人也不可能做到将自己抽离其归属的共性;就其更宏大领域的历史行动而言,他也愿意如此,因为如果不是某个整体中的一个成员,他的所作所为都将没有根基;而且正是从这个整体、也只能从这个整体出发，才会为其开启无数甚至都察觉不到的无言之蹊，竭其所用，滋养、塑造并维系其自身的精神个性。但是也正因着同样的道理，所有个体都依赖着过去。每个人都是其时代与民族的孩子，如果谁不是在其民族精神之中劳作，[①]谁就无法获得伟大成就；如果不是站在以前所有历史成就之上，他就必将失败。如果人类的精神宝藏如同自主存在者的劳作一样，那么它也就总是趋向变化，这种变化属于一种连续的必然性；如果每一个小群体的自然发展没有受阻于外来影响的话，这种历史连续性的相同法则也会对其有益。每个时代的发展进程都受益于前代的文化和经验，从而人类的历史发展也依赖于趋向更高文化的整体发展——即进化。但是，特定的民族还有整个的民族类聚依然有可能被抛进低端，或者是因为外来的不幸，或者是源于内在的枯萎，人类文化的大片良田可能会长期弃耕荒芜，进化自身或许首先是以一种间接的方式来实现，不完美的文明形式也会经历某种顿挫。那么，在准确勾勒历史进化法则在特定现象中的作用时，我们必须慎重地将进化仅仅解释为品质与条件的逻辑发展，而这些品质与条件又内在地根植于一个民族的特征与境遇，或者说文化田野之中。就每一个个例来说，这种发展并不必然就是进步，或许随之而来的是乱象与衰落的季节，一个民族或者一种文化形式就在其中不复存在，而另一些形式则开辟了前进的道路，或许道阻且长并充满痛苦，但是却推进了历史的发展。可以说，只要普遍的演进过程都被事物的本性决定，那么在历史演进当中的这个法则就是在场的。但是这个法则并不那么简单，而这个过程也并不那么直接，如同我们曾经预期的那样。再者，由于历史时代的特征及其序列都是依据法则而非出于偶然的结果，那么包含于其中的不同发展秩序和特征也是如此。我们不能援引所考察领域像国家、宗教、哲学等的一般概念去先天地构造那些发展，但是对于每个历史整体或者每个历史发展时期而言，各个阶段都烙上了其自身基本特性、外在环境及其历史位置的印记。被现存条件规定的发展过程应该被现实地予以理解，最高境界就是对任何其他可能性进行彻底的深思熟虑。因为，尽管偶然境遇经常会给予个体活动以一种冲动和一个方向，但是很自然的，同时也必然地在人群之中会有文化、特征、活动形式和

① 每个人所属的整体或者是其教会、学派，或者是无论是什么东西。

外在条件的多重倾向,这些足以在一个既定的环境之中赋予代表人物以所有可能的不同趋向。同样很自然的,同时也必然地,每个要么具有吸引力,要么令人生厌的历史现象都能够产生另外的现象以完善自己;不同的意向和力量都能将自身投入行动;针对一个共同问题的所有不同观点都能够得以表述;解决既定问题的所有不同方法都应该予以尝试。简言之,有规律的发展过程和有机的历史耦合并不是一个先天的假定。尽管经历了个体的所有偶然性,但历史条件的本性和人类精神的形成决定了,历史发展就其整体及其主流而言应该服从一个不变的法则。为了在任何给定的情况下发现这一规律的运作,我们必须对事实这一"坚实的大地"(terra firma)不离不弃;我们不仅需要彻底地检视事实,而且要从它们自身包含的前提当中去得出结论。

因此,我们所追问的不过是纯粹历史方法的彻底运用,我们不会对历史进行理论的建构,也不会从理论推向事实,我们的历史必须建立于现实既定的材料基础之上。但是又要坚持理性,不能仅仅在原始粗糙的状态上利用这些材料,我们必须倡导这样一个目标,即以历史分析的努力去确定所有相关现象的内在关联以及本质。

我相信,对于我们问题的这个构想将不会招致指责,说我们反对黑格尔式的历史建构。对此构想的恰当理解应该是,它从不会导致对于事实的歪曲,或者说不会将历史的自由发展牺牲为抽象的形式主义。既然我们的构想依赖于历史事实以及传统,而且仅只依赖于此,那么我们愿意将自己的推论建立在过去现象之相互关系的基础之上:我们应该仅只在过往自由生成的一切当中去寻求历史的必然性。如果认为这是不可能的、充满悖谬的,或许我们只能诉诸对于某个神意(Divine Providence)准则的普遍信念——那个在万物之先发生在历史进程之中的概念并非偶然,而是被更高的必然性决定着。然而,在此我们并不会满足于单单依赖信仰的这种论证,我们最好去更为切近地检视自由的概念,以让自己确信自由是某种不同于任意妄为或者偶然为之的东西,而是在精神原初精髓以及人类本性的法则之中有其内在尺度的人类自由活动;进而凭借对此法则的内在遵从,确信甚至那些在个体行动中确实偶然的东西在历史演进的宏大过程中也会成为必然。而历史的主要问题就在于细节上跟随这个过程。

哲学史与哲学

就哲学史的写作者来说,其中体现他自己的任何哲学信念是否有必要甚至有利？这是一个几乎没有提出过的问题，这个问题不会让我们担心对于历史的哲学建构会让某些心灵忽略掉最为简明晓畅的真理。例如，几乎没有人坚持认为，如果一个人对于法理学问题没有任何看法，他就能对法律史做出最好的说明，或者一个人不抱持任何政治理论就能写出最好的政治史。而我们也难以看到哲学史会是一个例外，哲学史家能够如何理解哲学家们的学说？依据什么标准他才能判断这些学说的重要性？他如何才能分别哲学体系之中的内在联系？或者依照这些体系的相互关联形成自己的看法？难道他是在自己的工作中被固定的哲学原则引导着？但是只要这些原则更多的是发展而成并且是彼此融贯的，那么我们就必须愈发地认定他有自己的明确体系；而且既然毫无疑问地我们会期待在一个历史写作者那里具有明确发展而成并彼此融贯的原则，那么我们就不能回避这样一个必然而且有益的结论，即这个历史写作者应该将他自己的某种哲学体系带入他对早先哲学的研究当中。当然确实很有可能的是，他自己的体系或许太过狭隘以至他难以阐释出先辈们的意思；或许还有可能他以一种刚愎自用的态度将自己的体系加诸历史之中，把他自己的观点掺入前辈哲学家的学说当中，并去建构他自己的体系，而这个体系本该是作为帮助他以便对历史尽力达成理解的。但是我们肯定既不能去找一个可以回答这些个体错误的普遍原则，也不要指望能够摆脱他们的错误，以为在通达哲学史的时候可以避开任何哲学信念。人类心灵并不像是一个白板（tabula rasa），历史事实不像显影纸上的一幅画面那样仅仅只是反射；相反，只有通过独立的观察、组合以及对事实做出判断，才能获得对于一个给定事件的各种观点。因此，哲学的公正不在于所有预设条件的缺席，而在于研究过往事件时所援引的预设都是真的。一个没有任何哲学立场的人无论如何都不可能在他的叙述当中不带任何立场，一个对哲学问题没有形成科学观点的人对哲学问题只会提出非科学的观点。所谓我们应该在哲学史当中不带入我们自己的哲学，其真正想说的不过是在处理哲学史时，我们应该优先将其作为非科学的观点来对待。这样一种推论也适用于这个主张，[①]即历史学家自己在写作史书时，应该从历史自身出发来形成自己的体系；通过历史，他将自己从任何先入为主的体系当中解脱出来，以获得普遍性

① 这个主张由维尔特（Wirth）在《当代年鉴》（*Jahrbücher der Gegenwart*，1844，第709页及以下）提出。

和真实。那么他从什么样的观点出发去看待历史,才配得上撰写哲学史的任务呢?难道从一个错误而狭隘的观点出发,他就必然放弃了自己或许还能正确理解历史的可能?或者说从一个普遍的观点出发,就能保证他获得历史自身?但其实两者之中的哪一个都和另一个一样明显不切实际,我们最终还是要将自己限制在这样一个循环之中:一个人拥有的真实并完整的哲学使其自身得以完整理解哲学史,只有理解了历史才能引导他到达真正的哲学,没人能够永远完全逃避这个循环。哲学史是对哲学系统真理的测试,拥有一个哲学体系就拥有了一个人理解历史的环境。一种哲学越具真理性且更具理解力,它也就越能教会我们理解此前哲学的重要性;当我们发现哲学史愈加难以理解,那么我们也就愈加有理由质疑我们自身哲学概念的真理性。但是我们从中得出的唯一结论是,我们永远都不应该将哲学领域的作品当作历史当中已经完成的成果,其他科学作品更是如此。就一般方法而言,哲学与实验科学都共同需要对方且互为条件,此处亦然。哲学知识的每一次向前推进都为历史反思提供了新的视点,促进对于早先诸哲学系统及其相互关联与关系的理解;而另一方面,我们收获的每一个新方法都可以用来解决或者相互观照哲学问题及其内在关联、理论结果,帮助我们刷新对那些必须做出哲学解答的问题的关注;不同历史阶段都会寻求对它们做出回答,每个阶段做出的修正都会吸收此前的理论成果。

但是,现在是时候更贴近地进入我们的研究正题了。

译者:常旭旻,华侨大学哲学与社会发展学院哲学系

德国历史主义

德国历史主义研究著作撮要

□吕和应

摘要:对德国历史主义真正意义上的研究始于20世纪初,迄今为止,各类研究已汗牛充栋。限于篇幅以及论述需要,本文将从研究阶段、研究类型和研究理路三个层面着手,梳理相关的研究著作,并在此基础上总结尚待进一步澄清的问题。

关键词:德国历史主义;研究阶段;研究类型;研究理路

历史主义兴起于近代早期并在19世纪的德国发展到顶峰。历史主义的影响虽不局限于历史学领域但却在该领域产生了最深刻的影响,具体而言,历史主义不仅塑造了德国现代史学及其基本的理论形态,而且还扩展到世界其他地区并促使当地的历史书写由传统走向现代。有鉴于此,德国历史主义向来是思想史和史学史研究的重点。

对德国历史主义真正意义上的研究始于20世纪初,即始于其衰落之时。迄今为止,各类研究已汗牛充栋。接下来,本文将从研究阶段、研究类型和研究理路三个层面对既往的研究成果进行综述,并在此基础上总结尚待进一步澄清的问题。必须说明的是,限于篇幅以及论述需要,本文仅限于从史学史的角度简要梳理那些从总体上把握德国历史主义的研究著作。[①]

① 德国历史主义的相关研究众多,既包括不计其数的论文,又包括大量著作,限于篇幅以及论述需要(即从总体上把握德国历史主义),本文仅限于对德国历史主义相关研究著作进行综述。为此,在未作明确说明的情况下,下文所谓"德国历史主义研究"特指与德国历史主义相关的研究著作。又鉴于笔者的语言能力所限,本文仅简述德语和英语的相关研究著作。

一、研究阶段

在不同阶段,德国历史主义研究的侧重点明显不同。究其原因,一方面与德国现代社会转型息息相关,另一方面又与德国现代史学范式转换密不可分。为此,依据20世纪德国历史和德国史学的发展进程来划分历史主义研究的阶段是可取的。在笔者看来,过去一个世纪的德国历史主义研究大致可分为如下两个阶段,其中每个阶段都具有鲜明的时代特征。

德国历史主义第一阶段的研究始于20世纪初,止于20世纪50年代。这个阶段的研究带有显著的反思和批判意味,更多是思想家和历史学家对德国历史主义的"主观"解读。

在20世纪初,"历史主义"被视为"相对主义"的一种变体,因此,它是作为一个贬义概念流行起来的。恩斯特·特勒尔奇的《历史主义及其问题》(1922)、《历史主义及其克服》(1924)以及卡尔·霍伊西(Karl Heussi)的《历史主义危机》(1932)是这方面的代表作。针对特勒尔奇和霍伊西等人对历史主义的指控,历史学家梅尼克撰写了《历史主义的兴起》(1936)作为回应。梅尼克重新定义了"历史主义",在他那里,"历史主义"变成了褒义词。

如果说特勒尔奇和霍伊西等人对历史主义的指控是出于克服"文化危机"的考量,那么列奥·施特劳斯、卡尔·波普尔和汉娜·阿伦特等人对历史主义的批判则是出于他们的犹太人身份以及对纳粹德国统治的批判性反思。这些犹太思想家在流亡之前已在德国或奥地利开启了其学术生涯,即便后来辗转世界各地,其论著仍然保持了某种德语思想特色。可以说,波普尔的《历史主义的贫困》(1944—1945)和《开放社会及其敌人》(1945)、阿伦特的《极权主义的起源》(1951)和《耶路撒冷的艾希曼》(1963)以及施特劳斯的《自然权利与历史》(1953),延续了20世纪二三十年代德语思想界对历史主义的指控,尽管这些著作不是用德语写成并首先在德语世界发表的。

德国历史主义第二阶段的研究始于20世纪60年代。这个阶段的德国历史主义研究褪去了"六经注我"的色彩,但我们依然可以清楚地看到,只要是德国的研究者或犹太裔研究者,他们的德国历史主义研究始终无法彻底摆脱沉重的历史包袱。可喜的是,随着政治和历史语境的变化,越来越多持论公允的研究成果涌现出来。

由于蕴含着与战后德国主流思想背道而驰的"特殊道路论",历史主义在战后受到了政治上和思想上的双重批判，这种批判往往从反历史主义的立场出发。伊格尔斯的《德国的历史观》(1968)是这方面的代表作。作为受迫害而流亡的犹太人，伊格尔斯从德国历史主义中解读出了潜在的政治威胁。尽管伊格尔斯对德国历史主义采取了一种批判态度，但在面对海登·怀特和安克斯密特等叙事主义历史哲学家对传统史学的挑战时，他依然强调历史主义具有科学合理的一面。①

由于上述原因，历史主义在战后逐渐走向衰落。然而，作为一种“垂而不死”的思想，历史主义仍然在历史学家的具体研究中以及公众的历史意识中不断掀起波澜，战后德国出现的历次关于德国现代史的争论（如“费舍尔之争”“历史学家之争”和“戈特哈根之争”），或多或少都是历史主义“阴魂不散”的结果。②

总的来说，在20世纪八九十年代之后，德国历史主义研究出现了去意识形态化的趋势。随着意识形态色彩的淡化，历史主义逐渐被当作一种思想资源加以利用。吕森（Jörn Rüsen）和耶格尔（Friedrich Jaeger）合著的《历史主义史导论》(1992)就试图在叙事主义历史哲学的背景下，重新发掘19世纪经典历史主义的理论价值，强调历史主义作为一种“学科范式”的意义。③ 弗里德里克·拜塞尔（Frederick C. Beiser）的《德国历史主义传统》(2011)④则从观念论哲学的角度系统梳理了历史主义在德国的发展历程。

在新世纪，大量关于德国历史主义的研究著作涌现出来（详见下文），它们持守中道，不再将历史主义作为自己建构思想体系的素材，也更少受历史包袱所累，因此，其观点要相对客观一些。尽管伊格尔斯和吕森的著作算是研究著作，但由于其介入了20世纪下半叶德国

---

① [波兰]埃娃·多曼斯卡：《邂逅——后现代主义之后的历史哲学》，彭刚译，北京：北京大学出版社，2007年，第120~135页。

② [德]哈贝马斯等：《希特勒，永不消散的阴云？——德国历史学家之争》，逢之、崔博等译，北京：生活·读书·新知三联书店，2014年；克里斯·洛伦茨的三篇论文：《超越善恶？——1871年的德意志帝国和近代德国历史写作》《跨界：反思德国历史学家在纳粹史争论中的角色》和《模型杀手——对戈德哈根方法与历史的事后之思》，载于《跨界——历史与哲学之间》，高思源等译，北京：北京大学出版社，2015年，第284~375页；孙立新、孟钟捷、范丁梁：《联邦德国史学研究——以关于纳粹问题的史学争论为中心》，北京：社会科学文献出版社，2018年。

③ Friedrich Jaeger und Jörn Rüsen, *Geschichte des Historismus: Eine Einführung*, München: Verlag C. H. Beck, 1992, S. 41-112.

④ Frederick C. Beiser, *The German Historicist Tradition*, Oxford: Oxford University Press, 2011.

史学的理论纷争，其著作仍具有重要的思想史价值。相反，在新世纪涌现的这批研究著作则较少具有思想史价值。

二、研究类型

德国历史主义研究主要分两种类型：通论性研究和专题性研究。通论性研究以德国历史主义发展史上的一系列关键人物及其思想为中心展开论述，追求论述的完整性和全面性，可以称为“历史主义通史”。专题性研究亦可分两种：一种侧重从某个新角度（比如“文化批评”）来解释德国历史主义通史，与通论性研究相比，它们不必全然以人物及其思想为中心来展开论述，也有可能以某些概念（比如“理解”概念）为中心展开论述；一种是以德国历史主义发展史上的一个或几个关键人物为核心来考察其思想在德国历史主义发展脉络中的地位。

德国历史主义研究的诸多经典著作都属于通论性研究，比如：特勒尔奇的《历史主义及其问题》、梅尼克的《历史主义的兴起》、伊格尔斯的《德国的历史观》、吕森和耶格尔合著的《历史主义史导论》以及拜塞尔的《德国历史主义传统》都算是通论性著作。通过这些著作，读者既可以初步了解德国历史主义的关键人物及其思想，又可以把握德国历史主义发展的基本脉络。这些通论性著作清一色出自名家之手，它们在无形之中影响着后来的学者对德国历史主义的研究。

关于德国历史主义研究的专题性论著为数众多，本文仅列举一些代表性著作，通过其标题，我们即可见德国历史主义研究的新进展。据笔者一得之见，值得了解的相关著作包括：安妮特·维特考（Annette Wittkau）的《历史主义：概念和问题的历史》①，奥托·格哈德·厄克斯勒（Otto Gerhard Oexle）和吕森主编的《文化科学中的历史主义：历史概念、历史评价、奠基》②，乌尔里希·维尔瓦（Urlich Wyrwa）主编的《犹太人与历史主义：欧洲犹太历史科学的兴起》，③斯蒂芬·T. 卡茨（Steven T. Katz）的《历史主义、大屠杀与犹太复国主义：基于现代犹

① Annette Wittkau, *Historismus: Zur Geschichte des Begriffs und des Problems*, Göttingen: Vandenhoeck & Ruprecht, 1992.

② Otto Gerhard Oexle und Jörn Rüsen (Hg.), *Historismus in den Kulturwissenschaften: Geschichtskonzepte, historische Einschätzungen, Grundlagen*, Köln: Böhlau, 1996.

③ Urlich Wyrwa (Hg.), *Judentum und Historismuus: Entstehung der judischen Geschichtswissenschaft in Europa*, Frankfurt: Campus, 2003.

太思想和历史的批判性研究》①,克努特·朗格万德(Knut Langewand)的《历史主义中的历史知识理论》②,恩诺·鲁道夫(Enno Rudolph)的《语境中的卡西尔:在形而上学与历史主义之间的文化哲学》③,赖因哈德·劳贝(Reinhard Laube)的《曼海姆与历史主义的危机》④,富尔维奥·特斯托尔(Fulvio Tessitore)的《批判的历史主义:论文集》⑤,约翰内斯·海因森(Johannes Heinssen)的《历史主义与文化批评:19世纪后期德国历史文化研究》⑥,沃尔夫冈·科尔特延斯(Wolfgang Cortjaens)、让·德迈耶(Jan De Maeyer)和汤姆·费沙费尔(Tom Verschaffel)主编的《历史主义与莱茵河——默兹河流域的文化认同:19世纪民族主义与地方主义之间的紧张》⑦,托马斯·阿尔伯特·霍华德(Thomas Albert Howard)的《宗教与历史主义的兴起:维特、布克哈特与19世纪历史意识的神学起源》⑧,彼得·H. 赖尔(Peter H. Reill)的《德国启蒙运动与历史主义的兴起》。⑨ 从上述著作的标题可知,历史主义与文化批评、犹太史、大屠杀、宗教、民族主义和学术史的关系都得到了比较充分的研究。

从近二三十年德国历史主义研究的代表性著作来看,通论性研究越来越少,大多数研究都属于专题性研究,其中,维特考、厄克斯勒、吕森、维尔瓦、卡茨、特斯托尔、海因森、科尔特延斯、德迈耶、费沙费尔以及赖尔等学者的著作均是从某个新的角度来诠释德国历史主义,而朗

① Steven T. Katz, *Historicism, the Holocaust and Zionism: Critical Studies in Modern Jewish History and Thought*, New York: New York University Press, 1993.

② Knut Langewand, *Historik im Historismus: Geschichtsphilosophie und historische Methode bei Ernst Bernheim*, Frankfurt am Main: Peter Lang, 2009.

③ Enno Rudolph, *Ernst Cassirer im Kontext: Kulturphilosophie zwischen Metaphysik und Historismus*, Tübingen: Mohr Siebeck, 2003.

④ Reinhard Laube, *Karl Mannheim und die Krise des Historismus*, Göttingen: Vandenhoeck & Ruprecht, 2004.

⑤ Fulvio Tessitore, *Kritischer Historismus: Gesammelte Aufsätze*, Köln: Böhlau, 2005.

⑥ Johannes Heinssen, *Historismus und Kulturkritik: Studien zur deutschen Geschichtskultur im spaten 19. Jahrhundert*, Göttingen: Vandenhoeck & Ruprecht, 2003.

⑦ Wolfgang Cortjaens, Jan De Maeyer and Tom Verschaffel (eds.), *Historism and Cultural Identity in the Rhine-Meuse Region: Tensions between Nationalism and Regionalism in the Nineteenth Century*, Leuven: Leuven University Press, 2008.

⑧ Thomas Albert Howard, *Religion and the Rise of Historicism: W. M. L. de Wette, Jacob Burckhardt, and the Theological Origins of Nineteenth-Century Historical Consciousness*, Cambridge: Cambridge University Press, 1999.

⑨ Peter H. Reill, *The German Enlightenment and the Rise of Historicism*, Berkeley: University of California Press, 2018.

格万德、鲁道夫、劳贝和霍华德则分别考察了伯伦汉、卡西尔、曼海姆和布克哈特的历史主义思想,它们分别属于上文所述的专题性研究的两种类型。

中文世界缺乏对德国历史主义的系统研究,就笔者目前所见,主要有黄进兴的《历史主义与历史理论》、邓辉的《二十世纪西方历史主义研究》(作者的硕士论文,只是近年才出版)和宋友文的《历史主义与现代价值危机》(作者的博士论文)。黄著简单勾勒了历史主义的发展线索,邓著关注到了20世纪一部分西方哲学家具有历史主义倾向,而宋著重点考察了历史主义导致的价值危机。①

三、研究理路

根据不同标准,德国历史主义研究既可以区分为一般思想史与史学思想史的研究,又可以区分为内在理路和外在理路的研究。

如果采取一般思想史研究的理路,研究者会涉及历史主义在哲学、法学、历史学、政治经济学、社会学和艺术史诸学科中的发展变化,特勒尔奇的《历史主义及其问题》、梅尼克的《历史主义的兴起》、维特考的《历史主义:概念和问题的历史》、厄克斯勒和吕森主编的《文化科学中的历史主义:历史概念、历史评价、奠基》就属于此类研究。如果采取史学思想史的研究理路,研究者则会选取与德国现代史学密切相关的人物及其思想作为研究对象,伊格尔斯的《德国的历史观》、吕森和耶格尔合著的《历史主义史导论》就属于此类研究。

既往德国历史主义研究大多从内在理路着手。在特勒尔奇和梅尼克那里,历史主义代表一种思潮,因此,单纯从思想的内在理路对其进行研究亦在情理之中。然而,作为一种思潮,历史主义的兴起不只是思想内在演变的结果,背后的社会历史因素也不可忽视。令人遗憾的是,梅尼克并没有考察历史主义与社会历史之间的互动。伊格尔斯考察赫尔德以来的历史主义,背后的现实关怀一目了然。与特勒尔奇和梅尼克相比,伊格尔斯在《德国的历史观》中除了关注历史主义的思想维度,更在意对其进行政治批判。然而,伊格尔斯在进行政治批判时也更多是论及德国历史主义代表人物的政治观念而非其政治行动。吕森和安克斯密特等历史哲学家对历史主义持积极的态度,他们试图借鉴19世纪的经典

① 黄进兴:《历史主义与历史理论》,西安:陕西师范大学出版社,2002年;邓辉:《二十世纪西方历史主义研究》,湘潭:湘潭大学出版社,2017年;宋友文:《历史主义与现代价值危机》,北京:人民出版社,2012年。

历史主义建构自己的思想体系。与伊格尔斯相比,这些历史哲学家更倾向于从内在理路来看待历史主义。

伊格尔斯有言:“在成长为一名历史学家之后,我越来越意识到,德国这一历史思想和历史研究的民族传统对于反民主思想难辞其咎。这并不是说它就直接导向了纳粹主义,而是说,它在很重要的方面为1933年彻底抛弃民主制和确立权威主义恐怖统治扫清了道路。”①这段话反映了伊格尔斯的“诛心之论”,仅凭德国历史主义的代表人物(特别是19世纪的历史学家)的政治取向就推导出他们应该为纳粹德国的历史负责,这种推导似乎过于牵强。退一步讲,即便他们应该为此而负责,那也需要伊格尔斯拿出更让人信服的证据。同时,这段话也显示了要从外在理路来研究德国历史主义的难处。从内在理路厘清德国历史主义的发展脉络相对容易,但要将德国历史主义与德国现代社会转型的历史(比如德意志第二帝国史、纳粹德国史)联系起来思考,特别是要把握二者之间的因果关联,却步履维艰。诸如历史主义这样一种偏文化和学术而非偏政治的思潮与德国的社会历史进程究竟有什么关联,在多大程度上影响了其社会历史进程,研究者实难盖棺定论。目前,我们很难看到纯粹从外在理路来研究德国历史主义的著作,上文提及的《历史主义与莱茵河——默兹河流域的文化认同:19世纪民族主义与地方主义之间的紧张》算是一种有益的尝试,但它毕竟只是一部会议论文集,还不足以体现德国历史主义研究的整体状况。

四、尚待进一步澄清的问题

由上文可见,既往的德国历史主义研究已相当成熟,但由于“历史主义”概念本身的多面性和含糊性,德国历史主义研究还有诸多可开拓的空间。

除了对历史主义代表人物及其思想展开更深入的研究,如果要从总体上把握德国历史主义,使其轮廓更加清晰,尚待进一步澄清如下问题:

第一,先有历史主义思想,再有“历史主义”概念。目前关于“历史主义”含义的讨论,并未将不同思想家的用法有机统一起来,既然无法统一起来,那么“历史主义”理应是复数,但不同学者对“历史主义”的表述从来都是单数。

第二,由于不同学者对“历史主义”概念的界定有所不同,于是就造成了不同学者的历史主义叙事差别甚大。每个

① [德]伊格尔斯:《德国的历史观》,彭刚、顾杭译,南京:译林出版社,2006年,中文版“前言”,第1页。

学者在撰写名为“德国历史主义史”的著作时都会强行为“历史主义”下定义，否则他们就不知道该从何时写起，从何人写起，不知道该选取哪些代表人物及其思想作为研究对象。存在较大争议的是：黑格尔和马克思算不算历史主义者，新康德主义者算不算历史主义者，波普尔所谓的 historicism 与德国历史主义到底有无关联。

第三，历史主义难道仅仅是一种观念吗？它有没有可能外化为具体有形的事物呢？比如，19 世纪以来，历史学独立成科、历史学与其他学科的学科之争、创办专业的历史学期刊、建立系统的历史方法论算不算历史主义的外化呢？

A Brief Review of Scholarly Monographs of German Historicism

Abstract: The study on German historicism in its true sense began in the early 20th century and since then various researches have been done. The thesis will review the previous scholarly monographs from such three aspects as research stage, research type and research approach, based on which some problems which need further clarification will be summarized.

Keywords: German historicism, research stage, research type, research approach

作者：吕和应，四川大学历史文化学院副教授

德国历史主义

简论19、20世纪之交历史主义在认识论方面的修正尝试

□张 骏

摘要:19世纪西方史学尤其是德国史学,其研究、写作模式自世纪伊始便发生了重大变革和转换,在史学家不断的实践之中渐渐形成了一些被后来学者归纳为"历史主义"的时代特色与风格。然而,19世纪末在自然科学和社会科学蓬勃发展的背景下,"历史主义"的史学主张和观点受到了各种新式理论的挑战和修正。从认识论的角度来看,历史认识和著述着重个体或者个体化处理方式的倾向受到来自集体因素和多元因果论的强烈冲击,从而需要对认识主体与认识对象间的联结方式进行新的反思。其中,来自哲学、心理学和社会学的知识理论得到了在史学认识中的运用,从而使得历史学的认识成果能够获得全新的客观方面的保障。从这一时代的潮流和趋势之中,突出认识论的康德思辨哲学的思想资源逐渐被重新唤起,并且作为当时思想家检讨历史学知识唯心论倾向的参照系,广泛地出现于诸如韦伯、狄尔泰和胡塞尔等人的相关论述中,从侧面反映了这一思想变革中突出的认识论因素。

关键词:历史主义;认识论;个体;康德

一

德国的历史学和历史研究在19世纪初洪堡、兰克奠定的理论、方法基础上逐渐发展出了一套属于自己的特有规范,深刻影响了后来的历史学家自觉的学术观念和实践,形成了所谓"历史主义"极具家族相似特征的史学流派和思潮。然而,它仍不可避免地在19、20世纪之交的欧洲思想危机中受到了广泛和深刻的冲击。正如启蒙理性和纯思以及由此带来的普遍性认识曾受到人们的怀疑与检验一样,旨在为走出中世纪张本和被视为对启蒙理性的补充的历史理性和历史主义也就在逻辑上无法避免地招致

相似的狐疑眼光。历史主义不能怀着启蒙理性和科学理性独享所有对象的妄想,若非如此,这既是重蹈覆辙,又是对自身所标榜的理想的背叛。[①] 作为纵向相对的历史主义的产物,现代世界以另一种方式向人们展开。这就像一类编码,既可以把对象以现实化、科学化的面貌呈现出来,而将其转换之后,同样的对象又将可能变得浪漫化或者崇高化,柏克、康德都曾在著作中阐述过相关的进程。[②] 当经验以不同于我们熟知的编码呈现出来时,大家甚至有可能觉得其陌生和无法理解。在这种情况下,主体对不同个体的理解发生偏差,或者对其所保有的传统感到隔阂都是次要的,因为这些并不涉及认识论层面历史主义所引发的问题。与之相对,历史主义思潮所带来的认识产物,退一步说思维产物,能在多大程度上赢得人们关于对象真实理解的保障,又能够在多大程度上确证这些成果对于了解人类社会过去的裨益,才会在认识层面引发后来者的思索与兴趣。

如果用这样的眼光看待历史主义在19、20世纪之交所遭受到的所谓相对主义危机的话,人们就能发现隐藏在其背后的作为另一种认识论平台的历史理性的缺陷和值得改进之处。例如,当时的德国历史学家(以兰普雷希特为首)创造性地呼唤提升文化史和综合史的地位,以对抗传统历史主义观念的国家史学以及重视个人生平著述的传记史学。[③] 这当然不仅仅是对某类历史学题材或者体裁的不满和革新,早在30、40年前布克哈特为代表的文化史派就已经对当时的史学界产生了相当的影响,后者执着于描述那些活跃在历史舞台上的大人物以及重大历史事件。[④] 不过,这种风潮的兴

① 例如尼采在他的相关著作中便质疑过历史和历史学在认识方面所标榜的通透性。F. Nietzsche, *Untimely Meditations*, trans.R. J. Hollingdale, Cambridge: Cambridge University Press, 1997, p.67。

② E. Burke, *A Philosophical Enquiry into the Origin of our Ideas of the Sublime and Beautiful*, Oxford: Oxford University Press, 2015; I. Kant, *Gesammelte Schriften*, Akademieausgabe(AA)(Band I–XXIII), Königlich-Preußische Akademie der Wissenschaften, Berlin: Verlag G. Reimer(1902–1922), De Gruyter(1923–1955) Bd.V S. 169.Bd.II S. 105.康德的审美批判受承于柏克,但他也明确指出,柏克完成的只是收集整理人类审美意识材料的工作,并没有提出一套原则去理解这一过程,即揭示其所仰赖的先天条件。

③ F. Jaeger, J. Ruesen, *Geschichte des Historismus*, Muenchen: Verlag Beck, 1992, S.144.

④ F. Gilbert, Jacob Burckhardt's Student Years: The Road to Cultural History, *Journal of the History of Ideas*, Vol.47, No.2, 1986, p.249.布克哈特在给挚友金克尔的信中承认,无论写诗还是著史,自己都不善于叙述人物,觉得那些人物和事件的背景才是主要对象,是文化史的主题,自己将为其奉献一生。这种极其偶然的表达和态度在布克哈特后来的其他著述中也能得以显现。例如布克哈特重视作为人类精神遗存的历史记录,并认为只有对当下具有价值才值得我们关注。但是他更多的是在反对所谓客观史学和历史哲学的夹击中考虑这些问题的。参见 J. Burckhardt, *Weltgeschichtliche Betrachtungen*, Berlin: W. Spemann, 1910, S.168。

起可能只是偶然的,它或许只是来自历史眼光的拓展、研究兴趣的转移,甚至是对旧有政治史、思想史模式的厌倦和反抗等,其中有多少对前者进行认识论上的反思难以估量。这些文化史和艺术史研究把读者和受众的眼光从长久以来占据历史作品舞台中央的那些主角身上移开,在历史写作的质料层面拓展了可能性,使其呈现出一种崭新的风格和体系,成为在过去很少见到的新鲜著述。

然而,历史主义危机时期的文化史、综合史就已经超越了上述的传统框架的维度,不满足于只是再度拓展历史研究的质料,而是对原有史学传统的形式产生了质疑。这个时候,文化史所面对的不再是之前的对手——客观实证史学和黑格尔式的历史哲学,而是在历史主义唯心论观念护航下的政治史学及其所发挥效用的意识形态(Ideenlehre)。于是,战火就自然而然地延烧到了认识论领域。历史学家在此不再沉默,必须拷问过往的历史主义形而上学和历史观念所保障的那个作为对象的纯粹的"表象的世界"(Welt des Scheins)①,是怎么被历史学家以一种"客观给定的可能"(objectiv gegebenen moeglichkeiten)的方式表现出来,从而共同决定了历史意识和历史对象的可能维度。无论兰克、德罗伊森乃至维护普鲁士国家的历史观念学说都将因它们的认识层面根基遭受动摇而被重新检验,受到逻辑和现实的批判和修正。

首先,个人或者个体性因素在历史意识和认识生成中所占的重要性是否有那么大,②引起了历史学者的注意。在经典的历史主义观念文本中,个体始终占据着极其崇高的地位。无论是个人抑或具有类似人格化的特殊个体性的民族、国家一直是历史考察的焦点,历史对象通过这样的处理方式变得内在地拥有发展的动因与逻辑,和一般理性与纯思所强加给对象的规定大相径庭。这一伟人、大国的一举一动影响着外交形势上的风云变幻,而它们自身的特征和传统又决定了作为个体的流变与命运。历史主义者倾向于通过对个体种种事实的研究、由此发生的观念的探索,来勾勒出关于历史对象的一幅连续性的画卷。这种连续性利用它的效力又将约束单个孤立的历史事实,将它裹挟进看似不可阻挡的历史洪流中,从而获得所谓应有的定位。在前面提到的国家理性与个人价值

① *Geschichte des Historismus*, S.143.

② O. Hintze, Ueber individualistische und kollektivistishe Geschichtsauffassung, *Historische Zeitschrift* 78, 1897, S.60.

的角力中，以及梅尼克对德意志民族前途的关切中，我们已经发现了这类历史认识所造成的影响。个人自由这一看似超然的价值目标本身被历史化了，不再是纯思和一般理性的对象，而被当作历史理性的对象加以思考和处置。只有如此，它才能和德国特殊的民族国家形成历程相融洽，不但不会成为阻碍，而且能够反过来在后者的庇护下得到巩固和发展。[①] 而俾斯麦在梅尼克的眼中，既可以于统一战争时期扮演民族强力意志代言人的角色，也可以在一战民族危亡之际被国家理性观念的要求所摒弃，下降为过时的历史阶段的特殊象征。[②] 历史主义的这种观念促成了个体、个性普遍化和特殊化的循环交替，相较启蒙理性对于国家与自由关系的思考显得不那么确定和持存，需要时刻避免相对化的解释和订正。而这点会随着当下现实情势变换的越发频繁，越来越显露出其认识条件先天的不足和缺陷。

从另一个角度来说，我们在历史认识的个体性视角正当性之外，还能否论证其真的具有唯一性和决定性。文化史和综合史的提出把人们的关注点移至曾作为政治史、外交史或者思想史背景的广阔历史事实领域的同时，合理地提出了历史认识和历史事实的“社会集体现象”[③]（sozialen Kollektivphaenomenen）前提和条件。这意味着不再是有名的人物、事件和它们之间的关系独自构成了日常历史研究的对象，相反，它们的成立必须以其所在的环境和归属的类群作为先决因素。正是这些在历史叙述中看似无名的背景成为决定个体对象特质的关键，个体对其所属的整体具有宝贵的价值和影响，它们同样也会受到后者的约束和塑性。历史认识就从单一的对个体的理解和观念的挖掘，转向对于“结构”“社会现象”乃至有关复数群体生动有机表象的研究方面。

这样就很自然地引发了新史学对传统历史认识的第二个疑问，即仅仅依靠对于历史经验的单一直观，以及对其中蕴含的观念的发掘是否就达到历史学所冀望的目标。如果不是，那么如何加以补充和解决。尽管有关历史学的这种全

① H. Treitschke, *Historische und Politische Aufzaetze II*, Leipzig: Verlag S. Hirzel, 1870. SS. 746–747.

② F. Meinecke, Das alte und das neue Deutschland, *Politische Schriften und Reden*, *Werke Band II*, Darmstadt: Verlag Siegfried Toeche-Mittler, 1958, S. 266.

③ *Geschichte des Historismus*, S. 144.

体性考察[①]不同于整体性哲学和成系统的实证科学的构成方式，但它显然超越了以往那种仅仅通过历史对象个体经验的描述汲取其中包含的观念和知识的单一途径。历史研究的成果需要放在多元管道中加以估量和检验，传统历史主义者的唯心论观念史观必须辅以对客观环境与物质因素的归纳与分析，才能合理地说明所要表现的历史对象的意义。历史学家在这方面的自觉程度是不尽相同的，[②]有些从历史写作的实践角度出发要求进行这一革新，有些从理论角度寻求新的使得历史知识能够立足的模式。对于像心理分析、数据统计等历史学新方法、新工具的引入，历史学被要求变得更加的客观化和精确化。[③] 很明显，这一新的科学化[④]扬弃了历史主义发展过程中为历史学正名和学科化形成提供保障的阶段，它通过对于历史主义影响下历史知识理论[⑤]的质疑，直指认识论问题的核心，阐述了在新的实证科学、社会科学兴起的条件下对历史研究的全新规定。历史学的发展需要突破以往那种个体式的知识生产架构，通过借鉴、类比其他科学的方法与逻辑，形成一套崭新的成熟坚实的认识体系，如此才能确保历史学的成果能够经受得起诸如时代、地域的检验，获得类似于自然科学知识的真实有效性，同时又不失去它自身不同于其他科学的特色。

因此，当所谓历史相对主义问题困扰当时思想家的时候，他们根本上便是碰触到了当时的历史理论及历史主义在

---

① J. E. Grumley, *History and Totality*, London: Routledge, 1989, pp.69–70.全体性对于一门科学的要求并不只是说主体关于对象材料层面的充分占有，更大的要点在于逻辑上和框架结构上具有完满性，论证具有形式上的可靠性。它的首要标准就是体系本身不能拥有巨大的缺陷，才能为认知行为提供坚实的前提保障。传统历史主义者并不乐于畅谈这种全体性，一方面这是他们曾经所认为要加以反对的观念，另一方面他们体认到在历史研究中寻找一种新的替代者的困难。

② *Geschichte des Historismus*, S. 147.

③ G. Below, Die neue historische Methode, *Historische Zeitschrift*, 81(1898), S. 193.

④ 这可被视作历史学自学科独立以来的二次革命，即第二次的科学化，它相对于兰克式明晰历史学自身独有方法和价值的第一次科学化。更确切地说，之前历史学的科学化只是完成了历史学科从语言学、哲学和文学等学科中独立出来、自觉到有别于他的步骤，并未对自身所应具备的认识论特征有更多的反思。而这项工作是在历史主义危机时代开始的历史学第二次科学化中被重视和加以实践的，历史学在此吸收了 19 世纪下半叶诞生乃至高速发展的各门社会科学以及实证科学的成果，使得自身打破了个体性方法中心的藩篱，重视结构、环境和物质要素所扮演历史中的重要角色，在唯心论观念之余提取历史事实所包含的丰沛成果，在历史表述方面也显得更加严谨和多元。参见 C. Antoni, *From History to Sociology*, trans.H. V. White, Detroit: Wayne State University Press, 1959, Introduction, p.XV。

⑤ 这一阶段被有的学者称作寻求一种新的历史知识理论(einer neuen Historik)时期，参见 *Geschichte des Historismus*, S. 146。

认识论上的难点。比如,作为孤立的历史事件和历史叙述的连续体的关系问题,①作为连续的生活经验之流和用来表述它们的概念问题,②作为历史主体理解历史对象时的直觉再创造问题,③这些看似关联松散的讨论共同指向了新的手段、新的形式的历史认识及条件。历史学家面对的不再是无生气的材料,他们所拥有的也不是直接从中提取出有益的历史观念和价值的魔法。这一互动过程被放在认识论的放大镜下加以审视,以前没有自明的问题得以铺陈开来。

二

当发生于认识论平台分歧的相对主义以这样的方式进行检讨时,我们可以了解到问题的关键在于如何重构历史主体与对象的关系,历史主义及历史理性同样不是好比启蒙理性或者纯思包治百病的灵丹妙药。当后者在 19 世纪唯心论哲学发生问题、引起大众怀疑的时候,人们曾寄希望于前者给予后者必要的补充,以恢复理性多向的维度,辅助其更好地把握自然和人文对象。那么,当世纪之交这场历史主义危机发生时,从认识论的角度来看,在历史主义萌发时代所排斥的一般理性的特征因素(如把对象区分为本质的和非本质的、重视共相、强调永恒价值等),是否能够反过来帮助历史理性走出画地自牢的状态,并打破执拗于通过历史的方法获取真理的偏见。这种对历史主义缺陷的修正,如果不是仅仅罗列反对或者赞同历史主义所强调的个体性、历时性原则,维护或者反驳由此造成的相对主义的后果,而是用认识论革新的角度来思索的话,似乎更能切中要点。

第一种路数我们可以归纳为调和历史主义与理性价值的中间路线,它通过赋予历史知识探求的过程以结合某种形式的固定参照物,从而使其获得某种确定性和客观性,以此来保证历史知识具备合理的前提。前述李凯尔特的价值学说从认识论角度再观的话,无疑就是属于这方面的一种尝试,他把价值树立为历史对象成立的标准,并且主张历史叙

---

① M.Mandelbaum, *The Problem of Historical Knowledge*: *An Answer to Relativism*, New York: Liveright Publishing Corporation, 1938, p.26.

② 李凯尔特:《文化科学与自然科学》,涂纪亮译,北京:商务印书馆,1986 年,第 55 页。

③ 西美尔:《历史哲学问题——认识论随笔》,陈志夏译,上海:上海人民出版社,2006 年,第 79 页。

述围绕其展开,①由此历史学能够呈现出与其他科学不同的规范和特质。但是,由于价值本身只是作为界定历史事物的形式而出现在经验条件中,所以虽然其先天的必然性得到了肯定,它与历史经验的关系却没有获得阐明,即作为形式的价值是否独立自为,抑或随着经验世界的变化而处在不定的状态之中。

舍勒在此基础上更进一步把历史学乃至相关联的社会学的根基放在了一种经过深思熟虑或者说改良的新型形而上学之上,作为认识活动和其他实践行为的牢固平台。他认为,历史主义和新康德主义、实证主义一样,犯了在思想体系中排除形而上学的毛病,②世界观哲学也不只是流变的历史与社会的情境及表现形式,否则它们都会随着时间的流逝以及空间场所的变化而变得陌生和无意义。历史主义所追求的知识来自鲜活生动的经验世界,这点明了部分真理。在舍勒看来,历史知识应该不只与变动不居的存在域有关,而且离不开超越时空的普遍有效的形式与价值的作用,③两者共同预设了历史认识以及一般认知活动的前提。与李凯尔特不同的是,他认为这种形式与价值不是虚无缥缈的中介,而是植根于现实生活中可以被体认的先验领域之中,④也就是所谓的"伦理与质料的形式"。正因如此,虽然人的认知可能被区分成多个层次,⑤如实证科学大行其道的效果知识层面、关于科学深层依据和条件的本质知识层面以及真正的形而上学知识层面,等等,但它们之间也像共同作为历史知识前提的历史经验事实与价值一样,有区隔同时也有关联。通过对基本事实的考察或者科学的归纳,我们可以一窥本质知识与世界的堂奥,而后者又是我们通往纯粹的形而上学知识的途径。反之,由形而上学知识所提示的价值、理想和目的是历史研究在经验事实层面所追求的客观标的物,以此来确证历史知识的先天有效性。因此,这种新的形而上学不是来自超然的世界用来规定一切事物本质的静止、机械的学说,而是一种适合新形式的社会学、历史学的有机论的形而上学,它虽然

① H. Rickert, *The Limits of Concept Formation in Natural Science*, trans.G. Oakes, Cambridge: Cambridge University Press, 1986, p.46.

② 舍勒:《哲学的世界观》,曹卫东译,《舍勒选集》,刘小枫选编,上海:上海三联书店,1999年,第1057页。

③ M.Scheler, Probleme einer Soziologie des Wissens, *Die Wissensformen und die Gesellschaft*, Leipzig: Francke, 1926, S. 48.

④ M.Scheler, Erkenntnis und Arbeit, *Die Wissensformen und die Gesellschaft*, Leipzig: Francke, 1926, S. 347.

⑤ 舍勒:《哲学的世界观》,曹卫东译,《舍勒选集》,刘小枫选编,上海:上海三联书店,1999年,第1066页。

依旧拥有永恒普遍的效力，但它不是从外部投射到时空中的事物上，而是作用表现在经验对象的上面，成为它内部的原因为人们所体认。历史学家在此所要做的，不是在历史事件中寻找像印证启蒙理性所宣扬观念的例证，否则这将回到模仿外在的既存者的老路上去，他们只需要在历史叙述中围绕那些外化在物质或者精神遗存的形而上学属性展开，这些属性作为终极原因，不是通过对象化而是通过现实化出现在一般经验和科学的世界中。例如，自由、幸福与崇高等价值倾向在历史进程中显现自身，而不是要求人们仰望追寻作为彼岸对象的自身。这样的话，历史学家关于特殊时空的经验论述也就有了核心目标和依据，它们的真实性不会随着外在条件的改变而有所损伤。

韦伯同样重视作为方法论的历史主义在人文学科中的作用。在他早年学习经济学的过程中，施莫勒和门格尔的有关历史主义经济学的方法争论给他留下了深刻的印象，①把一切经济定律和活动归于历史事实与数据和通过建立经济规律与模型解释经验现象成了当时经济学发展范式的两极。而受到很强的新康德主义思想影响的韦伯，坚定地认为在经济乃至社会历史现象中，存在着法则性（nomological）和具体性（idiographic）的不同科学方法来处理上述实体。② 法则性科学方法依靠自然法则和定律，来覆盖作为对象的经验材料；而具体性科学方法则要求明晰对象所处的情境，用它内在的观念与方式加以说明相应的状况。原则上说，前者注重的是普遍有效和抽象的概括，后者则关注对象特殊性与个体的描述，两者理应并无交集。③ 不过，韦伯又从宗教、伦理和历史经验的具体出发，在认识论层面重新嫁接了两者，使它们共同确保相关认知的可靠性。虽然原因的普遍化和特殊表象的概括对于具体的个别事件显得力所不逮，但这并不是说具体情境中的因果关系可以单独说明历史对象的本质。历史中的因果性当然不同于自然哲学和实证科学中的因果性，它有着多重性和复杂性，甚至在某些程度上沾染有偶然的色彩。④ 但是，它在总体上来讲是以后者为前提而发挥效力的，我们关注特殊历史事件的前后相继与逻辑关联，心中却早已拥有关于这

① *From History to Sociology*, p.168.

② M.Weber, *The Methodology of the Social Sciences*, trans.Shills & Finch, New York: Free Press, 1949, p.77.

③ L. McLemore, Max Weber's Defense of Historical Inquiry, *History and Theory*, Vol.23, No.3.(Oct., 1984), p.279.

④ *The Methodology of the Social Sciences*, p.79.

些关系的普遍化的观念。[①] 例如,资本主义在西欧的兴起虽然有着法律继承(罗马法)、产业与家庭的分离、自由劳动与私有财产制度等各种不同的背景因素,它们共同交织形成了近代生产力的腾飞和资本流通的特殊条件,不过这些具体历史环境中的经济现象依然符合某些最为普遍有效的经济学规律和交往行动准则。后者在我们关于个体的研究中虽然隐而不彰,但它的的确确成了具体的经济史范畴和概念形成的预设,并给它们提供客观性依据。另一方面,尽管韦伯相当服膺狄尔泰、李凯尔特等人关于理解与价值的论述和观点,但他宣称仅仅用类似精神科学理解的方法去处理社会历史学的对象,重现它们的思想与感知表象是远远不够的,因为这无法满足作为一门科学的社会学关于认知对象的说明诉求。[②] 它必须要和普遍抽象的规则与实体规定产生某种关系,只有在这样的一般和特殊的互动中,个体事物的描述才能不会显得随意而站得住脚。同理,韦伯的"理想类型"理论虽然看似重新将抽象的归纳范畴引入人文社会的探究,[③]但是它实际上是植根于具体的事实分析而得出的产物,在某种程度上与信念、偶然可能脱离不了干系。[④] 这些思维范畴取代了观念在历史主义研究中的位置,[⑤]在主客观两方面都和观念形成的机制稍有区别,更适合满足新时期转型中社会科学化的历史学的需求。

第二种路数我们则可概括为一种哲学和价值的历史化,或者更精确地说可称之为历史理论化。相对于倾向调和的第一条路线,这一路数在有关历史知识的认识论讨论中显得更为激进。克罗齐认为生活与实在的实质都是历史而且只是历史,[⑥]这就表示要克服经验世界与超越论的两分,不需要借助某种启示性的神秘主义思想,而是通过一种改良过的

---

① M.Weber, *Roscher and Knies*: *The Logical Problems of Historical Economics*, trans.G. Oakes, New York: Free Press, 1975, p.194.

② *From History to Sociology*, p.170.

③ P. Ricoeur, *Lectures on Ideology and Utopia*, New York: Columbia University Press, 1986, p.198.

④ *History and Totality*, p.87.所以"理想类型"既不是单纯主观,也不是绝对客观的思维设置,在韦伯式的术语中,像"封建的""精英的""官僚主义"等语词既来源于形式上的分类,又要与实际情势的分析严丝合缝,具有很强的理想性和概括性。

⑤ *Geschichte des Historismus*, S. 159.因此,如果把"理想类型"看作历史认知的观念的新发展也并无不可。

⑥ B. Croce, *History as the Story of Liberty*, trans.S. Sprigge, New York: Norton, 1941, p.65.

唯心论便能实现。[①] 历史学家不需要对能否依赖历史事实处理所谓的价值及超验问题感到恐慌,因为在人类活动尤其是精神意识方面,哲学不再是那个把外在的目的以及超验的规律移植到历史进程中去的绝对存在,而是作为历史和历史认识的"方法论阶段"[②]发挥作用。

历史由此在认识论层面被视为处在高于哲学和那些超越性思想的位阶,绝对理性和客观精神虽然仍然占据着认识活动的核心地位,但是它们是在日常的一般历史进程中展现自身的。哲学问题就被转化为一种特殊条件下的综合,即普遍客观的真实与真理在时空背景下的具体化。[③] 这种具体化是人们接触到那类超越性思想的唯一可能形式,因此历史认知的重要性将被提升到全新高度。正是在这崭新的唯心论观念的修正下,传统历史主义关注特殊个体的特征被赋予了全新意义。尽管两种思潮有外表上的相似,例如共同排斥外在的抽象普遍规律对于个体自由和发展的宰制,肯定历史进程本身所蕴含的内在、自明的价值与目的,但是在历史认识的关键观念上有着明显的分歧。传统历史主义是针对一般理性认识的不足而提倡转向被纯思活动忽略或者说被划归为非本质的部分,比如理性思维之外的直觉情感,普遍共相之外的特殊表象等,然而在对这些成分的描述分析之余,历史主义在对它们和希望获得的历史观念和价值之间的关系方面显得有些力不从心。它如果着力建构历史事实与理想观念之间的关联,本质上来说除了获得一些会随着历史流变而改易的意识产物之外别无收获。[④] 而像克罗齐所代表的新唯心论,所反对的正是这一历史主义所宣扬的新的主体与对象之间的关系。因为它要么类似过去的神秘主义,主张直接能够觉察到历史中的意义,要么就是掩盖了两分法的外衣,仍然以一种未曾自明的预设观念来看待历史,自我宣称把握到了历

---

① B. Croce, *History: Its Theory and Practice*, trans. D. Ainslie, New York: Russell & Russell, 1960, p.118.克罗齐在这里显然否定了传统历史主义者直接从个别性的特殊经验事实中试图提取或者嫁接关于普遍观念及价值的想法,他认为那种所谓内在的统一及当下性质的直觉对于理性活动来说是难以理解与不可靠的,那种统一需要中介的意识,也就是说,它会明确自觉到普遍与特殊在时空条件下的结合统一。从维护发扬西方理性主义传统的角度来看,克罗齐的新黑格尔主义保留了黑格尔有关历史意识思想的精髓。

② *History: Its Theory and Practice*, p.151.

③ B. Croce, *Philosophy of the Practical: Economic and Ethic*, trans. D. Ainslie, London: Macmillan & Co, 1913, p.241.

④ 国家理性观念正是这么一个时空条件下的历史意识产物,它可以在政治上自由主义与民族主义、保守主义不同的兴起阶段被打扮成截然相异的面貌,为消解个人与国家的紧张,重新规定个体在民族运动中的角色与任务发挥功用。

史进程中的本质部分。[①] 克罗齐的观点则是恢复了历史认识的活动与绝对理性、客观精神的联系,尽管它是间接的和反思性的,但在确证由此得到的历史知识的有效性方面具有无可比拟的说服力。

从认识论探讨的角度出发,狄尔泰关于精神科学性质的研究同样具有这种把历史及其研究与较为稳固的理性根基关联起来的倾向。他认为,历史主义思潮执着于纯粹的经验历史的探究,以具体生动的语境来决定特殊情形的价值,这倒反而成了观照历史的普遍态度。通过对过去所发生事物的探索,人们希望可以为当下的生活及实践活动提供参照与模型。无限的观念通过种种渠道流向特殊情境,成为决定个别事实的标准。然而,狄尔泰觉得仅仅依靠上述观点无法支撑起一个合理有效的历史知识的发挥平台。换句话说,历史主义无法穿透经验与理论间存在的厚重壁垒与隔阂。[②] 本质上讲,它缺乏一个哲学上坚固的基础,在我们研究与评估具体的历史现象的时候,无法与有关意识内容的分析联系起来,自然也就与一种终极意味的确定性知识无关。狄尔泰理想中的精神科学就是要消除历史学与抽象理论间的紧张状态,[③]不是像孔德、密尔和巴克尔等实证科学的提倡者那样,用机械的外在规律与定理为生动的人文学科立法,而是寻找在特殊具体研究中所运用的原则的理论上的阐明。

不过,这种寻求理论基础的尝试并不需要在历史认识中重新引入形而上学,类似克罗齐的唯心论主张,传统意义上的形而上学和哲学将在新的精神科学体系中扮演砖瓦的角色,以提供工具以及方法上的支持。形而上学意味人的抽象以及感性功能的定位,被心理-生理单元所取代。[④] 人作为认识主体和对象的关系发生了改变,单一的心物关系被多元复杂的精神与物质间的交叉关联所取代。人的行为与思想既受到物质层面的自然定律的影响,又带有主动自发的意志目的性。如果说前者可以用普遍的规律加以说明的话,那么后者就只能通过适合精神科学的理解说明的方法加以处理。而位于时空流变中的历史对象,必

① *Philosophy of the Practical*: *Economic and Ethic*, pp.27–28.这些观念既不同于自然理性的概念,又可以通过经验得到检验,当然也不同于理性主义观念在历史中的表现。它的有效性完全由历史学家和研究主体的意志与愿望加以诠释说明。

② W. Dilthey, *Gesammelte Schriften. Bd. 1*, Goettingen: Vandenhoeck & Ruprecht, 1990, S. xvi.

③ *Gesammelte Schriften. Bd. 1*, S. xvii.

④ *Gesammelte Schriften. Bd. 1*, S.18.

然具备上述的双重性质，哲学或者抽象理论的分析只是其中的一个方面，它们必须降格到与人文科学共同塑造活生生的历史情境与对象的方法论地位上来。

因此，精神科学的理性批判基础就在于重新界定了科学、哲学和具体的文化生活的联系。以往的哲学或者实证科学满足于从经验事实中确定规律和永恒不变的观念，剩下的部分就变得无足轻重了。因此，像历史学和对生活世界的观察往往沦为附庸。历史主义虽然珍视被抛弃的人类意识活动这一部分，但似乎除对其进行还原之外很难获得真正的理解，即使有也缺乏理论方面的反思。狄尔泰反其道而行之，主张哲学与超越性的绝对价值是在具体的历史情境和精神活动中才能发挥作用的。它们一方面塑造了人们关于世界的类似信念的看法——即所谓世界观哲学，另一方面在个体文化语境中充当了概念化的工具，这样就满足了历史学为代表的人文研究从特殊求普遍、由个别求一般的意志与愿望，①也是符合实际生活世界所发生的情形的。于是，作为理性判断标准体系的哲学就和人们的日常生活与情感表现产生了一种互相依存的交互关系，在一种新的客观性界定下为历史研究的成果保驾护航。

第三种路数我们可以称之为历史主义的前提批判，或者说是用纯粹的哲学（现象学）眼光审视历史研究的合理性，以此来对其进行所谓科学的论证与说明。这一路数从认识论角度来看，恰恰与第二种路数相反。如果说第二种路数对于传统的历史主义显得最为宽容，第一种路数显得比较中立的话，那么这一前提批判是在理论上对历史主义实行最彻底也是最严格的检讨，它甚至发展到从本体论的角度解构认识问题。从某种角度来说，只有如此才能最直接地触及历史主义危机的关键所在。

在19世纪末“回到康德去”思潮的影响下，种种生理心理方面的、形而上学的、逻辑-方法论的、价值取向的等受到康德哲学启发的学说蜂拥而起，②它们大多肇始于对黑格尔式的旧唯心论哲学体系的不满，同时受到当时蓬勃兴盛的社会科学与自然科学的现实影响，不愿再接受唯心论观念的教条以及其对现实的独断解释，重新焕发起对认识与知识获

① W. Dilthey, *Gesammelte Schriften. Bd. V*, S.407.

② H. Schnaedelbach, *Philosophy in Germany, 1931–1933*, trans. E. Matthews, Cambridge: Cambridge University Press, 1984, p.106. 当时号召回到康德的思想风气便是把哲学简化成知识论，强调认识问题在理论中的核心地位，这点在后来现实中的碰壁导致新康德主义者自我与之进行了区隔。

得的前提条件的兴趣。认识论考察之下的全新知识理论层出不穷,[①]像之前提到的文德尔班、李凯尔特与狄尔泰均在这时探讨过知识特别是以历史学为代表的人文学科的知识论问题,它们非但在质料,更是在形式方面与自然科学、实证科学有别,其自足自为的成立需要建立起一套明确坚固的衡量标准;柯亨、纳托尔普等人则代表另一条路数,关注一切现象的逻辑起源问题,把经验表象的发生重新归于纯思或者心灵,用一种表面上恢复康德思想、实际上却取消本体与现象二元对立的方式,界定经验发生领域的来源和动因;而其他相关的价值学说以及新型的观念理论也为历史认识模式的更新提供了很好的借鉴材料。历史主义有着复数的认识革新方式,可能使其自身适应历史学实践的发展与相应的理论上的需求。

然而就是在这种看似拥有多元选择的大好处境之下,有关历史认识问题的讨论却隐约出现了扭转讨论范式的可能路径。胡塞尔主张一种对所有思想包括超越性的绝对存在的还原,[②]种种所谓真实的价值与观念必须加以解构。在这样的先决条件下,历史认识的两极——主体与客体的互动关联就失去了普遍必然的意义,研究者无法把自认为的永恒价值与理想施加于具体的历史和文化语境中。同样,由历史经验与事实自行生发的评价及概念化行为也将失去由理性调和特殊表象的协助,从而使得历史认知的两端(感性经验与理性观念)都处在受到现象学检验的状态。

因此,历史认识本身就变成了一种现象,供作为方法而没有本质的现象学观念[③]进行审查,非但历史主体、客体、意义、价值这类名词不再保有它们原来的含义,认识活动本身也会被分解为对于生活世界的原初状态进行规划的若干要素而得到评价。这些要素并不会是所谓历史意义、永恒价值的终极形态,敦促历史主义者前往捕捉与追寻。它们只是使得这系列捕捉与追寻的轨迹得以明晰,暴露出其中的结构性因素。[④] 比如,国家

---

① 19世纪末各种哲学流派活跃在德国和其他西方国家的思想舞台上,诸如强调恢复本体论学说并深刻受到科学发现启迪的新式形而上学与新亚里士多德主义开始抬头,强调知识的形式结构的各种形态的新康德主义或者受到康德思想影响的学说大行其道,而无论深度还是广度方面作为影响后世哲学发展的最为突出的思潮——现象学也在这个时候开始萌芽。

② E. Husserl, *Gesammelte Werke Band* Ⅴ, *Ideen* Ⅲ, The Hague: Martinus Nijhoff, 1953, S.76.

③ E. Husserl, *Gesammelte Werke Band* Ⅳ, *Ideen* Ⅱ, The Hague: Martinus Nijhoff, 1953, SS.1-6.

④ L. Shiner, A Phenomenological Approach to Historical Knowledge, *History and Theory*, Vol.8, No.2. (1969), p.268.

理性对于个人自由的笼罩就会在对历史认识的现象学考察中,显示出作为当时相关历史人物某些选择性行为的结果,而非这些价值和原因具有覆盖历史事件的普遍力量。具体的历史行为不再具有意义,而变成人们对生机勃勃的经验世界有选择的结构化而做出的反应。事实上,现象学观照下的历史事实与意义失去了必然的联系,在作为考察目标的等级上并没有什么区别。事实建立的本身就已是意向性活动的结果,沾染上了意义的痕迹;同理,意义的发生也不再是纯粹的人为的建构,其中反射出对于事物的感知结构的投影。历史性便在此浮现出来,它是历史乃至历史认识成立的先决条件,而其作为一种规定,本身并没有具体的内容和教条。历史性能够反映出从生活世界的维度凸显历史结构的态度,人们对于历史主义认识论的兴趣也就能从特殊事件与一般观念的联系与规定转向它们的前概念结构与本所希冀的理论背后的意义。[①] 正是在这点上,较之历史认识包括它的条件来说是先天的和超越的,而且是一种绝对的先天,相对主义发生的场所甚至被连根拔起,不可能再出现在历史认识的现象学考察的视域之内。由此,我们可以理解为何胡塞尔会批判诸如狄尔泰的世界观哲学等试图阐明历史意义的学说,因为它们相较于现象学观念下的历史认识来说已经是作为其成形的后果出现了,两者所谓批判的纯粹程度并不处于同一层面。[②] 历史主义的认识论问题,终于有可能在超出认识论的层面得到考虑和解决,同时也就意味着走向了其自身所能涵盖问题的极限与尽头。

三

上述三种不同路数对历史主义认识论上的修正,分别引领了之后历史研究的不同发展趋势和类型。第一种路数标志着历史视野的拓展,更多集体性、结构性因果关系被引入原本注重个人与特定政治、思想观念的传统史学,诞生了诸如社会史[③]与历史社会学等新兴的史学门类。它要求把个体的行动放在结构性的社会背景及大众集体心理习惯中加以考察,通过特殊的变量与整体的恒量之间的互动确定历史事物的性质与意义。历史学的社会化倾向在曼海姆、韦伯、舍勒

---

① L. Shiner, *A Phenomenological Approach to Historical Knowledge*, p.274.

② 从这点上来说,胡塞尔对康德误解休谟问题的批判也就能够理解了,康德的批判活动在现象学方法中同样能加以还原,显露出其结构与意义。

③ *Geschichte des Historismus*, S.181.

那里萌芽,最终在20世纪下半叶开花结果,许多原本历史主义的传统课题也受到了社会因素的检验,如民族性道路、外交与扩张等,相关理论的讨论亦层出不穷。① 历史研究终于接受了英法社会学的抽象分析与计量方法,纠正了过去偏颇于唯心观念的缺失。第二种路数把理论历史化则导致了之后历史主义方法作用领域的普遍化,柯林武德著名的"历史是历史学家关于过去的思想反思重演"②的论断很难再被看作一个单纯的认识论命题。他已经把一种科学化的观念用历史化的方式表现出来,历史思想作为人类表现行为至大无外的包容场所,非但人文学科的要素,还包括日常生活乃至实证科学的因果关系都可以通过提问与反思得到当下人们的再度理解。③ 因此,历史上的行为与思想都和当时的情境条件和预设有关,④即使是绝对预设也是通过具体的历史场景为当下的我们所反思而认识。理论的历史化导致只有这种作为形式的反思是稳固不变的,它的内容无论如何具有合理性,都无法恢复过往的那种静态的普遍有效。换句话说,人们通过历史认识获得的除了客观的认知形式之外,其余都是已被历史化的观念和体验。这些问题循着自身的逻辑发展下去的话,就演变成关于历史认识批判或者分析的意识条件方面的问题。历史主义的理论问题就将改头换面,继续在新时期的引入分析与批判方法的历史哲学与史学理论的讨论中吸引着研究者的注目。而最后一种路数的有关历史主义认识论的现象学还原与绝对先验批判架起了一座有关历史认识通往历史本体论领域的桥梁。像海德格尔的有关生存状态的体验与理解学说便超越了狄尔泰有关历史作为生活范畴的认识维度的考量。⑤ 后者在现象学解释学的视角看来仍然只是一种精致化的认识论阐述,把历史学的前提条件和价值与西方人文传统的亘古追求绑在了一起,从而能够指望获得一种理想化的知识结果。历史学家关于过去所做出的判断及表现它们的实践行为在彻底的本体论取

---

① 如韦勒的帝国研究(*Das deutsche Kaiserreich 1871-1918*, Goettingen, 1977),科卡的社会史理论探讨(Theorien in der Sozial-und Gesellschaftsgeschichte, *Geschichte und Gesellschaft* Ⅰ, 1975)等。

② R. Collingwood, *The Idea of History*, Oxford: Oxford University Press, 1946, p.308.

③ R. Collingwood, *Autobiography*, Oxford: Oxford University Press, 1939, p.37.

④ R. Collingwood, *Essay on Metaphysics*, Oxford: Oxford University Press, 1940, p.10.

⑤ M.Heidegger, Understanding and Interpretation, in *The Hermeneutics Reader*, ed.K. Vollmer, New York: Continuum, 1985, p.225.

向的历史主义看来，是把一定的“精神条件”(spiritual condition)附加在相关的历史对象上面，它所展现的是关于全新意义上历史世界的结构概念化的反映，从此再也不能期望获得传统历史主义者所渴求的那种不言自明的客观有效性。尽管历史学是与历史世界关联最为广泛的一门学科，[1]但它与其他各种关联程度不一的科学、艺术、宗教一样，都只是相关场域的某种特殊的表现形式。在这里，历史性优先于历史和历史认识，正如后来伽达默尔的“效果历史”学说所展现的那样，人们无法再指望跳出所谓历史事件的洪流，取得类似静观的客观历史认识。[2] 相反，历史认识不可避免地受到置身于其中的历史生存处境和视域的影响，而表现出它看起来的那个样子。历史主义的认识论问题在一般层面受到现象学还原方法搁置后，虽然与传统意义上的历史学愈行愈远，但它的意义和功能反而更为清晰地显露出来。在认识论平台中产生的诸如相对主义问题也就自然化解，被溶解在对于生活和历史世界境遇结构的描述中。

有关历史主义认识论修正的这些路数，它们的共同点在于为历史认识寻找新的可以依靠的哲学或者理论证明。其中，由康德哲学肇始的有关认识先天条件的思想及知识理论以各种不同的形态参与其中，典型代表人物就有李凯尔特、狄尔泰和胡塞尔，他们虽然代表了三种不同修正历史主义的路数，但是在吸收康德思想理论资源这点上是相同的。李凯尔特提倡一种关于历史与自然的先天形式上的分别，完全复制了康德有关经验事物的先天条件的阐释，把对象的根本属性之差别不依附在其本质方面，而是维系于认识上的分野。如此一来，历史对象内容上的多元性和差异不再成为认识它们的阻力，而种种价值、观念借由认识渠道渗透进历史学也将成为可能。狄尔泰强调作为一门精神科学的先天条件探索，这点延续了康德三大批判的基本精神。康德的批判主要关注的是经验事物尤其是知性规律统摄下的对象认识的可能，而狄尔泰的精神科学前提批判则强调剖析心理、人文活动的结构关联，

① *The Hermeneutics Reader*, p.226.海德格尔把对生活情境和历史世界进行概念化、结构化二次处理后得到的意识产物归于历史编纂学的范畴对象，因此，历史或者说历史性作为生存论发生的场所，具有对于认识论场所的一般历史学绝对优先的地位。历史学由于对象化情境的多样性与特殊性，所以在内容上较之处理一般纯粹对象的科学(比如数学)来得广阔，后者显得更为窄化，但它们本质上都是从生存论的历史世界中发生，并没有太大的不同。

② H. Gadamer, The Principle of Effective-History, *The Hermeneutics Reader*, p.269.罗特哈克关于精神科学的研究及雅斯贝尔斯的“时代的精神状况”大致上亦指示如此的情况。

从中找到能够支撑起有关认识论结果的先天条件,为各门类的精神科学和作为整体的系统找到坚实的地基。从后一点上来说,狄尔泰的工作试图补充康德在有关人文科学包括历史学方面思考的不足,超越了相对简单的观念和目的论学说。但两种批判其中所蕴含的方法逻辑是非常相似的,都是企图通过澄清认识论前提,来保障所论证知识体系的有效性。胡塞尔则在康德认识论批判的基础上更进一步,他接受康德那种关于知识根基的先天性条件演绎的主张,并且利用当时心理学方法的启示,把这种认识条件的探索当作一种绝对先验意识所面对的现象加以处理。在搁置了认识对象的一切内容与关系之后,认识本身也被现象学还原的方法搁置了起来,从而显现出自身所包含的实质要害。历史认识也被还原成人对于生活世界的结构性反应,它把纯粹先验主体的对象历史化了,由此形成了历史和历史学认识的各个方面。这点是胡塞尔超越康德的先天条件批判的地方,但他的出发点和理论依据同样离不开康德先验哲学的摸索与特定主张。

在这场世纪之交的历史主义危机及其克服的思想碰撞中,人们不再天真地接受那种旧式历史主义及唯心论哲学所带来的"绝对的""自明的"观念与知识,意识到必须通过新的思维方式对它们加以批判和检验。康德的历史哲学及先验哲学作为极具启发性的资源宝库在其间扮演了重要的精神助产师的角色,并化作各式各样的影响融入不同流派的观点冲突之中。而在经历了这一过程之后,历史主义自然也变更了其长久以来的面貌,以更为科学、客观和确定的姿态持存在西方人文传统之内,为同样经历变革的历史学与历史研究奠定了理论上的基础。

On the Epistemological Revision of Historicism at the Turn of the 19th and 20th Centuries

Abstract: Western historiography, especially German historiography, had a great change in its research and writing mode in the 19th century, and by continous practice of historians, its characteristics and styles called "historicism" by later scholars were gradually formed. However, with the rapid development of natural science and social science at the end of the century, historicism was seriously challenged and revised by various new theories. From an epistemological point of view, the emphasis of individuality in historical writing was strongly assaulted and challenged by collective factor and the theory of causality, so it was necessary to rethink the connection between subject and its object. The theories in philosophy, psychology and sociology were used in Historiography, which guaranteed the objectivity of its achievements. The thinkers as Weber, Dilthey and Husserl made use of Kant's critical philosophy to check the rationality of idealism, showing epistemological influence during the ideological change.

Keywords: historicism, epistemology, individual, Kant

作者:张骏,四川大学历史文化学院专职博士后

德国历史主义

康德与赫尔德关于历史主义的争论

□冷金乘

摘要:康德与赫尔德是师生关系,但他们后来逐渐反目,并在1785年康德为赫尔德新著《关于人类历史哲学的思想》撰写书评后成为论敌。他们所争论的主要内容包括赫尔德的历史主义观点,它的基本原则是对人类历史的个体性、多元性和移情的理解。赫尔德后来提出"人道"观念作为历史主义原则的对立面,是对其历史哲学的重要修正。康德认为历史主义只关注到事情的表面,而忽略了把握事情本质的历史理解,而且历史主义在理论层次上是有限的,它的移情原则是对人类理性和思想自由的潜在威胁。康德对赫尔德历史主义观点的批评凸显了历史主义作为一种历史理论的质疑。

关键词:康德;赫尔德;历史主义;历史哲学

康德与赫尔德都是人类历史上开创性的思想家。康德被称为西方哲学的"蓄水池",他在思想史上的崇高地位无可争议;而赫尔德则深深地影响了德国浪漫主义和历史主义传统。赫尔德曾是康德的学生,虽然他们的精神气质、思想倾向完全不同,但他们在认识之初尚能互相包容彼此。但在1785年康德给赫尔德的新著《关于人类历史哲学的思想》写了一篇反对性的书评之后,他们开始了公开的争论。在这场争论中,他们思想特点的差别非常鲜明地体现出来。

18世纪末德国思想界处于一场激烈的风云变幻之中,康德与赫尔德代表了启蒙时代的两极,但他们又共享着某些共同前提,所以他们又处于同一个启蒙运动中。本文将先勾勒出康德与赫尔德交往和争论的缘起与过程,再从历史主义这个主题入手考察他们的争论,并寻找它对于我们今天如何看待历史主义的启示。

一、走向冲突

1762年8月,18岁的赫尔德来到普鲁士的哥尼斯贝格。康德赏识这个有才气的年轻人,允许他免费听自己的课。赫尔德同样对康德抱有好感,他把康德的讲课内容改写成诗,而康德也在课堂上当众宣读过。[①] 留存下来的赫尔德的听课笔记也成为了解这一时期康德生平和思想的重要资料。在哥尼斯贝格,康德与赫尔德形成了亦师亦友的关系。有人回忆,赫尔德成了康德最喜爱的学生,康德曾去他家中拜访,他们也一起散步,康德还和他交流自己的想法,给他看自己的手稿。[②]

不过,赫尔德对所谓的形而上学的厌恶从那时就开始了。赫尔德后来给他妻子的一封信里,回忆起他当时听康德的形而上学课程的"折磨",他将其称为"了无生命迹象"和"无底的死域",这使得他在下课后要跟一个诗人一起跑去阅读卢梭的书或类似的作品来寻求解脱。[③]

可见,从很早的时候开始,赫尔德整个思想气质就与这种形而上学格格不入,他对康德的热忱也更多是奔着康德所讲授的内容的重要性和康德的声誉。而康德也不怎么认同赫尔德表现出来的思想倾向,但对他比较宽容,希望他夸大与多愁善感的文风和他性格中的激越随着年龄逐渐消退。在哥尼斯贝格,赫尔德与哈曼的关系也很重要,他跟随哈曼学习文学、神学和英文,而且赫尔德离开哥尼斯贝格后,他们还保持着长期的书信往来。此时的康德尚处于"前批判时期",康德对赫尔德造成的影响也固然是前批判时期的特征,而最大的影响是此时康德的教学理念,即"你们不是要跟我学哲学,而是要学习如何作哲学思考,不是人云亦云,而是去思考"。[④] 赫尔德把康德看作他"最好的老师",称哈曼为他的"导师",而他自称是阿尔西比亚德斯,并且面对着两个苏格拉底,一个是神秘的,一个是辩证的。[⑤]

在哥尼斯贝格,赫尔德写了一篇论文《论存在》(*Versuch uber das Sein*),主要针对康德的文章《证明上帝存在唯一

① 曼弗雷德·库恩:《康德传》,黄添盛译,上海:上海人民出版社,2014年,第168页。

② John H. Zammito, *Kant, Herder, and the Birth of Anthropology*, Chicago: The University of Chicago Press, 2002, p.141.

③ 曼弗雷德·库恩:《康德传》,黄添盛译,上海:上海人民出版社,2014年,第168页。

④ 转引自曼弗雷德·库恩:《康德传》,黄添盛译,上海:上海人民出版社,2014年,第139页。

⑤ Frederick C. Beiser, *Enlightenment, Revolution, and Romanticism: The Genesis of Modern German Political Thought, 1790-1800*, Cambridge: Harvard University Press, 1992, p.192.

可能的证据》而作。在这篇文章中,赫尔德认为感性是人基本的认识能力,是一切观念的基础,感性的观念才是最确定和最清晰的。康德认为"存在"这个概念是不明晰的,赫尔德对此不以为然,他认为从直觉经验的角度来看,存在是很明晰的。[①]《论存在》既表达了赫尔德一生的思想基调,也预示了后来他与康德的争论的基本样貌。康德似乎对赫尔德的这篇习作持开放态度,他发现赫尔德在新的方向上阐述了自己的理念,并且它也让赫尔德赢得了康德对他的好感。[②]

1764年,赫尔德离开哥尼斯贝格前往里加担任教会学校的助教,后来成为牧师。康德给赫尔德的离别赠言是"不要太拘束于他(注:指康德)的书本和文字,应该效法他的为人,他自己是个很社会化的人。一个人只有在真实世界中才能得到教育"。[③] 这可以理解为康德不愿自己在赫尔德心目中的形象就是一个在课堂上讲述哲学概念的学究,而是一个活生生的人,而此时的康德确实是哥尼斯贝格社交圈的灵魂人物,一个"优雅的硕士"。很多年以后,赫尔德说自己始终记得康德给他的这段寄语。[④] 1766年,康德付印《视灵者之梦》的过程中曾逐段寄给赫尔德阅读。[⑤]

1768年5月9日,康德给赫尔德写了一封信。在信中,康德为赫尔德最近的作品《德国新文学评论断片集》和《批判之林》取得的反响感到高兴,甚至还表示有一些为人师表的虚荣心;康德预料他会成为"诗艺的大师",希望他不为情感的热烈冲动所驱使,而是寻求安宁,而这也是神秘主义的对立面;只有安宁这种心灵状态才对世界有益,在这方面,蒙田的地位最低,休谟的地位最高;康德透露自己正在进行道德形而上学方面的工作,并且很快就会完成;最后康德让他转达对贝伦斯先生的问候,并介绍说格曼会到他所在的里加学校,[⑥]而这似乎才是康德写这封信的主要原因。此时康德依然赏识赫尔德,虽然康德自己不创作文学,但喜欢阅读,自己也常出现于哥尼斯贝格文学圈。值得注意的是,康德似乎

① 关于《论存在》的详细内容,参见陈艳波:《走向人道——赫尔德历史哲学研究》,武汉大学博士论文,2010年,第44~48页。

② John H. Zammito, *Kant, Herder, and the Birth of Anthropology*, Chicago: The University of Chicago Press, 2002, p.140.

③ 转引自曼弗雷德·库恩:《康德传》,黄添盛译,上海:上海人民出版社,2014年,第169页。

④ John H. Zammito, *Kant, Herder, and the Birth of Anthropology*, Chicago: The University of Chicago Press, 2002, p.144.

⑤ 曼弗雷德·库恩:《康德传》,黄添盛译,上海:上海人民出版社,2014年,第208页。

⑥ 康德:《康德书信百封》,李秋零编译,上海:上海人民出版社,1992年,第23~24页。

在担忧赫尔德有可能走向神秘主义。这个担忧很快就应验了。

同年 11 月,赫尔德回信,这封信语气热情洋溢,也十分客气,但许多话显得过于心直口快。赫尔德在回信中竟然直言不讳地表达对蒙田的喜爱,以及对休谟的耐心渐失。蒲柏是康德最喜爱的诗人之一,康德在那封信中也提到蒲柏,而赫尔德却在回信中说自己的诗作很难看到蒲柏的影子。当然不是赫尔德有意跟康德过不去,因为他把亦师亦友的康德更多地看作是朋友,他不会唯唯诺诺地遵从老师的教导,而是无所顾忌地表达自己的真实想法。赫尔德也不有意奉承康德的作品,他说把康德 1764 年发表的《关于美感和崇高感的考察》与埃德蒙·伯克的《对崇高感和美感之起源的哲学探讨》比较起来看的话很有趣。赫尔德还表达对康德的人类学一些观点的疑虑,而人类学也是自己喜爱的领域。最后赫尔德还衷心期望康德能给他回信。[①] 实际上赫尔德在别处对康德的《关于美感和崇高感的考察》给予了高度评价,他赞美康德是一个社会观察家和完美的哲学家,其观察、分析与勾画细致入微,乃至盛赞康德是一个人道之优美与崇高的哲学家。[②]

康德似乎没有回复赫尔德,看来他并不认为还有回信的必要,而且赫尔德如此直接地违背他的期许,未免会让康德感到失望。这一次信件往来中,最突出的特点是康德更多地把赫尔德视为自己的学生,而赫尔德则把康德看成自己的朋友。在这之后,康德与赫尔德没有再通过信。不过在哈曼与赫尔德的长期信件往来中,哈曼经常在信中提到康德的生活和学术近况,所以赫尔德对康德此后的情况不至于太过陌生。

1770 年,康德取得哥尼斯贝格大学逻辑与形而上学教授职位,而赫尔德去法国旅行后到了斯特拉斯堡,撰写《论语言的起源》并成为柏林科学院征文比赛的唯一获奖作品,一年以后他到比克堡担任宗教法庭顾问。根据目前可以看到的资料,赫尔德与康德关系中的不安迹象出现于 1774 年赫尔德出版《人类最古老的文献》之后。哈曼看了这部书之后十分高兴,把它送到康德那里,希望由他这位美感和崇高感的"法官"来"审查"。[③] 1774 年 4 月 6 日,康德写信给哈曼,他陈述了自己对该书的理解,并请哈

① Kant, *Correspondence*, Cambridge: Cambridge University Press, 1999, pp.96-99.

② 转引自何兆武:《一条通向康德体系的新路——〈读论优美感与崇高感〉》,《学术月刊》1995 年第 1 期,第 38 页。

③ 康德、哈曼:《康德与哈曼往来书信集》,李秋零译,《宗教与哲学》2013 年第二辑,第 30~31 页。

曼帮忙解释。他在信的末尾写道:“我这个可怜的凡夫俗子根本没有器官听直观理性的诸神语言。至于我按照逻辑规则从普通的概念中能够拼出的东西,我还大可接受。我也无非是要求理解作者的主题,因为以其全部的尊严清晰地认识它,并不是我所要求的事情。”[①]“赫尔德是想证明上帝以语言和文字的形式,在一切认识的开端自己教授给第一个人,而证明的方式则是把《创世纪》以隐喻的方式与一个远古符号结合起来。”[②]我们不能指望康德会对《人类最古老的文献》抱什么好感,康德的朋友希佩尔也在一封信中透露康德一点也不喜欢《人类最古老的文献》。[③] 如果说在1768年的通信中康德已经对赫尔德感到失望,那么在神秘主义色彩浓厚的《人类最古老的文献》出版后,康德明确地意识到自己昔日的学生已经走上一条与自己对立的道路。赫尔德在哈曼那里了解到康德对自己这部作品的保留态度,加上他听到的其他不好的评论,一度使他有些畏首畏尾,撤回了自己要出版的民歌集。[④]

1776年,赫尔德来到魏玛,此后便一直定居在此。1781年,康德发表《纯粹理性批判》,从所谓的前批判时期进入批判时期。赫尔德对这部大作不抱好感,他在给哈曼的信中说它“难以下咽”,后来又把它贬为“僵死的理性主义”中不那么让人高兴的表现。[⑤] 当然,他们在表面上依旧保持着友好的关系,赫尔德也拜托哈曼向康德带去问候。

1783年,出版商哈特克诺赫向赫尔德透露,康德觉得《纯粹理性批判》没有受到人们的重视是由于赫尔德的影响。赫尔德听说后感到震惊,虽然他确实不喜欢《纯粹理性批判》,但他从来没有公开说过或写过反对它的任何只言片语。[⑥] 可问题是,他没有打算主动向康德澄清这件事。当然哈特克诺赫的话也有添油加醋的可能。如果此话当真,那么这说明康德已经认为,他曾经的学生在跟自己作对。赫尔德确实是批判哲学的阻碍,但仅他一人就能阻挡批判哲学的步伐,这是一个很奇怪的想法。不过,这也

① 康德、哈曼:《康德与哈曼往来书信集》,李秋零译,《宗教与哲学》2013年第二辑,第29页。

② 康德、哈曼:《康德与哈曼往来书信集》,李秋零译,《宗教与哲学》2013年第二辑,第27~28页。

③ 曼弗雷德·库恩:《康德传》,黄添盛译,上海:上海人民出版社,2014年,第263页。

④ 卡岑巴赫:《赫尔德传》,任立译,北京:商务印书馆,第60~61页。

⑤ Robert T. Clark, *Herder: His Life and Thought*, Berkeley: University of California Press, 1955, p.316.

⑥ Frederick C. Beiser, *The Fate of Reason: German Philosophy from Kant to Fichte*, Cambridge: Harvard University Press, 1987, p.149.

为即将到来的争论提供了个人恩怨的视角。

1784年5月，赫尔德出版《关于人类历史哲学的思想》(以下简称《思想》)第一部。7月，耶拿大学修辞学与诗学教授许茨给康德写信，问他能否在一份新创刊的《新大众文艺报》上评论赫尔德的这部新著。[①] 康德同意了，书评匿名发表于1785年1月6日的创刊号。康德的评论毫不客气，一开头就直指作者本人，而不是作品本身。两人的争论就此拉开序幕。

康德对赫尔德的批评的直接体现就是康德为赫尔德《思想》所做的三篇评论。第一篇评论对应的是赫尔德《思想》的第一部，在此他还没有涉及人类历史，而主要是自然史。赫尔德受康德的作品《一般自然史与天体理论》影响，不过，他不仅认为自然有历史，而且认为这种历史是整个自然界不同物种之间演化并由低级到高级的历史。赫尔德相信所有造物中有一个主要形式，即一个类似的骨架，甚至在所谓无生命的存在者都可能是同一种组织禀赋占统治地位。[②] 也就是说，有生命者和无生命者在本质上是一样的，只是组织的形式有所不同，物质中还有很多类似于精神的力量，物质与精神不是完全对立和矛盾的。每一个造物按照它应当促进的自然目的来安排，一个造物越是有组织，就越是由低等领域组合而成，一切地球造物从最低的级别开始向人接近，直到通过组织的完成而形成人。人的死亡不意味着结束，人还会向更高的级别提升，并无限发展下去。这意味着，灵魂的不死，有机的力量的延续。[③] 自然就是一切造物向人接近并直到人的形成，他试图以这个自然历程和毛虫变成蝴蝶作为类比，来证明人的灵魂不死，而且还会向更高的级别继续发展。在这篇书评中，康德措辞严厉地批评了赫尔德天马行空的想象，建议他“约束”自己“奔放的天才”，应当通过确定的概念、观察来的法则和大胆设计又实施谨慎的理性来写作，而不是通过暗示、猜想的法则和想象力。[④]

---

① Kant, *Correspondence*, Cambridge: Cambridge University Press, 1999, p.224.

② 康德:《约·戈·赫尔德的〈人类历史哲学的理念〉第一部、第二部书评》,《康德著作全集》第8卷,李秋零译,北京:中国人民大学出版社,2008年,第52页。

③ 康德:《约·戈·赫尔德的〈人类历史哲学的理念〉第一部、第二部书评》,《康德著作全集》第8卷,李秋零译,北京:中国人民大学出版社,2008年,第57页。

④ 康德:《约·戈·赫尔德的〈人类历史哲学的理念〉第一部、第二部书评》,《康德著作全集》第8卷,李秋零译,北京:中国人民大学出版社,2008年,第61页。

1784年11月,康德发表《关于一种世界公民观点的普遍历史的理念》(以下简称《理念》)。虽然看起来跟赫尔德的作品主题相似,但这篇文章的发表与赫尔德的《思想》并没有直接联系,因为1784年2月《哥达学报》的简讯上写着:"康德教授先生的一个钟爱的理念是,人类的最终目的是达到完美的国家宪政。"康德在11月发表《理念》时说他是为了响应那段简讯而不得不做出这篇阐释,"否则那段话就不可理解了"。[①] 也就是说,康德至迟在1784年2月就已经形成了他的历史哲学基本观点,而这是在他看到赫尔德的《思想》之前。简要地说,康德在这篇文章中提出,人类历史存在普遍的自然意图,自然要求造物的自然禀赋有朝一日会完全地合乎目的地展开,而人类禀赋的完全展开的唯一状态就是完善的国家宪政。

赫尔德被康德的那篇书评深深地刺激了,他立即从笔法判断是康德所为。1785年2月,他在给哈曼的信中称这篇书评"如此狠毒、扭曲,如此形而上学,从头到尾都偏离我书中的精髓",并指责康德的《理念》"恶毒""幼稚"地窃取了自己书中的想法,而康德的"人类终究是为了群体与国家机器的存在而被创造"是一个"愚蠢的构想",康德的形而上学充满了"烟雾"和"空谈",如果自己能"吓退或完全毁灭他那理性的偶像,那将是多么快意的事"。[②] 赫尔德还在给雅可比的信中表达了同样的指责,他对康德进行了一番激烈的人身攻击后,声称"文中的一切其余部分和全部构思都是从《思想》剽窃来的",并请求雅可比对康德《理念》的"荒谬想法"做否定性评论。[③]

康德的第二篇评论是针对1785年2月号的《德意志水星报》刊登的一位匿名"牧师"(实际作者为赖因霍尔德,后来成了康德的追随者)对康德书评的反评论。这篇反评论指责康德"形而上学的因循守旧态度",从而妨碍从《思想》中看到活的思想。[④] 康德在《新大众文艺报》3月号上回应了这篇反评论,他认为自己的评论坚持了刊物的"谨慎、公正和婉转"原则,否认自己"败坏"了经验途径得来的教诲和按照自然的类比所做的

---

① 康德:《关于一种世界公民观点的普遍历史的理念》,《康德著作全集》第8卷,李秋零译,北京:中国人民大学出版社,2008年,第23页。

② 转引自曼弗雷德·库恩:《康德传》,黄添盛译,上海:上海人民出版社,2014年,第337~338页。

③ 阿尔森·古留加:《康德传》,贾泽林等译,北京:商务印书馆,1981年,第148页。

④ 阿尔森·古留加:《康德传》,贾泽林等译,北京:商务印书馆,1981年,第149页。

推论,并把一切都拿来适应自己经院派的抽象。康德坚持认为经验的理性有其界限,不能从“某种东西是那个样子”推导出“根本不可能是别的样子”;类比也不能填满偶然者和必然者之间的鸿沟。反评论者说自由健全的理性不会在任何理念面前退缩,进而导向不宽容。康德回应说是对虚无的警惕,对于没有任何东西可思考时当然要望而却步,而这正是为了宽容。最后,康德又说他是为了赫尔德的声名和身后之名考虑,并承认了他的才能和博学,但在人类学中应该限制过于奔放的“内在的自由”。①

以上我们回顾了康德与赫尔德从相识到争论的交往过程,可以从中看出他们表现出了截然不同的思想气质。赫尔德反感纯粹理性思辨的形而上学,崇尚直观的体验,相信个体生命中体现着上帝留下的印迹,有时则更是依靠想象力,这就是赫尔德的历史主义观点的浪漫主义个性基础。

二、赫尔德的历史哲学:历史主义与“人道”

康德的第三篇评论发表于1785年11月15日,它针对的是赫尔德《思想》第二部,赫尔德在这里进入了人类史。康德在书评中再次质疑作者是不是把哲学语言与诗性语言混为一谈,是不是把同义词当作解释、把比喻当作真理,是不是偶尔陷入矛盾。康德暗示作者所依靠的民族志或游记可能是不可靠的,从而整个体系都有倒塌的危险。康德谦称自己不精通语言研究和古文献,所以在这方面搁置评论。更重要的是,赫尔德在《思想》第二部表达了我们称为“历史主义”的原则,它主要包括个体性、多元性和移情的原则。当然,赫尔德和康德并没有用这个词,但赫尔德的观点跟后来出现的“历史主义”概念是符合的。

赫尔德在《思想》第二部仓促加入了一些对康德《理念》的反击段落,而康德也在书评中对它们做出了回应。赫尔德的质疑在于:第一,康德提出的“人是需要主人的动物”原则是邪恶的,他认为神更偏爱个别的人的更简易的幸福,尽可能地省去“昂贵的国家机器”;第二,不应该谈论人这个类,而应该谈论个别的人,因为类和种属除存在于个别的存在者中之外便只是普遍概念。② 赫尔德针对康

① 康德:《约·戈·赫尔德的〈人类历史哲学的理念〉第一部、第二部书评》,《康德著作全集》第8卷,李秋零译,北京:中国人民大学出版社,2008年,第61~63页。

② 康德:《约·戈·赫尔德的〈人类历史哲学的理念〉第一部、第二部书评》,《康德著作全集》第8卷,李秋零译,北京:中国人民大学出版社,2008年,第70页。

德《理念》,提出把关注重心放到个体身上,所要实现的幸福是个人的幸福,而一个强大的国家机器是对个人的压榨,不仅如此,还应该少谈论人类,多关注个人。这就是赫尔德历史主义观点的个体原则。

赫尔德反对人类历史的目的是完成一项最后的社会工程,相反,历史自有其内在意义。赫尔德在1774年写成的《关于人类教育的另一种历史哲学》中提出,"每个民族都在其自身之内有自己幸福的中心,正如每个圆球都有它自己的中心",①他举出的例子是希伯来人、古埃及人、腓尼基人、古希腊人、古罗马人,也就是说,赫尔德所说的民族不仅包括现有的民族,还包括历史上的民族。他还说,人类的历史长河中的每段历程之间都看得到停滞、革命、变化,每段历程都在其自身之内有它自己的幸福中心。②人类的文化、民族和历史都是多元的,绝不能用同一套标准来评判,他多次批判那些自信的"哲学家",这样的人以自己心仪迷恋的古代民族为标准,武断地制造褒贬来裁度整个世界。这就是赫尔德历史主义的多元原则。

如果历史主义关注的是多元的个体,那么又如何理解那些个体?既然我们作为观察者是处于自己的民族和时代当中,这就给理解其他的民族和时代设置了先天的壁垒。赫尔德认为,要了解它们,必须先进入它的精神,"要进入那个年代、那个地方、它全部的历史——你要领会它的每一个细节"。③ 按照他的意思,要了解一个民族,不仅要搞清楚历史事实,而且更重要的是移情地不带预设的理解,但那些"哲学家"则总是用自己的标准来衡量其他的民族。赫尔德整个的思想气质与写作风格是热情洋溢、感慨万千的,他与康德的争论也是他对人的纯粹理性的抗争。这就是赫尔德历史主义的移情原则。

所以,总的来说,赫尔德历史主义就是一种关注时代、民族和文化的个体性和多元性并对它们移情理解的原则。这种原则显然有相对主义的倾向,但赫尔德意不在此。他在《另一种历史哲学》中说,世界并不是完全杂乱无章的,万事万物都有目的地参与历史长河,但这个目的在人的掌握之外,只有神才知道。嘈杂的世界自有一种和谐。④ 显然,如果只

① 赫尔德:《反纯粹理性:论宗教、语言和历史文选》,张晓梅译,北京:商务印书馆,2010年,第8页。
② 赫尔德:《反纯粹理性:论宗教、语言和历史文选》,张晓梅译,北京:商务印书馆,2010年,第11页。
③ 赫尔德:《反纯粹理性:论宗教、语言和历史文选》,张晓梅译,北京:商务印书馆,2010年,第2页。
④ 赫尔德:《反纯粹理性:论宗教、语言和历史文选》,张晓梅译,北京:商务印书馆,2010年,第14页。

有神才知道历史的目的,整体性只存在于人类感知不到的领域,那么赫尔德实际上就没有对相对性做任何限制。

在《思想》中,赫尔德为历史设立了实现“人道”这个目标。他说:“我希望在人道这个词中我能理解迄今为止的人道进步的一切,这种进步是向理性和自由、向优美的感觉和激情、向最虚弱和最强健的身体、向地球的占据和统治的进步。”①克拉克总结道,赫尔德的“人道”首先指的是人类能到达的理想状态,还表示人类为了实现这种理想状态而具有的潜在能力。② 人道是人的天生禀赋,它是人类历史前进的目标,因而人类历史的过程就是不断实现人道的过程。它是一个开放的概念,实现了各个历史阶段既是其自身目的、又作为整个人类历史进步的手段的统一。可以说,人道就是人成为人之所是。“人道”有两个基本原则,“理性”(Vernunft)和“公道”(Billigkeit)。赫尔德所理解的“理性”是一种需要经验才能得到运用的能力,“公道”就是不断地在人类有限知识和上帝的普遍法则之间进行中介。人道是赫尔德对历史主义的一次修正,使得自己的历史哲学加入了进步、发展和人类整体性的维度。

总之,从《另一种历史哲学》到《思想》,特别是对普遍性观念“人道”的强调,赫尔德加强了对历史主义的相对主义倾向的克制,使这种多元主义避免成为一种相对主义。于是,赫尔德的历史哲学由两个对立面组成,一个是支持个体性、多元性和移情理解的历史主义,另一个是为整个人类设立的普遍性的历史目标即“人道”。

三、康德对赫尔德历史主义的评论

康德在很大程度上赞同赫尔德的历史主义。在第三篇书评中,康德不再处于批评别人的态势,而是为自己辩护。他回应赫尔德对他的第一个批评,即神意更偏爱个人的更简易的幸福,而尽可能省去昂贵的国家机器。康德认为赫尔德的这个观点“完全正确”,还补充说“甚至连比较幸福的程度并且说明人的一个阶级或世代对另一个阶级或世代的优势也根本不可能”。紧接着话锋一转,但是,神意的真正目的不是每个人为自己制作幸福的剪影,而是由此启动的一

① Frederick C. Beiser, *Enlightenment, Revolution, and Romanticism: The Genesis of Modern German Political Thought*, 1790–1800, p.214.

② Robert T. Clark, *Herder: His Life and Thought*, Berkeley: University of California Press, 1955, p.314.

直前进和成长的活动和文化，其最大可能是一种人权概念下的国家宪政，这同样是人自己的作品，而正是在这种国家宪政下，每个个人心中都有自己幸福的尺度。并且，只有在这里，他们存在的价值，即他们为什么存在这样的问题时，而不是他们存在时状态的价值，才能经由一个睿智的意图得到解答。①

如果历史的目的是按人权概念安排的国家宪政，而这种国家宪政是人自己的作品，那么它同样兑现了个人的幸福。也就是说，历史主义所追求的个人的幸福，恰恰是康德的世界公民观点下的普遍历史理念包含在内的。不仅如此，康德的历史哲学还能回答更大的问题，即人的存在本身的价值，而历史主义无法为这个问题提供解答。他举例说，被发现的大洋孤岛上的居民为什么会存在以及他们存在本身的价值，赫尔德无法解答这样的问题。也就是说，赫尔德的历史主义观点只能承认既成事实，了解现状，但是却回避了更加本质性的问题。从康德的评论中我们可以看到，赫尔德的历史主义与康德历史哲学处于两个不同的理论层次。历史主义放弃了对人类的根本性问题的追索，而且，当康德的历史哲学试图回答人类历史的根本性问题时，它也就能包容赫尔德的历史主义原则。

接着，康德回应赫尔德的第二个批评，即类和种属除了存在于个别的存在者之外，就只是一种普遍概念，只能说个人在受教育，而不能说人类在受教育。康德再一次先是同意了赫尔德的论断，紧接着，他指出，假如人类是一个进展到无限即不可规定的繁衍序列的整体，而又假定这个序列不断接近它的规定性，那么，只有类，而不是人类繁衍的某个环节，才能完全达到其规定性。并且，人类在整体上的规定性的前进乃至完成，也就是按照神的意图努力追求目标，虽然这只是纯然的理念，但却是一个很有用的理念。②

相信赫尔德不会反对康德对他的回应。因为赫尔德否认的不是人类教育，而是人类在受教育，赫尔德对谈论“人类”之热衷并不比康德少。况且赫尔德在这段话的后文中又说：“如果我把一切都限制在个体之中，否认整体链条的存在——这链条将个体彼此并与整体相

① 康德：《约·戈·赫尔德的〈人类历史哲学的理念〉第一部、第二部书评》，《康德著作全集》第8卷，李秋零译，北京：中国人民大学出版社，2008年，第70页。

② 康德：《约·戈·赫尔德的〈人类历史哲学的理念〉第一部、第二部书评》，《康德著作全集》第8卷，李秋零译，北京：中国人民大学出版社，2008年，第71页。

连——那我也就一样地违反人性和真实的人类历史。”[1]可见，康德与赫尔德对历史都有着一种人类尺度的思考，并且都认为人类历史就是人实现自身禀赋的过程。但是，康德与赫尔德所言的“人类”还是有着明显的不同，康德非常强调“类的规定性”，这种规定性很难在个人身上实现，而只能在人类这个层面上有朝一日实现，但赫尔德则认为每一个个人都可以实现人的规定性。可以说，康德是从人类出发来包容个人，而赫尔德是从个人出发来谈论人类。他们认为的历史目标也有所不同，康德认为规定性的完成是完美国家宪政的实现，而赫尔德则认为是人道的实现。

在后来的“泛神论争论”中，1786年8月，康德在《什么叫做在思维中确定方向?》中向那些非理性主义者呼吁：“具有精神能力并具有拓宽了的意念的人们啊！我尊敬你们的才能，并且喜爱你们的人类情感。但是，你们也考虑过你们所做的事情吗？你们对理性的攻击意欲何为?”康德意识到，倘若那些质疑乃至否认理性地位并且崇尚直观的人取得胜利，思想自由也将不复存在，这显然是在批评像赫尔德这样的人。这些人摆脱理性的控制，在大胆的活跃中自得其乐，很快就用绝对的命令和重大的期待来蛊惑他人，关键在于，此时他们仍使用的是理性的语言，而这些“天才”把这种狂热称为彻悟。既然每个人都顺从自己的灵感，于是，很快就会从灵感中产生外在的见证来证明事实，并在挑选的传统中产生强加的文献，也就是说，产生理性对这种“事实”的服从，即迷信。[2] 后来，康德也曾对别人指责赫尔德想要成为一个独裁者，而且有众多信徒追随着他。[3] 康德把捍卫理性上升到了捍卫思想自由的高度，那些看似自由的无拘于理性的虔信，其实是一种思想专制。康德的这种批评涉及了历史主义的移情原则。情感丰富的天才自以为自己把握到了其他民族或时代的精神，但这些自以为是的移情理解往往带有高度的个人色彩。它不仅未必真的把握到了不同时代和文化的精神，而且这种理解由于是“天才”的理解，就导致了盲从与迷信。

总之，康德对历史主义的意见是正面肯定，但由于历史主义只是看到事情的一个表面的层面，从而放弃了对本质

---

① 赫尔德:《反纯粹理性:论宗教、语言和历史文选》,张晓梅译,北京:商务印书馆,2010年,第18~19页。

② 康德:《什么叫做在思维中确定方向?》,《康德著作全集》第8卷,李秋零译,北京:中国人民大学出版社,2008年,第146~147页。

③ 曼弗雷德·库恩:《康德传》,黄添盛译,上海:上海人民出版社,2014年,第440页。

事物的追求，再加上移情原则又导致迷信与不宽容，所以应该建立一个更加融贯的历史哲学。康德在《理念》中确立了自己历史哲学的基调，而在后来的《判断力批判》、《重新提出的问题：人类是否在不断地向着更善进步？》（以下简称《进步》）和《实用人类学》中又做出了关键性的修改。在《判断力批判》的“反思性的判断力”之下，康德不再提历史的自然规律，而是说人必然意识到历史会有一个目的的主观必然性。有理性的存在者对随便什么目的的适应性的产生就是文化，文化才是人们就人类而言归于自然的最终目的，这就意味着在不同的文化中又会对历史的目的有着不同的认识。但是又不是任何文化都足以成为自然的最终目的，只有让人类的自然禀赋能够展开，也就是在公民社会之下，才是真正应该追求的文化。[①] 于是，在《判断力批判》中，康德明确承认既有的各种文化的正当性，又确保了公民社会才是真正文化的社会条件的地位。在《进步》和《实用人类学》中，康德提到历史的进步是一种祈愿，如果说服人们相信它会发生，那么它就有可能发生。康德历史哲学的这种嬗变进一步承认了时代与文化的多元性，但一种关于历史的理论不能止步于这种多元性，而应该注意人类整体的历史目的。

四、结论：历史主义的疑难

关于历史哲学的争论只是康德与赫尔德争论的一部分，它是在此前双方积累的不和的延伸，在围绕赫尔德《思想》的争论之后，他们还在泛神论争论中发生过间接性的冲突，从那之后，康德不再参加争论，而是利用论敌的提示以建造体系，完成了《判断力批判》；而赫尔德则努力试图“毁灭理性的偶像”，撰写《纯粹理性批判之元批判》《卡利贡涅》等著作直接抨击康德，把论战扩展到形而上学、美学、政治哲学等领域。康德与赫尔德在历史哲学上的分歧体现了他们不同的思想旨趣，这个分歧的影子在他们的整个争论中都能看到。

虽然历史主义这个术语有各种不同乃至相反的意思，但是对时代和文化的个别性的强调，以及要把事物放在相应的时代和文化条件下理解和评价，则是历史主义的一个主要含义。康德与赫尔德各自在不同程度上同意这种多元性的理解，但问题是这种理解在多大限度内适用。康德和赫尔德都只是对时代和文化的多元性进行了有限的承认，而且我

① 康德：《判断力批判》，《康德著作全集》第5卷，李秋零译，北京：中国人民大学出版社，2010年，第450页。

们也很难找到有哪一位思想家仅仅坚持多元性而彻底否认普遍性。关键是承认多元性就够了,还是要在多元的背后寻找本质的东西。赫尔德认为纯粹理性哲学和哲学家脱离生命并寄生于虚无缥缈的令人目眩的概念世界,这种独特的浪漫思想气质构成了赫尔德走向历史主义的前提条件。赫尔德归根结底是一个直觉主义者,他相信的是活生生的经验,而不是玄妙的思辨。这种直觉主义在历史哲学方面的体现则是对眼前眼花缭乱的各种迥然不同的文化的确证,并坚信各种文化的多元性。历史主义在逻辑上是这种直觉主义应用到人类历史领域的表现。

历史主义在本质上是一种具有保守倾向的思想,它试图从各个文化的内部对各个文化进行价值判断,从而也就在理论出发点上维护现有的各个文化的正当性,且不能为历史设定任何目标。可问题是一旦在个别文化中遭遇到某些与现代西方价值观严重违背的文化观——既包括杀婴和人祭等明显被现代人类社会所不容且基本上已经成为历史的习俗,也包括性别歧视这样的现在仍然在世界各地普遍存在的习惯——又应该如何呢?历史主义本身不仅具有相对主义和直观主义的倾向,而且它还在某种程度上蕴含有不可知论的后果。“天才”以为自己把握住了个体的本质,可问题是,由于观察者自身也处于一种个别的文化和时代中,他能够真正认识到不同的文化和时代吗?如何证明观察者真的把握住了它?又如何面对诸多观察者的不同说法?如果不能对这些问题做出满意的回答,那么历史和文化本身与人们对它们的认识就是两种完全不同的东西,而前者我们注定永远也达不到。

或许是为了规避这些质疑,赫尔德在《思想》中为历史设置了“人道”这个目标,淡化了历史主义的相对化倾向。如果个别文化的某些习俗不符合“人道”,那么这种习俗就应该被改变。赫尔德从此也就抛弃了早期单纯把历史主义作为他的历史哲学的做法。“人道”属于他的历史哲学,却非历史主义。历史主义本质上是倾向于保守的,而赫尔德的历史哲学却是希望进步的。赫尔德提出的“人道”凸显了历史主义的疑难,历史主义本身无法独立构成一种完善的历史哲学,至少是需要一个它的对立面也即普遍历史观念来克制它的相对主义倾向。康德与赫尔德都是如此,只不过康德是从普遍历史观念出发来包容历史和文化的多元性,而赫尔德是从历史和文化的多元性出发来包容普遍历史观念,虽然各有侧重,但他们最后都努力达成普遍主义历史观与历史主义的调和。

如果赫尔德是德国历史主义的第一位较为系统和全面的代表人物,那么康德就是德国历史主义的第一位著名批评者。康德对历史主义的评论并不是否定性的,而是建设性和批判性的,这些评论固然只是一些散论,但也为今天我们理解历史主义提供了启示。总的来说,康德在这方面的贡献主要在于揭示了历史主义在理论层次上的有限性,以及历史主义对人的理性和思想自由的潜在威胁。

康德对历史主义的评论与后来的德国历史的某些特点不谋而合。赫尔德的历史主义是世界主义、文化多元主义,并且是排斥国家机器的,这并不是维护所谓德意志特殊性的思想工具。赫尔德之后的历史主义与德国历史上的"德意志特殊道路"和希特勒的上台之间的联系还需要进一步探讨,但可以肯定的是,历史主义在理论上有着为此辩护的潜在可能性。伊格尔斯就不无夸张地提出历史主义在很重要的方面为纳粹上台扫清了道路。① 历史主义坚持个体的特殊性并反对普遍性的自然法,可是越到后来,个体越来越仅仅指国家、民族和文化,而越来越忽视个人,这种变化伴随着历史主义的政治意识形态化,构成了德国在20世纪上半叶产生出极权国家和发动战争的文化背景的一个面向。似乎正如康德所预料的,德意志第三帝国的广大民众也正是迷信地听从一个"天才"般的元首。这一切当然不是赫尔德的本意。

历史主义的现实疑难使我们认识到确立一个普遍性的历史目标的意义。像康德那样,对历史目标的设定未必要赋予它自然规律的必然性,只要它是一种祈愿就够了,不管是希望人类变得更善,还是人道的实现,还是自由的实现,由于它为人类设定了一个目标,历史就会有一个方向,人们由此就知道什么做法是符合这个方向的,什么做法又是不符合的。普遍历史为我们指明了历史的方向,人类就可以知道自己处在什么位置,并且可以据此努力,这个方向一般而言至少不会让人类的处境变得更坏;但历史主义除了让我们特别注意文化的多元性,却没有为人类在过去、现在与未来的整体处境指明任何方向,甚至有可能让人们陷入迷信、盲从与不宽容。

The Debate between Kant and Herder on Historicism

Abstract: Kant and Herder had main-

① 格奥尔格. G. 伊格尔斯:《德国的历史观》,彭刚、顾杭译,南京:译林出版社,2014年,"中文版前言",第1页。

tained the relationship between teacher and student, but they gradually turned against each other, and in 1785, Kant became an adversary of Herder after his writing a comment on Herder's new book *Ideas on the Philosophy of the History of Mankind*. The focus of their debate was Herder's view on historicism, which was besed on the basic principle of the understanding of the individuality, pluralism and empathy of human history. Herder later proposed the concept of "humanity" as the opposite of historicist principle, which was an important revision of his historical philosophy. Kant believed that historicism only paid an attention to the surface of things, but neglected the historical understanding of the essence of things. In addtion, historicism was limited on a theoretical level and its empathy principle was a potential threat to human reason and freedom of thought. Kant's criticism of Herder's historicism highlights the difficulty of historicism as a theory of history.

Keywords: Kant, Herder, historicism, philosophy of history

作者:冷金乘,武汉大学哲学学院研究生

德国历史主义

梅尼克的历史主义观念

□马 宁

摘要：弗里德里希·梅尼克认为的历史主义并不只是一种历史学科的规范、历史思想或从历史研究中生成的历史感，而是个体化的思维方式。在这种思维方式影响下，近代西方知识界得以摆脱自然法束缚下的静态、齐一式的对社会和人的看法，而认识到历史是一个个性自由的世界，充满着变化和发展，以便萌发出社会乃至个人的历史意识。面对历史主义的危机，梅尼克的观点是以因果考察与价值相联系、以精神文化价值作为个体的表现形式以及以现在的立场把握过去，从而避免传统历史主义观念中的相对化和唯过去化的危险。

关键词：自然法；个体；发展；价值

一

德国著名史学家弗里德里希·梅尼克（Friedrich Meinecke，1862—1954）是20世纪上半叶德国史学界的代表人物。1862年梅尼克出生于普鲁士的一个邮局官员家庭。1887年他进入普鲁士档案馆工作；1896年他接受西贝尔的邀请成为《历史杂志》的编辑，一直担任此职至1935年。1896—1899年梅尼克陆续出版了他的首部两卷本思想史著作《陆军元帅博延传》（*Das Leben des Generalfeldmarschalls Hermann von Boyen*）。1901年他任教于斯特拉斯堡大学，1906年转到弗赖堡大学，1914年返回柏林大学。1908年梅尼克的思想史著作《世界主义与民族国家》出版，此作奠定了他在德国史学界的地位。1928年德国国家历史委员会成立，梅尼克担任第一任主席。纳粹党执政期间，梅尼克坚持不与纳粹合作，曾与抵抗运动人士有联系，因此于1935年卸任了《历史杂志》主编。1936年梅尼克受邀参加哈佛大学建校三百周年庆典，并发表学术演讲“古典主义、浪漫主义和

18 世纪的历史思想”(Klassizismus, Romantizismus und historisches Denken im 18. Jahrhundert),并被授予荣誉博士学位。1948 年梅尼克成为美国历史协会荣誉会员,这是自兰克以来第二位受此殊荣的德国历史学家。[①] 1948 年西柏林成立柏林自由大学,梅尼克任首任校长。至今柏林自由大学仍有以他名字冠名的弗里德里希·梅尼克历史研究所,以纪念他的突出贡献和学术成就。

近代欧洲历史思维的萌发过程是梅尼克的重要研究方向,他的三部观念史著作之一《历史主义的兴起》就专门研究这个话题。在梅尼克看来,“(历史主义)并不仅是一种学科原则,而是一种新的人生观……这种人生观的转变发生在整个欧洲,在德意志最为深入,在歌德那里到达高峰”。[②] 梅尼克把历史主义观念的发生史看作是个体化思维方式与普遍化方式之间交相缠斗,最终突破自然法束缚实现个性自由解放的一个过程。本文将探析梅尼克所论述的自然法与个体化思维的特点、成熟的历史主义要素以及面对历史主义危机梅尼克所做出的相应修正。

二

梅尼克把受自然法支配的启蒙史学称作理性主义和实用主义史学,它在理解人类事物上持有的是循环论和功利主义的立场。让我们首先了解一下自然法的基本要点。自然法观念相信宇宙间存在一种绝对的理性真理,这种真理的内涵不会随时间变迁而变化,它拥有对全世界的普遍有效性。自然法思想经由罗马帝国的斯多葛学派创立,被基督教神学所吸收,进而影响中世纪以来的欧洲。16 世纪以来随着自然科学的兴起,科学试验证明了自然世界中力学和数学规律的有效性,这使得人们对自然法的信念更加坚定不移,反对迷信、解放受蒙蔽中的理性成了启蒙运动的主要支撑点和诉求。在理性之外的情感、意志因素被归为非理性的,它们是干扰获得真理和知识的缘由。由此启蒙时代的史学试图用理性来组织人类纷繁复杂的行为,用理性与非理性的尺度来评价这些行为。[③] 由于按启蒙思想来看,受自然法主宰的人类世界中人的理性不会发生变化,不同时代不会有根本的差别,人与人之间

---

① Philip J. Wolfson, “Friedrich Meinecke”, *Journal of the history of ideas*, Vol.17, No.4, 1956, p.512.

② Friedrich Meinecke, “Zur Entstehung des Historismus und des Schleiermacherschen Individualitätsgedankens”, *Werke* Ⅳ, K. F. Koehler Verlag, Stuttgart, 1957, S.341.

③ Friedrich Meinecke, “Kausalitäten und Werte in der Geschichte”, *Werke* Ⅳ, S.63.

是相似的，过去与现在并没有明显的生成继承的关系；于是一体性、相似性和超时间性的思维模式进入了史学，在此之下无变化发展也无个体，个性并不能得到承认。梅尼克评价，（在启蒙史学笔下）"过去就像一个大平原，各种事物在此交错放置，位置可以互换，不会引起什么惊奇。所有事物都会重复发生。每个时代都有它的亚力斯泰提斯（Aristides）、塞内加（Seneca）、贺拉斯（Horaz）"。① 在梅尼克看来，启蒙主义者持有历史循环论，"事物总是循环往复地出现。人们就像在一个舞台上不断运动，既有恶行也有善行，但总体上来说人类的状况在改善"。② 同样，基于自然法下人性的恒定，不同时代间不会发生根本的变化，人们看待历史的方式仅从人事外在的表现和后果出发，站在对自己有无吸引力而不是历史现象自身的角度上，用浅显的道德词语来评述历史现象，研究分析的概念"局限在善恶与公正、不幸与幸福"。③ 在这种意义上启蒙史学又被称为实用主义史学，它"仅是具备教育的意义，启蒙主义者们希望从历史中习得对自己生活有益的东西"。④

梅尼克认为，走向历史主义首先要摆脱自然法思维，突破理性主义视野下完美和最佳的无生命的、原子式的个体，以及它的机械论的世界观；进而发现个体、承认多样性，以变化发展的视角来看待个体，并持有动态交融的世界观。然而这样一种历史主义思维方式的出现需要经历一个漫长的历程，但方式是多样的。也就是说，条条大路通向历史主义，而并不仅仅局限在人们对历史的看法是否有新的突破，或者是否增强了历史意识和历史感。在梅尼克看来，沙夫茨伯里的泛神论思想、英国前浪漫派的文学和诗歌、赫尔德的民族理论、伯克的保守主义，以及席勒和温克尔曼在美学和艺术思想上的创见都为历史主义道路的开辟做出了贡献。梅尼克指出："在 18 世纪存在一种反对高雅文明的返璞归真的思潮，代表人物如卢梭和赫尔德；对绝对主义国家机器的排斥，代表人物如默泽尔和赫尔德，它们也是历史新思想的主要推动力。"⑤同样，自马基雅维利以来的政治现实主义–反自然法把国家仅仅

① Friedrich Meinecke,"Aphorismen:Allgemeines",*Werke* Ⅳ,S.223.

② Friedrich Meinecke,"Aphorismen:Allgemeines",*Werke* Ⅳ,S.222.

③ Friedrich Meinecke,"Aphorismen:Allgemeines",*Werke* Ⅳ,S.223.

④ Friedrich Meinecke,"Kausalitäten und Werte in der Geschichte",*Werke* Ⅳ,S.83.

⑤ Friedrich Meinecke,"Aphorismen:Möser,Herder,Goethe",*Werke* Ⅳ,S.246.

理解为促进个人福利的公共契约机构，探讨最佳国家的思路，而从经验现实的角度来探讨国家和外交事务，也在政治思想领域实现了对自然法的某种突破。

梅尼克总结了从启蒙自然法通向历史主义的三条道路：宗教和世界观的（虔敬主义）；美学的；政治社会的（承认价值的地方多样性和历史根基）。① 在这些领域，一些思想家不断地提出具有启发性和突破性的观点。限于篇幅，我们在此仅以美学领域中突破古典主义典范的个体化思想为例。梅尼克把17、18世纪的古典主义理解为艺术的一个方向，即人们相信美的固定形式，艺术家和诗人们追随古代的典范，即黄金时代的古希腊艺术和诗歌的形式。② 席勒是打破这种规范性完美主义理念的典型代表。席勒不满意古典主义强加给艺术领域的绝对典范，他认为这只会枯竭艺术的生命力和创造力。席勒相信美的理念和形式存在着多样性，虽然美有一种固定完美的形式，但这种形式终究要通过独特的个体表现出来。他以自己的方式来解释古希腊，认为只有在那个时代，人们通过个体化的方式来表现美的多样性，这才是发挥艺术创造力的有效途径；由此席勒相信，艺术有着自己的高峰，这一高峰在希腊而不在现代。③ 在梅尼克看来，尽管席勒在美学领域实现了对自然法的突破，他仍未全然摆脱自然法思维，在道德领域相信康德式的自然法绝对命令。席勒认为，在美学领域有无数个上帝，而在道德领域只有一个。他这样表述："我相信美学理想和道德理性是截然相反的。"艺术领域有着个体多样性，而道德领域则是普遍绝对的伦理命令。④

三

梅尼克认为导向历史主义的契机出现在18、19世纪之交。经由德国狂飙突进和浪漫主义文学运动的滋养，以及法国大革命这一世界历史事件的冲击，人的个性自由解放与发展成为时代发展的重要方向，这成为发现历史主义世界观的重要催化剂。这一时期的确是一个个性张扬和自由解放的时代。人们相信人能够"赢得对自身和环境的自由支配权去创造善与恶"，⑤进而要求突破社会伦

① Friedrich Meinecke, "Aphorismen: Allgemeines", *Werke* Ⅳ, S.220.

② Friedrich Meinecke, "Klassizismus, Romantizismus und historisches Denken im18.Jahrhundert", *Werke* Ⅳ, SS.266-267.

③ Friedrich Meinecke, "Schiller und der Individualitätsgedanke", *Werke* Ⅳ, S.313.

④ Friedrich Meinecke, "Schiller und der Individualitätsgedanke", *Werke* Ⅳ, S.310.

⑤ Friedrich Meinecke, "Persönlichkeit und geschichtliche Welt", *Werke* Ⅳ, S.36.

理道德、禁欲主义和理性主义对人的规定和限制,突破斯多葛派自然法对人的个性的抹杀,破除了对理想人和完美人的信赖,最后导向个体化学说的发现。按照歌德的说法,人的个性(或性格)是尘世之人所能得到的最大幸福,……这是一个自己的世界(同时也与外界所沟通)……通过它我们可以从自然中升华出来。[①] 个性独一无二、不可替代,个性的力量不可轻视、不可量度也是变幻莫测的。更确切地说,个性代表着个体的内在属性,而非自然之物的外在规定性。内在性是不能被规定的,它是自生自主的。自然无机物展现出单一的物质属性(如质量、密度、色质),有机动植物界是单纯的生命力,只有人因其思想而表现出复杂多样性。人的思想和精神世界以及其创造物是个体性的根本标志,也是个体不能为自然法所解释的缘由。在思想之旁,情感和意志作为个性中的非理性、感性成分是人的生命不可割裂的一个部分,也是个性最真实的写照,它们将迸发出火山喷发般的力量,足以改变世界。人们不再以尖锐对立来看待感性与理性的关系。

在此思潮的影响下,人们认识到历史是一个个性的世界。梅尼克表示,所有人类图景的持续流变和自我变化,不是重复出现具有普遍规律,而是有其个体和特殊性,每个人既相对应于普遍人的类型,也表现出异于他者的无法比拟的个体性。[②] 典范和非典范间的对立将失去意义,因为人类的价值将以千变万化的形态来自我呈现。[③] 在这些思考的基础上梅尼克形成了历史主义的核心观点,即用个体化的观察来代替对历史-人类力量的普遍化观察。[④] 由此历史主义破除了自然法的统一性、一致性公理,承认了人类世界的多样性,世界将不再是齐一平坦而是跌宕起伏的。历史上的每件事现在看来都不同于以前的面貌:它不再是表面看上去的那么简单和容易认识,而是充满种种透视性的,有着难以度量的景深;它并非(像先前人们认为的那样)由同一事物的永久反复重现组成,而是独特无比的一种永久再生的东西。[⑤]

梅尼克认为,历史主义个体化思想的最高峰体现在兰克身上。兰克不赞成

---

① Friedrich Meinecke,"Persönlichkeit und geschichtliche Welt",*Werke* Ⅳ,SS.30-31.

② Friedrich Meinecke,"Klassizismus,Romantizismus und historisches Denken im18.Jahrhundert",*Werke* Ⅳ,S.265.

③ Friedrich Meinecke,"Aphorismen:Allgemeines",*Werke* Ⅳ,S.234.

④ 弗里德里希·梅尼克:《历史主义的兴起》,陆月宏译,南京:译林出版社,2009 年,第 2 页。

⑤ 弗里德里希·梅尼克:《马基雅维利主义》,时殷弘译,北京:商务印书馆,2007 年,第 507 页。

当时启蒙进步论和黑格尔主义对个体的抹杀,个体是具有自主性和现实性的。他反对用过度抽象的观念诸如进步、衰落、自由主义、专制主义等来描述历史,他仅赞许"为了支配权而互相搏斗的""生机勃勃的力量"的有效性。[①] 梅尼克注意到兰克这样表示:"我并不认为进步是以直线性的方式进行,而是像川流一样以其自己的方式来进行。……并不是潮流的目标,而是潮流中的个体性力量在起着作用。"[②]兰克不认可当时的历史进步论的看法,即后一个时代将会超越前一个时代。因为问题在于"缺乏普遍的标准来衡量进步,时代成见和主观性将会介入其中。今天被看作的进步在明天也许就是衰退"。兰克的神学立场使他认识到,"如果前一代人只是后一代人的垫脚石的话,那么这意味着神的不公正"。[③] 兰克认为黑格尔的辩证法同样埋没了个体的自主性和生命内涵。在黑格尔主义下,一切形态各异、丰富多彩的历史现实必须被重新解释成仅是被一只神手操控的牵线木偶戏。先前被赋予一切历史力量,让它们无拘无束地自我发泄的自由和个性,由此变得只是一种表面自由和表面权利。[④] 兰克不赞同黑格尔的世界历史进程是世界精神或理性自我展开的说法。对兰克来说,给出一个世界历史的目标无异于"遮掩了未来",即遮掩一幅关于历史力量相互影响的真实图景以及它们不可测度的影响。[⑤] 黑格尔辩证法用主观的逻辑形式架空了鲜活的内容,使不可言传而只能体验的生命秘密流失掉了。

兰克个体性思想的支撑点在于其神学观念,他的基督教信仰使其确信历史研究就是在历史中寻找上帝的足迹。对兰克来说,"世界是上帝的创造物,但不等同于神性。……历史现象关系……具有天意的性质"。[⑥] "在所有事物之上都显现着上帝的安排,这既不可证明,也难以觉察。"[⑦]兰克的这种观点是一种万有神论,即:上帝君临于世界之上,世界是他创造的,也为他的精神所激励,因此它与上帝有关,与此同时也是世俗的和不

---

① 弗里德里希·梅尼克:《历史主义的兴起》,陆月宏译,南京:译林出版社,2009年,第547页。

② Friedrich Meinecke, "Deutung eines Rankeswortes", *Werke* Ⅳ, S.125.

③ Friedrich Meinecke, "Deutung eines Rankeswortes", *Werke* Ⅳ, S.118.

④ 弗里德里希·梅尼克:《马基雅维利主义》,时殷弘译,北京:商务印书馆,2007年,第498页。

⑤ Friedrich Meinecke, "Deutung eines Rankeswortes", *Werke* Ⅳ, S.130.

⑥ Friedrich Meinecke, "Deutung eines Rankeswortes", *Werke* Ⅳ, S.124.

⑦ Friedrich Meinecke, "Deutung eines Rankeswortes", *Werke* Ⅳ, S.131.

完美的。[1] 尽管历史世界处处交织着美与丑、善与恶，但由于兰克相信上帝在历史世界中的存在和上帝的意志，他仍然持有一种乐观的立场而认为人类历史的意义是积极的。

兰克尊重个体自主性的立场使他超越了实用主义从原因和影响来评价事情的标准，这将促使史学家站在个体的立场真正理解个体。启蒙实用主义恰恰是从结果来理解人和事件，而不是站在个体生命的立场上。梅尼克用这样的话语来评价实用主义：

> 实用主义割裂了目的和行动中的人，不是根据其自身的标准，不是根据在其中作用着的生命法则来评价行动中的人，而是按照普遍的终极的被认为是绝对标准的人类目的和目标来评价行动中的人。如此一来，在研究单个历史行动时就导致了对各种各样的动机的碎片化和孤立化，把行动当成了机械的震动，不管它们是好还是坏，是来源于激情还是理性。[2]

而兰克相信“历史和生命中所有趋向真善美和神圣之物，无论从中产生失败或成功，都在其个体性中有着自己的价值”。[3] 这意味着“生命中重要的事情是生命本身而不是结果”。……必须从作用者的力量而不是从作用的结果来理解历史现象。[4] 梅尼克认为兰克的观点是历史主义在个体性思想和历史观上的最大成就。

三

历史主义除了强调个体之外更注重有机动态的世界观，即“强调不可估量性，强调自由的因素和从内而生的、出乎意料的自发性”。[5] 梅尼克认为，成熟期的历史主义在有机动态、个体化思想和道德判断三个要素上达成了和谐，即有机动态和个体化思想彼此融合，以便从现象自身加以理解，同时兼具道德判断（但道德判断并不占主导地位）。[6] 有机动态意味着个体并不是一个个无生命的原子，而是充满着生机勃勃的生命力，无时无刻不在进行着变化。从世界观的角

---

① 弗里德里希·梅尼克：《历史主义的兴起》，陆月宏译，南京：译林出版社，2009 年，第 550 页。

② 弗里德里希·梅尼克：《历史主义的兴起》，陆月宏译，南京：译林出版社，2009 年，第 486 页。

③ Friedrich Meinecke, “Deutung eines Rankeswortes”, *Werke* Ⅳ, S.118.

④ 弗里德里希·梅尼克：《历史主义的兴起》，陆月宏译，南京：译林出版社，2009 年，第 485~486 页。

⑤ Friedrich Meinecke, “Aphorismen: Allgemeines”, *Werke* Ⅳ, S.232.

⑥ Friedrich Meinecke, “Aphorismen: Möser, Herder, Goethe”, *Werke* Ⅳ, S.248.

度来看,把握变化而独特的个体多样性需要破除自然法思维,达到静态与动态、主观与客观、自我与外部世界的融合。自然法的静态世界观以逻辑形式来规定内容,无法以时间性的视角把握流变事物,而将变化之物视为非理性的和不可认识的。事实上,在流变世界观下理性概念等这些被人们视为恒定不变的事物也处在变化生成之中。黑格尔哲学以其辩证法统一了主观与客观的矛盾,从静态理性走向了流变中的理性,一定意义上对历史主义世界观的形成做出了贡献。但基于上文所述,因为黑格尔扬弃了个体的内在生命,历史主义在流变观上并没有采纳辩证法的逻辑。

在梅尼克看来,历史主义接受了新柏拉图主义的泛神论,借此统一了个体与普遍、流变与不变之间的关系。对于历史主义的世界观,“个别事物都源自神圣自然的统一母体。……理性以无数多样的形式显露自己,它规定生活的个别法则而非一般规律,它最终的统一性依托于宇宙的一种不可见的形而上基础”。[①] 这一基础是“对一种所有生命由之发源而出的终极性的绝对源泉的信仰。歌德认为这种绝对者既无法展示出来,也无法接受定义,‘它的本质是永远无法被认识的’”。[②] 这意味着:一方面,个体就像深渊一样不可测度,一切皆在流变之中。另一方面,个体的变化与发展并不是一盘散沙而各为方向,部分与部分、个体与自然之间有着神秘的和谐关系。生命共同源自一个无所不包的自然母体,在此之下,“神性活跃于活物之中而非死物之中;活跃于发展和变化之中,而非业已达到的固定状态之中”。[③] 个体与宇宙之间形成了共生共息的关系,个体身上显现着普遍性。用个体性思想的先驱施莱尔马赫的话说,“个体是一种至高的立场,在它当中同时融合了个性与普遍性……个体的神秘核心在于时间性与永恒的结合”。[④] 而面对生动的变化图景,逻辑概念是徒劳的,唯有用精神感知世界整体并体验个体生命。这种受新柏拉图主义影响的精神移情的思维方式避免了机械主义世界观,它摆脱了理性逻辑致使的形式与内容、理性与非理性之间的矛盾,走向了理念与现实、

① 弗里德里希·梅尼克:《马基雅维利主义》,时殷弘译,北京:商务印书馆,2007 年,第 507 页。

② 弗里德里希·梅尼克:《历史主义的兴起》,陆月宏译,南京:译林出版社,2009 年,第 534 页。

③ 弗里德里希·梅尼克:《历史主义的兴起》,陆月宏译,南京:译林出版社,2009 年,第 464 页。

④ Friedrich Meinecke, “Zur Entstehung des Historismus und des Schleiermacherschen Individualitätsgedankens”, *Werke Ⅳ*, S.346.

理性与经验的有机融合。

具体而言,历史主义用发展的概念来概述个体独特的运动变化。变化发展与个体性紧密结合。发展是个体的表现形式,缺乏发展,个体将无法保持其独特性;发展并非是如进步这样空洞抽象的线性概念,发展以个体的形式呈现着自己的个性。发展并不是个体漫无目的、任意的演化。梅尼克心目中的历史主义大师歌德表示,个体发展并不是封闭孤立的,而是个体与整体环境交互影响的结果。通过把所有个体元素编织进整体的生命河流,歌德有关发展的观念避免了变得过于狭隘化以至成为一个纯粹的进化观念的危险。[①] 梅尼克认为,个体的历史发展并不仅仅是早已存在一天细胞中的倾向的演化。倒不如说,在它为始终变化着的时间力量所作用时,它具有很大的可塑性……这就是为什么个体和普遍如此难解难分地相互交织在一起的缘由……否则的话,我们将具有数不胜数的不同的进化过程。[②]

四

历史主义作为一种世界观受到最常见的批评是相对主义、价值无政府主义和将一切历史化。梅尼克对这些批评都做出了思想上的回应。首先是相对主义和价值问题。梅尼克归纳了当时历史研究中盛行的两种方式:一是类似科学实证主义的对因果性的研究,梅尼克把它称为水平式的研究(兰克把它称为世界历史领域);二是垂直式的研究,即对个体精神文化价值的历史研究,历史学家在历史长河中寻找体现价值、追寻崇高和永恒性的历史生命。19 世纪以来随着自然科学的巨大成功,科学实证主义成为人文社会科学研究仿效的对象,在实证主义风潮影响下史学家重视历史因果性的研究而进行史料考证和实证叙事,这使得因果研究成为主流。然而历史学作为一门研究人的学问,区别于自然科学,不能采用后者量化因果研究方法,因为历史的因果研究不论推进得多么细致深入,它的终极目标仍然是要回到人的价值精神世界。脱离价值的实证主义研究成果将变得让人难以理解。实证主义要求历史研究者遵照科学研究的模式以达到客观性,价值中立的原则需要研究者搁置主观看法和立场。这将导致历史学失去自身的价值观和世界观。失去了价值方向的研究将走向理解一

---

① 弗里德里希·梅尼克:《历史主义的兴起》,陆月宏译,南京:译林出版社,2009 年,第 500 页。

② 弗里德里希·梅尼克:《历史主义的兴起》,陆月宏译,南京:译林出版社,2009 年,第 548 页。

切、原谅一切的泛化空洞化境地。梅尼克注意到时人批评历史主义是一种衰败文化的象征,是模仿的艺术,仅思考有创造力的时代,虽然试图理解所有的世界观,但却没有任何自己的立场。①

历史主义史学的一个问题在于研究缺乏正确的价值观。自 1813 年解放战争至 1871 年德国统一,民族至上和国家崇拜的风潮主宰着德国意识形态和史学。国家被视为民族历史发展的至高阶段,它是文化的象征并孕育着文化,国家承载着民族文化发展的使命。历史研究的绝大多数内容围绕着民族国家的政治史和外交史,而一个例外是布克哈特的艺术史研究。布克哈特没有把国家作为历史研究的核心对象,而是把艺术史、文化史看作是历史中值得研究的领域。布克哈特认为国家有着某种破坏文化的恶的本性,他已经预见到了世界大战的可能性和西方文化的危机。第一次世界大战见证了布克哈特的预言。现代工业文明、大众民主社会所创造出来的物质力量和社会动员力使国家之间战争冲突的破坏程度远远超过绝对主义国家时代。国家发动战争的结果并没有创造和维护文化价值,而是带来了野蛮残杀和破坏,摧残着人们的心灵。兰克时代的学者们对国家、民族、文化所持有的历史乐观主义破灭了。

在这样的背景下,第一次世界大战后梅尼克开始思考历史研究中的价值与因果、文化与自然之间的关系。梅尼克认为,尽管历史研究的人文主义特质与重视因果逻辑性的现代学术规范相互冲突,但研究仍需将两者结合起来。他表示,"获取因果知识的理论需求和获得生命价值的需要在历史兴趣中互不可分。……历史的本质既包含因果性也包含生命价值"。② "没有对价值的渴求,因果研究将成为一项枯燥的技艺。而没有对真实性和因果关系的揭示,精神价值的表现将丧失其基础而变得空泛随意。"③因果实证研究无论如何是重要的。在此,梅尼克引述兰克的论断:"如果历史学家不再追问关于后果和原因的事件链,历史研究者将不再是历史学家。"④但历史主义终究要找到自己的价值方向,以便在这条因果链上,在多种多样的个体中,在不知走向何方的发展洪流里找到所需的阿基米德支点。梅尼克对这

① Friedrich Meinecke,"Aphorismen:Allgemeines",*Werke* Ⅳ,S.231.

② Friedrich Meinecke,"Kausalitäten und Werte in der Geschichte",*Werke* Ⅳ,S.66.

③ Friedrich Meinecke,"Kausalitäten und Werte in der Geschichte",*Werke* Ⅳ,S.73.

④ Friedrich Meinecke,"Deutung eines Rankeswortes",*Werke* Ⅳ,S.119.

一问题的回答是:"一切历史都是文化史。"文化意味着独特精神价值和历史个体的创造。[①]

这一提法意味着一战以后梅尼克从兰克的国家至上的历史乐观主义转向布克哈特的文化史观,但并没有完全接受布克哈特的历史悲观主义,即认为西方文化在危机面前不可避免地走向衰退。梅尼克修正盲目乐观立场,但他仍对德意志文化与历史主义抱有信心,相信只要避免误区,历史主义和文化理想仍然能够健康成长。而首先要避免的即是自黑格尔以来德国的同一性哲学把自然与精神、文化与国家合二为一的错误做法。正确的路径在于回到康德式的二分法。梅尼克把自然领域界定为这样的领域,它无法摆脱生存需要的压力,受纯粹因果必然性所宰制。当历史个体突破因果性的生存需要的压力,挣脱命运必然性的枷锁,无惧于世事无常的变幻,而向上追求或显露出真善美的精神价值时,文化价值即被创造出来,这也是精神与文化价值领域的特征。具体而言,文化价值从两种途径中产生:一是宗教、哲学、政治与社会思想、艺术作品与科学;二是从具体实际生活需要发展起来……从生活需要中解脱出来以获得真善美的价值。[②] 梅尼克将介于文化与自然的中间地带称为文明。他认为,文明从纯粹自然中提升出来,经由生命意志的驱动向实用性智力靠拢。技术发明的全部领域即在于此。作为发明与精神成就,文明也是文化成就。但人们可以将它解释为生物学上的"适应"。……但如果技术不支持精神生命,将会在此沦落为自然之物。[③] 就精神文化价值而论,文明低于文化而高于自然。

在自然、文化、文明的三重区分下,梅尼克改变了受同一性哲学影响的历史主义将文化与自然合二为一、置国家于文化领域的做法。梅尼克在撰写《马基雅维利主义》一书时把政治观念史范畴的国家理性放置在文化与自然的中间地带。大部分情况下国家为自己的生存需要和利益所左右,这种功利现实主义被视作无法摆脱因果枷锁的自然。而"只有当它从纯粹实用向美和善趋近时,它才显露出精神性"。[④] 这就是说,国家本性是自然之物,但也有显现精神文化的一面。梅尼克不否认国家具有独特的历

① Friedrich Meinecke, "Kausalitäten und Werte in der Geschichte", *Werke* Ⅳ, S.85.

② Friedrich Meinecke, "Kausalitäten und Werte in der Geschichte", *Werke* Ⅳ, S.82.

③ Friedrich Meinecke, "Kausalitäten und Werte in der Geschichte", *Werke* Ⅳ, S.75-76.

④ Friedrich Meinecke, "Kausalitäten und Werte in der Geschichte", *Werke* Ⅳ, S.76.

史生命和个性，但过分地讴歌民族国家，赋予它全然的精神文化价值，将会导向美化权力政治与战争的错误之路。他强调必须认清国家的本质，明确历史主义的价值立场。

历史主义的价值立场即承认相对性与变化，但以显现真善美文化精神价值为指南针，同时不失却基本的普遍道德标准。梅尼克并不像布克哈特那样把真善美的领域局限在艺术与文化史的范畴。在更广泛的政治史、思想史等领域，甚至在整个历史个体世界中，人们都可以找到文化精神价值。如兰克的名言所描述的："每个时代都有能力接近上帝。"①梅尼克笃信个体是文化精神价值的负载者。他相信："每个历史生命都在向上寻求着永恒、崇高和价值。每个历史时代都流动着精神力量去超越昏暗的自然和利己主义，而向上追寻更高的世界。"②历史研究注重考察历史因果性的同时保有寻求价值之心，始终以在历史现象关系中发掘精神文化宝藏为根本任务，由此历史主义就不会如科学实证主义那样只知因果不知价值，也不会在个体的无边海洋中找不到方向，而陷入无头无绪的相对主义深渊。

规避相对主义，除了重视精神文化的恒久价值外，另一个关键在于强调个体与普遍、个体与环境不可分割的联系。梅尼克认为个体的发展总是在整体的洪流中，在自发生命力与环境的塑造的合力下实现的。无视整体环境的影响，无视个体与世界的联系，抑或让个体置身于一个混乱无绪的世界，抑或导致无视他者和外界的无政府主义立场而宣扬至高无上的自我。在梅尼克看来，兰克很好地平衡了个体与普遍之间的关系。兰克尽管重视个体，但从不失却普遍的立场，他重视个体与普遍之间的联系。兰克的普遍性是指"宏观规模上的事件过程，……在世界史方面，民族彼此之间的联系，与那些对其他民族有着突出影响的民族命运"。③ 兰克把历史人物和事件纳入经由几千年历史塑造而成的西方民族命运共同体的普遍框架之下，历史人物和事件既是个体的，又带有普遍性的印记。他认为："在人类身上所能发生的最伟大的事件就是，他们在捍卫自己的利益的同时也保卫了一种普遍的事业。""普遍的趋势不是历史进步中的决定性因素，这种进步始终需要伟大人物

① Friedrich Meinecke, "Deutung eines Rankeswortes", *Werke* Ⅳ, S.123.

② Friedrich Meinecke, "Geschichte und Gegenwart", *Werke* Ⅳ, S.99.

③ 弗里德里希·梅尼克：《历史主义的兴起》，陆月宏译，南京：译林出版社，2009 年，第 547 页。

把它们实现。”[①]由此,兰克在历史观察中达到了个体与普遍的统一。

在关于过去、现在和未来三者之间的关系上,18 世纪乌托邦式的启蒙主义灌输给人们一个预设在将来得以实现的诺言,即现在的一切意义和目的都在于让这个设想变为现实,但现在却丧失了自我和本真。而经由法国大革命的冲击,不满于启蒙运动以来的非历史的态度,思想家们提出了传统主义和保守主义思潮,强调人类社会是一个经由时间形成的有机共同体,过去与现在之间存在着一脉相承的有机生成关系。这在一定程度上纠正了启蒙主义的非历史倾向,使对人生和社会的考察具有了历史维度,但梅尼克并不认为这能代表历史主义的时间立场。因为在这股反制革命的思潮中存在着向过去倒退和逃遁的倾向。特别是浪漫主义者一味地美化中世纪历史,主张重新恢复大革命前的封建等级制度。浪漫主义逃遁到过去,把过去理想化成一个美好的时代,以此形成与现今的巨大反差,它把过去的价值提升为当今的典范。这造成的问题是使生命枯萎,过去扼杀了现在。[②] 尼采在其《历史学对于人生的利弊》中指出了这一问题。梅尼克也意识到,当人们被历史所掌控、被百事通所制服时,人们将被历史教育所害。而当人们被历史传统和榜样所控制而不能挣脱时,人们思想的内在创造力也将受害。[③] 然而这种错误的看法却被诸多历史学家吸收,或者被外界归入历史主义当中,成为历史主义的思想负资产。

梅尼克澄清了这一点,历史主义并不是把一切悉数历史化,甚至以一种过去主义的观点来看待评判现在的生活,这意味着人类社会的停滞倒退。历史主义时间观的真正立场体现在歌德把过去与现在融为一体的方式上。歌德的这种看法在诸多坚持还原真实过去的历史学家看来是不可接受的,他们对歌德的误解源于他们对真实概念的理解区别于歌德。歌德批判那些持有真实过去理论的历史学家们“把过去仅仅看作过去而非更多的东西,他们简单地满足于讲述故事,以或多或少生动的方式和一种相当连贯的模式来连接这些事件”。[④] 他们拘泥于一个与过去相符合的真实过去。

① 弗里德里希·梅尼克:《历史主义的兴起》,陆月宏译,南京:译林出版社,2009 年,第 545 页。

② Friedrich Meinecke,“Geschichte und Gegenwart”,*Werke* Ⅳ,SS.96-97.

③ Friedrich Meinecke,“Persönlichkeit und geschichtliche Welt”,*Werke* Ⅳ,S.52.

④ 弗里德里希·梅尼克:《历史主义的兴起》,陆月宏译,南京:译林出版社,2009 年,第 528 页。

而歌德认为,“只要是富有成效的,就是真实的”。[①] 如果过去被当代人所理解把握,不论它是否在事实细节和因果逻辑上完全与发生过的相符合,只要它对当下有效,那么这种感知到的活灵活现的过去就是真实的。这种真实是对当下人而言的。歌德说道:“过去是稳定的,未来是鲜活的,当下才是永恒的。”[②]在梅尼克看来,历史主义作为一种人生观、世界观,其根本而永恒的意义在于理解人生与价值以赋予生命力量,服务于当下的生活。而只有站在当下的立场上,把过去与现在融为一体,用过去指引现在的生活,人们才能避免尼采所批评的历史化给生命带来的重负。以现在为出发点去理解生活,不论它是过去的、现在的还是将来的,生活总能借助这种理解而获得力量和方向。

Friedrich Meinecke's View on Historicism

Abstract: According to Friedrich Meincke, historicism was not only an norm of historical discipline, historical thinking or historical consciousness generated from historical research, but also an individualistic way of thinking. With the influence of this view, modern European intelligentsia under the bondage of natural law were able to get rid of their static and homogeneous views on society and people, and to realize that the history was a realm of individual freedom, change and development, thus to develop the social and individual historical consciousness. Faced with the crisis of historicism, Meinecke's view was to associate the causality with the value, to take the spiritual cultural value as the representation of individual, and to view the historical world from contemporary perspective so that the danger of relativization and historization in traditional historicism could be avoided.

Keywords: natural law, individuality, development, value

作者:马宁,复旦大学历史系博士生

① 弗里德里希·梅尼克:《历史主义的兴起》,陆月宏译,南京:译林出版社,2009 年,第 469、470 页。

② Friedrich Meinecke, "Geschichte und Gegenwart", *Werke* Ⅳ, S.98.

史学史与史学理论

历史是什么？史学圆桌会议

□[澳]安娜·克拉克(Anna Clark)、[德]斯特凡·贝尔格(Stefan Berger)、[澳]玛尔妮·休斯-沃灵顿(Marnie Hughes-Warrington)、[澳]斯图亚特·麦金泰尔(Stuart Macintyre)①

摘要：1961年，英国历史学家卡尔(E. H. Carr)将历史描述为“现在与过去之间无休止的对话”。近60年过去了，情况有了什么变化吗？“做历史”在今天意味着什么？在澳大利亚和其他定居者社会(settler societies)②中，关于去殖民化的方法论、小说、受众和作者的辩论挑战了历史的实践和功能，这些又意味着什么？在悉尼科技大学澳大利亚公共历史中心最近举行的圆桌会议上，四位历史学家思考了历史是什么(和不是什么)，以及史学的变化如何影响了他们自己的史学研究和历史写作方法。

关键词：历史编纂学；历史哲学

斯特凡·贝尔格：“让中左翼重新参与历史写作的呼吁”

当卡尔提出他著名的论断“历史是什么”时，他正处在一个高度政治化的十年——即20世纪60年代——的开端(Horn, 2017)。从学科角度来说，卡尔写作时，一种政治保守的历史主义的真理正受到严重质疑。社会史的重大进展在许多地方伴随着强有力的左翼政治议程，历史不再为国家利益和民族的合法化服务(Iggers, 1968)，而是为了推进解放性政治议程和政治进步。20世纪60年代，许多历史学家受到“新左派”和左翼政治的影响，这些左翼政治

① 安娜·克拉克(Anna Clark)，澳大利亚悉尼科技大学、澳大利亚公众历史中心教授；斯特凡·贝尔格(Stefan Berger)，德国波鸿鲁尔大学社会运动研究所所长、澳大利亚悉尼科技大学杰出访问学者；玛尔妮·休斯-沃灵顿(Marnie Hughes-Warrington)，澳大利亚国立大学校长；斯图亚特·麦金泰尔(Stuart Macintyre)，澳大利亚墨尔本大学荣誉退休教授。

② 定居者社会(settler society)，又可译为“垦殖社会”“迁占者国家”。指殖民者在殖民地驱逐原住民、占有土地并最终定居。——译者注

可能有不同的形式,并包括不同的意识形态承诺。但是一种中左翼的认同性历史,一种积极介入政治的历史,对许多历史学家来说,似乎是卡尔"历史是什么?"这一问题的重要答案中不可或缺的一部分。

历史学家是介入政治的知识分子的观点远早于20世纪60年代,在世界上许多地区都可以追溯到古代(Berger forthcoming-a)。无论我们看欧洲的修昔底德还是中国的司马迁,他们的作品都已经是一种与当时的政治斗争息息相关的历史写作形式(Balot, Forsdyke, and Foster,2017;Durant,1995)。这似乎确实是历史写作的一个基本理念,它在特定的时刻和地点重现。尼采对"古物的"和"批判的"历史写作的著名区分也体现了这一点(1874)。一本介入政治的历史作品可以服务于各种不同的政治观点——从极"右"到极"左"。在现代,这种形式的历史写作有一个共同的敌人,那就是一种政治上不流血的、古物学的历史写作,它通过退回到学术界的象牙塔里来拼命避免所有政治接触,在那里,它自豪地耕耘一个所谓客观"科学"(Wissenschaft)的领域,庆祝自己的"科学性"(Feldner,2010)。

在这里,我不想被误解。历史方法和专业历史学家的技巧同样是中左翼从事历史写作的关键。如果没有严谨的历史方法论作为任何有价值的历史写作的基础,留给我们的将只有宣传功能,这是批判性历史研究的对立面。我们需要认识到,历史编纂的政治维度可以通过参考所有知识的视角本性来得到认可。真实表达在理性的科学话语中是可以解释和修正的。"事实"只存在于特定的描述框架内,并以规范选择为前提。这使得不减少科学陈述在政治上的功能用途的情况下,真实陈述可能是多种多样的(Lorenz,1997)。

20世纪60年代出现的中左翼历史写作可以说总是与更传统、更保守的历史写作形式共存,两者之间的冲突有时会产生名副其实的史学战争,这些战争在不同时期和世界不同地区呈现出不同的形式。澳大利亚的历史战争、德国的历史学家之争、围绕法国大革命对当代法国身份认同意义的争论、围绕二战后意大利共和国中意大利反法西斯主义的历史地位的争论,仅仅是众多具有明显政治优势的此类历史争论的四个例子(Berger,1996;Macintyre and Clark,2003;Evans,1989;Jackson,1999;Levy,1999)。

20世纪60年代后,涉及政治的历史写作不仅熟悉左翼和右翼之间的思想斗争,事实上,有时左派之间似乎有更多争论。社会结构史学家们与日常生活史学家们展开了较量——在西德尤其显著(Lipp,1990)。马克思主义历史学家及其对过去的唯物主义阐释常常与非马克思主义的分析发生冲突。对社会主义的认同让位于对政治身份的认同,包括种族、性别、性取向、环保主义等。《历史工作坊》杂志的副标题从"社会主义历史学家期刊"更名为"社会主义和女性主义历史学家期刊",并于1994年最终取消副标题,这是偏离社会主义认同的一个显著例子(Schwarz,1993)。各种后现代主义阴影的出现标志着另一种分裂,它贯穿了介入政治的历史学家阵营,后殖民主义的出现和随之而来的全球史的兴起也是如此——所有这些都在中左翼的政治性历史写作中引发了激烈冲突。

在20世纪80年代以后的新自由主义时代,左翼的政治性历史写作在它内部引起了争论,这种写作似乎也失去了重要性。认同性历史写作的枯竭征兆有不同的形式,霍布斯鲍姆看到"工人运动的前进停止了"(1978);性别史日益退回到自己的领域中;政治身份的认同史变得狭隘地关注于自己的发展,而忽视了更广阔的社会视野。与此同时,历史学科见证了历史主义和"客观性"观念的复兴,并为历史学遵循自身方法论和规则的学科自主性而庆祝,据称这些方法论能使历史学免受政治影响。

最终的结果是一个日益去政治化的历史专业,沉浸在所谓世界主义的普遍方法论中,这种方法论横跨全球,并在各种不同的子领域内产生了可验证的结果。然而,我认为这种世界主义方法等同于瓦解了中左翼的认同性历史写作。因此,许多当代历史媒体都是中右翼的;例如英国的大卫·斯达克(David Starkey)、尼尔·弗格森(Niall Ferguson),德国的吉多·克诺普(Guido Knopp)。最近的历史政治议题都可以说是来自有着强烈民族主义色彩、有时甚至是种族主义色彩的历史议程的新右翼,无论我们想到的历史修正主义的类型是来自美国的福克斯广播公司(Fox)和布赖特巴特新闻网(Breitbart News)、法国的国民阵线(Front National)、德国的新选择党(AfD)、波兰的法律与公正党(PiS),还是匈牙利的青年民主主义者联盟(Fidesz)运动。

在公共辩论中,主流史学的世界主义已经无法有效抗衡这种右翼历史修正主义。主流史学继续在上述所有国家的学术机构中占据主导地位,并从学术界发出对右翼民粹主义的猛烈抨击,但这些似乎对讨论所涉的、更加广泛的社会毫无影响。在这里我想说,对于中间偏左的政治性历史写作而言,或许借鉴尚塔尔·墨菲(Chantal Mouffe)关于争胜主义(agonism)的著作是有用的(2005,2011,2014)。墨菲批评了她所认为的政治世界主义,特别以尤尔根·哈贝马斯(Jürgen Habermas)为代表,因为世界主义已无力应对在她看来把自己展示得无可替代的新自由主义的支配。玛格丽特·撒切尔(Margaret Thatcher)的"没有其他选择"(There is no alternative)原则似乎至高无上。墨菲认为,政治上的争胜主义是对抗这种霸权的有效方式。

在记忆研究中,安娜·琴托·布尔(Anna Cento Bull)和汉斯·劳格·汉森(Hans Lauge Hansen,2015)将墨菲关于争胜主义的观点移植到了记忆研究领域,主张使用一种更具争胜性的记忆模式,而非占主导地位的世界主义模式。现在是时候把这一争胜主义原则也运用到历史写作中了,因为这将允许历史专业的中左翼代表们重新自我政治化。与布尔和汉森关于争胜性记忆的思想类似,争胜性历史写作在米哈伊尔·巴赫金(Mikhail Bakhtin)的意义上会是开放的、亲切的对话(Gardiner,1992,31)。它不会在一个只知善与恶、黑与白的说教世界里中规中矩地谴责右翼立场,而是会寻求与右翼政治交战,并通过一场史学之争击败它。只有唤起关于过去的热情,复苏充满激情的中左翼来替代同样激情但有敌意的右翼历史政治,这场斗争才可能取得胜利(Mihai,2016)。

让我举几个例子,这些例子来自近年来我作为波鸿鲁尔大学社会运动研究所所长的史学实践:

我的第一个例子集中在复兴德国劳工史作为当代中左翼认同性历史写作的历史基础的尝试上。我们与来自大学和非大学部门的许多同事一道,发起了一个德国劳工史学会,该学会寻求建立一种与其他形式的历史写作相联系的劳工史,特别是性别史、种族史、人种史、宗教史,以及将劳工史和社会生活的历史结构交织在一起的文化史。① 虽然该学会以德语历史学家为中心,但它明确纳入了全球劳工史学家和那些关注德国以外其他地区的历史学家,这表明劳工史中不存在民族主义的狭隘视野。虽然劳工史包含了工人阶级的组织和机构的历史,但它也对工作、工作场所和工人生活圈子的历史非常感兴趣,没有这些,工人阶级组织和机构的命运就不可能被理解(Berger forthcoming-b)。

我自己对左翼历史的关注促使我调查了记忆在当代德国社会民主劳工运动中的作用。我目前负责的一个研究项目

① https://germanlabourhistory.wordpress.com/about/[accessed 23 July 2018].

是关于社会民主的价值和成就的记忆在当代德国社会是如何呈现的。① 为什么劳工运动的某些切实成就在公众的记忆甚至社会运动记忆中被遗忘或边缘化？我们能做些什么来找回那段记忆，并使之与当代中左翼政治联系起来？德国工会联合会（DGB）的汉斯·伯克勒（Hans Böckler）基金会资助了这项研究，希望它能为工会提供切实可行的建议，以应对我们多年来所目睹的工会在公共政治话语中被边缘化的问题。

我与社会历史研究所（ISB）的几位同事共同致力于从全球比较和跨国视角推动去工业化的历史，从我所在的鲁尔区开始，并延伸到其他（以前的）重工业地区。去工业化的历史不仅是结构性社会变革的胜利历史，或衰落和物质破坏的灾难性历史。在某种程度上，它们也应该被视作反思的空间，反思在去工业化过程中失去了什么，以及在从工业历史的废墟中浮现出来的后工业化世界中，哪些东西或许值得保留。因此，在我看来，第三个例子是中左翼认同性历史写作试图改变那些受去工业化影响的人们讲述自己故事的方式，未来的几代人可以从这些故事中汲取关于如何建立团结友爱的世界的灵感（Berger and Wicke, 2017; Wicke, Berger, and Golombek, 2018）。②

我的第四个例子来自我与其他许多欧洲大学包括剧团和博物馆等非大学组织的同事们一起进行的研究，我们试图将令人不安的记忆形式与当代欧洲的社会凝聚力联系起来。③ 没有什么比欧洲的众多暴力历史事件，包括战争、种族灭绝和种族清洗更能鲜明地说明欧洲的特点了。欧洲一体化的政治计划如何建立在这样的记忆之上？面对近几个世纪以来多次撕裂欧洲大陆的激烈冲突历史，我们如何在全欧洲实现社会凝聚力？欧洲的激进右翼目前正在利用这些暴力历史事件，以鼓吹一种新的反欧洲主义的民族主义，重燃旧日的仇恨。英国脱欧运动是一个有力例证，表明对过去冲突的右翼记忆成功调动了民族主义和反欧洲主义的强烈情绪。是时候考虑在欧洲建立一种记忆机制，它可以对抗那种右翼叙事，建立起社会凝聚力，并无须掩盖和否认冲突的历史。

冷战后欧洲民族主义的兴起也启发

---

① http://www.isb.rub.de/forschung/drittmittel/erinnerungskulturen_der_sozialen_Demokratie.html.de[accessed 23 July 2018].

② 例如"采矿工人"（"Menschen im Bergbau"）项目：https://menschen-imbergbau.de/[accessed 23 July 2018].

③ http://www.unrest.eu/[accessed 23 July 2018].

了另一个大型欧洲项目,这一项目是关于20世纪90年代末民族(主义)想象对现代欧洲历史写作的影响。这是我第五个,也是最后一个关于中左翼认同性历史写作的例子。如果我们想要抵制民族主义在当代世界的复兴,首先就要重视民族想象的力量,而非贬低它为过去时代的残余。然后,我们需要考察民族主义的想象是如何致力于构建一套敌对的民族历史、一种长期主导现代欧洲历史书写的民族史写作类型的。最后,我们需要思考如何让我们的民族史多一些趣味,少一些本质主义,让它们在一个我们不希望看到战争、大屠杀和种族清洗的世界里变得安全(Berger and Conrad, 2015)。①

中左翼尝试将更多争胜主义引入学科主流的世界性方式中,而这些显然只是中左翼介入历史写作的广阔可能性中的一些例子。种族、帝国及性别的历史和其他全部历史一样都有可能成为21世纪政治性历史写作的领域。在我看来,是时候培养这种政治性历史写作形式,并在政治世界中寻找可以利用这种史学的盟友。目前,在各种通常高度紧缩开支的大学系统中的推行的影响力议程(impact agenda),②都遵循着一种让大学教育商品化的新自由主义议程(Collini, 2018;Lorenz,2012)。一种中左翼认同性历史将会产生不同的影响——在我看来,这正是历史学家存在价值的所在。

安娜·克拉克:“什么是历史?什么不是历史?”

在准备这次圆桌会议期间,我重读了澳大利亚土著作家和历史学家托尼·伯奇(Tony Birch,2004)的一首诗。诗的名字叫《一场历史战争的脚注》(*Footnote to a History War*, archive box-no.2),写于公众就澳大利亚的殖民遗产和集体记忆展开激烈争论之后(Macintyre and Clark, 2003;Manne,2003;Attwood,2005)。在十多节诗歌中,伯奇引用了澳大利亚土著通信者和他们制度上的“保护者”们对国家的监控、原住民的绝望的令人痛心的叙述。以下引用的两节展示了伯奇(2013)所描述的诗歌的“呼唤与回应结

① 我这里指的是欧洲科学基金会(European Science Foundation)的“过去的再现:19世纪和20世纪欧洲国家历史的书写”(“The Representations of the Past: The Writing of National Histories in Nineteenth and Twentieth Century Europe”)(NHIST)计划,该计划在2003年至2008年间进行,出版了15本以上的书籍和特别期刊。

② “影响力议程”指政策制定者试图在公共研究基金方面对学者问责。这一政策要求学者们不仅要考虑研究在促进知识方面的内在价值(学术价值),还要考虑其对社会的价值。从20世纪90年代开始,影响力议程根据具体情况采取了各种形式。——译者注

构”：

4
我的肤色让我受排挤
我的孩子死了
我也迷失了

我们支离破碎
我们的家随风而去
这里也变得更冷了

我的妻子是土著
我是混血者①
而我，先生，你忠实的朋友

等待你的答复

5
他穿套装（六号的）
帽子（七号的）还拥有
一条毯子

她借来
一张鲻鱼网和
两张鲈鱼网

他们的孩子离世：
一个死于（毒血症）
一个死于（肺炎）

一个（也是如此）

伯奇的这首诗基于“生活在保留地和传教区的澳大利亚土著人与维多利亚政府相关部门之间”的书信。如他所述，他用“殖民当局的声音和澳大利亚土著人的声音”来“思考拓荒者、殖民者和原住民的声音是如何以某种方式融合在一起的，并通过一种共同的，有时是生硬的、重复的方式，来创造更丰富的意义”。（Birch，2013）它刻意绕开了历史战争中两极分化的关于历史“罪恶感”和“自豪感”的公众讨论，追求跨越时间地点的历史表达和对话。但这是历史学吗？

我想从这首诗开始，作为思考引发今天这种历史讨论的一些问题的方式。卡尔那本影响很大的著作（1964）可能比土著、后殖民和底层历史写作的认知挑战要早一个时代，但它提出的问题——历史是什么？——仍然是近60年来史学讨论的框架。

最近关于文学和历史之间冲突的争论，给人们一种学科纪律正不断增长的感觉。例如，克兰狄能（Inga Clendinnen，

① “混血者”（half caste）一词在19世纪和20世纪初的英联邦法律中被广泛使用，指白人殖民者和原住民的后代。——译者注

1998）对大屠杀史学的有力分析，阐明了两者之间的明显区别。她写道：“在我看来，历史和小说（这时需要大写）之间最大的一个区别就是，它们各自在作家和主题、作家和读者之间建立了截然不同的关系。”（191）尽管历史充满艺术气息，但它与艺术加工之间的区别是一条不可逾越的界限：“历史学家必须按照自己的准则，用耐心、怀疑和好奇心，以及任何能网罗到的艺术技巧——前提是这些艺术技巧始终受制于我们的准则——寻回和描绘过去经验的真实情况。”（205）克兰狄能认为，面对甚至无法书写的写作挑战，历史学绝不能从既定的学科实践中退缩。

对于历史定义的这种干涉不断引起学者和通俗史家们的讨论，揭示出学术界、创作者和公众对历史方法的界定和边界越来越感兴趣。历史小说家们，如希拉里·曼特尔（Hilary Mantel，2009、2017）、玛格丽特·阿特伍德（Margaret Attwood）和凯特·格伦维尔（Kate Grenville，2006）对历史的权威、真理和想象的动态和本质进行了富有挑战性的探索。专业史学家也在历史亲近感与距离感之间的紧张中发现了机会，正如汤姆·格里菲斯（Tom Griffiths，2009，2015）所述，这种紧张“深入历史事业的中心”。然而，其他人，如大卫·罗温索（David Lowenthal，1985、1998）、约翰·托什（John Tosh，2008）和马克·麦肯纳（Mark McKenna，2013）则对不受无休止的同行评审、研究和历史训练的学术框架所约束的创造历史的冲动感到不安。作为一名历史教育工作者，我对这种观点颇有同感，因为在课堂上教授历史思维的学科技能是必要的：大卫·罗温索警告说，像“其他游客一样，那些过去的游客也会危及他们所追求的目标”。（1985）

然而，还有一种感觉是，围绕着任何一种方法论标准来划分的历史实践的界限，都令人不安地与定居-殖民社会及其历史对学科责任的要求相抵触。正如迪佩什·查克拉巴蒂（Dipesh Chakrabarty，2011）提醒我们的那样，如果我们承认这门学科本身就与殖民地计划有关，并重写关于“历史贫乏”的历史，那么历史是什么的讨论就是很有问题的。在澳大利亚背景中，原住民被从他们的国家和现代民族国家的历史学中逐出了。（Stanner，1968；Attwood，2017；Veracini，2007）

作为回应，历史的“边缘居民”（fringe-dwellers）们——这里使用了洛伦佐·韦拉奇尼（Lorenzo Veracini，2006）引人共鸣的术语——能够重新补充或重新规划历史究竟是什么吗？或者，由于“（白种）澳大利亚人的国家和他们想象中的共同体必须以定居者征用领土的虚构合法性奠基";利·布歇(Leigh Boucher,2009)提出:"在当下,写作国家历史会不可避免地维护这些(虚构的)合法性吗?"

对于那些在定居-殖民环境下工作的历史学家来说,这个问题引发了强烈共鸣。历史学科能在多大程度上干扰到历史实践尚不确定,并且存在争议。归根结底,问题是我们能否"逃离这一'体系'(无论这种体系是什么),从而充分批判它"?阿伦·孟斯洛(Alun Munslow)追问道(2008)。

伯奇的诗是一种令人信服的生动回答:"小说可以被授权为一种理解过去的方式。"他写道。"视觉文化也可以,历史研究也是一样。重新认识澳大利亚的土著历史和殖民历史中的数次艰辛时刻的最大威胁,是沉默和缺席。"(Birch,2013,249)然而,尽管接纳原住民的声音与观点的道德要求越来越为历史学家和广大公众所接受,但这种接纳的学科含义还远未能达成一致——正如那些正在进行的关于历史小说和创造性的大众历史的争论所表明的。

安托瓦内特·伯顿(Antoinette Burton)所说的"档案逻辑"(archive logic),一直被公认为处于专业历史实践的中心,但学者们尝试对其进行"挖掘和去本质化(denaturalize)",这在某种程度上改变了这些观点和界限。他们通过审视具体历史、环境档案、物质文化和口述历史中的沉默来做这些。(Reid and Paisley,2017;Tumarkin,2002)正如安·劳拉·斯托勒(Ann Laura Stoler,2009)所倡导的那样,学者们沿着档案的脉络阅读,并在格瑞格·丹宁(Greg Dening,1996)和瑞斯·以撒(Rhys Isaac,2010)等民族志史家的推动下跨越了原始资料的界限。而且,一如凯瑟琳·霍尔(Catherine Hall,2017)所描述的,他们越来越意识到自己学科的"盲目",尤其是自文化转向以来。

原住民的历史也采取了方言和创造性历史表达的形式,这进一步检验了方法论的界限。就像伯奇的诗歌一样,它们明显是在历史学科之外产生的。举个例子,虽然澳大利亚土著的生活受到政府官僚机构的有害管制、监控,并被选择性地记入档案,但他们的家族历史——往往被忠实且勤勉地传承着——为愿意倾听的历史学家提供了一个有力的替代视角。正如玛丽亚·纽金特(Maria Nugent,2003)和法布里·布莱克洛克(Fabri Blacklock,2003)所坚持的那样,土著家族史绝不仅仅是"家庭的历史",而是一种史学实践和流派,它处于学科标准的边缘,并提出了令人不安的问题。

与此同时,原住民认识论的案例也越

来越多。用马特·松田(Matt Matsuda, 2006)的话说,这些“构成了非学术性的历史知识”。诸如已故的杰出历史学家特蕾西·巴尼瓦努阿·马尔(Tracey Banivanua Mar,2016,15)等学者呼吁采用新的方法论来讲述环太平洋原住民的历史,用“更广阔的空间范围和更深的时间尺度,充分理解将土著和殖民地人民的概念性抗议和话语联系起来的纽带”。人类学家和作家艾培力·郝欧法(Epeli Hau'ofa,2008,64)坚持认为,“我们的历史并非始于欧洲人的到来”——所以,加拿大印第安人学者迈克尔·马克(Michael Marker,2018)等原住民历史学家要求用原住民模式来讲述历史,也就不足为奇了。这是制造历史的一种形式,米兰达·约翰逊(Miranda Johnson, 2014)称之为“带连字符的历史”(hyphenated histories),它见证了为了包容澳大利亚土著的故事讲述模式而产生的争论。如果他们是正确的,这是否意味着原住民的故事保卫者帕迪·罗(Paddy Roe)的传奇故事,很快将再次被描绘在红色沙漠的沙地上,并可能会被接受为历史的“文本”(Benterrak, Muecke, and Roe,2014)? 纽金特(2017)坚持认为,定居殖民社会不仅需要“新的、不同的解释方法”来讲述原住民历史,而且这种历史作品“也对后殖民语境中主流历史编纂学模式的合法性和有效性提出了质疑”。

然而,如果像一些历史学家认为的那样,创造性历史的生根发芽以及其对真实性和历史距离感的主张是有问题的,那么澳大利亚土著的故事、诗歌和艺术作为对殖民档案的反向叙述,又该何去何从呢? 澳大利亚原住民的历史创作,如诗歌、回忆录、历史小说、视觉叙事、抗议书和家族史,仍然牢牢地置身于学科历史实践的边缘之外,尽管这种创作对推翻定居-殖民社会的沉默而言至关重要。

如果我们把历史编纂学看作是一种“地形学”,一如玛尔妮·休斯-沃灵顿(Marnie Hughes-Warrington, 2013, 120)所说,在这里“历史被推向一边,颠倒、悬挂、切割、截断、覆盖、刺穿、拉伸和瓦解”,那么伯奇的诗为我们标出了一个重要的史学契机。然而,很难确切地知道这首诗在地图上的什么位置——在历史的界限内,还是不在? 尽管迪佩什·查卡拉巴提(Dipesh Chakrabarty, 2011)认为,“历史丰富者与历史贫乏者相遇的时刻”提供了“一个反思历史知识的本质及其可能性条件的特殊契机”,但这对历史学——对其界限和实践——的影响仍相当有待商榷。

玛尔妮·休斯-沃灵顿："没有历史学家的史学理论"

零个。零个。一个。八个。我清点了我本科学习的史学文献中提到的历史学家的数量，结果是令人沮丧的。在当时，历史学家的缺席似乎并不奇怪，我也没有想过要问他们是不是逃学了，或者他们是不是做了什么太坏的事情，以至于所有严肃的文本审议都将他们排除在外。卡尔·亨普尔（Carl Gustav Hempel）、柯林武德（R. G. Collingwood）、沃尔什（W. H. Walsh）、帕特里克·加迪纳（Patrick L. Gardiner）、悉尼·胡克（Sidney Hook）、威廉·德雷（William H. Dray）、莫顿·怀特（Morton White）和海登·怀特（Hayden White），是我们的主要学习内容，对世界各地的一些学生来说也是如此（Hempel, 1942; Collingwood [1946], 1992; Walsh, 1951; Gardiner, 1952; Hook, 1963; Dray, 1989; White, 1965, 1973）。他们的作品包括等式和经过精心加工的分析性论证，它们教会你缓慢而谨慎地阅读。学术会议报告的演讲包括读出脚注，或许同时伴随着歪头和摆手来表示与正文不同的部分，以便详细阐述、证明或叙述。这是一个飞跃，通过《历史和理论》中精心安排的各卷，进入到讨论黑格尔、康德、海德格尔和德里达文本的交错之中。没有历史学家的史学理论是很平常的，只有杰弗里·埃尔顿（Geoffrey Elton）的《历史实践》[*The Practice of History*, (1967), 2002]的脚注提供了一些可有可无的东西。

有些事情怎么会显得如此正常，以至于不言而喻，而之后又开始变得奇怪呢？我们有一种优秀的训练，来对没有历史学家的史学理论进行阐释。历史学家对言说、沉默、包容和排斥有着许多复杂的观点。正如露丝·韦津利（Ruth Wajnryb, 2001）提醒我们的那样，沉默是生活在大屠杀阴影下家庭的经历的标记。福柯的治理术（governmentality）包含了对自我和他人的管制（regulation），并通过权力的视角解释了约束（restraint）、不在场（absence）和在场（see e.g. Foucault, 1988）。德里达给我们留下了"印迹"（trace）和"幽灵"（spectre），用特定的理念唤醒我们，让我们意识到自己被那些我们试图模糊和排斥的人萦绕（haunt）着（see e.g. Derrida, [1993], 2006）。仅举几个例子，这就是琼·瓦拉赫·斯科特（Joan Wallach Scott）的性别化史学的政治学、拉纳吉特·古哈（Ranajit Guha）的没有霸权统治的历史学和阿希斯·南迪（Ashis Nandy）的双倍遗忘（Scott, 1999; Guha, 2002; Nandy, 1995）。我们创造一些人，让另一些人沉默，即使我们认为自己是出于善意或真诚。

这些思考是否会让我们想到这样一种可能性，即历史学家可能是史学理论中没有历史的群体、被排斥的他者、被双倍遗忘的人，是那些因为无法想象的悲剧而无人提及的人？令人惊讶的是，这是一个未被充分探讨的历史学课题。在某种程度上，我可以理解这是为什么。认为那些有足够机会接受教育和获得资源来书写过去的史家个体可能是一种史学理论的庶民，这在道德上似乎是有悖常理的。然而，历史学家在史学理论中几乎缺席，这可以被解读成一个道德问题。反过来，我认为这个道德问题开启了我们需要讨论的形而上学假设。

艺术家们知道，在柏拉图的理想情形中，他们是不受欢迎的。正如柏拉图在《理想国》(398a)中所阐明的：

> 那么，假定有人靠他一点聪明，能够模仿一切，扮什么，像什么，光临我们的城邦，朗诵诗篇，大显身手，以为我们会向他拜倒致敬，称他是神圣的、了不起的、大受欢迎的人物了。与他愿望相反，我们会对他说，我们不能让这种人到我们城邦里来；法律不准许这样，这里没有他的地位。我们将在他头上涂以香油，饰以羊毛冠带，送他到别的城邦去。至于我们，为了对自己有益，要任用较为严肃、较为正派的诗人或讲故事的人，模仿好人的语言，按照我们开始立法时所定的规范来说唱故事以教育战士们。①

艾丽丝·默多克(Iris Murdoch)在《火与太阳》(*The Fire and the Sun*)中指出，艺术家的错误是双重的：他们激起了无法控制的情感，并通过对感性世界的巧妙模仿，分散了我们把握宇宙形式本质的心力(1977,6)。在她看来，一些历史学家的模仿意图明显处于排斥框架之中，但是波利比乌斯等作家对修辞泛滥的坚决反对使得这种判决不那么确凿。至少艺术家们知道他们不受欢迎，他们被排斥的理由是足够清楚的，足以引起对柏拉图结论的争论。在历史学中，没有审慎的送行活动，没有可能引起争议的、导致冒犯的理由，也没有确定的驱逐条例。没有历史学家的史学理论处于一种更加模糊的状态。

历史学家是在理论领域中沉默的他者，是他们从未思考过这些，还是他们决定和理论分道扬镳？汉娜·阿伦特(Hannah Arendt)对哲学和政治之间分歧的描述表明，我们可能根本没有过多考

① 柏拉图：《理想国》，郭斌和、张竹明译，北京：商务印书馆，1986年，第102页。

虑过这些分歧。她把我们对遗产的继承作为一个问题;柏拉图对于哲学的某些看法,我们曾经很轻松地保持着连续性,现在需要在实践中进行分离。

她在“传统与现代”一节中提出,我们继承了柏拉图式的假设:

> (当柏拉图发现)哲学经验似乎内在地包含着对人类事务之共同世界的离弃时,(我们的政治思想传统就开始了)而当哲学经验除思想与行动的对立之外什么也不剩的时候,这个传统就终结了,因为被褫夺了现实的思想和被褫夺了感觉的行动,就都不再有任何意义了。①

阿伦特(1971)将自己定位为哲学思想和政治行动的同心圆中的一种断路器。她的控制命令是有关道德和历史学的,正如她给海德格尔八十岁生日的贺文中所表明的那样。《马丁·海德格尔80岁了》(*Martin Heidegger at Eighty*)是从当沉迷于天空的泰勒斯掉进井里时,窃笑着的那位女仆的角度写成的(Plato,1921,174a;1993)。她问我们,海德格尔怎么会如此痴迷于哲学的奇思妙想而未觉察到大屠杀呢?她有所偏袒地回答,因为海德格尔在担任弗莱堡大学(Freiburg University)校长期间与纳粹有联系,他在相对年轻的时候惹火上身。作为回应,他退却了,并寻求柏拉图在《智者篇》(2000,263e)中所说的无声的自我反思对话。然而,阿伦特贺文中的刺耳笑声表明,哲学分崩离析的趋势将至少使任何政治尝试变得艰难,而最糟糕的情况会是道德上的灾难。除非哲学和政治重新结合,并假设现实是由多元声音构成的,否则世界将变得毫无意义(Arendt,1998,29~30)。

默多克和阿伦特对柏拉图的共同引用,并不仅仅是对长期以来关于知识和技艺这两个概念是否应被诠释为理论与实践,以及它们又是否应被视为独立分离的、甚至是处于彼此张力之中的讨论的一种复述。她们的论点带有形而上的建构含义的论证,旨在回避模仿,并寻求间距。

形而上学是德里达唤之为幽灵的东西,它使思想的包容和排斥成了一种非正常之物。他的著作为重新定位史学理论提供了一种有力手段,这种史学理论,它包容差异,并承认抽象是一种单数的、由意志保障的一般性,它可能暗含着所有的道德残骸。像默多克和阿伦特一

① Arendt,H. ,*Tradition and the Modern Age*,*Between Past and Future*,New York:Penguin,1954,p.25.中译参考汉娜·阿伦特:《过去与未来之间》,王寅丽、张立立译,南京:译林出版社,2012年,第21页。

样，德里达也提醒我们要保持间距，这对史学理论来说也是一个未被充分重视的建议。马克·索伯·菲利普斯（Mark Salber Phillips）首次对这个话题进行了精彩的实质性尝试，但他将间距理解为事件发生后的时间或时间段（2013）。同样，各种修正主义的辩论把间距视为共情或情感投入的缺失或存在（see e.g. Thomas，Phillips，and Caine，2013）。间距不仅与空间、情感或时间有关，而且这些观点都来自没有历史学家的史学理论。这是因为存在宇宙是否内在于我们世界现象中的形而上学的假设。如果你认为现实、真实或普遍性存在于我们所经历的现象之外的某个地方，或只能用柏拉图的洞穴阴影来暗示，那你可能会把引用历史看作是在分散你了解真相，甚至只是弄清事情的注意力。然而，如果你把真理、现实或普遍性视为现象的内在，那么你可能会认为引用历史是必要的。如果一位史学理论学者声称支持第二种观点，但他写的东西却没有历史，那么你的困惑或许是可以原谅的。

要解开这种困惑，并不是简单地把外在于史学的东西都纳入史学中来，之后又把关于间距的假设转变为中心。粗暴地说，这是一种假定出来的，无隙阅读和间距性阅读的二分法。无隙阅读意味着仔细分析单个或少量的文本，甚至是各种文本的多个片段——以了解它们的形式和内容如何塑造特定的思想。希利斯·米勒（Hillis Miller，2001）在德里达对文学作品的讨论中看到了无隙阅读的一种极端形式，而历史学科夸耀的是普里斯特利（Jessica Priestley，2014）和费林（Detlev Fehling，1989）对希罗多德的研究，以及侯格睿（Grant Hardy，1999）或杨蕾（2016）对司马迁的研究等例子。也有考虑少许具体史学的文本案例，海登·怀特的《元史学》（*Metahistory*，1973）就是著名的一例。这些文本当然是反对史学理论中完全没有历史学家这一观点的论据，但是它们选择的文本往往是众所周知的历史，或者，我敢说，是在写史学史的时候很难回避的经典历史。这门学科的薄弱之处就在于分析那些鲜为人知的历史，这些历史可能是由女性撰写的，也可能是由那些被认为不太擅长撰写历史、甚至是不称职的作家撰写的。其中一些选择可能是由于传承，对冯·兰克的反复分析就是一个恰当的例子，或许因为他们的内容和形式被认为是比未被写过的那些更好的模型。

与之相对的是间距性阅读学派，该学派主张应用计算机技术来观察包括历史在内的世界文学的内容和形式。弗朗哥·莫雷蒂（Franco Moretti，2000，2005）等批评家认为，这种分析尺度是必要的，因为无隙阅读反复赋予西方男性经典文字以特权，并使我们对其他世界文学的理解处于一种不发达的状态。那么，从理论上讲，间距性阅读将为那些沉默的人提供补偿。重新确定尺度是一个有关道德的步骤，据说它使我们对“整体系统”，即文本内部与文本之间的结构、模式和重复有了“更理性的”理解（2000, 57；2005，4）。

尽管如此，正如凯瑟琳·博德（Katherine Bode）指出的，这是一个非常有问题的提法。文本的数字化是一项发展不均衡的事业，与发展中国家相比，富有的企业更可能进行大规模数字化。此外，间距性阅读还依赖于抽样等统计技术，且搜索词和结构化搜索的使用会将大量概念扫进或扫出人们的视野。她非常正确地主张采取一种综合方法，在这种方法中，对特定文本的仔细阅读与框架问题、假设和抽样技术清晰可见的间距性分析相互平衡（Bode 2018）。

如果没有历史学家，数据计量就不是史学理论的解决方案，因为它可能掩盖了那些使数字化文本的世界不完整、也许不合理的假设。我并不是建议我们对它不加理睬，只是说我们不认为它会为我们创造一个有历史学家的全球性史学理论做所有的工作。我们需要仔细阅读，甚至更仔细地审视史学理论中历史如此薄弱的原因。在我看来，这意味着要推翻仔细考虑关于间距的两个层面：既有理论与史学之间存在间距，我们应该写的历史和我们不应该写的历史之间存在间距。

我不同意这种保持距离的情况对评价和批判来说是必要的（Corby 2017）。相反，我同意朱迪斯·巴特勒（Judith butler，2015）所说的，与间距和亲近性有关的道德疾病：

> 如果我只与那些与我亲近、熟悉的人有联系，那么我的道德观总是狭隘的、社群主义的、排外的。如果我只与那些抽象的“人”联系在一起，那么我就会尽量避免在我自己的情况和别人的情况之间进行文化上的转换。如果我只和那些在远处受苦的人相联系，而从不与那些离我很近的人联系，那么我就会从自己的处境中抽身，努力保持距离，这样我就能有道德感，甚至觉得自己是道德的。但道德关系是间接的（mediated）——我有意在此使用这个词，使人联想到在数字时代对黑格尔的解读。

通过这些领悟，间距和亲近性既是必要的，也是不可能的，正如德里达在《近域》（*Parages*）中所表达的：

> 所以，一个人越是试图接近所

接近之物的亲近性,因此而无限遥远的他者就越会退缩。就远处而言,近处和远处既非相对也非同一。这种意义的夹带,模棱两可、进退两难,影响了所有的一切,即所有的一切在自身、在此、到场,旋即又消失、抵达、发生、存在,事件之本质与本质之事件,有关于非区域性的远处和近处的,如此多不可分割的语义学价值。

这很好地概括了我自己的历史学作品中对于遥远的近处的摇摆,与具有讽刺意味的不安接受。对公认的《五十位历史思想家》(*Fifty Key Thinkers on History*)、柯林武德的《我应该成为一个多好的历史学家?》(*How Good an Historian Shall I Be?*)的无隙阅读,到《历史走向电影》(*History Goes to the Movies*)、《修正主义者的历史》(*Revisionist Histories*)中的积累姿态,我已经有信心把形而上学称为史学理论房间中的大象——不仅仅是历史或历史学——史学史突然出现在我的写作中,带来了权威文本和以前被忽视的作者的作品。其中一些在理论上令人印象深刻,另一些则会让历史学家前辈们惊讶不已。

是的,这是私人的,因为没有自我暗示就没有道德。我的一位博士生导师坚持要我把概念的意义搞清楚,以免陷入非哲学的深渊。我很久以前就滑落到深渊中,从那以后我明白了,我们所有试图从自己思想的低谷挣扎出来的努力,都是为了对付顽固的假设,这些假设承诺我们会有安全的立足点,但要么是退让,要么是不客气地踩着别人而形成的。我也没有像我一位亲爱的同事现在所说的那样,"脱离理论而走向真正的历史"。是的,这就是我,仍然抗拒组队,笨拙地掉进一个接一个的洞里,在研究编号之间任性地航行。但是我不会改变我的命运,因为当我发现自己在与那些使史学理论由熟悉变得陌生,或由陌生变得熟悉的历史做斗争时,我有自信心,知道我所对抗的是不可能实现的。我喜欢这门学科。史学理论并非没有历史学家,它只是需要努力。

斯图亚特·麦金泰尔:
"历史编纂学与历史"

在澳大利亚的历史战争中,一个反复出现的主题是,有人指责历史学家对这个国家的过去进行了虚假和恶意的描述。历史学家曼宁·克拉克(Manning Clark)是早期的受害者,他的《澳大利亚史》(*History of Australia*)一书的第一卷被谴责为"没有事实的历史"(Ellis, 1962),他在 1987 年完成的六卷著作也受到了影响,被谴责为宣扬了对国家成就的“黑臂章”态度(Blainey,1993)。[①] 当默多克(Murdoch)的媒体指责克拉克是苏联特工时,他们把这一点发挥到了极致。当我做出回应时,我被指控为称赞他推翻了“事实的专制”(the tyranny of facts,Smith,1996)。

14年前,我在讨论克拉克的作品时使用的短语是“专制的事实”(tyranny of the fact,Macintyre,1982)。差异是显著的。专制的事实表明,我是在撇开克拉克的事实错误,支持他对澳大利亚历史的省略证据的观点。专制的事实有着不同的含义。简而言之,我想说的是克拉克并不是那种认为事实本身就能说明问题的历史学家,也不是那种认为历史事实先于调查本身而独立存在的历史学家。

我们这一代的历史学家是通过为期一年的史学理论和方法课程训练,认识到历史本质上是一门解释性的学科这一观点的。那时候,它是历史荣誉课程的顶峰,澳大利亚各个大学的教学大纲差别不大,分为三部分。第一学期,我们学习了柯林武德的《历史的观念》(*The Idea of History*,1946),这是他1943年去世后不久整理出的一部著作。书中认为,历史不适合自然科学中使用的程序,因为过去的历史无法观察,更不用说对照实验了。柯林武德认为,必须利用历史想象,在现有资料和证据的基础上,再现历史行动者的思维过程,对其进行重构。

第二个学期,我们研究了卡尔·亨普尔的观点,他是逻辑经验主义学派的哲学家。柯林武德去世后不久,在亨普尔发表的一篇文章中,他将科学解释中的演绎-规律模型应用到了历史解释上。[②] 这个模型有时被称为覆盖率模型,它假定科学问题最好以因果关系为框架,在这种情况下,通过问为什么某事会发生(例如,恺撒为什么越过卢比孔河),并通过制定初始条件和应用覆盖定律来提供答案。因此,这些条件包括恺撒和他的政党与庞培之间的竞争,即将到来的执政官选举,将使他免于因高卢战役而被指控的豁免权,他在罗马所获得的支持,等等。而覆盖定律将遵循这样的原则,考虑到所面临的问题和成功的可能性,一个身为罗马将军的、大胆的恺撒

① 1993年,保守派历史学家杰弗里·布莱尼(Geoffrey Blainey)将“黑臂章历史观”(black armband view of history)一词引入澳大利亚政治词典,用来描述他认为“(前多元文化时代的)澳大利亚历史是一种耻辱”的历史观,主要关注少数群体,尤其是原住民的待遇。——译者注

② Hempel,C.,“The Function of General Laws in History”,*Journal of Philosophy*,1942,39(2):35-48.该文发表于1942年,但柯林武德于1943年去世,原作者表述有误。——译者注

将会冒险。

第三学期,我们阅读了英语世界的历史哲学家,他们反对亨普尔的逻辑实证主义,并肯定历史的人文主义性质。认为历史是一种知识形式,它重建了过去生活的人们的个人的、受环境制约的经验。

往往是在课程结束很长一段时间后,才会感受到教育的全部效果。那时,我更多受到"新左派"理论著作的影响,尤其是佩里·安德森(Perry Anderson)的《当前危机的起源》(*The Origins of the Present Crisis*,1964)和盖瑞斯·斯特德曼·琼斯(Gareth Stedman Jones)的《英国历史的病理学》(*The Pathology of English History*,1967)。他们之所以吸引我,是因为他们对英国的人文和社会科学狭隘、孤立、非理论性和保守的性质展开了全面控诉。我在当地一本"新左派"杂志上发表的一篇文章中(Macintyre,1972),使用了琼斯的短语"经验主义的贫困"来控诉澳大利亚历史学家对档案的迷恋,以及他们未能超越表面现象。

政治和制度史学的主导形式很快被重新塑造。20 世纪 70 年代是劳动史、阶级史、社会史、文化史和情感史的鼎盛时期。这为利用口述历史和流行文化的资源,通过性别、阶级、种族、性和原住民群体来解读历史提供了新的途径。新的理论工具被开发出来,包括结构主义和后结构主义、后殖民主义、跨国主义、记忆研究等。这些最初是对历史学科的反叛性的、对抗性的挑战,但随着时间的推移和时代的变迁,它们被接受为学术研究形式,嵌入到制度实践中。

但在 20 世纪的最后几十年,高等教育机构也进行了改革。在政府政策、大学管理和学术奖励制度方面,诸如历史学等学科受到质疑。职业课程比学科培训更受欢迎。在研究中,学科训练被视为晦涩难懂的、不谙世事的,它阻碍了创新,由此被不屑一顾。"筒仓"(Silo)是一个常见的绰号,也是一个不恰当的绰号,因为任何一位澳大利亚农业历史学家都知道,防止老鼠接触玉米的筒仓的建造成本相当高。

30 年前,萨塞克斯大学(University of Sussex)教育学教授托尼·比彻(Tony Becher),在他的《学术部落及其领地》(*Academic Tribes and Territories*,1989 b)中进行了探讨,他使用了一种在当时有影响力的分类法来区分两个轴上的学科:纯的和应用的,硬的和软的。第一个区别已经很明确了(物理学的很多研究都是纯理论的,大部分面向市场或社会工作的则是应用的),但是硬和软之间的区别指的是智力范式的本质。一门硬学科的特征是存在对该领域的高度共识,因此,每一个发现通常都是建立在以前的发现基础上的,使用共同商定的方法进行研究,从而在发现的线性过程中产生新的发现或解释。软学科的特征是任务的不确定性;问题的边界不明确,研究结果的意义和相关性难以确定。正如比彻所说,物理学试图建立最基本的原理,而"如果要概括历史学家的世界观,那一切都将比看上去的要复杂"(Becher, 1989a,273)。

比彻引用了对英美历史学家的采访来表明历史是一门纯粹的软学科。它主要关心的是了解事情的来龙去脉,而不是解决问题。虽然它使用了专门的技术,但在重大问题或如何回答这些问题上没有达成一致。它是反复的、整体的、关注特殊的、强调同理心和想象力的,不断地进行解释和重新解释。此外,历史学家们还自由地借鉴了邻近学科的思想。因此,经济史借鉴了经济学,社会史借鉴了社会学,文化史借鉴了人类学等——但总是以自己的方式进行考察。正如贝歇尔所指出的那样,一个熟悉这门学科的读者很少会怀疑这种探究是否具有历史意义。

比彻的书在2001年的新版本中只注意到学科实践的有限变化。同年,美国社会学家安德鲁·阿伯特(Andrew Abbott)写了一本《学科的混乱》(*Chaos of Disciplines*)。他注意到,尽管20世纪20年代洛克菲勒基金会(Rockefeller Foundation)和社会科学研究委员会(Social Science Research Council)曾多次尝试促进跨学科发展,但美国大学一个多世纪以来一直保持着学科部门结构。他指出,几乎所有最初出现的学科都还在,尽管有些学科已经引发了新的学科。学科既悠久又灵活,它们提供现实和学习的模型并使之合法化,这些模型是片面的,但对参与者来说,却是独一无二的真实。

一门学科表现出一定的特点。它有自己的研究实践、证据惯例、修辞策略和体裁。它有经典著作。学科之间的界限常常是模糊的,他们通常通过重新定义彼此的工作来竞争,赋予那些给予他们更大权威的领域以特权——有人认为经济学和社会学的存在是为了纠正彼此的错误认识。相反,跨学科的工作倾向于围绕问题进行组织(因此有了区域研究、发展研究、环境研究等)。与学科不同的是,问题有一个生命周期,而且很少能够持续足够长的时间来改变学术劳动力市场。

阿伯特认为,一门稳定的学科具有许多明确的特征。它有自己的期刊、协会和会议。它提供本科专业,并设有研究生院。它有一个纪律严整的劳动力市场——它的成员通过培训那些追求学术生涯的人来实现自我复制。此外，在高等教育政策中被忽视的一个事实是，历史学家的制度忠诚次于他们的学科认同。

这些命题对澳大利亚的历史有多大的适用性？在这里，历史专业形成较晚：我们的第一份学术期刊创刊于1940年，我们的行业协会直到20世纪70年代才成立。20世纪上半叶，历史学教授认为他们的主要职责是提供博雅教育。这种认识不得不适应1988年建立的全国统一制度（Unified National System）所带来的职业教育的增长，而它带来的更多的变化意味着，今天只有一些大学继续提供历史学的全日制专业，而学术劳动力市场的疲软，使得追求大学教职的愿望如同记忆中一样令人望而生畏。

关于学科和职业，我想说的还有很多，但在结束发言时，我应该对本次圆桌会议提出的一些问题作一些非常简短的答复。

谁是历史学家？一位著名的历史学家利用在澳大利亚和新西兰科学促进协会（ANZAAS）上的一次主席报告，提出了一个格外大胆的论断。他说，如果一部历史作品具有“专业的”标准，那么“它的惯例、陈述方法和证据标准都是在大学里设定的”。（La Nauze，1959，3）也许“专业标准”这一限定词使他的主张成为同义反复，然而职业历史学家协会仍会对此提出异议。基于大学的历史学家能够定义（更不用说控制）谁是历史学家的观点早已失去了可信度。

这些问题中，另一个关于新技术影响的问题有助于我们理解其中的原因。历史的学术研究曾经是一门需要专门知识的深奥技艺。即使是为了找到信息，你也需要知道如何绕过复杂的参考文献，找到相关档案的指南。数字化使资源向所有人开放，就像它打破了学术出版商的控制一样。受过训练的历史学家再也不能声称自己是知识的垄断者了。

历史学家书写的目的是什么？我希望这是因为他们有话要说，并且很遗憾，无论是期刊排名或影响评估都无助于实现这一目标。

我们应该以历史编纂学的角度来思考吗？重点是，注意这个词的两个意思——历史被书写的方式和历史理解的本质。每一个都是至关重要的。我们的教学，尤其是荣誉课程的教学，更多关注第一种形式的史学，通常让学生接触史学史的概况，虽然往往会加以削减。对第二个方面的关注比它应得的要少得多。我并不是建议我们回到柯林武德和亨普尔的研究中去。更确切地说，我认为对历史知识的本质这一更久远的争论谱系进行更深入的研究,会收获颇丰。

What Is History? Historiography Roundtable

Abstract: In 1961, English historian E. H. Carr described history as "an unending dialogue between the present and the past".Has anything changed in the past 60 years? What does "doing history" mean today? And what does it mean that debates about decolonising methodologies, fictions, audiences and authors challenge the practice and function of history in Australia and other settler societies? In the recent roundtable held at the Australian Centre for Public History in the University of Technology Sydney, four historians discussed what history is (and isn't) and how historiographical changes had influenced their own historical research and writing methods.

Keywords: historiography, philosophy of history

译者:宋文菲,浙江大学世界史研究生

史学史与史学理论

1945年之后的历史哲学

——一项文献计量学研究

□[比]贝弗纳奇(Berber Bevernage)等[①]

摘要:关于历史哲学应该是什么的讨论已经非常多了。本次对历史哲学研究的文献计量评估,检测了这一学科的学者们真正生产了什么。这个研究覆盖了国际史学理论网络联盟(International Network for Theory of History)文献目录的整个数据集:共13953个专著、文章、书内章节、学位论文以及其他的学术出版物,包含了1945年至2014年间用七种不同语言写成的公开出版物。这些材料根据一个多层分类系统被分门别类,这个分类系统包含了历史哲学讨论中具有代表性的主题关键词。关于历史哲学中不同语言组的出版数量的特点会用一些单独的计量分析进行阐释。本研究以五年为一个时期,依据对一个时期内重复次数最多的关键词的计量分析,使得研究范式的变化——通常被称作"转向"或"趋势"——被绘制成图表,这些图表表明了每个时期内最具争议的主题。"宗教、神学、世俗化"是1945年至1969年最常见的关键词,随后,"马克思主义、历史唯物主义"[②]是历史哲学在1970年至1984年间的常见关键词。尽管许多语言学转向的关键出版物都是在这一阶段内成书,但我们的数据集显示,直到1985年—2014年,他们的作品才逐渐开始影响历史哲学领域的其他作者。

关键词:文献计量;历史哲学;历史分期;范式;定量分析;历史哲学史;历史哲学的趋势

---

① 本文作者贝弗纳奇(Berber Bevernage)、阿尔梅达(Gisele Iecker de Almeida)、弗勒伊曼(Anton Froeyman)、惠伯斯(Patty Huijbers)、米鲁普(Kenan van de Mieroop)为根特大学教授;德拉诺特(Broos Delanote)为鲁汶大学教授。

② 我们通过把每一个关键词放在两个星号中间,意图说明它们的定义不是绝对的,也就是说,关键词不仅仅代表着这个概念本身,还通常被用来指代围绕这个概念所进行的讨论的全部概念族。

一、导言

《历史与理论》(*History and Theory*)在1961年至1989年间出版了一系列历史哲学出版物的文献目录概览。① 这些概览的编辑者并没有说这些概览穷尽了所有研究并且将他们的概览限制在“用欧洲语言书写的、完全是或主要是解决历史哲学问题和历史编纂学问题”②的书籍和文章。尽管他们只涵盖了有限的几种语言,但《历史与理论》的广博的文献目录是一个真正的壮举,时至今日还为我们考察战后一大段时间内历史哲学的学科发展和变革提供了极具价值的材料。

2012年国际史学理论网络联盟(INTH③)被推出之后不久,笔者决定建立一个线上的文献目录,以继承和拓展由《历史与理论》开创的传统。在过去的六年中,我们已经利用数字工具建立了一个庞大的、动态的出版物概览,囊括了那些对过去、历史或者历史编纂学以及相关概念的哲学反思或“理论”④反思的出版物。这些文献目录可以在这个网站免费使用:http://www.inth.ugent.be/bibliography。像我们的前辈一样,我们也不宣称自己的目录是穷尽一切的或者确定无疑的,在不远的未来,我们还要克服那些来自同欧洲语言相比出场较少的非欧语言的出版物的挑战。但是,我们相信INTH文献目录能够提供历史哲学现存作品的最广泛的概览:目前,这个目录已经囊括了四十多种语言、超过20000种出版物(文章、专著、书目章节、博士论文等)。

① 这些文献目录概览中的大部分涵盖了历史哲学领域内近期的出版物。但是,1961年出版的第一个文献目录涵盖了1945年至1957年间出现的出版物;1972年出版了一个特殊的概览,它将注意力放在了1500年至1800年间出版的更为年久的出版物。参见Astrid Witschi-Bernz, *Bibliography of Works in the Philosophy of History: 1500-1800. History and Theory*, Beiheft 12(1972).

② *The Iintroduction to Bibliography of Works in the Philosophy of History 1978-1982*, *History and Theory*, Beiheft 23(1984).

③ INTH是一个不排外的、以社区为基础的网站,目标是促进历史哲学家们相互合作和交换意见。最终目的是组织研讨会和研习班、出版书评、给年轻学者展示他们的工作成果的机会以及发展出一个线上研究平台:www.inth.ugent.be。

④ 我们在更加广泛的意义上使用“理论”这个术语,从词源上看,“theory”派生于古希腊词语theoria:“沉思,思辨;审视,察看;一幅场景,显现出的,景象,被看到的东西”,“theory”的另一个词源是theorein:“思考(*v.*),思辨,考察”。(http://www.etymonline.com/index.php? term=theory17)我们难以在这里对理论(theory)和神学(theology)之间更加精确的词源关系做更充分的讨论。但是,应当说明的是,对神(在史学中就像在其他任何地方一样)的沉思和思辨一直以来就是理论“性的思辨”(kind of speculation)中的重要部分。因此,在我们的史学方法论的文献概览中,我们也将许多历史神学重要作品的条目列入了汇编中。对theoria的观念与神思之间关系的复杂历史的有趣讨论,参见*The Glance of the Eye: Heidegger, Aristotle, and the Ends of Theory*(Albany: State University of New York Press, 1999).

除了致敬《历史与理论》的先驱者，这篇文章还有两个主要目标：第一，我们希望能够将INTH文献目录这个合作性项目推广给更多的读者以及邀请世界各地的学者来使用这个免费搜索引擎，实际上这也能帮助我们进一步改善它。第二，这篇文章想要展示一些从文献目录提供的数据中看到的观点。在这里，我们想邀请学界同人使用我们的数据来检验我们的假设或者将它们运用到自己的新研究中。除了作为一个有用的工具，我们的目录还能为历史哲学过去以及未来可能的发展提供重要的见解。

二、历史哲学：计量中的一个学科

历史哲学有一个漫长而复杂的发展史。① 尽管有这个令人尊敬的背景，然而，在已经建立起来的学科体系中，历史哲学似乎处于一个尴尬的境地，它经常被排挤到哲学和历史学各自学科的边缘地带。这就引起一个疑问：我们是将历史哲学称作学科，还是将历史哲学看作历史学或哲学的一个分支学科更加合适？理论反思和史学实践之间的关系常常含混不清且充满争议。历史学家们已经完成了这样的转变：从欢迎、拒斥以及实际上忽视历史哲学，到将它看作形而上学的一个分支、一种虚无缥缈因而与历史编纂学实践毫不相关的学问，再到将它仅仅看作对历史学学术研究中所用方法的反思，或者是对历史学家科学性声明的有威胁的批判。同时，哲学家也不同意将历史哲学当作科学哲学的一个分支，也不认为将它看作形而上学的一个方面更为恰当。

除了对历史哲学应该是什么做陈述外，另一种处理方式就是检验这个学科的学者们究竟生产了些什么。但这同样是一件困难且富有争议的工作，尤其是考虑到对历史哲学起源和变革的分析是

① 甚至如何给这个学科命名都会引发一些争议。因为我们的这篇文章的目标是尽可能包含更多的东西，所以我们选择使用“历史哲学”而非“史学理论”。科尔温·克莱因已经指出，“历史和理论”的说法已经逐渐向“历史或理论”的说法转变。Kerwin Lee Klein, *From History to Theory* (Berkeley: University of California Press, 2011), 32. 为了避免这些问题，我们选择将“历史哲学”诠释为涵括史学理论领域内的全部作品。

稀缺且不完整的。① 学者们对历史哲学史已经形成了一些普遍观点,但是这些诠释大多建立在数十年前的论断和零散的信息之上。这篇文章旨在传达部分这些现存讨论,同时基于庞大的目录计量数据对历史哲学史进行结构性反思。

三、方法论

1.创建国际史学理论网络联盟文献目录

INTH 文献目录建立在作为一种资源为那些历史哲学工作者或对历史哲学感兴趣的人提供一个便于理解的对历史哲学出版物概览的目标上。组建这样一个目录会立刻暴露出构建学科边界的难题。学科定义以及确定什么能够而什么不能被包含在内的问题从一开始就显现出来。在考虑过目前存在的对历史哲学包含什么的诠释的分歧之后,INTH 决定尽可能地采取一种包容的方法。因此,文献目录既关注有时被称作批判和实质的历史哲学,②也关注有关过去的流行的或非学术探究的理论反思。③ 文献目录不包括严格的史学作品,即历史编纂学本身,或者纯粹描述性的记忆收集工作,或者使用历史哲学的概念却不对其进行反思也不参与对那些概念争论的作品。

带着这种评判标准,我们开始收编文献目录。在搜寻相关出版物的过程中,我们检索了无数的期刊和丛书以寻找相关的出版物,我们还从书籍和期刊

① 对历史哲学史进行反思的文章包括:Aviezer Tucker,"The Future of the Philosophy of Historiography",*History and Theory* 40,No.1(2001),37-56;Klein,*From History to Theory*;Chris Lorenz,"History and Theory",in *The Oxford History of Historical Writing*,ed.Ian Hesketh,Daniel Woolf,and Axel Schneider(Oxford:Oxford University Press,2011),13-35;Daniel Little,"Philosophy of History",in *The Stanford Encyclopedia of Philosophy*, Winter 2016 edition, ed. Edward, N. Zalta (n. d.); Giuseppina D'Oro,"The Ontological Backlash:Why Did Mainstream Analytic Philosophy Lose Interest in the Philosophy of History?",*Philosophia* 36,No.4(2008),403-415.尽管这些出版物反思了(部分的)历史哲学史,但是他们的观点不是依靠对数据的分析。这里,一个值得注意的例外是伊万诺娃与赫里斯托夫,他们在《历史与理论》上发表了一个对出版文章的计量分析:Ivelina Ivanova and Todor Hristov,"Institutional and Conceptual Transformations of Philosophy of History",*Historein* 14,No.2(2014),18-29。

② 塔克认为对历史的哲学反思是以"实质的"形式开始的,他将实质的历史哲学看作展现历史意义的一种模型的思想类型;柯林武德也使用过"实质主义"(substantialism)一词,柯林武德意指它"建立在一种形而上学的基础之上,其主要范畴是实质"。参见 Aviezer Tucker,"The Future of the Philosophy of Historiography",*History and Theory*,Vol.40,No.1(Feb.,2001),pp.37-56,published by Wiley for Wesleyan University;Aviezer Tucker,"Philosophy of History-Substantive",*A Global Encyclopedia of Historical Writing*(New York:Garland,1998),II,709-712;柯林武德:《历史的观念》,何兆武等译,北京:北京大学出版社,2015 年,第 43~46 页。——译者注

③ 最近,我们已经开始将历史编纂学史的出版物囊括进来,但是文献目录中的这一部分不会在文章中被讨论。

文章的参考文献列表中以及纸质和电子数据库与专业的文献目录中，得到了数目庞大的文献标题。① 我们的目录编纂工作还获得了一个“众包”(crowd sourcing)②过程的援助，因而也部分地是“以社区为基础的”。我们通过学者们在INTH网站上的研究概要，邀请他们上传自己的出版物，并且邀请一些特定的学者给我们发送他们国家或语言区域已出版的相关作品的综述并定期更新。

尽管当前的文献目录确实是来自世界各地的研究者大量的集体努力的结果，但显然，它未能涵盖所有历史哲学出版物的标题。对特定的数据库和文献目录的使用、作者的思想文化背景以及他们的语言能力和限制，已经毫无疑问地造成了特定的障碍。也很有可能并非全部时期或者全部地域的历史哲学都被平等地展现出来了。即便如此，我们相信大部分历史哲学出版物已经被列在目录中了。

2.创建一个关键词系统

在创建文献目录的过程中，我们尽力使它方便上手和易于查找。我们首先通过添加元数据(metadata)③来应对这个具有挑战性的任务。这包括创建一个庞大的关键词系统，使主题搜索得以实现。在咨询过一些专业图书馆馆长之后，我们很快意识到没有所谓的普遍使

① 互联网文献目录吸收了现存的线上资源，包括：WorldCat，Google Scholar，Historical Abstracts，https://philpapers.org/browse/philosophy-of-history、Persée，Delpher.nl，http://www.scielo.br，Project Gutenberg，Arts and Humanities Citation Index，and Gallica。我们引用的纸质文献目录有：《历史与理论》在1961年至1989年间出版的标题为《历史哲学作品目录》的文献目录概览；Jonathan Cohen，“A Survey of Work in the Philosophy of History 1946-1950”，*Philosophical Quarterly*2(1952)；Helmut Berding，Bibliographie zur Geschichtstheorie(Göttingen：Vandenhoeck und Ruprecht，1977)；Craig Walton and Jeanne Constable，“Bibliography of the Historiography and Philosophy of the History of Philosophy”，*International Studies in Philosophy* 9(1977)；Lester D. Stephens，*Historiography：A Bibliography*(Lanham，MD：Scarecrow Press，1975)；Alexander S.Birkos and Lewis A. Tambs，*Historiography，Method，History Teaching：A Bibliography of Books and Articles in English，1965-1973*(Hamden，CT：Linnet Books，1975)；Lee D. Parker and Oliver Finley Graves，*Methodology and Method in History：A Bibliography*(New York：Garland Publishing，1989)；Peter Ludz，“Auswahlbibliographie Zu Wissenschaftstheoretischen Problemen von Soziologie Und Geschichte”，in *Soziologie und Sozialgeschichte：Aspekte und Probleme*，ed.Peter Ludz(Opladen：Westdeutscher Verlag，1973)，615-623.这篇文章引用的线上文献目录有：由 Jonathan Lamb Gorman 在 Philpapers 上编纂的历史哲学文献目录；“Philosophiae ianua bibliographica” by Joachim Aul(http://www.information-philosophie.de/? a=1&t=0&n=2&y=2&c=51)，其中的哲学部分。除了这篇文章的作者，还有许多人为制作和编辑这份文献目录投入了时间和汗水。我们感谢下面这些人的努力：Egon Bauwelinck，Tessa Boeykens，Lore Colaert，Ramses Delafontaine，Ulrich Timme Kragh，Allan Megill，Kalle Pihlainen，Emilia Salvanou，Rafael Verbuyst，Eva Willems，and Eugen Zelenak。

② “众包”在互联网时代尤指将工作分配给一个广泛的群体。——译者注

③ 元数据指为描述数据的数据，是编制电子目录必要的步骤。——译者注

用的关键词系统。一个关键词系统的好坏取决于文献目录收集的特点(例如,覆盖主题的范围、出版物的类型),但也取决于它所针对的使用者类型(例如,是初学者还是专家;是历史学家还是哲学家)。因此,建立一个有用的关键词系统就变成了一次平衡过渡宽泛或浅显与过度翔实或专精的考验。还有一个富有挑战性的考验是使不同的思维传统变得尽可能平等和易于理解,以免对一种思想传统创建起一个翔实的关键词系统(例如,历史学的哲学),而对另一种思想传统建立起一个简单许多的关键词系统(例如,实质的历史哲学)。另一个挑战是根据相对普遍和"传统"的概念创建一个关键词列表,这些概念是那些历史哲学研究者能够轻易认出的,但同时对那些逐渐崭露头角的理论焦点和新术语也敞开大门。最后,挑战还包括为关键词系统选择一种元-语言,并在人类学家所说的"主位"(主体的视角和语言)与"客位"(观察者的视角和语言)之间找到一个恰当的平衡点。①

选择一个"主位"优先的关键词系统——在这里表示被特定出版物的作者明确使用的关键词——优势在于这些关键词能够从出版物的题目或摘要所提供的信息中轻易提取出来,而且它相对较少受到文献目录编辑者的干预。但是这也冒着生产出一个可能有着无穷无尽个关键词列表的风险,这些关键词是特定的语言或学术传统甚至是个别作者所独有的。选择一个"客位"优先的关键词系统——通过将特定的题目和摘要中的词汇"转化"成高屋建瓴的分析性范畴和名称——有着生产出一个易于管理和使用的关键词系列以及能够将不同语言、时期和学术传统的相关讨论勾连起来的优势。但这样做也可能伴随着对细节的损耗,而且冒着将在所包含的作者看来本身分散的话题合并在一起的危险。

为了做出一个具体的关键词系统,我们开始从现存的文献目录中——例如《历史与理论》中的文献综述——以及从

① "主位"与"客位"的提出源于社会学家在研究中遇到的种族中心主义与普遍的科学律则不相容的问题,对此,人类学家提出"主位"的理解形式,表示主体自己以及主体的世界所拥有的理解形式;"客位"表示普遍的(科学的)理解形式。韦伯氏的社会学家通常将"主位"视角用"客位"视角加以系统化。参见:Robert Feleppa, *Emics, Etics, and Social Objectivity*, Current Anthropology, Vol.27, No.3(Jun., 1986), pp.243-255, published by *The University of Chicago Press on behalf of Wenner-Gren Foundation for Anthropological Research.*——译者注

大型综述作品①的索引中收集关键词的列表。就这样,我们列出了一个长长的最常用的关键词列表,随后我们通过将同义的关键词融合在一起(例如,因果律和因果关系)以及将所指涉紧密相关的主题的关键词组在一起(例如,马克思主义和历史唯物主义;时间和时间性),将这些关键词精简化。我们进一步将这些关键词用来处理我们的数据库,以检验我们是否可以根据从标题、目录和摘要中获得的有限信息,轻松地将它们应用到文献目录中。为了服务不同类型的研究者以及使详细程度不同的主题检索得以实现,我们建立了一个多层系统,不同程度和范围等级的关键词都出现在这个系统中。最终,我们做出了一个大致有160个关键词的列表。分类系统中第一级,也是最具体的一级,包括与出版物题目或摘要中明确提及的主题或讨论直接相关的关键词,这个层面的关键词包括一个很广的范围,简单举几个例子:从"真理""解释"和"决定论",到"反事实"和"神话或去神话"。关键词系统的第二级包括一些更普遍的关键词,其中有许多并没有在我们出版物的题目和摘要中被明确提及,但通常被暗示出来了。例如,关键词"认识论"就能用来给那些讨论"历史之真"或"证据/证明"的出版物贴上标签。分类系统中第三级,也是最普遍的一级,将历史哲学分为三个主要领域:"历史学的理论与哲学""实质的历史哲学"以及"学院外的历史书写"(History outside of Academia)。② 下面我们将详细讨论这三类。

举一个例子:一个出版物,例如专著阿尔托格《史学的证据:史家所见》(*Évidence de l' histoire*: *Ce que voient les historiens*, 2005)③将会得到三个关键词——"证据/证明""认识论""历史学的理论与哲学"——代表三种层次不同的细节,由此使这个题目显示在不同范围的文献目录查询中。

---

① Patrick Gardiner, *The Philosophy of History* (Oxford: Oxford University Press, 1974); *A Companion to the Philosophy of History and Historiography*, ed. Aviezer Tucker (West Sussex, UK: Wiley-Blackwell, 2010); Mark Day, *The Philosophy of History*: *An Introduction* (London: Continuum, 2008); *The Sage Handbook of Historical Theory*, ed. Nancy Partner and Sarah Foot (Los Angeles: Sage, 2013); Michael Lemon, *Philosophy of History*: *A Guide for Students* (New York: Routledge, 2003); Michael Stanford, *An Introduction to the Philosophy of History* (Malden, MA: Blackwell Publishers, 1998).

② "历史书写"为意译,"History"有"历史"和"历史学"两种传统译法,分别指代"客观历史"和"关于历史的学问",但此处的作者想指代学院之外的历史建构行为,因此译者用抽象的"书写"代指各种学院外的(历史)建构行为,将"History"意译为"历史书写"。——译者注

③ 这篇文章中括号里的作品都可以在INTH文献目录中找到.http://www.inth.ugent.be/bibliography.

为了确保我们的关键词系统尽可能一致地运用在我们的文献目录中,我们使用了一系列方法论层面的核查与平衡。首先,我们从哲学词典和参考文献附录中的词汇表里汲取灵感,创建了一个词汇表,为我们的每一个关键词写了一个简介。① 这个词汇表扮演着实用指南的角色,以确保我们团队中的所有成员用同一种方法为我们的文献目录编目。为了使我们给我们的标题进行主题化编目时所使用的方法尽可能透明,也为了向我们的使用者解释哪些标题被特定的关键词所覆盖,我们将我们的词汇表放到了 INTH 网站中(参见 http://www.inth.ugent.be/bibilography/about)。

其次,我们从研究者的三角测量法中汲取营养,以最大限度地降低我们的数据在主题化编目中所受到的潜在的个人偏见的影响。② 这就是说,数据集中的每一个公开出版物都被多个研究者赋予了关键词,并且被另外的研究者复查过。诠释性的不同被(我们)集中起来讨论,而且常常会导致我们关键词系统的改进。这样,这个归纳工作的一致性便被扩大了,研究者能够在编码的过程中发现各种差异。

3.从文献目录到数据集

这篇文章分析的数据集仅仅是从文献目录中辑录的一个子集。这个子集与文献目录的主体有三个方面不同:第一,这个子集只包括英语、法语、德语、意大利语、西班牙语、葡萄牙语和荷兰语出版物。我们选择这些语言是出于它们组合起来的语言支配地位。第二,尽管 INTH 文献目录的主体部分包括史学史作品,但我们没有将这些作品囊括在本文使用的数据集中。第三,这个子集在时间上是有限的,仅仅包括 1945 年之后出版的作品。这是因为文献目录列出的 1945 年之前的出版物的数量太少了,以至于难以构成重要的数据分析。由于现实原因,数据集中的出版物只囊括到 2014 年。按照这个条件挑选后,只给我们剩下了一个有 13953 个题目的数据集。

本文的第一部分呈现了对数据集中突出的基础数据的基本的文献分析,包括出版物的类型(文章、书籍和其他)、

---

① 例如,*Concise Routledge Encyclopedia of Philosophy*(London:Routledge,2000);*The Stanford Encyclopedia of Philosophy*(https://plato.stanford.edu/_);and *A Dictionary of Continental Philosophy*,ed.John Protevi(New Haven:Yale University Press,2006).我们也要感谢由 Alun Munslow 提供的专业化的辞典:*Deconstructing History*(London:Routledge,2006),192-206.

② Nancy Carter et al.,"The Use of Triangulation in Qualitative Research",*Oncology Nursing Forum* 41,No.5(2014),545-547.

出版时间和语言。在第二部分,我们比这些基础描述走得更远,分析了历史哲学的主题趋势,并考量了它们的历史分期。

四、历史哲学的数量

最近数十年出版了大量探讨历史哲学地位的文章。这些作品已经从一个"正在兴起的"学科的乐观论断,演变成为对它微不足道的地位和下属机构的缺乏唱响挽歌的悲观陈述。有人已经说过,历史哲学处在哲学和历史学的学科边缘,也正因此它被当作一个"学术孤儿"。[①] 丹图(Arthur C. Danto)在1995年说道:"要找到一个积极从事(历史哲学)的人跟寻找一个在历史上消失的人差不多,就像有人在画抽象主义的油画,仿佛整个后来的艺术史都没有发生过。"[②]但是,当我们查看数据集中条目的数量时,我们却看到了出版物数量的一个惊人增长。(图1)

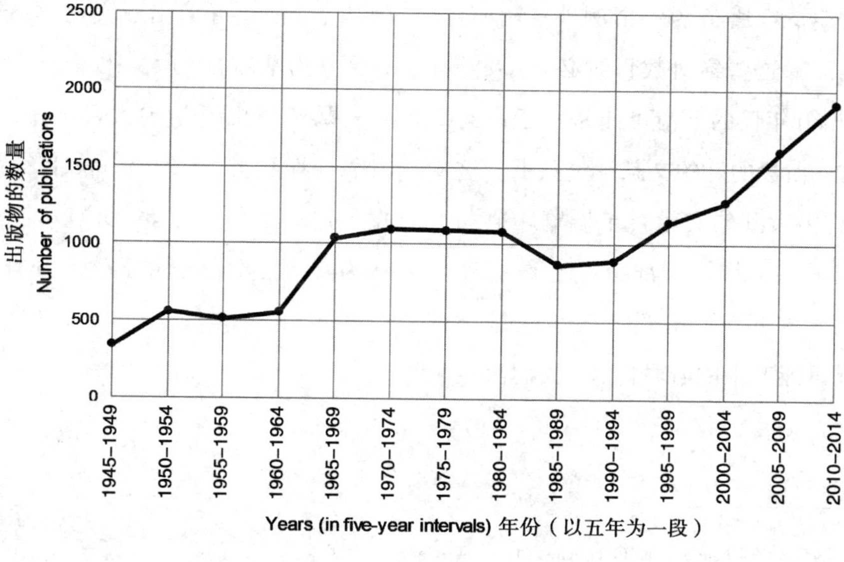

图1 1945—2014年出版物的绝对数量

① Richard T. Vann,"Turning Linguistic:History and Theory and History and Theory,1960-1975",in *A New Philosophy of History*,ed.Frank Ankersmit and Hans Kellner(Chicago:University of Chicago Press,1995),40.

② Arthur C. Danto,"The Decline and Fall of the Analytical Philosophy of History",in Ankersmitand Kellner,eds.,*A New Philosophy of History*,73.

尽管这张图表基本没有告诉我们历史哲学的学科地位，但它似乎暗示从事历史哲学研究的人比丹图认为的可能要多。这些数字显示出过去七十年间出版物的总体增长状况。看起来塔克（Aviezer Tucker）在2001年指出的是正确的：“就那些被注意到的重要事情而言——研究、出版、一个阅读群体、名副其实的哲学重要性以及有趣的专题——历史哲学从未有过更好的样子并且继续在成长和扩大。”[①]1980—1984年看起来是出版物总数普遍持续增长的一个例外。然而，当我们诠释这些绝对数目时必须小心。20世纪80年代的下滑可能是由于没有关于这一阶段的好的文献计量数据。这期间，许多大型的文献目录概览印刷品都停刊了。[②] 同时，大部分线上数据库仅会出现在几十年之后。为了克服这种情况可能产生的各种障碍，我们决定在本文剩下的部分使用仅是相对的数据。这意味着特定趋势的绝对数量依据总的出版物数量被分割到了相应的时期内。[③]

大部分数据集中的出版物（56%）是学术期刊中的文章。这些数字在我们考察的七十年中只有很小的浮动（图2），但总的趋势是专著的百分比在减少，而期刊文献的百分比在同步增加。社会科学出版物总数中大约40%～60%是专著。[④] 历史哲学看起来正从一个“传统的被专著所主导的出版文化”转向一个以文章为基础的出版文化。[⑤]

既然历史哲学中大部分的出版物发表在期刊上，那么看一看什么杂志占据了这一学科的主要地位以及它们被认为是历史学还是哲学就十分有趣了。（图3）

---

① Tucker，“The Future of the Philosophy of Historiography”.

② 正如已经谈及的，例如，《历史与理论》在1989年停止出版了它的文献目录综述（包括了上自1987年出现的出版物）。

③ 这里的“绝对数量”是指作者统计到的出版物的数量，但作者认识到，有一些出版物是他们知道存在过，但难以统计的，所以，作者依据绝对数量划出了特定的区段（尤其将那些受样本收集影响较大的区段分别开），并在相应区段内用出版物在某一标签下的相对数量进行讨论。——译者注

④ Diana Hicks，“The Difficulty of Achieving Full Coverage of International Social Science Literature and the Bibliometric Consequences”，*Scientometrics* 44，No.2（1999），193-215.

⑤ Anton J. Nederhof，“Bibliometric Monitoring of Research Performance in the Social Sciences and the Humanities：A Review”，*Scientometrics* 66，No.1（2006），85.

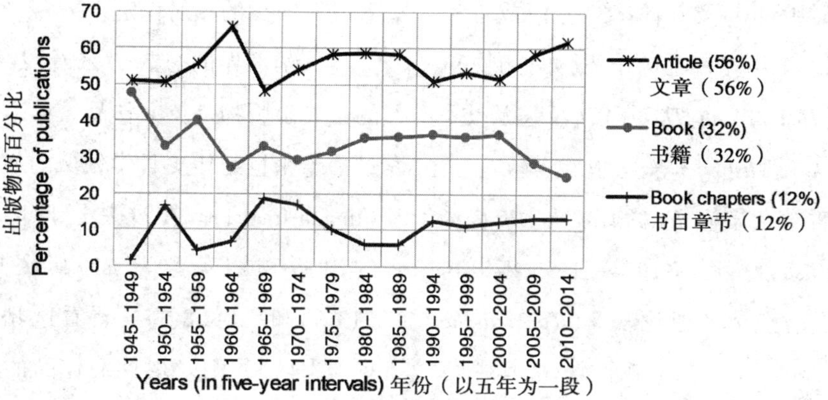

图 2　不同类型出版物的相对数量

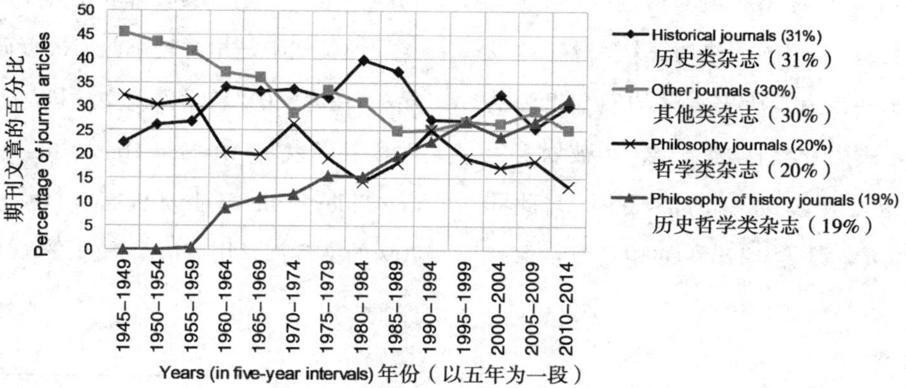

图 3　按杂志类型划分的文章相对数量

一方面，《哲学杂志》（*Journal of Philosophy*）的主编丹图估计，在提交的论文中只有 1‰是关于历史哲学的作品。[①] 另一方面，经常有人说存在一种"大部分的职业历史学家对任何走进哲学反思的由来已久的抵制"。[②] 为了弄清哪一种杂志对历史哲学最为热情，我们将数据集中的杂志分为四个不同"类型"：（1）历史类杂志，如《观念史杂志》（*Journal of the History of Ideas*）、《历史杂志》（*Historische Zeitschrift*）、《美国历史评论》（*The American Historical Review*）及其他；（2）哲学类杂志，如《社会科学哲学》（*Philosophy of the Social Sciences*）、《哲学杂志》（*Philosophical Magazine*）、《一元论

① Danto, "The Decline and Fall of the Analytical Philosophy of History", 72.

② Klein, *From History to Theory*, 30.

者》(*The Monist*)及其他;(3)专门或者大部分专注于历史哲学的杂志,如《历史与理论》(*History and Theory*)、《反思历史》(*Rethinking History*)、《克里奥》(*Clio*)、《历史哲学杂志》(*Journal of the Philosophy of History*),还有1974—1999年出刊的荷兰语杂志《理论史》(*Theoretische Geschiedenis*)以及(4)剩余类,这其中杂志不适合先前的目录分类法或没有一个明确的学科界限和主题焦点。① 当回头看过去七十年的演进时,就会清晰地发现,那些致力于历史哲学的期刊出版的增长,发生在"哲学类杂志"和被划定为"其他类杂志"减少的情况下。与此同时,"历史类杂志"出版的相对数量保持着或多或少的相对稳定。

从学术界的总趋势来看,数据集中的主要出版物是英文作品。英语一直是过去半个世纪历史哲学领域的通用语言(lingua franca)。在过去七十年中,56%的出版物用英语写成,其次是德语(13%)和法语(8%)。看看这几年的比率(图4),我们发现英文作品的数量只增不减,目前已经超过了历史哲学出版物的60%。但是,比起其他学科,英语的支配地位似乎是相对较小的。最近研究显示,在庞大的"科学网人文学科与人类学索引指数"(Arts and Humanities Citation Index of the Web of Science)中,超过70%的文章都是用英语写作的。②

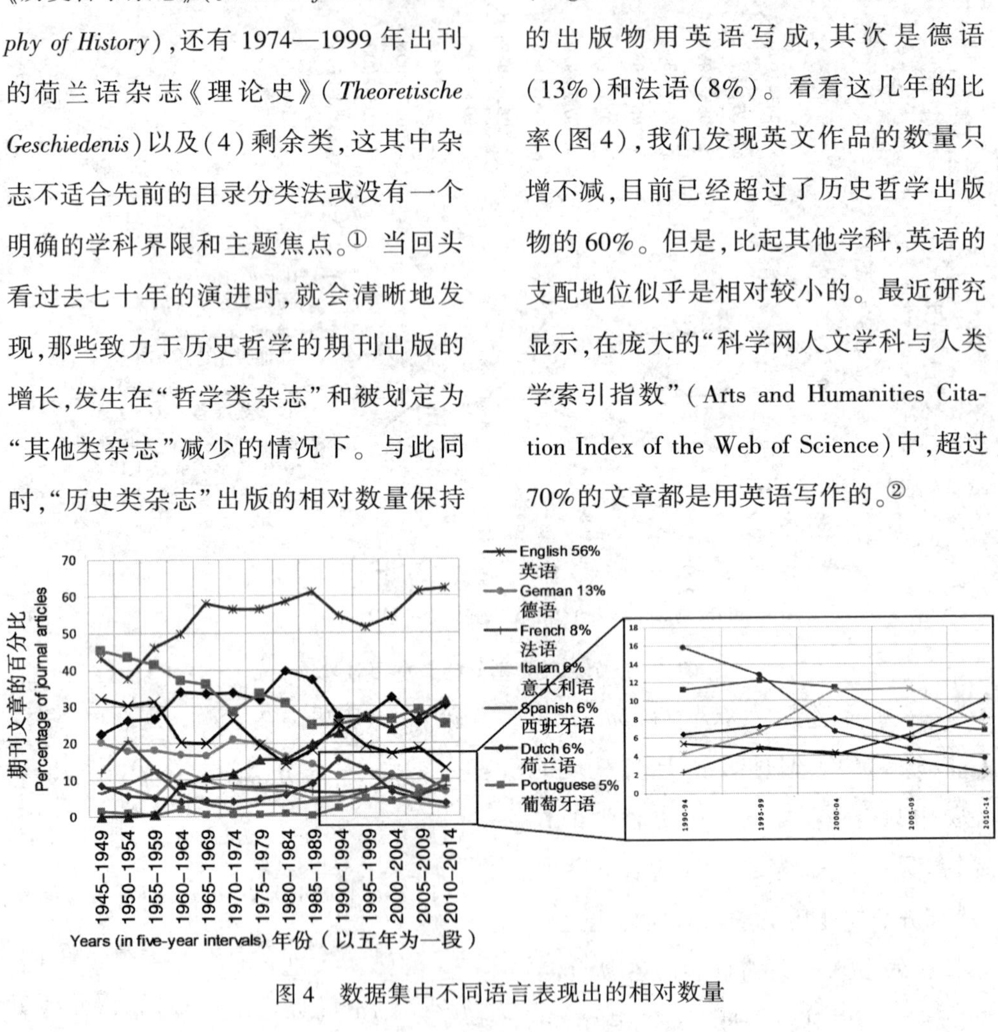

图4 数据集中不同语言表现出的相对数量

① 《观念史杂志》创刊于1940年;《历史杂志》创刊于1859年;《美国历史评论》创刊于1895年;《社会科学哲学》创刊于1971年;《哲学杂志》创刊于1904年;《一元论者》创刊于1890年,1936年停刊,1962年复刊;《历史与理论》创刊于1960年;《反思历史》创刊于1997年;《克里奥》创刊于1971年;《历史哲学杂志》创刊于2007年。——译者注

② Nederhof, "Bibliometric Monitoring of Research Performance in the Social Sciences and the Humanities: A Review", 84.

尽管英语仍然是历史哲学的支配性语言,但其他语言也显示出有趣的演变。引人注目的是,1995—2014年荷兰语出版物占据了相对大的比重。这可能部分地由于荷兰语历史哲学杂志《理论史》的创刊——即一个强大的机构性参照,以及一些重要的荷兰语历史哲学家的出现[例如安克斯密特(Frank Ankersmit)和洛伦兹(Chris Lorenz)]。最近十年英语作品的飙升看起来大部分是在消耗法语和德语的历史哲学出版物的基础上得以实现的,法语和德语的历史哲学出版物总和已达8%的历史性新低了。当我们查看这个语言列表的末端,一个更加令人惊异的发现就会显现出来。尽管数据集中条目数量最少的是葡萄牙语(仅占出版物总数的3%),但在2010—2014年,葡萄牙语作品已经实现了一个令人惊讶的飞跃并迅速地成为历史哲学出版物中仅次于英语的最重要的常用语言之一,在这一阶段占据了作品总数的10%。尽管我们无法依据数据集区分来自葡萄牙和来自巴西的葡萄牙语作品,但我们相信,基本上可以推测葡萄牙语作品的迅速增加主要是因为历史哲学作为一门学科在巴西的迅速普及。

五、主题分析

1.历史学的哲学、实质的历史哲学或学院外的历史书写

在本文的这一部分我们将注意力转向对数据集的主题分析。我们从最普遍的层面开始——对历史哲学的三个主要方面的划分——进而将工作转到主题分类更加详细的层面。

在图5中我们进行了第一次主题分析,我们比较了文献目录中最广泛的三个关键词。这些关键词值得额外解释:

(1)“历史学的理论与哲学”指的是那些对历史编纂探究或学科实践(的各个方面)以及(学院)历史学者写作的反思。

(2)“实质的历史哲学”指的是那些反思历史进程本身——所谓的活动事迹(res gestae)——的出版物。这个关键词被广泛用来概括实质的历史哲学的不同定义。沿袭实质的历史哲学的一个非常经典的定义,我们用它给出版物分类,这些出版物“旨在识别人类历史在展开过程中的宏大模式和方向,尽管在特定的历史发展中持续存在着不确定的反复”。① 同时,这个关键词还包含了一些

① Little,“Philosophy of History”.

出版物,在这些出版物中"历史不仅作为对过去是什么的揭示,还作为现在的一个模型被理解,这使得它本身也暗含了未来发展的状况"。① 最后,我们还把这个关键词用在对历史事件的内涵或历史进程的意义的神学反思中。②

(3)"学院外的历史书写"指的是对在非学术领域中或由行动者而非学院的历史学者处理或重现过去的方法进行哲学反思和理论反思的出版物。这些出版物聚焦学术之外的正在或已经被用来指涉、传达和重现过去的方式。像见证性文学、遗产和公众历史、把过去呈现在博物馆中、记忆行动论(memory activism)③和对过去的公正应用这样的专题全在这个名目中。

图5表明"实质的历史哲学"在二战后明显地占据着主要地位。然而,自1960年伊始,它的优势地位让位于"历史学的理论与哲学",这一类作品在此后数十年内不断增长。

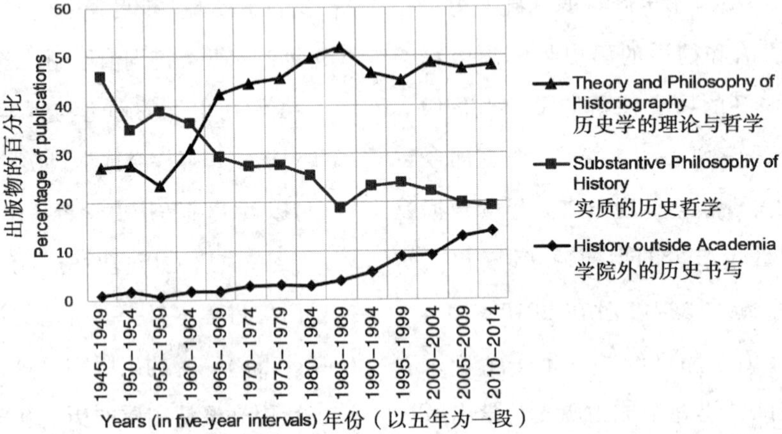

图5 以"历史学的理论和哲学""实质的历史哲学"或者"学院外的历史书写"为标签的条目的百分比

① Réal Fillion, "The Continuing Relevance of Speculative Philosophy of History", *Journal of the Philosophy of History* 8, No. 2(2014), 180.

② 在这里,我们对历史哲学下了一个较其他学者更为宽泛的定义,这些学者倾向于将这个词用在对历史意涵的世俗和现代的,或者至少是后-神学的反思中。例如,Odo Marquard, "Beitrag zur Philosophie der Geschichte des Abschieds von der Philosophie der Geschichte", in Geschichte, Ereignis und Erzählung, ed. R. Koselleck and W. D. Stempel(Munich: Wilhelm Fink Verlag, 1973), 241-250; and Odo Marquard, Schwierigheiten mit der Geschichtsphilosophie(Frankfurt am Main: Suhrkamp Verlag, 1982).

③ 可能取自伊法特·古特曼的《记忆行动论》一书。在这本书中,伊法特通过考察三个不同的当事族群对1948年巴以战争的塑造,试图揭示他们是如何利用本地的文化实践(比如见证性文学)实现对冲突源起的重构,并由此影响对未来的判断的。Activism 指对推动、阻碍、引导和干预社会改革的各种努力,Memory activism 指利用记忆影响社会改革的公众行动。——译者注

实质的历史哲学的减少会让那些逻辑实证主义的拥护者感到高兴,比如波普尔(Karl Popper)就认为,“对这些‘精神’没有一点点同情;既不同情它们的观念的模型,也不同情它们辩证的和唯物主义的化身”。[①] 但我们的分析表明,当波普尔宣称实质的历史哲学即将覆亡时,只是陷入了一厢情愿的想法。尽管在1945—1970年间,实质的历史哲学确实有一个消极的增长趋势,但是此后,与实质的历史哲学相关的出版物的相对百分比,大致稳定在20%左右。

这个调查也与21世纪初实质的历史哲学复兴的说法相悖。[②] 例如,塔克已经论证过对实质的历史哲学的兴趣只发生在历史转变的重要阶段,或者用他的话说:“当‘宏大的’的历史激变发生在1989—1991年间的时候,关于实质的历史哲学的一个飞速发展的市场立刻出现了。”[③]尽管数据显示在1990—2000年有一个轻微的凸起,但是这次提升基本上不能被看作一个“飞速发展的市场”。实质的历史哲学在这一阶段既没有死去也没有占据主导地位,但持续地成为许多人感兴趣的一个话题。

另一个有趣的发展,是对我们称为学院外的历史书写的兴趣的提升。直到20世纪90年代,对这一主题的兴趣一直处在相对边缘的地带,但在那之后它获得了极强的发展动力——在最后的一个阶段达到总量的14%。

值得一提的是,在我们调查的七种语言中,对历史哲学这三个门类的兴趣并非平均分布的。使用像英语、荷兰语和葡萄牙语这样的学者更多地关注“历史学的理论与哲学”和“学院外的历史书写”,而相对较少地关注“实质的历史哲学”的出版物(图6)。与此同时,德语、意大利语和西班牙语的学者更多地关注“实质的历史哲学”。

---

① 波普尔争辩道:“我们必须拒斥历史理论的可能性:这就是说,拒斥一种与理论的物理学相似的历史的社会科学的可能性。不可能有一种作为历史预测的历史发展的科学理论。”参见Karl Popper,“The Poverty of Historicism,III”,*Economica*, *New Series* 12,No.46(1945),85.

② Chris Lorenz,“History and Theory”, in *The Oxford History of Historical Writing*, ed. Axel Schneider and Daniel Woolf (Oxford University Press,2011),V,13.

③ Tucker,“The Future of the Philosophy of Historiography”,45.

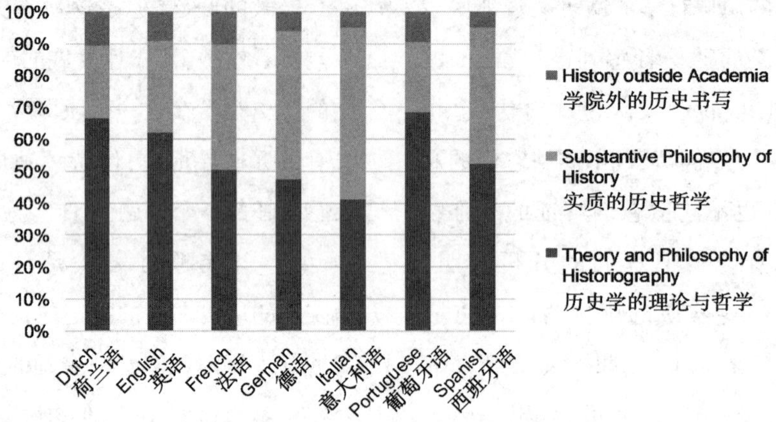

图6 用语言来区别历史哲学的三个门类

2.转向和趋势

历史哲学的历史经常被讲述成一段不同的转向或范式的转换的故事。尽管这个观点已经被广泛接受,但是大部分学者并没有为这些阶段划清界限,并且在这些转向到底包含什么内容的地方十分含混。进一步讲,思想的转向和转换基本上和少数几个先驱者甚或几部被说成是改变历史哲学的出版物紧紧联系在一起。在这个问题上洛伦兹是一个例外,他对思想转向和历史哲学阶段的分析在时间上更加清晰。① 他将1945年以来的阶段划分为三个小段:

> 大部分晚近的综述都同意三阶段说。大约在1945—1970年,分析的历史哲学是首要的,从1970年到1990年被叙事的历史哲学所取代。后一阶段通常被看作历史学向“语言学转向”的结果,也常被叫作“表现主义”。自80年代末开始,“记忆”“创伤”“崇高”以及“过去的在场”等主题开始成为最重要的主题。②

我们很清楚,历史分期总是一种开放性讨论。洛伦兹同费伊(Brian Fay)一样,将海登·怀特(Hayden White)《元史学》的出版看作语言学转向的起点,③而其他人比如范(Richard T. Vann)将起点放在八年前明克(Louis Mink)的《历史理解的自主性》(*The Autonomy of Histori-*

① Lorenz,“History and Theory”.

② Ibid.,” 22[our italics].

③ Brian Fay,“Introduction:The Linguistic Turn and beyond in Contemporary Theory ofHistory”,in *History and Theory:Contemporary Readings*,ed.Brian Fay,Philip.Pomper,and Richard T. Vann(Oxford:Blackwell,1998),406.

cal Understanding,1966 年)的出版。[1]

我们已经谋求构建一个历史分期了,其依据不是关键作品,而是对五年内最常用关键词的计量分析。我们的历史分期或多或少同洛伦兹提出的那个界限相同,但却有不同的内容。通过观察特定关键词流行度的发展,我们提出了三个阶段(1945—1969;1970—1984;1985—2014)。第一阶段最主要的主题簇是"宗教/神学/世俗化";自 1970 年起情况开始发生转变,"马克思主义/历史唯物主义/社会主义"升至榜首。只有在最后一个阶段,1985—1990 年,"叙事主义/叙事学"和"时间/时间性"才移到了列表顶端。[2]

3. 第一个阶段:1945—1969 年

表 1:1945—1969 年间最流行的关键词

Religion/theology/secularization 宗教/神学/世俗化	7.9%
Meaning/sense(in/of history)(历史中/历史的)价值/意义	4.1%
Time/temporality 时间/时间性	3.6%
Historicism 历史主义	3.5%
Explanation 解释	3.2%

(1)宗教和意义

1945—1969 年间讨论最多的主题是"宗教/神学/世俗化",紧随其后的是"(历史中/历史的)价值/意义"以及"时间/时间性"(表 1)。在这一阶段,关键词"宗教/神学/世俗化"常常被用来定义那些尝试回答宗教——更准确地说是天主教——如何帮助历史以意义或使历史意义得以显现以及真正的天主教的历史哲学是什么样子。它也包括那些对历史的神学式诠释的批判的出版物。在战后早期,关键词"宗教/神学/世俗化"由那些具有特色的标题组成,例如:尼布尔《历史中的真理》(*Faith in History*, Niebuhr,1949)、科洛梅尔《基督教与历史》(*Cristianismo e historia*, Colomer, 1959)、马鲁《历史的神学》(*Théologie de l' histoire*, Marrou, 1968)以及洛维特《历史哲学的神学前提》(*The Theological Background of the Philosophy of History*, Löwith, 1946)。(图 7)

关键词"(历史中/历史的)价值/意义"指的是思考作为一个过程的历史中存不存在一个普遍意义或价值,以及分析意义的观念是如何被创造和运用在对过去的书写中的。

---

① Vann,"Turning Linguistic:History and Theory and History and Theory,1960-1975",47.

② 在制作这个最常用的关键词列表的过程中,我们涵括了一些普遍的、重要的关键词,例如三个主要名类,或者像"认识论"或"方法论"这样的关键词,这些关键词太宽泛了,以至于我们想在历史哲学中找到一种观念的趋势也十分困难。

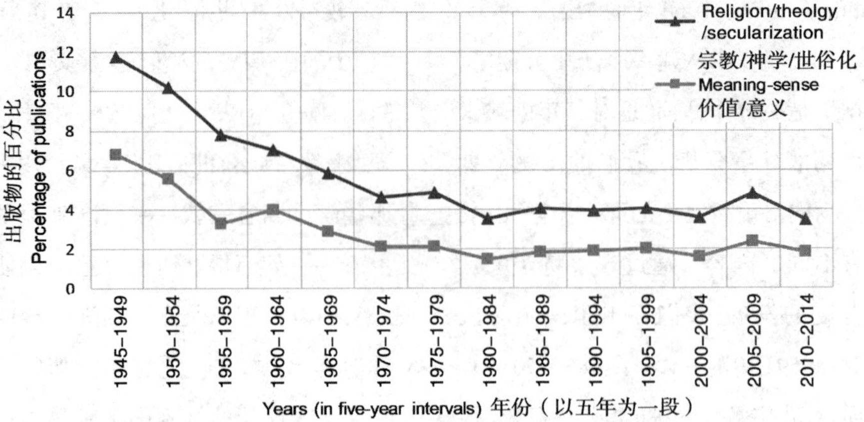

图 7　以“宗教/神学/世俗化”或“价值/意义”为标签的条目的百分比

然而，在这一阶段的讨论中，关键词几乎全部指向实质的历史哲学，它们尝试描述历史的意义以及（在数量上少许多）对这种尝试的批判。这一阶段，我们的文献目录富有特色地由一个看起来无穷尽的列表组成，这些标题像“历史的意义”（The Meaning of History，英）、“历史的意义”（Der Sinn der Geschichte，德）、“历史的意义”（Il senso della storia，意）、“历史的意义”（Le sens de l'histoire，法）、“历史的意义”（De zin der geschiedenis，荷）这样的表述。

关键词“时间/时间性”指的是对历史时间本质的讨论以及对过去的书写中时间和时间性观念。它包括一系列的子主题，例如：时间错置、编年、循环的与线性的时间、离场与在场、历史分期及其他。在这一阶段，关键词“时间/时间性”富有特色地由这些标题组成：克拉考尔《时间与历史》（*Time and History*，Kracauer，1996）、萨洛马《历史中的时间要素》（*Die Zeit als Element der Geschichte*，Salomaa，1949）、埃利亚德《永恒复归的神话》（*Le mythe de l'éternel retour*，Eliade，1949）、波特《论历史分期》（*De periodisering der geschiedenis*，Van Der Pot，1951）、艾森施泰因《克里奥与克洛诺斯》（*Clio and Chronos*，Eisenstein，1966）以及莫米利亚诺《古代历史编纂中的时间》（*Time in Ancient Historiography*，Momigliano，1966）。时间和时间性在我们这篇文章中将始终保持着重要性，但是，围绕“宗教/神学/世俗化”以及“（历史中或历史的）价值/意义”等观念的主题在第一阶段的末尾逐渐丧失发展动力。因此，在二战后的数年间，历史哲学的核心非常清楚，就是一个人如何让大写字母 H 开头的历史（History）显迹。尽管第二次世界大战在文献目录中几乎没有被明确提及，但是，不难想象这件事会在历史哲学中留下印记。

(2)分析历史哲学

有个共识看起来是在 1945—1969 年间历史哲学被分析哲学所主导。洛伦兹将分析哲学在这一阶段的第一部分的关注点描述为“实证的认识论问题和科学解释的方法论问题”，他还声称这个讨论“有很强的规定性意味”。[①] 但是，根据洛伦兹所说，在 20 世纪 60 年代到 70 年代，分析哲学的关注点转换为“理解人类行为”。[②] 基于我们的分类分析，从计量上证实这些说法是一个挑战，存在着许多对分析历史哲学的不同定义。有些人基于地理的或语言的尺度定义分析历史哲学，即英-美哲学传统。另外一些人，例如戈尔曼(Jonathan Gorman)，将分析历史哲学定义为“历史学家是否能提供任何一种关于真实的知识或理解”。[③] 还有另外一些人，比如丹图，将重点放在了哲学中“致力于从史学实践和实质的历史哲学衍生出的特殊的概念问题”。[④]』由于这个术语的定义变化跨度大，我们决定在我们的数据集中不使用关键词“分析历史哲学”。然而，这并不意味不可能对 1945—1969 年间被一种分析的视角所主导的说法进行调查。事实上，我们可以通过检验那些涉及有分析历史哲学特征的以及放在一起就可以用作此类哲学演进的良好象征的话题和争论的关键词来实现这件事。

将利特尔(Daniel Little)对分析历史哲学的定义作为我们的指导，我们能够确定被限定在这个传统内的一个关键词：

> 【分析历史哲学】包括分析哲学的方法和工具在由探求历史解释和历史知识所引发的特殊问题的应用……在这里，兴趣点是历史知识的特性：我们怎么知道关于过去的事实，什么构成一个好的历史解释，历史解释是否要求普遍律，以及通过可以获得的历史证据是否难以证得历史知识。分析哲学家强调历史知识的经验性和科学性，而且尝试在自然科学的层面理解这种论

---

① Lorenz, “History and Theory”, 22.

② 同上。

③ Jonathan L. Gorman, *Understanding History: An Introduction to Analytical Philosophy of History* (Ottawa: University of Ottawa Press, 1992), 1.

④ Danto, *Analytical Philosophy of History*. 1.

断……①

现在我们有权用一个有限的关键词作为分析哲学的一个代表了:【将历史中的原因和结果】命名为"因果关系",【将对证据和证明的使用以及历史编纂学的论证结构】命名为"证据/证明",【将历史学家解释历史事件或现实问题的途径】命名为"解释","阐释学/诠释学/理解"代表【历史学家如何诠释文本和历史的世界,以及历史学如何能够帮助过去变得可理解/或(and/or)听起来可信】,"覆盖律"代表【历史是否是一门有规律的科学问题以及历史学家使用所谓的覆盖律或公理-演绎模型的问题】。还有,"客观/主观"代表【历史学家的公正和偏颇,主/客观区别】。

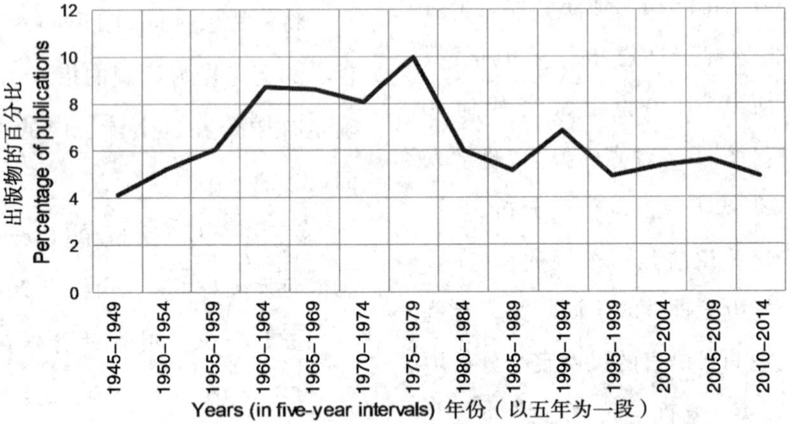

图 8　以"因果关系""证据/证明""解释""阐释学/诠释学/理解""覆盖律"以及"客观/主观"为标签的条目的百分比

图 8 展示了至少以这些关键词中的一个为标签的全部作品。它表明对以分析历史哲学的研究为特点的专题,事实上在 1945—1969 年间非常流行,但对这些专题的兴趣在这一阶段的结尾更大。对分析历史哲学的兴趣的最高点看起来出现在 20 世纪 70 年代,到 80 年代呈现衰落。这个升高与费伊的观察产生了共鸣:《历史与理论》杂志自 1960 年创刊开始,就将注意力首先放在"历史的科学层面和历史解释"。②《历史与理论》杂志最初几年的一个主要话题就是讨论亨佩尔(Carl G. Hempel)发表于 1942 年的文章《普遍规律在历史中的作用》(*The Function of*

① Little,"Philosophy of History"[our italics].

② Brian Fay,"History and Theory:The Next Fifty Years",*History and Theory* 49,No.4(2010),2.

General Laws in History)。[①] 范对最初的几年描述道:"规律、因果关系、解释和预测这些话题都变得重要起来……对历史学家写作的方式没多少关心。"[②]覆盖律模型讨论长期占据主导地位,使得《历史与理论》的编辑在1965年认定这一主题已经思想枯竭了,而且他们宣布了一个对关于任何相关讨论的"编辑上的暂停"。[③]如果我们观察关键词"覆盖律"的图线(图9),我们能够清楚地看到,在1965—1969年之后,有关这一争论的出版物数量锐减,尽管对分析哲学的普遍兴趣仅在十年之后才有所衰退。这意味着对分析历史哲学的关注远远大于对亨佩尔作品的讨论。

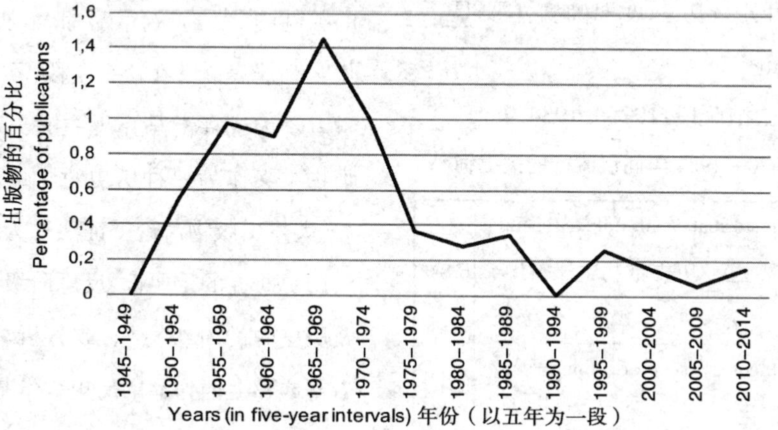

图9　以"覆盖律"为标签的条目的百分比

分析历史哲学出版物的衰减似乎来得非常突然,事实上所有我们用来代表分析历史哲学的关键词的数量都或多或少在同一时间有所跌落。这支持了丹图的说法:分析哲学的衰落应当被诠释为一种范式转换而非一次思想转型。没有解决由这种研究视角引发的核心思想问题,"(分析历史哲学)就这样不再有价值,它所定义的整个历史哲学的路径都不再有价值。它被一系列不同的问题所代替……到了那里它将不再适用"。[④]

---

① Carl G. Hempel,"The Function of General Laws in History",*Journal of Philosophy* 39,No.2(1942),35-48.甚至有人说自1952年伊始,分析的历史哲学快要被全盘带回到"对如前所述的在亨佩尔1942年文章中所谈及的覆盖律模型的认可与批判中"。Klein,*From History to Theory*,49.

② Vann,"Turning Linguistic",41.

③ *Ibid.*,69.

④ Danto,"The Decline and Fall of the Analytical Philosophy of History",85.但同时,也有可能是哲学的普遍转型造成了分析哲学家丧失对历史哲学的兴趣,而不是其他那些原因。D'Oro,"The Ontological Backlash".

如果我们分析那些以某个用来代表分析历史哲学的关键词为标签的作品，这些出版物在不同的语言中的划分方式有一个显著不同。我们的数据集总体上包含56%的英语出版物（图4），但是，当我们考察那些被冠以一个或更多“分析的关键词”的作品时，百分比就会升至76%，说明分析历史哲学确实主要是一种英语讨论。

4. 第二个阶段：1970—1984 年

表 2：1970—1984 年间最流行的关键词

Marxism/historical materialism/socialism 马克思主义/历史唯物主义/社会主义	6.8%
Religion/theology/secularization 宗教/神学/世俗化	4.7%
Time/temporality 时间/时间性	4.1%
Science(history and/as)科学和历史/科学史	4.2%
Historicism 历史主义	4.2%

20 世纪 70 年代初期已经被描述为历史哲学发生范式转变的阶段。例如，克莱因将它看作从“历史哲学”向“史学理论”转变的一个决定性阶段：“在 70 年代早期，历史学从‘科学’中被开除，而历史哲学被哲学的主要部门所开除。”①然而，当我们转向对关键词的分析，20 世纪 70 年代也可以被看成历史哲学兴趣转向的一个阶段。

(1)马克思主义/历史唯物主义/社会主义

从 1970—1984 年已降，“马克思主义/历史唯物主义/社会主义”作为最重要的关键词（表 2）取代了“宗教/神学/世俗化”，列居表顶。在这个阶段，不计其数的学者辩护或抨击马克思主义史观和历史唯物主义作为一种历史哲学的价值。例如，大量出版物讨论辩证法作为一种方法对历史研究的重要性、反思阶级的角色以及历史中的阶级意识，或分析马克思、卢卡奇或葛兰西作品的历史哲学基础。

为了描述这一阶段的趋势，介绍一种不同于我们目前使用过的主题关键词分析的方法是有趣的。在接下来的内容中我们要检测一个特定的理论家在出版物的标题中被提及的次数，②并将之诠释为历史哲学中影响力的一种代表。我们使用术语“影响”，因为我们的研究没有区分赞扬特定作家和批判特定作家的出版物；准确地说，它只检测特定思想家的作品被讨论的频率。

① Klein, *From History to Theory*, 38.

② 应当指明：我们不仅算上了一个作者的名字被提及的次数（例如，黑格尔），还算上了它所衍生出的形容词的次数（例如，“一种黑格尔观”）。

表 3:某个特定思想家在出版物的标题中被提及的次数(1945—2014)

黑格尔 Hegel	302
马克思 Marx	271
康德 Kant	134
柯林武德 Collingwood	125
怀特 White	122
福柯 Foucault	97
维柯 Vico	91
尼采 Nietzsxhe	79
汤因比 Toynbee	72

从这个意义上,在研究的整个阶段(1945—2014)最有影响力的历史哲学家是马克思(Marx)和黑格尔(Hegel)。提及他们名字的出版物数量均超过了提及位于列表第三位(表 3)的康德(Kant)的两倍。如果我们暂时将海登·怀特和米歇尔·福柯(Michel Foucault)放在一边——我们将在第三阶段的分析中讨论他们——我们看到,在这一榜单中其他五个最常被提及的作家捍卫一席之地的方式上的一些显著差异。在一个相对较短的时间有着持续影响力的思想家,比如黑格尔、康德和柯林武德,有着明显不同。马克思位居列表第二位是因为他的名字在三十年间几乎无所不在,而黑格尔占据第一位是因为在我们考察的全部时间中出版物持续不断地提到他的名字。

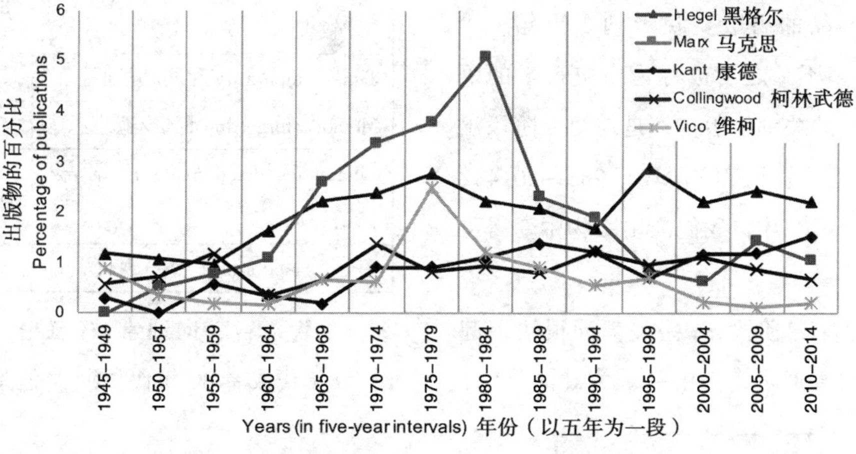

图 10 某个特定作家在标题中被提及的百分比

同样值得注意的是,维柯的影响力与我们数据集中意大利语出版物总数量是同步下降的,黑格尔和康德却没有在德语出版物中经历这种衰退。[①] 这意味着维柯的思想更多地被它的原始语言所讨论,而德语作家打破了语言界限并获

① 参见图 4。

得了一个更为国际化的声誉。①

(2)其他的"转向"

与洛伦兹的历史分期相反,我们的数据集并没有揭示在第二阶段有一个明确的语言转向的趋势。但是,这不是说这样的变革从未发生过。相反,我们的数据显示,它发生的时间比洛伦兹所说的要晚,在第三阶段的1985—2014年间。我们与洛伦兹所划阶段不同,有可能是因为这篇文章中我们所使用的方法。我们的研究检验了大量的数据,因此我们的历史分期反映的是更大的趋势,而不是顶尖出版物和学者。这些关键人物和出版物的影响看起来比他们的主要作品的出版要晚十到二十年。尽管,许多不久之后被称为历史哲学的语言转向的关键出版物都是在第二阶段出版的,但是直到第三阶段(1985—2014),他们的影响才在我们的出版物中变得可见。

在第二阶段,一些关键词很快兴起又很快衰退了。其中一个关键词是"计量史学",指那些对历史编纂中所使用的计量方法、统计工具和计算机工具的讨论。这场讨论火了一小段时间(1970—1984),随后便基本上消失了。当普赖斯(Jacob Price)开启1969年《历史与理论》对计量史学的主题讨论时,他的观察是正确的:"时下美国的历史学教授对计量的推崇几乎无处不在。"②但是不到15年时间,对这一问题的兴趣几乎消失了。

5.第三阶段:1985—2014年

(1)语言转向和时间转向

表4:1985—2014年间最流行的关键词

Narrativism/narratology 叙事主义/叙事学	8.0%
Time/temporality 时间/时间性	7.5%
Memory/forgetting 记忆/遗忘	5.7%
Linguistics/discursive turn 语言/话语转向	5.3%
(Post-)modernity(后-)现代	5.1%

尽管语言转向通常被定位在20世纪70年代或者80年代早期,③但是直到

① 有必要强调的是,这张图展现的是历史哲学的全部数据,杂志与杂志间的这些数据可能不同。如果我们将这些数据同伊万诺娃和赫里斯托夫发表在《历史与理论》的文章作对比,我们看到了像是马克思和维柯这样的哲学家的一个相似的变化进程。但是伊万诺娃和赫里斯托夫将马克斯·韦伯称为"最突出的作者……在1960—1974年间",我们看到他在历史哲学中的流行度在这一阶段从未超过0.6%。Ivanova and Hristov,"Institutional and Conceptual Transformations of Philosophy of History",24.

② Jacob M.Price,"Recent Quantitative Work in History:A Survey of the Main Trends",*History and Theory* 9,No.1(1969),1.

③ Jouni-Matti Kuukkanen,"The Missing Narrativist Turn in the Historiography of Science",*History and Theory* 51,No.3(2012),342.

1985—1990 年,“叙事主义/叙事学”才代替“马克思主义/历史唯物主义/社会主义”,成为我们数据集中最常被使用的关键词。这几乎是在路易斯・明克写下他的具有先导性的作品二十年之后,也是在海登・怀特的《元史学》发表十多年之后。历史哲学的语言转向——围绕着“历史讨论的重要结论嵌在或者包含于历史书写的叙事结构本身之中”①——最好通过考察关键词“叙事主义/叙事学”以及“文学/虚构”得以展现(图11)。

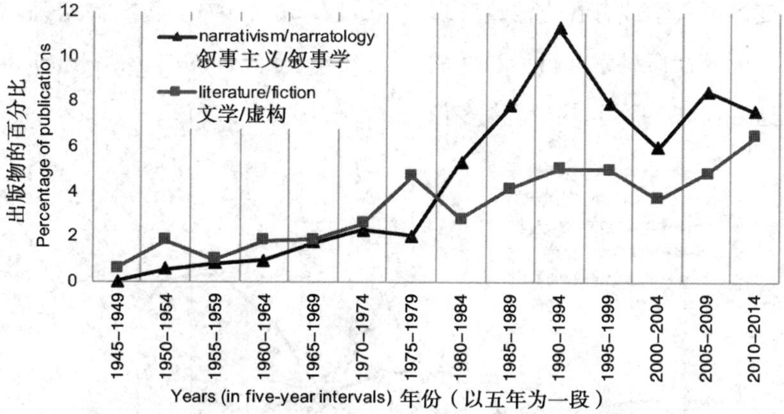

图 11 以“叙事主义/叙事学”或“文学/虚构”为标签的条目的百分比

在这一阶段,我们看到讨论历史编纂学中叙事或故事的本质、功能和价值,以及讨论它们如何为叙述历史中的人类行为提供解释性目的的出版物的一个陡升。在这一阶段,一个非常活跃且关系密切的讨论关注于历史和文学之间的联系以及历史是否是文学的一种形式的问题。尽管带有这些主题之中任意一个出版物的数量在 1995—2004 年间都逐渐减少,但是这个短暂的衰退紧接着的是 2005 年之后兴趣的一次重兴。

语言转向的首要地位也可以在自然科学的学科转换中被看到,历史哲学家们从中汲取了精髓。大部分历史学家,尤其是历史哲学家,经常从别的学科中借用概念、观点或者范式。这个数据集使我们能够使用计量分析来更好地理解哪个学科对历史哲学产生过重要影响,以及这种影响如何在时间中变化。在图 12 中,我们选了五种已经对历史哲学出版物产生了极大影响的“启发性学科”。在前两个时期中比率或多或少还比较稳定,但从 1985 年开始,出现了一个差异

① Louis O. Mink et al., *Historical Understanding* (Ithaca, NY: Cornell University Press, 1987), 12.

显著的进展：一方面，以“精神分析/心理学”以及“社会学/社会科学”为标签的出版物数量在下降，另一方面，关键词“文学/虚构”的数量在增加。从战后最初数十年间到20世纪80年代中期，许多历史哲学家首要地关注作为一种使历史编纂学变得更科学或者在方法论和理论上更为牢固的社会科学和行为科学的模型。在这一阶段，我们看到了许多像这样的标题：兰德斯和蒂莉《作为一种社会科学的历史学》(*History as a Social Science*, Landes and Tilly, 1971)、伯克《历史学和社会学》(*History and Sociology*, Burke, 1980)、伦蒂尼《史学与社会学》(*Storiografia e sociologie*, *Gargallo di Castel Lentini*, 1971)、腾布鲁克《面对历史的社会学》(*Die Soziologie vor der Geschichte*, Tenbruck, 1973)。

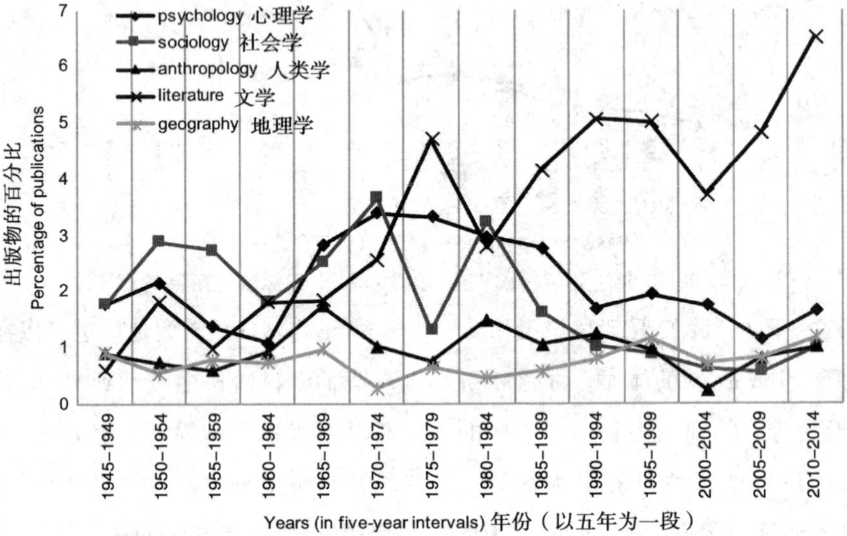

图12　不同的“给予启示的学科”的条目的百分比

在20世纪60年代早期到20世纪90年代早期之间，我们看到对作为灵感来源的心理学和心理分析法的关注在历史哲学家当中出现了一个显著的高峰。这一背景下最值得关注的现象是对所谓心理史学的短暂却非常强烈的兴趣，结果引出了像这样的标题，例如：盖伊《弗洛伊德解析历史学家》(*Freud for Historians*, Gay, 1985)、梅兹利什《接受心理分析的克里奥》(*Clio on the Couch*, Mazlish, 1968)、卡伦和拉波波尔《克里奥与心灵》(*Clio and Psyche*, Kren and Rappoport, 1976)、安德森《健全与心理史学》(*Becoming Sane with Psychohistory*, Anderson, 1978)以及斯坦纳德《收缩历史》(*Shrinking History*, Stannard, 1980)。

图12中最值得注意的趋势显而易见是那些想要从文学理论中汲取营养使历史学理论化以及那些尝试将历史书写与(文学)虚构之间的相似和不同加以理论化的出版物数量的陡升。这场争论引出了一系列看起来无穷无尽的标题,例如:柯托伊斯和多克尔《历史是虚构吗?》(*Is History Fiction?*, Curthoys and Docker, 2005)、索斯盖特《历史遇上虚构》(*History Meets Fiction*, Southgate, 2009)、塞比克《文学与史学:一个公共领域?》(*Fiction and History: A Common Core?*, Cebik, 1992)、奥尔《文学的复仇》(*The Revenge of Literature*, Orr, 1986)、西巴《作为文学作品的历史》(*Geschichte als Dichtung*, Seeba, 1985)、瓦戴-德尔莫特和杜帕斯《历史/虚构:张力与交集》(*Histoire/Fiction: tensions et convergences*, Watthée-Delmotte and Dupas, 2003)、费雷拉《历史与文学》(*História e literature*, Ferreira, 1996)、巴雷拉《论作为诗学的历史思考》(*Sobre la historia considerada como poesía*, Bermejo Barrera, 2005)、布莱恩布什《文学与科学之间的历史意识》(*Historisch besef tussen literatuur en wetenschap*, Van Den Braembussche, 1998)。

因此,图12证实了一个长期存在,但直到现在都没有得到数量上证据支持的对历史哲学近来趋势的直觉,即在20世纪的后半叶,历史哲学与像社会学和心理学这样的"科学的"学科之间的相关性变得越来越小,并且越来越多地从文学理论中汲取营养,而且首要地将分析历史学当成写作论证的一种形式。[①] 然而,值得注意的是"科学的"阶段实际上比我们通常所想的持续时间要更长一些,而且事实上直到20世纪80年代末期它仍然非常重要。

尽管一些叙事转向的关键人物曾是《历史与理论》的编委会成员,但他们的出版物大多出现在其他杂志上,例如《克里奥》和《新文学史》(*New Literary History*)。《历史与理论》以及历史哲学学科中的大部分杂志最初或多或少对这些发展都漠不关心。[②] 根据范所说,这种情况将会于20世纪80年代早期在一个特殊事件——《历史与理论》针对海登·怀特的《元史学》在卫斯理安大学召开研讨会——出现后发生改变。这次特殊事件以及《历史与理论》对这些问题正在增长的兴趣是这次变化的表

① 这张图与《历史与理论》在1975-1989年间的演进趋势很相近,有一个"社会科学对历史哲学影响的显著减少", Ivanova and Hristov, "Institutional and Conceptual Transformations of Philosophy of History", 21.

② Vann, "Turning Linguistic", 69.

现还是原因,是不能根据我们的数据来回答的。

想到第三个阶段,一个人可能会期待像康德、维柯、马克思以及黑格尔这样有着数十年影响力的古典学者能够被更晚近的理论家所超越。然而,事实却不是这样。

表5:1990—2014年间一个人(在数据集的标题中)被提及的次数

Hegel 黑格尔	157
White 怀特	115
Kant 康德	82
Marx 马克思	78
Foucault 福柯	72
Collingwood 柯林武德	63
Nietzsche 尼采	53
Ankersmit 安克斯密特	42
Heidegger 海德格尔	39

当我们查看这些古典哲学家于1990—2014年间在我们的数据集的标题中被提及的总次数时,他们仍然远远领先于像福柯、利科、安克斯密特或者科泽勒克这样的思想家。海登·怀特是目前这一阶段唯一能与经典作家竞争的当代思想家,主要由于对他在1973年的专著《元史学》的支持或反对的各种争论作品的大量涌现。① 接下来我们会调查三位毫无疑问对历史哲学的语言学转向产生影响的思想家的角色和重要性(安克斯密特、利科和怀特)。尽管怀特的出版物出现在对叙事主义兴趣的直线上升之前,但这不是安克斯密特与利科的主要出版物的情况。如果我们看一下利科(《时间与叙事》,*Temp et récit*,1983—1985)和安克斯密特(《叙事逻辑》,*Narrative Logic*,1983)的关键出版物的出版日期,他们与这场争辩中不断发展的兴趣完美吻合。怀特是被提及最多的作者,但是在最后十年,对安克斯密特和利科作品的兴趣看起来有轻微地增加。在1995—2005年间,对海登·怀特兴趣的相对衰退与以关键词"文学/文学理论"为标签的出版物数量的衰减相吻合。(图12)

① 对海登·怀特接受史的一个更加详细的分析,参见Richard T. Vann,"The Reception of Hayden White",*History and Theory* 37,No.2(1998),143-161.

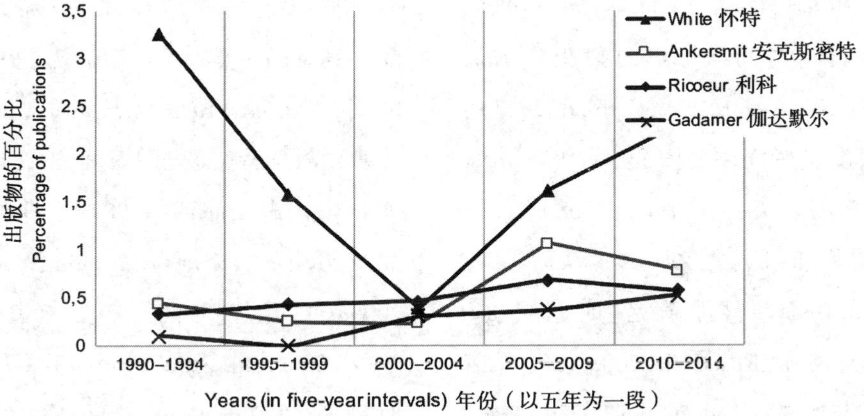

图 13　提及某个特定哲学家的条目在 1990—2014 年间的百分比

在第三阶段中提到的哲学家列表里一个显著的缺席是伽达默尔。即便我们将 1960 年《真理与方法》(*Truth and Method*)出版之前的时段排除在外,他在被提及最多的理论家的列表中也只排到了二十多位,而且直到 2001 年提及他的名字的作品也没有超过总数的 0.2%。这证实了赫尔曼·保罗(Herman Paul)的论断:在历史哲学领域伽达默尔令人惊讶地几乎没有被提及。[①] 在 2001 年之后对伽达默尔的兴趣有一个少量的提升,但即便是那个时候,他的影响力还是远远落后于其他当代学者,比如利科、怀特和安克斯密特。

(2)时间和记忆

在叙事主义成为主导范畴的阶段,其他两个关键词也登上了峰顶。这两个关键词最显著的是"时间/时间性"。这个关键词的重要性,部分地由于大量的争论都落在它下面,包括对循环时间观和线性时间观的讨论、对现在主义[②](presentism)和历史距离的争论、对历史分期的讨论等。因此,这个关键词就是在我们研究的整个阶段内(1945—2014)都是最流行的也应当毫不奇怪。但是对时间和时间性的兴趣出现明显的高峰在第三阶段,在 2000—2014 年间超过了出版物的 10%。在我们的第三阶段,我们看到了大量这样的题目出现:伦德马克《历史学家的时间》(*The Historian's Time*, Lundmark, 1993)、鲁加奇和穆勒《历史写作中的时间》(*Time in the Writ-*

① Herman Paul,"Gadamer and Philosophy of History", in *Hermeneutics and the Humanities: Dialogues with Hans-Georg Gadamer*, ed. Madeleine Kasten, Herman Paul, and Rico Sneller (Leiden: Leiden University Press, 2012).

② 或作"在场主义"。——译者注

ing of History, Luraghi and Möller, 1995)、科菲尔德《时间与历史的塑造》(*Time and the Shape of History*, Corfield, 2007)、亨特《度量时间、制造历史》(*Measuring Time, Making History*, Hunt, 2008)、君特《历史的时间》(*Zeit der Geschichte*, Günthe, 1993)、科泽勒克《时间层次》(*Zeitschichten*, Koselleck, 2000)、安哥诺《时间与历史》(*Zeit und Geschichte*, Angehrn, 2002)、阿尔托格《历史与时间》(*Temps et histoire*, Hartog, 1995)、德劳纳《历史的多重时间》(*Les temps de l' histoire*, De Launay, 2008)、勒迪克《史家与时间》(*Les historiens et le temps*, Leduc, 1999)、胡戈特《历史的时间》(*El tiempo de la historia*, Huguet, 1998)、迈斯特《时间与历史》(*Tiempo e historia*, Maestre, 2006)、基雷金《时间与历史》(*Tempo e storia*, Chiereghin, 2000)、金蒂利《历史的时间》(*Il Tempo della Storia*, Gentili, 2002)以及容克《史家与时间》(*Historici en de tijd*, Jonker, 1999)。

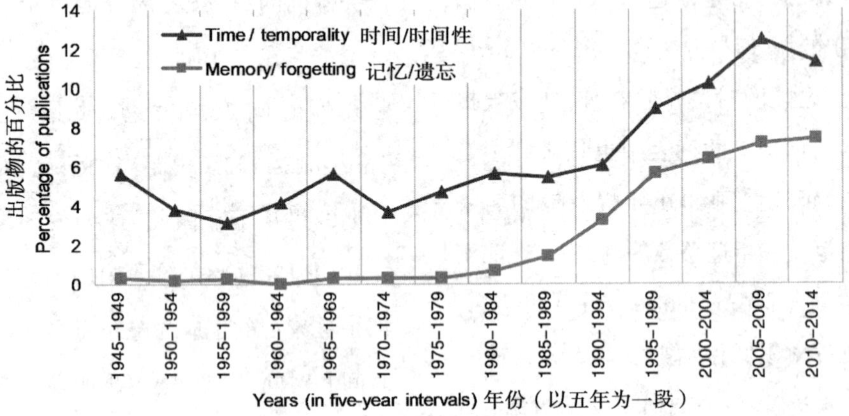

图 14 以"时间/时间性"或者"记忆/遗忘"为标签的条目的百分比

对时间和时间性的兴趣与语言转向相互吻合其实并不真得令人诧异，因为利科已经指出没有叙事就很难对历史时间进行反思，反之亦然。① 我们的数据表明关键词"时间/时间性"和"叙事主义/叙事学"确实有着同样的趋势。

第三阶段的另一个最重要的关键词检索出了经常被讨论的主题：记忆和遗忘。所谓记忆在历史哲学中的兴起是以这样的题目证明它自己的：赫顿《作为记忆的艺术的历史学》(*History as an Art of Memory*, Hutton, 1993)、康菲诺《集体记

① Paul Ricoeur, "Narrative Time", *Critical Inquiry* 7, No.1(1980), 169–190.

忆与文化历史》(*Collective Memory and Cultural History*,Confino,1997)、尼特哈默尔《活的记忆与历史实践》(*Living Memory and Historical Practice*,Niethammer,2001)、斯皮格尔《记忆与历史》(*Memory and History*,Spiegel,2002)、拉瓦布尔《历史学与记忆》(*Historiography and Memory*,Lavabre,2010)、高希《记忆、叙事与历史行动》(*Memory,Narrative and the Doing of History*,Ghosh,2008)、勒高夫《历史与记忆》(*Histoire et mémoire*,Le Goff,1988)、托多罗夫《历史面对记忆》(*La mémoire devant l' histoire*,Todorov,1995)、多斯《历史与记忆之间》(*Entre histoire et mémoire*,Dosse,1998)、伊佩尔塞勒《记忆的史学》(*Historiographie de la mémoire*,van Ypersele,2004)、多斯《史学与记忆之战》(*L' histoire et la guerre des mémoires*,Dosse,2007)、费罗《历史的遗忘》(*Les oublis de l' histoire*,Ferro,1989)、利科《记忆,历史与遗忘》(*La mémoire,l' histoire et l' oubli*,Ricoeur,2000)、赫尔舍尔《作为"记忆文化"的历史》(*Geschichte als 'Erinnerungskultur'*,Hölscher,1995)、阿斯曼《记忆中的历史》(*Geschichte im Gedächtnis*,Assmann,2007)、赫尔舍尔《历史与遗忘》(*Geschichte und Vergessen*,1989)、布斯蒂略《记忆与历史》(*Memoria e historia*,Cuesta Bustillo,1998)、阿莱西奥《记忆与史学》(*Memória e historiografia*,D' Alessio,2001)、卡特罗加《记忆,历史与历史学》(*Memória,história e historiografia*,Catroga,2001)以及瓜里内洛《集体记忆与科学的历史学》(*Memória coletiva e história científica*,Guarinello,1994)。这些关于记忆和遗忘的出版物在近几年已经非常多了。我们的数据暗示记忆的兴起至少在数量层面可能是比大多数学者所假设的更加晚近的事件。例如,克莱因将历史书写中记忆的出现定位在20世纪80年代初期,伴随着诺拉的《记忆之场》(*Lieux de mémoire*)以及耶鲁沙尔米(Yerushalmi)的《铭记:犹太历史与犹太记忆》[①](*Zakhor:Jewish History and Jewish Memory*)的出版,他还声称"到了八十年代末,我们浸没在将记忆作为一个关键词的新历史主义中"。[②]我们的数据集显示,对记忆和遗忘的哲学反思的兴趣只有到了1995年才达到条目的5%,在1980—1984年、1985—1989年以及1990—1994年,这些百分比还分别

① zakhor为希伯来文,有"铭记"之意。——译者注

② Klein,*From History to Theory*,114.Kerwin L. Klein,"On the Emergence of Memory in Historical Discourse",*Representations* 69(2000),127-150.

停滞在0.6%、1.3%和3.2%上。

有趣的是，至少在我们观察大部分出版物而不是关键出版物时，“叙事主义/叙事学”以及“时间/时间性”的兴起看起来与对“记忆/遗忘”的普遍关注的开始基本上是同步的。“记忆/遗忘”“叙事主义/叙事学”以及“时间/时间性”大约在20世纪80年代早期开始得到普遍关注。不像“叙事主义/叙事学”以及“时间/时间性”，“记忆/遗忘”的图线显示出一个稳健的增长。当我们似乎已经越过了对“叙事主义/叙事学”(1990—1994)和“时间/时间性”(2005—2009)的兴趣的顶峰时，对“记忆/遗忘”的兴趣仍然在持续增长。

关键词“记忆/遗忘”就其跨语言障碍运动的方式而言提供了第二种有趣趋势的洞见。对于1990—2014年来说，我们看到数据集中全部出版物的6%被贴上了“记忆/遗忘”的标签。但这不是平均分布在不同的语言中。例如，我们看到法语和葡萄牙语对这个主题的兴趣多过英语。考虑到记忆的兴起被认为是起自皮埃尔·诺拉的出版物《记忆之场》，法语学者在这个话题上所占据的首要地位就毫不惊奇了。

(3)其他的转向

“记忆/遗忘”“时间/时间性”以及“叙事主义/叙事学”全都在第三阶段显示出一个持续的增长，但也有一些关键词在第三阶段出现了短暂增长，只是没过多久又立刻衰退。例子涉及对“后-历史/历史的终结”以及“(后-)现代”的讨论。(图15)

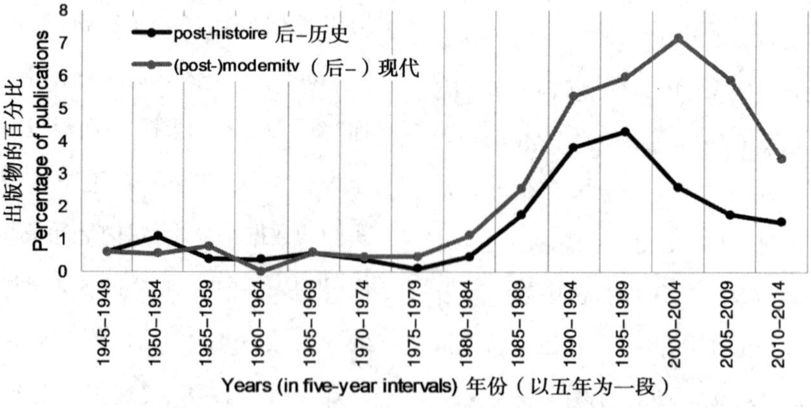

图15 以“后-历史”和“(后-)现代”为标签的作品百分比

自20世纪90年代早期以降,我们看到对这些学科的兴趣陡然增长,而这种兴趣在十年后就消失了。后历史主题的增长与衰退看起来与福山1989年发表的文章有关,这篇文章在1992年出版成书。有意思地注意到,福山作品的影响比起怀特《元史学》的影响更为迅速,正如我们在上文所指出的那样,《元史学》花费了很长时间才被广泛地讨论和争辩。[①] 在对福山的争论介入后,我们确实看到了一些标题的显著增长,例如:格里尔《历史的终结与历史的回归》(*The End of History and the Return of History*, Grier,1990)、伯特伦和奇蒂《历史终结了吗?》(*Has History Ended*? Bertram and Chitty,1994)、司各特《历史之后?》(*After History*? Scott,1996)、荣格《论历史的终结》(*Vom Ende der Geschichte*, Jung, 1989)、迈耶《历史的终结?》(*Ende der Geschichte*? Meye,1993)、博格勒《历史的终结?》(*Ein Ende der Geschichte*? Pöggeler,1995)、德曼特《终结的时代:史学的未来》(*Endzeit: die Zukunft der Geschichte*, Demandt,1993)、韦恩贝格《历史的终结?》(*Het Einde van de geschiedenis*? Weyembergh,1995)、保内斯库《进入后历史》(*L' entrée dans la posthistoire*, Paunescu,1996)、贝努瓦和梅利尼《历史的终结之后》(*Après la fin de l' histoire*, Benoist and Merlini,1998)、拉扎罗《历史终结之后的历史》(*La historia después del fin de la historia*, Fontana Lázaro,1992)、魏杰蒂《历史的终结》(*La fine della storia*, Vegetti,1998)以及卡扎雷-贝拉尔《单数历史的终结与无目标的复数历史》[②](*Fine della storia e storie senza fine*, Cazalé-Bérard,1993)。与此同时,关键词"(后-)现代"仅在20世纪90年代末,尤其是新千年的头十年,才到达了我们数据库的顶点,远在利奥塔(Lyotard)的《后现代状况》(*La condition postmoderne*)出版二十多年之后。[③] 在那个阶段,我们确实看到了大量的历史哲学家给同事们写"后现代回应"[④](postmodern replies),如:索斯盖特《历史学中的后现代主义》(*Postmodernism in History*, Southgate,2003)、汤普森《后现代主义与历史学》(*Postmodernism and History*, Thompson,2004)、德

---

① Francis Fukuyama, *The End of History and the Last Man* (London: Free Press, 1992).

② 或译作《单数历史的终结与终点的复数历史》。——译者注

③ Jean-François Lyotard, *La condition postmoderne: Rapport sur le savoir* (Paris: E'ditions de minuit, 1979).

④ Keith Jenkins, "A Postmodern Reply to Perez Zagorin (Historical Theory)", *History and Theory* 39, No.2 (2000), 181-200; Perez Zagorin, "Rejoinder to a Postmodernist (Historical Theory)", *History and Theory* 39, No.2 (2000), 201-209.

里克《后现代的历史学》(*Postmodernity's Histories*, Dirlik, 2000)、布朗《历史学家的后现代主义》(*Postmodernism for Historians*, Brown, 2005)、达多《后现代主义与历史编纂学的政治》(*Postmodernism and the Politics of Historiography*, Daddow, 2006)和《后现代主义者对历史学未来的挑战》(*Postmodernist Challenges to the Future of History*)。①

(4)第四阶段

我们能对当前做任何预测吗?有任何趋势表明历史哲学下一个范式转换可能会是什么吗?为了回答这些问题,看看调查的结尾时期的趋势是十分有趣的。当然,绝无可能知道当下哪种趋势是短暂的,而哪种趋势可能在历史哲学中产生一个新的"转向"。图16给出了一个关键词概览,展现了接近本文所析末尾时期的一个有趣发展。

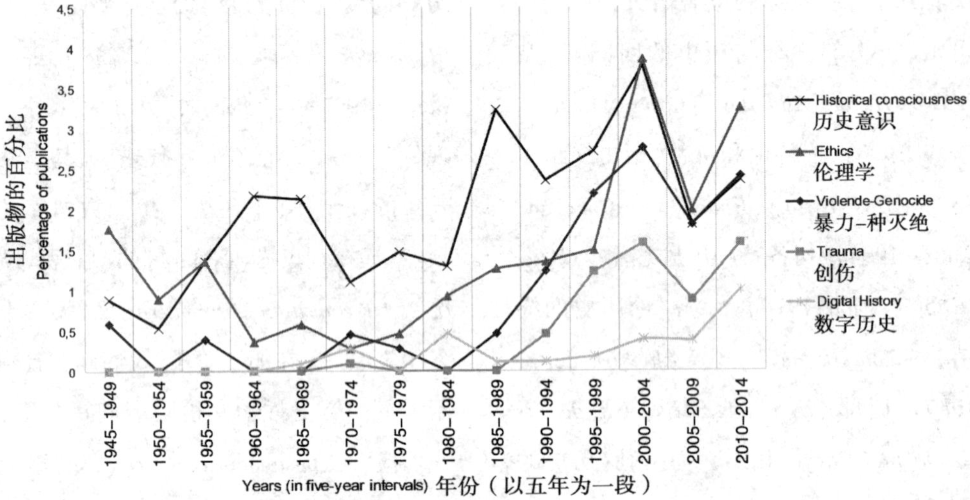

图16 所调查结尾时期展现出的一个有趣的发展的关键词

这些关键词中的两个值得进一步观察。首先,我们讨论关键词"历史意识",我们将它更为广泛地诠释为包括对"历史文化"和(流行的)"历史想象"的讨论。由于它在不同的语言之间的分布情况,这个关键词在当前是令人感到有趣的。

对历史意识的讨论主要由德语和荷兰语所引导,并且首先指涉术语"历史意

① Ernst Breisach, *On the Future of History: The Postmodernist Challenge and Its Aftermath* (Chicago: University of Chicago Press, 2003).

识”(Geschichtsbewusstsein,德)以及“历史意识”(historisch bewustzijn,荷)或“历史意识”(historisch besef,荷)。① 近来,大量德语和荷兰语出版物讨论“国家的”和“地区的”历史意识②、讨论教育文本③中或者特定的政治文化与政治文本④中的历史意识、分析历史意识的心理基础⑤或历史发展⑥等。这将会成为从历史哲学外围开始随后转变为学科核心的一个有趣的发展的例证吗?还是这场辩论仍会保持相对不介入英语的状态?(图 17)

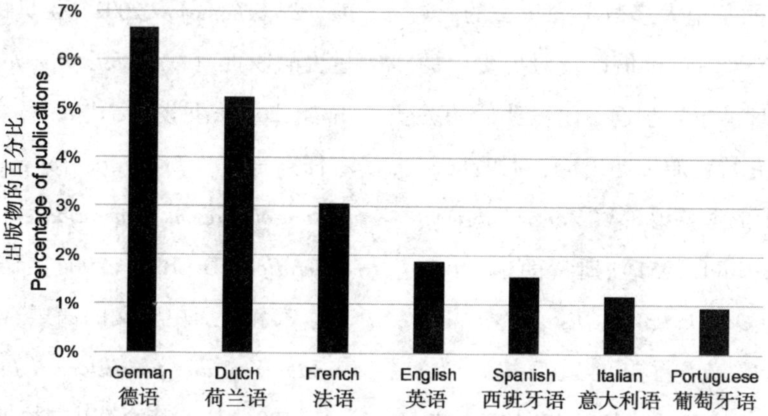

图 17 以“历史意识”为条目的各种语言的百分比

① 荷兰语“bewustzijn”与“besef”均有“意识”的意思,均可对应英文“consciousness”或“awareness”。——译者注

② Georg Kunz, *Verortete Geschichte: regionales Geschichtsbewusstsein in den deutschen Historischen Vereinen des 19. Jahrhunderts*(Göttingen: Vandenhoeck and Ruprecht, 2000); Bernd Faulenbach and Klaus Weberskirch, *Zweierlei Geschichte: Lebensgeschichte und Geschichtsbewusstsein von Arbeitnehmern in West-und Ostdeutschland*(Essen: Klartext, 2000); Bea Lundt, *Nordlichter: Geschichtsbewusstsein und Geschichtsmythen nördlich der Elbe*(Cologne: Böhlau, 2004); Kees Ribbens, “De vaderlandse canon voorbij?: een multiculturele historische cultuur in wording”, *Tijdschrift voor geschiedenis* 117, No.4(2004), 500-521.

③ Gabriele Magull, *Sprache oder Bild? Unterrichtsforschung zur Entwicklung von Geschichtsbewusstsein*(Schwalbach: Wochenschau-Verlag, 2000); Waltraud Schreiber and Wolfgang Hasberg, “*Für Geschichtsbewusstsein*”: *ein internationales geschichtsdidaktisches Forschungsprojekt zum Geschichtsunterricht*(Schwalbach: Wochenschau-Verlag, 2003); Jens Dressler, *Vom Sinn des Lernens an der Geschichte: historische Bildung in schultheoretischer Sicht*(Stuttgart: Kohlhammer, 2012)

④ Felix Lutz, “Historical Consciousness and the Changing of German Political Culture”, *German Politics* 11, No.3(2002), 19-34; Judith Becker, *Die Begegnung mit Fremden und das Geschichtsbewusstsein*(Göttingen: Vandenhoeck and Ruprecht, 2012).

⑤ Jörn Rüsen, *Geschichtsbewusstsein: psychologische Grundlagen, Entwicklungskonzepte, empirische Befunde*(Cologne: Böhlau, 2001); Carlos Kölbl, *Geschichtsbewusstsein im Jugendalter: Grundzüge einer Entwicklungspsychologie historischer Sinnbildung*(Bielefeld: Transcript, 2004). Peter Schulz-Hageleit, *Geschichtsbewusstsein und Psychoanalyse*(Freiburg: Centaurus Verlag, 2012)

⑥ Johan Tollebeek, “De conjunctuur van het historisch besef”, in *De horizonten van weten en kunnen*, ed. Bart Raymaekers and Gerd Van Riel(Leuven: Universitaire pers, 2002), 163-193.

关键词“伦理学”也是一件有趣的事，因为它显示出在第一时期（1945—1969）中很突出的一个主题的再现。当然，二战后人们对该主题的相对较小[①]的兴趣和近来一个兴趣高峰指向两场非常不同的争论。在1950—1964年间，对“伦理学”的争论大多数考虑历史的[或历史中（蕴含）的]价值以及对历史中的意义与真理的争辩。这一阶段我们的关键词由富有特色的标题组成，例如：柴尔德《历史中的道德评价》（*Moral Judgment in History*, Child, 1951）、斯特朗《论历史评判》（*On Judging History*, Strong, 1953）、哈雷基《历史的道德律》（*The Moral Laws of History*, Halecki, 1957）、梅兹利什《历史与美德》（*History and Morality*, Mazlish, 1958）、乌塞尔《道德与历史》（*La morale et l' histoire*, Masson-Oursel, 1955）以及阿莱格里亚《伦理，法律与历史》（*Ética, derecho e historia*, Díez Alegría, 1953）。尽管历史学中价值的角色以及历史学家所作道德判断的（不）合意的表达仍然是一个被讨论的问题，但是近来对伦理学的争辩更多地关注像创伤、记忆、大屠杀以及历史的滥用等问题。最近这段时间，关键词“伦理学”通常指代对例如记忆的责任、历史正义和政治补偿、遗忘的伦理影响、历史学家对受害者的伦理责任、历史的少数群体或者一般意义上的过去、认识论和表现的伦理层面以及其他一些问题的讨论。这些讨论在这样的标题中有所反映：汤普森《对过去负责》（*Taking Responsibility for the Past*, Thompson, 2002）、伊贝特《我们对过去的职责》（*Our Obligation to the Past*, Ibbett, 2003）、贝茨《当代人对过去时代的责任宣言》（*A Declaration of the Responsibilities of Present Generations toward Past Generations*, De Baets, 2004）、诺伊曼《历史学家和对历史正义的渴望》（*Historians and the Yearning for Historical Justice*, Neumann, 2014）、考特金《历史的道德转向》（*History' s Moral Turn*, Cotkin, 2008）、贝茨《负责任的历史》（*Responsible History*, De Baets, 2008）、费林《负重的历史》（*Committed History*, Flynn, 2004）、玛格丽特《记忆的伦理学》（*The Ethics of Memory*, Margalit, 2002）、怀斯科格罗德《记忆的伦理学》（*An Ethics of Remembering*, Wyschogrod, 1998）、弗里奇《记忆的承诺》（*The Promise of Memory*, Fritsch, 2005）、斯滕杰《史家面对其责任》（*L' historien face à ses responsabilités*, Stengers, 2004）、迭戈·加西亚和特拉佩罗《伦理与历史：史

---

① 相对近来而言。——译者注

家的社会责任》(*Ética e historia: el compromise social del historiador*, de Diego García and Trapero, 2008)以及蒂尔曼斯《何谓历史学的责任?》(*Was heißt historische Verantwortung?* Tillmanns, 2012)。因此,上面描述的两个对伦理学的讨论增强的时刻发生在非常不同的文本的背景之下,这也反映在相关的关键词中:在第一个时期,伦理学的出版物也通常以"历史学的理论和哲学"或者"实质的历史哲学"为标签,而仅有6%的条目以"学院外的历史书写"为标签。在最近关于道德的辩论中,这种情况反了过来,有34%的条目现在属于我们所说的"学院外的历史书写"的范畴。

有些人已经声称近来解决伦理问题的出版物的增长可能构成历史哲学中的一个新的、"伦理学的"、"美学的"或者"文化的转向",①但是我们的数据没有显示出一个大到能够为历史哲学的一次转向或范式转换的说法做辩护的增长。当然,在未来将出现这样一个趋势不是不可能的。

然而,有一个看起来可能会继续的趋势。如果我们根据数据集预测历史哲学的不久将来,那么我们将不得不指出对我们称作"学院外的历史书写"的研究的增长的趋势。如果在我们调查的最后几年有一个观点正聚集着动力,它就是历史学正在丧失它的"在回忆的封闭空间中的霸权"。② 对历史学在大学之外和在历史书写的出版物③中使用的方法有着越来越多的兴趣。在叙述主义者和分析历史哲学都首要处理史学文本的地方,历史哲学家最近已经对不同的史学产品的中心变得越来越感兴趣,例如法庭、真相委员会、娱乐产业以及大众流行文化。对这些新现象的分析是否将需要新的方法和理论仍拭目以待。

Philosophy of History after 1945
—A Bibliometric Study

Abstract: There has been much discussion about what philosophy of history should be. This bibliometric assessment of research in the philosophy of history reveals what scholars in this field have actually produced. The study covers a dataset—a subsection of the bibliography of the International Network for Theory of History—of

① Alun Munslow, *Narrative and History* (Basingstoke: Palgrave Macmillan, 2007), 8.

② Paul Ricoeur, *Memory, History, Forgetting*, transl. Kathleen Blamey and David Pellauer (Chicago: University of Chicago Press, 2004), 458.

③ 此处历史书写的出版物指的是专业史学领域以外的非探究性质的"史学文本"。——译者注

13,953 books, articles, book chapters, dissertations, and other scholarly publications, encompassing materials written in seven different languages published between 1945 and 2014. This material was classified according to a multilayered system of taxonomy that contains representative thematic keywords in the discussion in the field. Separate quantitative analyses were made to elucidate characteristics about the publication outputs in the field in the different language groups. Based on a quantitative analysis of the most recurrent keywords within a five-year interval, changes in paradigm, often referred to as "turns" or "trends", have been mapped in this study, which gives an indication of the most debated themes in each period. "Religion/theology/secularization" are the most frequent keywords during the period 1945 to 1969, followed by "Marxism/historical-materialism" in the second period of the field (1970-1984). Although many of the key publications of the linguistic turn were written within the second period, our dataset shows that it is not until the third period (1985-2014) that their writings began to influence other authors gradually in the field.

Key Words: bibliometrics, philosophy of history, periodization, paradigms, quantitative analysis, history of philosophy, trends in philosophy of history

贝弗纳奇等:《1945年之后的历史哲学——一项文献计量学研究》(Berber Bevernage, "Philosophy of History after 1945: A Bibliometric Study"),原刊于《历史与理论》(*History and Theory*),第58卷(2019年),第3期,第406~436页。

译者:郑祥瑞,上海师范大学世界史研究生;校者:宋文菲,浙江大学世界史研究生

史学史与史学理论

战后英国历史学的发展历程
——埃瑞克·霍布斯鲍姆教授访谈①

□[英]埃瑞克·霍布斯鲍姆(Eric Hobsbawn)、
[英]丹尼·米卢姆(Danny Millum)

摘要：埃瑞克·霍布斯鲍姆(Eric Hobsbawm,1917—2012)被誉为"20世纪催生的最伟大的马克思主义历史学家"。霍布斯鲍姆一生笔耕不辍,著作甚丰,作品多达30余种,其中包括最著名的年代四部曲《革命的年代》《资本的年代》《帝国的年代》《极端的年代》以及《如何改变世界:马克思和马克思主义的传奇》《断裂的年代:20世纪的文化与社会》,另有《工业与帝国:英国的现代化历程》《盗匪》《民族与民族主义》《原始的叛乱》《爵士风情》等。第二次世界大战后,英国建立了"共产党的历史学家小组",这个小组的广泛讨论、定期交流大大推进了战后英国马克思主义历史学的发展。20世纪50年代初创办的《过去与现在》是英国最具权威的马克思主义历史学刊物;60年代创办的《劳工历史评论》,最终成为全方位的劳工运动日报。历史学研究必须引入历史的社会元素,包括人口学、经济学、社会学以及所有这类素材,才有助于推进"历史的社会化"。在某种程度上,标准的老式三小时作文问题考试、互联网的快速发展以及吸引外部资金等现象,助长了历史学论文中的抄袭剽窃倾向。马克思主义历史学家并不支持"民族主义",因为他的时代使命与学术职业并不是创造某一民族传统的神话,而是全景式地展现波澜壮阔的世界历史的面貌,反映社会的转折以及政治、经济的变化,发现文化的流程。

---

① 2008年6月17日,英国马克思主义历史学家埃瑞克·霍布斯鲍姆(Eric Hobsbawm,1917—2012)教授在伦敦家中,与D.米卢姆围绕"创造历史:视点中的学科"节目进行了一次谈话,这是他生前接受的最后一次采访,大标题为译者所加。本节目主持人丹尼·米卢姆(Danny Millum)为英国《历史评论》副主编、《创造历史》(网络版)编辑助理。本文译自英国历史研究协会《创造历史》(*Making History*),2008年6月17日。——译者注

关键词:过去与现在;劳工运动;马克思主义历史学;历史学学术职业

米卢姆:作为开场白,你能给我们提供一些你的简要传记资料吗?

霍布斯鲍姆:我是在第一次世界大战期间在埃及出生的,但埃及与我后来的生活无关,因为我在两岁时就离开了那里。更多有关联的是,我是在奥地利接受的小学以及部分中学教育,然后在德国接受了几年教育,1933 年来到了英国(不,我想说,作为难民,因为我的亲属在英国),在那里我完成了我的中学教育,然后获得了剑桥大学的奖学金。由于爆发战争,我错失了许多从事研究的机会。第一次世界大战结束后,短暂恢复了我的研究工作,但是,大概基于我的大学生学历和证明,1947 年我很快在伯克贝克获得了一份讲师的工作。从此以后,我基本上都待在这里,直到 1982 年退休。随后,我又在纽约教了 13 年左右的书。在这里有不定期的访问,还有一些在伦敦的逗留、多所美国大学以及拉美大学的教学相结合的一些临时性事务。而在 20 世纪 70 年代和 80 年代初,我曾执教于法国高等研究实践学院和法兰西学院。

我的智力背景十分奇特。我父亲的家庭是来自波兰乃至俄国的移民,他们实际上是工人、匠人和木工。家具制造属于家庭贸易。直到我这一代,还没有人进入大学的专职发展。因此,我是第一个受到奖学金鼓励的人。我的母亲一家是被犹太资产阶级或中产阶级同化的维也纳人,具有十分浓郁的文学、文化氛围,所以无论在奥地利还是在德国这些对于我的青年时代都是十分重要的。之后是剑桥时代。首先我发表了一部文献集,但是,在 1947 年或 1948 年,我在这个国家开始出版杂志。我的第一部书出版于 1959 年,自此以后(你可参见我的传记),我一直出版形形色色、诸如此类的著作。

米卢姆:你又是怎样成为一个历史学家的呢?这方面涉及哪些因素?

霍布斯鲍姆:嗯,通常通过成为马克思主义的小学生,通过阅读《共产党宣言》,我变得对历史很感兴趣。当时在德国,给我讲授的历史完全枯燥无味、因循守旧,我一度知道所有德国皇帝的名字和生卒日期,可是,后来却忘得一干二净。然而,在短期内,我旋即成了一个学术研究型历史学家,因为我在英国文法学校(圣马里尔伯恩文法学校)的历史老师认为我擅长做学术研究,并决定在某个阶段推举我。当我前往剑桥时,我还没有决定成为一个历史学家。我本可以研究英语,并且,我本可以研究现代语言,但是,环顾剑桥和文学以后,我突然想到,在现代语言或英国文学中,我要学的大部分都可以通过阅读学到,而在历史学中将教会我的材料正是以前我从未被教会的东西,因此,似乎很值得把主要精力集中于这一点。

米卢姆:你认为,你在哪些方面受到了影响?我想知道,你在老师和智力方面受到的影响。

霍布斯鲍姆:您是指在学校吗?

米卢姆:在学校方面,并且,我也想知道您在早期职业生涯方面的影响。

霍布斯鲍姆:这很难说,除了推动我进入历史学的马克思之外,当然,也有一些我对历史学方面的兴趣。除了作为一个社会主义者和左派对通俗历史感兴趣,还对普通百姓和工人的历史感兴趣。在马克思主义中,这一点并不是绝对的——马克思主义的要旨未必局限于这一点——但对我来说是绝对的。

智力史本身?当然,在学校我的已故老师卢埃林·史密斯(Llewellyn Smith)有过实际影响,它推动我研究历史,事实上,他把自己的书借给我看,并且把我的文章介绍给他的父亲的朋友们,例如韦伯夫妇①等。但是,在智力方面,他对我并无影响。在剑桥,最具影响的是当时任经济史教授的穆尼亚·波斯坦。② 其他方面,尽管我试听过不少剑桥历史学家的讲座,但至少在我的领域里,特别吸引我的并不是很多。波斯坦的讲座是我唯一系统地去听过的讲座。但是,正如我在别的地方所写的那样,在剑桥,最大的优点在于,优秀大学生互教互学,即逗留与讨论以及改进事物的实践。特别是在社会主义俱乐部里,我们成立了教师小组。我要补充一点,我们受到政治导师的鼓励而成了优秀大学生。

米卢姆:好的。那很有趣。

霍布斯鲍姆:是的。例如,在法国,事实并非如此。只要你有可能,你就应该出去,并且尽快成为一个好战分子。而这并不是英国的实际情况。

米卢姆:这就是如此教诲你的英国共产党吗?

霍布斯鲍姆:没错,非常强烈。1936年,当我前往剑桥时,我加入了这个党。

---

① 韦伯夫妇(Sidney James Webb,1859—1947;Martha Beatrice Webb,1858—1943),英国费边社主要代表,他们在1891年有关劳工合作运动的研究中首次提出了产业民主和社区自治意义上的社会民主,即基于"集体谈判"(collective bargaining)的集体协商模式。

② 穆尼亚·波斯坦(Sir Michael Moissey Postan FBA,1899—1981),英国历史学家。著有《西欧经济史1945—1964》(1967)、《事实与关联:关于历史方法的随笔》(1971)、《中世纪贸易与金融》(1973)等。

其他方面，尽管有诸如马克·布洛赫①一类人的影响，但对于我的影响大部分来自阅读，波斯坦已经提醒我们注意马克·布洛赫其人。

米卢姆：那么，“年鉴学派”②呢？

霍布斯鲍姆：还有“年鉴学派”。我一度对埃利·哈勒维③的《19世纪英国人民史》印象十分深刻，特别是关于1815年英国的第一卷。在多数情况下，我以为对我的影响来自法国。德国的影响与其说是历史学家不如说是像韦伯④这样的社会思想家和社会学家。之所以强调法国的影响，是因为我曾参加过那里召开的1950年国际历史科学大会（首届战后会议）。令人奇怪的是，尽管我完全缺乏任何经验，但是我被推举为现代社会历史会议主席。这一定是波斯坦的推荐，我认为他是当时参与国际事务的唯一重要的英国历史学家。

米卢姆：您曾经谈到当时英国历史学的狭隘性，是吧。

霍布斯鲍姆：确实如此，确实如此。但是，我认为这次大会对我很重要，因为它推动我跟法国接触。当然，其他的重大影响是，第二次世界大战十年后，建立了所谓“共产党的历史学家小组”，这个小组中的许多人后来成了相关领域相当知名的人士。对于我来说，这个小组范围内的讨论、定期讨论与友谊的结合是巨大的激励和帮助，并且有助于推进历史学的发展。

米卢姆：你曾谈到战前与其他大学生的会面和讨论历史的经验，然后，如您所说，您提及共产党历史小组。您认为，在英国历史学家中间，拥有这种亲密无间的小组是非同寻常的吗？

霍布斯鲍姆：我真的不能判断，我想不出任何其他正式的团体。聪明的或伶

---

① 马克·布洛赫（Marc Bloch，1886—1944），法国历史学家、年鉴学派创始人之一。布洛赫的早期著作有《法兰西岛》（1913）、《国王和农奴》（1920）、《国王神迹》（1924）、《致力于欧洲社会的比较历史研究》（1928）等，后期著有《法国农村史》（1931）、《封建社会》两卷（1940）等。

② “年鉴学派”（the Annales School），指1929年以来，法国主持、编纂《经济与社会史年鉴》的几代历史学家。年鉴学派的发展大致经历了三个阶段：第一阶段为1929—1945年，这一阶段的代表人物是吕西安·费弗尔（1878—1956）和马克·布洛赫；第二阶段为1945—1968年，这一阶段的代表人物是费尔南德·布罗代尔；第三阶段为1968年至今，这一阶段的代表人物是雅克·勒高夫（1924—　）和勒瓦·拉杜里。

③ 埃利·哈勒维（Élie Halévy，1870—1937），法国哲学家、历史学家，专攻英国功利主义。他关于专制时代的散文以及英国1815年至1914年的历史研究对英国史学产生过重要影响。

④ 马克斯·韦伯（Max Weber，1864—1920），德国政治经济学家和社会学家，他被誉为现代社会学和公共行政学最重要的创始人之一。主要著作有《新教伦理与资本主义精神》《中国的宗教：儒教与道教》《印度的宗教：印度教与佛教的社会学》《古犹太教》等。

俐的孩子总能彼此找出某种聚会的方法，然后在他们的本科期间非正式地讨论事情，例如一起围坐在食堂餐桌旁交谈。我应该说，在那些日子里，你一旦进行研究，这种讨论也就停止了。在那些日子里，做一个研究生是完全孤立的。没有任何研讨会，其实也很少对任何事情的培训，但是，缺少把研究生聚集在一起的实际尝试。这里并不像在美国，因为后来我发现，在美国当然有研究生院，从中已经发展了像我们在本科所缺乏的同类知识。没有任何的研讨会，有些事情其实很少训练，但聚在一起的研究生没有真正尝试过。

米卢姆：这很有意思。嗯，也许我们将回到这个话题，但是，我想进一步并追问您一点——难以分类，因为它是——历史学范围内您自身的研究领域。我想知道，我想穿过您的生涯跨度，重新审视您或许在劳工历史研究中，或者把马克思主义方法应用于历史研究中所发现的重要人物。

霍布斯鲍姆：嗯，就劳工史而言，当然我做的大都是教学以及教学范围内的事情，这方面，我认为必须回到先驱韦伯夫妇那里。他们的工会理论与其说是工联主义的理论，不如说是工业民主的理论，后者绝对是关于19世纪工会最好的东西。而且，事实上，我花很多时间来研究最初用作工业民主的“韦伯集合理论”（Webb collection）。还有，深受我们尊敬的G. D. H. 科尔①等人的理论。其他方面，直到20世纪50年代至60年代，并没有多少年轻职业历史学家从事劳工历史研究。

1960年，当我们创立劳工历史研究团体时，已经拥有了一定数量的年轻职业历史学家。当然，马克思主义的年轻职业历史学家包括未必是学者出身的历史学家，尽管他们当中的一些人，像爱德华·汤普森②这样的人后来成了学者。实际上，从我自身的视角看，劳工历史与其说是属于传统的叙述史，不如说是工人阶级组织结构的历史。这样一部历史既包括工人阶级从事过什么运动，一定程度上，也包括劳工运动中未被组织起来的人们，但这是一个相当新的视角。

我认为，50年代年轻的马克思主义

---

① 乔治·道格拉斯·霍华德·科尔（George Douglas Howard Cole，1889—1959），英国政治理论家、经济学家、作家和历史学家。作为自由意志主义的社会主义者，他是费边社会（Fabian Society）的长期成员，也是合作运动的倡导者。

② 爱德华·汤普森（Edward Palmer Thompson，1924—1993），英国马克思主义历史学家、作家、社会主义者、和平活动家。主要著作有《英国工人阶级的形成》（1963）、《辉格党与猎人：取缔流浪者条例的起源》（1977）、《零点选择》（1982）、《共有的习惯：18世纪英国的平民文化》（1991）、《诗集》（1999）等。

者或许是主要开拓者,因为没有其他人。与此同时,在一定程度上,伦敦证券交易所在这个领域拥有大量专家。曾经有一个教授,他从事过大量社会和劳工史研究,并且很有影响力,尽管他从未真正发表过东西。后来,我们让他担任顾问或与劳工历史研究新团体有关的负责人。像阿萨·布里格斯(Asa Briggs)这样的人举不胜举。在劳工历史中,或在社会主义历史中,还有其他一些人,但是他们对工人阶级并不真正感兴趣。我想到已故的亨利·佩林[1],他也十分专注于这些东西的叙述。我的意思是,有很多了解劳工运动历史的人,但他们并无影响,我并不认为这些人代表劳工历史的主流。

米卢姆:60年代和70年代以来,您是否认为某个人物在这个领域取得了重大成就?

霍布斯鲍姆:在劳工历史领域里?嗯,当然,显著实例是爱德华·汤普森,那是显而易见的。在某种程度上,我这一代老成员或稍为年轻的研究者继续从事劳工历史研究。在较年轻的研究者中,有这样一群人,他们把劳工历史置于60年代激进历史学的影响之下。他们对政党政治、国际社会主义,或者对他们称作各种"托派团体"(Trotskyist groups)的东西感兴趣,之所以这样,部分原因是他们源自那样的背景。

米卢姆:这里有特别引人注目的名字吗?

霍布斯鲍姆:一个特别显眼的名字是我所监督的家伙之一——克里斯·赖利[2](Chris Wrigley)。更确切地说,他成了出版物和组织的关键人物,一度还是历史学协会主席。还有,华威大学的詹姆斯·欣顿[3]以及华威大学的一些人。这些人中的某些人并不是历史学家,而是社会学家或诸如此类的人。当然,您已经发现,有一份《劳工史评论》(*Labour History Review*),当我们筹建这个刊物时,我们并不希望它只是一种评论刊物,我们希望它是一份公报,我们更希望人们发表作为普遍史一部分的劳工文章。但是,最终它变成了全方位的日报。

米卢姆:因此,您并不想把它发展成边缘主题,但是……

---

① 亨利·马蒂森·佩林(Henry Mathison Pelling,1920—1997),英国历史学家,最著名的作品是关于英国工党的历史,包括《工党的起源》(1954)、《工党简史》(1993)等。

② 克里斯·赖利(Chris Wrigley),英国历史学家、诺丁汉大学教授,著有《20世纪早期英国的同伴》(2009)等。

③ 詹姆斯·欣顿(James Hinton),英国历史学家、华威大学荣誉退休教授,著有《劳动与社会主义:英国劳动运动史,1867—1974》(1983)、《抗议与愿景:20世纪英国和平政治》(1989)等。

霍布斯鲍姆：我们有一个关于劳工历史研究的特别团体，以便把事情提到日程上来。当然，这也能使其更易于交换意见。但是，我们并非一味希望它是边缘出版物，所以我们在公报上撰写了传记资料、评论和批评。但是，我们并不希望一般的资料在这里发表。在我们的部分影响之下，法国围绕《社会运动》(*Le Mouvement Social*)刊发了大量劳工历史。这个领域里的大作，即大部头著作不是出自英国人而是出自法国人，因为英国人不善于发表大部头著作。

这个时期还不是出版商联系历史学家撰写大部头书籍的时期，现在他们之所以不从事劳工历史，是因为劳工历史今非昔比，不再是历史学的中心。在劳工历史领域，美国人变得十分活跃，另外，他们大都是左翼，但是他们不仅仅是左翼。我认为，在20世纪60年代和70年代，大卫·蒙哥马利①、赫伯特·古特曼②等人特别重要，我们了解他们。我并不认为，我们曾受到他们的很大影响，这主要是因为彼此境况有很大差异。

米卢姆：您已经提到个人，您也提到劳工研究团体。我想知道，在历史学领域的发展中，您发现有什么机构拥有过如此重要影响吗？

霍布斯鲍姆：据我所知，在这个领域，富于价值的机构当属大型国际会议。在大学人数激增之前，1950年、1955年、1960年，甚至1965年都召开过这种大型会议。因此这种大型会议非常重要，实际上，它使年轻的历史学家有机会与其他人接触。后来，再也不能这样做，因为这种会议规模太大了。

米卢姆：是的，人多势众。

霍布斯鲍姆：人多势众。其次，我在英国经济史学会(Economic History Society)，即在委员会里工作过一段时间。这是我们开展工作的好地方。在这里，原因大同小异，与其说是经济史学会有一个范围，不如说是这个领域的人聚在一起，打个照面，你知道每个人都是谁。它有缺陷，因为它意味着任何年轻的历史学家都拥有数量有限的裁判员。劳工历史研究学会在组织范围之内开展活动。我自身从未受到来自社会历史学即社会史学

① 大卫·蒙哥马利(David Montgomery, 1927—2011)，美国历史学家，专门从事美国劳工史研究，与大卫·布罗迪(David Brody)和赫伯特·古特曼(Herbert Gutman)一道在美国建立了"新劳工史"。主要作品有《超越平等：劳动与激进共和党，1862—1872》(1981)、《黑人工人在伯明翰、香槟市争取平等的斗争》三卷(2004)、《美国的工人控制：劳动、技术与劳工斗争史研究》(1979)等。

② 赫伯特·古特曼(Herbert G. Gutman, 1928—1985)，美国历史学家，专攻奴隶制和劳工史。主要作品有《奴隶制中的黑人家庭和自由，1750—1925》(1977)、《工作、文化和社会》(1977)、《力量与文化：论文集》(1987)等。

会(Social History Society)的影响。我参加了这个学会,但其他人在其中更加活跃。我保持我的观点,即社会历史学不应是"一个适当主题"(a niche subject),而应融入社会历史学中,并且,我曾经写过一篇这方面的文章。

如果您谈论杂志,那么自20世纪70年代以来,《历史问题研讨杂志》(*History Workshop Journal*)显然具有十分重要的意义。但是,您肯定遗忘了更早一些时候的《过去与现在》,[①]这份杂志创刊于形势非常恶劣的时期,但是,它以某种类似《年鉴》杂志的方式开展工作,尽管没有《年鉴》杂志最终获得的那种机构束缚。那些年轻的、活跃的、反传统的历史学家纷纷发现自己为这份杂志所深深吸引,而且这份杂志也确实非常迅速地确立了自己的地位。

米卢姆:您提到反传统主义者。它汇集了十分反传统的双方,即马克思主义者和反马克思主义者。

霍布斯鲍姆:传统历史研究,日期、内阁、战争、战斗以及一定程度上的机构,在社会方面所剩无几,如此而已。几个月前,罗伯特·埃文斯在克赖顿大学一百周年纪念演讲中说道:"如果你想比较历史变迁,你就比较诸如格兰特和坦珀利标准教科书[②]所制造的某些东西,并且把它与我的《时代与革命》一书相比较,在某种意义上,我的这本书把这部教科书更换为一种长期的新型调查。"走进《过去与现在》的人都是年轻人,但是也包括像约翰·埃里奥特[③]这样更年轻的人。事实上,约翰·埃里奥特并不缺乏意识形态兴趣,例如,他很清楚,从一开始,他就对加泰罗尼亚革命[④]感兴趣。同

---

① 《过去与现在》(*Past and Present*),英国最具权威的史学刊物之一,由英国著名马克思主义史学家 M. H. 道布(M. H. Dobb)、R. H. 希尔顿(R. H. Hilton)和G. 巴勒克拉夫(G. Barraclough)等人于1952年创办,由过去与现在学会(Past and Present Society)授权牛津大学出版社出版,首任主编是英国著名罗马帝国制度史专家约翰·莫里斯(John Morris,1913—1977)。

② 此处指 H. 坦珀利、格兰特:《十九世纪欧洲史,1789—1914》(1927)。

③ 约翰·埃里奥特(Sir John Huxtable Elliott,1930—),英国历史学家、牛津大学名誉教授,他以 J. H. 埃利奥特之名发表论著。著有《大西洋世界的帝国:英国和西班牙 1492—1830》(2006)、《西班牙、欧洲和更广阔的世界 1500—1800》(2009)、《制作历史》(2012)等。

④ 加泰罗尼亚(Catalan),一译"卡塔卢尼亚"。西班牙一自治区和历史地理区,历史上曾包括西班牙东北部的赫罗那(Girona)、巴塞罗那(Barcelona)、塔拉戈那(Tarragona)、莱里达(Lérida)区域。13至14世纪居西地中海贸易首位。现今面积约为3.193万平方公里,人口约为6099319人,是西班牙最富有和最高度工业化地区。首府巴塞罗那。1978年,西班牙通过民主宪法,加泰罗尼亚获得自治地位,加泰罗尼亚人被认定是西班牙的一个独立民族,而加泰罗尼亚语则被接受成为加泰罗尼亚地区的语言,和西班牙语一起成为西班牙的官方语言。

样,劳伦斯·斯通[①]更属于我们这一代,还有随后而来的其他人。这表明,在一定范围内,这份杂志拥有某种内聚功能。与"年鉴"学派不同,《过去与现在》从未获得其自身的某种领导核心,因为我们没有任何财源。

米卢姆:但是,您发现1958年左右约翰·埃里奥特、劳伦斯·斯通以及其他人加入了该杂志,并且参加该杂志的一些积极的活动,使杂志得到了迅速扩大和发展,对吧?

霍布斯鲍姆:嗯,实际上,那是他们的行动。他们非常热衷于期刊,但是在其定位中,他们渴望某种较少马克思主义色彩的东西。而且,由于这种倾向适合于我们原先所计划的东西,可以说,我们确实规划过一种现代化的年轻史学家的人民阵线。主要的问题是,我们是否应该继续被称为《科学历史学杂志》。他们不喜欢因为放弃这种称呼而失去太多的东西,而且实际上,只要你发现这种阵线不会使内容有什么分别也就万事大吉了。但是,有趣的是,尽管在这之前和之后注入了参差驳杂的人,但是,在任何阶段我都不记得有关文章掺杂着意识形态内容。

米卢姆:所以不曾存在沿着马克思主义阵线与非马克思主义阵线的某种分裂?

霍布斯鲍姆:没有。最初,当《过去与现在》杂志发起时,只有很少一部分人想把它搞成红色杂志。那时正是历史研究所拒绝接受它的时候。

米卢姆:具有讽刺意味的是,这里就是我现在采访你的地方!

霍布斯鲍姆:嗯,他们最终选择了该杂志,但做出这种选择花了好几年。

米卢姆:这难道不是为历史机构服务的一种尝试吗?其目的无非是把那些坚定的共产主义者和左翼分子孤立起来。

霍布斯鲍姆:我认为这是反共行为。起初,董事会和委员会的大部分人都是共产党员。只有一两个像威特科尔[②]一样的艺术史学家想加入我们的行列,但他们特别地被告知:"参加这种事对你没有什么好处。"因此,作为一个原则问题,只有像H. M. 琼斯(来自剑桥大学的经

---

① 劳伦斯·斯通(Lawrence Stone,1919—1999),现代早期英国历史学家,专攻英国内战、婚姻、家庭和贵族历史。著有《离婚之路:英格兰1530—1987》(1990)、《不确定的联合:婚姻在英格兰1660—1753》(1992)、《破碎的生命:分居和离婚在英国1660—1857》(1993)等。

② 鲁道夫·威特科尔(Rudolf Wittkower,1901—1971),德裔美国艺术史学家,专攻意大利文艺复兴和巴洛克艺术与建筑。著有《意大利艺术与建筑1600—1750》(1958)、《哥特式与经典:十七世纪意大利建筑规划》(1974)等。

典男人)、贝茨(来自斯拉夫研究学院)一样勇敢而激进的人才能入选。因此,在某一阶段,杰弗里·巴勒克拉夫①当选。

米卢姆:好吧。

霍布斯鲍姆:无论如何。实际上,起初我们给了董事会的非共产党成员一票否决权。如果任何非共产党人对某篇文章说不,我们就不会将它付印。

米卢姆:并且,再向他们保证,他们不会被增选为成员吗?

霍布斯鲍姆:这是正确的——这一点确定无疑。当然,后来不再有必要了。

米卢姆:在董事会上,共产党人将是你自己、罗德尼·希尔顿②和克利斯托弗·希尔③吗?

霍布斯鲍姆:的确,是我们三个人。从理论上讲,我认为,莫里斯·多布④(Maurice Dobb)将列席董事会,但他从未出现。顺便说一句,我认为,从我青年时代起,有一段时期,也许考古学家戈登·柴尔德⑤是最富于独创性的英国马克思主义作家。反正,罗德尼、克里斯托夫和我全都来自历史学家小组,当然,从技术上讲,约翰·莫里斯⑥是编辑。

米卢姆:我想起在你的作品中,你曾经给谁撰写了关于《过去与现在》的起点。

① 杰弗里·巴勒克拉夫(Geoffrey Barraclough,1908—1984),英国历史学家,中世纪史专家和日耳曼历史学家。著有《当代史学主要趋势》(1976)、《基督教世界》(1981)、《从阿加迪尔事件到大决战》(1982)等。

② 罗德尼·霍华德·希尔顿(Rodney Howard Hilton,1916—2002),英国马克思主义历史学家,,主要从事中世纪晚期历史和从封建主义到资本主义的过渡研究。在1956年与许多人一道离开党之前,他是共产党历史学家小组成员。他在伯明翰大学从事长达36年的教学生涯。主要作品有《中世纪英格兰奴隶制的衰落(1969)》、《中世纪的英国农民(1975)》、《从封建主义向资本主义的转变(1976)》、《阶级冲突和封建主义危机(1983)》、《中世纪英格兰的权力和管辖权(1992)》等。

③ 约翰·爱德华·克里斯托弗·希尔(John Edward Christopher Hill,1912—2003),英国马克思主义历史学家和学者,专攻17世纪英国历史。主要作品有《英国革命,1640年》(1940年,第3版,1955年)、《湍流、煽动和冒险的人:约翰·布尼扬和他的教会,1628—1688》(1988)、《变化与新奇国度:十七世纪英国的激进政治、宗教与文学》(1990)、《英国圣经和十七世纪革命》(1992)等。

④ 莫里斯·赫伯特·多布(Maurice Herbert Dobb,1900—1976),英国经济学家、英国剑桥三一学院研究员,被誉为20世纪最杰出的马克思主义经济学家之一。著有《福利经济学与社会主义经济学》(1969)、《亚当·斯密以来的价值和分布理论:意识形态和经济理论》(1973)、《社会主义经济思想的发展:精选文章》(2008)等。

⑤ V.戈登·柴尔德(Vere Gordon Childe,1892—1957),澳大利亚考古学家和语言学家,专门研究欧洲史前史,是文化-历史考古学和马克思主义考古学的早期倡导者。著有《拼合过去:考古数据的解释》(1956)、《考古学简明导论》(1956)、《欧洲社会史前史》(1958)等。

⑥ 约翰·罗伯特·莫里斯(John Robert Morris,1913—1977),英国历史学家,专门研究罗马帝国的机构和罗马帝国的历史。著有《亚瑟的时代》(1973)等。

霍布斯鲍姆:是的。

米卢姆:1956 年[①]对共产党历史学家小组产生了什么影响?我想,这些因素同样对《过去与现在》产生了影响。

霍布斯鲍姆:这些因素并未对《过去与现在》造成冲击,其理由我刚才已经解释过了。对共产党历史学家之所以造成巨大冲击,是因为共产党历史学家团体中的大多数重要人物纷纷离开,或被开除出共产党。虽然其中几个留下,但其中大部分依旧是左翼,几个依旧是马克思主义者。直到最后,我们所有的人都保持友好合作关系。因此,在一定范围内,旧的共产主义小组并没有瓦解,它继续存在下去,但是,在相当长的时期内,它实际上做得不是很多。在某个地方,这个小组不是作为一种巨大的历史学贡献,而是作为一个社会主义历史学会存在。

米卢姆:啊,这很有趣。因此,这个小组逐渐演化,而社会主义历史学会起源于原先的共产党历史小组吗?

霍布斯鲍姆:这是线性下降。确切地说,这个小组的主要时期是 1946—1956 年。之后,一些人继续从事这方面的活动,但他们的行动受到了很大的限制。我的意思是,之后我没有发挥任何重要作用,而且因为它不再是同样的事情。

米卢姆:当然,我想也许我们已经涉及了这方面,但是我只想知道,如果我们返回到主要辩论的内容要点,我们就会再次面对劳工史和马克思主义史。在您的学术生涯结束之际,您在这些领域里看到了什么?

霍布斯鲍姆:嗯,我不想挑选出劳工史。首先,在这个时期,我不认为存在非马克思主义所不曾分享的任何特殊的马克思主义历史问题。我必须重申,我之前已经说过了,20 世纪 50、60 年代的一代人(我很幸运属于这一代)改变了历史教学与研究,在国际上讲属于不同意识形态的语言。

例如,在法国只有一个重要的马克思主义史学家。布洛赫和《年鉴》杂志有着截然不同的根源。譬如,有些德国人明显受到英国人的影响。美国人是如此,德国人也是如此。事实上,像比勒费尔德新大学的威勒[②]和考柯卡[③]曾经受

---

① 此处指 1956 年匈牙利起义、波兰骚乱、苏共 20 大以及“脱斯大林运动”等共运史上一系列重大历史事件。

② 汉斯-乌尔里希·威勒(Hans-Ulrich Wehler,1931—2014),德国历史学家,他致力于通过“比勒费尔德学派”促进社会历史,并对 19 世纪德国进行批判性研究。著有《俾斯麦与帝国》(1969)、《当下作为历史》(1995)等。

③ 考柯卡(Jürgen Kocka,1941—　),德国历史学家,专攻劳工关系与劳工生存。著有《19 世纪阶级形成基础》(1990)、《既不是阶层也不是阶级:1800 年的底层》(1990)等。

到像《过去与现在》一类杂志的影响。然而,他们本身并不是任何意义上的马克思主义者。他们大都倾向于左翼,这些人多半是左翼,但也未必都是左翼。我的意思是,没有一个人能告诉我们布罗代尔①是什么样子。我假定他是一个共和党人,但他并不认同任何特殊的政党。他是一个很好的政治家,以至于不让自己与任何特殊的政党保持一致。另一个伟大的、以体制为基础的历史学家拉布鲁斯②声称他是一个马克思主义者,是一个十足的经济唯物主义类型。一个伟大的历史学家,当然是富于政治色彩的历史学家。他曾任莱昂·布鲁姆③办公厅主任。

米卢姆:在法国人民阵线政府吗?

霍布斯鲍姆:是的,在莱昂·布鲁姆执政期间。因此,当时一些问题是他们必须面对的。我认为,马克思主义者特别试图面对从封建社会过渡到资本主义社会的问题,但是,即使是不接受这一点的非马克思主义者(尤其是,如果他们是社会的、经济的历史学家),他们也易于面对从中世纪向近代的转型问题。

米卢姆:因此,名称不同,但本质上是一致的。

霍布斯鲍姆:本质上,你知道你在谈论什么,你看看。在我看来,一定程度上,这是20世纪30年代大萧条时期的副产品。我们想起大规模的危机乃至增长,像德国人所经历的一样。几乎每个卷入经济史的人(社会经济尚未解放自身)都可以看到不同世纪之间的对比问题:一方是14、15世纪,另一方是16世纪。例如,关于所谓17世纪危机的一场辩论。我认为,最初人们从一些参与这次辩论的法国人那里听说过这场辩论。对此,在《过去与现在》杂志中有过一次辩论,有一本关于这方面的书,并且这次辩论还持续了一段时间,已经出版了几本书。这次辩论如此重要,以至于不同意这种辩论的人也参加了进来,例如,

① 布罗代尔(Fernand Braudel,1902—1985),法国历史学家、《年鉴》杂志主编、法兰西科学院院士、年鉴派的领袖人物,被冠以"史学大师""史家第一人""改变历史进程的人"等美誉。

② 拉布鲁斯(Camille-Ernest Labrousse,1895—1988),法国历史学家、计量史学的奠基者。拉布鲁斯将法国经济学家西米昂(Francois Simiand)的经济周期理论引入历史研究中,利用计量学方法对历史上的农业产量、价格等因素进行描述,并以此解释法国大革命发生的经济原因——苛捐杂税。

③ 莱昂·布鲁姆(Léon Blum,1872—1950),法国政治家和作家。1936—1937年任人民阵线联合政府首脑,成为法国第一位社会党籍(也是第一位犹太人)总理。

休·特雷弗-罗珀[①]等人。尽管休·特雷弗-罗珀在早期实际上受到马克思主义对整个业务处理方法的影响。所以,这是关乎史学方法论的一场论战,如果你喜欢,就过渡到现代性,即现代工业或商业社会,这与我们息息相关,也关涉大多数其他经济史学家。他们对如何处理18世纪一窍不通,但是,幸亏诸如海切尔[②]一类的人以及其他人,这个世纪已经变成比其他世纪活跃得多的时期。

米卢姆:您说,在一定程度上,20世纪30年代成长起来的那些分享远景的人是一个历史产物?

霍布斯鲍姆:您所看到的主要变化是引入历史的社会元素。社会科学包括人口学、经济学、社会学以及所有这类素材。这样,可以说是历史的社会化(socialising of history)。我认为,这一点就是这一代人绝大多数变化的根源。他们以不同的方式做这件事,但是,这就是他们试图做的事情。

例如,法国人比英国人或美国人更激进地反对政治史。无论你用马克思主义术语还是用其他术语界定这一点,那只是形式而已。正是由于这个缘故,像我们这样的英国马克思主义者很容易与布罗代尔这样的法国人达到志同道合的地步。可是,自相矛盾的是,法国共产主义者反对"布罗代尔同伙"。但是,你看见,他们对专业历史并不感兴趣。

所以,就是这样。只要劳工历史涉及与经济发展密切相关的大问题,我认为,它就是生活标准问题。如果你喜欢生活在20世纪50年代,这个问题首先成为爆炸性的问题。这一问题最初可追溯到像已故的T. S. 阿什顿[③]教授一类的人,阿什顿教授持有这种观点,那就是,一切都将变得更好,而且越来越好,只是渐渐地变好罢了。工业化不是带来了生活的压力,而是自动地改善了生活,而在这里,马克思主义者和其他劳动人民则认为劳动者被剥削了。

好吧,在《经济史评论》上,我本人与马克斯·哈特韦尔[④]之间关于生活标准

---

① 休·特雷弗-罗珀(Hugh Redwald Trevor-Roper,1914—2003),早期现代英国历史学家、纳粹德国历史学家、牛津大学现代历史钦定教授。著有《希特勒的历史地位》(1965)、《苏格兰的发明:神话与历史》(2008)等。

② 约翰·海切尔(John Hatcher),英国经济史学家、社会史学家。主要研究领域是从中世纪到18世纪英格兰经济、社会和人口历史。代表作有《1700年之前英国煤炭工业的历史》(牛津大学出版社,1993年)、《黑死病余波中的英国》、《过去与现在》(1994年)等。

③ T. S. 阿什顿(Thomas Southcliffe Ashton,1899—1968),英国历史学家,被认为是英国产业革命最著名的研究权威。

④ 罗纳德-马克斯·哈特韦尔(Ronald Max Hartwell,1921—2009),澳大利亚历史学家,因其英国工业革命与经济史研究而著称。

的著名交流仅仅是个开始。自那时以来,已经出现了众多发展,这些发展大多基于新的原始资料,例如人体测量史,当然是消费的历史,如此等等。但是,在这些事情上,美国人已经从事了大部分工作。例如,福格尔①(尽管他与非常深入这一领域的我以前的同事罗德里克·弗洛德合作)、威廉姆森②等人就是这方面的范例。

在经济史学家之间,这一领域的研究持续地悄悄进行着,但是,自 20 世纪 70 年代以来,这一领域并未出现真正有影响的人。

与劳动有关,如果你喜欢的话,另一个问题是爱德华·汤普森提出的有关阶级性质以及作为一个活动的阶级。但是,总的来讲,已有相当多的人谈论阶级,但我认为这种谈论为专业的发展并没有做出惊人的贡献。

米卢姆:关于"阶级"(class)的辩论是由历史学家实施的,看来,这些历史学家受到了所谓文化转向的影响,而在 20 世纪 70、80 年代人们恰恰着眼于"阶级"字眼的学术话语,而且这个学术话语还很时髦。

霍布斯鲍姆:是的,这就是我要说的问题。这个问题没完没了,并且争论不休。关于文化转向,人们一直试图消除很大程度上源自历史的社会因素——我认为这是注定要失败的。所谓"语言学转向"并不是新东西,在我看来,语言学转向仅仅是英国乡土观念的一种反映。然而,在几乎所有的德国历史研讨会中,他们很早以前就已经意识到了这些问题。

米卢姆:更重要的是,英国人感到他们突然遇到了这些问题吗?

霍布斯鲍姆:是的,英国人突然发现,你可以调查研究语言的性质及其他部分,但是,文化转向(cultural turn)更重要。毫无疑问,我们这一代属于 20 世纪 50 年代和 60 年代,虽然他们并没有完全忽视文化,但是,在我们的分析中,对此并没有真正给予足够的重视。我想,的确如此。然而,向你展示的却是这样一个时空广度,在此整个运动都已成为过去,例如,在艺术史上,已故的弗朗西

① 罗伯特·威廉·福格尔(Robert William Fogel,1926—2013),美国经济史学家和科学家,他用经济史的新理论及数理工具重新诠释了过去的经济发展过程,荣获 1993 年诺贝尔经济学奖。

② 奥利弗·威廉姆森(Oliver Williamson,1932—),美国经济学家、"新制度经济学"的命名者,荣获 2009 年诺贝尔经济学奖。著有《资本主义经济制度》(1985)、《治理机制》(1996)等。

斯·哈斯克尔[①]（自贡布里希[②]以来，他成为这个国家最著名的艺术史家）从一开始就出版了《过去与现在》杂志，而且他是一个激进的反共产主义者。你知道，他热衷于很多事情。我们是老朋友，但是，这是另一回事。

有关文化转向的主要麻烦是，很多转向不仅倾向于摆脱历史中的社会要素，也倾向于摆脱实际历史。例如，20世纪70~80年代曾进行过大规模的“记忆研究”（studies of memory），而这种研究是在我们今天不会发生的相当新潮的研究。好了，记忆涉及今天，记忆并不涉及发生了什么事情，它涉及人们后来想起发生了什么事情。

米卢姆：当然，这是一种与源于当时的原始资料完全不同的材料。

霍布斯鲍姆：甚至连第一手原始资料也都试图重构当场实际发生的事情。我的意思是，后来人们想到的事情十分重要，但是，这对于他们思考的那个时期很重要，而不是对他们所思考的有关时期很重要。

米卢姆：是的，我已经注意到你正在做出这种区分。

霍布斯鲍姆：这正是问题的关键。例如，今天的问题是关于第一次世界大战的大量回忆。为什么我们重新发现了很久以前的第一次世界大战，这意味着什么？无论对索姆河战役的记忆怎样描写，它与实际毕竟不是一回事。

米卢姆：实际上，与其涉及20世纪的英国，不如涉及21世纪的英国。

霍布斯鲍姆：是的，这正是我想说的。好吧，我也会说，某些文化史具有很强的适应力，它可以移入很难适应某种演化史的那种领域。例如，现在诸如情感史（the history of sentiments）、身体史（the history of bodies）一类的很时髦的东西。我想，像许多其他东西一样，这东西也肇始于法国——实际上，并不是《年鉴》杂志的人所为，而是一两个有关人员所为。但是，诸如“手淫史”（the history of masturbation）——我想，已经有人写过了——或“哭泣史”（the history of crying）一类的主题显然很有趣。如果你在某处发现能够加以精巧说明的有趣的问题，那你不是表明一种事物如何转变成另一

① 弗朗西斯·哈斯克尔（Francis James Herbert Haskell，1928—2000），英国艺术史家，他强调艺术的社会史，率先涉足资助、老顾客和画家等领域。著有《艺术的重新发现：英国与法国的味道、时尚和收藏方面》（1976）、《历史及其图像：艺术与过去的解释》（1993）、《短暂博物馆：旧大师绘画与艺术展览的兴起》（2000）等。

② E. H. 贡布里希（sir E. H. Gombrich，1909—2001），英国艺术史家。著有《我们时代的主题：20世纪的问题在于学习艺术》（1991）、《对艺术哲学的反思：意见和评论》（1987）、《理想与偶像：历史和艺术中关于价值的散文》（1979）等。

种事物,而是实实在在地比较两种事物。

米卢姆:同样,一个不同类型的历史。我想,你已经说过,这已经把历史移入这样一个无差别的领域里,在此重要与琐碎之间的区别已不复存在。

霍布斯鲍姆:嗯,这是我想说的事情之一。关于历史,所谓重要的东西取决于你询问什么问题。当新一代人们返回到政治史、叙事史,他们都会反对询问大问题。一种社会如何转变成另一种社会?中世纪如何转变成……好吧,如果你用大问题进行思维,当然,你可从这话是怎么说开始,从人类离开非洲蔓延到世界各地开始。他们是如何从那里到达现在的地方的?

如果你不关心任何大问题(big questions),就剩下大量迷人的问题,而且,针对其中一些问题,你会欣然命笔,因为你对这些问题抱有很大的同情,当然,你会以学术风格撰写这些问题,但是,它们并不回答诸多大问题。这就是我们这一代接受它的意图。也就是说,甚至比20世纪50年代和60年代更年轻的人也都接受这些大问题。

米卢姆:不,这很有意义。我想加快点节奏,因为我们已经谈了很长时间了,现在想简单了解一下关于职业本身的一些问题,你对这个问题持有什么的看法。我想首先问一下,你对学术界的压力有什么看法,你怎样看待你的职业变化,或者在历史研究中对你一生的变化?

霍布斯鲍姆:如今不断增加的压力大部分是官僚机构的压力。填写各种表格,所有的事情都是如此。我给你举个例子:20世纪50年代初,当我第一次来到伯克贝克时,这个地方大约有2500名学生。历史系的一位同事和一位秘书兼职办理学生注册。某个处室只有一名财职员,一名秘书长,一名店员,仅此而已。但是,如果你真的看见行政部门所雇的人员数量——按照现代标准,这是十分荒谬的。这种压力也许既是政治的也是官僚的,自从我退休以来,这种压力急剧增加。我想说,唯一的办法是采用研究评审机制,因为你不得不做大量事情,即有人要你汇报的事情有增无减,甚至永无尽头。我并不认为各种政治压力有了特别增加。除了1948年到1960年一定规模的反共产主义,我不认为这种压力非常严重。直到1947年,共产党人能够在大学找到工作,但是却得不到提升,而且,也没有知名的共产党人被雇用。不过,那是一种特殊情况。

米卢姆:20世纪60年代以后,这种情况缓和了吗?

霍布斯鲍姆:是的,我是这么认为的。

米卢姆:因此,在你的职业生涯期

间,这可能是这样一个时期,一个持会员证的共产党员意味着将被拒绝提升。

霍布斯鲍姆:嗯,当然在初期。1971年左右,我获得了大学教授的职位,鉴于当时我在该领域已经树立了良好的口碑,这已经是较晚事情的了。我甚至已经到了获得荣誉学位一类的阶段。但是,我想也许这不仅仅是政治的缘故吧。我认为,部分是由于当时我的部门负责人的缘故,他是一个异常传统的中世纪历史学家,他压根就不相信1400年之后任何事情都不是新闻。所以,这是一个特殊情况。他一走,就没有任何问题了。

米卢姆:因此,对此很难一概而论吗?

霍布斯鲍姆:我想不能一概而论。否则,我无法想象压力。当然,有财政压力,但是在历史系和大学里,所说的财政压力基于我们拥有比通常更多的钱。

我不是在谈论薪水,尽管你也可以说薪水,因为一直到20世纪70年代初,学术界的薪金大致与公务员的薪水一致。因此,一个讲师获得的薪水与一个公务员比如说助理秘书相当,甚至还要更高一些。然而,从20世纪70年代起,这种情况消失无踪了,当然那时所产生的经济压力尚未真正完全消除。总之,今非昔比,不可同日而语。

米卢姆:这个链环已经破碎了吗?

霍布斯鲍姆:链环,是的。

米卢姆:我们刚才还谈到这个话题,20世纪30年代你来到英国时,英国大学闭关自守、与世隔绝的"偏狭性"(insularity)问题。我想问问从自那以后的制度变迁情况。我想,你已经注意到了这种偏狭性已经消散或发生了其他变化。

霍布斯鲍姆:我并不认为由于制度变迁这种偏狭性就已经消散。我认为,一定程度上,制度变迁反映了英国历史学家变得不那么与世隔绝。我想,部分是由于我们这一代即20世纪50~60年代人们的经验,他们参与了很多国际活动,特别是与法国的交流合作,但是部分也是由于战后一些政府的政策鼓励历史学家在各自领域的研究。例如,西德联邦政府鼓励英国历史学家研究德国。几个主要的英国历史学家得益于此。的确,爱好外国历史的人数显著增加了。

另一方面,人们之所以知识闭塞、与世隔绝,应当归因于大众和大学里外语水平的急剧下降。当我第一次执笔《革命的年代》①时,我自动地开列了供进一步阅读的法语作品。我不记得,20 世纪 70 年代中叶执笔《资本的年代》时,是否也这样做过。在某一阶段,这一点变得很清楚,读外语作品是没用的。你所期望读外语作品的人,将不再能够阅读它,甚至你帮助他们过关斩将,通晓外国语言文学。例如,你也可以给他们提供一份古希腊作品参考书目。所以,这是针对外文盲的否定一面。

在其他方面,制度上的重大事情当然是大学的巨大扩张。从 20 世纪 60 年代中期以来,特别是之后时期,大学的扩张步伐明显加快。在 20 世纪 60 年代中期,大学并不多,有四五所新的大学——华威、约克、苏塞克斯、东英吉利亚和埃塞克斯郡大学。当然,一部分扩张也属于老的较小大学学院(这些学院曾经为伦敦校外学位效劳)成为独立的大学,因此,助长了人们更大的野心、更大的规模诸如此类的东西。如埃克塞特、南安普顿、赫尔——这类地方。很明显,历史学家的数量剧增,这一点我之前已经论及。因此,现在不能说一个年轻的历史学家在自己的领域里会很快被发现,或者在所有大学里会马上发现领衔的历史学家。

米卢姆:就这样,大批业内同伴已经失去了个性。

霍布斯鲍姆:也许,并非在某一大学内部失去了个性,但这一点仅仅意味着横跨英国的人际关系发生了变化。附带说一句,第三次制度变革②的影响是(较近时期,自撒切尔夫人以来)下降或取消教师使用期,从而使短期、临时和兼职教师剧增。这不会影响教师人数,因为那些人不一定像老人们一样加以整合。我举个例子。当我开始在伯克贝克执教时,历史系总共有五个人,我们不得不教一大堆学生。今天我们需要(我不记得确切的数字)15 名教师,包括兼职教师在内,现在总共有 20 或 25 个人在教历史。

米卢姆:所以,4 至 5 倍的扩张。

霍布斯鲍姆:我是这么认为的。这是一个非常普遍的现象,至少在很多大学。当然,在某些大学,他们根本没有任何压力可言,所以压力重新产生。另一

① 《革命的年代:欧洲 1789—1848》(1962),霍布斯鲍姆的"年代"四部曲之一,其他三部分别为《资本的年代:1848—1875》(1975)、《帝国的年代:1875—1914》(1987)和《极端的年代:1914—1991》(1991)。

② 英国制度变革,即行政改革最有影响的有三次:1985 年的诺斯科特·C. 屈维廉提出的文官与行政改革,1968 年富尔顿提出的行政改革和 1979 年以来的撒切尔-梅杰的行政改革。后一主要内容有削减文官人数、改革工资体系、改善部门管理、实行"财政管理计划"和"下一步计划"、颁布《市民宪章》、推行市场检验等。

方面，当然这方面也有压力，因为历史未必具有某种优先权(priority)，并且在尚未确立地位的很多前理工学院一类的大学中变得越来越失去优先权。我认为，这也是影响我们的某种体制上的转变。

我不知道，在何种程度上，各系的运行方式发生了变化。这种运行方式变得更多一点平均主义的味道了。部门首脑旋转了，你知道的。但是，我必须说，按照国际标准，我们一直是悠闲自在、相对开放的，如果你把这里的情况与你在德国、法国、意大利等地所发现的资深教授对各系的总体控制加以比较，就会明白这一点。

米卢姆：好，这很有趣，与大陆相比较——

霍布斯鲍姆：与大陆相比，我们总是更加开放。我是说，年轻的科研人员从大陆过来，发现自己跟大男人谈话！你知道的！

米卢姆：在那边，这将是闻所未闻的事情。

霍布斯鲍姆：会的，这不太正式，而礼节表明从上集中权力。

米卢姆：对的。

霍布斯鲍姆：其他重大的制度变革当然是研究生的巨大增长。授课式硕士研究生，当然伴随专业博士生规模的增加，在某些情况下，也伴随博士后人员的增加。但是，我很早以前就退休了，这种情况在20世纪90年代和21世纪真的变得很严重，而我并未太直接体验到这一点。

米卢姆：但是，你可以肯定看到这种情况与20世纪40年代有很大不同。

霍布斯鲍姆：是的，完全不同。20世纪40年代，在业人数微不足道。在伦敦大学学院，有个家伙给《经济史学会》写评论，而这份杂志给你增加成员和流通以及诸如此类的东西。哦，是的，完全不同。在20世纪40年代，从事这个行业的人很少。伦敦大学学院有这样的人，他做了《经济史学会历史》(*History of the Economic History Society*)，这给你增加了成员以及循环一类的事情。

米卢姆：那是尼格利·哈特[①]吗？

霍布斯鲍姆：尼格利·哈特。是的。

在伦敦大学这样的地方存在一个特殊的问题，那就是，所有大学学院都被划分为特殊学院，在考试方面，标准的老式三小时作文千篇一律、如出一辙，考试不是被划分为模块，就是被划分成本科论文。这更有助于大学生抄袭剽窃，特别是现在。

---

① 尼格利·博伊德·哈特(Negley Boyd Harte，1943—)，英国历史学家、编辑，皇家历史学会会员、古物学会会员。

米卢姆:随着互联网以及其他东西的发展,这类抄袭剽窃可谓变本加厉、火上浇油。

霍布斯鲍姆:我想其他值得注意的现象是,越来越多的大学依靠自身的威望吸引外部资金。历史学比其他的学科较少受到资金影响,但是即使在历史学中,对于一所大学而言,与只是到处闲逛、后来才制造哲学博士学位的家伙相比,韦尔科姆基金会资助特定历史论文要好得多。

米卢姆:是的,在某种程度上,资金扭曲了"优先权"。

霍布斯鲍姆:资金具有某种巨大的优先权,当然,这必然以某种方式影响到行业。

米卢姆:我也快速想问你一些其他问题:在我以前读过的与你的谈话中,你曾提到关于学术历史与通俗历史之间的关系问题,请您再说明一下这种关系是怎样改变的呢?

霍布斯鲍姆:是的,这种关系发生了戏剧性的变化。有时,历史卖得很火爆。过去一些出版社对于历史感兴趣,例如,一些出版社有一些系列作品。作为小型介绍,如哈钦森大学文库系列及其他作品就很受读者欢迎。但是,总的来说,严肃学者为一般读者撰写的历史书并没有太大的需求。不过,可以想象,在一些特殊的领域,比如古埃及或埃及,人们对图坦卡蒙①或恺撒大帝就很感兴趣。

不过,今天每一个出版商都愿意出版这类畅销书,而且他们当中的许多人实际上都委托专人撰写这类书。你知道,刚刚出版了一本很精彩的书。

米卢姆:您是指马克·马佐维尔著的《希特勒的帝国:被占领欧洲的纳粹统治》?②

霍布斯鲍姆:我怀疑这部书是否受企鹅出版社的委托而写,这家出版社一直做得很好。

米卢姆:所以,在某种程度上,出版商一直致力于推动这一工作的发展。

霍布斯鲍姆:一方面出版商正在运作畅销书,他们非常热衷于此道。

另一方面,人们发现,传统的出版途径,即历史学专著的出版变得越来越困难。部分是因为有那么多著书立说的人,部分是因为在一定意义上潜在的公众是相对有限的。

米卢姆:当然。

① 图坦卡蒙(Tutankhamen,前1341—前1323),古埃及新王国时期第十八王朝的法老,9岁君临天下,19岁暴亡,死因曾一度悬于谋杀。

② Mark Mazower, *Hitler's Empire: Nazi Rule in Occupied Europe*, Publisher: Penguin Books, 2009, p.768.

霍布斯鲍姆:我的意思是说,自20世纪80年代以来,《历史与现在》杂志与剑桥大学出版社合作(我想我们正在将它交给牛津出版社或其他出版社出版)出版过一系列历史学专著或译著。这些书有很多已被翻译出来,但在这里根本不会出版。我是说,谁真的想读一本有关匈牙利王室礼仪的书?

米卢姆:这不会上畅销书排行榜。

霍布斯鲍姆:它不会成为畅销书。在过去,很多书商、书店和出版商都愿意承担沉重的费用和补贴,如果这有助于他们的声望,他们就不惜提供补贴。然而,如今他们不喜欢做这种事。事实上,经典的、基础科学的哲学博士论文或类似论文麻烦缠身、举步维艰。作为所有讨论的证人,特别是在美国,有关各种在线出版物都会被当局所接受。

在此意义上,通史具有巨大的繁荣潜力。我不知道你是否已经见过,但你看看自1972年以来一直颁布的“沃尔夫森历史奖”①名单就会明白。在严肃的历史意义上,这一“历史奖”总是由严肃的专业历史学家评定,尽管这项奖所瞄准的读者未必是专业历史学家。你会看到,获奖作品绝大部分是一流的作品,但是一流的作品是为公众而写的。当然,正如我指出的,有一种写作传统是为公众的,虽然一度存在这种倾向,例如,在经济学一类的学科中,说你不能这么做,你要么用等式来做,要么用没有人能理解的行话来做。但是,一直有人想回到特里维廉②那里去。

米卢姆:以前这种情况罕见,或者说少见,而现在则很普遍了。

霍布斯鲍姆:我认为,这种情况不仅涵盖了广阔的历史领域,也涵盖了广泛的公众领域。特里维廉是极少数畅销作家之一,在他的国家里,他可以指望向公众广泛出售或广泛散发自己的作品。还有其他人,他们当中的一些人并非专业历史学家,他们所撰写的大都是传记作品。诸如此类的事情在大多数国家都存在,尽管通常不是由专业历史学将其付诸实践。

尽管如此,历史学有了蓬勃发展,兴旺昌盛,就此而言,公众也是如此,更不用提诸如无线电和电视一类的东西,虽然电视之类的价值并非很清楚。

米卢姆:我想提最后一个问题,当你

① 沃尔夫森历史奖(Wolfson History prize),由成立于1972年的英国沃尔夫森基金会组织评选并颁奖,最初被称作沃尔夫森文学奖,主要奖励为公众撰写的卓越的标准历史作品,每年评选两至三部优秀历史作品。

② 特里维廉(George Macaulay Trevelyan,1876—1962),英国历史学家,乔治·奥托·特里维廉爵士的儿子,他的作品包括英格兰社会历史以及加里波第(1876—1962)传记。

以这种方式谈论历史学的蓬勃发展时,我想知道,你对未来的学科,当然对行业有什么其他想法吗?

霍布斯鲍姆:好吧,我们肯定不会超出题材框架。从这个角度来说,作为一种行业,历史学的未来是有保证的。同时存在一种危险倾向,我仍然在想,如果将历史学降级到中学一级,我肯定,那显然是一件很糟糕的事情。因为一定程度上,如果在中学不讲授历史学,那么同样只有极少数人喜欢光顾历史学。这并不意味着这门科目将消失。我是说,在中学一级,从未讲授过像人类学一样的科目,不过,这是很小的科目。

我倾向于认为,眼下历史学并没有沉沦而落入"塞孔"(plughole)的危险,因为有这么多的国家试图发现或重新解释他们的历史,因此,还是有相当大的需求量的。

不过,这未必意味着历史学的发展状态良好。例如,在我看来,苏格兰历史学一直都非常令人失望,比威尔士历史学差很多。在我看来,威尔士历史学家十分熟悉有趣而重要的原始资料,爱尔兰的历史学家也熟悉原始资料。然而,苏格兰历史学家却倾向于对历史进行削足适履式的加工或创造一种苏格兰民族传统,并且随着苏格兰民族主义的增长,他们当中一些人有可能进一步热衷于这种做法。的确,在英国历史中,也会有这种情况。我不认为民族主义是一个好主义,因为历史的整体功能恰恰是民族神话背后的阵痛。

米卢姆:就是说,您并不支持民族主义。

霍布斯鲍姆:是的,我并不支持它。

(原载:Professor Eric Hobsbawm Interview Transcript, *Making History*, London, 17 June 2008)

The Development of British Historiography in the Postwar Period

—An Interview with Professor Eric Hobsbawm

Abstract: Eric Hobsbawm (1917-2014) is hailed as "the greatest Marxist historian in the 20th century." After the Second World War, "The communist historian group" was set up in Britain, and the group's regular extensive discussion greatly promoted the development of post-war British Marxist Historiography. Founded in the early 1950s, *The Past and Present* is the most authoritative Marxist historiography journal in the United Kingdom, and founded in the 1960s, *Labor History Review* eventually became Labor Movement Daily. The historical social elements, such as demography, economics, sociology must be introduced into historical study, which helps to promote the "socialization of history." To some extent, the standard old-fashioned three-hour essay examinations, the rapid development of the Internet and phenomenon of attracting external funds resulted in plagiarism tendency in the historiography essays.Marxist historians do not support "nationalism", because his mission and academic career is not to create a myth of national tradition, but to show the panoramic view of the magnificent world history, reflecting the social transition and political, economic changes, and discovering cultural processes.

Keywords: *Past and Present*; worker movement; history of Marxism; academic profession of history

译者:金寿铁,吉林师范大学马克思主义学院教授,吉林省社会科学院哲学与文化研究所研究员

金寿铁老师收到本文校对稿后,未及校对完毕即遽然辞世,令人震惊而痛惜。金老师专攻德国哲学,于雅斯贝尔斯、恩斯特·布洛赫造诣尤深。金老师一生酷爱读书,视研究、翻译为生命的部分,笔耕不辍,令人敬佩!无奈天妒英才,使惠赐译作,竟成绝笔!《新史学》编辑同人深表哀悼,并以所刊遗文向金老师致敬!

专题

《圣经》叙事中耶稣、保罗与早期基督教"教内审判"的初始构型

□肖 超 郭元兵

摘要:在写于公元1世纪中叶的《哥林多前书》中,保罗曾质问哥林多教会的信众:"你们中间有彼此相争的事,怎敢在不义的人面前求审,不在圣徒面前求审呢?"及至公元2世纪末,基督教神学家德尔图良在《护教篇》中有如下言说:"我们(基督徒)中的审判工作进行得十分严肃,凡是确信自己处于上帝眼前的人皆宜如此。"此两段言辞,如草蛇灰线般揭示出:在早期基督教群体中,已经有着内部审判教众间争端及教徒罪行的做法。对此,本文称之为基督教的"教内审判"。然而,始生如蘖的早期基督教,何以要在当时强大的罗马帝国治下拒斥成熟的罗马司法体系,坚持实行几近于法外之法的"教内审判"呢?本文致力于研究基督教奠基者耶稣、保罗对"教内审判"的初始构型,以期部分回答这一问题。本文认为,正是耶稣、保罗这两位基督教奠基者的理论先导与实践创设,才使得"教内审判"得以萌生与发展,并成为置身于罗马帝国世俗中的基督教教会内一项不可或缺的独特制度。

关键词:早期基督教;教内审判;耶稣;保罗;罗马帝国

在写于公元1世纪中叶的《哥林多前书》中[①],保罗曾激烈地质问哥林多教会的信众:"你们中间有彼此相争的事,怎敢在不义的人面前求审,不在圣徒面前求审呢?"[②]

---

① 关于《哥林多前书》的写作历史背景介绍,参考:Gordon D. Fee, *The First Epistle to the Corinthians*, revised edition, Grand Rapids, Michigan: Wm. B. Eerdmans Publishing, 2014, pp.1-20;[美]科纳(Craig S.Keener):《〈哥林多前后书〉释义》,郜元宝译,陆点校,上海:华东师范大学出版社,2009年,第3~16页;[美]季纳(Keener C. S.):《新约圣经背景注释》,刘良淑译,北京:中央编译出版社,2013年,第486~488页;[美]梅琴(Machen.J. G.):《新约文献与历史导论》,杨华明译,上海:上海人民出版社,2008年,第106、107页。

② 《哥林多前书》,第6章,第1节。

及至公元2世纪末,“精通罗马法律的”①基督教神学家德尔图良,②在其名作《护教篇》中则有如下言说:“我们(基督徒)中的审判工作进行得十分庄严,适合于那些确信自己处于上帝眼前的人们;如果有谁罪孽深重,以致他被勒令禁止参与我们的祈祷、集会以及所有的神圣交往,那么你就由此体会了关于未来最终审判的最明显实例。”③这两段言辞,如草蛇灰线般揭示出:在早期基督教群体中,已经有内部审判教众间争端及教徒罪行的做法。对此,本文称之为基督教的“教内审判”。

然而,始生如蘖的早期基督教,何以要在当时强大的罗马帝国治下拒斥成熟的罗马司法体系,坚持实行几近于法外之法的“教内审判”呢?本文即致力于研究基督教奠基者耶稣、保罗与早期基督教“教内审判”的初始构型,以期部分来回答这一问题。

世间万物皆渊源有自。自从基督教创始人耶稣向其信众阐明:他将承有父神的权柄④对世人进行“最终审判”⑤,他和信徒们将最终“审判以色列十二个支派”⑥,耶稣就已经为日后的“教内审判”

---

① Eusebius, *The Ecclesiastical History*, Volume I, with an English Translation by Kirsopp Lake, Cambridge, Massachusetts: Harvard University Press, 1998, p.113.

② Tertullian,约公元160-225年,参阅:*The Concise Oxford Dictionary of the Christian Church*, Ed. Elizabeth A. Oxford: Oxford University Press, 1977, p.504。

③ Tertullian, “Apology”, *Ante-Nicene Christian Library: Translations of the Writings of the Fathers down to A. D.* 325. Volume 11: The Writings of Tertullian (Vol. I), edited by the Rev. Alexander Roberts, D. D. , and James Donaldson, LL. D. , This Elibron Classics book (2006) is a facsimile reprint of a 1868 edition by T. & T. Clark, Edinburgh, p.118, p.119。另有英译本可参阅:Tertullian, *Apology*, *De Spectaculis*, with an English Translation by T. R. Glover, Cambridge, Massachusetts: Harvard University Press, 1998;中文译本参阅:[古罗马]德尔图良:《护教篇》,涂世华译,上海:上海三联书店,2007年。

④ 耶稣曾明示自己将承有父神的权柄,进行最终审判:“父不审判什么人,乃将审判的事全交与子”(《圣经·新约·约翰福音》,第5章,第22节),“并且因为他是人子,就赐给他行审判的权柄”(《圣经·新约·约翰福音》,第5章,第27节)。

⑤ 耶稣很明确地宣示人类历史将终结于最终审判。他向其受众预言:“人子要在他父的荣耀里,同着众使者降临。那时候,他要照各人的行为报应各人”;(参阅《圣经·新约·马太福音》,第16章,第27节。关于耶稣对其再临进行最终审判的宣讲,在《马太福音》中还可参见《马太福音》,第13章,第37~43节、第24章,第29~35节、第25章,第31~46节)并且耶稣明示自己将承有父神的权柄,对所有人进行最终的审判。审判时所有历史上存在过的人都将复活并得到赏罚:“行善的复活得生,作恶的复活定罪”(参阅:《圣经·新约·约翰福音》,第5章,第22~29节);而现有人类历史也将终结于此,因为在最终审判之后所有人都将承担永恒的刑罚或者生命:“这些人要往永刑里去,那些义人要往永生里去”(参阅《圣经·新约·马太福音》,第25章,第46节)。关于对耶稣“审判”的讨论,参见拙作:《早期基督教史学探析(公元1—4世纪初期)》,第2章,第1节。

⑥ 《圣经·新约·马太福音》,第19章,第28节;另可参阅:《圣经·新约·路加福音》,第22章,第30节。

先导了初始的理论路径。也正是基于他所建构的最终审判,日后德尔图良才得以将"教内审判"宣示为"最终审判"在尘世中的最明显范例。至于早期教会中"最伟大的工作者"①保罗,则不仅严格要求基督徒们的争端与罪孽必须在教内施以审判,还初步阐明及规定出教内审判之主体、客体乃至基本范式,可谓于教内审判制度有创设之功。此外,这两位基督教奠基者,在罗马社会均遭遇了非常甚至极端的司法处置,这对早期教会"教内审判"的初始构型,也起到了极其重要的刺激与垂范作用。

一、耶稣与早期基督教"教内审判"的初始构型

(一)理念:耶稣对于早期基督教"教内审判"的启示与规定

本文在此探讨耶稣对"教内审判"的启示与规定,主要以《圣经·新约》作为文献基础。须知,《新约》成为基督教的权威性正典,乃历经了较为漫长的历史成型过程,②并且"这一过程本质上是接受和承认那些已被知识渊博的教会领袖所担保的作品"。③ 故而本文承认《新约》具备了超越其他文献的权威性,并以之为基础来理解耶稣的思想。当然这并不是说,反映耶稣思想的文本只有《新约》而无其他。但对"耶稣"这个复杂概念的理解,还应是在某种"实事求是和适可而止的范围之内"。④

那么在《新约》中,耶稣对日后基督教"教内审判"有何启示与规定呢?

首先,耶稣为日后基督徒实行"教内审判"奠定了基本的理论信仰。耶稣曾向其信徒宣示:他与他的追随者们,将要"审判"所有的以色列人,⑤并且还会最终"审判"世上万民。⑥ 当然,耶稣所言"审判",并非仅指通常意义上的司法审判,而是一个较为宽泛的范畴,其中既含

① [德]比尔麦尔等:《古代教会史》,雷立柏译,北京:宗教文化出版社,2010 年,第 25 页。

② 关于《圣经·新约》的成型过程,可参阅弥尔顿·费希尔(Milton Fisher):《新约正典》,见[美]康福特(Comfort,P. W.)编《圣经的来源》,李洪昌译,上海:上海人民出版社,2011 年,第 55~66 页。

③ 弥尔顿·费希尔(Milton Fisher):《新约正典》,见[美]康福特(Comfort,P. W.)编《圣经的来源》,李洪昌译,上海:上海人民出版社,2011 年,第 64 页。

④ [德]施特劳斯:《耶稣传》(第一、二卷),吴永泉译,北京:商务印书馆,2010 年,第 22 页。

⑤ 参阅《圣经·新约·马太福音》,第 19 章,第 28 节。"耶稣说:'我实在告诉你们:你们这跟从我的人,到复兴的时候,人子坐在他荣耀的宝座上,你们也要坐在十二个宝座上,审判以色列十二个支派。'"另参阅《圣经·新约·路加福音》,第 22 章,第 30 节。"叫你们在我国里,坐在我的席上吃喝,并且坐在宝座上,审判以色列十二个支派。"

⑥ 参阅《圣经·新约·马太福音》,第 25 章,第 31~46 节;《圣经·新约·马可福音》,第 13 章,第 26 节;《圣经·新约·约翰福音》,第 5 章,第 22~30 节。

有他所建构的宗教意义上的“最终审判”,①又含有《旧约》中带有“统治”意味的“审判”(在《旧约》中,统治古以色列人的就是“审判者”,英译:judge,和合本中译:士师)。② 本文并不准备深入追寻耶稣的“最终审判”概念,在此只是强调:正是耶稣,他开创性地建构了“耶稣与圣徒们将审判世上万民”的宗教预言,从而使得日后的基督徒具备了实行“教内审判”的理论自信。

其次,耶稣对教内兄弟之间的争讼,也规定了一个基本的处理程序。在《马太福音》第 18 章中,耶稣指出:对待得罪了教内人士的或犯有过错的教内兄弟,那些被得罪或知晓其罪错的信徒,应该先单独向过错方指明其错误,并加以劝诫;如过错者无动于衷,则可多邀请一两位教众来加强劝说,并做出见证;然罪错之徒仍拒不悔改,则可以公开诉诸教会;如果最终罪错方连教会的劝诫与裁断都置若罔闻,那么便可以像当时犹太人对待“外邦人和税吏一样”,断绝与其来往。③ 由此可见,尽管简略但却十分明确,耶稣对教众间的纷争给出了一个从“单独”到“两三位”再到“教会”的处理步骤,也即一种由“私密”而逐渐“公开”的处理路径。并且,耶稣对拒绝改过的教内兄弟所做的“像外邦人和税吏一样”的比喻,也似乎应理解为:尽管教众们可对其加以隔绝,但仍应留有余地。毕竟,耶稣自己也曾召唤了马太这位“税吏”来跟从他,并成了十二使徒之一。④

(二)实践:耶稣关于犹太律法适用的一个具体案例

尽管耶稣对于传统犹太律法秉持了

---

① 耶稣很明确地宣示人类历史将终结于最终审判。他向其受众预言:“人子要在他父的荣耀里,同着众使者降临。那时候,他要照各人的行为报应各人。”(参阅《圣经 · 新约 · 马太福音》,第 16 章,第 27 节。关于耶稣对其再临进行最终审判的宣讲,在《马太福音》中还可以参见《马太福音》,第 13 章,第 37~43 节;第 24 章,第 29~35 节;第 25 章,第 31~46 节)并且耶稣明示自己将承有父神的权柄,对所有人进行最终的审判:“父不审判什么人,乃将审判的事全交与子”,“并且因为他是人子,就赐给他行审判的权柄”;审判时所有历史上存在过的人都将复活并得到赏罚,“行善的复活得生、作恶的复活定罪”(参阅《圣经 · 新约 · 约翰福音》,第 5 章,第 22~29 节);而现有人类历史也将终结于此,因为在最终审判之后所有人都将承担永恒的刑罚或者生命:“这些人要往永刑里去.那些义人要往永生里去。”(参阅《圣经 · 新约 · 马太福音》,第 25 章,第 46 节)。关于对耶稣“审判”的讨论,也可参见拙作:《早期基督教史学探析(公元 1—4 世纪初期)》第 2 章,第 1 节。

② 参阅《圣经 · 旧约 · 士师记》,第 2 章,16~19 节;第 3 章,第 10 节;第 4 章,第 4 节等。

③ 《圣经 · 新约 · 马太福音》,第 18 章,第 15~17 节。“倘若你的弟兄得罪你,你就去趁着只有他和你在一处的时候,指出他的错来。他若听你,你便得了你的弟兄;他若不听,你就另外带一两个人同去,要凭两三个人的口作见证,句句都可定准。若是不听他们,就告诉教会;若是不听教会,就看他像外邦人和税吏一样。”

④ 《圣经 · 新约 · 马太福音》,第 9 章,第 9~13 节。

"我来不是要废掉,乃是要成全"①的保全态度,但他更是一位宣示自己乃"神的儿子",②宣扬全新教义"把新酒装在新皮袋里",③宣称"天地要废去,我的话不能废去"④的新兴宗教创始者。因此,他无疑激起了当时诸多传统犹太教徒的敌意。在这些犹太教徒眼中,耶稣此种以"神子"为名的言谈举止,实乃"谵妄"⑤至极,以致其罪可诛。因为依照犹太教传统,比如在《利未记》中,早就有对"亵渎圣名"之罪人施以石刑处死的规定。⑥并且,在"守为圣日"的安息日中,⑦耶稣不仅动手医治了病人,还擅自对此解释说:"在安息日做善事是可以的。"⑧而根据犹太教传统,在安息日,不仅禁止做工,⑨甚至连去旷野捡柴都要被处死。⑩故而耶稣的此般言行,自然使得严苛的犹太教徒们要"商议怎样可以灭除耶稣"。⑪

耶稣并非对来自传统势力的深刻敌意毫无觉察,他也明言:他所来世间的目的,"并不是叫地上太平,乃是叫地上动刀兵"。⑫ 只不过,日后这刀兵首先夺走的,恰恰是耶稣自己的生命。

于是犹太教徒们为了灭除耶稣,便千方百计地设局构陷于他。⑬ 也就在种

① 《圣经·新约·马太福音》,第5章,第17节。

② 《圣经·新约·马太福音》,第16章,第15~20节。另参阅《圣经·新约·马可福音》,第8章,第27~30节;《圣经·新约·路加福音》,第9章,第18~21节。

③ 《圣经·新约·马太福音》,第9章,第17节。另参阅《圣经·新约·马可福音》,第2章,第22节;《圣经·新约·路加福音》,第5章,第38节。

④ 《圣经·新约·马太福音》,第24章,第35节。另参阅《圣经·新约·马可福音》,第13章,第31节;《圣经·新约·路加福音》,第21章,第33节。

⑤ 《圣经·新约·马太福音》,第9章,第3节。另参阅《圣经·新约·马可福音》,第2章,第7节;《圣经·新约·路加福音》,第5章,第21节。

⑥ 《圣经·旧约·利未记》,第24章,第10~16节。

⑦ 《圣经·旧约·出埃及记》,第20章,第8节。

⑧ 《圣经·新约·马太福音》,第12章,第12节。另参阅《圣经·新约·路加福音》,第6章,第6~11节。关于耶稣与安息日的详细探讨,可参阅:John P. Meier, *A Marginal Jew: Rethinking the Historical Jesus: Volume IV: Law and Love*, New Haven, Yale University Press, 2009, pp.235-341中的chapter 34, "Jesus and the Sabbath"。

⑨ 《圣经·旧约·出埃及记》,第31章,第14~16节;第35章,第1、2节。

⑩ 《圣经·旧约·民数记》,第15章,第32~36节。

⑪ 《圣经·新约·马太福音》,第12章,第14节。另参阅《圣经·新约·路加福音》,第6章,第11节。

⑫ 《圣经·新约·马太福音》,第11章,第34节。另参阅《圣经·新约·路加福音》,第12章,第51节。

⑬ 比如:关于耶稣在安息日给日治病一事,犹太教徒就一直跟踪耶稣,有意借此来抓住耶稣的把柄,以便治罪于他。参阅《圣经·新约·马可福音》,第3章,第1、2节;另参阅《圣经·新约·路加福音》,第6章,第6、7节。

种陷阱布局之中,可以看到一个典型的、关于耶稣与犹太律法适用的案例。在此案例中,犹太教徒们设计想让耶稣去审判一名罪人,并试图由此来抓住耶稣的把柄。因此,耶稣就当着众百姓的面,充当了一次"虚拟的"审判官,做出了他对该案件应该如何适用传统犹太律法的全新解释:

> 清早又回到殿里,众百姓都到他那里去,他(耶稣)就坐下教训他们。文士和法利赛人带着一个行淫时被拿的妇人来,叫她站在当中。就对耶稣说:"夫子,这妇人是正行淫之时被拿的。摩西在律法上吩咐我们,把这样的妇人用石头打死。你说该把她怎么样呢?"他们说这话,乃试探耶稣,要得着告他的把柄。耶稣却弯着腰用指头在地上画字。他们还是不住地问他,耶稣就直起腰来,对他们说:"你们中间谁是没有罪的,谁就可以先拿石头打她。"于是又弯着腰用指头在地上画字。他们听见这话,就从老到少一个一个地都出去了,只剩下耶稣一人,还有那妇人仍然站在当中。耶稣就直起腰来,对她说:"妇人,那些人在哪里呢?没有人定你的罪吗?"她说:"主啊,没有。"耶稣说:"我也不定你的罪,去吧!从此不要再犯罪了。"①

由上述叙事可见,本案例的事件起因乃是文士和法利赛人带着一位"正行淫时被拿的妇人"来到正在讲道的耶稣面前,要求耶稣以"夫子"的身份加以处置。其中"行淫时被拿"的交代,可知此妇人罪行已然确凿,按照传统犹太律法此妇理当处死。② 但文士与法利赛人的真实用意,显然并非真要耶稣来处断案件,而是要陷耶稣于不利。一方面,此时的犹太族群已处在罗马的统治之下,并无处死人的权柄;③另一方面,当着在场的众多百姓,这些文士与法利赛人先是称呼耶稣为"夫子"(英译:teacher)来假意请教,却又预设性地申明了"把这样的妇人用石头打死"的处断。不难想见,若是耶稣依从他们的定论,则他们正好指控耶稣违反了罗马的法律,可以向罗马

① 《圣经·新约·约翰福音》,第8章,第2~11节。

② 《圣经·旧约·出埃及记》,第20章,第14节:"不可奸淫"。另参阅《圣经·旧约·利未记》,第20章,第10节:"与邻舍之妻行淫的,奸夫淫妇都必治死。"《圣经·旧约·申命记》,第22章,第22节:"遇见人与有丈夫的妇人行淫,就要将奸夫、淫妇一并治死。这样,就把那恶从以色列中除掉。"注:此处所用"旧约",系沿袭中文简体和合本之称谓,在本研究中并无任何特别的宗教意义。

③ 《圣经·新约·约翰福音》,第18章,第31节。

的司法机构告发他;而如果耶稣拒绝他们的论断,则他们又可指责耶稣违背了“摩西在律法上吩咐”的传统,得以向犹太族内的司法机关举报耶稣。很明显,这些以“文士与法利赛人”为代表的传统犹太教徒,故意将耶稣构陷于两难,以便“得着告他的把柄”,从而置其于死地。

然而,耶稣随后对此危局的英勇且创新之因应,不仅使这些犹太教徒的险恶用心付之枉费;更为后世的基督徒们提供了一个不可多得的、由耶稣亲自来充当现世“审判官”判断案件的《圣经》叙事典范;进而,为日后的基督教教内审判,阐明了如下一些根本性的律法适用原则。

首先,耶稣向后世基督徒阐明:应该充分地尊重以“摩西十诫”为代表的传统犹太律法。须知,依照耶稣一贯大无畏的风格,他之所以一开始不去回答犹太教徒们的险恶设问,只是基于对他们所援引的传统律法的尊重,而绝非出于对他们所布置的危险情势的怯弱,否则,他大可以避而不答到底,甚至一走了之。并且自始至终,耶稣对于该案中犹太教徒捕获、控告犯妇的司法程序,乃至他们申明要处死犯妇的律法援用,都未曾做出任何否定。甚至,就连居心叵测的犹太教徒们当着众人之面,依照犹太司法传统①将他奉为“夫子”以审断奸淫官司的陷阱,也未曾加以丝毫拒斥,而是依照犹太教徒的既定设置予以全盘接受。

更须知,耶稣在此案中最为关键的决断:“你们中间谁是没有罪的,谁就可以先拿石头打她”,也表明他对传统犹太律法给予了充分的尊重。根据传统犹太律法,要用石头打死做了恶事的男人或者女人,“见证人要先(first)下手”②,然后众人再将罪人处决。③ 耶稣无疑谙熟于此类传统的犹太律法(否则他的敌人也不会当着众人之面奉承耶稣为“夫子”来要他断案)。也恰恰是基于对上述传统律法的尊重与坚持,耶稣以一句“……

① 依照犹太传统,自摩西以来,就一直把案件的司法审断看成是“神的律例和法度”(《圣经·旧约·出埃及记》,第18章,第16节,也指“摩西十诫”)在人间的适用与推行,他们十分强调司法审判的神性:“审判是属乎神的”(《圣经·旧约·申命记》,第1章,第17节)。因此,以摩西为代表的“先知”、以及祭司、利未人等神职人员,自古以来就在审断案件中有着极高的权威。特别在犹大国被巴比伦所灭之后,犹太人开始被巴比伦、波斯等异族统治,犹太族内缺失了国王等通常意义上的世俗司法体系,而是由祭司等宗教领袖,基于外族所给予的一定程度的司法自治权,来审断案件。比如在《旧约·以斯拉记》的第9、10章中,就记载了以斯拉以祭司/文士(priest/scribe)的身份,召集民众大会来审断族内的异族通婚罪行。

② 《圣经·旧约·申命记》,第17章,第7节。

③ 《圣经·旧约·申命记》,第17章,第2~7节。

谁就可以先拿石头打她”强调动手行刑之人的先后顺序，从而隐性地迫使那些文士与法利赛人中的某位“见证人”，需要率先动手来打死这妇人。如此，原本想布置陷阱加害耶稣之群小中的某位，此刻自己反倒将面临触犯罗马法律的危险，他当然不敢犯此大险。只不过，耶稣所来并“不是要定世人的罪，乃是要叫世人因他得救”①。为了更加确保此妇人的被宽容，他才特意又显性地加上了“你们中间谁是没有罪的”这样一个限定。因为在耶稣看来，那些文士和法利赛人早已“假冒为善”、罪恶满盈。②

其次，耶稣向后世基督徒阐明：尽管传统犹太律法应予尊重，但耶稣可以对律法加以限定并阐释。如前所述，耶稣在该案中给予了传统律法足够的尊重。但是，他不仅隐性地维持了传统律法中由“见证人”第一个动手行刑的规定，他更显性地对动手行刑者加上了一个他自己的限定阐释：“你们中间谁是没有罪的”。唯其如此，宣称对传统律法“我来不是要废掉，乃是要成全”③的耶稣，才能展现出他将作为“神子”全权审判世人的预示；④他也才能被其跟随者理解为“律法本是借着摩西传的，恩典和真理都是由耶稣基督来的”⑤。如果再结合《马太福音》第5章中的相关记载⑥，就更可以看到，耶稣在尊重传统律法之外，的确依照他自己的意思对律法加以种种阐释，比如：“你们听见有话说：‘不可奸淫。’只是我告诉你们：凡看见妇女就动淫念的，这人心里已经与她犯奸淫了。”等等。⑦ 至于本文之前关于耶稣及“安息日”的论述，也是耶稣对传统律法加以重新阐释的一个例证。

当然，要尊重或者遵守传统律法，首先就要求个人对律法的理解与阐释。即便最严苛的传统律法维护者，也不能否认律法应该得到阐释，也无法消除人们基于对律法的不同阐释而产生的争论。但耶稣对传统律法的阐释，却早已超出“争论”的限度，而具备了颠覆的革命性意义。这是因为，其一，就阐释的主体而

① 《圣经·新约·约翰福音》，第3章，第17节：因为神差他的儿子降世，不是要定世人的罪（注：或作“审判世人”），乃是要叫世人因他得救。

② 《圣经·新约·马太福音》，第23章，第13~33节。

③ 《圣经·新约·马太福音》，第5章，第17节。

④ 《圣经·新约·约翰福音》，第5章，第22节：父不审判甚么人，乃将审判的事全交与子。

⑤ 《圣经·新约·约翰福音》，第1章，第17节。

⑥ 《圣经·新约·马太福音》，第5章，第21~48节。

⑦ 《圣经·新约·约翰福音》，第1章，第27、28节。

言,耶稣将自己定位为“神的儿子”;[①]其二,就阐释的内容而言,耶稣将他对传统律法的阐释形象比喻为“把新酒装在新皮袋里”。[②] 由此可见,他的确着意于对传统律法的完全创新;其三,就阐释的效力而言,尽管耶稣对待传统律法宣称说“我来不是要废掉,乃是要成全”[③],但他也更加宣称:“天地要废去,我的话不能废去。”[④]因此,传统律法维护者们才将耶稣视如寇仇,欲除之而后快。于是此案的叙事,也就通过一个《新约》中极少有的耶稣断案实例,向后世基督徒们描绘出了一个耶稣对律法加以限定阐释,并战胜了阴险仇敌的经典范例。

最后,也是最重要的,耶稣向后世基督徒阐明:所有的律法适用,都必须以“爱之诫命”[⑤]作为最大的根本原则。所谓“爱之诫命”,见于《新约》叙事中耶稣的如下论断:“你要尽心、尽性、尽意,爱主你的神。这是诫命中的第一,且是最大的。其次是相仿,就是要爱人如己。这两条诫命是律法和先知一切道理的总纲。”[⑥]在该案中,就可看到耶稣在审断行淫妇人时,对此“爱之诫命”的一个具体适用。面对气势汹汹要治罪妇于死刑的人众,耶稣一句“你们中间谁是没有罪的,谁就可以先拿石头打她”,就体现出了“爱人如己”这一诫命的巨大张力。既然“爱人如己”,自然“责人亦如己”,这也充分应合于耶稣“为什么看见你弟兄眼中有刺,却不想自己眼中有梁木呢”[⑦]的论述。由是,耶稣在此案中就特别推出了“谁是没有罪的”这一限定,而“犹

---

① 《圣经·新约·马太福音》,第16章,第15~20节。另参阅《圣经·新约·马可福音》,第8章,第27~30节;《圣经·新约·路加福音》,第9章,第18~21节;《圣经·新约·马可福音》第16章,第17节。

② 《圣经·新约·马太福音》,第9章,第17节;《圣经·新约·马可福音》,第2章,第22节;《圣经·新约·路加福音》,第5章,第38节。

③ 《圣经·新约·马太福音》,第5章,第17节。

④ 《圣经·新约·马太福音》,第24章,第35节;《圣经·新约·马可福音》,第13章,第31节;《圣经·新约·路加福音》,第21章,第33节。

⑤ 近来关于耶稣与“爱之诫命”的详细探讨,可参阅:John P. Meier, *A Marginal Jew: Rethinking the Historical Jesus* 中的chapter 36, “Widening the Focus: the Love Commandments of Jesus”, 见 John P. Meier, *A Marginal Jew: Rethinking the Historical Jesus: Volume Ⅳ: Law and Love*, New Haven, Yale University Press, 2009, pp.478-646。

⑥ 《圣经·新约·马太福音》,第22章,第37~40节。这一论述,系耶稣回答法利赛人中的某位律法师提问:“夫子,律法上的诫命,哪一条是最大的呢?”时所回答的言说。参阅《圣经·新约·马可福音》,第12章,第28~34节;《圣经·新约·路加福音》,第10章,第25~28节。

⑦ 《圣经·新约·马太福音》,第7章,第3节;《圣经·新约·路加福音》,第6章,第41节。

太人的典籍同意，人人都犯了罪"①，再加之本文前所分析的罗马司法之压力，那些原本要治死有罪妇人的人众，"就从老到少一个一个地都出去了"。

然而，在"爱人如己"这一诫命之上，更有一条"你要尽心、尽性、尽意，爱主你的神"这条第一且是最大的律法适用总纲。因此在案件叙事末尾，②耶稣对于有罪妇人所说的乃是"我也不定你的罪，去吧！从此不要再犯罪了"。在此，耶稣没有像对被他治好的瘫子，③又或是用香膏抹他脚的妇人那样说出"你的罪赦免了"；④而只是告诉行淫的妇人"我也不定你的罪，去吧！从此不要再犯罪了"。此段叮嘱兼警告，相当于耶稣在耶路撒冷的毕士大池边，对其治好的病人所言："你已经痊愈了，不要再犯罪，恐怕你遭遇的更加厉害。"⑤比较这四件案例，前

---

① [美]季纳(Keener C. S.)：《新约圣经背景注释》，刘良淑译，北京：中央编译出版社，2013 年，第 451 页。

② 在本案叙事的结尾，有"只剩下耶稣一人，还有那妇人仍然站在当中"这样一句描述(这意味只剩下他们两人)，那么很自然，研究者对此会产生一个疑问：本段叙事的叙事者，又是如何得知此事后续发展的呢？当然，诚如本文开头所指出，本文在此基于《圣经·新约》来探讨耶稣对"教内审判"的启示与规定，主要是承认了《新约》对早期基督教发展所具备的权威性，"并以之为基本来理解耶稣的思想"。但这并不意味着本文承认《新约》全部的"科学性"或者"事实性"。

③ 《圣经·新约·马太福音》，第 9 章，第 3 节。该处叙事为：有人用褥子抬着一个瘫子到耶稣跟前来。耶稣见他们的信心，就对瘫子说："小子，放心吧！你的罪赦了。"有几个文士心里说："这个人说僭妄的话了。"耶稣知道他们的心意，就说："你们为甚么心里怀着恶念呢？或说'你的罪赦了'，或说'你起来行走'，哪一样容易呢？但要叫你们知道，人子在地上有赦罪的权柄。"就对瘫子说："起来，拿你的褥子回家去吧！"那人就起来，回家去了。见《圣经·新约·马太福音》，第 9 章，第 3~7 节。

④ 《圣经·新约·路加福音》，第 7 章，第 48 节。关于耶稣赦免用香膏抹他脚的妇人的叙事为：那城里有一个女人，是个罪人，知道耶稣在法利赛人家里坐席，就拿着盛香膏的玉瓶，站在耶稣背后，挨着他的脚哭，眼泪湿了耶稣的脚，就用自己的头发擦干，又用嘴连连亲他的脚，把香膏抹上。请耶稣的法利赛人看见这事，心里说："这人若是先知，必知道摸他的是谁，是个怎样的女人，乃是个罪人。"耶稣对他说："西门，我有句话要对你说。"西门说："夫子，请说。"耶稣说："一个债主有两个人欠他的债：一个欠五十两银子，一个欠五两银子，因为他们无力偿还，债主就开恩免了他们两个人的债。这两个人哪一个更爱他呢？"西门回答说："我想是那多得恩免的人。"耶稣说："你断的不错。"于是转过来向着那女人，便对西门说："你看见这女人吗？我进了你的家，你没有给我水洗脚，但这女人用眼泪湿了我的脚，用头发擦干；你没有与我亲嘴，但这女人从我进来的时候就不住地用嘴亲我的脚；你没有用油抹我的头，但这女人用香膏抹我的脚。所以我告诉你，她许多的罪都赦免了，因为她的爱多；但那赦免少的，他的爱就少。"于是对那女人说："你的罪赦免了。"见《圣经·新约·路加福音》，第 7 章，第 37~48 节。

⑤ 《圣经·新约·约翰福音》，第 5 章，第 14 节。本段叙事为：在耶路撒冷，靠近羊门有一个池子，希伯来话叫做毕士大，旁边有五个廊子。里面躺着瞎眼的、瘸腿的、血气枯干的许多病人。(注：有古卷在此有"等候水动，因为有天使按时下池子搅动那水，水动之后，谁先下去，无论害甚么病就痊愈了"。)在那里有一个人，病了三十八年。耶稣看见他躺着，知道他病了许久，就问他说："你要痊愈吗？"病人回答说："先生，水动的时候，没有人把我放在池子里；我正去的时候，就有别人比我先下去。"耶稣对他说："起来，拿你的褥子走吧！"那人立刻痊愈，就拿起褥子来走了。那天是安息日，所以犹太人对那医好的人说："今天是安息日，你拿褥子是不可的！"他却回答说："那使我痊愈的对我说：'拿你的褥子走吧！'"他们问他说："对你说'拿褥子走'的是甚么人？"那医好的人不知道是谁，因为那里的人多，耶稣已经躲开了。后来耶稣在殿里遇见他，对他说："你已经痊愈了，不要再犯罪，恐怕你遭遇的更加厉害。"见《圣经·新约·约翰福音》，第 5 章，第 2~14 节。

两者得到“你的罪赦免了”一个最主要原因,就在于瘫子和抹香油妇人对耶稣的信心,也即对这“神的儿子”的爱。这一如后世学者所总结的:“我们看到当耶稣一看到人有真诚的悔改、信仰和爱心的时候,他就出于自己的充分的宗教意识立刻赦免他们的罪。”①而在本案中,行淫的妇人并未展现出什么悔意,或者对耶稣的信仰、爱心。同样,在毕士大池边被治好的病人那里,也看不到这些,他甚至还向犹太人告发了耶稣。所以,这也更可深入领会耶稣基于“爱之诫命”,对于不同案例有着在“赦罪”与“不定罪”上的原则性区分。

(三)遭遇:耶稣在尘世中的司法遭遇

前述简要探寻了耶稣对早期基督教“教内审判”的启示与阐明,更基于一个具体案例,来探讨耶稣关于律法适用的一些基本原则。随后,我们将着重讨论耶稣在尘世中的司法遭遇。因为,凡事有果必有因,正是耶稣在罗马世界中所遭逢的司法情事,②很大程度上刺激了日后基督徒们致力于创设其自我教派内部的“教内审判”。

首先,在耶稣受难事件中,耶稣就遭遇了犹太人诸多不正常的司法处置。

尽管四部福音书对耶稣受难的叙事不尽相同③,但皆较为一致地展现出当时犹太人正是利用了罗马帝国给予他们的缉拿、审讯犯罪者的司法特权,方能将耶稣逮捕并审判。又由于犹太人“没有杀人的权柄”④,这才不得不将耶稣移交给罗马执政官彼拉多,并最终处死耶稣。⑤

在此过程中,耶稣遭受了犹太人许多明显不正常的司法处置。一则,根据犹太司法传统,审判(特别是涉及死刑的

---

① [德]施特劳斯:《耶稣传》(第一、二卷),吴永泉译,北京:商务印书馆,2010年,第295页。

② 德国学者乌维·维瑟尔,新近以法律史视角来阐释了“耶稣受审的过程”,可供参阅,见[德]乌维·维瑟尔(Uwe Wesel):《欧洲法律史:从古希腊到〈里斯本条约〉》,刘国良译,北京:中央编译出版社,2016年,第132~134页。

③ 只有在《圣经·新约·路加福音》中,彼拉多曾经两次审判耶稣,其间,彼拉多曾因为耶稣是加利利人,而将他转送到希律(当时罗马帝国分封的王)那里受审,但希律还是将耶稣送回到了彼拉多处。参阅《圣经·新约·路加福音》第23章,第1~12节。

④ 《圣经·新约·约翰福音》,第18章,第31节。

⑤ 参阅《圣经·新约·马太福音》,第26章第47节—第27章第26节;《圣经·新约·马可福音》,第14章第43节—第15章第15节;《圣经·新约·路加福音》,第22章第47节—第23章第25节;《圣经·新约·约翰福音》,第18章第2节—第19章第16节。

审判)不得在夜间进行,[①]但耶稣就是在夜晚被犹太人抓捕并审判的;[②]二则,《旧约》中早就多次规定,刑事案件(特别是判处死刑的案件)须有两人以上见证,“不可凭一个人的口作见证”[③],这是犹太司法的“一项基本原则”[④],就连耶稣自己都曾对此引用:“我若为自己作见证,我的见证就不真。”[⑤]并且,犹太司法制度尤其强调见证人必须真实作证,如果因假见证而处死人将“视同为毁掉了整个世界”。[⑥] 然而在对耶稣的审判中,“祭司长和全公会寻找假见证控告耶稣”[⑦],这些假见证在审判中也是“各不相合”[⑧],其目的只是为了“要治死他(耶稣)”。[⑨] 三则,犹太司法传统在对待死刑等刑事案件时,至少要由23人组成的法庭来审判,而且审判结果也该所有法庭成员投票加以表决。[⑩] 而在对耶稣的审讯中,却是祭司长(大祭司)几乎一手包办了整个审判,[⑪]参与审判的犹太众人也对耶稣采取了许多极不正常的行径,诸如吐唾沫、蒙眼、殴打等。[⑫] 总而言之,犹太人为了灭除耶稣,极大违背了他们自己的司法传统与原则。

---

① 参阅 *The Soncino Babylonian Talmud*, *Sanhedrin*, Chapter IV-VII,尤可注意 Sanhedrin 35a 及 Sanhedrin 46b。本文中《塔木德》主要参考网络资源:Online Soncino Babylonian Talmud Translation,网址为:http://ancientworldonline.blogspot.com/2012/01/online-soncino-babylonian-talmud.html,登录时间:2017年6月17日(该网址同时提供《塔木德》英译文本下载服务)。此外,关于犹太传统规定“审判”不得在夜晚,及节日前夜进行的内容,还可参阅:亚伯拉罕·柯恩:《大众塔木德》,盖逊译,济南:山东大学出版社,2014年,第286页。

② 参阅《圣经·新约·马太福音》,第26章,第43~66节;《圣经·新约·马可福音》,第14章,第41~65节。

③ 《圣经·旧约·申命记》第19章第15节规定:“人无论犯甚么罪,作甚么恶,不可凭一个人的口作见证,总要凭两三个人的口作见证才可定案。”另外,《圣经·旧约·申命记》第17章第6节规定:“要凭两三个人的口作见证,将那当死的人治死;不可凭一个人的口作见证将他治死。”再有《圣经·旧约·民数记》,第35章第30节也规定:“无论谁故杀人,要凭几个见证人的口,把那故杀人的杀了,只是不可凭一个见证的口叫人死。”

④ 亚伯拉罕·柯恩:《大众塔木德》,盖逊译,济南:山东大学出版社,2014年,第284页。

⑤ 《圣经·新约·约翰福音》,第5章,第31节。

⑥ 亚伯拉罕·柯恩:《大众塔木德》,盖逊译,济南:山东大学出版社,2014年,第286~287页。

⑦ 《圣经·新约·马太福音》,第26章,第59节。

⑧ 《圣经·新约·马可福音》,第14章,第56节。

⑨ 《圣经·新约·马太福音》,第26章,第59节。

⑩ 亚伯拉罕·柯恩:《大众塔木德》,盖逊译,济南:山东大学出版社,2014年,第278、279页。

⑪ 《圣经·新约·马太福音》,第26章第57节—第27章第26节;《圣经·新约·马可福音》,第14章第53节—第15章第12节;《圣经·新约·约翰福音》,第18章第19节—第19章第7节。

⑫ 《圣经·新约·马太福音》,第26章,第67节;《圣经·新约·马可福音》,第14章,第65节;《圣经·新约·路加福音》,第22章,第63~65节;《圣经·新约·约翰福音》,第18章,第22节。

《新约》文本中的耶稣受难，可以说是其人生旅程的最后一幕。对于这位新兴基督教的创始者而言，他早已明知自己所来必将引起尘世间诸多争端："乃是叫人纷争。"①他却依旧重视古老犹太律法与传统。② 甚至在遭逢死难时，仍然拒绝暴力："收刀入鞘吧！"③那么，他所构建与宣扬的最终审判，的确就是某种可行的宗教最终救赎；也唯有此"审判"，才能"叫世人因他（耶稣）得救"。④ 以至于，耶稣受难时遭逢的种种不公正司法处置，无疑在这"为审判到这世上来"⑤的宗教领袖的尘世终点，向基督教徒们昭示出如下一种必需的路径：在现世中创设属于基督教自己的"教内审判"。

二、保罗与早期基督教"教内审判"的初始构型

作为早期基督教教会"最伟大工作者"⑥的保罗，当他闻知哥林多教会的教众，因为兄弟间"淫乱"罪行而产生争讼，并竟然没有诉诸"教内审判"反而求告于世俗法庭时，他立刻写信给当地教会，并发出了如下一连串激烈的质问：

> ……审判教外的人与我何干？教内的人岂不是你们审判的吗？至于外人，有神审判他们。你们应当把那恶人从你们中间赶出去。你们中间有彼此相争的事，怎敢在不义的人面前求审，不在圣徒面前求审呢？岂不知圣徒要审判世界吗？若世界为你们所审，难道你们不配审判这最小的事吗？岂不知我们要审判天使吗？何况今生的事呢！既是这样，你们若有今生的事当审判，是派教会所轻看的人审判吗？我说这话是要叫你们羞耻。难道你们中间没有一个智能人能审断弟兄们的事吗？⑦

那么，保罗当时为什么要如此激动并严厉地坚持"教内审判"呢？

（一）司法遭遇的因应：保罗对"教内审判"的坚持

《新约》叙事中的保罗，他的一生都

① 《圣经·新约·路加福音》，第12章，第51节。
② 《圣经·新约·马太福音》，第5章，第17节。
③ 《圣经·新约·马太福音》，第26章，第52节。
④ 《圣经·新约·约翰福音》，第3章，第17节。
⑤ 《圣经·新约·约翰福音》，第9章，第39节。
⑥ ［德］比尔麦尔等：《古代教会史》，雷立柏译，北京：宗教文化出版社，2010年，第25页。
⑦ 《圣经·新约·哥林多前书》，第5章第12节—第6章第5节。

贯穿了激烈的宗教司法情事。他最先为人所知的,就是他对早期基督教会的司法迫害:“扫罗①却残害教会,进各人的家,拉着男女下在监里。”②他也曾在《腓立比书》中坦言,自己曾经是“逼迫教会的”人。③

但当保罗皈依并公开传播基督教之后,他首先面对的,也正是犹太人的司法构陷:“犹太人商议要杀扫罗。”④自此,直至其生命终结,来自犹太人乃至罗马人的司法威胁可以说如影随形。就在保罗离世前不久,他还向罗马城中的犹太人首领陈说:“弟兄们,我虽没有做什么事干犯本国的百姓和我们祖宗的规条,却被锁绑,从耶路撒冷解在罗马人的手里。他们审问了我,就愿意释放我,因为在我身上并没有该死的罪。无奈犹太人不服,我不得已,只好上告于恺撒,并非有什么事要控告我本国的百姓。”⑤而保罗之所以有此遭遇,犹太首领也给出了一个最直接的理由:“因为这教门(基督教),我们晓得是到处被毁谤的。”⑥

因此,外界不正常的司法威胁与迫害,以及由此而生的因应与反制,可以说从始至终关涉了这位早期基督教奠基人的传教事业。也唯有深刻理解保罗事业生命中的此一基调,才能深入领会他对早期基督教“教内审判”的坚持与执着。

甚至可以说,正是犹太教对于保罗的迫害,才使得保罗很自然地去利用与坚持基督教的“教内审判”。比如,在他的第二次传教旅程中⑦,保罗就曾被犹太人以“劝人不按着律法敬拜神”⑧的罪名,控告到亚该亚(Achaia)的方伯迦流(Gallio)面前。⑨ 但迦流并不同意受理他们的案件,其理由就是:“你们这些犹太人!如果是为冤枉或奸恶的事,我理当耐性听你们。但所争论的,若是关乎言语、名目和你们的律法,你们自己去办

① 保罗原名“扫罗(Saulus)”,他的罗马称号是“保罗(Paulus)”,在他皈依基督教之后一般就被人称为“保罗”。参阅[德]比尔麦尔等:《古代教会史》,雷立柏译,北京:宗教文化出版社,2010年,第25页。

② 《圣经·新约·腓立比书》,第3章,第6节。

③ 《圣经·新约·使徒行传》,第8章,第3节。

④ 《圣经·新约·使徒行传》,第9章,第23节。

⑤ 《圣经·新约·使徒行传》,第28章,第17~19节。

⑥ 《圣经·新约·使徒行传》,第28章,第22节。

⑦ [德]比尔麦尔等:《古代教会史》,雷立柏译,北京:宗教文化出版社,2010年,第27、28页。

⑧ 《圣经·新约·使徒行传》,第18章,第13节。

⑨ 《圣经·新约·使徒行传》,第18章,第12~17节。

吧！这样的事我不愿意审问。”①从这个例子中可以看到，当时的犹太教徒由于教义纷争，而将这位早期基督教领导者控告到了罗马统治者那里。但显然，罗马长官并不愿意介入这种犹太教徒与早期基督教群体之间“关乎言语、名目和你们的律法”所引起的争端，恰恰相反，罗马人甚至要求“你们自己去办吧”！

于是乎，利用与坚持属于基督教自己的“教内审判”，就成了保罗顺理成章并且十分必要的一项任务。也只有如此，才能在罗马将早期基督教视为犹太教支派的宽容下，既建立起与犹太司法体系相类似，但却与之有着抗衡的基督教审判制度；又能够在向广大外邦人传播早期基督教的同时，建立起“赏善罚恶”的教内审判体系，使得皈依基督教的外邦人进一步获得极强的身份认同感。

（二）保罗阐明并规定了“教内审判”的适用范围、审判主体等

在保罗的观点里，基督教“教内审判”的适用范围，应该囊括基督教教众间的所有现世争端。他明确地指出，只要教众间“有彼此相争的事”②，就不应该诉诸教外人士，而需“在圣徒面前求审”。③ 而且，保罗还对教外审判体系尤其是“审判者”加以贬抑，他向教众们申明：“你们若有今生的事当审判”④，都需交由圣徒审判，不可以“在不义的人面前求审”⑤或被“教会所轻看的人审判”⑥。因此不难看出，“教内审判”在保罗的规定下，能够管辖教内人士间的所有诉讼。

尤其值得注意的是，在保罗的阐述下，早期基督教“教内审判”更包括了一种主动性的、对风纪罪行（类似刑事案件）的控告纠察。

根据保罗的信件，从当时教内审判的启动（或者说诉讼的提起事由）上来看，“风闻”（英译：reported）⑦这种类似匿名举报的行动，似乎就足以展开一次教内的审判活动。因为保罗明白地表示，教内审判者有权主动地依据其所见

① 《圣经·新约·使徒行传》，第 18 章，第 14、15 节。
② 《圣经·新约·哥林多前书》，第 6 章，第 1 节。
③ 《圣经·新约·哥林多前书》，第 6 章，第 1 节。
④ 《圣经·新约·哥林多前书》，第 6 章，第 4 节。
⑤ 《圣经·新约·哥林多前书》，第 6 章，第 1 节。
⑥ 《圣经·新约·哥林多前书》，第 6 章，第 4 节。
⑦ 《圣经·新约·哥林多前书》，第 5 章，第 1 节。

闻之情事,来“判断了行这事的人”。[①]当然,考虑到哥林多教会中这件“有人收了他的继母”[②]的“淫乱”案件,有可能已经在教外人士(保罗随后在信中指责,哥林多教众中有人就此案“在不义的人面前求审”[③],“告在不信主的人面前”[④])面前接受过审判,[⑤]故此案案情应是较为明晰并为众人知晓。所以,这种“风闻”亦当有所依据,而非全然空穴来风。

随后保罗还在其信件中,列举了诸如“行淫乱的,或贪婪的,或拜偶像的,或辱骂的,或醉酒的,或勒索的”[⑥]等关涉早期基督教道德的风纪罪行,他进一步教导教众:若是他们中有人犯下前述罪行,其他教众断然“不可与他相交,就是与他吃饭都不可”。[⑦] 因此,深入理解保罗对“教内审判”适用范围的阐明,就绝不可误认为“教内审判”秉持了某种“不告不理”的原则;也不能想当然地将其适用范围局限在原告所提起的民事诉讼中。而是应该注意到,当时的“教内审判”已经包括了对涉及早期基督教道德风纪(刑事)罪行的纠察举告。

那么,又由谁来审判教内的纠纷及罪行呢?

保罗自己无疑有此权力[⑧],他的自我身份定位乃是“使徒”(英译:apostle)。[⑨] 另外他还指明,信众们应该在“圣徒(古希腊语:ἁγίοις[⑩],英译:saint)面前求审”。[⑪] 保罗对于“圣徒”较直接的解释就是“在基督耶稣里成圣,蒙召作

① 《圣经·新约·哥林多前书》,第5章,第3节。

② 《圣经·新约·哥林多前书》,第5章,第1节。

③ 《圣经·新约·哥林多前书》,第6章,第1节。

④ 《圣经·新约·哥林多前书》,第6章,第6节。

⑤ 《圣经·新约·哥林多前书》,第6章,第1~6节。

⑥ 《圣经·新约·哥林多前书》,第5章,第11节。

⑦ 《圣经·新约·哥林多前书》,第5章,第11节。

⑧ 保罗在《哥林多前书》中的许多语句,都表明了当时他虽然不在当地,却有着公认的审判此类罪行的权力。如:《哥林多前书》第4章,第21节:“你们愿意怎么样呢?是愿意我带着刑杖到你们那里去呢?还是要我存慈爱温柔的心呢?”再如《哥林多前书》第5章第3节:“我身子虽不在你们那里,心却在你们那里,好像我亲自与你们同在,已经判断了行这事的人。”

⑨ 《圣经·新约·哥林多前书》:第1章,第1节;第4章,第9节;第9章,第1、2节;第15章,第9~11节等。

⑩ *The Greek New Testament*, edited by Kurt Aland Matthew Black Bruce M. Metzger Allen Wikgren, London: United Bible Societies, 1966, p.578.

⑪ 《圣经·新约·哥林多前书》,第6章,第1节。

圣徒的"①,也即所有的基督徒。而希腊文"圣徒"原本有"被区隔开、圣洁(separted,holy)"②的意思,并且在《旧约》中,古以色列人素有区隔其他民族,而自视为"圣民"的传统。③ 有鉴于此,保罗又在《以弗所书》中特意强调:所有的"外邦人"基督徒,都因为耶稣基督,"不再作外人和客旅,是与圣徒同国,是神家里的人了"。④ 故而,这些普世的基督教"圣徒"们,已经开始在现实的罗马帝国中,构建起一个与不信教之人"区隔开",并自命"圣洁"的"庞大的联合体"⑤,他们要自己来审判自己。

综上所述,作为基督教奠基者之一的保罗,已经开始对"教内审判"加以关键并详细的阐明与规定。他不仅阐明了基督徒之间的争讼,必须在教内审判而不能诉诸教外;并且规定了"教内审判"适用于基督徒所有的现世争端,以及各种风纪罪行;尤为重要的是,他还规定了"教内审判"的主体必须是"圣徒"即全体基督徒,从而为初兴的基督徒们夯实了"教内审判"的理论基础与制度践行。在保罗这种以"圣徒"自诩的自我身份构建中,基督徒与其他世俗人群区隔开来,明确并自信地在罗马帝国治下,实行起了某种类似于法外之法的基督教"教内审判"制度。

因此,建基于基督教创教者耶稣的理论建构,以及早期教会领袖保罗的进一步的坚持与阐明,早期基督教会的"教内审判"就得以完成了其初步的构型。而早期基督徒们,也由此得以在他们遭逢犹太乃至罗马司法机构控告、审判、处刑甚至杀害的同时,逐渐建立起与外界不公司法制度相抗衡的内部司法体系——早期基督教的"教内审判"。伴随着早期基督徒们开始向普世外邦宣扬其全新教义,他们也初步完成了"教内审判"这一类似于"法外之法"的宗教司法机制,进而向其未来的"国中之国"⑥形

① 《圣经·新约·哥林多前书》,第1章,第2节。

② *A Patristic Greek Lexicon*, edited by G. W. H. Lampe, D. D. , Oxford: Oxford University Press, Frist published 1961, 22nd impression 2009, pp.18-19.

③ 在《旧约》中的很多地方,都可以看到古以色列人将自己视为上帝的"圣民"。比如参阅《圣经·旧约·申命记》,第28章,第9节;《圣经·旧约·历代志下》,第6章,第41节;《圣经·旧约·诗篇》,第50章,第5节、第148章,第14节;《圣经·旧约·但以理书》,第7章,第17节—第8章,第24节等。

④ 《圣经·新约·以弗所书》,第2章,第11—19节。

⑤ [美]科纳:《〈哥林多前后书〉释义》,郜元宝译,上海:华东师范大学出版社,2009年,第38页。

⑥ [英]罗、[英]斯科菲尔德主编,[英]哈里森、[英]莱思协编:《剑桥希腊罗马政治思想史》,晏绍祥译,北京:商务印书馆,2016年,第611页。

式迈进。

当然,考察"教内审判"这一复杂而独特的早期基督教宗教司法现象,断不能将其完全归因于前述两位领袖人物的言行事功,这显然会失于简单乃至偏颇。但他们的理论先导与制度创设,的确是"教内审判"得以初始构型的关键。也只有深入把握这一渊源,才能更深入理解何以日后的基督教护教士德尔图良,竟然会在上书罗马政治当局时,能够有如下畅言:"我们(基督徒)中的审判工作进行得十分庄严,适合于那些确信自己处于上帝眼前的人们;如果有谁罪孽深重,以致他被勒令禁止参与我们的祈祷、集会以及所有的神圣交往,那么你就由此体会了关于未来最终审判的最明显实例。"①

Jesus, Paul and the Initial Construction of Early Christian Church Adjudication in the Biblical Narrative

Abstract: Paul questioned a member of the Corinthian Church in the *Corinthians* written in the middle of the 1st century, "Dare any of you, having a matter against another, go to law before the unjust, and not before the saints?" At the end of the 2nd century, Tertullian, a Christian Theologian wrote in his *Apology*, "For with a great gravity is the work of judging carried on among us, as befits those who feel assured that they are in the sight of God; and you have the most notable example of judgment to come when anyone has sinned so grievously as to require his severance from us in prayer, and the meeting, and all sacred intercourse." These faintly indicate the presence of the Church judgement of its member's crime as well as their disputes, which is called Christian Church Adjudication in this essay. Why did the nascent Christianity, however, insist on its Church Adjudication, resisting the mature Roman legal system under the control of a powerful Roman Empire? This essay is intended to explore the initial construction of Church Adjudication by Jesus and Paul, in an attempt to answer the above question. It was because of the Jesus's and Paul's theory and practice that Church Adjudication was born and developed and became an indispensable and

① Tertullian, "Apology", *Ante-Nicene Christian Library: Translations of the Writings of the Fathers down to A. D. 325*. Volume 11: The Writings of Tertullian (Vol. I), edited by the Rev. Alexander Roberts, D. D., and James Donaldson, LL. D., This Elibron Classics book (2006) is a facsimile reprint of a 1868 edition by T. & T. Clark, Edinburgh, p.118, p.119.

unique justice system in Christinality in Roman Empire.

Keywords: Christianity, Church Adjudication, Jesus, Paul, Roman Empire

本文系2015年度教育部人文社会科学研究青年基金项目"西方世界构型期的宗教司法体系——围绕'主教听审权'的研究"(项目批准号:15YJC820064)的阶段性成果

作者:肖超,广西师范大学历史文化与旅游学院副教授;郭元兵,广西师范大学国际文化教育学院副院长

更正声明

刊登于本刊第24辑的《希腊人的忌妒与情感史研究——〈评古典时代的妒忌与嫉妒:一种社会心理学路径〉》一文中有三个重要概念:妒忌(envy)产生于两个人之间的社会比较,是一方因为没有另一方所拥有的好东西而产生的恶意情感。嫉妒(jealousy)涉及三个人之间的人际关系,是当两人之间原本拥有的专属关系遭到第三方的插足时,这两人之中的一方所产生的恶意情感。"嫉妒"类似于中文中的"吃醋",包括但不限于爱情关系。希腊语 phthonos 是古希腊人的情感,在本文中译为"忌妒",包括了妒忌(envy)和嫉妒(jealousy)两种情感。因为编排错误,原稿中的"妒忌"一词都被替换成了"忌妒",现以页、栏、行(包括标题)的格式更正如下:

第390页第3行;第391页第二栏第2、12行;第392页第一栏第1、10、12、14、17、18、19行,第二栏第4、6、12、16行,脚注①第2、4行;第393页第一栏第6行,第二栏第5行;第394页第一栏第13、16行,第二栏第6、7、12行;第395页第一栏第5、6、7、10、11、13、14、15、18行,第二栏第1、2、4、6、7、16、17、19行;第396页第一栏第1、3、6、11行,第二栏第2、8行;第397页第一栏第3、17、22行,第二栏第15行;第398页第一栏第12、13、14、15、16、18行;第400页第二栏第8行;第401页第一栏第4行;第402页第二栏第10行;第403页第一栏第12行,第二栏第7、8、16行。

专 题

超越左右：论斯塔尔夫人的政治妥协思想

——以《论国内和平》为中心

□潘 丹

摘要：斯塔尔夫人在《论国内和平》中对法国派别纷争的局面进行了梳理，提出了一种新的分析政治派别的依据，即从君主制/共和制的区分转向温和派/激进派的区分，并呼吁两个极端之间较为温和的君主立宪派与温和共和派共同形成一个超越左右的中间派。在劝解二者相互妥协的过程中，斯塔尔夫人敏锐地感觉到"革命的冲击力"是导致派别纷争的重要缘由，并将其具体化为"政治狂热"这一大恐怖中的政治现象加以剖析；由二者构成的中间派及其制度载体则成为"政治宽和"的承载者，构成克制革命冲击力的制动器，以及化解政治狂热的良方。

关键词：法国革命；斯塔尔夫人；热月-督政府；政治宽和

斯塔尔夫人(Mme de Staël)是法国革命后期一名十分重要的沙龙女主人，她在法国革命时代的文学界和政治思想界表现突出，影响甚大。《论国内和平》是她在热月-督政府时期撰写的一篇政论。法国革命中的热月-督政府时期(1794年7月27日—1799年11月9日)，起始标志是罗伯斯庇尔时代的终结，终止标志是拿破仑时代的开始。在大革命的历史上，罗伯斯庇尔时代与拿破仑时代无疑是两个最光艳夺目的时代，而处于两者之间的热月-督政府时期，则显得黯淡无光。然而，正是在这个晦暗的时期里，法国的政治精英们启动了一种影响深远的思考与探索：在法兰西这样一个身负旧制度的沉重传统，又刚发生过一场史无前例的激进革命的国度，政治现代化之路究竟应该怎么走？

为了回应这一问题，斯塔尔夫人与其战友贡斯当、西耶斯一道共同掀起修宪思潮，致力于通过宪政改革来结束革命，巩固共和。《论国内和平》正是这一思潮当中的代表作,折射出斯塔尔夫人所属的共和精英群体的观点:她既反对极右派的王党分子图谋复辟旧制度的企图,又极力避免重蹈极左派雅各宾式激进共和国中所出现的暴力与动荡,并呼吁居于两个极端之间较为温和、中庸的君主立宪派与温和的共和派彼此妥协、相互合作,共同建立一个确保实现秩序与自由的共和体制,以便在热月-督政府时期的法国这样一个派别纷争不断的碎片化的社会中巩固在大革命中既已建立的共和制。

一、多元论的萌芽与中间派的凸显

1794年热月9日,国民公会议员卢舍对罗伯斯庇尔提出控告,获得国民公会一致通过,并逮捕了罗伯斯庇尔及其党徒,雅各宾派随之在国民公会中失势,较为温和的热月党人继而上台,进入热月党国民公会统治时期,史称"热月反动"。"热月反动"(réaction thermidorienne)这一词汇的出现,意味着大革命的政治文化已发生新的改变:在此之前,是"革命(révolution)—反革命(contre-révolution)"这样一种非黑即白、非敌即友的二元对抗的政治文化;但"反动"成为一种既非革命又非反革命的新类别。①

"热月反动"被视为法国革命的转折点:此前,人们致力于推翻旧制度,革命日渐激进;此后,革命渐趋温和,人们开始考虑如何结束革命,巩固共和制,建立秩序与稳定。为此,热月党人于1795年8月22日通过了共和三年宪法,规定议会掌握立法权,分设两院,即元老院和五百人院,后者负责提出法案,并呈交元老院审核;此外,元老院根据五百人院提出的候选人名单,确定五人组成"督政府",作为行政机构。9月6日,全国就新宪法举行公民投票,28日公布投票结果:新宪法获得全民投票通过并随即生效。在完成制宪任务后,国民公会于1795年10月26日宣告闭幕,进入督政府时期。从热月党国民公会到督政府,在位的基本都是同一些人,因此,人们常把这两个时期统称为热月-督政府时期。

然而,热月党未能建立秩序与稳定,这个温和、中庸的政权,一直遭到来自极左、极右派别的轮番攻击。与此同时,由于"热月反动"冲击了激进革命时期"二元论"的政治文化,也致使政治斗争的格局更加纷繁复杂:一些叛变的恐怖主义

① "共和三年,在法国革命者们的词汇与构想中,政治反动成为一种与旧有的反革命不同的、超越敌/友界限的新类别。"见 Sergio Luzzatto, *L' automne de la Révolution*, p.342。

者从资产阶级中招募了一批青年团伙，被称为“金色青年”或“花花公子”。他们在平等宫向雅各宾派发动进攻，挑起了最初的武斗事件，并进而对雅各宾俱乐部发动讨伐，在街上追打政敌，进行所谓的“公民散步”，进一步摧毁雅各宾势力。热月党镇压激进革命的措施让王党有了可乘之机。路易十八发表宣言许诺恢复秩序以及教会特权，主张恢复旧制度；持相同观点的王党分子对此一呼百应，在各地准备叛乱，一批流亡分子甚至与反法同盟勾结，在英国政府的资助下，在布列塔尼的南岸基布隆半岛登陆。尽管保王党的叛乱最终被镇压，但复辟的危险曾如此迫近共和国，而残存的王党分子依旧蠢蠢欲动。

除了来自王党的威胁之外，激进革命的势力也并未销声匿迹。经济危机、粮荒恶化使民众群情激奋，并于 1795 年 4 月 1 日发动芽月起义。虽然芽月起义最终被镇压，但并未摧毁巴黎的人民运动，相反，却激发了人民的反叛精神，加之粮荒演变成饥荒，再次促发人民运动。为饥荒所迫的民众在愤怒与失望中提高了共和二年制度的价值：“在罗伯斯庇尔统治下，虽然鲜血流淌，但面包不缺。如今血不流了，但面包也没有了。因此，为了吃上面包，应该继续流血。”[①]因此，民众高呼“要面包与 1793 年宪法”，于同年 5 月 20 日再次发动牧月起义。起义再次遭到镇压，但民众仍以密谋的方式继续斗争。

与派别纷争、政局动荡相伴而生的，是思想领域的模糊与混乱。“反动”在意识形态领域的模糊定位致使热月党人难以从惯常的革命思维去界定民众起义的性质：与王党分子图谋复辟旧制度的反动行径不同，无套裤汉曾是革命的同盟军，而他们的起义口号也仍然属于革命范畴，但这些昔日盟友的举措如今却将危及革命事业——革命阵营内部出现分裂。从某种意义上看，热月时期革命虽然从激进转向缓和，但革命者们的危机意识却似乎更加错综复杂：除了忧虑王党反革命分子出卖革命，还得担心来自革命队伍内部的背叛。

此外，同样令热月党人感到棘手的，还有如何面对“大恐怖”这段历史。他们都曾经历甚或参与其中，恐怖或多或少都在他们身上打下难以磨灭的烙印；但与此同时，对激进革命的拒斥，又促使他们努力与恐怖中的罪孽撇清关系。在斯

① [法]阿尔贝·索布尔：《法国大革命史》，马胜利、高毅、王庭荣译，张芝联校，北京：中国社会科学出版社，1989 年，第 353 页。

塔尔夫人看来,这种矛盾的心态致使他们的自我辩驳模糊了善恶之间的界限,加剧了意识形态领域的混乱,简直是"能够看到的最令人难以置信的诡辩:一些人声称自己不论做了什么都是被逼无奈,尽管可以举证其数以千计的颇具奴性而残酷的举措来与之对质;另一些人则声称他们是为了公共的善而牺牲自己,但事实上他们不过是为了自保而已;所有人都把罪的恶名加诸几个人头上……几位政治领袖则将恐惧而非其他,当作为其行为辩驳的充分理由"①。

热月时期所需处理的另一个与此相关的问题,是如何厘清恐怖与共和国的关系。王党分子以"恐怖"为由抨击共和制,声称只有复辟旧制度,才是结束战乱、重建秩序的唯一途径。对此,斯塔尔夫人反驳道:虽然革命中的恐怖与暴力让人们遭受了许多灾难,但不能因此否定共和制;恐怖并非共和制的必然产物,而当归咎于旧制度的罪恶:"难道革命中狂热暴乱的倾向不是源自百年来愚昧而专横的统治吗?"②斯塔尔夫人关于旧制度与大革命之间延续性的议题在她的战友贡斯当那里得到回应。在《论政府精神和僭主政治及其与欧洲文明的关系》中,贡斯当认为:在1789年革命之前,路易十四已尝试建立起一个"由孤立的个体组成的民族",他们游离于团体组织之外,并最终反对团体组织。君主使国家权力从中央延伸到地方,并不断取缔团体组织,使整个社会只剩下孤立的个体。托克维尔对此议题进行了更为充分的论述:路易十四以强硬的手腕在法国进行了改革,他依据"分而治之"的原则,试图取缔一切与中央政府相抗衡的权力,包括封建贵族、行会团体等,有意识地促使各个社会阶层以及各阶层内部彼此分离,这一方面致使人们彼此漠不关心、相互隔离,另一方面又相互攀比、彼此妒恨。这个由君权塑造的社会,是一个被嫉妒吞噬的社会,每个人都希望比其邻人拥有的更多,彼此之间为了最微小的利益、最微不足道的特权争斗不休。从某种程度上来说,正是路易十四及其大臣们对民众进行了革命教育,正是他们教会民众憎恶特权,却又嫉妒特权者,嫉妒教会,尤其是贵族的特权;他们起而反

① Mme de Staël, "Des circonstances actuelles qui peuvent terminer la Révolution et des principes qui doivent fonder la République en France", in sous dir. Lucia Omacini, *Œuvres complètes*, III, 1, *Des circonstances actuelles et autres essais politiques sous la Révolution*, Paris: Honoré Champion, 2009, p.415.

② Mme de Staël, *Selected Correspondence*, arranged by George Solovieff; and translated and edited by Kathleen Jameson-Cemper, Boston: Kluwer Academic, 2000, p.179.

抗特权阶层的同时,却又渴望自己能够获得特权。正如托克维尔所言,大革命爆发时,“当使法国分裂的不同阶级在被重重障碍长期隔绝之后彼此重新接触时,他们首先触到的是他们的伤痛处,他们重逢只不过是为着互相厮杀”①。

因此,“大恐怖”的经历只能证明雅各宾式的共和国不可行,并不能因此否定共和制的价值,恰恰相反,巩固共和制正是当前形势下结束革命、重建秩序的最佳途径。虽然热月时期是一个意识形态混乱、善恶界限模糊的时代,但正是由于对“二元论”的冲击,多元主义的胚胎在迷茫中渐渐凸显,这为探索一种有别于雅各宾式的共和制带来可能。那么什么样的共和制才能重建秩序与稳定,整合当下碎片化的社会?1795 年 6 月至 10 月,斯塔尔夫人撰写了《论国内和平》一文,针对这一问题做出自己的回答:她既反感保皇派复辟旧制度的企图,也讨厌雅各宾分子过于狂热的革命激情;在她看来,前者意味着背叛革命,后者则必然带来血腥暴烈的独裁。她希望人们不再被过于狂热的革命激情所支配,而应当宽容、冷静地彼此协商,客观、理智地分析当前局势,谋求建立一个温和、理性的立宪政府,唯此方能构建一个确保自由实现的政体。

那么,这个任务应当由谁来完成呢?斯塔尔夫人对法国派别纷争不断的局面进行了梳理,依据其政治倾向的不同划分为四个派别:即绝对主义王权派、君主立宪派、温和的共和派、雅各宾派,并提出一种新的分析政治派别的标准,即从君主制/共和制的区分转向温和派/激进派抑或中间派/极端派的区分——而构建自由政体的任务,就应当由居于两个极端之间较为温和、中间的派别,即君主立宪派与温和的共和派来共同完成;她相信,这两个派别对政体的看法虽然有所不同,但他们遵循的原则在本质上是一致的,为了实现自由的理想,他们应当也能够建立合作,形成一个超越左、右的中间派。

事实上,斯塔尔夫人在《论国内和平》当中的呼吁,恰恰是她在政治实践当中的写照。斯塔尔夫人的父亲内克先生曾出任路易十六的财政大臣,在当时的政界具有一定地位。在父亲的影响与帮助下,她较早涉足政界,并与一些政界要人过从甚密。到了热月-督政府时期,斯塔尔夫人在政治上逐渐成熟,她举办沙龙,向社会各界名流发出邀请,热情地投入到社交活动当中,希望能通过这些努

① [法]托克维尔:《旧制度与大革命》,冯棠译,北京:商务印书馆,1996 年,第 145 页。

力影响政治局势,实现自己的政治抱负。出于对斯塔尔夫人的智慧与政治经历的仰慕,许多知名人士都出席了她的沙龙。① 她秉着自由的精神,宽容地接纳不同流派的思想,让人们在这里尽情地谈论时政、展开辩论,并在经历了思想的交锋之后,能够彼此理解,达成共识。这是巴黎当时最为著名的沙龙之一,"它凝聚了各种政见的智慧,而它的女主人,则成为沟通旧有的君主立宪派与新生的热月共和派的桥梁"②。

二、派别纷争与革命冲击力

君主立宪派是斯塔尔夫人在其政论《论国内和平》中所预设的读者群之一,因为法国能否避免极右派绝对主义王权的复辟取决于他们的选择:若他们固守重建君主制的执念,就很可能为极右派,即顽固的王党分子复辟绝对主义王权带来可乘之机;若他们能够放弃君主制,接纳共和国这一既成事实,与温和的共和派合作,方可实现其最为珍视的价值,即重建秩序、捍卫自由。在劝解立宪派放弃君主制的过程中,斯塔尔夫人逐渐呈现出革命时期何以派别纷争不断的缘由。

斯塔尔夫人首先阐明,共和制并非在理论上优于君主制,她之所以在热月时期推崇共和制,是出于对当下形势需求的考量。若在革命早年建立君主立宪制,要比建立共和制更加合乎情理、顺应民心,因为民主共和"作为一个全新的理念,很难得到民众的认同;民众往往会习惯性地接受固有的观念(君主制),而不是理智地思考(共和制是否更加优越)"。③ 然而,倘若在热月时期重新建立君主制,则只会激化各派矛盾,加剧动荡、分裂的局势,并导致绝对君主制的复辟。

在论述重建君主制可能造成的弊端时,她将此细分为两种可能性,即重新建立君主制的两种选择:继续拥立波旁王朝的君主,或者选任一名与之没有任何关系的新君。先看第一种,当革命者把路易十六送上断头台之后,就与整个波旁家族结下了极深的仇怨。正是因为革命,波旁家族才丧失了其固有的权力,如何指望出自这个家族的君主来捍卫革命

---

① 其中既有她昔日的立宪派朋友西耶斯,也有出身贵族、但后来归依热月党共和派的巴拉斯,还有参与制订共和三年宪法的塔里安、布瓦西·当格拉斯等人;此外,许多能够引导舆论的新闻记者、出版商等,也加入了斯塔尔夫人的沙龙。

② Maria Fairweather, *Madame de Staël*, New York: Carroll & Graf Publishers, 2005, p.211.

③ Mme de Staël, "Réflexions sur la paix intérieure", in sous dir. Lucia Omacini, *Œuvres complètes*, Ⅲ, 1, *Des circonstances actuelles et autres essais politiques sous la Révolution*, Paris: Honoré Champion, 2009, p.137.

的宪法呢？即便真有那么一名君主决心放下过去、捍卫革命者制订的宪法，他将如何切断与其家族千丝万缕的联系：他的亲友曾在革命中遭到杀戮、迫害、流亡，这些与其血脉相连的人的怨尤，难道不可能随时激起他心底极力克制的愤恨吗？“不幸的波旁家族曾流过多少鲜血，对他们来说，要弥补他们家族、弥补王权所遭遇的一切，必须经由极为强大的权力。所有一切为了重建君主权威而需要宣告的，为了维系君主制而需要进行的捍卫，为了安抚君主而需要的复仇，都苛求一种与自由毫不相容的狂热、警戒与权威。我们憎恶的罪恶在我们周围埋下灾难，我们无法侥幸绕过它，却不坠入奴役与束缚的深渊。”①在这一可能性的论述中，斯塔尔夫人通过诉诸人心情感的分析，来论证波旁家族与取代波旁王朝的共和国之间无法相容。

那么，如果选任一名同波旁王朝没有任何瓜葛的新君，是否就有可能实现大革命与君主制的妥协？因为这名君主与大革命没有任何仇怨，不仅如此，这一新王朝的建立正是得益于革命，它自然应当捍卫大革命所倡导的理念，以及以此为基础建立的制度。斯塔尔夫人认为，这一观点虽然考虑到人心情感的弱点，看似比第一种可能性合乎逻辑，却忽略了君权合法性的基础，也缺乏对当下形势需求的精准判断。斯塔尔夫人指出，世袭制是君权合法性的来源，因为“一项权力的合法性若不取决于人事，必然源自天赐”②。当人们不再顺理成章地认为应当由既有王朝的后裔来继承君主之位，而是探讨如何建立一个全新的王朝时，君权合法性的基础就遭到动摇了。

在这种情况下，建立新王朝必将面临双重障碍：首先，重建君主制的计划将遭到共和派的反对；其次，建立新王朝的主张也会遭到支持波旁王朝复辟的正统派的反对。且不论共和派的反对，仅就王党内部的对峙而言，支持复辟的正统派都要比主张拥立新君的立宪派更具优势，因为前者还可以诉诸王位继承原则的支持。斯塔尔夫人提醒立宪派不要高估人们的判断力，人们往往更愿意接受早已习惯的理念，更何况在一个派别纷争、动荡不安的年代，人们更难以冷静、理智地分析何种主张更为合理；头脑清醒的思想家可能会赞许建立新王朝的主张，但对于大多数民众而言，还是那些因

① Mme de Staël, “Réflexions sur la paix intérieure”, p.146.

② Mme de Staël, “Réflexions sur la paix intérieure”, p.143.

其出身就有权继承王位的人更有号召力。

因此,通过拥立新王朝来重建君主制或许在理念上并非乏善可陈,但在纷争不断、战乱不休的岁月里,却是不合时宜的。一位新君能够立住,就应当具备自我防卫、抵制反对派所必需的力量来维持秩序。在一个安宁和平的时期,一位君主为了做到这一点所被赋予的权力无须太强,不至于危及整个宪政框架内的平衡,与此同时,还能够成为一支有助于维持稳定的力量;但就当下的形势而言,一个温和的立宪君主政府,是无力抵制共和派,尤其是雅各宾派的进犯的,能够做到这一点的君主所具备的力量,恐怕足以同旧制度下的绝对君主相匹敌,因为"冲击力总是与它所受到的阻碍成正比的"①。立宪派拥立新王朝的初衷或许是好的,但为此不得不再次发动革命,推翻既有的共和制,温和的共和派为了捍卫得之不易的成果,难保不会联合雅各宾派来抵制王党的进犯;而在斗争过程中,一些别有用心、顽固的正统派,也会暂时混迹于立宪派的战斗队伍中,然而,共和国惨遭颠覆之日,也是这些正统派露出真面目、背弃立宪派初衷的日子:到了那一刻,立宪派将发现,他们赢得了君主制,却失去了自由。

事实上,类似的情况早已在大革命的历程中出现过。斯塔尔夫人提醒立宪派要汲取历史教训:当吉伦特派致力于共和国的建立时,他们吸纳了一切投身于共和国事业的力量,包括雅各宾派。然而在追求自由共和国的过程中,雅各宾派日渐占据上风,夺取权力,最终导致远远背离吉伦特派最初目标的结果:专制与暴政。而如今,当立宪派致力于建立立宪君主制时,同样有可能被顽固的正统派所利用,将法国推向另一个极端:绝对君主制的复辟。"当吉伦特派致力于建立共和国时,雅各宾派却借机篡夺了革命的主导权,使之远远背离了吉伦特派的初衷,并让这些发起者们自食苦果。如果君主立宪派执意要发动革命以重建王权的话,这也将成为他们的历史:君主立宪派发起革命,但流亡者们终将成为这场革命的主人。"②

更甚者,此时建立的君主制,将比旧制度下的绝对君主制更为可怖、更令崇尚自由的人们感到窒息。过去,雅各宾派利用人们对国王与贵族阴谋的忧虑不断将革命推向激进,而如今,极端保皇派

① Mme de Staël, "Réflexions sur la paix intérieure", p.143.

② Mme de Staël, "Réflexions sur la paix intérieure", p.144.

同样有可能利用人们对雅各宾时期“民主”的恐惧，不断强化君主权力，采纳最为专断的措施：“许多作家、智者与哲人，都曾反对专制主义，如今却倾向于捍卫它，因为他们如今最为担忧的是雅各宾式的民主。过去，反对派还能因他们抵抗当局的勇气而荣耀，并赢得公众的尊重；但在当前形势下，人们的记忆是如此贴近，以至于罪恶与原则彼此混淆，初衷与后果难以分辨，重新成为君主的人，将拥有数世纪以来最令人难以置信的权力：它是公众意见支持与君主权威力量的结合，是名副其实的权威与自由意愿影响力的结合。这位君主既能赢得尊重与信任，也预示着灾难与耻辱的危险。”①

在1791年，自由与君主制能够达成妥协，但到了热月时期，二者不可兼得，立宪派如果希望继续致力于自由的事业，就应当放下重建君主制的执念，重新审视曾经的革命经历与当下事态的发展。在动荡的革命年代，极端派往往能够最终成为历史舞台上的主角，因为在战乱不休、危机四伏的情境中，温和理智的声音往往被淹没，而充满激情的、极端彻底的口号反而更能笼络人心：“要发起暴动只能援引极端的理念，因为只有这些理念足以简单能够让民众理解，也足以鲜明夺目能够声名远播。”②在激进革命时期，相对于温和派，同属激进派的雅各宾派与顽固的正统派更有可能占据上风：“温和的共和派既拒斥雅各宾派，也反对反革命分子，他们形成独立于二者的第三个派别……在激情的驱使下，人们往往会分化为两个派别：冲击力，革命的冲击促使人们的观点分化为两个极端，在这种情况下，不仅第三个派别难以获得成功，由立宪派构成的第四个派别也同样难以取胜。”③

正是在这里，斯塔尔夫人提出了一种新的划分政治派别的类型学，即从君主制/共和制的区分转向温和派/激进派的区分；而这一分析视角的转变，是基于对革命“冲击力”的洞察：在激进革命时期，虽然人们都向往自由，但极端派的所作所为却以自由为名侵害了自由：“人们想要自由，人们希望制订一部宪法，人们认为有义务捍卫它，但却被卑劣之徒掌握了话语权；这些字眼成为其罪孽的献祭品。”因此，恐怖时期的罪孽不应当归咎于共和制，反而应当归因于这种极端、

① Mme de Staël, “Réflexions sur la paix intérieure”, p.145.

② Mme de Staël, “Réflexions sur la paix intérieure”, p.147.

③ Mme de Staël, “Réflexions sur la paix intérieure”, p.143.

激进的模式,雅各宾派正是借助这一冲击力进行恐怖统治,同属极端派的顽固保皇党人同样内蕴着这样一种模式,同样可能借助"冲击力"把法国引向另一个极端;具体而言,立宪派要十分警惕其利用人们对"大恐怖"的疑惧来为自己的专断手腕辩护,把革命再次推向与自由不相容的极端模式:"自由最愚蠢的敌人,在痛陈其所遭遇的苦难时,也取缔了反驳他的力量。天良不能结束动乱,纯正难以战胜悔恨,这些或多或少蔓延开来的情绪,必然会削弱反对的力度;仅仅由于与罪恶的表面的联系,美德也丧失了它的力量,当正直之士们意图对绝对王权重新展开攻击时,也将由于各种各样的回忆和担忧陷入瘫痪,由于需要具备镇压派别纷争的力量,君主的权威也会日益壮大。"①

斯塔尔夫人通过提出一种新的划分政治派别的类型学,深化了其开篇所提出的"政体的构建应当适应形势需求"的论述,因为这一新的划分视角,正是基于对革命时期特殊形势的考量。由于熟读孟德斯鸠的教诲,她深谙制定一部好的宪法应当考虑到地理环境、人情风俗、时势境遇等诸多外在条件的制约和影响,而在动荡的年代里,最有力的制约因素,恐怕就是革命形势的影响了;而是否符合革命形势的需求乃是此时判断一部宪法是否合理的最重要的标准:"即便是民族的差异,疆土的辽阔,气候的多变,又怎能比这激情澎湃、暴风骤雨的时代造成更多的差异?在炽烈的躁动中,一个新世界诞生了,旦夕之间,昨天制定的方案可能已无法实施,正是那些始终以自由为目的的人,需要不断调整实现自由的途径。"②真正的才智之士绝非意志论者,即仅仅依凭理性在头脑中构筑一部空洞的、不符合实际需求的宪法,然后不顾时势境遇的需求,顽固地将其强制推行,最终发现自己的所作所为竟是适得其反,远远背离其初衷。为了阐明这一点,斯塔尔夫人甚至引用了一个形象的比喻:"有哪位水手会不管吹什么风,都死守规则进行同样的操作?那些固守僵化原则的人,将得到与其初衷完全不同的结果,他们最后将吃惊地发现,竟被自己坚定不移的步伐带到与其最初希冀的目的完全不同的地方!"③与此相反,真正的才智之士应当是善于审时度势、引导潮流的弄潮儿,能够根据时势的需求

① Mme de Staël,"Réflexions sur la paix intérieure",p.145.

② Mme de Staël,"Réflexions sur la paix intérieure",p.148.

③ Mme de Staël,"Réflexions sur la paix intérieure",p.148.

不断调整策略,在革命的暴风骤雨中乘风破浪,最终把法兰西引向真正的自由彼岸。

三、政治狂热与恐怖统治

温和的共和派是斯塔尔夫人在其政论中所预设的另一个读者群,因为他们的选择关乎热月共和国是否会重蹈极左派雅各宾主义的覆辙。她认为要避免共和国再次滑向雅各宾式的恐怖统治,温和的共和派就应当与君主立宪派合作,开辟出一条有别于雅各宾式激进共和的、温和理性的共和之路。如果说在劝解君主立宪派的过程中,斯塔尔夫人敏锐地感觉到"革命的冲击力"是造成派别纷争、革命不断激进化的重要缘由,那么在劝解温和共和派的过程中,斯塔尔夫人则进一步呈现出"革命的冲击力"的具体形式:政治狂热(le fanatisme),并将其作为恐怖统治(la terreur)当中的政治现象进行了细致剖析。

作为"革命冲击力"的具体形式,政治狂热正是造成热月-督政府时期派别纷争的重要缘由,其根源可以上溯至旧制度给法国政治社会所带来的恶果。由于绝对君主在强化君权的过程中,剥夺了各阶层民众参与公共事务的权力,公共精神的缺乏使他们失去了在共同行动中学习相互协商、彼此妥协的机会,当有朝一日被卷入政治生活中后,毫无经验的他们往往忽略现实中的复杂情况,却容易被极端的抽象理念所驱使:"(政治狂热)往往源自对某一抽象理念发自心底的信仰。世间万物都是混合体,但政治狂热的特别之处在于它混合了善与恶。社会秩序本身有其令人费解之处,但人们也无法设想其他可能的存在形式。为了社会秩序能够延续下去,就必须做出一些让步,这种让步,拷问了怜悯众生的高尚灵魂的良知,满足了某些人的虚荣心,也激发了更多人的怒火和欲望。社会民情与启蒙程度的不同,这种状态宣泄或缓和的程度也不同,我们在法国所见证的政治狂热的根源就应当从这里去寻找。"①

恐怖之所以出现,是因为人们被政治狂热主义所支配,倾向于把复杂的现实问题简单化,教条地盲从空洞的理念,且固执己见,拒绝妥协与宽容,要求人们无条件地服从,保持思想统一。这些狂热分子往往以最崇高的美德为由,犯下残暴的罪行。斯塔尔夫人关于"政治狂热"最为深切的体会,就集中在她对"平等"理念如何在大革命中得到践行的观

① Mme de Staël, *Considération sur la Révolution française*, Paris: Tallandier, 1983, p.301.

察与体悟。

孟德斯鸠在讨论民主政治时曾对“平等的真精神”(le véritable esprit d'égalité)与“极端的平等精神”(l'esprit d'égalité extrême)做出区分。平等的真精神的含义“并不是每个人都当指挥或是都不受指挥,而是我们服从或指挥同我们平等的人们。这种精神并不是打算不要有主人,而是仅仅要和我们平等的人去当主人”,它意味着“人们只在公民身份上是平等的”。[①] 而极端平等的精神则意味着“人们还在官吏、元老、法官、父亲、丈夫、主人等各种身份上也都是平等的”[②]。

平等的真精神是有经验感的,它作为民主政治下的品德,意味着爱祖国、爱周围的人,也自然地承认社会身份的必要差异。这仅仅意味着人们在政治地位上是较为平等的,但并不意味着抹杀一切差异:“民主国的国民对国家的服务,在分量上,不能完全相等,但他们应该全部以平等的地位为国家服务。”[③]民主政治下的“平等”意味着在政治上限制治理者的权威,使治理者与被治者能够以较为平等的政治地位为共同体服务;并在经济上限制私有财产,将财富奉献给国家,以供应公共开支。这一“平等”促使人们“忘私而为公”,热心参与公共事务,为政治共同体服务,即“爱共和国”。

而极端的平等精神则抹杀了现实中的必要差异,追求一种抽象的、绝对的平等:在国家层面上,人们不再尊重官吏;在社会维度上,人们不尊重元老,年轻人也不尊重老人;在家庭层面上,儿女不孝敬父辈,夫妻之道不再,主仆之道亦崩溃了。这种极端的平等精神不再是一种品德,而是一种放纵,对必要的、具体的差异的抹杀意味着秩序的崩溃与风纪的败坏。如果平等的真精神鼓励人们爱周围的人、爱共和国,那么极端的平等则让人只爱自己,甚至是私欲的放纵,与之相伴而生的是极端的自由,因为人们“谁也不服从”,而这与奴役之间不过是一步之遥:“‘品德’的自然位置就在‘自由’的近旁,但是离开‘极端自由’和‘奴役’却是同样的遥远。”[④]

事实上,这种极端的平等恰恰是专制国家的社会状态:“在那里,人人都是平等的,没有人能够认为自己比别人优越;在那里,人人都是奴隶,已经没有谁

① [法]孟德斯鸠:《论法的精神》,上册,张雁深译,北京:商务印书馆,2005年,第114页。
② [法]孟德斯鸠:《论法的精神》,上册,张雁深译,北京:商务印书馆,2005年,第114页。
③ [法]孟德斯鸠:《论法的精神》,上册,张雁深译,北京:商务印书馆,2005年,第50页。
④ [法]孟德斯鸠:《论法的精神》,上册,张雁深译,北京:商务印书馆,2005年,第114页。

可以和自己比较一下优越了。”[①]在描述西拉库塞这个民主小邦的腐化时，孟德斯鸠作了更为生动的阐释：“这个城市，一直处在放肆或压迫之中。它的自由和它的奴役同样给它痛楚。自由和奴役简直像暴风雨似的，交替地袭击着它。……残酷的命运只许它的人民就这两条道路之中选择一条，就是：产生一个暴君，或者自己当暴君。”[②]

斯塔尔夫人在大恐怖的经历中亲自体会到“对平等真正的爱”与“下等人的叛乱精神”之间的差异。与政治狂热相伴而生的，是一种试图抹消一切差异的、对抽象的平等理念的狂热诉求与彻底推行。

斯塔尔夫人认可平等是大革命的成果之一，并赞美道：“正是大革命的力量，使平等这种永恒的美德获得成功。”[③]但她所理解的平等，主要意味着“在法律面前人人平等”，它包含以下三个内涵：第一，所有条文平等地适用于一切人；第二，法律认可人们之间存在不平等；第三，人们应当公正地行使法律。[④] 这一平等更多的是指由法律所认可并保护的、公民身份的平等，对这种平等的提出与践行是相对于旧制度下的等级社会而言的，在这样的社会中，出身与血统决定了一切，各个行业之间是封闭的，人们几乎没有选择的机会。大革命摧毁了贵族特权，赋予人们法律面前人人平等的权利，将各种行业向人们开放，与旧制度相比，人们有更多的机会进行选择，也拥有一个相对公平的竞争环境：“出身与血统的差异，是人为造成的不平等，它往往与自然的不平等相悖。当我们将所有职业向一切人开放，让他们有选择的自由，人们将发现，那些最正直、最有才智、最善于思考的人，将被人民选举为国家的治理者。”[⑤]

不难看出，在斯塔尔夫人的平等观里蕴含着这样一个假设：人们在事实上是不可能实现绝对平等的。然而在大恐怖时期，雅各宾派并不满足于公民身份的平等，他们似乎无视社会现实中客观存在的不平等，并集中体现为对贫富差距的仇视，从而要求消除大贫大富，推行经济管制；他们憎恶富人，采取种种措施抵制财产权，甚至迫害有产者，这极大地危害了社会秩序，并导致这样一番令人恐怖的景象：“人们容忍财产权的存在是

---

① [法]孟德斯鸠：《论法的精神》，上册，张雁深译，北京：商务印书馆，2005年，第30页。

② [法]孟德斯鸠：《论法的精神》，上册，张雁深译，北京：商务印书馆，2005年，第113~114页。

③ Tenenbaum Susan Sara, *The social and political thought of Mme. De Staël*, Ann Arbor, Mich.: UMI, 1977, p.172.

④ Tenenbaum Susan Sara, *The social and political thought of Mme. De Staël*, Ann Arbor, Mich.: UMI, 1977, p.172.

⑤ Tenenbaum Susan Sara, *The social and political thought of Mme. De Staël*, Ann Arbor, Mich.: UMI, 1977, p.171.

为了激起对它的怨恨;人们接受有产者是为了准备牺牲品;人们延续立法是为了组织迫害。”①

斯塔尔夫人十分反感这种对财产权的践踏与漠视,她坚信对财产权的尊重与保护是维持社会秩序的根基之所在,财产权在平等原则中注入差异的同时,也为平等划出界线,对人们的行为进行规约,从而使得秩序得以建立,社会得以维持:“人们一刻也无法阻止社会阶层的流动,要求所有人都安于其目前所处的位置,大多数人都希望境遇能有所改善。从未来两到三代人的利益来看,保障财产权有利于维持大多数人的利益。个人获取、保存、失去,抑或重新获得财产,但就社会总体而言,则建立在财产权的基础之上。在第一次动乱中,无产者最为庆幸;但在第二次动乱爆发时,则轮到他们遭殃了。而不幸将接连不断地降临到每一个人身上,即便人们不愿承受每一个时代任由偶然性摆布的命运。”②

这种做法不是出于“对平等真正的爱”,它不过是“下等人的叛乱精神”:“当一个人把自己当作下等人时,他无论如何也不能达到平等;他可以是暴君、专制者、迫害者,但永远不能和一个在灵魂深处将自己视作自己主人的人平起平坐。”③之所以称之为“下等人”,是因为他们在高呼“美德”与“平等”的时候,却不过在放纵自己的私欲和怨恨,而这种怨恨的根源,早在旧制度下既已种下了:“穷人面对富人时会感到愤怒;财富本就激起他们的嫉妒心,贵族所享受的优待特权更是让他们怒火愈甚。乌合之众因其数量众多而骄傲,少数人所享有的优待和荣耀只是不合法的僭越。这一仇恨的种子一直存在,但直至恐怖时期,我们才感到法国的社会根基在晃动。”④要走出这个困境,就需要寻求立法的统治,重建秩序,让人民懂得何为对平等真正的爱:“当发现这一可怕的祸患早已深深烙在法国人的精神世界之后,我们也无须讶异;而我们的思考所能唯一指向的,就是化解民众激情的解药绝非专制主义(le despotisme),而是律法的统治(le règne de la loi)。”⑤

---

① Mme de Staël,“Réflexions sur la paix intérieure”,p.167.

② Mme de Staël,“Réflexions sur la paix intérieure”,p.168.

③ Mme de Staël,“Des circonstances actuelles qui peuvent terminer la Révolution et des principes qui doivent fonder la République en France”,p.319.

④ Mme de Staël,*Considération sur la Révolution française*,Paris:Tallandier,1983,p.301.

⑤ Mme de Staël,*Considération sur la Révolution française*,Paris:Tallandier,1983,p.302.

四、混合派别与政治宽和

论及如何结束革命、重建秩序与自由时，斯塔尔夫人曾在《论国内和平》中叩问道："如何才能让人们真正懂得权力的平衡？如何才能在战乱的旗帜上写下孟德斯鸠的箴言？"①在这句话当中，斯塔尔夫人将"权力的平衡"与"孟德斯鸠的箴言"相提并论，这似乎意味着她在经历了革命的动荡后，努力探寻如何在宪政设计中实现权力的平衡，从而为法国找到结束革命、巩固共和、重建秩序的道路；而孟德斯鸠的箴言中则蕴含着找到这一答案的启示。斯塔尔夫人自幼就深受孟德斯鸠学说的熏陶②，而亲历大革命的动荡则赋予她对政治更为真切的经验感与现实感，这会激发她从孟德斯鸠的学说里寻到何种启示？若将孟德斯鸠与斯塔尔夫人的文本进行对勘，则不难看出"宽和"（la modération）为二人共同的关键词汇。③

在孟德斯鸠的文本中，宽和政府（le gouvernement modéré）是作为专制政体（le despotisme）的对立面出现的。而在斯塔尔夫人的文本中，宽和政府（le gouvernement modéré）的对立面则是雅各宾时期的恐怖统治（la terreur），亦即由罗伯斯庇尔所主导的僭政（la tyrannie）。在论析恐怖统治时，政治狂热（le fanatisme）又是其笔下的一个高频词汇。对于孟德斯鸠而言，专制政体的原型主要是东方帝国，他是通过阅读游记、与友人交谈来进行认知的，虽然身处绝对君主制的盛期，他已感受到某种专制的隐忧，却始终未曾成为他所亲历的现实。但对于斯塔尔夫人来说，恐怖统治却是她所亲历的现实，是对其命运轨迹与日常生活发生剧烈影响的历史事件。

那么，斯塔尔夫人为何尝试通过"律法的统治"来走出困境，而"律法的统治"又在何种意义上与宽和政府关联在一起？我们或许可以将孟德斯鸠笔下的宽和政府归纳为以下三个特质：其一，在宽和政府下，不同层面的权力、不同社会群体的利益都能得到考量，并在此基础上形成维度多元、结构丰富的稳固的社会秩序；其二，基于这种稳固的社会秩

① Mme de Staël, "Réflexions sur la paix intérieure", in sous dir. Lucia Omacini, *Œuvres complètes*, III, 1, *Des circonstances actuelles et autres essais politiques sous la Révolution*, Paris: Honoré Champion, 2009, p.147.

② Roberta J. Forsberg; H. C. Nixon, "Madame de Staël and Freedom Today", *the Western Political Quarterly*, Vol.12, No.1, Part 1. (Mar., 1959), p.74.

③ "将宽和与力量结合起来是她（斯塔尔夫人）政治观念的核心所在，这一点正是从孟德斯鸠那里直接继承而来的。"见 Michel Winock, *Mme de Staël*, Paris: Fayard, 2010, p.56。

序,统治者依据确定的律法抑或规则来进行统治;其三,唯有在宽和政体下方可实现政治自由,因为自由的实现需要以法律为基础。①

作为其对立面的专制政体则恰好相反,社会是简单划一而脆弱的,统治者依凭其意欲肆意妄为,人们丧失了确定性与安全感,生活于恐惧当中,孟德斯鸠称之为专横权力(le pouvoir arbitraire),这也正是斯塔尔夫人描述恐怖统治的语汇。她希望能够建立"律法的统治",意味着斯塔尔夫人希望能够结束恐怖统治的暴虐与动荡,依托宽和政府来重建秩序、实现自由。孟德斯鸠把宽和视作混合政体的特质,斯塔尔夫人则针对热月时期所特有的政治形势,提出了混合派别(une parti mixte)的方案,即尝试建立一个超越左右的中间派,以结束由政治不信任所造成的政局动荡。

1798年,斯塔尔夫人又完成了《论当前形势下如何结束革命及巩固共和国》(*Des circonstances actuelles qui peuvent terminer la Révolution et des principes qui doivent fonder la République en France*)一书,更为细致、系统地阐述了三年前即已萌芽的想法,并在《论宪法》一章中提出了完整的共和宪政构想。她虽然在结构上沿用了1795年宪法的框架,但十分注重重新界定各个机构的权限及它们之间的关系,而其中作为上院的"永久议院"(Corps permanent)的设置,就是"混合派别"的制度载体:该议院由250名成员组成,其中"150人来自在法国革命中相继存在过的三个议会(即制宪议会、立法议会、国民公会),50人来自现任议员(即元老院及500人院的议员)、学术机构及法国最富才智的思想家,50人来自战争中最杰出的军事家"②。她提出,关于混合派别及永久议院的设置,是为了"尊重战胜者的理念,照顾战败者的感受"。所谓尊重战胜者的理念,就是要认可共和派在革命中所获取的胜利,巩固共和制这一革命成果:共和制既已建立,就只能接受它,在现有条件下巩固它、完善它,正如本文在第一部分所述,这么做要比推翻共和制,重建君主立宪制更有利于在法国维持秩序与和平。至于照顾战败者的感受,就是不能将所有君主制的支

① "在一个有法律的社会里,自由仅仅是:一个人能够做他应该做的事情,而不被强迫去做他不应该做的事情。""自由是做法律所许可的一切事情的权利;如果一个公民能够做法律所禁止的事情,他就不再有自由了,因为其他的人也同样会有这个权利。"[法]孟德斯鸠:《论法的精神》,上册,张雁深译,北京:商务印书馆,2005年,第183页。

② Mme de Staël, "Des circonstances actuelles qui peuvent terminer la Révolution et des principes qui doivent fonder la République en France", p.378.

持者都视为政敌而彻底清理，而要为战败者提供一种安全的退出机制，甚至给予一些愿意皈依共和制的立宪派参政议政的空间与机会。

关于"永久议院"的职权，斯塔尔夫人规定上院议员将终身任职，并享有可观的年金，因而称其为"永久议院"。它的主要职能是审核作为下院的500人院的提案，予以批准或否决，同时也享有提案权。另外，在行政机构督政府与永久议院之间还将实现人员交流，即督政官任职结束后就回到永久议院，而新的督政官也从该院议员中选举产生。

这一设置似乎与孟德斯鸠在民主政治下讨论元老院的作用有会通之处。孟德斯鸠曾这样论述民主政治下的"元老院"这一机构所蕴含的宽和精神："如果要设立一个固定性的团体作为风俗的典范的话，元老院是一个办法。要有年龄、品德、勋绩而庄重的人才能够进元老院。元老们在公众面前就像神明的塑像一样，能够激励人们的道德感情，这种感情将深深地影响到每一个家庭。"①元老们构成一个固定性的团体，足以胜任道德的楷模、风俗的典范，作为传统风尚的活的承载者与保护者，元老院能够影响民情，确保其不背离传统的根基，从而促进民情与制度、律法之间形成良性互动，避免极端政治的出现。斯塔尔夫人则为在革命中建立起的民主共和国注入了一些非民主的元素，因为议员终身任职与选举自由之间似乎存在着某种张力。

斯塔尔夫人认为，在现代的代议制共和国当中，"民主"的元素主要体现为对人民主权的认可和尊重，并通过赋予公民选举权体现出来，代议制为民主原则在现代共和国的实行寻求到一种可操作的方式。此外，代议制本身的一个重要意义，就在于体现了政治与社会的结合，即不同社会团体的利益如何通过其代表在政权机构中得到体现及捍卫。因此，判断是否违背代议制原则的关键在于不违背大革命否定世袭制、不根据出身而是依凭才干选贤任能的基本原则，至于议员任期长短、换届方式等相关规定，均可根据具体的形势需求来进行调整："为何三年的任期就一定比二十年任期甚或终身任期更合乎真理？三年的任期是符合自然本性的吗？为何不是每年、每天都换选，为何不在民众需要的时候随时换选？"②"永久议院"的设置，正

---

① ［法］孟德斯鸠：《论法的精神》，上册，张雁深译，北京：商务印书馆，2005年，第57页。

② Mme de Staël, "Des circonstances actuelles qui peuvent terminer la Révolution et des principes qui doivent fonder la République en France", p.235.

是为了满足法国当时客观形势的需求。在共和制缺乏民意土壤的支持,又陷入派别纷争的混乱局面时,只有让在革命中历经考验的共和精英们执掌大权,才能更有效地对国家进行政治整合,维持秩序与稳定,巩固共和制度。如果在这样的特殊情形下教条地实行真正意义上的自由选举,只会让共和制的敌人们,尤其是王党分子有机可乘,利用"民主的形式",颠覆民主共和国,①果月选举的结果即印证了这一点。而永久议院恰恰能够反其道而行之,"用贵族的形式,来捍卫民主的原则"②。

斯塔尔夫人认为,关于永久议院中议员终身任职的宪政设计与代议制理论在本质上是不矛盾的。她论证道,应当从更广阔、更纯粹的视角去理解代表的概念,"革新"与"保守"是维持社会运转的两股力量③,二者的良性互动能够保障社会持续稳定地发展下去,其中"革新"为社会带来前进的动力,"保守"则让社会在发展的同时维持稳定,不致因变革过于剧烈而陷入战乱分裂的局面。她肯定大革命在"革新"方面做出的卓越贡献,认为正是革命者们通过艰苦卓绝的努力,才战胜了旧制度,并空前有力地宣扬、践行了民主共和这一美好的理念,但他们忽略了"保守"的必要性,并因此招致革命过程中的不幸与祸乱。与之相对,旧制度下的贵族虽然不乏各种与共和理念背道而驰的偏见与陋习,但却十分懂得如何"保守"。因此,斯塔尔夫人呼吁革命者们向贵族学习:"革命者善于革新,贵族则懂得保守,革命者们应当暂且抛开对贵族陋习的种种厌弃,向他们学习保守的艺术。"④

可以说,斯塔尔夫人设立"永久议院"的做法,其目的正是要在共和国中制造一个"贵族"团体,因为该议院中的共和精英们,和旧制度下的贵族一样拥有

① 斯塔尔夫人此处所言的"民主"主要指人民主权原则,并通过公民享有选举权体现出来。所谓"民主的形式",即保障公民享有选举权,实行自由选举。"专制建立了一切,却没有建立自由的习惯。""'民众是否具备对自由足够的爱,让共和派能够把共和国的命运交付于自由选举?'正因为知道选举结果往往不利于共和制的存续,热月党政府才制定出一系列临时法案,来匡正民众的选举结果。"Mme de Staël,"Des circonstances actuelles qui peuvent terminer la Révolution et des principes qui doivent fonder la République en France",p.513。

② Mme de Staël,"Des circonstances actuelles qui peuvent terminer la Révolution et des principes qui doivent fonder la République en France",p.230.

③ "世界上有两个最基本的动力:即革新与保存。有产者与无产者,中年人与年轻人,富于进取精神的个性与安宁生活的个性,都体现了这两个不同的元素。"Mme de Staël,"Des circonstances actuelles。

④ Mme de Staël,"Des circonstances actuelles qui peuvent terminer la Révolution et des principes qui doivent fonder la République en France",p.376.

尊贵显赫的社会地位与宽裕富足的物质生活,并因此具备独立精神与捍卫共和体制的能力。当然共和国中的“贵族”与旧制度下的贵族在本质上是相异的:他们凭借自己的能力与才干身居高位,而非依赖家庭与出身;他们忠于共和国,而非专制君主,并憎恶曾被自己倾覆的旧制度。他们虽然看似具有“贵族的形式”,但其精神内核与存在价值,乃是为了“捍卫民主的原则”。从某种程度上,斯塔尔夫人亦创设出一种混合政体,使之成为自由与秩序的制度载体,亦即“革命冲击力”的制动器。

斯塔尔夫人在政治话语中淡化意识形态色彩,也不再通过意识形态归属来判定人们之间的关系,而是更为看重一个人能为共和国做些什么,即从关注其“意识”(idéologie)转而关注其“行动”(action),从关注抽象的、单一的“意志”(volonté),转而关注具体的、多元的“利益”(intérêt)。此时,法国的政治精英们在革命后第一次就如何结束革命、巩固共和展开了反思与讨论,而其着眼点大都是从宪政设计的维度展开的,并着重关注不同社会团体的利益诉求是否都能在政治架构的设计中得到相应的保障。这在与斯塔尔夫人一起掀起修宪思潮的西耶斯那里亦可得到印证。

在热月-督政府时期的相关讨论中,西耶斯对激进革命时期将立法机构视为主权者意志唯一代表的理念进行了反思。其在热月期间所发表的两篇演讲中,西耶斯虽然沿用了他在革命前夕撰写的小册子《论特权:什么是第三等级》中关于代议制政府的阐述,但却不再使用国民“意志”(volonté)或“公意”这样的词汇,而是改为使用“人民需求”(besoin)这一词汇。他设计了两个从不同角度代表人民需求的机构,即政府(Gouvernement)与法案评议委员会(Tribunat)。政府从维持秩序的角度考虑民众需求,法案评议委员会则从捍卫自由的角度考虑民众需求,这体现了民众需求的复杂性与多样性,二者彼此协商、互为补充。而立法团(Legislateur)则在二者之间扮演类似法官的仲裁者角色,而立法过程,就是促使这些不同的需求彼此了解、协商、妥协的过程中提炼出来的法律条文,从而保障立法有助于达成自由与秩序之间的平衡。加之对激进革命时期共和实践的反思,他对于立法机构的界定并非仅是意志的代表,而是不同利益诉求之间的仲裁者与协调者:考察不同的需求如何得到呈现并相互对峙,并对之进行比较分析,在兼顾多样性的基础上慢慢探寻统一性,从而完成立法。

结　语

“热月反动”冲击了激进革命时期非黑即白、非此即彼的二元论的政治文化，这一冲击在致使意识形态混乱、政局斗争愈加纷繁复杂的同时，也使得多元主义的萌芽得以在迷茫中渐渐凸显。在这一形势下，斯塔尔夫人在《论国内和平》当中对法国派别纷争不断的局面进行了梳理，并依据其政治倾向的不同划分为四个派别：即绝对主义王权派、君主立宪派、温和的共和派、雅各宾派，并提出一种新的分析政治派别的标准，即从君主制/共和制的区分转向温和派/激进派，抑或中间派/极端派的区分。她呼吁居于两个极端之间较为温和、中庸的派别，即君主立宪派与温和的共和派建立合作，形成一个超越左右的中间派，共同构建一个确保实现秩序与自由的温和中庸的共和政体。

为了达成合作，君主立宪派与温和的共和派都需要做出一些妥协。她劝慰君主立宪派应当明白放弃君主制、皈依共和国并不意味着出尔反尔、见风使舵，而是体现了政治上的理性与成熟，即能够根据形势需求灵活调整策略，做出妥协；而对于温和的共和派而言，则应当克服雅各宾专政时期滋生的政治不信任，能够宽容、理性地接纳一切有助于巩固共和制的理念，团结一切可以共同建设共和国的力量。斯塔尔夫人在此触及法国革命政治文化的转向，即淡化极端派的意识形态之争，奉行一种温和、理性、中庸的政治选择，不再拘泥于抽象教条的理念，而是务实地关注如何巩固共和制。

在劝解立宪派放弃君主制、皈依共和制的过程中，斯塔尔夫人敏锐地触及“革命的冲击力”是导致派别纷争的重要缘由；在警醒温和的共和派避免重蹈雅各宾激进共和的过程中，她将对于“革命冲击力”的感触具体化为“政治狂热”，并将其作为大恐怖当中的政治现象加以剖析：由于在旧制度下缺乏对公共生活的参与，使得法国人一旦被卷入政治生活之后，容易被极端抽象的理念所驱使，陷入政治狂热；他们倾向于把复杂的现实问题简单化，教条地盲从空洞的理念，且固执己见，拒绝妥协。即便恐怖统治结束后，由政治狂热所引发的政治不信任与派别纷争依旧主宰着热月时期的政治生活。为了走出这一困境，斯塔尔夫人提出建立混合派别的方案，这也正是她关于政治宽和讨论的起点，并继而在其宪政构想中设立永久议院作为混合派别的制度载体；与此同时，永久议院的设置为民主共和国注入某种贵族的元素，以便“用贵族的形式，来捍卫民主的原则”，从而创设了另一种意义上的混合政体,与孟德斯鸠在“宽和”的特质上实现了会通,构成克制革命冲击力的制动器,它们承载着“政治宽和”的品质,以及化解“政治狂热”的良方。

法国革命向来被视为现代政治理念的试验场,而热月-督政府时期,则是把“新的政治术语进行制度化最富有成效的一个时期”①。在激进革命时期,以雅各宾派为代表的极端派凭借其鲜明的意识形态色彩、强有力的号召力占据了政治舞台的中心;伴随着革命的阵痛,新制度逐渐战胜了旧制度,到了热月时期,激进革命慢慢得到缓和,如何在新形势下巩固新制度,成为革命派面临的新问题。这时,极端派内部发生了分歧,有人拒绝放弃极端立场,不论付出多么高昂的代价,都要将反对者排除出政治圈之外;有人则开始寻求新的联盟,根据具体形势的变化,调整自己的政治立场。后者被史家称为“风信鸡”。

《论国内和平》无疑为这一风信鸡现象进行了辩护。这些人的意识形态与派性色彩不强,他们不会极力鼓吹某个空洞的理念,也不会固守理论上的一致性,与极左、极右的派别相比,他们显得温和而节制,十分关注实际情况,采纳符合现实政治需要的政策措施。与不断走向激进化、在议会中为自己的政治理念辩护的极端派不同,中间派的政治话语风格显得温和、中庸,总希望能够协调各方、达成妥协。他们也不再通过意识形态归属来判定人们之间的关系,而是更为看重一个人能为共和国做些什么,从关注其“意识”转而关注其“行动”。这一现象体现了现代民主的政治生活所必需的妥协、理性、中庸等核心价值,客观上壮大了中间派力量与淡化了政治意识形态色彩,为法国政治现代化进程提供了一份助推力。

On Mme de Staël' View of Political Compromise

—Based on *Réflexions Sur La Paix Intérieure*

Abstract: Mme de Staël was one of most important political writers after the thermidor period in Paris. In her work *Réflexions Sur La Paix Intérieure* in 1795, she proposed a new principle of dividing internal political factions. She transformed the distinction between Monarchists & Republicans to the distinction between modenate party & ridical party. Mme de Staël advocated that moderate constitutional monarchists and repub-

① James Livesey, *Making Democracy in the French Revolution*, London, 2001, p.12.

licans came together to constitute a centrist party beyond left or right political position. In her opinion, it was the "revolutionary impulsion" that resulted in the factionalism and political fanaticism during the Revolution, so the centrist and its system carrier would be the force to restrain the impact of revolution and the best way to dissolve political fanaticism.

Keywords: the French Revolution, Mme de Staël, thermidor period Directoire, political moderation

本文受到中央高校基本科研业务费专项资金资助

作者:潘丹,北京外国语大学历史学院讲师

专 题

从英国公众舆论的视角解析1882年英国占领埃及事件

□叶 亢

摘要:1882 年英国占领埃及改变了中东的格局,在英帝国史上有着重要地位。从 1881 年阿拉比"九月兵谏"到 1882 年 9 月英国占领埃及,阿拉比事件受到英国舆论的密切关注。从舆论的角度对此事件进行考察,会发现在英国政府采取行动之前,英国国内已经形成一致的战争舆论。研究战争舆论形成的过程以及探讨战争舆论形成的原因将有助于从新的角度研究英帝国的政策。

关键词:英国;埃及;公众舆论

1880 年,格拉斯顿领导的自由党上台。他公开提出自由党外交政策的五项原则:"第一,通过国内立法和经济实力来增强帝国的力量;第二,保持和平;第三,尽量培养和保持欧洲一致;第四,避免不必要的义务;第五,尊重各民族的平等权利。"[①]这些原则强调的是英国对殖民地应该履行的道义和责任。而在近东地区,继续通过自由贸易来维护帝国利益,即维持"无形帝国"成为格拉斯顿帝国政策的核心。刚刚过了两年,同样是格拉斯顿政府,背弃了自由党的外交原则,武力占领埃及。对于 1882 年英国为何要占领埃及,学术界一直存在争论。[②]本文将从英国公众舆论的视角,对此事件重新进行解读。一个特别值得研究的现象是在英国政府采取行动前,英国国内的大多数报刊要求政府采取行动占领埃及,反对的声音很少。这种"一致的"战争舆论是如何形成的呢?

---

① Gladstone, *Political Speeches in Scotland*, London, 1880, I, pp.115-117.

② 叶亢:《1882 年英国占领埃及问题研究述评》,《暨南史学》2017 年第 13 辑,第 242~249 页。

一、阿拉比“九月兵谏”与英国公众舆论两大阵营的出现

从18世纪末到19世纪80年代,英国在近东地区推行的政策是通过自由贸易来维护帝国利益,即维持“无形帝国”。正如帕麦斯顿所说:“通过英帝国的影响力,而不是实际的统治,用贸易的方式保卫英国的近东利益。”①苏伊士运河的修建使得埃及的战略地位更加突出。由于修建运河,埃及陷入了债务危机,英国成为埃及的主要债权人,导致了英法在埃及建立了“双重监督体系”。这是一种隐形控制埃及的方式,英法任命了两位财政总监管理埃及经济。但是没有英法政府的允许,埃及政府不能随便辞退财政总监,英法财政总监成了埃及的“太上皇”。在这个体系中,英国一直处于主导地位。

英法的双重监督体系激起了埃及人的反抗,埃及民族运动兴起。以阿拉比为首的埃及本土军官要求打破“英法监督”,获得自治。1881年9月9日阿拉比发动兵谏,提出推翻英法支持的里亚德政府、加强本土军队力量、实行宪政的要求。虽然“九月兵谏”很快被平息下去,但是却激起了英国舆论激烈的讨论。为何英国舆论对此事如此重视?

一直到19世纪中叶,埃及对于英国人来说是个“陌生而遥远的地方”②。1875年,英国首相迪斯累利购买苏伊士运河股票引起了英国公众的极大关注。迪斯累利宣布购买运河股票,获得了各界意想不到的热烈支持。这一行动确立了一个重要观念:英国在埃及有重大利益。但是,用何种方式来维护这个利益,是否需要占领埃及?对这个问题舆论存在不同的看法。英国主流大报支持政府购买苏伊士运河的股票,它们认为购买苏伊士运河的股票可以增强英国在埃及的权力,但是没有必要占领埃及。《泰晤士报》指出:“这一行动让英国获得了管理埃及经济和埃及事务的权力,更重要的是英国与埃及之间的关系更加密切。”③该报强调苏伊士运河的重要性不言而喻。但是英国与法国的伙伴关系十分重要,“英国没有其他的企图,希望其他国家不要有所误解”。④ 这里所说的

---

① Robinson and Gallagher, *Africa and the Victorians*, London, 1961, p.78.

② H. S. Deighton, “The Impact of Egypt on Britain: a Study of Public Opinion”, in P. M. Holt, ed., *Political and Social Change in Modern Egypt.* London, 1968, p.78.

③ *The Times*, 27 Nov., 1875.

④ *The Times*, 27 Nov., 1875.

“误解”指的就是国际社会出现的英国可能占领埃及。《旗帜报》认为：“这一行为可以增强英国在埃及的影响力。”①《波美公报》指出：“这只是一次简单的商业行为。我国会继续维护欧洲国家在埃及的商业利益。”②《每日新闻报》《晨报》《每日电讯报》等报指出：“英国的政策不会有任何改变。”③主流大报支持政府保持“英国的影响力”，维持“无形帝国”。

“九月兵谏”后英国报刊出现了不同的论调，基本上可以划分为两大阵营。以格雷戈里(W. H. Gregory)、布伦特(W. Blunt)和杰罗尔德(Blanchard Jerrold)为代表的一方支持阿拉比领导的埃及民族运动。他们认为在英国的“监督”下，埃及通过自治的方式可以实现繁荣与进步，英国根本不需要采取任何干涉的措施。可以将此阵营称为“和平派”。以塞缪尔·贝克(Samuel Baker)和乔治·巴杰(G. P. Badger)为代表的另一方认为，埃及根本不存在“民族运动”，阿拉比只不过是军事独裁者。英国政府应该尽早解决埃及问题，不惜采用战争手段解决危机。可以将此阵营称为“战争派”。“和平派”与“战争派”的出现实质上体现了舆论对于帝国问题的不同立场。“和平派”支持通过“监督”的方式维持“无形帝国”，而“战争派”认为在出现危机时，可以采用占领的方式来实现“有形帝国”。“无形帝国”是自由党支持而奉行的政策，格拉斯顿并不希望改变此政策。但是，“战争派”阵营已经对自由党的帝国政策提出挑战。

二、阿拉比执政与英国公众舆论两大阵营的论战

1882 年初，英法推出《联合备忘录》，使得阿拉比等人认为埃及可能遭到外国的武装入侵，因此成立了以阿拉比为核心的新内阁。阿拉比政府随后通过了一系列改革法令，例如解雇了一批在政府中的欧洲官吏，提拔了一些埃及军官。阿拉比希望通过这些方式使埃及逐渐强大，但是没有动摇英法的“双重监督体系”。随着阿拉比内阁的建立，“和平派”与“战争派”的论战日益激烈。此时双方讨论的焦点是埃及局势和英国的政策。

“和平派”强调埃及局势没有发生任何改变。阿拉比领导的埃及民族运动，

① *The Standard*, 27 Nov., 1875.

② *Pall Mall Gazette*, 26 Nov., 1875.

③ *Pall Mall Gazette*, 26 Nov., 1875. *The Morning Post*, 27 Nov. 1875.

其目标是通过改革推动埃及的繁荣进步,逐步实现埃及自治。布伦特指出,阿拉比内阁上台完全是英法《联合备忘录》导致的结果。这份文件的发表在埃及造成恶劣影响,“它损害了埃及人民期盼的议会政治。埃及人希望参与制定预算案、减轻赋税。这种要求不会破坏英法双重监督体系,也不会使埃及陷入混乱”①。虽然英法双重监督体系并不完美,但是阿拉比政府并不想完全推翻这种制度。他认为阿拉比领导的埃及民族运动并不会损害英国的利益,英国应该尊重埃及的改革行动,让埃及实行自治。格雷戈里认为,阿拉比及其领导的祖国党代表着埃及的民族精神,阿拉比在埃及推行的改革有利于埃及的发展,并不会损害英国在埃及的利益。② 布兰查德·杰罗尔德也支持埃及自治。他认为英国的自由党人不理解埃及的民族精神,这是一件奇怪的事情。英国不能为了维护陶菲克就限制埃及人民的自由。解决埃及问题的最好办法是“在大国的监督下逐渐实现埃及自治。这种解决办法将实现祖国党的目标,也能使英国获得自由”③。自由党的喉舌《每日新闻》指出:“像埃及这样的国家,从军队中出现民族情绪是非常可能的。英法最正确的政策是逐步促进埃及的进步,不要去干涉他们,要鼓励埃及自治。”④“和平派”支持阿拉比通过改革的方式实现埃及自治。

“战争派”认为埃及局势不稳定,即将出现混乱的局面。此派认为阿拉比的政策会破坏英法“双重监督体系”,从而损害英国在埃及的利益。阿拉比进行军事独裁,根本不可能实现埃及的繁荣。巴杰认为:“像埃及这样长期遭受专制统治的国家,根本不可能正确理解宪政的含义。”⑤他认为埃及根本不可能出现民族运动,阿拉比只不过是东方政治阴谋的一部分而已。《晨报》和《波美公报》也认为阿拉比上台后将对英法双重监督体系造成极大影响。“所谓的‘民族’政府保证了埃及秩序和实现国际责任了吗?混乱的局面正在出现,根本不可能履行国际责任。这些‘民族主义者’已经获得巨额军事预算,结果是埃及必然出现赤字,而比财政赤字更严重的事情就

① W. S. Blunt,“Egypt and The Control”,*The Times*,3 February,1882.

② W. H. Gregory,“The Egyptian Home-Rule Movement”,*The Times*,21 December,1881.

③ *Daily News*,22 Dec.,1881.

④ The State of Egypt,*Daily News*,24 March,1882.

⑤ George Percy Badger,“Intrigue in Egypt”,*The Times*,14 February,1882.

是埃及即将出现混乱。”①

对于英国的政策,双方也持不同的看法。“和平派”支持英国政府的英法合作政策,希望用和平的方式解决埃及问题。《每日新闻》对阿拉比及其领导的祖国党并没有过多的批评。该报认为英国不能干涉或者消灭埃及的民族运动。“在任何时刻,在没有证据的情况下,我们都不应该把民众运动简单地归为暴政。如果阿拉比只是一个普通的叛乱者,那么他不可能领导运动。”②该报继续指出,如果阿拉比有能力且诚实,他可以管理埃及。英法两国不能关闭埃及未来繁荣的大门。英法既要维持埃及的秩序,同时也要保持埃及的稳定。“和平派”认为英法只需要保持现状,反对任何干涉。“战争派”认为某种形式的干涉是解决埃及问题最好的方式。《泰晤士报》《波美公报》《每日电讯报》《旗帜报》《晨报》都支持可以先让土耳其干涉埃及,如果土耳其不能解决问题,那么英国干涉。“欧洲大国要考虑何时以及如何干涉埃及。在严格的时间限定下,可以考虑让土耳其临时占领埃及。”③

对于国际事件,英国国内舆论的中心是伦敦的大报。由于信息的限制,英国大多数报纸引用伦敦大报的消息和观点进行评论,然后确定自己的立场。它们有的采取直接引用的方式,有的采取间接引用的方式;有的引用一份大报,有的引用多份大报;有的报纸观点来自埃及问题专家,但是专家与大报有着紧密联系。简言之,大多数报纸提出的看似独立的观点实质上受到伦敦大报的影响。伦敦大报才是英国舆论的中心,其他报纸不过是追随大报而已。此时能提供独立信息渠道的是伦敦的七份大报:《泰晤士报》《每日新闻》《波美公报》《每日电讯报》《旗帜报》《晨报》《观察家》。除了《每日新闻》外,其他的几份报纸都支持“战争派”。整个舆论环境是允许自由讨论,加入不同阵营。

“和平派”与“战争派”的论战实际上是对两种不同原则的支持。“和平派”不断强调埃及的民族精神、民族运动,希望英国政府能够支持埃及的民族运动。这些言论实际上就是维护格拉斯顿一直以来推崇的自由党的外交原则。格拉斯顿相信外交和国内政策一样,要遵循道德的原则。他指出无论他国是强大还是弱小,每一个民族都应该尊重他国的平

① *Pall Mall Gazette*, 12 March, 1882.

② *Daily News*, 23 May, 1882.

③ *The Times*, 12 April, 1882.

等权利。他公开指责保守党对于近东的干涉是赤裸裸的沙文主义。保守党人干涉塞浦路斯、埃及、德兰士瓦、阿富汗，这些行动充满野心而不切实际。在1880年4月的大选中，正是因为自由党人宣扬和平为他们赢得了大选。在1880—1881年间，格拉斯顿一直努力促成欧洲一致，期望获得稳定的和平。自由党人同样也做出了表率。他们从德兰士瓦撤退，从阿富汗部分撤军，考虑将塞浦路斯还给土耳其。他们试图领导欧洲的集体行动以促使素丹解决巴尔干问题。阿拉比"九月兵谏"后，格拉斯顿指出："'埃及是埃及人的埃及'这种观念我希望能够给予支持。如果它能流行，我认为它将是解决埃及问题的最好的、也是唯一可行的手段。"①"埃及是埃及人的埃及"是埃及祖国党的口号。格拉斯顿同情埃及民族运动，并且认为这种方式是解决埃及问题最好的办法。因此，"和平派"支持的是格拉斯顿所确立的自由党的原则，维持"无形帝国"。但是他们的观点却遭到了激烈的批评。

"战争派"认为阿拉比在埃及进行军事独裁，"祖国党"根本不是一个政党，而是一个"军事集团"，埃及根本不可能出现民族运动。阿拉比执政只会损坏英国的利益。这些利益是什么呢？正如"战争派"所言，阿拉比破坏了英国人在埃及的投资，破坏了英法双重监督体系，还有可能破坏英国通往印度的道路。"战争派"所要维护的是英帝国的原则。这一阵营注重的是英国在埃及的商业利益、政治地位、英帝国的安全等，它们认为阿拉比执政威胁了英帝国的利益。一旦埃及出现危机，英国的"控制力"受到威胁，那么"战争"舆论就会开始出现。而且随着舆论认为埃及危机逐渐加深，叫嚣发动战争的舆论不断加强，这是对英帝国原则的维护。

三、"埃及危机"与战争舆论的形成

阿拉比的改革举措破坏了少数土、切族军官的利益，导致赫迪夫与阿拉比的关系紧张，赫迪夫的地位岌岌可危。英法为了保护在埃及的利益，于5月19日派舰队到亚历山大港进行武装示威，最终阿拉比内阁下台。赫迪夫组成新的内阁，但在埃及国内的巨大压力下，阿拉比仍然留任国防大臣。

此时英国主流大报开始渲染"埃及危机"。《泰晤士报》刊登大量从埃及传回的电报指出埃及局势混乱，英国政府要采取强硬措施解决埃及危机。该报记

① P. R. O. 30/29/125, Gladstone to Granville, 4 January, 1882.

者认为阿拉比执政引发了严重的埃及危机。①《每日新闻》指出:“阿拉比根本没有代表埃及人民,埃及根本不存在民族运动。阿拉比的行为只不过是将埃及出卖给土耳其。埃及出现严重危机,呼吁英国政府尽早制定自己的政策解决危机。”②《波美公报》指出,埃及危机日益严峻,英国人的生命和财产安全没有任何保障。“如果英国政府不采取措施解决危机,那么英国在埃及的利益将遭到破坏。”③《旗帜报》《晨报》《观察家》《每日电讯报》等大报也指出,阿拉比在埃及进行军事独裁,埃及已经陷入“混乱”,必须采取武力措施镇压阿拉比。“恐慌”“混乱”“危机”成了英国主流大报评论埃及局势的关键词。

“埃及危机”出现后,舆论中自由讨论的阶段消失,“战争派”全面压制“和平派”,战争舆论成为主流舆论。一是以“公开辩论”的方式压制“和平派”,在《波美公报》上展开了“战争派”与“和平派”的较量,“和平派”的观点遭到了全面驳斥。弗雷德里克·哈里森(Frederic Harrison)在《波美公报》上公开支持“和平派”,引发了与《波美公报》的论争。

哈里森认为埃及自治才是解决埃及问题最好的办法,反对战争。作者指出:“在大炮的威胁下,以最后通牒的方式命令埃及政府屈服,目的是为了维护所谓的英国利益。英国的利益并不是欧洲和平,而是一部分金融冒险家的钱。”④作者认为埃及的混乱只不过是西方投机者为了钱而编出来的谎言。作者指出:“钱”是战争行为的唯一动机。对此观点,《波美公报》在头版头条予以驳斥。该报的观点是哈里森根本没有研究过埃及的状况,“如果让埃及自治,英国撤出,其他国家就会干涉埃及,后果不堪设想”。⑤ 第二天,哈里森予以回应。他认为1880年确立的英法“双重监督”体系虽然获得了一些成功,但并不能从根本上解决埃及问题。“英国实行干涉会一次又一次失败。控制意味着吞并,吞并意味着战争。”⑥这时编辑并没有等到第二天去反驳哈里森,他在哈里森的信件后面直接表明了观点:我们跟哈里森一

---

① *The Times*, 19 May, 1882.

② *Daily News*, 30 May, 1882.

③ “Ourabi Pasha and his Assertions”, *Pall Mall Gazette*, 24 April, 1882.

④ *Pall Mall Gazette*, 7 June, 1882.

⑤ *Pall Mall Gazette*, 8 June, 1882.

⑥ *Pall Mall Gazette*, 8 June, 1882.

样,希望给予埃及完全的自治,而结果只会给埃及带来混乱和暴力分裂。[①]

哈里森的回应是:"双重监督体系是一个愚蠢的行为。如果这个体系要用大炮来维持,那么我们应该放弃这种体系。对于苏伊士运河,作者认为运河是欧洲的利益也是东方的利益,英国要保证船只能够通过运河,不一定要占领埃及。"[②]总而言之,侵略和战争的政策违背了格拉斯顿的外交原则。《波美公报》的编辑却对哈里森的言论进行了严厉驳斥:"哈里森承认保持运河的自由通航和欧洲居民的安全是英国的利益,这些利益需要英国干涉。"[③]哈里森提出的埃及自治其实已经尝试过了,这种方式在埃及行不通。该报明确指出只能用战争方式解决埃及危机。此后该报上再也没有出现有关和平解决埃及危机的文章。

"战争派"让"和平派"发表看法,但是却以更加强硬的语言批驳"和平派"的观点,这种正面交锋的方式实质上是对"和平派"的打压。此时公开辩论的时间并不长,《波美公报》驳斥哈里森的观点后并没有再刊登他的文章。"战争派"的这种做法给公众的印象是他们的立场才是正确的,不需要再给予辩论。因此,在公开辩论中,"战争派"明显占上风。

二是以"缺席审判"的方式压制"和平派"。此时,英国报纸上已经看不到格雷戈里和布伦特的文章,但是却在许多报刊上能读到批评他们观点的文章。这种"缺席审判"的方式让"和平派"无从辩驳。

一方面,一些主流大报直接批评"和平派"的观点。《波美公报》指出,有人鼎力支持格雷戈里,这就意味着埃及是阿拉比和他的三个兵团的。"实际情况是阿拉比只是军事领袖,英国需要维持埃及的秩序。"报纸对于阿拉比及其领导的祖国党不信任,不认为他们能够维持埃及的秩序。《观察家》认为:"最近埃及的局势开始复杂,赫迪夫有可能被阿拉比废除。虽然格雷戈里认为阿拉比是一位改革者,但是我们不能无视事实,他是一位军事叛乱者,他用暴力获得权力。"[④]《每日新闻》指出,布伦特和格雷戈里这些业余的外交家对于现在的埃及危机负有责任。"阿拉比政府正在挑起事端,他们告诉乌里玛和埃及人,英法派舰队到亚历山大是为了占领埃及。阿拉比的这些行为明显是受到一些英国人的

① *Pall Mall Gazette*, 8 June, 1882.

② *Pall Mall Gazette*, 12 June, 1882.

③ *Pall Mall Gazette*, 12 June, 1882.

④ *The Observer*, 14 May, 1882.

鼓励,根本不需要指出这些人是谁。"[1]"这些人"指的就是"格雷戈里和布伦特"。该报批评布伦特和格雷戈里鼓励阿拉比,间接导致埃及危机的爆发。

另一方面,大报刊登一些读者来信对"和平派"进行批判。《泰晤士报》的"读者来信"栏目刊登了多篇文章持续批评格雷戈里和布伦特的观点。这些文章的核心是反对"和平派"提出的"埃及自治""民族运动"等观点,提倡采取强硬手段解决埃及危机。艾尔弗雷德·巴特勒(Alfred J. Butler)指出:"在埃及没有一个团体能够大到组成所谓的祖国党。"[2]斯图亚特(H. Villiers-Stuart)反对埃及自治。作者指出:"阿拉比所领导的运动根本不具有'民族'特征。阿拉比的真实目的是实行军事独裁。"[3]另一篇题为《埃及危机》的匿名文章指出:"在《泰晤士报》上出现的有关埃及的信件,由那些旅行者所写,获得的都是错误的信息。"这里的"那些旅行者"指的就是布伦特和格雷戈里。"这些信件充满了错误的言论,埃及危机已经足够证明了他们的错误建议以及他们所激发出的错误精神。埃及错综复杂局面的结果将完全依赖于我国政府处理问题的方式。"[4]

布伦特和格雷戈里一直在《泰晤士报》上发表文章,此时两人都没有写文章来进行辩论吗?在布伦特的回忆录中我们可以看到,他在5月16日、17日的两篇日记中写道:"我将两篇文章投给《泰晤士报》,希望能够澄清阿拉比政府的真实情况。"[5]但是,《泰晤士报》并没有刊发这些文章。

不仅如此,"和平派"的《每日新闻》加入到"战争派"阵营。原本支持"和平派"的伦敦大报就只有《每日新闻》,此时该报投入"战争派"的阵营,无疑使"和平派"的力量大为削弱。5月底,《每日新闻》的舆论突然转变,首先体现在该报对阿拉比以及祖国党的态度上。该报5月29日的社论对埃及局势的判断是"我报驻亚历山大的记者讲到,埃及局势日益紧张,赫迪夫的地位受到威胁。土耳其苏丹表面上支持陶菲克,私底下又鼓励阿拉比。"对于阿拉比的地位,该报认为:"现在我们已经非常清楚,阿拉比领导的运动就是一场军事运动,没有任

① *Daily News*, 24 May, 1882.

② Alfred J. Butler, "The State of Egypt", *The Times*, 4 May, 1882.

③ H. Villiers Stuart, "The Egyptian Crisis", *The Times*, 29 May, 1882.

④ *The Times*, 8 June, 1882.

⑤ Wilfred S. Blunt, *The Secret History of the English Occupation of Egypt*, London, 1907, pp.206-209.

何迹象表明埃及的广大民众支持阿拉比。格拉斯顿政府不会让土耳其重新统治埃及。”①该报30日的社论进一步强调:“埃及局势不容乐观。据说赫迪夫有生命危险。”阿拉比背后有埃及军队和土耳其苏丹的支持,“他只不过是土耳其的工具,用来对付在埃及的外国势力,目的是在埃及重新建立土耳其的统治”。②《每日新闻》此时确定了阿拉比是土耳其的工具,根本没有代表埃及人民。此后,《每日新闻》认为以和平的方式已经不能解决埃及危机,英国政府要采取强硬手段解决问题。该报加入“战争派”阵营。“和平派”的杰罗尔德在此前一直在《每日新闻》上发表文章,此阶段《每日新闻》上也没有出现任何“和平派”的文章。

“战争派”对“和平派”的压制导致舆论呼吁战争的声音非常响亮,而支持和平的声音非常微弱。“战争派”阵营在舆论中已经占有明显优势。而“战争派”阵营之所以能够获得这样的地位,实质上是舆论认为英帝国的利益比自由党的原则更重要。特别是作为自由党喉舌的《每日新闻》加入“战争派”阵营,更是显示出舆论抛弃了自由党的原则,这将对英国政治产生深远影响。

1882年6月11日,亚历山大发生严重骚乱。事件的起因是一位英籍马耳他人租用了当地居民的一匹驴子四处游逛,他不仅不给钱,反而行凶杀人。两旁行人路见不平,奋力追赶。四周侨民开枪射击,打死、打伤多人。据统计,在这次冲突中,双方死亡人数达238名,其中埃及人163名,欧洲人75名。③

亚历山大骚乱后,英国舆论沸腾。“战争派”阵营在短时间内确定阿拉比对骚乱负有主要责任,此时基本上听不到“和平派”的声音。同时,“战争派”内部支持“土耳其干涉”和“英法干涉”的两大阵营开始达成某些共识,逐步向“英国干涉埃及”迈进。君士坦丁堡会议召开后,土耳其没有参加这次会议让舆论最终确定了立场。“战争派”内部两大阵营实现了合流,支持“英法干涉”和支持“土耳其干涉”的大报率先实现了统一的意见,小报追随大报。“战争派”认为为了保卫苏伊士运河的安全,维护英国在埃及的利益,英国必须单独出兵解决危机。“和平派”此时再次呼吁和平解决埃及危机,但是“战争派”压制“和平派”,对“和平派”进行了猛烈批评。“战争

① *Daily News*, 29 May, 1882.

② *Daily News*, 30 May, 1882.

③ 杨灏城:《埃及近代史》,北京:中国社会科学出版社,1985年,第217页。

派”阵营中的大报批评“和平派”的观点，“和平派”发表言论的平台也是“战争派”的大报，这种压制使得“和平派”的声音非常微弱。整个英国舆论界“一致”认为只有英国干涉埃及才能解决危机。英国舆论一致形成。

四、结论

19 世纪上半叶，许多英国人认为英国不需要保持一个“有形帝国”，英国通过经济实力和霸权地位就可以在世界竞争中处于优势地位，即保持“无形帝国”。此时，英国推行的是“自由贸易”政策，即使通过战争手段强行打开别国大门，其目的并不在于抢占领土。最典型的代表就是帕麦斯顿时期的英国对外政策。对于埃及，帕麦斯顿认为通过与土耳其签订通商协议，间接与埃及进行贸易，牢牢控制对埃贸易即可。法国修建苏伊士运河，英国百般阻挠，只是为了防止法国建立新的东方帝国。在苏伊士运河建成后，英国并不认为要占领这条水路，获得领土并不是英国政府的主导政策。

从 19 世纪 70 年代开始，英国在工业方面失去了世界领先地位，欧洲的其他国家如德国、法国都开始追赶英国。俄国开始掠夺其周边领土，德国和法国开始开拓殖民地。在这种情况下，英国仅仅靠自由贸易已经不能维护霸权地位，是否还要保持“无形帝国”就是摆在英国人面前的问题。19 世纪的最后 30 年，英国政治就是围绕着殖民地问题展开的。英国两大党在对内政策上没有太多区别，在殖民地以及与殖民地相关的对外政策上，两党时常有分歧。

保守党倾向于扩张领土，建立“有形帝国”。自由党更强调自由贸易，强调帝国的责任与义务。两党之间的分歧在埃及问题上体现得非常明显。1875 年，迪斯累利购买苏伊士运河的股票标志着英国政府迈出了重要一步。在购买股票的过程中，英国卷入了埃及的经济问题，从而进一步控制埃及。埃及成为英国在北非的重要据点，不仅能够保卫印度，而且为英国开拓非洲奠定了基础。对于迪斯累利的做法，英国舆论界表示赞同。这也体现出大多数英国人认为维护英帝国的利益非常重要。此时，格拉斯顿是自由党的领袖，他反对迪斯累利购买苏伊士运河的股票，但是英国大多数报刊支持迪斯累利，以至于自由党的重要人物反对格拉斯顿在公开场合发表反对意见。格拉斯顿指出：“我必须要尊重大多数人的意见。”①

① Marvin Swartz, *The Politics of British Foreign Policy in the Era of Disraeli and Gladstone*, Macmillian, 1985, p.38.

到1882年英国占领埃及,格拉斯顿试图维持英法合作,用和平方式解决埃及问题。但是,他所提倡的原则和提出的解决埃及危机的方式遭到了舆论的无情打压。"和平派"阵营代表的就是格拉斯顿领导的自由党的声音,但是"和平派"被"战争派"压制。随着埃及危机的加深,"和平派"本身发生分化,自由党的喉舌《每日新闻》倒向了"战争派"。同时,"战争派"通过各种方式压制"和平派"。英国舆论一致最终形成实质上就是反对自由党的帝国政策。

在阿拉比事件中,英国舆论支持迪斯累利所推行的帝国政策,反对格拉斯顿所倡导的殖民地策略。舆论中所体现出来的帝国情绪是对自由党帝国政策最大的打击。19世纪最后30年,英国的舆论更多地倾向于支持帝国的存在,更加强调瓜分世界的重要性,这体现出"有形帝国"成了更多人的共识。这种共识促使自由党在帝国问题上不断向保守党靠近,两党在帝国问题上的分歧越来越小,两党的政策趋于一致。

British Public Opinion and the British Occupation of Egypt in 1882

Abstract: British occupation of Egypt in September 1882 changed the situation of the Middle East and occupied an important position in the British imperial history. From September 1881 to British occupation of Egypt in September 1882, Arabi affairs had been the focus of the British public opinion. The Study of the incident from the perspective of public opinion shows that the consensus of the British public opinion about the war had been formed before the British government took the action. The study of the forming process of the war public opinion and its causes will help to study the policies of the British Empire from a new perspective.

Keywords: Public opinion, Britain, Egypt

作者:叶亢,北京大学历史学博士、深圳大学人文学院讲师。

专 题

英格兰民族主义的起源和特征

□[美]汉斯·科恩(Hans Kohn)

一

尽管受海岛位置影响,但英格兰民族意识的觉醒却比欧洲大陆来得晚。只到14世纪时英语才逐渐在法庭和公务生活中取代法语。议会在1362年开会时开始使用英语,理由是民众很少懂法语。但法语文学在受教育阶层中仍然保有绝对的影响力。乔叟,这位英国14世纪最伟大的诗人,他"作为我们文学界最前列的少数几位大师之一,其作品却似乎毫无爱国的热诚,这点引人注目的"[①]。

直到15世纪,英格兰仍旧是一个贫穷落后的国家。英国人口大概超过三百万,只相当于当时西班牙人口的一半,法国人口的四分之一,德国人口的五分之一。百年战争的终结和都铎王室的崛起是英格兰民族发展历程中的里程碑事件。在法国战败和从大陆撤退,从长远来看,使英格兰变得强大并为她的伟大奠定了基础。大海像围墙一样保护着英国,使她感到可以安全应对来自海峡对岸的攻击。这样她就可以将精力转移到一个全新的方向,转向大西洋。英国历史上的这次转向与欧洲政治、经济生活的转向相吻合。当时欧洲大陆的中心从远离不列颠群岛的地中海转移到了大西洋,大洋之外的那个奇妙富足的新世界在向人们召唤。这些转变对英国有利,使之比欧洲任何国家都能更早地发展出现代民族国家成长所需的某些基本条件,也就为17世纪民族主义的发展奠定了基础。

① 埃斯梅·温菲尔德·斯特拉特福德:《英国爱国主义史》(Esmé Winfield-Stratford, *The History of English Patriotism*),伦敦,1913年,第1卷,第78页。英格兰在16、17世纪即将迎来新的时代。而这一新时代的一位孤独的先行者便是约翰·威克利夫(John Wycliffe),他将《圣经》译成英语并呼吁用英语进行礼拜仪式。

由于缺少对外战争,经济生活也在不断扩张,社会等级体系在英国瓦解。而这种体系仍在其他地区僵化地持续着,阻碍着民族主义的成长。议会中有关这片土地整体福祉的讨论寻常可见,这增进了民族情感。大陆军队以骑士骑兵团为骨干,与之形成对比的是英国军队中约曼农弓箭手占主导。这在由强调封建效忠向强调民族情感的转变中同样发挥了作用。贵族的数量在玫瑰内战中大幅减少,其武士精神消磨殆尽。他们与上升的第三阶层之间并不存在不可逾越的障碍,也并未因此与之分离开来。

国家安全,财富增长,议会的影响力扩大,在这样的氛围中,个体自由、对法律程序的尊重,以及对在法律保障下交易的安全性和可核算性的尊重,所有这些成长所需的条件得以扎根。当权者们做决定时,民意可能成为举足轻重的要素;个性的解放以及中世纪传统和封建社会束缚下的个体自主性的解放,与缓慢增长的自信和自我依赖的情感相结合,成为16世纪英国人的典型特征。

15世纪末,都铎王室掌权,为民族的同质性奠定了基础,而这正是之后的民族主义发展的必要条件。对英国历史和民族主义而言,亨利八世扮演着与大陆的专制君主们相似的角色。其统治的结果就是意识上的英格兰国家主义(conscious English stateism)的发展。他最终摧毁了英国连接中世纪普世主义的纽带,拔除了封建权力在英国的最后一丝存在。他对增强中产阶级和绅士阶层的力量也贡献良多。而正是在这两个阶层之中,都铎王朝的君主们获得了支持。新财富开始涌入英国,加快了各社会阶层声望和影响力的转变。①

在伊丽莎白时期,随着财富和国力的增长,殖民扩张的开始和文学活动的增多,一种强烈的民族自豪感(patriotic

① 阿尔弗雷德·弗雷德里克·波拉德:《亨利八世》(Albert Frederick Pollard, *Henry VIII*),伦敦,1930年,第1卷,第78页。比较刘易斯·爱因斯坦:《都铎理想》(Lewis Einstein, *Tudor Ideals*),纽约,1921年,第14页。亨利的态度对应了文艺复兴时期教会服从于国家的趋势。如果亨利八世时期存在国家历史编纂学的话,那么它只会局限于依照古代范例对亨利的赞扬。亨利被塑造成一位罗马式的英雄和爱国者。虽然人们对英格兰过去的一些兴趣被唤醒,但那仍旧落后于文艺复兴在其他国家的成就。只有少数人对文艺复兴时期典型的爱国主义作了表达,如温切斯特主教约翰·波伊奈特(John Poynet, 1514? —1556)。他曾写道:"人们应该对他们的国家而不是国王,对共和国(commonwealth)而不是某个人怀有更多的敬意。因为国家和共和国高于国王。"然而这种文艺复兴精神只是在缓慢地渗入英格兰。英格兰的第一位文艺复兴式的历史编纂学家是一位意大利人,名叫波利多·维吉尔(Polydor Vergil)。当亨利七世于1507年令其创作一部英格兰史时,波利多同当时的其他观察家们一样为这样的现实情况感到震惊:英格兰人仍旧深深地沉浸在中世纪的虔诚之中,很少被文艺复兴精神所打动。在其《英国史》(*Anglicae Historiae*)第一卷中,波利多写道:"在当今敬奉上帝的国家中没有什么神圣勤勉的信徒了。"(nulla est hodie natio, quae ad divinum cultum pertineant, sanctius diligentiusque observet) pride)产生,但它还不具备现代民族主义的那种根深蒂固、随时可见、无处不在的特征。中世纪强调一个伟大的文化共同体(republic of letters),即基督教共和国。这笔中世纪的遗产在文艺复兴时期仍然继续存在着,只不过是以一种更加世俗化和学术化的形式罢了。塞缪尔·丹尼尔(Samuel Daniel)在其诗行中对这种情结有着很好的表达:①

一支幸福的笔的职责,
是不臣服于任何一位君主,
而是栖息在人类最好的世界,
他们的精神与一个团体同属;
无论是海洋、荒原,还是高山、沙漠
都不能阻挡思想的交错,
它应当在所有的地方挥洒财富,
从而找到最稳妥的任务。

宗教改革本身保留了强烈的普世特征。但英格兰在16世纪末为追赶意大利和法国所做出的文化跃进,却给英格兰人以全新的"重要"感,尽管大陆的那两个国家仍然是英国人学术生活的榜样和灵感所在。这种新的自豪感导致了对英格兰生活,以及其机构、特色、传统和历史的更加细致的观察。在这一点上,英格兰的作家和古物学家们再一次追随了文艺复兴的整体趋势,重新唤起了对研究民族过去的兴趣。托马斯·史密斯爵士(Sir Thomas Smith)1583年所作的《论英吉利共和国:英格兰王国的政体与国策》(*De Republica Anglorum*, *The Manner of Government or Policie of the Realme of England*)一书清楚地指出了在都铎时期国王在多大程度上是整个国家生活的中心。"简言之,国王就是在英格兰王国内所发生的所有之事的生命、头脑和权威。"②

翻译塔索的《布永的戈弗雷,或耶路撒冷的收复》(*Godfrey of Bvlloigne*, *or the Recouerie of Hierusalem*)③的理查德·卡鲁(Richard Carew),创作了《关于英语优

① 塞缪尔·丹尼尔:《塞缪尔·丹尼尔诗歌散文全集》(Samuel Daniel, *The Complete Works in Verse and Prose of Samuel Daniel*),亚历山大·格罗萨特(Alexander B. Grosart)主编,伦敦,1885年,第1卷,第287页,此版只在私人间传阅。此诗献于约翰·弗罗里奥(John Florio),适逢其完成对蒙田随笔的翻译。

② 托马斯·史密斯爵士:《论英吉利共和国》(Sir Thomas Smith, *De Republica Anglorum*),奥斯顿(Alston)主编,剑桥,1906年,第62页。在该书的第47页,作者对议会的重要性进行了评估。议会成员们"商议并展示什么是对公共福祉(common wealth)来说有利和必要的,并且通过共同商议,经过深思熟虑,每项议案和法律首先要在议会两院经过三次宣读和轮番辩论,之后国王在两院当众宣布同意并允许该项议案或法律的实施"。有关伊丽莎白时期英国爱国主义的内容请参考埃尔金·卡尔霍恩·威尔逊:《英格兰的伊莉莎》(Elkin Calhoun Wilson, *England's Eliza*),剑桥,1939年,特别是其第3章。

③ 即《解放的耶路撒冷》的前五诗章。

点的一封信》(*An Epistle concerning the excellencies of English Tongue*),声称英语比其他所有语言都优越,因为它借鉴了其他所有的语言。威廉·卡姆登(William Camden)遍游大不列颠之后,仿照比昂多(Blondus)的《意大利详解》(*Italia Illustrata*)对大不列颠进行了描绘。他的《不列颠志》(*Britannia, sive Florentissimorum Regnorum Angliae, Scotiae, Hiberniae, et Insularum adjacentium exintima antiquitate Chrorographica Descriptio*)于1586年出版,立刻便获得了成功。其书拉丁文原版和英语译文版短期内均多次再版。这种民族自豪感在伊丽莎白女王统治的最后岁月里得到了最出色的表达。正是在那时,塞缪尔·丹尼尔创作了他的穆索菲勒斯(*Musophilius*)[①]:

> 并且将来谁知道向何处我们会倾泻
>
> 我们语言的财富,往陌生的何方
>
> 我们获得的这最美好的荣耀将被送别
>
> 去丰富未知的国度,用我们的宝藏?
>
> 在未成形的西方什么样的世界
>
> 会到来,它优雅是因我们的声腔?

在此之前的几年,约翰·黎里(John Lyly)在其《尤弗伊斯及其英国》(*Euphues and his England*)中表达了在17世纪将普遍存在的情感:"他[②]对英格兰总是有着亲切的关怀,就像对待一个新的以色列,他遴选的特别的人民。"[③]

在16世纪,之前在英国经济文化生活中发挥主导作用的外国人开始丧失他

---

① "Musophilius"意为缪斯的爱人。——译者注

② 此处HE大写,指上帝。——译者注

③ 塞缪尔·丹尼尔:《穆索菲勒斯》,《塞缪尔·丹尼尔诗歌散文全集》(Samuel Daniel, *The Complete Works in Verse and Prose of Samuel Daniel*),亚历山大·格罗萨特(Alexander B. Grosart)主编,伦敦,1885年,第1卷,第255页。同样请参见莎士比亚:《理查二世》(Shakespeare, *Richard II*),第2幕,第1场,第40~53诗行;《约翰·黎里全集》(*The Complete Works of John Lyly*),沃里克·邦德(R. Warwick Bond)主编,1902年,第2卷,第205页。同样参见第120页:"永生的上帝只是英格兰人的上帝,他降和平——和平为所有人带来了富足——于英格兰,并为一位童贞女王举行了涂油圣礼……"而在第211页,黎里又写道:"上帝怀着伟大的、无以言表的善意将和平在他所遴选的英格兰人中继续。"但对于黎里来说,英格兰的中心并非人民而是女王。"英格兰很幸运能拥有这样一位女王。如果你不为她祈祷,你就是忘恩负义;如果你不爱她,你就是邪恶透顶;如果你失去她,你将凄惨无比。"——第208页。在伊丽莎白时期文学中,很少有将英格兰人比作天选之民(chosen people)的例子。其中之一便出现在理查德·胡克的《教会政体》(*Ecclesiastical Polity*)一书中。在该书的第八卷,胡克写道:"我们的政体依照的是上帝古时遴选之民的模式,他们非共和国(commonwealth)之民,也非上帝教会之民,而后二者全都服从于一个长官并且完全依赖于他的最高权威。"[雷蒙德·亚伦·胡克主编(Raymond Arron Houk),纽约,1931年,第166页]

们的显赫地位。[①] 英国中产阶级的成长和英国学识的增长使得他们逐渐变得多余。这种对英国活力的新的感知，与大西洋海岸为一个民族提供的新机遇一道，在英国殖民事业的初期开始显现。英国人并非像有时种族神秘主义所希望表明的那样，是一个天性渴望海上冒险的种族，并没有什么"维京"血液召唤着他们去发现和探险。直到16世纪英国人仍旧是纯粹的土生土长的人。那个伟大的探险时代属于西班牙人和葡萄牙人。只是在伊丽莎白女王的治下及17世纪初，英国人才开始缓慢地成为一个伟大的航海民族并且开始建造一个以海军和商业为基础的帝国。即便如此，到克伦威尔时期，英国没什么明确的成果可以与那些伊比利亚君主国和意大利共和国的成就相提并论。至少在起初阶段真实情况是英帝国，虽不是在漫不经心的状态下，但也是以凌乱无序的方式建立起来的。因为在伊丽莎白统治时期，英格兰人开始将他们的注意力越来越多地投向海洋。沃尔特·雷利爵士（Sir Walter Raleigh）的事迹，理查德·哈克鲁伊特（Richard Hakluyt）的记述，震荡了他们的心灵。战胜西班牙无敌舰队激发了统治海洋的遐想。但是，即使是在伊丽莎白统治末期，英国最伟大的诗人[②]，在万千人物类型中，也并未为我们创作出任何一个英国水手形象，[③]这种情况非常典型。

因此，都铎时期为英格兰民族认同的成长奠定了基础，但是英格兰人民和英格兰文学还没有得到认可。即便是在伊丽莎白时期，对英语渺茫未来的普遍担忧仍旧挥之不去，文学批评几乎完全被以往的古典标准所左右，迄今为止人们很少在情感上将英格兰文学认同为英国式的文学。因此在传统的统一的古典评价标准下，当时英国伟大的诗人们并

---

① 比较费舍尔：《从亨利七世登基至亨利八世去世间的英国史》（H. A. L. Fisher, *The History of England from the Accession of Henry VII to the Death of Henry VIII*），收录于亨特和普尔（W. Hunt and R. L. Poole）主编《英国政治史》（*The Political History of England*）丛书，第5卷，伦敦，1906年，第215页及以后各页。在1517年，斯皮特儿（Spittal）的圣玛丽亚教堂的教士比尔博士（Dr.Beale）通过宣扬上帝将土地作为永久的财产赐予英格兰人，而贫困的增加是由于外国人的缘故——这样的观点来煽动信众叛乱。但即便是在1550年伦敦也只有三分之一的人口是由外国手工艺人构成的。

② 这里应指莎士比亚，他通常被认为是英国文学史上最伟大的诗人，一生中共创作了154首十四行诗和37部诗体剧，塑造了形形色色的人物形象，但却无一个丰满的水手的形象。——译者注

③ 加布里埃尔·哈维（Gabriel Harvey）号召英国诗人们去模仿荷马并创作出一首民族史诗来颂扬英格兰海军对西班牙人取得的胜利。

未得到应有的赏识。[①] 只有到了17世纪初，人们才表达出对英国式的英格兰天才的认可，而诗歌的原则和趣味应随着民族和时代的变化而改变这一观点才得到强调。因此，塞缪尔·丹尼尔辩解道，尽管古典诗歌中不存在尾韵，但尾韵适合英语这门语言。他还为英国建筑辩护，反对模仿古代风格。现代人不需要模仿希腊人和罗马人，因为“我们和他们一样都是大自然之子”。

自弗朗西斯·培根（Francis Bacon）开始，对科学的新态度最好地反映出这种从权威（《圣经》的或古代的）奴役下获得的解放，这种对自主性和进步的可能性的声张。培根对于一个统一的、理性的道德规范的信念，他对战胜自然的力量的渴求，代表着都铎文艺复兴实用主义和实验现实主义的一面。通过对培根的《新大西岛》（*New Atlantis*）与早先的作品如莫尔的《乌托邦》（*Utopia*）之间的对比，可以揭示出对科学及其力量的态度上的重大变化。培根较少强调经济和政治领域的变化，他将科学作为造就太平盛世的手段：“将人类帝国的版图扩展到一切可能发生的事物的领域。”这种信念会不可避免地导向乐观主义，而且人类也的确攫取了越来越多的自然奥秘，学会了如何掌控自然以改善自然。正是在这种信念的启发下，盛行于17世纪初的悲观主义，或者至少说是忧郁情绪——罗伯特·伯顿（Robert Burton）的《忧郁的解析》（*Anatomy of Melancholy*）于1621年出版——得以改变。在《新工具》（*Noveum Organnum*）一书中，培根首先分析了导致这种绝望情绪的原因。这种情绪大体上是由这样一批人散播的，他们均持有这样的观点：古人已将所有的伟业做完，今人无事可做。培根接着进一步分析了产生希望的原因，而这是基于他坚定不移的信念，即通过使用正确的方法人可以并且将会统治世界。在17世纪已被广泛引用的是他在《学术的进展》（*Advancement of Learning*）中的一段著名论述。在这段论述中培根重新阐释了古代的意义和价值，“毫无疑问先知的建议在这件事情上为我们指明了正确的方向，‘在途中，看清楚什么是正确的和好的道路，然后沿此路走下去’（state super vias antiquas, et videte quaenam sit via recta et bona et ambulate in ea.）。古代值得我们尊敬，人们应当在那里停下

① 下述材料的一些内容多亏了我的同事玛乔里·霍普·尼尔森主任（Dean Marjorie Hope Nicolson）的建议。她的研究领域为17世纪英格兰的学术史。我同时也非常感激史密斯学院图书馆的咨询顾问格兰特·麦考雷博士（Dr. Grant McColley）为我提供了参考书目方面的信息。

来发现什么是最好的路;但当发现已经完成,那就应当前行。而且,老实说,‘古代是这个世界的幼年(Antiquitas saeculi Juventus mundi.)’。这些古代是指那些世界很古老的时代,而不是那些我们反过来(ordine retrograde)从我们自身倒推算回去的古老年代”。①

这种对未来的自信以及对人类能够通过科学而不断壮大的信心将培根与他同时代的人区分开来,但却为未来设定了基调。认为人类的身体力量和智慧力量在不断下降以及世界末日在不断临近,这种信念在当时仍很普遍。凭借着某种神秘的推算,世界末日被认为是在1600年或者1666年。1616年戈弗雷·古德曼(Godfrey Goodman)在伦敦出版了《人类的堕落或被我们天生的理性之光证实了的自然的腐化》(*The Fall of Man, or the Corruption of Nature proved by the Light of Our Naturall Reason*)一书。在该书中他认为人在逐渐变小,在世的几代人中没有哪一代可与古代的巨人相比。他还认定:与始祖时期②相比人的寿命在缩短;动物的力量和体积与古时的动物相比也在减小;苍天和元素③也在逐渐耗尽。同样而且几乎同时,约翰·多恩(John Donne)在其诗作《世界的剖析,在那里……代表着此世界的脆弱与腐朽》(*An Anatomie of the World, wherein… the frailty and decay of the whole World is represented*)中写道:④

① 该段引文分别出自培根的《新大西岛》,第265页和《学术的进展》,第2卷,第5章,第1小节(第35页),1905年。中产阶级的关联性在《学术的进展》的第1卷,第2章,第5小节(第16页)中得到了很好的强调:“只有博学之人才会热爱贸易并将之作为一种符合天性并且有益于大脑——如同锻炼有益于身体——的行动,并同时在此行动中获得乐趣。”

② 始祖时期(the age of the patriarchs 或 the patriarchal age)指《旧约圣经》第12章至第50章所记载的有关三位族长亚伯拉罕(Abraham)、以扫(Isaac)和雅各(Jacob)的时代。他们被认为是人类早期的始祖。这三位族长都很高寿。《旧约》记载亚伯拉罕活了175岁,以扫活了180岁,雅各活了147岁。——译者注

③ 根据古典理论,世间万物都是由四种元素(即土、水、气和火)构成。——译者注

④ 戈弗雷古德曼著作的第一版是献于“最优秀、最仁慈的王后陛下,我最光荣的女主人安妮王后”。他对世界及自然的悲观态度与其在该书前言中所表现出的对英格兰现世成就的自豪感形成对照。“特别是为了我们灵魂的健康与得救,如此我已尽力大体上展现了上帝对全人类的怜悯和眷顾;因此这里我胆敢冒昧地给陛下您写信,只为指出上帝赐予我们的高于其他民族的现世的恩宠。这份恩宠特别是存在于政府之中,凭此我们得以收获和平、富足和幸福的果实并在我们的王公们的保护下安稳地生活。这份恩宠似乎和这个国家相称,与我们生活的这个时代相称;因为我不愿严明在之前的时代,我们的这片土地是如何被各个小公国和政府扰得鸡犬不宁;那时由于国内四分五裂,似乎大部分地区都毁于边境;因此我只从我们先祖们的前一个时代开始。”(Sig.A5页)古德曼后来成为格罗斯特(Gloucester)主教,他的这部著作于1629年再版,书名改为《为自然理性和哲学根据所证实了的亚当自天国的堕落》(*The Fall of Adam from Paradise proved by Natural Reason and the grounds of Philosophy*)。多恩的诗行摘自《诗集》(*Poems*),赫伯特·格雷厄森(Herbert J. C. Grierson)主编,牛津,1912年,第1卷,第232、236页。同样可参见第238页及其后一页。同样可比较雷利的《世界历史》(*History of the World*),第1部,第1卷,第5章,第5部分,1614年。

所以你这病态的世界,你错以为你自己

康健,而其实,哎,你是无精打采没生气。

如果说人从前是什么,那他现在什么也不是。

但在17世纪初,人们开始提出新的观点,认为不同历史时期及其态度的不同并不是由于古人和今人之间存在什么本质的差异,而是在于气候、环境和民族性情的不同。所以,后来者成就伟大的机会和前人一样多。不断增强的历史的思维方式,刚刚萌发的在历史和社会背景下的文学理解模式,与科技进步带来的不断增强的自豪感交汇一处,形成了一种慢慢清晰的民族意识,形成了一种对人的潜能和民族成就的乐观信念。不仅仅是培根的书,其他被广泛阅读的书籍①也支持了这种新的自信姿态。盛行于17世纪的古今之争,在英格兰只是在

① 乔治·黑克威尔:《审视和批判有关自然永久和全面腐化方面的共同错误,并就此为上帝统治世界的权利和旨意所作的申辩或宣言》(George Hakewill,*An apologie or declaration of the power and providence of God in the government of the world consisting in the examination and censure of the common errour touching natures perpetuall and universal decay*…),牛津,1630年。反映16世纪末文学领域的古代和现代的国家标准的最重要的批评文稿包括菲利普·锡德尼爵士:《为诗辩护》(Sir Phillip Sidney,*An Apologie of Poetry*)[收录于《伊丽莎白时期的评论文章》(*Elizabethan Critical Essays*),格里高利·史密斯(G. Gregory Smith)主编,牛津,1904年,第1卷,第150~207页];约翰·哈灵顿爵士:《置于〈疯狂的奥兰多〉译本前面的前言或为诗、作者和译者所作的简短辩护》(Sir John Harington,*A Preface,or rather a Briefe Apologie of Poetrie,and of the Author and Translator,prefixed to his translation of Orlando Furioso*)(同上,第2卷,第194~211页);塞廖尔·丹尼尔:《为诗歌所作的辩护》(Samuel Daniel,*A Defence of Rhyme*)(同上,第2卷,第356~384页)。相较于法国和古典标准,在17世纪下半叶对英格兰民族的特殊性甚至是优越性的新的强调在以下作品中得到表述:罗伯特·霍华德爵士:《四部新剧的序言》和《〈宠臣莱尔玛公爵〉的前言》(Sir Robert Howard,"Preface to Four New Plays",and "Preface to the Great Favourite,or the Duke of Lerma"[收录于斯平加恩(J. E. Spingarn)主编《17世纪的评论文章》(*Critical Essays of Seventeenth Century*),牛津,1908年,第2卷],以及威廉·坦普尔爵士:《有关古代和现代学识的一篇文章》(Sir William Temple,"An Essay upon the Ancient and Modern Learning")(同上,第3卷,第32~72页)。而对其最强有力的表述则出现在约翰·德莱顿(John Dryden)的作品中:"的确,像法国诗人的代表伯罗(Perrault)一样辩论反对荷马(Homer)和维吉尔(Virgil),与赋予英格兰诗人们无可置疑的权利来超越埃斯库罗斯(Aeschylus)、欧里庇德斯(Euripides)和索福克勒斯(Sophocles),二者之间是存在很大差别的。因为如果说我们或者我们伟大的祖先们还没有将戏剧变得尽善尽美,我们至少已比古希腊人在这条道路上走得更远;……我们的作家们在才华上远超他们就像我们的士兵在勇气上远超他们一样。"[《德莱顿作品集》(*The Works of John Dryden*),沃尔特·斯各特爵士(Sir Walter Scott)主编,乔治·森茨伯里(George Saintsbury)校订,爱丁堡版,第12卷,第59页及其后一页]。在其《论戏剧诗》(*Of Dramatick Poesie*)中,尼安德(Neander)强烈捍卫英格兰戏剧相较于法国戏剧的优越性。"我们没有借鉴他们;我们的情节是在英格兰的织机上织就的。"[艾略特(T. S. Eliot)主编,伦敦,1928年,第53页]随后不久是对莎士比亚的辩护,称其为"在古代和现代诗人中拥有最宏大、最全面灵魂的那个人"。同样比较乔治·莫雷·米勒:《1570年至1770年英国文学批评中的历史视角》(*George Morey Miller,The Historical Point of View in English Literary Criticism from 1570-1770*),海德堡,1913年。

更小的程度上出现在纯文学领域(*belles lettres*)和美学批评领域(在法国便是如此),而非在实验研究和科学进展领域。正是由于这种科学志趣的新风尚,英国人最终在这一领域取得了领先地位。所有国家的所有人都仰视着"以提高自然知识为宗旨的伦敦皇家学会",并将之作为欧洲实验科学研究的中心。研究该学会的第一位史家①强调了它的世界主义精神。协会的成员们"公开宣称他们的目的,不是为了什么英格兰的、苏格兰的或者爱尔兰的,什么天主教的或者新教的哲学,而是为了全人类的哲学奠定基础……如果我能够随心所欲地选取材料来塑造一位完美哲人的理念,那这人应不属于同一地区,而是集合了不同国家的不同的优点"。但是在这项世界性的任务中,英国人毫无疑问地充当了无可置疑的领导者角色。他们的态度"使我们的邻居们紧盯着英国。他们期待知识的提升会从那里流出"。因此英格兰"可以光明正大地称自己为哲学联盟之首,凌驾于欧洲各国之上……如果能够给天下任何一个国家的整体脾性赋予以真正人格的话,那么毫无疑问这必将交由我们的同胞来完成。以至于甚至是我们的气候和空气,苍天的影响,英格兰人血液的成分,还有海洋的环抱都似乎和皇家学会的努力一道,使我们的国家成为实验科学知识的国度。并且好的迹象表明,相比其他民族,大自然向英国人展现了更多的秘密;因为它已经赋予了英格兰人以匀称的才智来接受和保留其奥秘。"

今人优越的观念很快便与英格兰人优越的观念融合在一起。英格兰人是新科学的领导者,而古人对新科学甚至一无所知。人信赖理性(由笛卡儿倡导)、感官与观察(由培根倡导)来揭示自然的奥秘和规律,这在英国找到了最适宜的土壤,并且受助于17世纪英国革命带来的自由和宽容。即便是斯普莱特主教(Bishop Sprat)在其创作《皇家学会史》(*History of the Royal Society*)时也强调宽容:"严厉地批评其他国家的宗教是不光彩的,他们关注他们自己信仰中的合理成分,而我们安顿在自己的真理中,这也就够了。"无限的可能正在向英国人并通过英国人向全人类敞开,这种强烈的预感在约翰·德莱顿(John Dryden)的诗作

① 托马斯·斯普莱特:《伦敦皇家学会史》(Thomas Sprat, *The History of the Royal Society of London for the Improving of Natural Knowledge*),伦敦,1972年,第3版。该书最早于1607年出版。斯普莱特帮助成立了皇家学会。引文来自第2部,第6部分,第63~65页。斯普莱特主教同样认识到了皇家学会的众多优点之一便是其对花哨语言的厌恶:"他们在成员中间执行一种亲密的、直白的、自然的说话方式……一种天生的随和。"(第113页)

《奇异的年代》[1](*Annus Mirabilis*)(1666年作为奇异之年被大陆许多人认为是世界末日到来的年份)中得到热情的表达。

可怜的人类愚昧的才智
长久找寻无果且未知的财富,
将在这个时代最先向不列颠展示,
之后再传授给其他艳美的国度。

17世纪的英国人与其他民族相比,他们不仅仅更专注于新科学,在政治理论和政治趣味方面也领先于其他民族。当意大利和西班牙日趋衰微,德国的经济和智慧受到三十年战争带来的持久惨状的摧残,法国建立在古典根基上的稳定的社会呈现出一派壮观景象时,英国却正在被革命的骚动所深深地搅扰。新生的民族主义的各种趋向火山喷发式地挣脱而出。这种孕育于都铎时期的民族主义使英格兰人的脑海中充斥着一种新的意识,使他们感到处在一个伟大的转折点上,一轮新的真正的宗教改革即将开始。而英格兰的普通民众,是历史使命的肩负者和命运的创造者。专制的贵族传统第一次在人的自由的名义下受到挑战,而国家和教会正是建立在这一传统之上。英国革命是加尔文教派(Calvinist)的道德规范与一种新的乐观的人文主义的混合体,重要且影响深远。作为一场加尔文主义革命,新生的民族主义在这样的观念——将英格兰人认同为《旧约》中的以色列人——中得到彰显。

二

清教革命尽管对国家和社会影响深远,但它基本上是一场宗教运动,是为了声张那些宗教改革的倾向,而这些倾向在德国受到专制主义的无情打压。加尔文主义中的神权极端主义思想与再洗礼派(Anabaptist)和唯灵主义运动(spiritualist movements)相结合,要求创建一个真正的基督教共和国,而这一共和国本身倾向于一个统一的新教政体。清教革命的灵感源头与胡斯运动(Hussite movement)相似。[2] 但在17世纪的英国,社会

① 《德莱顿作品集》,同上,第1卷,第63页。

② 再洗礼派是一个极端宗教改革派,主张因信受洗,认为婴儿接受洗礼是一种无意识行为,不能算数,甚至是一种渎神行为,因此成年信徒应再次受洗。唯灵主义认为世间万事万物都有灵魂,灵魂和精神是世界的本源,世界有"世界灵魂",它是包含一切的大灵魂即上帝。胡斯运动(Hussite movement)是15世纪早期兴起于波希米亚地区的宗教改革运动,以其早期领袖约翰·胡斯(原名Jan Hus,英文名常作John Huss或John Hus)得名。胡斯派主张守贫,没收教会财产,反对教皇权威,主张宗教事务方面的民族自主权等。——译者注

和智慧发展到更加先进的阶段,这场宗教革命也因此转变成为一场智慧解放运动,确定无疑地终结了中世纪,并开启了现代社会政治运动的序幕。① 那种伟大的使命感并不局限于社会上层,它将人民提升到一个新的位置——不再是普通的民众、历史的客体,而是一个民族、历史的主体,注定要成就伟业——并且号召每个人都平等地、独立地参与其中。这里我们发现了现代民族主义的先例,宗教的、政治的,同时也是社会的民族主义,虽然它尚不能与18世纪末才兴起的世俗的民族主义相提并论,但它与文艺复兴时期和绝对君主制时期的集权主义和爱国主义有着天壤之别。这里我们看到一个民族在它的内心深处第一次激发起了肩负历史使命的情感,并且在"自由"这个词汇中发现了新的意义和光芒。

这一时期的一些历史学家试图将这一自由定位在过去,在英国普通法对抗严酷的罗马法的传统中,在普通撒克逊民众反对"摧毁一切英格兰自由"的诺曼征服者们并且重申自己权力的历程中,相似的趋向将在法国大革命中再现。政客们和学者们、君主主义者们和共和主义者们,争相通过追溯过去,来为他们当前的立场辩护,不是以一种后来发展成为浪漫民族主义的方式,而是借助于过去的权威来强化他们的主张和诉求并且保护他们的既得利益。觉醒中的普通民众建构了一个自由平等的传奇般的过去,并将之作为祖先们反抗"诺曼主子们"的背景,因此认为英格兰的自由是有历史基础的。但比这一短暂的对过去的阐释更重要的是对未来、对新民族主义的巨大关注。此时英格兰人代表着这股新民族主义的潮流,但新民族主义注定是属于全人类的,并最终会以自然法和理性的观念为基石。新民族主义从根本上说是自由的和普世的,为全人类带来信息并预示着每个人的自由和平等,如果不总是赋予每个人以自由和平等的话。在通往以自由和理性为基础的这一普世主义的道路上,英格兰人将成为领路人和导师。他们将成为一个全新的民族,一个重生的民族——克伦威尔将之从清教徒和宗派主义者中,从英格兰人、苏格兰人或犹太人中,从所有头脑正常

① 比较恩斯特·特雨慈:《清教主义对于现代世界的形成的意义》(Ernst Troeltsch, *Die Bedeutung des Protestantismus für die Entstehung der modernen Welt*),慕尼黑,1924年,第3版,第63页。同样参见古奇:《17世纪英国的民主观念》(G. P. Gooch, *English Democratic Ideas in the Seventeenth Century*),1927年。

的人中创造出来——一个神圣的民族。①

英格兰人将他们经历的这一宗教民族主义看作是《旧约》民族主义的复兴。正如文艺复兴时期意大利、德国和法国的作家们受到他们所熟知的古典作家们的启发并获得一种新的爱国主义情感一样，清教革命时期的英国人也受到一种观念的启发，即将自我认同为希伯来人。但这些趋向的结局却大相径庭。对于文艺复兴民族主义来说，有时很难判定哪些作家是真的怀有这些情感抑或只是引述这些情感，他们只是在模仿古人抑或是将启示转化成为他们自己的新的生活；并且这一文艺复兴民族主义仍旧局限于少数习读古代作家的受教育阶层人士，因此只是一晃而过的现象，很快就被新的神学化潮流所淹没。但是，17世纪的英格兰民主主义却成为所有英格兰人头脑和心灵中不可磨灭的一部分，因为它的载体是对每个新教徒都开放且每个新教徒都熟知的那部书。“英格兰(人)已成为一书之民，而那部书就是《圣经》。”②特别是《旧约》，它启发了克伦威尔和他那一代人。这一时期的整体思想和风格都带有浓厚的希伯来主义色彩。希伯来主义的三个主要观念主导着这一时期的思想意识：选民意识、契约观念和对救世主弥赛亚的期盼。人们带着古老的宗教狂热来宣扬它们，并将之披上《旧约》词句的外衣，但它们却反射出民族主义和自由的新曙光。在个人良知与绝对权威的对抗中，在政治及宗教领域，争取

① 关于清教革命这方面的内容，比较恩斯特·巴克尔：《奥利弗·克伦威尔和英国人民》(Ernest Barker, *Oliver Cromwell and the English People*)，1937年，第82页及其后一页。欧文·赫尔茨勒：《英国革命中的人民意识和种族意识》(Erwin Hölzle,“Volks-und Rasssenbewusstsein in der englischen Revolution”)，收录于《历史期刊》(*Historische Zeitschrift*)，第153卷，第1期。在该文中作者试图发现英国革命中的种族意识，这项工作在当前德国史学中非常典型，但他也只是给出了极少的证据，并且这些证据的重要性值得商榷。约翰·黑尔(John Hare)的《圣·爱德华的幽灵或反诺曼主义》(*Sanct Edward's Ghost or Antinormanism*)是反对诺曼人的小宣传册之一。黑尔的这本小册子发表于1647年并且他很快又发表了另一本小宣传册《以直白的英语致我们的那些顽固的诺曼主义者们》(*Plain English to our Wilful Bearer of Normanism*)。这本小册子为之前的那本小册子没有受到关注而鸣不平。黑尔以自然法和人民安全的必要性为由反对诺曼征服的正当性。

② 格林：《英国人民简史》(J. R. Green, *A Short History of the English People*)，纽约哈珀出版社，1884年，第455页。16世纪英文版《圣经》的最著名的译者威廉姆·廷代尔(William Tyndale)就强调了希伯来人和英格兰人之间的相似性。他认为英格兰人和希伯来比英格兰人与拉丁人、英格兰人与希腊人之间的血缘关系更近。“希伯来语和英语中的表达方式同属一种，以至于在许多地方只需字字对照即可将希伯来语译成英语。”库克：《〈圣经〉和英语散文风格》(A. S. Cook, *The Bible and English Prose Style*)，波士顿，1892年，第11页。同样可参见玛乔里·纳尔逊：《弥尔顿和〈圣经〉》(Marjorie H. Nelson,“Milton and the Bible”)，收录于玛格丽特·克鲁克：《〈圣经〉及其文学关联》(Margaret B. Crook, *The Bible and Its Literary Associations*)，纽约，1937年，第278~307页。

宗教自由与公民自由的斗争凝聚成一股强大的力量，而这股力量争取将新自由根植于先知宗教的道德理想之中。如同古代的以色列人一样，现如今的英格兰人被感召来自尘世间光耀上帝之名，来实现最终的宗教改革，来教导其他民族如何生存。克伦威尔被比作约书亚（Joshua），而诗人们比如安德鲁·马尔维尔（Andrew Marvell）和埃德蒙·沃勒（Edmund Waller）则将英格兰比作普世自由的新世界政治（Weltpolitik）中心：①

> 不管这部分世界
> 是被粗野的海洋从大陆撕裂；
> 还是就这样被创造；它注定将
> 成为人类神圣的避难场。
>
> 受压迫的人们从此将赶往那里，
> 在您的王庭渴求得到公平和正义；
> 而那时陛下您，不仅只是作为我们，
> 而且是作为世界的保护人而闻名。

这一新自由在弥尔顿（Milton）的作品中得到了最权威的表述。当弥尔顿于1639年从意大利归国时，他正沉浸在重生的英格兰的幻想中。毫无疑问，此时的他视自己为肩负重任之人，并且作为自己的神圣使命，他期望创作一首"对一个民族具有教导意义"②的诗歌。弥尔顿从未创作出这样一首诗，因为他很快感到自己必须积极地投入到政治生活中并为上帝和他的民族服务。"我看到建立真正自由的大门正在敞开；将人类从奴役和迷信的枷锁中解放出来的基石正在被奠定；我们最关心的宗教的原则将对共和国的特征和结构产生有益的影响。"③

弥尔顿是宗教改革运动中人，但他却将文艺复兴精神载入18世纪。其所有的宗教热忱都包含着一种新的快乐的现世情结。人和社会是其关注的焦点。他呼吁每一个人都"将他的个人福祉和

① 索恩·德鲁里（G. Thorn Drury）主编：《埃德蒙·沃勒诗集》（*The Poems of Edmund Waller*），第2卷，纽约，1901年，第11页：《献给护国公的一首有关阁下和吾国共同利益的颂歌》（*A Panegyric to my Lord Protector, of the Present Greatness and Joint Interest of His Highness and This Nation*）。

② 赫伯特·格利尔逊爵士：《弥尔顿和华兹华斯，诗人与先知》（Sir Herbert J. C. Grierson, *Milton and Wordsworth, Poets and Prophets*），纽约，1937年，第7页。

③ 马尔科姆·华莱士（Malcolm W. Wallace）主编：《弥尔顿的散文》（*Milton's Prose*），牛津大学出版社，1925年，第11页。

快乐置于公共的和平、自由和信仰之中”。“福音书最伟大也几乎是唯一的戒律是令人不做违背人类幸福之事,并且民事法令不能违背公民福祉。”“每条律令,包括最严厉的、最神圣的,甚至有关安息日的律令,其大体上的目的都是人的幸福;是的,他的尘世幸福也不排除在外。”①弥尔顿对人性的信念,对更加美好生活的渴求是基于其对人的理性和个体信仰权力的自豪感。他认为自己和人类的最大敌人是习俗和权威。在《论出版自由》中,弥尔顿对不受审查的印刷制度的恳求以这样的疾呼结尾:“在所有的自由中,请给我依据我自己的良知自由地认知、发言和辩论的自由。”②在《为英国人民声辩》中,他在人类自由的宣言基础上,进一步宣告人类在根本上是平等的:

> 任何人都不会愚蠢到如此地步,以至于会拒绝所有人作为上帝自身的影像,自然是生而自由的……因此这是显而易见的:王侯和官员们的权力无它而是衍生出来的,是从人民那里转移过来并被委托给他们,目的是为了全体人民共同的福祉。而权力从根本上说仍然属于全体人民,并且不能违背他们与生俱来的权利而将权力从他们手中夺走。

但是弥尔顿主要关心的仍然是人的自由,即逐渐成熟独立的理性个体的自主权。可以说弥尔顿痴迷于自由观念,自由甚至在其诗歌中也扮演着重要角色。随着动荡的岁月将自由的相关问题凸显出来,自由本身的概念也逐步深化。对弥尔顿来说,自由是宗教的、政治的,也是个人的;他呼吁婚姻自由、印刷和出版自由。他意识到自由不仅是一种机构性的,而且也是一种道德方面的问题,而且与自由同时存在的是个人的责任:选择的自由和尊严使每个人、每个民族都要为他们的每个决定担负起巨大的责任重担。自由的真正标志是理性。人类只有通过理性控制自身的低级感官——食欲、欲望和感觉——才能真正获得自由。“如果人类自身能够受到理性的控制,而非将他的理解力置于外在的习俗和内在的盲目情感的双重暴政统治之下,他们

① 《约翰·弥尔顿散文集》(*The Prose Works of John Milton*),第2卷,伦敦:乔治·贝尔和桑斯出版社(George Bell & Sons),1884—1889年,第126页;第3卷,第353页。

② 《约翰·弥尔顿的散文》,第3卷,第318页。弥尔顿指出审查员们使用“许可”(imprimatur)一词因为“我们的英语是取得举世闻名的文学成就的人的语言。在英语中可不那么轻易能找到足够多的奴性的字母来拼出这样一个具有独裁意味的词。”(第285页)

将会更好地辨识出是什么钟爱和支持着一个国家的暴君。”①

弥尔顿发现他那个时代的英格兰人代表着这种新自由。他的字里行间回荡着对英格兰人作为世界领导者的自豪感:②

> 各位议员们,想一下你们是属于一个什么样的民族,你们是什么样的一个民族的管理者呀:不是一个迟缓无趣的民族,而是一个有着果断、创新和敏锐精神的民族,善于发明创造,言谈含蓄有力,不在人类能力所能达到的最高点之下……然而更重要的是,我们有充分的理由相信,上天以特别的方式眷顾着我们。除此以外还有什么能解释为什么这个民族被选在其他民族之前,从她那里如同从锡安(Sion)③那儿,向全欧洲传响起了宗教改革的第一条信息和号角……所有的迹象,以及所有虔诚之人——他们每天都郑重地表达他们的想法——的大体直觉都一再表明,上帝正在下令在他的教会中开启一段新的伟大时期,甚至对于宗教改革本身的再次改革亦是如此:否则他为什么按照他自己的方式最先向英格兰人,他的仆人们显灵呢?我认为,按照他自己的方式,最先向我们显灵,尽管我们如此卑微,不能理解他传达旨意的方式。现在看一下这座伟大的城市吧:一座避难之城,自由的大厦,处处受到他的保佑;……这片充满希望的生机勃勃的土地所缺乏的是智慧虔诚的耕耘者,他们将缔造一个闻名遐迩的民族,一个先知、圣徒和伟人的民族……这样的时代似乎已经到来,伟大的先知摩西端坐于天国,高兴地看到他不朽的光辉的理想被实现。那时不仅是我们的七十长老们④,所有的上帝的选民都将成为先知。

所以,专制主义长久以来的束缚得以解除:一个民族浮现于自由之民中,没

---

① 《约翰·弥尔顿散文集》(*The Prose Works of John Milton*),第2卷,伦敦:乔治·贝尔和桑斯出版社(George Bell & Sons),第3卷,1884—1889年,第331、333、326页。

② 《约翰·弥尔顿的散文》,第3卷,第312~315页。《失乐园》(*Paradise Lost*)重拾自由这一主题。该主题后又在《复乐园》(*Paradise Regained*)和《力士参孙》(*Samson Agonistes*)中再次被重提,其意义也在不断深化。

③ 锡安(Zion,或Sion)本意指耶路撒冷的锡安山(Mount of Zion),后常作为耶路撒冷或《圣经》中以色列之地(Land of Israel)的同义词使用。——译者注

④ 七十长老(the Seventy Elders)指《圣经》中上帝指派摩西(Moses)从以色列部族中选出的七十位长者。他们和摩西一样被赐予圣灵(Holy Spirit),是来协助摩西完成上帝赋予的重任。——译者注

有王公贵胄，只有政治上和宗教上自由的人民；没有宗教特权阶层，所有的人都是先知。这是一个神圣的民族，一个新的以色列。这个共和国的政府也因此与古以色列的神权政体相对应：①

> 但是上帝将会让他们竖起耳朵聆听最高长官的声音，将会引导我们走向自由，引导一个改造过的共和国走向繁荣；上帝因为先前犹太人背弃他和他的政府模式并选择了一位国王而发怒，但我们拒绝了国王而将上帝作为我们唯一的最高领袖并与他古老的政府保持一致，因此我们满怀希望，上帝将保佑我们，眷顾我们；所以我们荣耀地走在其他民族的前列，而其他民族则努力地成为我们的追随者。

弥尔顿又写道："不列颠以往被称作暴政的温床，但从此以后世世代代将被赞誉为最适合自由生长的热土。"但这一自由绝不仅仅是为大不列颠保留，它是人类的自由，向所有的民族，甚至是基督教域外的民族，传递着一个同样的讯息。在其著名的一段话中，弥尔顿似乎看到全人类都在注视和仿效英国革命：

> 我似乎站在高处远望，看到大片的土地与海洋，和无数围观的人群，他们的脸上洋溢着和我们一样的趣味和情感……置身于人群之中，我现在想象着从赫拉克勒斯石柱②到印度洋，我看到地球上所有的民族都在恢复他们早已失去的自由；而我们这个岛屿上的人民……正在各个城市、王国和国家播撒着

---

① 《约翰·弥尔顿的散文》，第3卷，第356页。具有《旧约》风格的典雅段落在弥尔顿的作品中俯拾即是。参见《约翰·弥尔顿作品集》(*The Works of John Milton*)，第3卷，第1部分，纽约，1931年，第78页及其后一页和第147页及其后一页。下面的这段话听起来却完全是克伦威尔风格："上帝与其创造的众生之间的距离相等并且随意……将父爱般的关怀投向任何一个王国，但他却还不曾将这座岛屿置于他那特别宽厚的圣意的眼神之下。"但一个重要的段落却展现了弥尔顿民族主义的天主教式的情绪："不是距离产生敌意，而是敌意制造距离。因此一个人如果与我保持和平，不论远近，不管他来自哪个国家，对我和所有民事的与人类的机构而言，就像是一位英格兰人和邻居；但如果一个英格兰人淡忘了所有的法律，人类的、民事的和宗教的法律，并侵犯了生命和自由，那么对于被侵犯者和代表他的法律而言，这个人即便是一母同胞，也无类于一个土耳其人、一个撒拉逊人(Saracen)、一个异教徒。(《弥尔顿的散文》，第3卷，第341页及其后一页)

② 赫拉克勒斯石柱(columns of Hercules 或 Pillars of Hercules)指直布罗陀海峡东端的两个海角，通常被认为是欧洲一侧的直布罗陀和北非一侧的摩西山(Jebel Musa)。——译者注

文明和自由的幸福种子。①

一个新的时代已经开始，英格兰，在伟大人物如克伦威尔和弥尔顿自己的领导下，正迈着大步走在全人类的前列。弥尔顿将克伦威尔看作是自由的伟大领袖；尽管他是克伦威尔及其事业的热情崇拜者，但当克伦威尔有时似乎希望自己成为独裁者时，弥尔顿会毫不犹豫地警告他："因为这就是事情的本质，谁侵犯了他人的自由，谁将最先失去他自己的自由并成为一名奴隶。"弥尔顿心目中的英雄——其中包含英国革命的重大解放意义——既非散发着权力光芒的人，也非征服和扩张的领袖。"一个人只要做出了一些伟大的事迹，或者教会别人如何做出这些伟大的事迹，抑或是在这些伟绩被做出之后用合适的庄严描绘这些伟绩，他本身就配得上这样一个称号；但这些伟绩之所以是伟绩是因为它们使生活变得更加幸福，增加了生活的无邪的乐趣和舒适度，或者为未来的一种更加持久和纯洁的幸福状态铺平了道路。"

三

如果弥尔顿可以被认为是代表了清教革命的观念②，那么克伦威尔可就不仅仅是革命的化身，他被称为"古往今来最典型的英格兰人"。"人性中所有不可

---

① 《约翰·弥尔顿的散文》，第3卷，第376页和378页。"有谁不把国家的荣誉和个人的荣誉等同起来呢？还有什么比恢复公民的和宗教的自由更能给一个国家带来更多的美和荣耀呢？"（第375页）我们今天读弥尔顿下面的这段话仿佛是在聆听先知般的警示一样，警示我们要维护自由，而自由在近期已遭到践踏。"你依据什么样的原则获得或维系自由，这关系匪浅。只有当这自由是一种武力不能夺取也不能夺走的自由时，并且当这种自由深深地扎根于你的脑海和心灵时，才不会有人通过背叛从你手中将你靠武力获得的自由夺走……如果你的和平与自由处于战争状态，如果你极度赞美战争，那么你很快就会发现和平对你的利益最为有害。"（第403页）在《再为英国人民声辩》（*Defensio Secunda*）一文中弥尔顿提到"希腊自身，雅典自身，仿佛复活了一般，通过菲拉瑞斯（Philaras），希腊最高尚的人之一，表达了她们的赞誉"。菲拉瑞斯是希腊民族主义最早、最孤立的先行者。他出生于16世纪末的雅典，生活在意大利和巴黎。他曾请求弥尔顿和共和国帮助希腊重新取得民族自由。［大卫·梅森：《约翰·弥尔顿的生平》（David Masson，*The Life of John Milton*），第4卷，伦敦，1887年，第443页］弥尔顿对伦纳德·菲拉瑞斯（Leonard Philaras）的回复被保存了下来。［《约翰·弥尔顿作品集》（*The Works of John Milton*），第12卷，纽约，1936年，第54~59页］

② 比较约翰·罗伯特·西里爵士：《讲义和短文》（Sir John Robert Seeley，*Lectures and Essays*），伦敦，1895年，第112页。希莱尔·贝洛克（Hilaire Belloc）认为弥尔顿领导了"爱国主义的新宗教……将先前对于王公们的情感和在那之前对于基督教王国普遍信仰的情感转移到了英格兰形象中"。［《弥尔顿》（*Milton*），费城，1935年，第22页。］同样参见格特鲁德·哈兰德：《弥尔顿的国家、教会和宽容观念》（Gertrude Hardeland，*Miltons Anschauungen von Staat，Kirche，Toleranz*），哈勒，1934年；鲍伯斯：《现代英国自由和国家理想的宗教起源》和《独立主义史》（H. Poppers，*Der Religös Ursprung des modernen englischen Freiheits-und Staatsideals. Die Geschichtsgestaltung des Independentismus*），布拉格，1936年；卡尔·沃尔克：《英国帝国主义的宗教根源》（Karl，Völker，*Die religiöse Wurzel des englischen Imperialismus*），宾根，1924年。

调和的因素都可在其职业生涯的某处寻得踪迹。更为神奇的是,明显相互对立的各种力量的联合恰恰可见于英格兰人自身,并使英格兰成了她如今的模样。"①克伦威尔引领了宗教中世纪主义(religious medievalism)确定无疑地向现代英格兰、向中产阶级及贸易利益的支配地位的过渡。克伦威尔的大脑混合了宗教的,或者更确切地说《旧约》的热情和对个体自由价值的清醒的、理性的认知。他比任何人都更多地唤醒了英格兰人作为选民的意识,每个英格兰人都被号召来分担这一意识。而这一时期英格兰被上帝赐予的可见的恩典使得这种宗教热情有增无减:与苏格兰的联合被牢固地确立下来,对爱尔兰的征服圆满完成,殖民帝国不断扩张,海军力量不断增强,贸易和商业不断增长。克伦威尔为宗教事务上的"个人良知的自由"而战,为"基督徒的真正自由"而战,在他那里宗教自由和公民自由携手并进。"自由的教会"要求"自由的政体",克伦威尔的宗教民族主义充满了现代政治的先兆。他的选民不再是基督徒,而是英格兰人,尽管他们仍旧是基督教普世事业的代表。

克伦威尔所为之奋斗的事业——他所认为的有关真正的新教主义的理想,和有关人性和自由的普世关怀的理想——的确是超越国界的;但对克伦威尔来说,对这项事业有益之处恰与对英格兰人有利之处相重叠。英格兰人,在历史上的此刻,正在为上帝而战。但只有当他们仍旧忠于上帝的道德教诲,仍旧是个圣洁的民族,当他们活着是为上帝效劳,并因正直的生活而受到上帝保佑时,他们才会继续为上帝战斗。用于称呼英格兰人的字句一次又一次地取自《旧约》的词句和图像。克伦威尔的铁骑军受到《旧约》中的赞美诗和颂歌的激励赶赴战场。一位士兵的口袋版《圣经》——印刷于1643年用以展现《圣经》中"上帝亲近之人的品格,即一名合格的战士为上帝而战"——几乎只含有来自《旧约》的引文。如同《旧约》中的先知们一样,克伦威尔也感受到了自身所肩负之重担的巨大分量,并渴望摆脱其桎梏。他在死前的几天曾说道:"我敢直面

① 塞廖尔·罗森·加德纳:《克伦威尔的历史地位》(Samuel Rawson Gardiner, *Cromwell's Place in History*),伦敦,1902年,第116、114页。参见恩斯特·巴克尔:《奥利弗·克伦威尔和英国人民》(Ernest Barker, *Oliver Cromwell and the English People*),1937年,第28页;同样参见赫尔曼·翁肯:《克伦威尔:有关民族领导力的四篇论文》(Hermann Oncken, *Cromwell, Vier Essays über die Führung einer Nation*),柏林,1935年;海尔姆斯·基特尔:《奥利弗·克伦威尔:他的宗教和使命》(Helmuth Kittel, *Oliver Cromwell, seine Religion und seine Sendung*),柏林,1928年。

上帝——与其相比我们只不过是世间爬行的蚂蚁——发誓,我宁愿住在乡下的树林边,宁愿养一群羊,也不愿在这样的政府里工作。”而在他临死前的那个晚上,人们又听他说道:“我希望活下去继续为上帝和他的人民效劳,但我的工作已经做完。”①

克伦威尔及其全部的宗教热情预示着即将到来的世俗民族主义。在 1656 年他曾说道,尽管上帝“特别关注的是教会,但那并未教导我们要排除他的一般关注,即对世人——不是作为基督徒而是作为人,对这三个国家及其附属地之内的人的关注”。第二年他表现得更加直言不讳,当他界定“上帝在世间的两个最伟大的关注点。一个是宗教……上帝关心的另一件事是这个国家公民的自由和利益……如果有什么人认为基督徒的利益和这个国家的利益不一致或是两码事,那我宁愿从未结交此人”!而三年前,当提及在爱尔兰和苏格兰的战争和血汗时,克伦威尔宣称其目的是“结束这项工作并使民族幸福”②。

在其一生的活动和战争中,克伦威尔总是怀着这样的信念:英格兰人“是一个刻有上帝印记的民族;上帝在这过去的十到二十年间已经将我们的荣耀作为一个完美的范例展现给了其他民族”。③他完全将英格兰人认同为古以色列人;

① 查尔斯·弗斯:《奥利弗·克伦威尔和清教徒在英格兰的统治》(Charles Firth, *Oliver Cromwell and the Rule of the Puritans in England*),伦敦,1925 年,第 440、443 页。以下克伦威尔的话均引自《奥利弗·克伦威尔的书信和演讲》(*The Letters and Speeches of Oliver Cromwell*),附有托马斯·卡莱尔(Thomas Carlyle)的注解,洛马斯(Lomas)主编,伦敦,1904 年。基于索菲亚·洛马斯(Sofia C. Lomas)女士的努力,一个新的版本正在被韦尔伯·科特斯·阿博特(Wilbur Cortez Abbott)出版公司陆续出版,《奥利弗·克伦威尔的书信和演讲》(*The Leters and Speeches of Oliver Cromwell*),附有对其生平的介绍、注释和素描,马赛诸塞剑桥版,四卷本,第 1 卷于 1937 出版,第 2 卷于 1939 年出版。有关清教主义崛起的源材料可见于威廉·哈勒:《清教战争 1638—1647 年间有关自由议题的册子》(William Haller, *Tracts on Liberty in the Puritan Revolution* 1638-1647),三卷本,纽约,1935 年;和他的《清教主义的崛起;或于讲坛和报刊间发起的通往新耶路撒冷之路:从托马斯·卡特莱特到约翰·利报内和约翰·弥尔顿,1570—1643》(*The Rise of Puritanism*; *Or, the Way to the New Jerusalem as Set Forth in Pulpit and Press from Thomas Cartwright to John Lilburne and John Milton, 1570-1643*),纽约:哥伦比亚出版社,1938 年。同样参见乔丹:《英格兰宗教宽容的发展》[W. K. Jordan, *The Development of Religious Toleration in England*(*1640-1660*)],马赛诸塞:剑桥出版社,1938 年;伍德豪斯(A. S. P. Woodhouse)主编,《克拉克手稿中军队有关清教主义和自由的争论(1617—1649)》[*Puritanism and Liberty, being the Army Debates*(*1617-1649*) from the *Clarke Manuscripts*],伦敦,1938 年;弗雷泽:《从安德鲁斯到蒂洛森的英国讲坛的演讲术,对其文学层面的研究》(W. Fraser, Mitchell, *English Pulpit oratory from Andrewes to Tillotson, a study of its literary aspects*),伦敦基督教知识促进会(Society for Promoting Christian Knowledge),1932 年。

② 第 2 卷,第 509 页;第 3 卷,第 30 页及其后一页;第 2 卷,第 358 页。同样参见第 1 卷,第 187 页和第 3 卷,第 172 页及其后一页。

③ 第 2 卷,第 404 页及其后一页。同样参见第 1 卷,第 217 页及其后一页。

英格兰民族主义在其历史上决定性的这一刻通过重复选民、契约和为上帝而战的经历而降生了。在 1653 年对小议会(Little Parliament)所做的首次演说中,克伦威尔对议员们说道:①

> 我认为,上帝通过他在人子们中曾经降下的最神奇的谕旨将诸位召至世间……毫无疑问,你们如同犹大,受上帝感召,与其同治,为其而治……因此在世人的眼中上帝与你们同在;并且来到世间,你们与上帝同在;如同《以赛亚书》第 43 章第 21 节所载——那是多么高尚之言;现在或从今以后,审视你们自己的内心,上帝将这段话用于诸位:“这个民族,”上帝说,“是我为自己而造,以便展现对我的歌颂。”我认为,这是值得纪念的一段话;上帝将之用于你们每个人的心灵。

克伦威尔坚信英格兰人受到上帝的指引。四年后,他更加有力地对这一信念进行了概括。他说道:

> 大不列颠的土地满是世上最好的人民……并且于这样的人民中,在这群人民中间,更为可贵的是有着这样一个民族。他们对上帝而言“如同他的掌上明珠”——上帝就是这样称呼他们的,不管他们为数众多还是人员稀少。但他们确实是为数众多。这是一个上帝赐福的民族,一个在他的安全保护下的民族,一个呼求上帝之名的民族。而那些异教徒却不会这样做。这是一个理解上帝的民族,一个敬畏上帝的民族!……似乎总有一只眼睛在看护着你们……上帝已经在看护你们和我们了。上帝伸出一只手臂探访了这些国家,并且见证了人类的不义的和不虔诚之举,见证了那些可能玷污这些国家之徒……

盎格鲁人的胜利(Gesta Dei per Anglos),对克伦威尔来说,英格兰在同时为文明和自由而战,每个人,即使是爱尔兰人,也应当分享这一自由。正是这种精神充斥着他写于 1650 年的《告爱尔兰人书》(*Declaration to the People of Ireland*)。克伦威尔欲用此书“使受迷惑和被引诱之人免遭欺骗”。尽管由于其对爱尔兰历史和社会状况的一无所知使其完全误解了这片土地的不幸现状,但他确实真诚地相信英格兰军队

① 第 2 卷,第 290 页及其后各页;第 3 卷,第 11~13 页。其他段落请参见他给彭布罗克(Pembroke)的信,第 1 卷,第 321 页,然后是第 1 卷,第 511 页及其后一页,第 2 卷,第 55 页和第 224 页及其后各页。

为所有爱尔兰人带去了真正的人的生活。①

> 我们是来粉碎一群目无法纪的叛乱分子。他们在挣脱了英格兰的威权之后与人类社会为敌……我们受助于上帝,来此拓展并维系英格兰自由的光辉与荣耀。在这个国家我们有无可置疑的权利如此行事。其中,爱尔兰的人民(如果他们不听命于那些蛊惑人心之徒)可以平等地分享所有的利益。而且如果他们放弃抵抗的话,可以和英格兰人一样,平等地享用自由和财富。

"自由"就其个人自由的意义而言,和"财富"就其追求幸福的意义而言,都是基于相关法律程序的文明化的保障。这一点 17 世纪的英国革命已经开始为英格兰确立下来并将其信息传递给了其他民族。在一场主要事关宗教的革命中,现代世俗文明的种子被播下并受到滋养。和法国的雅各宾派一样,清教徒在大不列颠的民族主义的特征上留下了不可磨灭的印记,在新英格兰更是如此。但是清教革命的重要意义却远超出清教徒的圈子。当那股巨大的压力——在此压力之下宗教改革者们奋力追求一种更加虔诚的生活——无可挽回地瓦解于复辟前的那种精疲力竭、万念俱灰的状态中时,当时的观察家们可能会认为那些清教热情和奋争都是徒劳的。但是诞生于清教革命的民族主义决定了并仍旧决定着英格兰民族主义的特征。英格兰是第一个全体人民都接纳了民族意识的国家。这种民族意识如此深植于英格兰人的脑海之中,以至于它对英格兰人而言失去了其模棱两可的特征。正因如此,相比于意大利、德国和俄罗斯,英国 19 世纪的哲学思想很少提供有关民族主义及其理论和影响方面的思考。而在那些国家的思想领域,民族主义的问题和民族主义模棱两可的特征却占据了中心位置。

---

① 第 2 卷,第 21 页。在这份《告爱尔兰人民书》中克伦威尔刻画了一幅错误的爱尔兰历史图景,将爱尔兰描绘成一个由爱尔兰人和英格兰人组成的田园般的安宁的社会,直到邪恶的牧师们开始煽动和愚弄爱尔兰人。克伦威尔对历史的无知完全是真诚的,这就在很大程度上解释了他的残酷。洛马斯女士在她第 9 页的注释中评论道:"克伦威尔不仅不落后于他同时代的人,而且他和他同时代的人无可估量地领先于他们之前的一两代人;通过研究伊丽莎白统治末期爱尔兰的统治者们的书信可以证实这一点。在那些书信中,这些统治者们得意洋洋地提到他们不仅是对男子,而且还包括妇女和儿童的'快意的杀戮'(good killing);提到他们冷血地建议通过绝对的饥荒来驯服这个国家;提到他们对爱尔兰的生命和苦难完全冷漠的态度。"通过英帝国主义过去的种种行径来为当前的侵略者充满暴行和压迫的帝国主义行径辩护是荒唐可笑的。环境的变化,我们应对压迫方式的进步,以及我们有关历史和社会状况方面知识的提升,这些都必须考虑在内。除此以外,克伦威尔的帝国主义具有一种自由和解放的使命,而法西斯帝国主义则拒绝自由主义和一切解放以及人道的努力。

从一开始英格兰民族主义就保持了非比寻常的特征:它一直以来并且仍旧是比其他民族主义更接近于其来源的宗教母体,①并且充满自由的精神——这种自由在反对宗教和世俗权威的抗争中得到声张。英格兰民族主义从未将个人与国家的完全融合作为民族主义的目标,它总是强调个人和超越国界划分的人类共同体。加尔文派对每个个体的无限价值的认识持续地预防着宗教和世俗的统一性,以及任何可能发生的暴政。英格兰的宗教生活和情感很少具有来世的特征,很少退居于内心生活和内心自由的圣所。它们充满了社会积极性,充满了要使这个世界的状况变得更加美好的责任感,并且清楚宗教自由和政治自由的共同根基亦是一个真正的共和国的根基。英格兰民族主义的宗教和自由特征也决定了19世纪英国社会主义运动的独特发展历程。它与欧洲大陆的社会主义运动的特征是如此不同。英国社会主义深深地带有17世纪独立主义的印记,它是宗教性的、自由的和人文主义的。而英国帝国主义亦是如此。

英格兰民族主义的诞生同样与新兴中产阶级的确定无疑的崛起相重叠。16

① 这种"希伯来民族主义"("Hebraic Nationalism",恩斯特·巴克尔,同上,第27页)不仅是克伦威尔时代英格兰民族主义源头的典型特征,而且当时所有的布道都带有其色彩。比较伊森·威廉姆斯·柯比:《在下院的布道,1640—1642》(Ethyn Williams Kirby,"Sermons Before the Commons,1640—1642"),《美国历史评论》(*American Historical Review*),第44卷,第3期,第545页。许多独立的宗派都呈现出犹太化的倾向,特别是他们都期待在世间建立基督的王国,并让犹太人重回英格兰,或让其回到巴勒斯坦,或让其接受洗礼。1642年亨利·阿奇尔(Henry Archer)在其名为《基督在世间的个人统治》("The personal reign of Christ upon earth")的布道文中将犹太人改宗的日期设定为1656年并将基督降临的日期定为1700年。另外一位神职人员,约翰·欧文(John Owen)于1653年10月13号在下院做了布道。他辩称土耳其人和教皇必须被推翻,犹太人必须回归故土,此后基督的王国方能建立。"至于在建立此王国的过程中犹太人到底该扮演什么角色当然意见纷纭,但这个角色肯定会很重要,因此犹太人应该受到照顾并被允许进入英格兰。"[路易斯·法戈·布朗:《空位期英格兰浸礼派和第五国度派教徒的政治活动》(Louise Fargo Brown,*The Political Activities of the Baptists and Fifth Monarchy Men in England during the Interregnum*),华盛顿美国历史协会1912年版,第24页]克伦威尔本人也对犹太人颇有好感并乐见他们重新定居英格兰,而犹太人曾在1290年被赶出英格兰。克伦威尔的动机具有典型的两面性,一方面他希望救世预言能够实现,另一方面他也希望得到犹太人的商业支持。杰出的犹太学者玛拿西·本·以色列(Manasseh ben Israel)于1650年一开始用西班牙语出版了他的《以色列的希望》(*Esperança de Israel*)。该文后被其译成拉丁语,前言附有给英格兰议会的一封信。[若要了解该文本和其历史,可参见《玛拿西·本·以色列给奥利弗·克伦威尔的任务》(*Manasseh ben Israel's Mission to Oliver Cromwell*),吕西安·伍尔夫(Lucien Wolf)主编,伦敦英国犹太协会1901年版]犹太人合法进入英格兰的问题并未在克伦威尔时代得到彻底的解决,尽管在1657年两名犹太人带头在英格兰为建造犹太人的公墓购置了土地,并且玛拿西的一个侄子作为一名正当的获得许可的经纪人进入了皇家交易所,而他并没有像通常那样宣誓包括宣誓信奉基督教。[《犹太百科全书》(*The Jewish Encyclopedia*),第5卷,第169页]

世纪都铎君主们为二者的发展做了铺垫，二者都同时于17世纪瓜熟蒂落。新社会力量的崛起，贸易的扩张，对新的社会关系的需求和该社会关系中注入的新情感和新的效忠关系，这些都是英格兰民族主义诞生的相关要素。17世纪新掌权的社会阶层依照这种新民族主义来看待他们自身的各种活动，他们财富的积累，他们对贸易的追求和他们自身能量的发挥。他们对自身新力量的认知——这种力量不断累积并通过他们使整个民族的力量不断增强——他们对自身幸福和民族财富的追求，这些都同步于他们对自身使命的感知，同步于他们对自身宗教和道德责任的感知以及对全人类负有的义务的感知。新自由主义，对人类和理性的新的信念和对上帝祝福的新的自信，为新的占有欲和新资本主义注入的不只是进步观念和安全感，而且还包括服务于某种高于个人利益与民族利益的东西的奉献情结。大陆的观察家们每当谈及英国人时通常都会满含讥讽，因为他们似乎同时服务于上帝和玛门。① 而每当英国人援引道德准则时，他们就会怀疑其是在说空话。由于英格兰民族主义的特殊起源，英格兰力量的每次展现——即便在很多时候如同所有的帝国主义一样是残酷的并专注于剥削——都伴有一股深深的道德潜流。这股潜流从根本上说是基督教的和自由主义的，并且是塑造现代文明的最强有力的因素。19世纪英国的帝国政治是强权政治，但相对于当时德国和俄国的强权政治，又不仅仅只是强权政治。对政治和学术自由的要求与承诺和对法律下的平等正义的要求与承诺很少在这种强权政治中完全缺失。并且在其最好的代表形式中，人们总是能够察觉到清教革命的那种热烈的希望和期盼的踪迹，希望和期盼在世间建立统一的上帝的王国。②

汉斯·科恩：《英格兰民族主义的起源和特征》（Hans Kohn："The Genesis and Character of English Nationalism"），原刊

① 玛门神（Mammon）类似于汉文化中的财神。——译者注

② 清教革命的一些本质性的特征，经过中和，和相对化与人性化的处理，在1688年的革命中重现，并且非常清晰地呈现在洛克的《政府论》（*Two Treatises of Government*）和《论宽容》（*Letters on Toleration*）中。这两本书很大程度上塑造了英格兰和美国的民族主义的特征。一方面是人道的和普世的特征，另一方面是民族的特征，二者在《政府论》（*Treatise of Government*）的第一篇的开头句子中得到了很好的表述："奴隶制是人类如此可耻和悲惨的一种境况，而且与我们民族宽厚的性格和勇气如此相悖，以至于很难想象一位'英格兰人'，更别说是一位'绅士'会为之辩护。"根本上的相似之处往往伴随有某些重要的不同；由于空间有限作者不便于就该话题进一步展开论述。

于《观念史刊》(*Journal of the History of Ideas*),第1卷(1940年1月),第1期,第69~94页。

译者:杨新华,四川大学历史文化学院世界史系博士生

专 题

货币“战争”与美国独立的起源

□王伟宏

摘要:货币是商业经济发展必不可少的重要机制之一。殖民地时期,随着英属新英格兰商业经济的复杂性日益增强,迫切需要一种价值稳定的货币作为日常交易的支付手段。但是,货币始终是一个制约新英格兰商业经济发展的棘手问题,这不仅关系到殖民地政府本身的经济管理职能,更是一场殖民地与母国政府之间的政治博弈。新英格兰通过发行债券等方式解决殖民地经济发展的货币短缺问题,引起了母国对殖民地控制的加强,进而推动殖民地最终走向独立。

关键词:新英格兰;纸币;权利;独立

任何商业经济的发展,货币是必不可少的重要机制之一。可以说,“没有货币,便没有活跃的市场经济”①。17—18世纪,随着英属新英格兰商业经济的复杂性日益增强,其迫切需要一种稳定的支付手段,如价值稳定、便于携带、广为接受的贵金属硬币或纸币。但实际情况却是,货币(本文仅指硬币或纸币)始终是一个制约新英格兰殖民地经济发展颇为棘手的问题,其不仅涉及殖民地政府本身的经济管理职能,更是一场殖民地与母国政府之间的政治博弈。殖民地时期,新英格兰是北美第一个铸造硬币的殖民地,也是第一个发行纸币的殖民地。对于英国来说,殖民地私自铸造或发行货币,是对母国政治和经济权威的挑战,是改变殖民地货币从属地位的严重事件。新英格兰殖民者试图改变殖民地货币从属地位的一系列行为,是导致北美殖民地与母国政治和经济冲突的主要根源。关于该问题的研究,国内学界尚无具体的研究成果。美国学界的

① [法]费尔南·布罗代尔:《15至18世纪的物质文明、经济和资本主义》(第二卷),顾良译,北京:生活·读书·新知三联书店,2002年,第100页。

一些研究虽有所涉及，但是没有将新英格兰的货币问题与英国政治经济关系的变迁和美国独立联系起来。① 有鉴于此，本文拟从英属新英格兰解决商业经济发展的货币短缺问题的历程窥探其与英国经济、政治关系的变迁和美国独立的起源。

17 世纪末期，货币短缺导致新英格兰殖民地的贸易严重衰退，制造业和商业都遭遇了重重困难。此前，新英格兰殖民地尝试过私铸硬币缓解交易中的货币短缺问题，但是很快英国政府禁止了这一做法。特别是母国政府对于马萨诸塞私自铸造货币一事，将其看作是对王权的侵犯，认为这是叛国和不忠的行为，是寻求独立的表现。② 英国要求马萨诸塞殖民地政府停止铸造货币，"除了母国的货币以外，禁止殖民地使用和流通任何外国货币"③。此后，新英格兰各级政府不得不接受以实物商品代替现金支付赋税和其他公共债务，特别是康涅狄格和新罕布什尔更是缺少像马萨诸塞一样的获得海外硬币的途径。④ 更有甚者，货币短缺引起多重债务，随即有关经济、财务诉讼的案件大幅增加。这些困难或问题，为一种纸币的诞生创造了有利环境。马萨诸塞殖民地总督达德利（1647—1720）认为，除非允许出现一些硬币以外的交易媒介，才可以修补当前的经济不利形势。他认为，可以让银行票据或具有个人财产及声誉担保的债券代替货币进行各种支付。这样做的一个重要理由是，这些票据和债券可以比硬币更为方便和安全地流通，对促进贸易和财富的增长极为有利。⑤ 1690 年，马萨诸塞殖民地政府组织的一次征服加拿大的行动失败，因政府无财力向士兵支付，而迫使上述想法付诸实践。当时，马萨诸塞殖

① Curtis Putnam Nettels, *The Money Supply of the American Colonies Before 1720*, Madison, Wisconsin: The University of Wisconsin Press, 1934; Leslie V. Brock, *The Currency of the American Colonies, 1700—1764: A Study in Colonial Finance and Imperial Relations*, New York: Arno Press, 1975; David T. Flynn, *Credit and the Economy of Colonial New England*, Ph. D. diss., Indiana University, 2001; Peter L. Rousseau and Caleb Stroup, "Monetization and Growth in New England, 1703—1749", *National Bureau of Economic Research Working Paper* No. 16190, July 2010 (http://www.nber.org/papers/w16190); Jonathan Edward Barth, *Money, Mercantilism and Empire in the Early English Atlantic, 1607—1697*, Ph. D. diss., George Mason University, 2014.

② Henry Bronson, M. D., *A Historical Account of Connecticut Currency, Continental Money, and the Finances of the Revolution*, New Haven: Thomas J. Stafford, Printer, 1865, p.18.

③ Joseph B. Felt, *A Historical Account of Massachusetts Currency*, Boston: Perkins&Marvin, 1839, p.41.

④ Margaret Ellen. *Newell, Economic Ideology, Culture and Development in New England, 1620—1880*, Ph. D. diss., University of Virginia, 1991, p.129.

⑤ Joseph B. Felt, *An Historical Account of Massachusetts Currency*, p.46.

民地政府按20先令的规格,印制了4万英镑的信用债券(见下图),付清了士兵的工资,并且承诺以政府的税收为担保,将来会按5%的利息收回。[1] 也就是说,这是一种特殊情况下延迟支付的缓兵之计,性质上属于预支票据。这些债券是政府对远征士兵所作承诺的一种凭据,他们来年可以拿着这些债券向政府换取在原有价值基础上增加5%利息的实际硬币或某种实物。所以,殖民地政府发行债券的根本目的并不是要发行一种作为日常交易使用的媒介。但是,实际情况却是,这些债券在殖民地社会流通起来,发挥了事实上的货币功能。

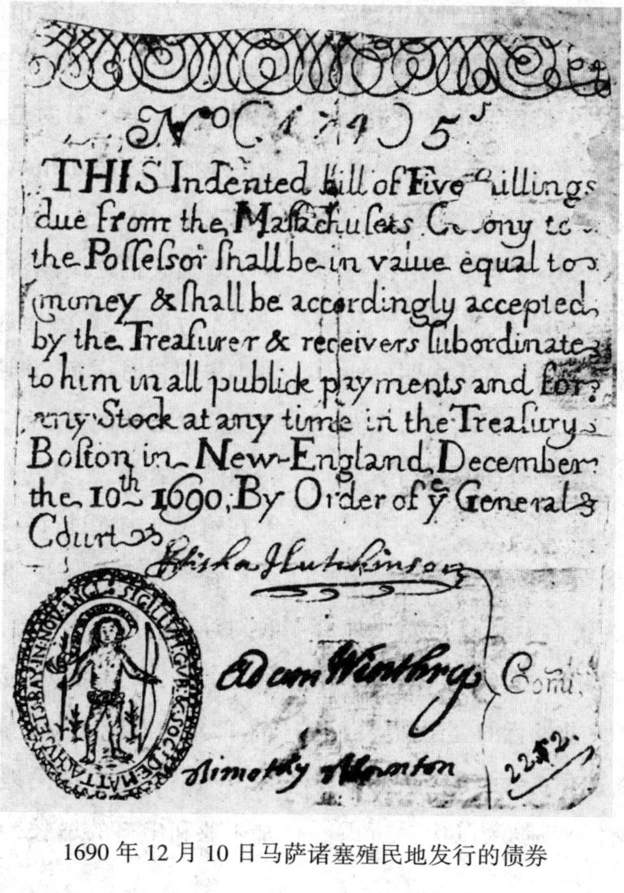

1690年12月10日马萨诸塞殖民地发行的债券

① K. G. Davies ed., *Calendar of State Papers, Colonial Series, America and West Indies, 1738*, London: Her Majesty's Stationery Office, 1969, p.269.

在短短几年间，马萨诸塞政府发行的信用债券，就从一种临时性质的政府信用债券发展成为殖民地普遍流通的实际货币，用其可以购买任何商品。此后，马萨诸塞殖民地政府对该做法屡试不爽，一发不可收，并被其他殖民地所效仿。而且，在债券的发行总量、回收期限和利息上，新英格兰各个殖民地都不断刷新纪录。而且，令人惊讶的是，殖民地发行债券居然得到了母国政府的支持。从短期来看，因为这符合大英帝国的根本利益，发行债券解决了殖民地对于远征出现的支付困难，有利于英国殖民势力在北美的扩张。所以，英王颁发给马萨诸塞殖民地政府新的特许状中明确地允许它发行债券。[①] 由此可见，发行债券在某种程度上成为修补母国政府与新英格兰殖民地关系的一剂良药。

18世纪伊始，债券逐渐成为殖民地的流通货币，成为统合新英格兰殖民地内部经济的重要媒介。1702年，马萨诸塞政府在收回了此前发行的全部债券后又继续发行了新的债券。1709年，康涅狄格政府也开始发行债券，以应对货币的严重短缺，以及便利地支付对法国人的远征费用。1710年，新罕布什尔在紧随罗得岛之后也发行了自己的债券。而且，这四个殖民地的债券互为标准，在新英格兰内部实现自由流通，并在1712年成为合法的公、私支付手段。[②] 由此可见，各个殖民地债券的发行，一定程度上缓解了日常交易对货币的需求，这有利于扩大单个殖民地内部和殖民地之间的商品贸易。更重要的是，新英格兰各个殖民地彼此之间互相承认债券，这将起到加强殖民地之间经济联系的作用，有助于增强它们之间经济的一体化程度。通过发行债券，使得殖民地政府的财政困难得到暂时缓解，并使政府有财力进行更好的公共投资。而对于持有债券的普通殖民者来说，其可以利用手中的债券在殖民地内部进行各种商业投资和扩大消费。特别是从长期的效果来看，这种对经济的拉动作用会更加强劲。可以肯定的是，作为可以在殖民地流通的纸币，债券的发行以及数量上的增长，会促进新英格兰各个殖民地多样化的贸易、加工业和出口的增长，而不仅仅是暂时

---

① Cecil Headlam ed., *Calendar of State Papers, Colonial Series, America and West Indies, 1714—1715*, London: Her Majesty's Stationery Office, 1928, p.172.

② Peter L. Rousseau and Caleb Stroup, "Monetization and Growth in New England, 1703—1749", *National Bureau of Economic Research Working Paper*, No.16190, July 2010, p.4. (http://www.nber.org/papers/w16190)

增加了政府支出。[①] 但是,殖民地政府也不能无限制地发行债券,其必须要充分地考虑到政府实际的税收能力能否抵偿已经发行或即将发行的债券。

此后,新英格兰各个殖民地开始逐渐增加债券的发行数量。1714 年,马萨诸塞政府通过一项法令,决定发行 5 万英镑的债券,5%的利率,本金和利息以 5 年为偿还期限。1716 年,通过另一项法令,发行 10 年期的债券 10 万英镑。1721 年,再发行 5 万英镑。1727—1729 年间,发行了 6.8 万英镑的债券。所以,殖民地政府日益把发行债券作为增加政府财政支出的一项重要途径。1730 年 8 月,乔纳森·贝尔彻成为马萨诸塞殖民地政府新一任总督,他在上任后第二个月就颁布法令,发行 1.3 万英镑的债券以增加政府的财政。这些债券在所有公共支付中,被确定为法定货币,以进口税和消费税为担保基金。政府将这些债券主要用来支付政府雇员的工资和其他开支。例如,1731 年,马萨诸塞政府用 3500 英镑的债券支付了殖民地理事会及代表委员的工资。同年 4 月和 11 月,该政府又分别发行 6000 英镑和 5400 英镑的债券。再如,1733 年 11 月,贝尔彻批准一项法令,即用 76500 英镑的债券偿还公共债务和支付省区各类服务人员的工资。此后,一直到 1737 年,每年发行的债券数量都有不同程度的增加。1738 年以后,一直到 1740 年,债券发行量大幅减少,每年发行的总量最多不超过 6000 英镑。1741 年又开始增加发行量。[②] 其他殖民地,新罕布什尔、康涅狄格和罗得岛也都发行了各自的债券。到 1733 年,罗得岛以 20 年为期限,共发行了 10.4 万英镑的债券;康涅狄格为 4 万英镑。英属新英格兰全部的债券有 30 万英镑。[③]

如同任何地区的经济一样,如果殖民地无限制地发行债券,必然导致通货膨胀。马萨诸塞殖民地政府在开始发行债券时,充分考虑到殖民地政府财政的实际收支情况,其所发行的债券,数量有限,并在利息和收回期限上都做了明确的规定。按照 1702 年的法令,马萨诸塞债券的发行量为 1 万英镑,用于支付公共债务和政府支出,利率在 5%以上,以

① Peter L. Rousseau and Caleb Stroup,"Monetization and Growth in New England,1703—1749",*National Bureau of Economic Research Working Paper*,No.16190,July 2010,p.17.

② K. G. Davies ed.,*Calendar of State Papers*,*Colonial Series*,*America and West Indies*,1737,London:Her Majesty's Stationery Office,1963,pp.2-3,pp.30-31.

③ K. G. Davies ed.,*Calendar of State Papers*,*Colonial Series*,*America and West Indies*,*1738*,pp.269-270.

关税和消费税为担保。① 因为这些债券纸币本身不具有任何价值,所以其必须和当时黄金和白银的价格直接挂钩进行价值换算,如果发行量过大或不能及时收回就会出现通货膨胀的风险,银价上涨,纸币贬值(参见表1)。1728年,马萨诸塞的一位绅士在给他纽约的朋友的信中提到:"我们的纸币,由于大量发行,逐渐失去了信用,因此目前16先令难以购买到1盎司白银。该时期马萨诸塞流通的纸币总量多达314000英镑,这还不包括康涅狄格、罗得岛和新罕布什尔。"② 1733年,波士顿建立了一家新的银行,这期间流通的债券达到11万英镑。其规定,当债券到期,转换成实际的金银时,将以银价每盎司19先令或以金价每盎司13英镑13先令1.5便士进行换算。③ 也就是说,假如一个人持有面值100英镑的债券,其可以兑换到的实际黄金为7.3盎司多,白银则是105.26盎司多,利息另算。如果实际流通债券数量过多,则会导致实际兑换到的黄金或白银的价值减少,出现纸币贬值。

表1 马萨诸塞波士顿1盎司白银年均价格:1703—1749年(单位:先令)

年份	价格	年份	价格	年份	价格	年份	价格	年份	价格	年份	价格
1749	60.00	1738	27.00	1730	20.00	1723	15.00	1716	10.00	1709	8.00
1747	55.00	1736	26.75	1729	20.50	1722	14.25	1715	9.00	1708	8.00
1746	38.50	1735	27.50	1728	17.25	1721	13.00	1714	9.00	1707	8.00
1745	36.00	1734	25.50	1727	16.00	1720	12.33	1713	8.50	1706	8.00
1744	30.00	1733	22.00	1726	16.00	1719	12.00	1712	8.50	1705	8.00
1741	28.00	1732	20.00	1725	15.50	1718	11.00	1711	8.33	1704	7.00
1739	28.50	1731	18.75	1724	16.25	1717	10.00	1710	8.00	1703	7.00

资料来源:U. S. Bureau of the Census, *Historical Statistics of the United States, Colonial Times to 1970*, Washington, D. C. , 1975, p.1199.

① K. G. Davies ed., *Calendar of State Papers, Colonial Series, America and West Indies, 1737*, London: Her Majesty's Stationery Office, 1963, p.30.

② Joseph B. Felt, *A Historical Account of Massachusetts Currency*, p.84.

③ K. G. Davies ed., *Calendar of State Papers, Colonial Series, America and West Indies, 1737*, p.31.

到1733年年底的时候,银价就从每盎司19先令涨到了20先令。不久之后,殖民地的债券进一步贬值,银价更是上涨到每盎司20~27先令。① 到1736年,罗得岛530英镑的债券只相当于英国货币的100英镑。② 每100英镑的英国货币可以兑换的马萨诸塞币从1695年的139.86英镑增长到1745年的644.79英镑,增长了近4.65倍。③ 这些纸币债券的贬值,意味着殖民地物价的快速上涨,债务人和债权人的矛盾和冲突升级。因为这"令所有的债权人痛苦万分,特别是给牧师和其他的工资收入者造成很大的困难,对于寡妇和孤儿,他们的财产及利息本可能够供养他们,但贬值导致其财产的价值缩水了一半,他们发现自己突然陷入了贫困当中。"④所以,反对发行债券的声音在殖民地和母国国内都不时出现。⑤ 早在1727年,英国议会上院就认为:"大量地发行债券不利于省区或同该地区进行贸易往来的商人,这些债券不应该继续延长时间,应采取必要的措施,使当前流通的10万英镑的债券在接下来的5个月内回收完毕并销毁。从此以后,在没有陛下的决议前,殖民地政府不能再通过任何法令发行纸币。"⑥面对这些来自殖民地和国内的反对声音,英国政府日益关注新英格兰殖民地的纸币发行问题,进而引起双方关系的再度焦灼。

1730年初,英国政府颁布命令,要求新英格兰殖民地不得延长债券的退出时间,减少流通中尚未偿付的纸币数量,再发行的债券总量不得超出3万英镑,并只能用于政府支出(参见表2)。⑦ 英国的这道命令使得新英格兰殖民地的领导人进退两难。一方面,殖民地领导人不能完全直接拒绝执行英国的命令,另一方面,殖民地确实有不得已的难处。1738年1月28日,马萨诸塞殖民地总督

① K. G. Davies ed., *Calendar of State Papers, Colonial Series, America and West Indies, 1738*, pp.269-270.

② Cecil Headlam ed., *Calendar of State Papers, Colonial Series, America and West Indies, 1735-1736, London: Her Majesty's Stationery Office*, 1953, p.254.

③ John J. McCusker, *Money and Exchange in Europe and America, 1600-1775*: A Handbook, Chapel Hill: The University of North Carolina Press, 1978, pp.138-142.

④ Thomas Hutchinson, *The History of the Colony and Province of Massachusetts-Bay, VOLII*, Cambridge, Massachusetts: Harvard University Press, 1936, p.174.

⑤ Margaret Ellen.*Newell*, *Economic Ideology, Culture and Development in New England, 1620-1880*, pp.212-215.

⑥ Cecil Headlam ed., *Calendar of State Papers, Colonial Series, America and West Indies, 1726-1727*, London: Her Majesty's Stationery Office, 1936, p.215.

⑦ Margaret Ellen.*Newell*, *Economic Ideology, Culture and Development in New England, 1620-1880*, p.218.

乔纳森·贝尔彻向英国贸易与殖民地委员会陈述了发行债券迫不得已的缘由。因为殖民地“需要某种代替货币的东西，金银又一直不断地流出到英国，如果没有交易媒介的话，几乎难以使这里的人维持生活和开展任何的贸易，或是个人之间发生任何交易”。① 很多人反对无限制地发行债券，认为总应该在收回旧的之后再发行新的。1739 年 3 月 30 日，马萨诸塞的贸易商们向英国贸易与殖民地委员会报告，反对马萨诸塞关于发行 6 万英镑债券的法案。②

表 2　北美殖民地未偿付的纸币：1705—1775 年（单位：殖民地英镑，千）

年份	马萨诸塞	康涅狄格	新罕布什尔	罗得岛	纽约	宾夕法尼亚	新泽西	特拉华	马里兰	弗吉尼亚	北卡罗来纳	南卡罗来纳
1775		27			120	422			295		80	
1770						344	190			88	79	498
1765					260	432	248			303	75	
1760			212			486	155				50	
1752		340	114			84			60			
1748	2135	281	114	550		85	38		60		21	133
1744	305		30			85		14	90			
1739	243	60	23	340	80	80	60	17	90		53	250
1735	309		22			69	23	20	90		53	
1730	311		27	320		69	18				40	107
1725	351		27			39	37	11				116
1720	230		22								12	
1715	170	27	8	51	36		5				24	74
1710	89	20		7	7							
1705	28											

资料来源：U. S. Bureau of the Census, *Historical Statistics of the United States, Colonial Times to 1970*, Washington, D. C., 1975, p.1200.

① K. G. Davies ed., *Calendar of State Papers, Colonial Series, America and West Indies, 1738*, p.21.

② K. G. Davies ed., *Calendar of State Papers, Colonial Series, America and West Indies, 1739*, pp.71-72.

1739年4月11日,英国贸易与殖民地委员会将上述意见提交到国王那里,最后国王同意马萨诸塞殖民地政府在满足下列条件下发行新的债券。(1)在发行新债券前,1727年以前发行的债券要全部召回并废止。(2)1727年以后发行的、目前仍在流通的纸币,还没有完全退出流通时,不能发行超过每年所能支付价值的新债券。(3)新债券的面值定为6先令8便士。(4)新债券要在3、6、10年后陆续按比例定期收回。(5)制定有关合适条款,保护借贷人因破产引起的损失。(6)无特别合同关于金银或商品受该法案的影响。(7)悬置条款要附着。[①] 由此可见,殖民地发行债券开始受到母国政府的严格限制,母国政府力图通过这种控制,规范殖民地的经济秩序,阻止纸币的不断贬值,保护与殖民地贸易的英国商人的利益。但是,当1739年10月,英国与西班牙开始殖民战争和1744年英国再与法国开始战争时,英国政府需要新英格兰殖民地的帮助,而为了解决战争开支,新英格兰殖民地政府除了发行债券之外别无他法,对此英国政府采取了默许的态度。[②] 特别是在1744—1748年间,新英格兰各个殖民地都发行了大量纸币。而一旦战争结束,英国的一些商人再次请愿议会,立即让殖民地的债券停止流通。[③] 所以,在很大程度上,新英格兰殖民地能否发行债券、发行多少都取决于大英帝国在北美的利益,而全然不顾殖民地纸币多寡可能造成的严重后果。例如,纸币日益严重地贬值,从1739年的28先令可以兑换1盎司白银上涨到1744年的32先令,1749年更是涨到55先令或60先令。[④] 纸币贬值造成很多殖民地家庭陷入贫困,而殖民地政府只能最大限度地忍耐并执行来自母国的各项摇摆不定的政策规定。

随着来自母国政府的压力增强,首先马萨诸塞不得不宣布所有的纸币在1750年3月以后失效,退出流通,恢复使用银币支付。[⑤] 1751年,英国议会颁布法令,要求从1751年9月29日以后,新

① K. G. Davies ed., *Calendar of State Papers, Colonial Series, America and West Indies, 1739*, p.77.

② Henry Bronson, M. D., *A Historical Account of Connecticut Currency, Continental Money, and the Finances of the Revolution*, p.46, p.63.

③ Margaret Ellen. *Newell, Economic Ideology, Culture and Development in New England, 1620-1880*, p.238, p.239, p.240.

④ Henry Bronson, M. D., *A Historical Account of Connecticut Currency, Continental Money, and the Finances of the Revolution*, p.65.

⑤ Joseph B. Felt, *A Historical Account of Massachusetts Currency*, 1839, p.121.

英格兰所有殖民地的任何总督、副总督和立法机构不得再制作和发行债券。①也就是说,新英格兰各个殖民地纸币流通的合法性从此终结。因此,新英格兰殖民地重回17世纪末货币短缺的时代。1756年2月5日,马萨诸塞总督说:“该省处于深重的债务之中,远征……各种赋税,政府举债也难以支付军队,最近不得不从远征返回。”②到18世纪60年代末,殖民地的商人普遍抱怨在他们中间缺少货币,没法支付英国向新英格兰出口的大部分货物。③ 因此,英国的一些商人也主张可以让新英格兰商人以其他的形式支付英国的各种制成品。当时一位英国商人就提到:“如果我们坚持所有利润都以货币形式,这可能毁掉我们的贸易。”④所以,在新英格兰和英国之间的贸易上,新英格兰更多的是以其他殖民地的某种产品进行支付,如烟草、蔗糖等产品。

1764年,英国颁布《货币法》(*the Currency Act*),规定从1764年9月1日开始,禁止北美大陆所有的殖民地发行法定货币,并且正在流通的类似货币也必须立即退出流通领域。同时规定,若任何总督违背该法,将受到严厉的惩罚,包括罚款1000英镑,并即刻解除职务,终身不得再担任公职。⑤ 面对英国日益严苛的各种法令,1764年10月24日,马萨诸塞殖民地政府在给英国国王的备忘录中提到:

> 因战争,我们以高利借贷,……各种法案,不仅剥夺了我们所有的资源,而且必然最后毁掉我们的贸易,正如我们所认为的,这剥夺了我们作为英国人最重要的权利。……各种法案,已经对您的殖民地造成巨大的灾难,我们的贸易全毁了。

所以,包括《货币法》在内的英国政府颁布的各种贸易法令一起成为新英格兰在内的北美殖民地和大英帝国关系恶化的导火索。

---

① Henry Bronson, M. D. , *A Historical Account of Connecticut Currency*, *Continental Money*, *and the Finances of the Revolution*, p.70.

② Joseph B. Felt, *A Historical Account of Massachusetts Currency*, p.139.

③ E. and C. Dilly, *The American Traveller*: *or Observations on the Present State*, *Culture and Commerce of British Colonies in America*, London, 1769, p.62.

④ Early American Imprints Series I, No.3290: “The Interest of City and Country to Lay no Duties”, New York, 1726, pp.9-10.

⑤ Jack P. Green and Richard M.Jellison, “The Currency Act of 1764 in Imperial-Colonial Relations, 1764-1776”, *The William and Mary Quarterly*, Third Series, Vol.18, No.4 (Oct., 1961), p.489.

总之,17 世纪到 18 世纪,新英格兰一直面临货币短缺的问题,这严重制约了殖民地商业经济的发展。为此,新英格兰殖民地政府和民众通过各种途径解决货币短缺带来的交易困难。特别是殖民地政府试图自行发行货币来解决交易媒介不足的问题,但是,英国政府把这种行为看成是对大英帝国政府权威的挑战,因此,双方因货币问题展开的种种博弈在一定程度上影响了殖民地与母国的关系变迁。英国对新英格兰殖民地货币问题的干预,是英国加强对北美殖民地控制的表现,这种干预和控制日益引起殖民地人民的反感乃至反抗,影响了殖民地与母国关系的健康发展。发行货币日益被殖民者看作是一种普遍的自由权利。这些因素与其他经济的和政治的因素一起推动殖民地走向独立。

The Currency "War" and the Origin of American Independence

Abstract:Currency is one of indispensable mechanisms for development of the commercial economy.In colonial times,with the complexity of commercial economy in the British New England growing,there was urgent need for a stable value currency as a means of payment for daily transaction.But the currency was always a problem restricting the development of commercial economy of New England,which was not only related to the economic management function of colonial government itself,but also a political game between colonial government and home government.New England solved the problem of currency shortage in the development of colonial economy by issuing bonds,which led to home country' strengthening the control of the colony,and pushed the colony to independence at last.

Keywords: New England, currency, rights,independence

本文系国家社科基金西部项目“大西洋贸易与英属新英格兰经济商业化进程研究”(项目编号:18XSS001)与“中央高校基本科研业务费专项资金资助”(项目批号:SWU1709113)阶段性成果

作者:王伟宏,西南大学历史文化学院讲师

专题

维多利亚时期英国女性期刊探析(1837—1901)

□张英明

摘要:维多利亚时期是英国社会向现代化转型的重要时期,随着报刊产业的发展以及女性知识水平的提高和意识的觉醒,英国女性期刊逐步呈现出快速发展的态势。在报刊大众化和女权运动的背景下,出现了多种类型、内容多样的女性期刊,这些刊物既是时代的产物,反过来也推动了社会发展,不仅对女性发展产生了重要影响,亦促进了英国社会的民主化进程。

关键词:维多利亚时期;女性;期刊;大众化;女权运动

在工业革命的推动下,维多利亚时期的英国社会开始向现代化转型,在此过程中英国从社会生活到家庭模式,从思想观念到伦理道德都发生了巨大变化。受社会发展的推动,英国报刊亦取得了极大发展,逐步转型成为现代化出版产业。女性期刊作为报刊产业的重要组成部分亦在这一时期开始崛起,随着科技水平和女性知识水平的不断提高,女性期刊取得了巨大发展。关于这一时期英国女性期刊的相关研究,国外出版了一些优秀著作,[①]国内研究

---

① 关于英国维多利亚时期的女性报刊以及女性与报刊之间关系的相关研究主要有:Margaret Beetham, Kay Boardman, *Victorian Women's Magazines: An Anthology*, Manchester: Manchester University Press, 2001; Margaret Beetham, *A Magazine of Her Own? Domesticity and Desire in the Woman's Magazine, 1800–1914*, London: Routledge, 1996; Alison Adburgham, *Women in Print: Writing Women and Women's Magazines from the Restoration to the Accession of Victoria*, London: George Allen and Unwin, 1972; Deborah Chambers; Linda Steiner; Carole Fleming, *Women and Journalism*, Routledge, 2004; Barbara Onslow, *Women of the Press in Nineteenth-Century Britain*, St. Martin's Press, 2000; Hilary Fraser, *Gender and the Victorian Periodical*, Cambridge: Cambridge University Press, 2003; Marianne Van Remoortel, *Women, Work and the Victorian Periodical: Living by the Press*, Palgrave Macmillan, 2015; Hilary Fraser, *Gender and the Victorian Periodical*, Cambridge: Cambridge University Press, 2003; Michelle Elizabeth Tusan, *Women Making News: Gender and Journalism in Modern Britain*, Illinois University Press, 2005。

则较少。作为报刊出版业重要组成部分的女性期刊,在社会转型过程中有着什么样的发展变化?呈现出怎样的特点?又对当时的社会尤其女性产生了哪些影响?本文将就这些问题展开探讨,希冀通过论述增进大家对维多利亚时期英国社会转型和女性期刊发展变化的了解。

一、早期女性期刊的起源发展

维多利亚时期是英国女性刊物发展的重要时期,大量女性期刊在这一时期兴起。但是,英国女性刊物并不是这一时期才开始出现的,最早的女性主题刊物要追溯到英国报刊发展初期,也即17世纪初期。

1606年,出现了有关女性美容问题的《美貌问题》(*Problems of Beauty*)。其后,出现了一些女性主题的杂记类出版物,像探讨烹饪、手术以及家庭主妇相关问题的《打开的女士贮柜》(*Ladies Cabinet Opened*,1639),谈及查尔斯一世妻子的《打开的王后的壁橱》(*Queen's Closet Opened*,1655)等。与此同时,也出现了一些涉及政治内容的小册子,由一些"格拉布街文人"①主办,诸如,盲人范妮(Blind Fanny)、爱尔兰·南(Irish Nan)、拉姆·卡西(Lame Cassie)等女性文人创作发行,这些女性将创作一些小册子的文人墨客和民谣歌手作为自己的职业和生存手段,在伦敦街头以及一些城镇出售这些小册子,内容多以政治和宗教问题为主,例如宗教宽容、什一税制和国家与宗教的关系等。②早期也出现了一些著名女业主和作者,如埃莉诺·詹姆斯(Elinor James)、安妮·多克萨(Anne Docwra)、琼·惠特罗(Joan Whitrowe)以及伊丽莎白·鲍威尔(Elizabeth Powell)等。其中最著名的是女记者鲍威尔,她在1716年4月出版了《默丘里和女性才智》(*Mercury and Female Intelligence*),刊载众多挑战男性权威的文章,并因此入狱,被释放后又创办了《仁慈的默丘里和女性才智》(*Charitable Mercury and Female Intelligence*)。

17世纪末至18世纪初,随着报刊的发展,开始出现较为正式的女性主题刊物。17世纪末,出版商约翰·杜顿(John Duton)就已开始关注女性市场,经过一系列市场调查后,1693年,正式出版了有关婚姻、着装、幽默等各种女性问题的

---

① "格拉布街文人"是近代英国从事新闻出版业的下层文人群体的统称,详见张英明:《"格拉布街文人":近代早期伦敦下层报人群体探究》,《上海师范大学学报》2019年第3期,第116~125页。

② Martin Conboy, *Journalism: A Critical History*, London: Sage Publications, 2004, p.129.

《女士的默丘里》(*Lady's Mercury*)。[①] 与此同时,也出现了针对女性教育的《女士日记-女性年鉴》(*Ladies' Diary the Woman's Almanac*)和《为创造而快乐》(*Delights for the Ingenious*)或叫作《两性娱乐月刊》(*A Monthly Entertainment for both Sexes*)。在市场利益的驱动下,18世纪出现了一批女性主题刊物,《妇女闲谈者》(*Female Tatler*)是18世纪上半叶的代表。1744年,女性编辑和撰稿人伊丽莎白·海伍德(Elizabeth Haywood)以《观察者》(*Spectator*)为模板创办了《妇女观察者》(*Female Spectator*)。[②] 随后又出现了《女士杂志》(*The Ladies' Magazine*, 1749)、《女士博物馆》(*Lady's Museum*, 1760)[③]两个著名刊物。18世纪后期,杂志格式开始代替杂文期刊,第一个也是最成功的便是新的《女士杂志》(*Lady's Magazine*, 1770)。[④] 随后,1788年,萨拉·特里默(Sarah Trimmer)夫人创办《家庭杂志》(*The Family Magazine*),这本关于传教和道德说教的杂志在1795年到1798年两年时间里成功销售了200万册。同时,一些刊物也开始加入女性主题内容以吸引女性读者,理查德·斯蒂尔(Richard Steele)在《闲谈者》(*Tatler*)中创办了常规栏目"女人的诗性故事"以支持女性学习知识并参与社会活动,约瑟夫·艾迪生(Joseph Addison)更是将女性问题纳入公开辩论中,并引入《观察者》。[⑤] 再就是著名的《绅士杂志》(*Gentleman's Magazine*),刊物创办者爱德华·凯夫很早就注意到了女性读者市场,将有关美食和家庭特色的报道纳入了刊物常规栏目。[⑥] 相较于维多利亚时期,尽管早期阅读刊物的女性很少,

---

① Alison Adburgham, *Women in Print: Writing Women and Women's Magazines from the Restoration to the Accession of Victoria*, p.26.转引自 Martin Conboy, *Journalism: A Critical History*, p.131.

② 该刊物的主要主题是道德传统,海伍德雇佣一些像寡妇或者商人的女儿之类的受过教育的女性作为撰稿人,主要提供一些城镇和城市的八卦、诽谤和丑闻。可参见 Martin Conboy, *Journalism: A Critical History*, p.133。

③ 第一本女性杂志《女士杂志》(*The Ladies' Magazine*)发行于1749年,是由贾斯珀·古德维尔(Jasper Goodwill)创办的,被《绅士杂志》誉为真正没有政治内容的杂志。1760年,著名小说家夏洛特·雷诺克斯(Charlotte Lennox)创办了自己的杂志《女士博物馆》,主要内容是一些与女性教育相关的课程以及一些关于女性的信息和娱乐内容。

④ 注意与上文老版的区别,此杂志内容较多,但都是女性相关主题,其内容有教学、时尚、美容、健康、烹饪等,还提供一些刺绣图案、歌曲音乐表以及一些浪漫的短故事和迷人的图片,还有读者来信的回答以及心跳专栏等。它于1770年8月推出,1850年停刊。可参见 Alison Adburgham, *Women in Print: Writing Women and Women's Magazines from the Restoration to the Accession of Victoria*.

⑤ Martin Conboy, *Journalism: A Critical History*, p.132.

⑥ Martin Conboy, *Journalism: A Critical History*, p.132.

但是作为读者群的她们已经展现出一定影响。

19 世纪,随着工业革命的推动以及女性知识水平的提高,女性读者群体的增加恰恰迎合了出版商扩展市场的需求,越来越多的出版商和刊物开始针对女性制定发行策略,女性刊物及女性主题内容开始受到关注。19 世纪前期,处于保守政府严厉压制之下,尽管在经济和科技的推动下报刊出版业取得了一定的发展,但是,在前三十年的时间里女性主题刊物的发展却没有那么明显,比较活跃的只有早先刊发的《女士博物馆月刊》、《女士杂志》、《美丽集会》(*La Belle Assemblée*)等,这三本杂志最终合并一直刊行到 1847 年,它们开创了 19 世纪女性期刊的潮流,为维多利亚时期女性期刊的发展奠定了基础。

二、维多利亚时期女性期刊发展的背景

维多利亚时期,英国女性期刊取得了巨大发展,这与当时的社会背景是分不开的。维多利亚初期,英国工业革命已经如火如荼地进行着,这一时期经历过两次工业革命的英国社会发生了巨大变化。

工业化所带来的首先是产业结构上的巨大变化。据统计,1750 年,英国农业人口占总人口的 60~70%;[①]1801 年,农业劳动力的比例为 35.9%;到 1841 年和 1861 年直接下降到 22.2%和 18.7%。同时,制造业和矿井工业的劳动力比例从 1801 年的 29.7% 上升到 1841 年的 40.5%,1861 年则上升到 43.6%。[②] 随着工厂制度的确立和蒸汽动力的机械设备的广泛运用,劳动技术不断进步,生产率不断提高。与此同时,政治也渐趋民主化,工业资产阶级在控制国家经济命脉的同时,开始向土地贵族夺取国家政权,因此引起了国家的政治民主化改革,经过 1832 年、1867 年和 1884 年三次议会改革,英国男性获得了普选权。伴随着工业化的是城市化进程,工业革命之前英国还是一个乡村社会,到 19 世纪中期英国已经初步实现了城市化。18 世纪中期,集中生活在 5000 人以上城市的人口比例不到 16%,到 1841 年比例已达到 60%。1841 年到 1851 年间大约有 180 万人涌入大城市。[③] 19 世纪中叶,第一

---

① Phyllis Deane, *The First Industrial Revolution*, Cambridge: Cambridge University Press, 1986, p.14.

② Maxine Berg, *The Age of Manufactures Industry Innovation and Work in Britain 1700-1820*, London: Fontana Press, 1985, p.46.

③ Phyllis Deane, *The First Industrial Revolution*, p.278.

次工业革命基本完成。1856 年,英国将近 1/3 的劳动力从事制造业,到 19 世纪末,全国 3/4 的人口都居住在城市,①英国已经完全是一个工业国家。

工业化和城市化的发展引起了社会的全面变革,所有的人和事物都卷入了社会变迁的洪流中,女性和期刊亦不例外。

对于期刊而言,社会进步为之提供了发展条件。首先,科技进步为刊物的生产和传播提供了技术支撑;其次,民众知识水平提高为刊物发行提供了市场;最后,“知识税”②的取消和国内矛盾的缓和为其提供了宽松的政治环境。在此条件下期刊呈现出前所未有的活跃状态,19 世纪 30 年代较为流行的是季刊,维多利亚中期是月刊,其后则是 70、80 年代的双周政治杂志以及政治周刊。早期较为出名的季刊,像《爱丁堡评论》(*Edinburgh Review*)和《季刊评论》(*Quarterly Review*)。1810 年到 1820 年期间,《爱丁堡评论》每期的发行量达到 13500 份,《季刊评论》每期的发行量也达到了 14000 份。③ 随着期刊市场的扩展,更是出现了特别针对某一部分人群的类型,像一些针对中产阶级家庭阅读的期刊,其中一些在 19 世纪初就已经存在了,这类刊物在 19 世纪 50、60 年代变得数目众多而且非常流行。例如,一些为从事经济、科技、文艺等工作相关人群而服务的刊物,像《柳叶刀》(*Lancet*, 1823)、《犹太人纪事报》(*The Jewish Chronicle*, 1841)、《建筑者》(*Builder*, 1842)、《音乐时报》(*The Musical Times*, 1844)等,女性期刊也正是在这一时期开始大量出现的。19 世纪后半叶,政治改革和海外殖民扩张一定程度上缓和了国内矛盾,随着政治环境的宽松,多样化的休闲娱乐内容开始取代政治内容而受到民众欢迎。哈贝马斯指出:“随着资产阶级法治国家的建立和具有批判功能的公共领域在法律上得到认可,具有意识批判的报刊业才能摆脱意识形态压力,抛弃论战立场而真正从事商业活动,争取赢利。”④在这样条件下,期刊的发展赢来了黄金时期,刊物类型和内容越来越多样化。19 世纪 60 年代,数以百计的周

① 钱乘旦等:《英国通史》第五卷,南京:江苏人民出版社,2016 年,第 22 页。

② 英国的知识税(Tax on Knowledge)最初在 1712 年开始针对报刊征收,包括印花税、纸张税、广告税以及报刊的副刊税等,统称为知识税,其征收使得英国的报刊发展不堪重负。从 1836 年开始,英国开始逐步降低和取消知识税,直到 1855 年针对报刊的知识税全部取消,极大地促进了报刊发展。

③ D. Griffiths, *The Encyclopedia of the British Press 1422-1992*, St.Martin's Press, 1992, p.28.

④ [德]尤尔根·哈贝马斯:《公共领域的结构转型》,曹卫东等译,上海:学林出版社,1999 年,第 221 页。

刊和月刊出现了,在随后的几十年里,《米切尔报刊》(*Mitchell's Newspaper Press Directory*)中统计的期刊数量急剧增加,从1864年的537个增加到1890年的1752个。①

社会变革对女性亦产生了巨大影响,伴随着工业化和城市化而来的是生产的社会化,传统家庭经济劳动被大机器生产所代替而从家庭中分离出来。在这样的状况下,一方面,产生了男性负责挣钱养家而女性的责任是抚养子女的社会分工,由此,社会被分成了两个部分,男人所属的公共领域和妇女所属的私人领域。一些女性尤其是逐步壮大的中产阶级妇女开始从社会生产和劳动领域离开,成为被限制在家庭领域的"家庭天使"。另一方面,社会化的大生产也使得部分女性从家庭事务中解放出来,为减轻家庭负担,一些劳动妇女走出家庭,投身到社会大生产中。广大下层妇女为弥补家庭生计的不足,或受雇于工厂、农庄充当产业工人,或进入富裕家庭做女佣。从这方面来讲,工业革命亦为女性独立参与社会活动提供了条件。②

在工业革命的推动下英国社会经济水平和生活条件不断提升,人口不断增加,③与此同时,女性人口亦不断上升。由于战争和海外移民的原因人口比例失调日益严重,到19世纪中期,女性人口已经开始超过男性。据调查,1851年,15岁以上的女性比男性多出了50万人,威尔士25~29岁的男女比例为91:100,在英格兰则更为严重,男女比例为83:100。④ 随着工业革命的深入,生产力的发展扩大了对妇女劳动力的需求,从而对女性接受教育提出了更为迫切的要求。从19世纪上半叶开始,女性知识水平逐步提高,具体情况可以已婚女性签字状况作为参考。据统计,1754年,已婚女性签字率为35%,1800年则增加到45%,19世纪30年代更是达到了54%。⑤ 19世纪中叶,妇女开始以实际行动来推动教育改革,她们从培育女性教师入手,逐步推动英国女性初等、中等

① Marianne Van Remoortel, *Women, Work and the Victorian Periodical: Living by the Press*, p.1.

② 裔昭印等:《西方妇女史》,北京:商务印书馆,2009年,第323页。

③ 根据英国的人口普查,1801年人口为1050万,1831年为1630万,1851年为2080万,到1901年则增长到3700万人。参见钱乘旦等《英国通史》第五卷,第262页。

④ 马缨:《工业革命与英国妇女》,上海:上海社会科学院出版社,1993年,第21页;杨金才:《再现未婚大龄女性心路历程的英国维多利亚小说》,《妇女研究论丛》2002年第4期。

⑤ Stephen W. Browne, *Education, Literacy and Society, 1830-1870*, Manchester: Manchester University Press, 1987, p.67, p.113.

乃至大学教育的改革。① 1870 年"教育法"的实施,使得英国女性从小学一直到大学有了与男子一样的受教育机会。教育改革极大地提高了女性的知识水平,据统计,"1871 年,婚姻注册签名需要标记的女性占已婚女性总数的 26.8%,到 1891 年就减少到 7.3%"。② 1871 年女性识字率为 75%,1881 年为 82%,1891 年为 93%。③

随着女性数量以及知识水平的不断提高,妇女自身意识也在不断觉醒。19 世纪,社会变革极大地改变了社会结构和民众的观念意识,在政治民主化运动和社会改革风起云涌的情况下,女权主义思潮也因此而萌芽。但是,基于女性从属地位的强大历史传统,工业革命引发的社会转型并没有对女性的社会和家庭地位产生立竿见影的影响。直到 19 世纪中后期,革命性社会变革力量的聚集,才使得妇女的状况和自我意识产生较为明显的变化。在政治民主化的过程中,随着男性权利不断实现,在自由平等思想的影响下,女性意识到自身权利也需要保障。19 世纪中期,爆发了第一次女权运动,这次运动不仅是向不平等的性别关系宣战,争取女性在公共领域中的地位,而且在运动中,女性凭借自己的斗争,力争接受教育的权利,获取工作自由,拥有财产的权利以及诸多相关政治权利,将目标直指体现男女平等的选举权。

总之,转型时期的社会环境为报刊发展提供了条件。报刊出版业的规模不断扩大,随着刊物价格的降低和民众经济水平的提高,刊物市场逐步扩大。与此同时,报刊大众化和女性意识的崛起,刊物受众不再局限于上层女性,而是逐渐扩展到下层普通女性。如此,女性主题刊物市场不断扩展,发行量也不断增长。

三、女性期刊的发展及内容特点

社会转型的背景下,随着中产阶级的崛起,在社会中占有主导地位的消费休闲文化使得女性成为推动期刊发展的重要力量。首先,中产阶级的崛起迫切需要期刊承担妻女的教育任务;其次,社会中男女分工的变化使得女性拥有更多闲暇时光,读书看报成为被限制在家庭

① Michael Sanderson, *Education, Economic Change and Society in England* 1780–1870, London: Macmillan, 1987, pp.56–57.

② P. W. Musgrave, *Society and Education in England since 1800*, Monterey press, 1968, p.46.

③ 徐辉、郑继伟:《英国教育史》,长春:吉林人民出版社,1993 年,第 172~173 页。

范围中的女性的重要休闲方式；最后，消费本身就是一种与生产相对立的女性气质，女性作为家庭管理者为维持家庭运转而成了消费主力，这时的期刊对她们来说既是休闲娱乐品又是了解消费信息的购物指南。[①] 处于这样的社会环境中，阅读作为一种休闲活动越来越被认为是在家庭中进行的，作为家庭生活主导者的女性则成了阅读期刊的中心，从而成了女性期刊发展的重要推动力。另一方面，19 世纪中后期，报刊出版业的大众化和商业化所形成的煽情风格叙事方式，多样化非政治化内容以及重视民众需求的特点，正是女性期刊所具有的特征。还有女权运动崛起，这些都加大了女性对于报刊出版的影响力度，使得女性成为刊物消费的重要群体，从而极大促进了女性期刊的发展。

如此状况下，众多女性主题刊物随之出现。根据笔者从《维多利亚时期的女性杂志》中的统计，1837 年到 1869 年，22 年时间里出现在著作中的新女性主题刊物约有 73 个，1860 年到 1880 年，女性权利运动崛起的时候，新出现的女性刊物大约有 60 个之多，[②]当然实际数量肯定更多。19 世纪后期，女性刊物的发展势头不减，1870 年到 1880 年，大约出现了 50 种新的女性期刊，[③]1880 年至 1900 年间，能够确定为女性刊物的约有 120 个。[④] 同时，在 1856 年至 1930 年间，女性经营者刊发了 150 多种针对女性受众的政治期刊和报纸。[⑤]

维多利亚初期，英国的报刊出版业出现了较大的发展，尤其是从 1836 年印花税逐步取消开始，19 世纪 30、40 年代报刊产业发展迅速，出现了一些诸如《劳埃德周报》（*Lloyds Weekly*）和《世界新闻报》（*News of the World*）等拓展下层大众的报刊。但是，这一时期的女性刊物并没有取得较大发展，因为刊物中的女性的纯粹主义对这个现成市场的吸引力很敏感，为女性量身打造的刊物继续排斥政治，因此她们所处的诸如休闲、娱乐和时尚文化等领域变得完全女性化。出现的一些刊物依然只是针对富裕和悠闲的上层中产阶级，特别是渴望对自己的妻子和儿女进行教育，以在社会和资产阶级中赢得尊重的富有实业家新阶层。例

① Margaret Beetham, *A Magazine of Her Own? Domesticity and Desire in the Woman's Magazine, 1800-1914*.

② Margaret Beetham, Kay Boardman, *Victorian Women's Magazines: An Anthology*.

③ R. Ballaster, *Women's Worlds Ideology, Femininity and the Women's Magazine*, London: Macmillan, 1991, p.75.

④ M.Conboy, *Journalism: A Critical History*, p.140.

⑤ Michelle Elizabeth Tusan, *Women Making News: Gender and Journalism in Modern Britain*, p.1.

如，1824年刊行的《时尚世界》(*The World of Fashion*)、1832年刊行的《女士贮柜》(*The Ladies Cabinet*)、1849年刊行的《女士伴侣》(*The Ladies' Companion*)等这一时期流行的女性刊物，单从名称上就可以看出是针对上层女性的休闲娱乐性读物，休闲娱乐特点对维多利亚中后期刊物大众化中女性刊物乃至报刊出版业产生了持久影响。

19世纪中叶，这种情况发生了变化。技术水平的提高，市场的逐步扩大，随着印花税的降低并且最终取消，政治环境也逐步宽松，报刊大众化的时代真正来临了。在这样背景下，女性刊物作为刊物大众化的重要组成部分，得到了巨大的发展。1852年，塞缪尔和伊莎贝尔·比顿(Samuel Beaton、Isabel Beaton)首先刊发了针对下层女性群体的《英国妇女家庭杂志》(*The Englishwoman's Domestic Magazine*)，其后又出现了1863年刊行的《英国女工》(*The British Workwoman*)等平民化的女性刊物。与此同时，很多刊物开始针对不同女性群体发行，如针对读者为母亲的《母亲杂志》(*Mother's Magazine*)，读者多为女孩和年轻女性的《女孩自己的报刊》(*Girls' Own Paper*)、《女孩们的领地》(*Girls' Realm*)等。从19世纪50、60年代开始，随着女权运动的兴起，出现了像《英国妇女杂志》(*The Englishwoman's Journal*, 1858)、《英国妇女评论》(*The Englishwoman's Review*, 1866)、《妇女普选权报》(*Women's Suffrage Journal*, 1866)等争取女性权利的刊物。

不仅如此，女性刊物巨大的市场利益也吸引了许多主流出版商的关注，维多利亚后期，三大出版商纽恩斯(Newnes)、哈姆斯沃斯(Harmsworth)和皮尔逊(Pearson)也开始加入争取普通女性读者的市场角逐中。哈姆斯沃斯在1891年和1893年，先后推出《勿忘我》(*Forget - Me - Not*)、《家，甜蜜的家》(*Home Sweet Home*)两本针对大众女性的刊物；皮尔逊新闻公司于1894年刊发了《家庭笔记》(*Home Notes*)。为回应皮尔逊的《家庭笔记》，哈姆斯沃斯于1895年创办了《家庭闲聊》(*Home Chat*)，其后更是专门创立一个女性期刊出版子公司，[①]在1896年发行的《每日邮报》(*Daily Mail*)中有7页专门针对女性读者的内容；[②]1903年推出了以玛丽·豪沃思

① R. Ballaster, *Women's Worlds Ideology, Femininity and the Women's Magazine*, Macmillan Publishers Limited, 1991, p. 82.

② Deborah Chambers, Linda Steiner, Carole Fleming, *Women and Journalism*, p.21.

(Mary Howarth)为编辑的《每日镜报》(*Daily Mirror*),作为"由女性写作的女性刊物"①。纽恩斯也在1895年推出《妇女生活》(*Woman's Life*),这些都是针对普通女性的较为便宜的家庭刊物。

总结起来,在刊物大众化的过程中,女性刊物取得了巨大的发展,专业化程度越来越高,不仅是简单的针对女性群体,而且很多都是针对专门特定的女性群体的专业化期刊,下面将在表格中按照主要内容和针对群体进行简单分类:

时尚内容	《时尚世界》(*The World of Fashion*)1824-1879 《迈拉的服装与时尚杂志》(*Myra's Journal of Dress and Fashion*)1875-1912 《理性着装协会公报》(*The Rational Dress Society's Gazette*)1888-1889 《服饰世界》(*The World of Dress*)1899	插图内容	《女士伴侣》(*The Ladies' Companion*)1849-1870 《英国妇女家庭杂志》(*The Englishwoman's Domestic Magazine*)1852-1879 《女士的宝藏》(*The Ladies' Treasury*)1858-1895 《妇女世界》(*Woman's World*)1887-1890 《家园》(*Hearth and Home*)1891 《英国妇女》(*The Englishwoman*)1895-1899
宗教内容	《母亲之友》(*The Mother's Friend*)1848-1895 《基督教女士杂志》(*The Christian Lady's Magazine*)1834-1849 《英国女工》(*The British Workwoman*)1863-1896 《仆人杂志》(*The Servant's Magazine*)1838-1869	女权内容	《英国妇女杂志》(*The Englishwoman's Journal*)1858-1864 《英国妇女评论》(*The Englishwoman's Review*)1866-1910 《妇女便士报》(*Women's Penny Paper*)1888-1890

① Alan J. Lee, *The Origins of the Popular Press in England, 1855-1914*, London: Croom Helm press, 1976, p.82.

（续表）

年轻女性	《青年女士杂志》(*The Young Ladies' Journal*) 1864-1920 《青年女读者》(*The Young Ladies' Reader*) 1881 《阿塔兰忒》(*Atalanta*) 1887-1898 《青年妇女》(*The Young Woman*) 1892-1915 《女孩自己的报纸》(*Girls' Own Paper*) 1880-1927 《情人》(*Sweethearts*) 1898 《女孩们的领地》(*Girls' Realm*) 1898-1915	上层女性	《宫廷与女士的杂志和博物馆》(*The Court and Lady's Magazine and Museum*) 1832-1848 《爱丽丝夫人的黎明呼唤》(*Mrs. Ellis's Morning Call*) 1850-1852 《维多利亚杂志》(*The Victoria Magazine*) 1863-1868 《女士贮柜》(*The Ladies' Cabinet*) 1832-1870 《女士爱丁堡杂志》(*The Ladies' Edinburgh Magazine*) 1875-1880
成年女性	《女士报》(*The Lady's Newspaper*) 1847-1863 《女士自己的报刊》(*The Ladys' Own Paper*) 1866-1872 《女王》(*The Queen*) 1861-1967 《女绅士》(*The Gentlewoman*) 1890-1926	大众女性	《妇女》(*Woman*) 1890-1912 《家庭笔记》(*Home Notes*) 1894-1957 《家庭闲聊》(*Home Chat*) 1895-1958 《妇女生活》(*Woman's Life*) 1895-1934

（资料来源：Margaret Beetham, Kay Boardman, *Victorian Women's Magazines: An Anthology*, Manchester University Press, 2001）

维多利亚时期，女性期刊发展不仅表现在数量和类型上，刊物内容亦是呈现出越来越多样化的状态。女性刊物内容的多样化不仅仅是因为维多利亚时期报刊的大众化，更为重要的原因是女性多样化的需求。在女性多样需求的主导下，早在1800年，女性刊物就刊载有诗歌、评论、插图等多样化内容。19世纪初，《女士博物馆月刊》《女士杂志》《美丽集会》三本刊物更是为女性刊物的多元化内容奠定了基础。维多利亚时期，在女性需求的多样化趋势不断发展，女性刊物逐步发展为一种集实用指导、道德指引和快乐源泉为一体的出版题材。[①] 除了女性多样化的需求因素外，希拉里·弗雷泽（Hilary Fraser）认为，女性的闲暇时间和阅读的无目的性决定着当时的女性阅读是一种短暂的、零碎的零食性阅读方式，[②]这种近乎今天用手机来刷朋友圈、看小说、刷微博的休闲阅读方式，决定着女性阅读内容的多样化，从而促进了刊物内容多样化。

维多利亚时期，科技支撑和报刊大众化的环境为女性刊物内容的进一步多样化提供了条件，多元化内容成为女性刊物的特点。1847 年创立的《女士报》（*Lady's Newspaper*）就涵盖了悲剧事故、皇室和社会新闻、八卦和短片形式的各种新闻摘要，刊物力图对这些消息进行详尽报道。[③]《英国妇女家庭杂志》报道称，此时期女性杂志的内容已经发展出众多的跨题材内容，像系列小说、短片传记、诗歌、书评、时尚新闻以及关于"提升女性角色主题"的文章等，[④]都在这一时期融入了女性刊物中。对于《英国妇女家庭杂志》的定位大家莫衷一是[⑤]，此刊不受单一出版传统的约束，融合多种元素，像来自《上流社会》（*Le Beau Monde*）的时尚、来自《家庭之友》（*Friends of the Family*）的生动通信专栏和系列小说、来自《家庭经济学家》（*Family Economist*）的实用建议、来自《女士伴侣》的食谱等。[⑥] 1858 年到 1898 年间刊行的《女士的宝藏》（*The Ladies' Treasury*）是《英国妇女家庭杂志》的重要竞争对手，其副标题为"一个娱乐性文学教育、艺术、国内经济、针线活和时尚的插图杂志"[⑦]，内容广泛可见一斑。

19 世纪后期，在新新闻运动的推动下，刊物内容更加多样化。1885 年，《女王》刊发的内容包括商店、杂货、音乐、艺术家、休闲、娱乐、礼仪、时尚、婚姻、园艺、刊物、家庭主妇、插图、戏剧、旅游、工作等。[⑧] 19 世纪最后 20 年出现的典型家庭女性刊物，如《家庭主妇》（*House-*

---

① Margaret Beetham, *A Magazine of Her Own? Domesticity and Desire in the Woman's Magazine, 1800-1914*, p.66.

② Hilary Fraser, *Gender and the Victorian Periodical*, p.54.

③ M.Conboy, *Journalism: A Critical History*, p.140.

④ *English Domestic Magazine*, I, 1852: 1.

⑤ 一位比顿传记作者认为该杂志倾向于美容小册子和时尚杂志，另一位则认为这本杂志主要内容模仿的是《家庭之友》（*Family Friend*）。

⑥ Margaret Beetham, *A Magazine of Her Own? Domesticity and Desire in the Woman's Magazine, 1800-1914*, p.61.

⑦ Margaret Beetham, *A Magazine of Her Own? Domesticity and Desire in the Woman's Magazine, 1800-1914*, p.70.

⑧ *Queen* LXXVIII 1885.

wife,1886)、《母亲的伴侣》(*The Mother's Companion*,1887)、《女士家庭杂志》(*The Ladies' Home Journal*,1890)、《家庭妇女》(*Woman at Home*,1893)、《家庭笔记》(1894)和《家庭伴侣》(*Home Companion*,1897)等,除了较少的新闻消息之外,内容涉及小说、时尚、家庭问题提示、名人访谈、卫生和美容秘诀,以及有关爱情和婚姻的通信专栏。① 女性刊物这种亲密对话式内容成了期刊出版的新形式。

与此同时,女性刊物中大量出现的广告和插图也是刊物内容多样化的重要表现。例如《女士自己的报刊》(*The Ladys' Own Paper*)、《女王》等刊物封面很多时期就采用插图形式。刊物标题也多辅之以插图形式进行说明,如《仆人杂志》(*The Servant's Magazine*)、《酒吧女仆》(*The Barmaid*)、《家庭笔记》、《箭杆》(*Shafts*)、《情人》(*Sweethearts*)等刊物的标题很多时候便是插图性的。② 内容应用更是广泛,《英国妇女家庭杂志》为了保持读者群不得不改革,减少家庭和实用信息,加强视觉和时尚的元素,添加了众多拉出式彩色刺绣图案和巴黎模式的彩色雕刻。③ 19世纪80年代的《女王》每3页文字配2幅插图,到90年代,几乎在每一页上都有插图,内容包括一般的时尚和针线活,而且还出现了一些绘画、肖像以及新闻主题相关的插图。④ 广告亦在女性刊物上大量应用,因为在当时"妇女花费男性90%的收入"是常识⑤,女性作为重要的消费群体自然受到了广告商注意。如,1847年到1863年的《女士报》,是最早的针对女性的周刊,刊发之初便在页面剩余部分以三栏的排列样式刊登文字广告。⑥ 1866年到1872年的《妇女自己的报刊》,像其他的女性刊物一样,在文章和评论的旁边添加三到四栏的时尚消息和广告。⑦ 1861年到1867年的《女王》中小广告部分的成功,启发了基于广告的期刊出现,像《交换和市场》(*Exchange and Mart*)以及现今还在运行的《女士》(*The Lady*)。⑧

---

① M.Conboy, *Journalism: A Critical History*, p.142.

② Margaret Beetham, Kay Boardman, *Victorian Women's Magazines: An Anthology*, pp.98-99.

③ Margaret Beetham, *A Magazine of Her Own? Domesticity and Desire in the Woman's Magazine, 1800-1914*, p.71.

④ Margaret Beetham, *A Magazine of Her Own? Domesticity and Desire in the Woman's Magazine, 1800-1914*, p.98.

⑤ Cynthia L. White, *Women's Magazines, 1693-1968*, London: Joseph, 1970, p.5.

⑥ Margaret Beetham, Kay Boardman, *Victorian Women's Magazines: An Anthology*, pp.157-158.

⑦ Margaret Beetham, Kay Boardman, *Victorian Women's Magazines: An Anthology*, p.161.

⑧ Margaret Beetham, Kay Boardman, *Victorian Women's Magazines: An Anthology*, p.161.

另外，女权运动的主要刊物《英国妇女期刊》和《维多利亚杂志》在宣传女权的同时也刊登了众多其他内容。《英国妇女期刊》除了倡导女权以外偶尔也会刊登有关旅行和食物等方面的娱乐休闲文章，而《维多利亚杂志》则更进一步，刊登了众多艺术评论和小说以及诗歌，还有诸如《澳大利亚丛林土匪》(*Bushranging in Australia*)和《吉普赛人的算命实践》(*Fortune-telling Practices of the Gypsies*)之类带有强烈感性色彩的文章。①

女性期刊数量和类型的不断增加，内容的多样化程度越来越高，都是女性期刊发展的重要表现。社会转型进步的背景是女性刊物发展的重要原因，反之，女性期刊的发展亦对当时的社会尤其是女性产生了重要影响。

四、女性期刊对于女性的影响

维多利亚时期女性期刊的发展壮大，对于女性发展产生了重要影响。女性期刊关于教育和女权的宣传，推动了女性知识水平的提高和意识的觉醒。更为重要的是女性刊物为女性提供了参与政治生活的平台，推动了女权的争取。与此同时，对于女性发展的推动无疑促进了英国社会的现代化和民主化进程。

此时期女性期刊对于女性发展的影响不言而喻，但是，女性刊物并不是从一开始就对女性产生了积极的进步影响。相反，19世纪上半叶，很多女性期刊对于女性的影响更多的是限制和规范，乃至整个维多利亚时期女性刊物对于女性"家庭天使"社会从属地位的构建也一直没有停止过。所以维多利亚时期女性刊物对女性的限制和推动是并存的，前期更多的是限制和规范，而在中期尤其随着女性意识的崛起，女性刊物才真正对女性发展起到了推动作用。关于女性刊物对于女性的影响除了内容上的限制和推动以外，最为重要的是，19世纪上半叶，大众化之前的刊物都以上层女性为发行受众，即使出现一些推动女性发展的刊物，也不可能有足够受众接受刊物的知识和意识推动。直到维多利亚中后期，随着大众化女性刊物的发展，有了足够的发行量和不同阶层受众的时候，刊物的推动力才能够真正得以显现。女性期刊受众增加，影响力增强，期刊对于女性由限制到推动的转变时期，正是维多利亚时代。

早期期刊对于女性家庭角色的构建，主要是基于强大的历史传统和工业革命时期的社会状况。西方社会中女性

① Hilary Fraser, *Gender and the Victorian Periodical*, p.157.

从属性社会地位的观念历史悠久,《圣经》载:“创世时上帝说,男性孤单并不好,我要给他一个帮手。”基于如此的历史观念,在男性构建的等级制度特征的性别关系秩序中,两性的不平等充斥生活的方方面面。18 世纪末 19 世纪初,民主、独立、自由的思想在英国社会得到极大传播,但是女性地位并没有因此有所改善。生产的社会化产生了男性负责挣钱养家、女性负责抚养子女的社会分工,处于这样的环境中,社会极力构建女性从属地位的角色,而媒介在女性从属地位的构建中具有重要作用。

18 世纪末至 19 世纪初,女性期刊很多时候塑造的女性形象是以家庭生活为中心的“家庭天使”。早在 1789 年,《女士博物馆》中就有编辑发文声称,作为妻子的责任是处理家庭事务,作为母亲的责任是子女的宗教和道德教育,其中在“论社会上层女性的责任”的文章中,为女性定义了三个角色:妻子、母亲和家庭女主人。① 即使到维多利亚初期,为限制女性参与公共事务,他们在刊物中宣称女性气质与公共事务水火不容。未改版之前的《英国妇女家庭杂志》就曾刊文宣称,女性最重要的器官是心脏,所以女性应该做的是培养心灵。文章还鼓吹正是这种差异使女性在道德上优于男性,更加感性,不适合从事理性的投票、医学、教师甚至酒吧工作等公共事务。② 即便有刊物中出现了一些教授女性知识的内容,比较著名的像 1770 年刊行并一直发行到 1847 年的《女士杂志》、1798 年刊行的《女士博物馆月刊》,还有 1834 年刊行的《基督教女性杂志》等。③ 另外,像《美丽的集会》和《英国女士杂志》等刊物的文章、信件、书评以及一些报道中很

---

① *Lady's Museum*, I, 1798:34.

② Margaret Beetham, *A Magazine of Her Own? Domesticity and Desire in the Woman's Magazine*, 1800-1914, p.63.

③ 例如《基督教女士杂志》主编夏洛特·伊丽莎白·特纳(Charlotte Elizabeth Tonna)提出,女性不应该被排除在知识和划定的界限之外,认为“为了符合人类物种一半的利益而使得另一半处于退化的状态是错误的”,该刊提供各种饮食、诗歌、书信、书评、地质学、历史和所谓的“宗教阅读”以及政治类文章。详见 *Christian Lady's Magazin*, I, 1836:6-25。可参见 Margaret Beetham, *A Magazine of Her Own? Domesticity and Desire in the Woman's Magazine, 1800-1914*, p.49。而《女士杂志》以自然历史知识最为常见,一些文章会教育读者有关飞鸟、昆虫、大雾以及种植等相关知识,该杂志的编辑安·默里(Ann Murry)和罗伯特·桑顿(Robert Thornton)用诸如“有道德的动物学家”以及“妇女的植物学”之类的标题来吸引读者,促进女性对于自然历史知识的学习,曾以“动物自然历史”为题系统讲述了一些动物的特征和习惯,亦曾对“林奈的植物分类法”做出了详细的解释说明。还有《女士博物馆月刊》,创办于 1798 年,认为女性应该获取知识服务家庭,刊文多是一些对于动物和昆虫的研究等自然方面的内容,为上层妇女提供了一定的科学教育。详见 Louise Henson, etc., *Culture and Science in the Nineteenth-Century Media*, Ashgate, 2004, pp.3-12。但这些刊物对于知识学习的强调也多以帮助女性更好地完成家庭职责为目的。

多都涉及了科学知识内容。[①] 但是,这些刊物的受众多是上层和中产阶级女性,价格十分昂贵。例如,《美丽集会》在当时的售价是15便士,这是伦敦薪资最高的技术工人一天的工资。18世纪末,《女士杂志》的售价为5便士,进入19世纪价格不断上涨。1806年,《女士博物馆月刊》的售价为5便士,1813年则涨到了7.5便士。而这三个刊物在19世纪30年代的合并版高达12.5便士。[②] 由于当时对于女性和女性刊物问题的关注度较低,所以这些刊物的具体发行量鲜有记载,但可以肯定的是这种严重超出当时大众消费水平的价格,不可能有太多的下层普通女性受众,发行量和影响力自然不高,实际上起到的推动作用有限。

这种情况一直持续到维多利亚初期,尽管这一时期在工业革命的推动下常规报刊取得了巨大发展,但是,报刊的扩展并没有产生廉价的女性出版物,较为流行的女性刊物,例如,1824年刊行的《时尚世界》、1832年刊行的《女士闺房》、1834年刊行的《新美丽集会月刊》(*The New Monthly Belle Assembléehe*)、1847年刊行的《女士报》等[③],都是针对上层女性的刊物。

直到19世纪50年代尤其是维多利亚中后期才开始发生变化。在刊物大众化的过程中,便宜刊物的大量发行成为可能,而且随着知识水平的提高,女性读者群也不断壮大,开始从贵族和中产阶级女性下移到普通甚至底层的女性大众。这一时期就出现了众多以工人阶层和下层女性为发行对象的期刊,例如,1848年刊行的针对工人阶层女性的《母亲之友》(*The Mother's Friend*)、1845年刊行的《英国母亲杂志》、1863年刊行的《英国女工》、1852年刊行的针对下层女性的《英国妇女家庭杂志》。尤其是《英国妇女家庭杂志》在当时的售价只有2便士,由于价格便宜,据称,刊行不久就达到了每月5万份的发行量。[④] 维多利亚后期,随着新新闻运动的开展,出现了众多便宜的女性刊物,像1890年刊行的《妇女》(*Woman*)、1891年刊行的《勿忘我》、1893年刊行的《家,甜蜜的家》、1894年刊行的《家庭笔记》和《情人》、1895年刊行的《妇女的生活》。这些刊物的售价一般只有1便士甚至半便士,

---

① Louise Henson, etc., *Culture and Science in the Nineteenth-Century Media*, p.4.

② Margaret Beetham, *A Magazine of Her Own? Domesticity and Desire in the Woman's Magazine*, 1800-1914, p.26.

③ Margaret Beetham, Kay Boardman, *Victorian Women's Magazines: An Anthology*.

④ M.Conboy, *Journalism: A Critical History*, p.142.

例如,《妇女》《妇女的生活》《家庭笔记》的售价只有1便士,而《情人》更是只有半便士。尽管这些刊物的具体发行量没有得到确切统计,但是可以肯定的是较为便宜的价格加上日益富裕的大众,应该有着不错的发行量,而发行量的增加意味着影响力的扩大。

与此同时,女性期刊对于女性发展推动力增加的另一个重要原因,就是刊物大众化为很多女性编辑在刊物中加入有利于女性发展的主观意识提供了便利途径。期刊尤其是女性期刊增加的速度和数量使得期刊出版行业的劳动力出现巨大扩张,并且为女性提供了新的机会,她们通过为期刊供稿件来谋生,并且成为记者、编辑甚至业主。① 哈贝马斯认为在刊物大众化过程中公众领域的传统公众对刊物的影响越来越让位于编辑和发行商以及一些团体对于刊物的主观影响。② 不断增加的女性编辑和女性组织可以充分发挥主观能动性来宣传推动女性进步,正如哈丽雅特·马蒂诺(Harriet Martineau)所说,村镇女性拥有新闻自由,她们可以充分利用这些媒介。③

如此背景下,如果说19世纪上半叶女性期刊对于女性的知识教育还能够在男性话语体系下进行的话,那么维多利亚中后期,随着发行量和受众群体的扩大,女性刊物对于女性发展开始起到实际的推动作用。刊物内容开始直接挑战男性主导地位,启发女性意识,倡导男女平等,鼓励女性争取参与公共事务的权利。

首先,刊物开始强调男女平等。19世纪,英国妇女受到启蒙运动的影响,将自由主义男性化的平等表现转化为全社会男女两性之间的平等观,认为男女拥有相同的理性思维,妇女社会地位较低的状况是男性主导的社会所造成的。期刊开始宣称男女智慧没有自然优劣,1858年《英国妇女杂志》刊发题为《男性天生比女性聪明吗?》(*Are Men Naturally Cleverer than Women*)的文章,强调男性并不比女性聪明,因为男性有更好的学习条件,所以男性在很多方面比女性要强,如果女性也能得到同等条件,她们也可以像男性那样聪明。④ 19世纪末,她们认识到优越的女性气质,开始强调女性优点,《妇女便士报》(*Women' s Penny Paper*)的编辑科布(Frances Power Cobbe)即在《记

---

① Marianne Van Remoortel, *Women, Work and the Victorian Periodical: Living by the Press*, p.1.

② [德]尤尔根·哈贝马斯:《公共领域的结构转型》,曹卫东等译,上海:学林出版社,1999年。

③ Marianne Van Remoortel, *Women, work and the Victorian Periodical: Living by the Press*, p.1.

④ Margaret Beetham, *A Magazine of Her Own? Domesticity and Desire in the Woman' s Magazine*, 1800-1914, pp.63-64.

者作为女性的职业》中宣称,受过教育的女性记者有着男性记者没有的优势,她们工作意愿强烈,效率较高,温暖的同情心能够引起读者共鸣,而且有着男性没有的幽默感。[①]

其次,刊物多传达女性独立意识,包括经济独立和人格独立等。女性对于经济独立的强调最主要的就是她们对于参与社会工作的要求,这一点在19世纪中后期的刊物内容中多有体现。50年代,《英国妇女杂志》不断重申基本观点:年轻女性必须在经济上自立,他们必须进入传统教学与制衣以外的职业。[②] 芭芭拉·博迪肯(Barbara Bodichon)于1857年发表题为《妇女与工作》的文章,强调妇女可以成为想成为的任何人,并且用南丁格尔(Florence Nightingale)成功的护士工作、卡洛琳·奇泽姆(Caroline Chisholm)夫人组织的移民项目、玛丽·卡彭特(Mary Carpenter)的青少年犯罪法改革、伊丽莎白·布莱克韦尔(Elizabeth Blackwel)的医学学位来证明,以此批驳妇女是为男人而制造的因而必须结婚的观点。[③]《英国妇女杂志》《维多利亚杂志》等不仅支持女性获取工作权,更是直接雇佣了大量女性员工,解决女性作者的工作问题。正如坎迪达·莱西(Candida Lacey)所指出的,《英国妇女杂志》支持了杰西·波什奈特(Jessie Boucherett)、玛丽亚·雷伊(Maria Rye)、伊萨·克雷格(Isa Craig)以及艾米丽·费思富尔(Emily Faithfull)在许多领域为妇女提供工作的机会。[④] 到19世纪80、90年代,随着女性对于工作权利和有偿工作的要求,女性获得与男性一样的有偿工作成了期刊的重要主题,像《女孩自己的报刊》(*Girl's Own Paper*)、《艾莉莎·库克的期刊》(*Eliza Cook's Journal*)等众多刊物都支持女性通过工作实现经济独立。就此而言,期刊对于工作权的要求和工作方面的指导对于女性经济独立起到了一定的推动作用。对于女性人格独立的启发主要表现在刊物的小说故事中,安妮·汉弗莱斯(Anne Humphreys)

---

① Margaret Beetham, *A Magazine of Her Own? Domesticity and Desire in the Woman's Magazine*, 1800–1914.

② Ellen Jordan, *The Women's Movement and Women's Employment in Nineteenth Century Britain*, Routledge, 1999, p.159.

③ 陆伟芳:《英国妇女选举权运动》,北京:中国社会科学出版社,2004年,第50页。

④ 根据统计,《维多利亚杂志》中可以辨识的女性工作者有19人,其中一些可确定的名字有:Sarah Davies, Annie Ellen Davis, Julia Ann Griffin, Eliza Dakin Hughesdon, Isabella Inwards, Rebecca Isaacs, Manon Roland Martin, Agnes Edith (Harrop) Mellor, Lucy Maria Mothersole, Mary Elizabeth Nunn, Sarah Oliver, Emma Reid and Blanche Restieaux 等。其他一些刊物中也多雇佣女性编辑,具体可参见 Hilary Fraser, *Gender and the Victorian Periodical* 和 Marianne Van Remoortel, *Women, Work and the Victorian Periodical: Living by the Press*, p.122。

即认为《英国妇女家庭杂志》中的很多故事揭示了中产阶级女性对于绝对依赖男性谋生的生活状态的焦虑。① 这一时期启发女性独立意识的小说最典型的莫过于夏洛蒂·勃朗特的《简·爱》,故事中女主人公简·爱是不受社会传统约束的自尊独立的女性,其表白场景充分表达了女性独立平等意识。另外,像著名的《傲慢与偏见》《呼啸山庄》《南方与北方》《玛丽·巴顿》等小说都曾在一些女性期刊中出现,这些故事中塑造的女性角色亦都充分表达了女性的独立思想,对于启发女性读者的独立意识有着重要影响。

最后,女性期刊大力宣传女性参与社会活动争取公共权利,推动了女权运动的发展。从维多利亚中期开始,许多女性刊物尤其是女权刊物积极推动女性争取权利,如:1858 年,由贝西·帕克斯(Bessie Parkes)和玛丽·海斯(Mary Hays)出版的《英国妇女杂志》,明确提到妇女在有偿就业、教育和法律地位方面的权利,为读者提供一个讨论早期"女权主义"理论和实践问题的论坛。② 1863 年,由艾米丽·戴维斯(Emily Davids)和艾米丽·费思富尔推出的《维多利亚杂志》,完全由女性经营,致力于攻击所有对女性的偏见。③ 其后,1860 年发行的《女士评论》,力图将影响女性的社会变革讨论融入女性杂志当中并取得了巨大的成功;芭芭拉·博迪肯 1866 年创办的《英国妇女评论》,也包括了妇女选举权的重要内容;由桑普森·劳恩(Sampson Low)1871 年创办的《深蓝色》杂志,提倡社会和教育改革,尤其是妇女教育。④ 1870 年,莉迪亚·贝克尔小姐(Lydia Ernestine Becker)创办的《妇女普选权报》,作为专门的妇女选举权报纸,大量刊登选举消息,该刊宣称:"要妇女对自身没有选举权的状况默不作声是不可能的。"⑤直到 1890 年,《妇女普选权报》一直是妇女选举权运动最重要的舆论工具,经常通报议会对妇女选举权问题的讨论情况,报道妇女生活。

---

① 像《红字》(*The Scarlet Letter*)、《家庭秘密》(*The Family Secret*)、《奥德利夫人的秘密》(*Lady Audley's Secret*)、《东部林恩》(*East Lynne*)等曾在《英国妇女家庭杂志》上刊登的小说都反映了这种倾向,可参见 Margaret Beetham, *A Magazine of Her Own? Domesticity and Desire in the Woman's Magazine, 1800-1914*, p.72.

② Margaret Beetham, *A Magazine of Her Own? Domesticity and Desire in the Woman's Magazine, 1800-1914*, p.170.

③ Margaret Beetham, *A Magazine of Her Own? Domesticity and Desire in the Woman's Magazine, 1800-1914*, p.171.

④ 维多利亚时期,英国社会中主流报纸对于女性问题的探讨较少,女性主题报刊主要是以期刊的形式存在,这也是本文以女性期刊而不是女性报刊为主题进行探究的原因。具体参见 Hilary Fraser, *Gender and the Victorian Periodical*.

⑤ Sophia A. Van Wingerder, *The Women's Suffrage Movement in Britain, 1866-1928*, London: Macmillan, 1999, p.58.

希拉里·弗雷泽指出，如果报纸是社会和政治话语的主要媒介，期刊出版则为女性提供了参与公共领域的手段。① 实际上，随着女性刊物的崛起，这些宣传活动与广大女性的阅读活动相结合，为女性参与和影响社会政治提供了一个平台，以报刊尤其是以女性刊物为基础，女性在家庭、聚会以及一系列阅读刊物的活动中形成了一个哈贝马斯所提出的以报刊为媒介的政治公共领域，从而对社会政治产生了一定影响。

结 语

维多利亚时期，英国女性期刊受众逐步增多，影响力逐渐增强，随之，期刊对于女性的作用亦由限制逐步向推动转变。在转变过程中，女性期刊的发展呈现出矛盾的状态，大量女性刊物出现，推动女性发展的力量一直在增长，但是，宣扬女性应该安于家庭、服务丈夫、抚养子女论调的刊物和相关内容也一直存在。这种矛盾其实在很多刊物中都有所表现，19 世纪上半叶的福音杂志《基督教女性杂志》经常提供各种形式的重要公共事件文章，与此同时，谴责那些把自己定义为政治的鼓动者、政治经济学家或者没有实际发挥她们作为母亲或者妻子的影响力的女性。②《英国妇女家庭杂志》在倡导家庭生活的同时鼓励女性读者进入公共舞台。③《英国妇女评论》虽然刊登了一些政治内容，却回避女性政治权利问题。④ 刊物内容的这种矛盾状态是 19 世纪英国社会转型时期社会矛盾消长的绝好体现，也是对当时英国社会转型的一个侧面反映。女性期刊从对女性的限制到推动女性发展的转变，是英国社会向现代化、民主化方向发展的重要表现，也为 20 世纪女性期刊和女性的发展奠定了基础。

An Analysis of Victorian British Women's Periodicals（1837—1901）

Abstract: The Victorian era was an important transitional period to modernization in British society. With the development of the newspaper industry and the improvement of women's knowledge and awareness, the British women's periodicals gradually showed a trend of rapid development. With the popularization of the press and the

① Hilary Fraser, *Gender and the Victorian Periodical*, p.150.

② *Christian Lady's Magazine*, I, 1834: 74.

③ Margaret Beetham, *A Magazine of Her Own? Domesticity and Desire in the Woman's Magazine, 1800-1914*, p.67.

④ *English Woman's Review*, I, 1857: 1.

feminist movement, a variety of women's periodicals with diverse contents appeared. These periodicals were the product of the times, which in turn promoted the social development. They not only had an important impact on the development of women, but also promoted the democratization process of British society.

Keywords: Victorian period, women, periodicals, popularization, feminist movement

作者:张英明,上海师范大学世界史博士,现为鲁东大学历史文化学院讲师

专 题

中央与地方的互动：英国伊丽莎白一世时期对粮商的治理

□冯雅琼

摘要：在荒歉频发的伊丽莎白时期，英国政府通过发布王室公告、饥馑《政令书》、枢密院指令等，采取了一系列干预粮食市场、惩治粮商囤积居奇的举措。其目的在于保证匮乏时期市场的粮食供应、压低粮价，进而维护公共福祉、缓和社会矛盾。治理粮商政策的制定和推行，反映了当时中央与地方的良性互动关系。食物骚乱的频发，使中央政府不得不关注民众的呼声，进而出台了治理粮商的举措。中央政策的推行离不开地方社会的配合，而地方官员和民众并非被动的接受者和执行者，他们能够通过请愿等方式与中央政府协商、谈判，以此左右政策的修改乃至重新制定。不过总体而言，伊丽莎白时期的中央政府在治理粮商、干预粮食市场等问题上始终握有主导权。

关键词：伊丽莎白一世；饥荒；粮食商贩；囤积居奇；中央与地方关系

近代早期是英国历史上荒歉频发、食物短缺较为严重的一个时期。为保证市场的粮食供应、压低粮食价格，进而维护公共福祉、缓和社会矛盾，英国政府通过发布王室公告、饥馑《政令书》、枢密院指令等，采取了一系列救荒举措。这些举措在伊丽莎白一世时期尤为集中。通过这些举措的制定和发布，我们可以了解近代早期英国中央政府决策的出发点；而这些政策在地方社会的执行状况和影响力，则能够体现出地方政府和民众的利益考量及其与中央政府的互动关系。

欧美史学界对近代早期粮食市场和贸易的关注由来已久。贸易史研究的先驱、加拿大史学家格拉斯（N. S. B. Grass）出版于1926年的《英国谷物市场的演进》一书，至今依然是英国粮食交易史研究的经典作品。[①] 格拉斯在书中梳理了 12 世纪至 18 世纪英国粮食市场的发展演变过程，将之划分为庄园之间贸易、地方市场和都会市场三个阶段。不过该书虽然论述了粮食商贩在各个阶段发挥的作用，但总体上是一种经济史研究，对政府的干预和影响着墨不多。到 20 世纪 60 年代，英国地方史研究专家艾伦·埃弗里特(Alan Everitt)在《英国农产品的市场交易》一章中，把都铎王朝时期的"开放市场"与"私人市场"区别开来，并论及了政府的管控政策，但对饥荒时期英国政府对粮食商贩的管控缺少深入、具体的研究。[②] 20 世纪 80 年代，英国史学家乌思怀特(R. B. Outhwaite)关注到饥荒时期英国政府举措的变化，其观点集中体现在《1590—1700 年饥馑与政府对英国粮食市场的干预》一文中。他指出，16 世纪晚期到 17 世纪末英国政府对粮食市场的干预发生了两个变化：一是议会有关海外谷物贸易的立法有显著变化；二是在饥荒年份，中央政府——国王和议会越来越不愿意干预谷物市场，主动性转移到地方官员和地方社区手中。[③] 乌思怀特的研究为我们了解近代早期英国政府的市场干预政策提供了重要参考，但在政府策略方面，他研究的重心是历次谷物法案中对粮食底价的规定、粮食进出口政策的调整，以及 1630 年后中央政府干预减少的原因，而对其他方面的政策，尤其是近代早期政府对粮食商贩的举措和影响关注不多。

对于包括治理粮商在内的相关救荒政策的执行状况，史学界存在较大争议。英国史学家伦纳德(E. M. Leonard)认为荒歉十分严重的 1622 年，是枢密院行动的"转折点"：枢密院逐渐增加了对市场的参与，在粮食匮乏问题不显著的时期亦如此。在他看来，饥馑《政令书》总体上是成功的，"它们似乎能够有效压低粮食价格"[④]。美国学者、经济史家罗伯特·福格尔(Robert Fogel)也认为都铎政府采取的救荒政策既必要又有效。他指出，在《政令书》得到推行的时期，它能

① N. S. B. Gras, *The Evolution of the English Corn Market*, Harvard University Press, 1926.

② Alan Everitt, "The Marketing of Agricultural Produce", in Joan Thirsk (ed.), *The Agrarian History of England and Wales, IV, 1500-1640*, Cambridge University Press, 1967, pp.466-592. 另见[美]王国斌：《转变的中国：历史变迁与欧洲经验的局限》，李伯重、连玲玲译，南京：江苏人民出版社，2008 年，第 168 页。

③ R. B. Outhwaite, "Dearth and Government Intervention in English Grain Markets, 1590-1700", *Economic History Review*, Vol.34, No.3 (Aug.1981), p.389.

④ E. M. Leonard, *The Early History of English Poor Relief*, Cambridge University Press, 1900, p.194.

够消灭饥荒;《政令书》中相关政策的延续,则有效避免了之后两个世纪饥荒的发生。[①] 与之相反,也有不少学者对以《政令书》为代表的救荒政策持否定态度。美国史学家乔丹(W. K. Jordan)指出,除了1631—1640年外,《政令书》在其他时期的执行力度都十分微弱。[②] 格拉斯认为《政令书》中的许多规定,进一步恶化了粮食短缺的困境。尤其是在中间商问题上,格拉斯认为中间商能够平衡供求关系,他们的个人利益"在很大程度上与社区利益相一致"。而都铎政府则试图用"粗糙的地方行政管理机器"来取代中间商,结果适得其反,会阻碍粮食从充沛区向匮乏区、从乡村到城镇的流动。[③] 近代早期英国救荒政策的实际影响究竟如何,从其中较为重要的治理粮商的政策入手,或许有助于解答这一问题。

近年也有中国学者关注到近代早期英国政府对粮食贸易的管控问题。粮食投机是近代早期商业投机中的一种重要形式,学者柴彬的《英国近代早期的商业投机及其国家治理》一文论及了这一问题,对治理商业投机的政治经济和思想背景作了深入的分析。[④] 此外,他还在《英国都铎时期经济社会视野中的枢密院》中,讨论了15世纪末至16世纪上半期英国枢密院在平抑粮食价格上的贡献:"打击不法奸商以垄断、囤积等手段哄抬粮价而导致粮荒加剧的行为,由政府有组织地收购粮食,在一年内由商人随时抛售,以平抑粮价,并防止产生垄断;保障市场粮食正常供应,解决贫民们的吃饭问题,并镇压饥民的抢粮骚乱事件。"[⑤]这篇文章关注的主要是15世纪末至16世纪上半叶的农业歉收和枢密院的举措,随着1587年第一份饥馑《政令书》的颁布,中央政府的救荒举措进入了一个新的阶段,也值得深入研究。除英国外,国内学者还关注到近代法国的

① Robert W. Fogel, "Second Thoughts on the European Escape From Hunger: Famines, Chronic Malnutrition, and Mortality Rates", in S. R. Osmani (ed.), *Nutrition and Poverty*, Clarendon Press, 1992, pp.243-286; Robert W. Fogel, "The Conquest of High Mortality and Hunger in Europe and America: Timing and Mechanisms", in P. Higonnet, D. Landes and H. Rosovsky (eds.), *Favorites of Fortune: Technology Growth and Economic Development Since the Industrial Revolution*, Harvard University Press, 1991, pp.33-71.

② W. K. Jordan, "The Development of Philanthropy in England in the Early Modern Era", *Proceedings of the American Philosophical Society*, Vol.105, No.2 (Apr., 21, 1961), p.145.

③ N. S. B. Gras, *The Evolution of the English Corn Market*, pp.241-242

④ 柴彬:《英国近代早期的商业投机及其国家治理》,《历史教学》(下半月刊)2014年第8期,第44页。

⑤ 柴彬:《英国都铎时期经济社会视野中的枢密院》,《宁夏大学学报》(人文社会科学版)2008年第3期,第65页。

谷物政策。如周立红的《近代法国政府职能转变与谷物自由市场的建构》一文,[①]发现从复辟王朝到法兰西第二帝国,法国政府逐渐放弃了对谷物流通的监护体制,在19世纪60年代形成了谷物自由市场。周立红认为这不是单纯地废除管制,而体现了法国政府职能的根本转变。近代早期英国管控粮商的政策是否反映了类似的问题,法国史的相关研究成果为我们提供了方法论和研究视角上的借鉴。

综上,近代早期英国政府对粮食商贩的管控和干预政策尚有较大的研究空间,尤其是在粮食价格持续攀升、应对政策集中出台的伊丽莎白时期,中央政策在地方社会的执行状况和反响如何,反映了怎样的利益和相互关系,有待进一步研究。鉴于此,本文以伊丽莎白时期(尤其是16世纪80年代末到90年代)英国政府对粮商的治理政策为中心,利用饥馑《政令书》、王室公告和枢密院指令等反映中央政府决策的史料,以及来自地方官员的报告和请愿等彰显地方社会态度的文献,考察饥荒时期伊丽莎白政府治理粮商政策的制定、运作,进而分析当时中央政府和地方社会之间的关系及其对社会秩序的影响。

一、谁是罪魁祸首?对饥荒爆发原因的追问

在近代早期英国,随着人口增加和农业歉收的发生,时常出现粮食短缺乃至饥荒现象。在16世纪80年代末至90年代,尤其是从1594年至1597年,连续四年的荒歉,造成粮食价格连年攀升。据英国学者霍斯金斯(W. G. Hoskins)统计,1594年粮价比往年提高30%,1595年提高了36%,1596年和1597年分别提高了83%和64%。[②] 在饥荒时期,普通民众赖以为生的小麦以外的粮食,价格涨幅甚至更高。与1593年相比,1596年小麦价格增至2.09倍,大麦增至2.56倍,燕麦增至2.75倍,黑麦增至5.68倍,豌豆增至2.45倍,大豆增至2.20倍。[③] 粮食价格普遍上涨的状况严重影响了人们的生活水平乃至生存,走投无路的贫民不得不铤而走险、发动骚乱,他们破坏市场、抢夺粮食。

① 周立红:《近代法国政府职能转变与谷物自由市场的建构》,《世界历史》2015年第5期,第23~34页。

② W. G. Hoskins, "Harvest Fluctuations and English Economic History, 1480-1619", *Agricultural History Review*, Vol.12, No.1(1964), p.46.

③ Andrew.B. Appleby, *Famine in Tudor and Stuart England*, Stanford University Press, 1978, p.6.

特别是在饥荒频发的16世纪90年代,食物骚乱时有发生,波及范围较广。1595年,英格兰东南部和西南部均发生了食物骚乱;1596年肯特郡和埃塞克斯郡也发生了食物骚乱;到1597年,食物骚乱扩大到西部地区、东盎格利亚,以及肯特郡和埃塞克斯郡边界地区。在萨默塞特郡,从市场上夺取粮食的骚乱者宣称:“宁愿在市场上被杀死,也不愿在家里活活饿死。”[①]由此,饥荒不仅影响到人们的生活水准,更危及社会秩序的稳定,应对饥荒、避免饥荒成为从地方到中央的共识。探究饥荒爆发的原因,是解决该问题的前提条件。

(一)地方社会的控诉

在伊丽莎白时期的多数英国人看来,造成粮价上涨的罪魁祸首不在于市场买卖的非人为因素,也不在于天气,[②]而是那些囤积居奇、倒买倒卖的粮商,他们最为民众深恶痛绝。民众认为正是这伙自私自利的人蓄意抬高粮价,导致穷人无法获取足够的食物,因此他们认为从富有的商贩手中夺取粮食的行为不仅是不得已之举,而且是合乎道德的。1586年,一名来自桑威奇的织布工托马斯·伯德(Thomas Bird)被捕,因为他扬言要集结800到900人,“吊死那些在家里藏有粮食的富人”。[③] 无独有偶,在食物严重短缺的1596年,埃塞克斯郡一名织布工在一大群人面前说:“除非人们揭竿而起,扭转错误,否则情况永远也不会好转。”他还表示“衷心希望有100个人参与起义”,自己将做他们的统帅,“带领人们掐断守财奴和谷物贩子的喉咙”。[④]1596年,诺里奇叛乱者给地方长官写信,抱怨他们没有有效执行中央政府的命令,听任富有商贩剥削贫民:“七年以来,富人以我们的血肉为食”,贿赂让法官蒙蔽了双眼,忍心看着我们挨饿。虽然惩治鱼商、谷贩、贪心商人的敕令和公告贴满了大街小巷,然而形同虚设,“如同无剑的鞘,并没有遏制杀人嗜血的麦芽商和谷物囤积商”[⑤]。对市场上粮食短缺、价格高涨的愤怒,常成为穷人采取过激

---

① John Walter,“Food Riots in England,1585-1649”,in A. Charlesworth(ed.),*An Atlas of Rural Protest in Britain,1549-1900*,Croom Helm Ltd,1983,pp.72-79.

② Steve Rappaport,*Worlds within Worlds:Structures of Life in Sixteenth-century*,Cambridge University Press,1989,p.154.

③ Peter Clark,“Popular Protest and Disturbance in Kent,1558-1640”,*Economic History Review*,New Series,Vol.29,No.3(Aug.,1976),p.367.

④ John Walter,“A ‘Rising of the People’? The Oxfordshire Rising of 1596”,*Past & Present*,No.107(May,1985),p.91.

⑤ Historical Manuscripts Commission 1883-1986(*Hatfield House*),Vol.13,pp.168-169,in Ian W. Archer and F. Douglas Price(ed.),*English Historical Documents*,Vol.V(A):1558-1603,Routledge,2011,p.1128.

行动的导火线。如1600年6月27日,大法官波帕姆(Popham)向枢密大臣罗伯特·塞西尔(Sir Robert Cecil)报告"最近在诺福克郡发生了一起令人不快的事件",一伙流浪汉烧毁了该郡最大的集镇——北沃尔沙姆(North Walsham)集镇。① 此类严重破坏地方社会安宁的事件,不得不引起地方和中央官员的高度重视。

除了粮商的囤积行为外,民众还认为粮食外运,尤其是政府供应驻海外军队的举动,导致国内食物短缺、粮价飙升。基于此种说法,他们会采取直接行动,拦截外运的粮船。1594年,埃塞克斯郡的一位雇工说:"谷物将变得特别昂贵,伦敦塔里有人预言,每蒲式耳谷物的售价将很快达到16先令。据我所知,有四艘装满谷物的船只,将开往敌国。"他声称:"我将成为揭竿而起者中的一员,我们要聚拢160到180个人,去拦截谷物。如果有这么多人,谁奈何得了我们?"②发动骚乱的民众多将粮食短缺归咎于囤积居奇、蓄意拉高粮价的商贩,或政府允可的粮食外运行为。据此,他们破坏市场、拦截粮船以获取粮食。

地方官员基于对当地粮食状况的了解,也时常发现是粮食商贩的操控而非粮食本身的短缺导致穷人无法获取粮食。1582年4月24日,肯特郡的治安法官威廉·兰巴德(William Lambarde)在该郡首府梅德斯通(Maidstone)的大治安法庭上发言指示,他说贪婪的粮食商贩是造成粮食短缺、价格居高的首要原因,因而要求陪审员仔细搜查并向治安法官汇报相关人员。"如果你们能够呈报倒买倒卖、垄断居奇、抢先批购食品的人,以及食品运输商的名字,报告不遵守重量和尺寸法定标准以及哄抬价格的食品商贩,那么穷人就不会在当前粮食储备充足之时,抱怨食品短缺、价格高昂。"③与之类似,1586年约克市政官员给枢密院写信,指出当前"严重匮乏和饥馑"主要是由于"贪婪的农场主等人,尽管谷仓中有足够的粮食,但是为了提高粮价故

① "Lord Chief Justice Popham to Sir Robert Cecil", in *Calendar of the Manuscripts of the Marquis of Salisbury Preserved at Hatfield House*, Vol.10, Her Majesty's Stationery Office, 1904, pp.201-202.

② Jim Sharpe, "Social Strain and Social Dislocation, 1585-1603", in J. A. Guy (ed.), *The Reign of Elizabeth I: Court and Culture in the Last Decade*, Cambridge University Press, 1995, p.200.

③ Conyers Read (ed.), *William Lambarde and Local Government: His 'Ephemeris' and Twentynine Charges to Juries and Commissions*, Cornell University Press, 1962, pp.70-71.

意不把粮食卖到市场”[1]。因此,地方政府迫切希望中央政府能够颁布更加严格的政策,管控不法商贩的行为、确保市场上粮食的供应,进而让当地民众满意。

(二)中央政府的态度

民众针对粮商的骚乱活动,严重危及近代早期地方社会秩序,使中央政府不能置之不顾。民众的呼声和看法,是中央政府制定决策和采取行动的重要参考。与民众和地方官员的观点类似,在伊丽莎白中央政府的各类文件中,也常将一些粮食商贩的囤积居奇和投机行为,而不是粮食绝对数量的短缺,视作市场上粮食缺乏、价格攀升的主要原因。这种认识多源自地方的汇报和委派官员的调查。1595 年 5 月 25 日,枢密院在给北安普敦郡郡守和首席治安法官的信中,指出造成当前穷人食物不足的原因和解决方法。枢密院认为,穷人挨饿的原因可能是市场上售卖的粮食不足,也可能是粮价过高,两种因素导致穷人买不到或买不起。因此,枢密院要求治安法官召开会议,号召所有富人和有能力者(包括治安法官本人在内)捐献钱财,用于购买一定数量的粮食。之后委派值得信赖的人将粮食带到市场,以低于当前市场价的价格,向最需要的穷人出售。此外,枢密院还要求指派有声望的治安法官,到市场上劝导商贩降低谷物价格,至少保证售价不高于年初的水平:“因为年初以来,粮价的上涨并无任何正当理由。”1596 年 8 月 2 日,枢密院在给几个郡的高级郡守和治安法官的信函中指出:“最近(尤其是近两三个月)粮食和面包价格猛增的原因”,主要在于一些贪婪的人到农场主的粮仓中大量购买粮食,他们垄断居奇、阻挠粮食流通到市场,造成粮食匮乏状况加剧。[2] 与之类似,1597 年 11 月的一份议会报告,认为当时谷物价格奇高的原因可能有三种:要么是谷物出产数量少,导致供不应求;要么是商贩囤积居奇、抢占市场;要么是人们过度消耗、浪费。该报告指出,要从根本上解决问题,须仔细调查上述原因。结果调查发现英国境内并没有发生普遍的谷物短缺现象,罪魁祸首是那些为了牟取个人财富而置公共福祉于不顾的囤

---

① J. S. Lee,“Grain Shortages in Late Medieval Towns”, in B. Dodds and C. D. Liddy (eds.), *Commercial Acitivity, Markets and Entrepreneurs in the Middle Ages: Essays in Honour of Richard Britnell*, Woodbridge, Boydell & Brewer, 2011, p.70.

② “Monday afternoone. At the Courte at Greenewich, 2 of August, 1596”, in John Roche Dasent (ed.), *Acts of the Privy Council of England*, New Series, Vol.26: 1596-1597, Her Majesty's Stationery Office, 1902, pp.80-81.

积居奇者。①

这种认识延续到1600年。在1600年6月14日的星室法庭上,掌玺大臣“像往常一样”,规劝各法官和治安法官要各司其职,认真履行自己的职责。尤其要求治安法官时时关注谷物和其他物品的价格,铭记之前囤积商如何造成谷物价格突然暴涨。掌玺大臣要求各地的治安法官吸取教训,避免此类情况再次发生,仔细搜查并严惩垄断商和囤积商,以确保粮食和其他物品价格合理。此外,对于民众谴责的粮食外运行为,掌玺大臣指出近来一些诽谤者恶意中伤“女王陛下的官员”,他们污蔑说财务大臣给大量粮食运输商发放许可。事实上,“财务大臣只是批准几个郡的治安法官允许谷物运输,否则那里的农民就难以为继”。最后,掌玺大臣指出,为了挽救四分五裂的爱尔兰,女王陛下去年派遣一支部队前往爱尔兰,并为其准备了充足的装备,因而不会有任何物资短缺问题。② 中央政府否认粮价上涨是由政府组织的粮食外运造成。

几个月后,枢密院再次强调造成市场上粮食短缺和价格上涨的首要原因,在于粮食商贩的囤积行为以及地方政府的监管不力,而非中央政府的粮食外运行为。1600年10月26日,枢密院给各个郡的高级郡守和治安法官写信,说女王陛下此前下达了多个敕令,要求限制粮食批发商、倒买倒卖者及其他人的谷物垄断居奇和抢先批购行为,以保证市场上粮食的供应,防止粮食价格被这些人哄抬。但“让女王陛下伤心的是,尽管去年没有造成粮食匮乏的原因(感谢上帝),而且已采取了严格举措,除了供应女王在爱尔兰的军队外,限制任何粮食流到海外”,但如今粮食价格普遍升至较高水平,唯一原因在于这些邪恶的垄断居奇和抢先批购行为。此外,枢密院斥责地方政府对政策的执行不力:“我们还发现,郡守和治安法官所安排的管控该行为的人,非但未能尽职尽责地维护穷人的利益,反倒玩忽职守,以公谋私,导致地方人民怨声载道。”鉴于此,“为了她最关心的臣民的利益,女王不得不要求地方官员定期汇报命令的执行状况(这本来是可以避免的)”。一旦发现有囤积居奇、操控粮价以牟利的人,郡守和治安

① “Notes for the Parliament”, in *Calendar of the Manuscripts of the Most Hon. the Marquis of Salisbury, Preserved at Hatfield House, Hertfordshire*, Vol.7, Her Majesty's Stationery Office, 1899, pp.497-498.

② “The Court of Star Chamber”, in *Calendar of the Manuscripts of the Marquis of Salisbury Preserved at Hatfield House*, Vol.5, Her Majesty's Stationery Office, 1894, pp.182-185.

法官要将其带到枢密院接受审问。如果发现地方官员有任何不当行为，女王有权指派其他人员前往调查。① 可见，中央政府在文件中极力澄清自身行为——尤其是粮食外运，没有造成粮食短缺，强调粮食商贩的不义之举才是罪魁祸首，因而要求地方官员严惩这种行为。

事实上，即使在粮食严重短缺的1587年、1588年以及16世纪90年代中后期，保障英国驻海外军队的食物供应，始终是中央政府决策的重中之重。但近代早期英国政府在相关文件中却经常避重就轻，否认粮食外运对粮价上涨的影响，其目的在于维护政治和军事行动。从16世纪80年代中期到16世纪末，为了应对西班牙的军事威胁，伊丽莎白政府加强了海军建设，还增加了对海军食物供应的需求，这些任务多转嫁给地方，加剧了食物短缺时期的供需矛盾。

除了西班牙威胁外，从16世纪90年代到1600年，镇压爱尔兰叛乱，维持政治秩序的稳定，也是英国政府的重要任务。为此，英格兰需要源源不断地向爱尔兰输送士兵和供给军队的食物，通常由西北部的切斯特和利物浦港口承担运输任务，西南部的布里斯托尔和巴恩斯特普尔（Barnstaple）有时也会收到类似命令。港口城市需要全权负责士兵的征募、物资的购买以及运输工作，这给地方政府带来了巨大的财政压力。② 在发生饥荒的1595年和1596年，英格兰仍有大量粮食输送到爱尔兰。1596年11月12日，商人乔治·贝弗利（George Beverley）向财务大臣伯利勋爵（Lord Burghley）汇报，称自己从1594年2月1日到1596年9月30日，共收到9248镑预付款，用于从英格兰运输粮食和食品，供应驻爱尔兰的英国士兵。据账簿显示，截至1596年5月31日，他和另外两人一共从切斯特市粮仓运输了8248镑（该金额包括称量、碾磨、装载等费用）谷物和其他食品，多数为小麦和小麦粉，共动员了28艘帆船。除了汇报账目状况外，乔治·贝弗利主要想向财务大臣说明：除了黄鱼和奶酪外，切斯特市和柴郡已经没有面包、谷物或其他食品可以运到爱尔兰。③ 为军队输送食物的命令，加剧了饥荒时期地方社会的物资短缺。

---

① "At the Court at Richmond, the 26 of October, 1600", in John Roche Dasent (ed.), *Acts of the Privy Council of England*, New Series, Vol.30: 1599-1600, Her Majesty's Stationery Office, 1905, pp.733-735.

② *Calendar of the Manuscripts of the Marquis of Salisbury Preserved at Hatfield House*, Vol.10, pp.xxi-xxii.

③ "Geo.Beverley to Lord Burghley", in *Calendar of the Manuscripts of the Marquis of Salisbury Preserved at Hatfield House*, Vol.6, Her Majesty's Stationery Office, 1895, p.477.

伊丽莎白政府却罔顾事实，否认粮食外运造成粮价上涨。不难发现，其根本目的在于维护政治和军事行动，这是造成当时英国中央政府和地方社会对粮食短缺、价格高昂的认识存在差异的原因。而民众对中间商等的谴责，则符合中央政府的利益考量，有利于它通过颁布相关法规、要求地方官员贯彻，来加强对地方社会的干预。

二、矛头直指粮商：治理粮商政策的出台

为缓解粮食短缺、平息民众的愤怒，伊丽莎白政府将矛头指向囤积居奇的粮商。在整个伊丽莎白统治时期，英国未颁布新的谷物法案，管控粮商的政策集中体现在饥馑《政令书》、王室公告和枢密院指令中。

早在中世纪，英国政府就注意治理粮商的囤积居奇，其中不少举措延续到了近代早期。从1307年至1440年的六位国王中，有五位（爱德华二世、爱德华三世、理查二世、亨利四世和亨利六世）在位期间，面临食物短缺或饥荒时均采取过惩罚粮商抢先批购行为的举措。因为抢先批购者常常在粮食紧缺时，有意阻挠粮食进入市场，以提高价格。1315年，议会通过了一个新的反抢先批购者的法令，规定“国王可以没收抢先批购者购买的商品”。1370年收获季之后英国各地区粮食极为短缺，爱德华三世强制执行该法令，他还命令伦敦市长和9个郡的郡守关押囤积粮食者，没收他们的粮食并在公开市场出售。理查二世和亨利四世在位期间，延续了这些举措。1391年，理查二世命令温切斯特和塔姆沃思的委员会搜寻并没收被抢先批购的粮食，将之在地方市场出售。在1437—1439年的饥荒年份，亨利六世命令7个郡的委员会，搜寻抢先批购、倒买倒卖和垄断居奇者，调查他们所持粮食的数量。随后根据1351年法令及1378年的修订法令，由国王没收这些粮食，并在公开市场出售。1552年，英国议会通过了新的《反倒买倒卖者、抢先批购者和垄断居奇者的法令》。[①] 此后，英国虽然未颁布专门的法令，但通过饥馑《政令书》、王室公告和枢密院指令等，进一步完善了惩治粮商囤积居奇的政策和手段。

（一）饥馑《政令书》与治理粮商的基本原则

与饥馑时期其他方面的粮食管控政

① Buchanan Sharp, *Famine and Scarcity in Late Medieval and Early Modern England: The Regulation of Grain Marketing, 1256-1631*, Cambridge University Press, 2016, pp.2-3, p.7.

策一样,饥馑《政令书》奠定了伊丽莎白政府惩治粮商不法行为的基本原则。1587年1月2日,在伊丽莎白一世的授权下,枢密院发布第一份饥馑《政令书》。该《政令书》将高粮价归咎于粮食囤积行为,要求各郡郡守和治安法官组织陪审团,调查地方的粮食存储状况,命令大谷物种植者和囤有大量粮食的人,将粮食带到公开市场出售,违者将遭受监禁和罚款的双重惩罚。[①] 该《政令书》要求治安法官尤其注意调查囤积谷物的人,记录他们的姓名、住址,依法严处。同时规定,除非有治安法官或其他当权者的特殊许可,任何人不得购买粮食用于再次出售。[②]

1594年饥馑《政令书》重申了上述原则。[③] 到1595年,新发布的饥馑《政令书》除了这些要求外,为进一步加强对粮食囤积的管制,要求地方官员严格调查囤积大量粮食、不愿在市场上出售的人。一经查实,没收他们的粮食,用于满足女王舰队和其他公共需求。[④] 1595年饥馑《政令书》还增加了对食物批发和转卖商贩的管理,要求各郡治安法官召开会议,协商确定从事此行业人员的必要数目,并据此调整当地的食物商贩数量。允许继续从事该行业的批发商和转卖商,只能供应城市、大城镇和其他依赖他们获取食物的地方。为维护普通粮食购买者的利益,该《政令书》还规定,农场主和麦芽生产商,不得在市场以外的地方,向批发商、面包商和酿酒商出售产品;批发商和采购商,也不得通过市场以外的渠道获取谷物、黄油、奶酪,市场完全开放两个小时后,他们才有资格购买。农场主和麦芽商不得有意将产品留到最后,以卖给批发商、中间商、酿酒商和转卖商,否则将受到严惩。[⑤] 这些规定是为了避免粮商剥夺普通消费者的购买机会。

1600年的饥馑《政令书》进一步规定,对于那些囤积谷物、拒绝在市场上出售谷物的人,女王有完全处置权,除了像

---

① *Books of Orders*, 1587: Privy Council, *Order Devised by the Especiall Commandement of the Queenes Maiestie for the Reliefe and Stay of the Present Dearth of Graine within the Realme*, London, 1586/1587, sig. A2r–v.

② *Books of Orders*, 1587, sig. B2r.

③ *Books of Orders*, 1594: Privy Council, *The Renewing of Certaine Orders Devised by the Special Commandement of the Queenes Maiestie, for the Reliefe and Stay of the Present Dearth of Graine within the Realme: in the Yeere of Our Lord 1586.* Nowe to bee Againe Executed this Present Yere 1594…, London, 1594.

④ *Books of Orders*, 1595: Privy Council, *A New Charge Given by the Queens Commandement, to All Justices of Peace, and All Maiors, Shiriffes, and All Principall Officers of Cities, Boroughs, and Townes Corporate, for Execution of Sundry Orders Publishes the Last yeere for Staie of Dearth of Graine*, London, 1595, sig. C2r.

⑤ *Books of Orders*, 1595, sig. C2v.

1595年《政令书》那样，可以将收缴的粮食用于供给舰队和其他公共需求外，还可以将粮食运送到爱尔兰。[①] 该规定进一步证实了爱尔兰问题在当时英国政府决策中的突出地位。之后应对食物匮乏的饥馑《政令书》，分别颁布于1608年、1622年、1630年，它们几乎完全照搬1600年及1595年的版本，没有提出新的对策。这些饥馑《政令书》均对粮食商贩尤其是粮食中间商的活动，做出了种种限制。直到1630年颁布最后一份饥馑《政令书》、1663年通过最后一个限制谷物中间商的《谷物法》之后，谷物自由贸易才逐渐占据上风。在此之前，英国政府对粮食中间商始终持不信任态度。[②]

如上所述，饥馑《政令书》通过地方治安法官搜查被囤积的粮食、强制在市场上出售，管控粮食批发商、转卖商的数目，严惩粮食垄断居奇者等规定，期望达到确保市场上粮食供应、压低粮食售价的目的。饥馑《政令书》的各项规定表明，中央政府注意维护普通粮食购买者尤其是穷人的利益，且倚重地方官员特别是治安法官来推进相关举措的推行。

（二）王室公告与治理政策的推进

在饥馑《政令书》之外，近代早期英国政府多次就粮食问题发布王室公告。据学者柴彬统计，都铎时期英国颁布的打击粮食囤积居奇的王室公告多达8个，伊丽莎白一世时期的两个王室公告分别为《执行先前反对投机粮食的法令、敕令和命令》（1598年）和《保护财政大臣免于诽谤；命令惩罚粮食囤积商》（1600年）。[③]

事实上，除了专门的惩治粮食囤积居奇的公告外，早在16世纪60年代伊丽莎白政府就曾颁布王室公告，斥责囤积居奇行为是导致粮食价格骤然升高的罪魁祸首。1562年3月10日的公告指出，"近来一些贪心的人，为了获取财富，有意抬高粮食、牲畜和其他食物的价格"[④]。此外，在许多地方，人们不像往

---

① *Books of Orders*, 1600: *Speciall Orders and Directions by the Queens Maiesties Commandement, to All Justices of Peace, and All Maiors, Shiriffes, and all Principall Officers of Cities, Boroughs, and Townes Corporate, for Stay and Redresse of Dearth of Graine*, London, sig.B2r.

② N. S. B. Gras, *The Evolution of the English Corn Market*, p.207.

③ 柴彬：《英国近代早期的商业投机及其国家治理》，第45页。

④ 此时，牛津大学莫德林学院购买小麦的价格为每夸特26先令8便士。而1562年早些时候的平均价格为17先令；1563年小麦价格低至6先令8便士。参 James E. Thorold Rogers, *A History of Agriculture and Prices in England: From the Year after the Oxford Parliament (1259) to the Commencement of the Continental War (1793)*, Vol.3: 1401–1582, Clarendon Press, 1882, pp.108–109。

常那样将食物带到市场出售。这样,那些没有存粮、需要用现金在市场上购买食物的穷人,陷入食物匮乏的绝境。因此,伊丽莎白女王命令每个郡的郡守、治安法官,所有的市长及自治城镇的其他行政长官,即刻采取措施,保障市场上的食物供应,维护穷人利益。① 在1566年1月2日的公告中,伊丽莎白一世也指示严惩粮商的囤积居奇和倒买倒卖行为,保证市场粮食供应。②

在粮食严重短缺的16世纪90年代,英国多次就囤积粮食行为发布王室公告,要求地方官员搜查余粮并带到公开市场出售。1596年7月31日,枢密院以女王的名义颁布公告,要求推行1595年《政令书》中的相关指令。该公告指出:女王陛下收到报告,得知一些地区粮食价格的不合理增长已经给农耕为生的穷人带来了极大困苦。尽管富有的农场主和垄断居奇的粮商声称粮价的上升是由于今年夏季反常的天气,但女王认为这不是他们提高去年生长、收获粮食的价格的正当理由。"农场主和垄断商的贪婪"是造成近期尤其是最近两个月粮价攀升、人民苦不堪言的主要原因。为了改善这种局面,女王要求各郡郡守和治安法官严格执行1595年颁布的饥馑《政令书》,惩治所有为了个人利益而直接或间接抬高粮价的人。③ 几个月后,枢密院于1596年11月2日再次颁布王室公告,强调"近来王国许多地方食物匮乏状况愈发严重,是由于持有大量谷物的人没有将谷物带到公开市场",他们的目的在于抬高粮价;原因并非像谣言所说的那样,是女王将粮食出口到海外所致。在这份公告中,枢密院要求各地治安法官遵照1595年《政令书》的要求,打击垄断居奇、抢先批购和倒买倒卖谷物的商贩;要求谷物持有者定期到市场上出售一定数量的粮食,保证市场上粮食充足;要求各级官员要秉持对基督徒兄弟和同胞的天然关爱,严格贯彻相关命令,保护穷人利益。④

在接连四年的农业歉收之后,伊丽

① P. L. Hughes and J. F. Larkin(eds.), *Tudor Royal Proclamations*, Vol.2: The Later Tudors(1553-1587), Yale University Press, 1969, p.182.

② P. L. Hughes and J. F. Larkin(eds.), *Tudor Royal Proclamations*, Vol.2: The Later Tudors(1553-1587), pp.276-278.

③ P. L. Hughes and J. F. Larkin(eds.), *Tudor Royal Proclamations*, Vol.3: The Later Tudors(1588-1603), Yale University Press, 1969, pp.165-166.

④ P. L. Hughes and J. F. Larkin(eds.), *Tudor Royal Proclamations*, Vol.3: The Later Tudors(1588-1603), pp.169-172; "Proclamation against Engrossing and Transporting Wheat, & c", in *Calendar of the Manuscripts of the Marquis of Salisbury Preserved at Hatfield House*, Vol.14, Her Majesty's Stationery Office, 1923, p.294.

莎白政府担心粮食状况继续恶化，于是在1598年收获季到来前（8月23日）再次发布王室公告，要求推行之前的法令、公告和饥馑《政令书》，全力反对谷物囤积商。该公告指出，近来食物短缺，主要原因不在于恶劣的天气，而是由于贪婪的粮商抢先批购、倒买倒卖和垄断居奇，有意操控粮价，将个人利益凌驾于公共福祉之上；还由于一些人将大量谷物用于制造淀粉浆，造成了粮食的严重浪费。因此为了维护公共福祉，尤其是穷人的利益，伊丽莎白女王命令从治安法官到市长、郡守、市场监督官等各级官员，严格执行1595年《政令书》，打击粮食囤积居奇和投机倒把行为。①

虽然伊丽莎白政府极力澄清未曾允许粮食大规模出口，但对于民众对粮食外运的抱怨，她也并非视而不见。1566年1月20日枢密院发布王室公告，要求取消粮食出口许可。“近来有人恶意传播英国食物匮乏、女王允许小麦出口的谣言。他们一方面是为了引起英国普通民众和穷人的不满，另一方面也是为了抬高粮价、谋取私利。”该公告指出，虽然目前英国并不存在食物匮乏的问题（“这要感谢全能的上帝”），但一些人有意囤积居奇、垄断粮食，导致价格攀升。为止息流言，女王做出以下指示：首先，人们要拒绝相信谣言、传播不实消息；市场监管官要拘禁有意制造和散播谣言、导致粮食短缺、扰乱人心的人。其次，人们要相信女王不会采取任何导致本国食物匮乏的举措，她也不曾下令将大量粮食出口到国外，她供给友国和海外军营的粮食数量是以不损害本国利益为前提。“除非一些别有用心的人故意滥用、曲解女王的命令。”再者，取消粮食出口许可，并将原本用于出口的粮食分发给民众。最后，伊丽莎白一世再次下令严惩所有粮商的垄断居奇和倒买倒卖行为，保证市场上的粮食供应。② 1596年11月2日的公告也对有关粮食出口的谣言予以说明：“近期有谣言称将有大量谷物被运往海外，导致国内谷物匮乏”，枢密院认为该谣言不仅造成了穷人的恐慌，而且为那些贪婪的谷物囤积者拒绝供应市场提供了口实。事实上，女王本人未曾指示将谷物运到海外，而是有些人暗中出口谷物。因此，要求各级官员严格执行禁止将谷物带出王国的命令。违法出口食物的人，将面临一年监禁、罚款和没收粮船的处罚。该公告还鼓励人们举报私

---

① P. L. Hughes and J. F. Larkin (eds.), *Tudor Royal Proclamations*, Vol.3: The Later Tudors (1588-1603), pp.193-195.

② P. L. Hughes and J. F. Larkin (eds.), *Tudor Royal Proclamations*, Vol.2: The Later Tudors (1553-1587), pp.276-278.

自出口粮食的行为:“没收粮食价值的一半和罚金的一半赠予举报人。”①可见,政府虽然否认粮食出口是造成粮价上涨的原因,但还是采取了限制出口的举措,以平息民愤。

在粮食收成好转的1600年,英国政府于6月2日发布公告回应有关财务大臣威廉·塞西尔(即伯利勋爵)私自出口粮食的谣言,并重申粮食商贩的囤积居奇行为是造成粮价上涨的主要原因。“女王陛下一惯关心臣民的食物问题,采取措施防止食物短缺。她十分清楚食物短缺给穷人造成的苦难,因而明确要求枢密院和其他行政官员,保证不让任何粮食外流。”②后来颁发粮食出口许可完全是因为地方请愿:去年秋季,一些治安法官和地方绅士向财务大臣请愿,表示当地人民希望准许粮食出口。因为粮食没有销路、价格过低,挫伤了人们种植粮食的热情,导致他们无力支付地租,贫穷的劳工失去工作。出于对人民的同情,根据之前法令授予的权力,③女王授权财务大臣给一些地区发放许可,准许他们向盟友国出口粮食。④ 而且女王明确指出,如果粮价上升,随时会限制出口。然而,“现在有一些居心叵测的人恶意造谣,说一些英国人大量向外运输粮食,导致国内粮食匮乏。他们甚至还谎称财务大臣也卷入非法的粮食出口活动。该谣言在伦敦和其他地区蔓延”。该公告指出,“事实上,由于去年圣诞节降水量过大,影响谷物的生长,财务大臣已在1月份给地方发送信函,要求限制粮食运输”。最后,该公告重申粮食商贩的囤积居奇行为是导致粮价上涨的首要原因:

---

① P. L. Hughes and J. F. Larkin(eds.),*Tudor Royal Proclamations*,Vol.3:The Later Tudors(1588–1603),pp.169–172;“Proclamation against Engrossing and Transporting Wheat,& c”,in *Calendar of the Manuscripts of the Marquis of Salisbury Preserved at Hatfield House*,Vol.14,p.294.

② 在该公告发布前的两年中,枢密院下达了一系列禁止粮食出口的命令:1598年11月19日,枢密院指示赫尔的执政官,鉴于目前粮价高昂,要求他们全力阻止粮食出口;1598年11月27日,要求苏塞克斯郡守、治安法官和其他领袖,阻止粮食运出本郡(除非获得枢密院特殊许可),因为当前粮食外流加剧了穷人的困苦;1599年1月16日,要求萨默塞特郡限制粮食出口,以遏制粮价的上升;1599年3月26日,要求德文郡海军中将和普利茅斯港口官员,阻止一切向海外运输粮食的行为。参John Roche Dasent(ed.),*Acts of the Privy Council of England*,New Series,Vol.29:1598–1599,Her Majesty's Stationery Office,1905,p.290,p.311,p.468,p.655。

③ 1593年法令规定,女王和她的继承人有权发布王室公告,来调整全国或某些港口城镇的粮食出口政策。参 *The Statutes of the Realm*,Volume 4 Part 2:[1586–1624],Record Commission,1819,p.856。

④ 在1599年,女王发放粮食出口许可:将1500夸特粮食(500夸特小麦和1000夸特大麦)运到德国埃姆登镇(Emden),2000夸特大麦运到低地国家。参M. A. E. Green(ed.),*Calendar of State Papers,Domestic Series,of the Reign of Elizabeth,1598–1601*,Longman,Green,Co.,1867,p.161。

"尽管如今英国并不存在严重的粮食短缺现象,向外运输的粮食数量也不像谣言所称的那样大,但是人们仍然难以获得足够的粮食。这种局面,是一些无道德心的农场主和谷物商贩的贪心导致,他们在收成好的年份将粮食囤积起来,待收成不好、粮价上升后再售出,以获取高额利润。"因此,1600年公告要求地方治安法官和其他官员严格执行先前的命令,惩罚囤积谷物和粮食的人;还要查处那些恶意编造和传播煽动性言论与不实消息、扰乱社会秩序的人。①

如上所述,伊丽莎白时期发布的王室公告,多强调不法商贩对粮食短缺、粮价上涨负有主要责任,要求贯彻此前法令和饥馑《政令书》中的条令,而否认民众对中央政府将大量粮食出口到海外的指责。但与此同时,民众对粮食出口的质疑也间接促使中央政府采取了限制措施。

(三)枢密院惩治粮商的指令

在伊丽莎白时期,除了《政令书》和王室公告外,枢密院还多次下达管控粮食商贩的指令,要求各级官员执行。较之着眼于全国性问题的饥馑《政令书》和王室公告,枢密院指令往往更加具体、有针对性,通常就某个或某些地区的情况下达专门、明确的指令,通过信函寄送给相应的地方当局。

首先,与饥馑《政令书》一样,搜集余粮并强迫持有者在公开市场出售,也是饥荒时期枢密院经常下达给地方的指令之一。在第一份饥馑《政令书》颁布之前,枢密院就曾下达指令,要求搜集囤积粮食者的仓库,强迫他们在公开市场出售。1586年4月24日,枢密院给格洛斯特郡的治安法官和格洛斯特市的市长、治安法官写信,指出格洛斯特市的谷物价格之所以大幅上涨,是由于公共市场不能像往常那样获得足够的谷物供应。"一些拥有充足谷物的农场主出于贪婪,为提高粮价而拒绝向市场提供粮食,导致穷人濒临饿死。"鉴于此,枢密院要求该郡治安法官审问这些囤积居奇者,搜查他们房屋和谷仓中的粮食,并要求他们缴纳保证金,根据各自的存储状况保证每周以合理的价格向市场供应一定数量的粮食。② 后来的饥馑《政令书》也延续了这种搜查余粮、带至市场出售的举措。

枢密院还要求地方官员调查谷物垄断居奇者,并要求他们以较小的计量单位出售,目的在于让穷人购买得起。

① P. L. Hughes and J. F. Larkin(eds.), *Tudor Royal Proclamations*, Vol.3: The Later Tudors(1588–1603), pp.215–217.

② John Roche Dasent(ed.), *Acts of the Privy Council of England*, New Series, Vol.14: 1586–1587, Her Majesty's Stationery Office, 1897, pp.71–72.

1589年12月23日，枢密院给几名巡回法官写信，附上了萨福克郡的萨德伯里市长、市政长官和居民的请愿：他们抱怨一些人，尤其是一个叫罗伯特·曼宁（Robert Maning）的人，为了个人私利，倒买倒卖、抢先批购、囤积谷物，导致当地谷物匮乏、谷价暴涨，穷人被逼至绝境，因而希望中央政府能够采取举措遏制这些行为。枢密院要求巡回法官前往萨德伯里调查情况是否属实；若属实，则要求相关人员停止这种不正当的损害穷人的行为，并强迫他们以蒲式耳或更小的计量单位（穷人能购买得起的单位）、以合理的价格（与其他市镇和地方公开市场一致的价格）向穷人出售谷物。同时，枢密院还要求萨德伯里周边的农场主和其他谷物卖家为该城和市场输送谷物，以解燃眉之急。①

其次，饥馑《政令书》颁布后，枢密院在16世纪90年代中期的饥荒年份下达的指令中，常要求地方官严格执行饥馑《政令书》的各项命令，认为管控不法粮食商贩能够起到消灭饥荒的作用。1595年10月4日，枢密院给科巴姆勋爵（Lord Cobham）写信，说得知许多地区市场上的食物尤其是谷物和粮食价格持续上涨，为此枢密院给英国大部分郡发送了多封信函，要求他们确保市场上粮食供应，限制粮商抢先批购、垄断居奇和倒买倒卖的活动，并严格执行去年发布的饥馑《政令书》中的各项要求。枢密院希望身为"女王陛下在肯特郡的郡督"的科巴姆勋爵能够要求各治安法官在各辖区内认真执行敕令。枢密院还说："鉴于上帝去年给我们带来了好收成，无疑我们将有足够的谷物，谷物价格将会下降。"②然而事实上，从1594年开始英国经历了连续四年的农业歉收，1595年的收成并未转好。

此后几年，面对粮食价格居高不下的局面，枢密院不得不时常发布指令，要求地方官员严格管控粮食囤积居奇和倒买倒卖行为，增加市场上的粮食供应，缓解穷人的困苦。1596年10月24日，枢密院给温切斯特侯爵（Lord Marquis of Winchester）写信，除了要求他加强赫斯特城堡的防御外，还要求当地治安法官加强对市场不法行为的监管，尤其要严惩垄断居奇、倒买倒卖、抢先批购和其他在市场上大量购买粮食然后到其他市场

---

① "Tueusday(*sic*) the 23th of December, 1589. At Rychemont. Forenoone", in John Roche Dasent (ed.), *Acts of the Privy Council of England*, New Series, Vol.18: 1589–1590, Her Majesty's Stationery Office, 1899, p.275.

② "The ivth of October, 1595", in John Roche Dasent (ed.), *Acts of the Privy Council of England*, New Series, Vol.25: 1595–1596, Her Majesty's Stationery Office, 1901, p.8.

出售以牟利的行为；号召农场主、农夫和其他有存粮的治安法官、绅士到市场上出售粮食，确保当地市场粮食供应，进而维护秩序稳定。① 1597年8月22日，枢密院给一些郡的郡守和治安法官写信，要求他们惩治食品投机商。枢密院在信中指出：近来，由于上帝的恩惠（带来了好天气），各类粮食以及黄油、奶酪短缺的状况有所缓解。但是，"依然有一些贪婪成性似豺狼虎豹、毫无人性者，蓄意抬高谷物和其他食品的价格。他们通过大量囤积谷物和其他食品，在粮食进入市场前买卖粮食，甚至在粮食尚在田地中、大麦尚未制成麦芽时就达成买卖协议，在黄油和奶酪运到穷人通常前往的市场前批量购买"。"针对这些腐败欺诈、恶意牟利的行为"，枢密院说中央政府已出台有力的法律法规且给治安法官下达了相关指令，与之对抗。枢密院在这封信中要求治安法官仔细搜查本郡以及自治市镇中所有为了个人利益而在市场外购买或交易谷物的人，以及垄断居奇者，利用一切方式限制他们的活动，将顽固不化、行为恶劣的违反者带到枢密院面前。从而让食品的市场价格降至合理水平，让穷人能够买得起，不再遭受饥馑之苦。②

再者，地方上囤积大麦、制造麦芽的行为，也是枢密院重点管制的对象。在粮食收成较好的1590年，一些地区仍然出现粮食供不应求的局面。枢密院调查后发现是由一些人有意大规模抢占、囤积粮食所致，尤其是用于制造麦芽的大麦经常成为囤积居奇者的目标。1590年7月28日，枢密大臣就赫特福德郡和埃塞克斯郡的粮食短缺问题指示财务大臣伯利勋爵。枢密大臣说两郡的粮食尤其是大麦濒临匮乏、价格居高不下，希望伯利勋爵委派代理官员限制粮食批发商大规模收购谷物的行为，并且严禁他们直接向农场主购买谷物或阻碍谷物运到市场上。③ 在这个案例中，枢密院要管制的主要是抢先批购大麦的行为。在16世纪90年代中期粮食出现普遍短缺时，枢密院多次下达指令，要求限制地方麦芽

① "Sonday. At the Court at Richmond, the xxivth of October, 1596", in John Roche Dasent (ed.), *Acts of the Privy Council of England*, New Series, Vol.26: 1596-1597, pp.276-277.

② "This and the 4 letters following bare date 22 Augusti, 1597, and signed by the Lord Keper... Sir John Fortescue", in John Roche Dasent (ed.), *Acts of the Privy Council of England*, New Series, Vol.27: 1597, Her Majesty's Stationery Office, 1903, pp.359-361; "The Lords of the Council to Certain Justices of the Peace', in *Calendar of the Manuscripts of the Marquis of Salisbury Preserved at Hatfield House*, Vol.7, p.410.

③ "The Lords of the Council to Lord Burghley, Lord Lieutenants for Hertfordshire and Essex", in *Calendar of the Manuscripts of the Marquis of Salisbury Preserved at Hatfield House*, Vol.4, Her Majesty's Stationery Office, 1892, p.52.

制造商的数目，且他们不得在市场外购买或抢先批购大麦。1595年10月中旬，枢密院给诺里奇市长写信，说鉴于目前各类粮食价格普遍高昂的状况，要求他减少该城过多的麦芽制造商，将之降至适宜的数目，并且要求麦芽制造商只能在公开市场购买大麦，不得到农场主粮仓中购买、抢先批购，阻挠市场供应。① 然而，诺里奇市麦芽商囤积大麦乃至其他谷物的现象屡禁不止。1596年9月7日，枢密院再次就该问题给诺里奇市长和市政长官写信，说得知该城许多麦芽商打着制造麦芽的旗号，大量购买囤积谷物，导致谷物价格上涨，严重违背女王新近颁布的饥馑《政令书》中的要求。因此，枢密院要求诺里奇市减少麦芽商的数量，并要求麦芽商缴纳保证金，保证不得购买麦芽原料以外的谷物，以压制那些为了个人私利而垄断居奇、侵害穷人利益的行为。②

此外，为了缓解一些粮食极度短缺地区以及伦敦的压力，中央政府曾发布特殊许可，准许这些地区从本国其他地区购买粮食，主要用于供应当地的穷人。然而，相当一部分粮食却被粮食商贩垄断居奇，导致穷人难以为继。1590年12月24日，枢密院给伯克郡的H. 温顿骑士（H. Umpton）等人写信，说收到一封来自该郡阿宾登的威廉·梅里克（William Merrick）的请愿书。梅里克控告萨顿考特尼的一位极其富有的人——威廉·安德鲁斯（William Androwes）无端大量囤积粮食，造成阿宾登往年能够自给自足或者可在市场上以合理价格买到粮食的穷人，如今不得不以非常高的价格从磨坊主手中购买粮食。安德鲁斯还委派他人从牛津、阿宾登等地市场中大量购买粮食囤积起来，待出现粮食短缺、价格抬高之时再出售，给各个地区的穷人带来苦难。枢密院要求伯克郡的治安法官调查安德鲁斯是否有抢先批购或垄断居奇行为，并依法严惩。③ 枢密院在收到民众的请愿后，非常重视垄断居奇问题，希望通过这些指令来保护普通粮食购买者的利益。

1596年，枢密院给柴郡楠特威奇城附近的法官休·乔姆利（Hughe Cholme-

① "At the Starr Chamber, the 15th and 17th of October, 1595", in John Roche Dasent (ed.), *Acts of the Privy Council of England*, New Series, Vol.25: 1595–1596, p.21.

② "7 September, 1596", in John Roche Dasent (ed.), *Acts of the Privy Council of England*, New Series, Vol.26: 1596–1597, p.149.

③ "At Richemonde the 24th of December, 1590", in John Roche Dasent (ed.), *Acts of the Privy Council of England*, New Series, Vol.20: 1590–1591, Her Majesty's Stationery Office, 1900, pp.156–157.

ley)骑士,托马斯·威尔布里厄姆(Thomas Wilbraham)、亨利·曼纳林(Henry Manwayring)等从骑士写信,说得知给楠特威奇城运来的大量麦芽和其他粮食被该城富人买断囤积起来,然后以更高的价格卖给穷人,导致这些穷人在当前饥馑和匮乏时期,因为无力承担高昂的粮价而食不果腹。为了缓解给穷人造成的伤害,枢密院要求遏止这种损害穷人、抬高谷物价格的非法买卖行为,而给予穷人优先购买谷物的待遇。[①] 与之类似,为了防止其他地区运到伦敦的粮食被囤积商大量购买,而未用于救济穷人,枢密院于1596年10月31日给伦敦市长写信。枢密院指出最近会有20艘粮船从东部郡来到泰晤士河,希望伦敦市长能够将这些粮食充分用于救济本市和周边地区的居民,尤其是"在当前饥馑和匮乏时期女王陛下最关心的穷人"。为了更好地执行该命令,枢密院要求伦敦市长以穷人能够承担得起的计量单位出售谷物,而不得让粮食落入那些批量购买、以高价出售的垄断居奇粮商手中,这些人"为了获取不合法的私利,而侵害穷人利益"[②]。

最后需要指出的是,地方当局查获的垄断居奇食物,除了供应穷人外,枢密院有时还要求用于供应海军。如1595年10月19日,枢密院给萨福克郡的治安法官写信,指责他未依照指令为皇家海军提供黄油和奶酪,并认为一大原因在于当地大量黄油、奶酪被粮食批发商和农场主垄断居奇。枢密院要求萨福克郡治安法官在满足皇家海军需要之前,不得允许任何人垄断居奇,也不得卖给粮食批发商和倒买倒卖者。[③] 1596年11月6日,枢密院给所有公共官员发放两封公开授权令(open warrants),要求他们协助英国皇家海军食品总管(Surveighers Gennerall of the victuallers)采购食物——800夸特小麦、800夸特麦芽和100夸特豌豆。枢密院进一步指出,为了不给"女王陛下的好臣民"带来苦难,只向那些为了牟取私利而垄断居奇的人征收谷物。枢密院得知这些人多生活在港口城镇或其他距海较近的地方,且想方设法逃脱法律制裁,他们不但给他人造成严重损

① "Sonday, St.Steven's day. At the Courte at Whitehall, 26 of December, 1596", in John Roche Dasent (ed.), *Acts of the Privy Council of England*, New Series, Vol.26: 1596-1597, p.399.

② "Sonday forenone and afternoon. At the Court at Richemonde, the last of October, 1596", in John Roche Dasent (ed.), *Acts of the Privy Council of England*, New Series, Vol.26: 1596-1597, p.281.

③ "Sonday. At the Court at Nonesuche, 19th of October, 1595", in John Roche Dasent (ed.), *Acts of the Privy Council of England*, New Series, Vol.25: 1595-1596, pp.23-24.

害,还树立了坏榜样。因此,枢密院要求各地区官员严格搜查垄断居奇的粮商,将没收的谷物运到“女王陛下”在伦敦和朴茨茅斯的粮仓中。① 但总体而言,伊丽莎白中央政府在下达管制粮食商贩的指令时,常常明确指出是为了维护广大穷人的利益。

总之,在整个伊丽莎白时期,中央政府对粮食商贩总体上持不信任态度,将市场上的粮食短缺和价格攀升归咎于这些人的囤积居奇和投机倒把行为,否认大量粮食流到海外的指控,尤其强调中央政府未曾允许大规模粮食出口,且政府供应海外军队食物的行为并不是造成英国国内粮食短缺的原因。基于此种认识,伊丽莎白政府要求各级地方官员严格调查囤积大量食物的商贩,并强迫他们将粮食带到市场,且以较小的计量单位和合理的价格出售,以保护贫穷消费者的利益。那么,这些指令下达到地方后,地方社会有何反响,实际执行状况如何?

三、矛盾与共识:治理粮商政策的实施

政策的制定不等于政策的实施,其最终能否达到决策者的目的,主要取决于该政策能否有效传达到地方,以及各级官僚机构和地方社会的配合状况。饥荒时期,伊丽莎白政府颁布的各项救荒政策在实施过程中难免遇到重重阻力,治理粮商政策也概莫能外。

(一)政策的传达

伊丽莎白政府在颁布治理粮商的政策后,会委派巡回法庭法官等传达指令,敦促地方官员推行。如1596年10月26日,巡回法庭法官托马斯·沃姆斯利(Thomas Walmesley)与爱德华·芬纳(Edward Fenner)劝告德文郡治安法官:不久前,枢密大臣曾给德文郡的郡守和各治安法官写信,要求确保市场上粮食的供应,竭尽全力避免粮食价格上涨。如今,“女王陛下指派我们来提醒你们铭记职责、全力以赴”,不仅要将存储的粮食投放到市场、以合理的价格向穷人出售,而且要监管谷物商贩、惩处蓄意抬高粮价的行为。巡回法官还要求德文郡治安法官确保饥馑《政令书》的贯彻执行,尤其要注意管控粮食囤积居奇者,保证每个地区的粮食批发商人数不得超出必要数目。对于中央政府要求地方官认真履行职责、相互监督的命令,“我们要求你们核实的事项,最晚在11月28日前

① “6 November,1596”,in John Roche Dasent(ed.),*Acts of the Privy Council of England*,New Series,Vol.26:1596-1597,pp.297-298.

完成。下次巡回法庭召开时,同样要提交报告。……女王要求你们认真执行上述各项指令,我们有权褫夺尸位素餐者的职权。你们要相互监督,若发现有不认真履行职责的同僚,其他治安法官要积极向我们汇报"①。借助巡回法官对地方社会管理的核心力量——治安法官的监督,中央政策得以下达至基层社会,中央政府也能够了解命令的执行状况。

除了地方官员外,中央政府还动员神职人员协助执行相关命令。1596 年 8 月 8 日,枢密院给坎特伯雷大主教发送信函,重申最近两三个月整个王国范围内各种粮食匮乏的原因:主要在于那些过度追求不道德私利的农场主和垄断居奇的人。枢密院指出,"尽管女王出于对人民的体恤,近两年发布了很多有效的公告和敕令",但由于治安法官的玩忽职守,而且一些治安法官本人是大谷物持有者,造成指令未得到贯彻、谷物价格被人为抬高。鉴于此,枢密院希望坎特伯雷大主教能够劝说治安法官尽职尽责,并号召所有牧师通过布道等消除农场主和谷物所有者压榨穷苦邻居的不道德、非基督徒行为,鼓励富人救济穷人。② 在收到该信函后,1596 年 8 月 10 日,大主教惠特吉夫特(Whitgift)给各主教写信,传达了中央政府对粮食问题的看法和决策。惠特吉夫特在信中说,近来尤其是最近两三个月,英国各个地区都出现了粮食供应不足的问题,多数地区粮食价格增长异常。在伊丽莎白女王看来,之所以出现这种状况,主要有两个原因:"一方面是贪婪的农场主和垄断商,为了获取高额利润而囤积粮食;另一方面,女王发布的确保粮食供应的敕令未得到贯彻,给哄抬粮价者以可乘之机。"惠特吉夫特肯定了中央政府决策的积极意义,希望地方官员能够执行:"出于对臣民的爱戴,女王在去年发布了公告,还要求枢密大臣以女王的名义给王国内各郡的郡守和治安法官发送信函,确保指令的严格执行。如果这些地方官员能够依照女王的诚挚要求,认真履行职责,那么我们王国很快会谷物充盈、粮价趋向合理。然而,由于一些人缺乏基督徒的慈善之心,充满违反神旨的欲望,造成局势恶化,穷人节衣缩食、食不果腹。"因此,惠特吉夫特号召各主教协助执行相关政策,以挽救穷人:"所有牧师要通过布道

① Historical Manuscripts Commission 1899, *Fifteenth Report*, Appendix VII, MSS of Duke of Somerset, in Ian W. Archer and F. Douglas Price(ed.), *English Historical Documents*, Vol.V(A):1558-1603, pp.1137-1138.

② "8 August", in John Roche Dasent(ed.), *Acts of the Privy Council of England*, New Series, Vol.26:1596-1597, pp.94-96.

来劝告农场主、大谷物持有者，警惕那种通过压榨贫困邻居来牟利的不诚实、非基督徒行径，号召富人维持救济穷人的好客行为。……我以女王陛下的名义，请求各主教劝导各教区的牧师以身作则，为人们树立慈善、施舍和救济邻里的好榜样……”[①]大主教希望用宗教道德训诫来补充救荒政策。

在动员地方官员尽职尽责的基础上，枢密院还会直接派人调查地方的垄断居奇的粮商，然后把名单告诉地方长官。1597年10月初，枢密院给肯特郡的治安法官约翰·莱韦森（John Leveson）、彼得·曼伍德（Peter Manwood）和威廉·兰伯特（William Lambert）等人写信，说经历了几年农业歉收之后，英国农业收成开始转好，但一些邪恶的人对穷人毫无怜悯之心，他们通过垄断居奇等方式，使得穷人在谷物较为充足之时仍无法获取谷物。枢密院指出，肯特郡与其他地区一样，也不乏这样的人，并列举了十位他们经调查发现的囤积商，要求肯特郡治安法官在10月9日将这些人带到枢密院。[②] 相关资料显示，后来枢密院如期审讯了这些人。[③]

通过饥馑《政令书》、王室公告和枢密院指令等颁布惩治粮商囤积居奇的政策后，伊丽莎白政府还充分调动各种力量来传达这些政策，敦促地方社会认真贯彻。在接到相关政策后，地方社会如何回应？

（二）地方的汇报与合作

通过地方政府呈递的报告以及枢密院发送的信函等，我们发现，地方社会在执行这些惩治不法粮食商贩的政策时，既有支持、合作的一面，也有请求变更乃至违背的一面。首先，地方官员向上汇报当地粮食商贩的活动和相关政策的执行状况，有助于中央政府了解地方社会的实际状况，并依此对政策做出相应的调整。1592年6月16日，纽卡斯尔市长亨利·安德森（Henry Anderson）依照《政令书》的要求，向北部委员会主席（Lord President of the North）亨廷顿伯爵（Earl of Huntingdon）汇报纽卡斯尔的违规活动，包括粮食的非法囤积和垄断行为。他指出：“人们抢占、囤积、倒卖谷物，间

① Edward Cardwell(ed.), *Documentary Annals of the Reformed Church of England*, Vol.2, Oxford University Press 1844, pp. 53-56, in Ian W. Archer and F. Douglas Price(ed.), *English Historical Documents*, Vol.V(A): 1558-1603, pp.1138-1139.

② “——October, 1597”, in John Roche Dasent(ed.), *Acts of the Privy Council of England*, New Series, Vol.28: 1597-1598, Oxford University Press, 1904, pp.29-31.

③ “9 October, 1597”, in John Roche Dasent(ed.), *Acts of the Privy Council of England*, New Series, Vol.28: 1597-1598, p. 34.

接导致粮食价格剧烈增高……而且当前没有外来谷物像之前那样运到本地。”[1]类似的报告,成为伊丽莎白中央政府日后制定进一步政策的依据。

其次,中央政府通过地方官员的报告,得知相关政策在一些地区得到有效执行,收到了良好效果。1600年7月,米德尔塞克斯郡的治安法官向枢密院汇报《政令书》在当地的推行状况。他们在报告中称已将枢密院的信函在各集镇公开宣读,“感谢女王近期颁布了旨在压低粮价的《政令书》,这给穷人带来了莫大安慰”。他们依照命令调查了米德尔塞克斯郡的剩余谷物数量,并竭力保障市场上的粮食供应。他们说这些工作已初见成效:每蒲式耳小麦价格从7~8先令降至5先令,其他粮食的价格也有类似幅度的下降。他们还随信附上了米德尔塞克斯郡各城镇、堂区和小村庄各种谷物的存储量,称当地粮食储备充足,在新的收获季到来前都不用担心价格上涨。[2]与之类似,1600年6月27日,大法官波帕姆(Popham)向罗伯特·塞西尔报告,说自己在巡游过程中,发现饥馑《政令书》的颁布非常合时宜,能够给民众带来巨大安慰。[3] 在伊丽莎白一世时期(具体年份不明),诺福克郡的治安法官向各堂区的搜查员下达指令,要求他们执行中央政府惩治粮食囤积商、垄断商的敕令。他们指出:这些商人不满足于合理的利润,贪得无厌,造成粮价居高不下,以牺牲穷人利益为代价。“去年夏天各类粮食收成极少”,如果没有这些商贩,“价格不会像现在这样高”,因此要依照《政令书》的要求认真搜查、严惩不贷。[4]这些案例表明,在粮食价格无端上涨时,地方政府也认为原因主要在于粮食商贩的操控,因而愿意配合中央政府的惩治政策。

再次,地方政府在解决当地的粮食囤积问题、抑制民众不满时,也需要中央政府的合作。1595年12月,伊利岛的治

---

① “H. Anderson to the Earl of Huntingdon, Lord President of the North”, in *Calendar of the Manuscripts of the Marquis of Salisbury Preserved at Hatfield House*, Vol.4, pp.208–210.

② “Fra. Darcy, Amb. Copinger, and J. Barne to the Council”, in *Calendar of the Manuscripts of the Marquis of Salisbury Preserved at Hatfield House*, Vol.10, pp.255–256.

③ “Lord Chief Justice Popham to Sir Robert Cecil”, in *Calendar of the Manuscripts of the Marquis of Salisbury Preserved at Hatfield House*, Vol.10, pp.201–202.

④ H. W. Saunders, *The Official Papers of Sir Nathaniel Bacon of Stiffkey, Norfolk as Jusctie of the Peace, 1580–1620*, Selected and Edited for the Royal Historical Society from Original Papers Formerly in the Collection of the Marquess Townshend, Camden Third Series, Vol.26, Offices of the Society, 1915, pp.150–151.

安法官向枢密院举报两名垄断居奇的粮商——剑桥郡的威廉·钱伯斯(William Chambers)和亨廷登郡的约翰·克里斯比(John Crisby)的不法活动给当地带来了损害。枢密院指示伊利岛治安法官要么没收两名垄断居奇者的保证金,要么要求他们在公开市场出售粮食,然后将两人带到枢密院接受审讯。①

同时,为缓解当地粮食短缺的状况,地方政府会从其他地方购买粮食,然而这些粮食有时会落入垄断居奇者手中,而未能惠及百姓。针对此种现象,地方政府会请求中央政府介入。1598年6月16日,林肯郡的主教和治安法官——亨利·克伦威尔(Henry Cromwell)骑士、奥利弗·克伦威尔(Oliver Cromwell)从骑士等人给枢密院写信,说他们想方设法为林肯郡运来了谷物,用于缓解当地穷人的苦难。然而,一些人为了牟取暴利大量购买、囤积谷物并将之运到该郡以外的地方出售,导致前功尽弃,民众非常不满,骚乱一触即发。几天之后——6月24日,枢密院给他们回信:枢密院首先肯定了肯特郡长官的努力,希望他们能够继续引进谷物;还要求他们将垄断居奇者——威廉·巴克斯特(William Baxter)带至枢密院,并将他的谷物妥善保管,待收到枢密院的进一步指令后再作处理。② 约一周之后(7月2日),枢密院再次给林肯郡的治安法官写信,就没收的巴克斯特囤积的谷物作出指示。枢密院希望林肯郡允许贝里克市的粮食供应商——理查德·弗农(Richard Vernon)先生购买其中的120夸特豌豆,因为贝里克市严重缺乏豌豆。对于剩下的粮食,枢密院要求他们以合理的价格卖给当地穷人。③ 枢密院在地方处理垄断居奇的谷物中能够发挥主导作用,拥有最终决定权,虽然其处置方法有时会引起地方社会的不满。

此外,对于那些地方官员报告的违法者和不服从他们管束的囤积商贩,中央政府动用法律手段予以严惩,以儆效尤。此方面也体现出中央与地方在惩治囤积商中的合作。1597年和1600年星室法庭审理了两起谷物囤积商案件。一个案件是诺福克郡的爱德华·弗拉明汉

① “At the Court at Richmond, Sonday, the xxviiith of December, 1595”, in John Roche Dasent (ed.), *Acts of the Privy Council of England*, New Series, Vol.25: 1595–1596, pp.132–134.

② “24 June, 1598”, in John Roche Dasent (ed.), *Acts of the Privy Council of England*, New Series, Vol.28: 1597–1598, p.538.

③ “Sonday in forenone. At the Court at Grenewich, the second of July, 1598”, in John Roche Dasent (ed.), *Acts of the Privy Council of England*, New Series, Vol.28: 1597–1598, pp.561–562.

姆(Edward Framingham)将13个粮仓转变为农舍和住房,将田地据为己有,还囤积粮食在市场外买卖。因上述罪过,1597年10月14日星室法庭对他处以监禁、罚款500镑,并剥夺了他村警的职位,要求他将粮仓和土地重新用于农业活动。另一个案件发生在1600年,该年6月13日,一名叫米森(Mison)的商人被审判,因为他蔑视治安法官的权威,阻挠治安法官执行饥荒时期有关谷物和穷人的敕令,散布针对治安法官、女王和枢密院的反叛言论:"他们都是恶棍(knaves);我不会照料他们的私生子;我的物品归我个人所有;不管是他们,还是枢密院,甚至女王,都跟我的物品毫无关系,我可以随意处置它们。"最终他被处以100镑罚款,遭到监禁,并要求写下悔过书。① 中央政府动用法律手段来为地方官员执行相关命令提供后盾,维护他们在地方社会的权威。

最后,除了中央下达的命令外,地方官员还向上汇报其他造成粮食短缺的因素,比如游民、流浪汉等,促使中央政府采取更广泛深入的举措。1596年9月25日,萨默塞特郡治安法官爱德华·赫克斯特(Edward Hext)向伯利勋爵汇报萨默塞特郡的社会失序状况及粮食短缺原因。他认为该郡当前面临的最严峻的问题在于盗匪猖獗,这增加了各项服务的成本,让贫穷农夫的生活境遇雪上加霜。他说,自己之前曾汇报本郡有183名恶徒,他们之中几乎没有人弃恶从善,因而没有雇主愿意接纳他们,给他们提供工作。而且,他们懒散成性,除非有强大的外力,否则他们不愿也不能通过勤勉劳动谋生。"因为我们郡兴建了几所教养院(英格兰大部分地区都已拆除),不务正业的游民被送进去后,叫苦不迭,向我哭诉,称他们宁愿被投入监狱。我拒绝他们的要求后,一些人承认自己犯有重罪,不惜以生命为代价来换得不用到教养院劳动。他们懒散、不劳而获的习性,可见一斑。"他认为正是这伙游手好闲的人造成了该郡的粮食短缺:"这块土地上难以计数的闲人、游民和强盗,是当今粮食短缺的罪魁祸首。"因为他们使人们不得不花费更多的体力看管羊群、草场、林地、谷田;而且游民虽然自身不劳动,消耗的食物却是劳动者的两倍,"他们整日沉溺在啤酒馆中,没日没夜地大肆吃喝"。"最近三个月,我逮捕了一名小偷,他在巡回法庭上坦承,自己和另

① W. P. Baildon(ed.),John Hawarde,*Les reports del cases om camera stellate*,1593 to 1609,Privately Printed,1894,p.76,p.104,in Ian W. Archer and F. Douglas Price(eds.),*English Historical Documents*,Vol.V(A):1558-1603,p.1139.

外两人在啤酒馆住了三周,其间他们每晚偷一只羊,总共吃了二十只肥羊。”赫克斯特认为将恶棍投到监狱的做法不可取,因为需要为囚犯提供食物,会增加地方的财政负担。他的建议是英格兰每个治安法官认真搜查所辖地区的流浪汉和可疑人员,在季审法庭上审问,将顽固不化者投入教养院或监狱,并调查容纳这些人的啤酒馆、纵容他们继续游荡的村警、违背法律救济他们的居民,并依照相关法令惩罚相关人员,“那么恐怕没有一个流浪汉能够逃脱法律制裁”。①

虽然赫克斯特对当地的情况描述存在夸大的嫌疑,但是赫克斯特的信函实际上代表了当时地方社会精英的普遍焦虑。这封信不仅可以告诉我们乡村精英如何看待正在发生的事情,而且我们可以进而了解中央观念如何被来自地方的信息所塑造。② 赫克斯特等地方官员的报告,对之后中央政府颁布的惩治流浪汉的法令乃至 1601 年《济贫法》的制定有一定影响。可见,中央与地方的合作,不仅有利于当前政策的贯彻,还有利于政策的深化和进步。

(三)地方违背与中央纠正

在治理粮食政策发布后,中央政府会委派官员到地方调查执行状况,发现囤积居奇的情况依然十分普遍。1594 年,枢密大臣罗伯特·塞西尔委托理查德·法因斯(Sir Richard Fynes)调查如下事宜:其一,各个地区的粮食数量是否的确像穷人声称的那样极为短缺;其二,枢密院发送的信函和颁布的《政令书》,是否及时送达地方官员手中;其三,乡村的富有农场主、麦芽制造者以及城市和集镇的大麦芽商、大商人,是否遵从枢密院的指令每天到市场上出售商品,未有垄断居奇行为。1595 年 10 月 18 日,法因斯向罗伯特·塞西尔汇报了调查结果。他在报告中指出,尽管全国范围内谷物充足、农业收成良好,但是一些人的违法行为,尤其是大规模囤积谷物、将谷物用于制造麦芽、为了牟取私利而私下交易等,导致许多地区的市场上谷物供应不足、价格高昂、穷人怨声载道。因此,法因斯希望罗伯特·塞西尔能够发布新的指示,推动饥馑《政令书》等在地

① R. H. Tawney, R. H. and E. Power (eds.), *Tudor Economic Documents*, Vol.2, Longmans, 1924, pp.339–346.

② Ian W. Archer and F. Douglas Price (eds.), *English Historical Documents*, Vol.V (A): 1558–1603, p.1119.

方社会的执行,以及时阻止穷人不满情绪的爆发。① 这些指令在地方社会往往难以贯彻,一大原因在于垄断居奇、私下交易等能够给农场主和粮食商贩带来高额利润,使得他们不愿遵照命令将粮食带到公开市场出售。1596 年 12 月 25 日,枢密院给亨廷登郡的治安法官——理查德·戴尔(Richard Dyer)从骑士等人写信,说尽管此前下达指令要求严格确保市场上粮食的供应,尤其要求农场主、垄断居奇者和大谷物占有者遵从,但是他们拒绝像往常一样将粮食带到公开市场出售。枢密院要求亨廷顿郡治安法官敦促手中有余粮者将之带到市场出售,若违反则要求缴纳保证金并带至枢密院前。②

另一方面,有些违反者本人就是地方官员,他们知法犯法,进一步增加了政策执行和监督的难度。如 1593 年 6 月,苏塞克斯的农场主抱怨港口官员囤积谷物、倒买倒卖,强迫商人从他们那里购买谷物;而且由于他们极其"阴险狡诈",治安法官无法获得罪证。③ 此外,枢密院还了解到威尔士卡马森的市长囤积谷物、鱼肉百姓。1596 年圣诞节,枢密院给卡马森市长写信,说得知他利用特权大规模囤积谷物,还将相当多的大麦制成麦芽,其数目远多于该郡其他地区;他还允许乡村的农场主和大谷物持有者将谷物带到本市,待粮食价格上涨时再出售或运输到其他郡,给本地居民造成损害;此外,卡马森市的麦芽酒馆数量多达 80 个,远超出必要的数目。枢密院要求卡马森市长严令整改。④

与其他救荒政策一样,惩治粮商囤积居奇的政策有赖于地方各级官员的配合。枢密院经常在信函中斥责地方官员未认真履行相关命令。1596 年 1 月 25 日,枢密院给伍斯特郡、格洛斯特郡和莱斯特郡的粮食禁运委员会写信,指责他们未依据 1595 年 10 月下达的指示维护市场秩序,结果导致粮食价格猛增,加重了民众的负担。此外,枢密院还说接到周边郡(这些郡的禁运委员会认真执行

① "[Sir Richard Fynes] to Sir Robert Cecil", in *Calendar of the Manuscripts of the Marquis of Salisbury Preserved at Hatfield House*, Vol.5, pp.418–419.

② "Sonday. At the Court at White Hall, 25th of December, 1596", in John Roche Dasent (ed.), *Acts of the Privy Council of England*, New Series, Vol.26: 1596–1597, p.380.

③ Mary Anne Everett Green (ed.), *Calendar of State Papers, Domestic Series, of the Reign of Elizabeth*, Vol.3: 1591–1594, Longmans, Brown, Green, Longmans, & Roberts, 1867, p.362.

④ "Signed by the Lordes on Christmas Day", in John Roche Dasent (ed.), *Acts of the Privy Council of England*, New Series, Vol.26: 1596–1597, p.390.

了命令)的举报,得知由于上述三郡未能严格管控粮食批发商、垄断居奇者和倒买倒卖者,导致周边郡的农场主和农夫不能照常为市场提供粮食,当地粮食价格猛增。枢密院要求上述三郡更加严格地执行命令。[①] 与之类似,1596 年 2 月 8 日,枢密院给伊利岛的禁运委员理查德·考克斯(Richard Cox)从骑士等人写信,指责他们未执行新近发布的抑制谷物、粮食及其他食品的批发商和垄断商的敕令,导致各类食品价格被抬高。而且由于他们的玩忽职守,当前匮乏时期有人在夜间偷偷往海外运输谷物或将谷物卖给出价更高的流动小贩。枢密院要求禁运委员予以严查,认真执行相关命令。[②]

除禁运委员会外,直接负责搜查余粮、管控粮食商贩的治安法官等人也经常成为中央政府的谴责对象。1598 年 2 月 19 日,枢密院给沃里克郡的高级郡守和治安法官写信,说收到了他们 1 月 28 日寄来的信函。枢密院从中得知沃里克郡一些地区的穷人因粮食严重匮乏而抗议,主要原因在于存有大量谷物的人不愿意将谷物带到市场,以及粮商垄断居奇、大规模囤积大麦用于制造麦芽。枢密院指出,沃里克郡的治安法官已经认识到症结所在,却没有采取有效措施制止、惩罚这些人,导致市场上粮食缺乏、穷人受苦受难,因此要求他们严格依照指令强迫囤积谷物者在公开市场上出售谷物,并限制该郡麦芽制造和过量采购大麦的活动,将顽固不化者报告给枢密院。[③] 1600 年 10 月 26 日,枢密院再次给各郡的郡守和治安法官发送信函,斥责地方政府对相关政策的执行不力:我们发现,郡守和治安法官所安排的管控粮食垄断居奇行为的人,“非但未能尽职尽责地维护穷人的利益,反倒玩忽职守,以公谋私,导致地方民众怨声载道”。鉴于此,“为了她最关心的臣民的利益,女王不得不要求地方官员定期汇报命令的执行状况(这本来是可以避免的)”。一旦发现有囤积居奇、操控粮价以牟利的人,郡守和治安法官要将其带到枢密院面前接受审问。若发现地方官员有任何不当

---

① “At the Court at Richmond, Sondaie, the xxvth of Januarie, 1595”, in John Roche Dasent (ed.), *Acts of the Privy Council of England*, New Series, Vol.25: 1595–1596, pp.180–181.

② “At the Court at Richmond, the 8th of February, 1595”, in John Roche Dasent (ed.), *Acts of the Privy Council of England*, New Series, Vol.25: 1595–1596, pp.205–206.

③ “19 February, 1597”, in John Roche Dasent (ed.), *Acts of the Privy Council of England*, New Series, Vol.28: 1597–1598, pp.314–315.

行为,女王有权指派其他人员来调查。① 伊丽莎白政府加强对各级官员的监督,希望他们能够更加认真地执行管控粮食商贩的命令,以缓解市场上食物短缺、价格高昂的状况,减少民众的不满。

(四)地方的请愿与异议

除了粮食商贩的不配合、地方官员的玩忽职守外,管制粮食商贩政策在执行过程中可能存在失察或误判的问题,还有一些政策或许不适应地方社会的具体情况,民众和地方官员的请愿会促使中央政府采取进一步行动或修订已有政策。

首先,民众请愿能够敦促中央和地方政府调查他们尚未发现的囤积商贩。1598年2月21日,枢密院给多塞特郡巡回法庭的沃姆斯利法官和芬纳法官写信,说他们收到了三个人——威利斯(Willis)、琼斯(Jeans)和文森特(Vincent)针对多塞特郡亨利·邓宁(Henry Dunning)的请愿和控告。枢密院要求巡回法庭调查邓宁是否如请愿书所说存在各种不法行为,他是否是一位垄断居奇的粮商,若情况属实,予以严惩,宽慰请愿者。②

其次,运用法律手段惩戒粮食商贩的做法,也可能存在失察问题,受到惩罚的粮食商贩本人可以通过请愿来讨回公道。1597年11月,剑桥郡的麦芽商休·罗斯(Hugh Rose)向罗伯特·塞西尔请愿,他说剑桥大学的副学监——达克特(Duckett)先生和库克(Cooke)先生控告自己囤积谷物,导致他遭到非法囚禁,希望明察。③ 1598年8月前后,剑桥郡的麦芽商威廉·尼科尔森(William Nicholson)和休·罗斯再次向财务大臣伯利勋爵请愿,说他们在民事法庭上被剑桥大学指控为谷物囤积商,受到不公对待,希望伯利勋爵能够指示副大法官进一步调查。④ 这两份请愿的结果我们难以获知,但它们的存在表明,被审判的粮食商贩有表达不满的、申诉的渠道。与之类似,1597年商人威廉·佩克(William Peck)因囤积15夸特大麦而被处以200马克

① "At the Court at Richmond, the 26 of October, 1600", in John Roche Dasent (ed.), *Acts of the Privy Council of England*, New Series, Vol.30: 1599-1600, pp.733-735.

② "21 February, 1597", in John Roche Dasent (ed.), *Acts of the Privy Council of England*, New Series, Vol.28: 1597-1598, pp.329-330.

③ "Hugh Rose to Sir R. Cecil", in *Calendar of the Manuscripts of the Marquis of Salisbury Preserved at Hatfield House*, Vol.14, p.28.

④ "William Nicholson and Hugh Rose, Maltsters of Cambridge", in *Calendar of the Manuscripts of the Marquis of Salisbury Preserved at Hatfield House*, Vol.14, p.66.

(mark)罚金。11月28日,他向伯利勋爵请求免除这一罚金。根据后来伯利的记载,星室法庭批准了佩克的请愿。[①]

再次,除了粮食商贩本人外,地方社会精英也会替他们请愿,进而影响到法律执行的结果。1597年10月24日,埃塞克斯伯爵夫人弗朗西斯(Frances)向罗伯特·塞西尔请愿,希望他能够宽恕诺福克郡的大商人——哈利·悉尼先生(Mr. Harry Sydney)。弗朗西斯说,哈利·悉尼既是自己的好友,也是近亲(不管从自己父亲这边,还是第一任丈夫这边来看,均如此)。哈利·悉尼因为多次大量收购谷物的行为,而被枢密院传唤。弗朗西斯为其辩解,说他是无心之过,而且他一向以诚实和虔诚著称,在自己困难时期曾施以援手。而且该人是自己的兄弟罗伯特·悉尼的挚友。然而,"听说大法官库克先生打算对他从严处置,甚至说要把他移交星室法庭审判"。弗朗西斯请求罗伯特·塞西尔能够阻止这种事情发生。[②] 关于这个案件的后续进展,我们难以直接从政府档案中知悉,但埃塞克斯伯爵夫人的请愿表明,权贵有可能对囤积商的处置发挥影响。在近代早期的英国,包括救荒政策等在内的各项中央政策在执行过程中会受到种种因素的制约,这些地方精英能够产生直接的、非同小可的影响。

此外,值得注意的是地方社会对粮食商贩的评价有时会与中央政府完全相反。正如学者格拉斯所言,最早全面认识到谷物中间商价值的是城镇当局,虽然他们也时常犯错,但较之中央政府,他们了解更多事实,能够更快地吸取经验和教训。[③] 笔者认为,中央与地方对粮食商贩的不同态度,主要源于他们看问题的角度和出发点的迥异。对中央政府而言,他们禁止粮食商贩盲目地批量采购、运输和买卖粮食,不允许他们为了一己或一个地区的利益而侵犯其他地区的利益和公共福祉,是其通盘考虑的结果。而对于地方社会和地方官员而言,他们更加关注如何确保本地的粮食供应和社会秩序,因而允许本地商贩从其他地区大量购买粮食用于供应当地市场。例如,1597年11月,一份议会报告指出颁发粮食批发许可会加剧谷价的上涨,因

---

① "William Peck to Lord Burghley", in *Calendar of the Manuscripts of the Marquis of Salisbury Preserved at Hatfield House*, Vol.7, p.496.

② "Frances, Countess of Essex to Sir Robert Cecil", in *Calendar of the Manuscripts of the Marquis of Salisbury Preserved at Hatfield House*, Vol.7, pp.442-443.

③ N. S. B. Gras, *The Evolution of the English Corn Market*, p.208.

此要抑制盲目增高的谷价,必须限制粮食批发商的活动。[①] 而与中央政府的看法相反,地方官员认为粮食批发商和其他商贩能够在缓解粮食短缺中扮演积极角色,因此请求放宽对粮食商贩的管控。1586 年 3 月,萨里郡的治安法官向枢密院请愿,希望允许当地的公共烘焙商和批发商到南安普敦郡的公开市场采购粮食,用来供应当地穷人。在该案例中,枢密院批准了这一请求。[②] 1586 年 5 月 31 日,格洛斯特郡的治安法官给枢密院写信,说他们为了执行向市场供应粮食的命令,给一些公共批发商发放了许可证,因为他们有益于公共福祉。[③]

尤其是对那些以农耕为主的地区而言,粮食批发商、中间商的存在,能够促进当地农产品的销售,给当地带来利润,因此这些地区的长官会希望保留适量的粮商。而在伊丽莎白时期,不管是谷物法案、饥馑《政令书》,还是管控粮食贸易的王室公告、枢密院指令,多是为了保护谷物消费者而非生产者的利益,在管控粮商问题上尤其如此。对于这些政策,诺福克郡的治安法官存有异议。因为根据诺福克郡治安法官的计算,当地四分之三以上的土地用于耕作,他们认为如果完全禁止粮食批发商的活动和粮食外运,粮食价格就会比较低甚至没有销路,损害粮食生产者的利益,因此他们请求宽恕批发商。不过他们也反对完全放开对粮商的限制,因为这样会导致谷贱伤农:"如果允许粮食批发商外运,他们会以极低的价格采购粮食,因为诺福克郡的谷物种植者急需现金。"因此他们认为粮食批发商的数量不得过多,应控制在一定的范围内。[④] 除诺福克郡外,其他不少地区也基于各自的实际情况,认可粮食商贩在粮食短缺时期的积极作用。由于英国各个地区自然因素的差异,农业歉收对每个地区的影响大小不一,那些土地相对肥沃、粮食储备较充足的地区,认为粮商的活动能够增加本地的收入;

---

① "Notes for the Parliament", in *Calendar of the Manuscripts of the Most Hon. the Marquis of Salisbury, Preserved at Hatfield House, Hertfordshire*, Vol.7, p.497.

② "[Meeting] Marche, 1586, at Greenwich", in John Roche Dasent (ed.), *Acts of the Privy Council of England*, New Series, Vol.14: 1586–1587, p.362.

③ "Justices of Gloucestershire to the Council", in R. Lemon (ed.), *Calendar of State Papers, Domestic Series, of the Reign of Elizabeth, 1581–1590*, Vol.CLXXXIX, Longman, 1865, p.330.

④ H. W. Saunders, *The Official Papers of Sir Nathaniel Bacon of Stiffkey, Norfolk as Jusctie of the Peace, 1580–1620*, Selected and Edited for the Royal Historical Society from Original Papers Formerly in the Collection of the Marquess Townshend, Camden Third Series, Vol.26, pp.xxxvi–xxxvii, pp.134–135, pp.136–137.

对于那些粮食较为匮乏的地区而言,粮食中间商、批发商能够从充沛地区运来粮食,进而缓解本地的苦难。

中央政府对地方的请愿并非无动于衷,他们也会允许粮商的活动,并维护他们的合法利益。1587 年 4 月 19 日,枢密院在收到萨里郡的请愿后,给温切斯特侯爵写信,准许萨里郡的批发商等采购粮食,以缓解当地粮食短缺的状况。①1587 年 5 月,枢密院给温切斯特侯爵写信,说得知萨里郡的批发商在粮食运输途中遭到拦截,他们被迫以低于采购价的价格出售运载的粮食。枢密院要求严惩这些骚乱者,帮助批发商追回损失,并批准他们再次采购。②

可见,在治理粮商政策制定和实施的过程中,地方社会有表达自己意见的渠道,进而发挥影响。伊丽莎白时期中央与地方的互动并不是政令上传下达的单向过程,地方也可以让中央听到自己的呼声。通常情况下,伊丽莎白政府不会对人们的抱怨视而不见,为了减少人们的不满,有时会采取一些积极举措。必要之时,中央政府会批准地方请愿,为地方粮食商贩颁布许可,以缓解当地的粮食匮乏状况。

结 语

综上所述,粮商通过阻碍市场上粮食流通来哄抬粮价以牟取私利的抢先批购、倒买倒卖和垄断居奇等行为,常被近代早期英国民众、地方政府和中央政府视作造成粮食匮乏、粮价居高不下的罪魁祸首。如何妥善处理这一问题,直接关乎整个社会的稳定和国家的安宁,因而得到中央政府的高度重视。治理粮商囤积居奇的政策并非伊丽莎白政府的发明,在中世纪也有类似的举措:规定商贩不得在谷物运到市场前中途拦截、囤积谷物;也不得在公开市场外,私下交易粮食等。③ 但在伊丽莎白一世时期,这些举措通过《政令书》、王室公告、枢密院指令等,得以更加系统、全面地传达到地方社会,进而发挥了更大影响力。借助各级官僚机构、地方和宗教精英,伊丽莎白政府不仅能够及时向各地下达各项惩治粮食商贩的政策,而且将其触角深入到地方社会的各个角落,在了解相关政策在

① "[Meeting] 19 Aprilis, 1587", in John Roche Dasent (ed.), *Acts of the Privy Council of England*, New Series, Vol. 15: 1587–1588, Her Majesty's Stationery Office, 1897, p.40.

② "[Meeting] 14 Maij, 1587", in John Roche Dasent (ed.), *Acts of the Privy Council of England*, New Series, Vol.15: 1587–1588, pp.77–78.

③ N. S. B. Gras, *The Evolution of the English Corn Market*, p.67.

各地区执行状况的同时,加强了权力渗透。

与此同时,地方政府也非中央救荒政策的被动接受者和单纯的执行者。虽然中央政府对治安法官等地方管理者、统治者的任命有相当大的决定权,①但这些官员在执行中央决策的过程中,既有合作又有沟通、协商乃至对抗,他们能够通过报告和请愿等方式表达自己的看法,进而对中央决策的制定、调整或变革产生一定的影响力。地方和中央政府出于不同的利益考量,在对待粮食商贩的态度上略有差异。与饥荒时期中央政府对粮食商贩的总体否定态度不同,那些土地较为肥沃、粮食储备充足的地区希望允许适量的粮食批发商、转卖商的存在,以促进本地粮食的买卖;粮食短缺的地区则希望本地粮食商贩能够从外地运来食物,缓解本地的危机。不过总体而言,伊丽莎白中央政府在治理粮食商贩、管控粮食买卖这一问题上握有主导权。正如著名史家劳伦斯·斯通所言,“政府在都铎时期的经济史上发挥了决定性的影响”。② 从饥荒时期伊丽莎白政府对粮食市场的干预来看,的确如此。但两者维护公共福祉和社会秩序稳定的共同目标,使得中央与地方在治理粮商的基本原则上又能够达成共识。

治理粮商的政策对于特殊时期的英国来说,的确发挥了一定的积极作用,如学者罗伯特·福格尔所言:危机发生的罪魁祸首,在于饥荒时期粮食的囤积居奇,而不在于粮食总量的短缺,故都铎政府采取的调控粮食市场的救荒政策既必要又有效。③ 但是单靠该项政策,不足以应对食物短缺乃至饥荒。英国经济和社会史家保罗·斯莱克(Paul Slack)指出,搜查余粮并强迫粮食在公开市场出售的政策,只能解决粮食在不同社会成员之间的分配,而不能缓解地区间的分配不平衡的问题,对那些受灾最为严重的地区,它也无能为力。④ 为了更好地解决饥

---

① Alison Wall,“‘The Greatest Disgrace’:The Making and Unmaking of JPs in Elizabethan and Jacobean England”, *The English Historical Review*, Vol.119, No.481(Apr.,2004), p.312.

② Lawrence Stone,“State Control in Sixteenth-Century England”, *The Economic History Review*, Vol.17, No.2(1947), p.103.

③ Robert W. Fogel,“Second Thoughts on the European Escape from Hunger:Famines, Chronic Malnutrition, and Mortality Rates”, pp.243-286; Robert W. Fogel,“The Conquest of High Mortality and Hunger in Europe and America:Timing and Mechanisms”, pp.33-71.

④ Paul Slack,“Dearth and Social Policy in Early Modern England”, *Social History of Medicine: The Journal of the Society for the Social History of Medicine*, Vol.5, No.1(April,1992), pp.1-17.

荒问题,英国政府还需要其他举措的补充。如前所述,除了囤积居奇的粮食商贩外,民众还认为粮食出口到国外也是造成粮食匮乏的主要原因,尽管中央政府多次发布公告否认这一因素的作用,但它仍不得不关注粮食进出口问题,采取管控粮食进出口的举措。此外,如何协调产粮区与非产粮区之间,尤其是乡村与伦敦等城市之间的利益冲突,以及军事需求与民用需求之间的矛盾等,对伊丽莎白政府而言,都是棘手问题。在处理这些矛盾的过程中,中央政府均需要听取地方的建议。关于这些问题,笔者将另撰文讨论。

有趣的是,饥荒时期治理粮商的政策并非英国所独有,体现了前现代社会中的某种共性。正如学者王国斌所言:"无论是中国还是欧洲的老百姓,都期望官员和商人在地方市场上的行为得当,以保护自己的食物供给。他们都认为某些涨价并非因一般的供求状况所致,而是商人将食物运出本地或官员未能保持价格稳定的结果。"①历史上东西方社会以及欧洲各个国家之间对粮商的态度、政策的异同,有待更多学者参与讨论。

Interaction Between Central and Local Governments:

—The Governance of Grain Traders in Elizabethan England

Abstract: During Elizabethan era when famine frequently occured, central government took a series of measures to intervene in grain markets and punish grain traders' hoarding, engrossing and all other misbehaviors by issuing *Books of Orders*, royal proclamations, and orders from Privy Council. The purpose was to ensure the supply of grain in the markets and suppress the soaring grain prices, thus reducing public discontent. The formulation and implementation of these policies showed benign interaction between the central and local governments in Elizabethan England. The central government had to listen to the public appeal and took actions to punish grain traders accordingly in order to prevent food riots, and the implementation of the policies could not be achieved without the cooperation of local government. The local officers and the public had impact on the revision and reformulation of policies by the means of negotiation with and petition to the central government. However, the

① [美]王国斌:《转变的中国:历史变迁与欧洲经验的局限》,第175页。

central government always held the dominant power in the governance of grain traders and intervention in the grain markets.

Keywords: Elizabeth I, famine, grain traders, grain hoarding, interaction between the central and local governments

作者:冯雅琼,上海师范大学人文学院世界史系博士后

书　评

另一个『启蒙』：读《重估激进启蒙运动》

□屈伯文

摘要：《重估激进启蒙运动》是有关激进启蒙运动研究的第一部英语论文集。该书介绍了“激进启蒙运动”概念的由来，相关研究的兴起与发展历程，以及一些前沿问题与理论成果。从该书中，我们可以了解到国际启蒙研究的发展态势，即启蒙运动的广域性、地方性与多样性。除此之外，还能对启蒙运动在内容上的复杂性、矛盾性有所认识。所有这些有助于国内学术界开阔视野，获取新知，从而推动我们的启蒙运动研究。

关键词：激进启蒙运动；温和启蒙运动；伊斯雷尔；复杂性；矛盾性

从20世纪初以来，国外学术界有关启蒙运动的研究可以说流派纷呈，硕果累累。其中，既有像恩斯特·卡西勒(《启蒙哲学》[①])、彼得·盖伊(《启蒙时代》[②])那样，坚持将启蒙运动当作一个整体，从总体上肯定其积极正面意义，尝试对其进行系统性梳理与分析的思想家，[③]又有像马克斯·霍克海默、西奥多·阿道尔诺(合著《启蒙辩证法》[④])那样，由于时代的遭际(如德国法西斯、极权主义的

---

① [德]E. 卡西勒：《启蒙哲学》，顾伟铭、杨光仲、郑楚宣译，济南：山东人民出版社，1988年。

② [美]彼得·盖伊：《启蒙时代》，刘北成、王皖强译，上海：上海人民出版社，2019年。

③ 卡西勒的一段话很能说明这一点：“通常被认为是由千差万别的思想成分凑成的大杂烩的启蒙哲学，实际上是由一些表述得极为严谨、条理分明的伟大的基本观点统领的。一切对启蒙运动的历史叙述，都必须从这些观点入手，因为只有这样，才能找到打开个别信条和学说之迷宫的可靠钥匙。”参见[德]E. 卡西勒：《启蒙哲学·序》，第6页。

④ [德]马克斯·霍克海默、西奥多·阿道尔诺：《启蒙辩证法》，渠敬东、曹卫东译，上海：上海人民出版社，2006年。

兴起)而对“走向其对立面的”“文化进步”进行深刻反思,认为启蒙运动应为后世“随处可见的倒退”负责的批判者。[①]进入20世纪下半叶,随着新文化史的兴起,越来越多的学者从自下而上的视角出发,观察启蒙时期丰富多彩的社会生活景象,从而对启蒙运动做了别开生面、令人耳目一新的解析,如美国学者达恩顿对启蒙图书市场、催眠术等的研究。[②]伴随着启蒙研究越来越走向细化的发展趋势,碎片化的危机也日益显现,人们发现在越来越多的问题上难以达成一致意见。由此,在新的起点上回到启蒙运动本身,对启蒙运动重新做出整体性的审视便成为必要。本文所要涉及的激进启蒙运动研究,便是这种努力的一个重要组成部分。

一、回答一个问题:什么是激进启蒙运动?

什么是激进启蒙运动?对这个问题,美国学者赖尔、威尔逊在他们主编的《启蒙运动百科全书》中简明扼要地做了如下回答:

> 激进启蒙运动(radical Enlightenment) 18世纪旨在改革政治、宗教和社会的子运动。“radical Enlightenment”一词所指的运动意在彻底变革18世纪的传统社会。与那些专注于温和改革的人不同,激进启蒙运动的信徒渴望在所有生活领域实现翻天覆地的变化,包括废除君主制、宗教权威、宗教不宽容,以及其他形式的法律、政治和社会压迫。无神论者、共和派、唯物主义者、废奴主义者和妇女参政论者都可归为激进启蒙运动的组成部分。[③]

这段话并不长,却点明了几个关键问题:其一,激进启蒙运动是从属于启蒙运动的子运动,是后者的组成部分,这就说明它并非脱离启蒙运动而独立存在(我们在下文中会看到,维护启蒙运动的“整体性”是极其重要的);其二,激进启蒙运动的目标是“彻底变革18世纪的传统社会”,具体表现是“渴望在所有生活

---

① 同上,意大利版前言,第1页;《前言》,第3页。

② 参见[美]罗伯特·达恩顿:《启蒙运动的生意:〈百科全书〉出版史(1775—1800)》,顾航、叶桐译,北京:生活·读书·新知三联书店,2005年;[美]罗伯特·达恩顿:《催眠术与法国启蒙运动的终结》,周小进译,上海:华东师范大学出版社,2010年等。

③ Peter Hanns Reill and Allen Judy Wilson(eds.),*Encyclopedia of the Enlightenment*(revised edition),Facts on File,2004,“radical Enlightenment”,p.494.值得注意的是,该书前一版(1996年)并没有该词条。将该词条纳入修订版本身即体现了“激进启蒙运动”概念获得了越来越大的影响力。

领域实现翻天覆地的变化”，这是它获得“激进”之名的根本原因，也是其区别于温和改革派的根本特征；其三，激进启蒙运动是由包括无神论者在内的多个人群组成的，它本身具有包容驳杂、来源多样的色彩。由此，我们明白了“激进启蒙运动”的含义。当然，词条是简洁的，它所给出的定义属于定性判断而非细致的追本溯源。我们还可以继续追问：作为一个概念，“激进启蒙运动”是从哪里起源的？作为一个研究分支，对激进启蒙运动的研究在启蒙研究中有何重要地位，它又经历了怎样的兴起与发展过程？激进启蒙运动研究的内容有哪些？等等。

二、《重估激进启蒙运动》的由来与内容

摆在我们面前的由斯蒂芬·杜切尼(Steffen Ducheyne)主编的《重估激进启蒙运动》①，正好对以上问题做了回应，让我们能对激进启蒙运动的一些基本问题有所了解。那么，《重估激进启蒙运动》到底是一本什么样的书？它包含哪些内容？以下，让我们对这两个问题做出回答。

《重估激进启蒙运动》标题中有“重估”二字，这表明激进启蒙运动研究的兴起与发展已走过一段路程，眼下，到了对这种研究本身做出重审的时候了。情况的确如此，虽然激进启蒙运动的研究起步于20世纪70年代，时至今日，也取得了不少成果，“但令人惊奇万分的是，有关激进启蒙运动的论文集却难觅踪迹，这使得无论是初学者还是专家，都对这些研究成果有一种高度支离破碎的观感”②。基于此，来自不同国家的多位作者合著了这部“关于激进启蒙运动第一部独立的英语论文集”③。

该书按照主题的不同，分为四个版块，正文共15篇文章：第一版块，“导言”；第二版块，“概览”；第三版块，“约1660—1720年激进启蒙运动的起源与命运”；第四版块，“约1720年以后欧洲与新大陆的激进启蒙”。④

1.“导言”。该书主编杜切尼从宏观层面介绍了“激进启蒙运动”作为一个引人注目的学术领域的兴起与发展，并大略介绍了正文各部分的内容。

2.“概览”。该版块将激进启蒙运动当作一个整体，介绍了激进启蒙运动研

① Steffen Ducheyne(ed.), *Reassessing the Radical Enlightenment*, Routledge, 2017.

② Steffen Ducheyne, “An Introduction”, in ibid., pp.1-2.

③ 同上，封面介绍。

④ 同上，目录。

究的历史及当前的发展概貌。首先，当代激进启蒙运动研究的主要代表人物乔纳森·伊斯雷尔、[①]玛格丽特·雅各布分别对自己过往的学术成果做了简要介绍，当然，也有对一些观点的修正。在《"激进启蒙运动"：一个颠覆性概念》[②]一文中，伊斯雷尔对激进启蒙运动的决定性特征做了如下概括：一方面是拒斥政治、法律、教育领域里的宗教权威，另一方面是对民主化的共和主义的支持。雅各布通过《激进启蒙运动：一座广厦万间的天城》[③]一文，阐释了其名作《激进启蒙运动，泛神论者，共济会成员和共和派》[④]中的若干主题，她认为早期启蒙运动激进阶段的特征是：对君权绝对主义（monarchical absolutism）与教士的痛切仇恨，以及对有神论替代方案的追寻。接下来，哈维·齐西克在《论激进与温和两种启蒙运动》[⑤]一文中，以霍尔巴赫男爵的社会学、政治学著作为考察对象，探索激进启蒙运动与温和启蒙运动的界限是不是那样泾渭分明。最后，在《激进启蒙运动：术语历史面面观》[⑥]一文中，弗雷德里克·谢恩费尔特梳理了作为一个学术概念的"激进启蒙运动"的发展历程。

3."约 1660—1720 年激进启蒙运动的起源与命运"。[⑦] 其中，"起源"问题与荷兰思想家斯宾诺莎有着密不可分的关系，伊斯雷尔对此贡献甚巨。南茜·莱文《作为激进者的斯宾诺莎》[⑧]一文认为，斯宾诺莎之激进不仅在于他对有神

---

① 伊斯雷尔是当今激进启蒙运动研究的领军人物，代表作为相关问题的四部曲：*Radical Enlightenment: Philosophy and the Making of Modernity, 1650-1750*, Oxford University Press, 2001; *Enlightenment Contested: Philosophy, Modernity, and the Emancipation of Man 1670-1752*, Oxford University Press, 2006; *Democratic Enlightenment: Philosophy, Revolution, and Human Rights, 1750-1790*, Oxford University Press, 2011; *Revolutionary Ideas: An Intellectual History of the French Revolution from* The Rights of Man *to Robespierre*, Princeton University Press, 2014。

② Jonathan I. Israel, "'Radical Enlightenment': A Game-changing Concept", in Steffen Ducheyne (ed.), *Reassessing the Radical Enlightenment*, pp.15-47.

③ Margaret C. Jacob, "The Radical Enlightenment: A Heavenly City with Many Mansions", in ibid., pp.48-60.

④ Margaret C. Jacob, *The Radical Enlightenment, Pantheists, Freemasons and Republicans*, Cornerstone Book Publishers, 2006.

⑤ Harvey Chisick, "Of Radical and Moderate Enlightenment", in Steffen Ducheyne (ed.), *Reassessing the Radical Enlightenment*, pp.61-79.

⑥ Frederik Stjernfelt, "'Radical Enlightenment': Aspects of the History of a Term", in ibid., pp.80-103.

⑦ 这里以约"1660-1720 年"为激进启蒙运动的起源阶段受到了雅各布观点（她的说法是 1680-1720 年这个阶段）的影响。参见雅各布上揭书。

⑧ Nancy Levene, "Spinoza the Radical", in Steffen Ducheyne (ed.), *Reassessing the Radical Enlightenment*, pp.107-126.

论的批判,也在于他对自然的理解。在莱文看来,后者构成了斯宾诺莎宗教观念的一座基石。贝特·洛德《斯宾诺莎论天然不平等与虚构之道德平等》[①]一文批驳了伊斯雷尔对斯宾诺莎平等观念的两个解读:其一,人类认为平等是“天然”的;其二,政治平等的基础是道德平等。接下来的两篇文章分别处理了激进启蒙运动的两个重要代表人物:托兰德、梅叶。伊安·利斯克《斯宾诺莎的代言者?略论托兰德的〈犹太人的起源〉》[②]一文以托兰德最不为人知但内容最激进的著作《犹太人的起源》为考察对象,认为托兰德是一个斯宾诺莎主义者(或“新斯宾诺莎主义者”)。夏尔·德韦莱纳《激进无神论:历史背景下的让·梅叶》[③]一文以激进启蒙运动于17世纪下半期作为左翼政治思想兴起为背景,讨论了作为这一运动最佳象征的让·梅叶的思想。最后是讨论“命运”问题的一篇文章,维普·范·邦格在其中分析了激进启蒙运动在荷兰共和国的衰落。[④]

4.“约1720年以后欧洲与新大陆的激进启蒙运动”。该版块主要探讨了18世纪激进启蒙运动在欧洲、美洲产生的影响。在《不那么激进的启蒙运动:法国启蒙运动的基督教之翼》一文中,埃里克·帕尔默以受到忽视的法国基督教神父群体为考察对象[⑤],分析了他们对激进启蒙运动所做出的贡献。在《哥廷根大学的唯物主义:在温和与激进启蒙运动之间》一文中,法尔克·文德利希对身份特异的克里斯托夫·迈纳斯(Christoph Meiners,1747—1810)、米夏埃尔·希斯曼(Michael Hißmann,1752—1784)给予了关注,[⑥]他们既是基督徒,又是唯物主义者。温弗里德·施罗德《萨德:激进启蒙运动的传人?》[⑦]一文认为萨德侯爵只是在唯物主义与无神论方面与激进启蒙运动有联系。这三篇文章旨在帮助读者了解温和与激进启蒙运动之间的界限。在《18世纪晚期爱尔兰的激进启蒙运动与革命》一文中,乌尔坦·吉伦探索了激进启蒙运动对18世纪后期爱尔兰

---

① Beth Lord,“Spinoza on Natural Inequality and the Fiction of Moral Equality”,in ibid.,pp.127-142.

② Ian Leask,“Speaking for Spinoza? Notes on John Toland’s *Origines Judaicae*”,in ibid.,pp.143-159.

③ Charles Devellennes,“Radical Atheism:Jean Meslier in Context”,in ibid.,pp.160-177.

④ Wiep van Bunge,“The Waning of the Radical Enlightenment in the Dutch Republic”,in ibid.,pp.178-193.

⑤ Eric Palmer,“Less Radical Enlightenment:A Christian Wing of the French Enlightenment”,in ibid.,pp.97-222.

⑥ Falk Wunderlich,“Materialism at the University of Göttingen:Between Moderate and Radical”,in ibid.,pp.223-239.

⑦ Winfried Schröder,“De Sade-An Heir to the Radical Enlightenment?”,in ibid.,pp.259-273.

政治剧变的影响。[①] 德芬·J. 瓦尔蒂亚《同感、平等与激进启蒙运动》[②]一文分析了"同感"对激进启蒙运动话语中"平等"概念的重要意义。在《欧洲、美洲的激进启蒙运动与女性平等运动,1673—1825年》一文中,詹妮弗·J. 戴维斯分析了激进启蒙运动对跨大西洋、跨国性的争取女性权利运动的影响。[③] 这三篇文章旨在梳理激进启蒙运动在性别、政治平等思想中所发挥的作用。

以上便是《重估激进启蒙运动》的大致内容。

三、《重估激进启蒙运动》的意义与价值

从20世纪70年代的兴起开始算起,激进启蒙运动研究已走过数十年的发展历程。按照某位评论者的说法,它已发展成为"国际启蒙运动研究领域里最令人兴奋又最具争议的研究分支之一";[④]本书主编甚至说,"激进启蒙运动已逐渐在当代有关启蒙运动的政治、文化论争中扮演了一个核心角色"。[⑤] 对国内学术界来说,此种研究态势跟我们有什么关系?我们是否有必要关注它?激进启蒙运动有哪些东西值得我们研究?相关研究对我们来说意味着什么?凡此种种,我们都可从《重估激进启蒙运动》中得到有益的启示。这便牵涉到该书的意义与价值。以下我们从几个方面来讨论这个问题。

(一)学术成果的展现

到目前为止,应该说,国内学术界对激进启蒙运动的关注与研究都是不够的。笔者输入"激进启蒙"一词,从主题、关键字、篇名几个角度在中国知网上搜索相关文献,所得不过寥寥几篇论文。[⑥] 在国外学术成果的译介方面,笔者所见与激进启蒙运动直接相关的也只有一部译著,即《托兰德与激进启蒙》。[⑦] 此种情形与一般意义上的启蒙运动、法国启

① Ultán Gillen, "Radical Enlightenment and Revolution in Late Eighteenth-Century Ireland", in ibid., pp.240-258.

② Devin J. Vartija, "Empathy, Equality, and the Radical Enlightenment", in ibid., pp.274-291.

③ Jennifer J. Davis, "The Radical Enlightenment and Movements for Women's Equality in Europe and the Americas (1673-1825)", in ibid., pp.292-308.

④ John D. Eigenauer, "Untangling the Complexities of Radical Enlightenment", in *Huntington Library Quarterly*, Volume 81, Number 1, January 2018, p.153.

⑤ Steffen Ducheyne, "An Introduction", p.2.

⑥ 邹诗鹏:《重思斯宾诺莎的启蒙思想》,《南京大学学报(哲学·人文科学·社会科学)》2018年第1期;冯庆:《莎士比亚的"世界历史"——赫尔德的"狂飙突进"剧论与激进启蒙》,《文艺理论研究》2018年第6期。

⑦ 刘小枫编:《托兰德与激进启蒙》,冯庆等译,北京:华夏出版社,2015年。

蒙运动、苏格兰启蒙运动、一些著名启蒙哲人(如卢梭)等主题得到的关注和重视形成了鲜明对比。

《重估激进启蒙运动》作为对数十年来相关研究成果的一次审视和总结,在这方面可以为我们提供若干有价值的信息。首先是"激进启蒙运动"概念的由来。通过本书的学术史回顾,我们知道了近些年来在国内学术界大热的列奥·施特劳斯竟然是激进启蒙运动研究的先驱,他是最早使用当今意义上的"激进启蒙运动"术语的学者之一。[①] 其次是激进启蒙运动作为一个学术研究领域的兴起、发展,又与该领域的代表人物及其研究成果有着密不可分的关系。激进启蒙运动研究兴起于 20 世纪 70 年代,在其发展过程中,有两个人物做出了重要贡献,即玛格丽特·C. 雅各布与乔纳森·伊斯雷尔,他们的代表作《激进启蒙运动,泛神论者,共济会成员和共和派》与"激进启蒙运动四部曲"是该领域提纲挈领的奠基之作,也是激进启蒙运动研究进入不同发展阶段的标志。再次是激进启蒙运动的内涵。在前文中,我们给出了学界有关激进启蒙运动的一般定义。然而,在本书中,我们看到,哪怕是在激进启蒙运动研究的代表人物之间,对于这个问题仍有不同看法。伊斯雷尔坚持认为启蒙有泾渭分明的激进与温和之分,温和启蒙运动代表着主流,其特点是试图在理性与信仰之间取得协调;另外,伊斯雷尔特别将形而上学上的唯物主义与社会、政治上的激进主义联系在一起。伊斯雷尔的这些观点与他对斯宾诺莎地位、作用的认识有着密不可分的关系,他认为后者"作为激进启蒙运动一个关键性先驱人物的地位是无与伦比的"[②]。正是在这些问题上,伊斯雷尔的论敌持不同看法。其一,启蒙的激进、温和之分有时并不那么明显,这是我们能在法国基督教神父群体身上看到的;其二,唯物主义并不必然与激进主义相牵扯,霍尔巴赫男爵对民主与平等的疑虑说明了这一点;其三,除了斯宾诺莎,激进启蒙运动中不乏具有同样重要作用的历史人物,雅各布就认为英国思想家托兰德的地位非常重要,后者的激进主义最终导

---

① 施特劳斯在出版于 1930 年的《作为斯宾诺莎圣经学基础的宗教批判:斯宾诺莎〈神学政治论〉研究》(*Die Religionskritik Spinozas als Grundlage seiner Bibelwisschenschaft, Untersuchungen zu Spinozas Theologisch-Politischem Traktat*)中提到了这个术语。

② Jonathan Israel, *A Revolution of the Mind: Radical Enlightenment and the Intellectual Origins of Modern Democracy*, Princeton University Press, 2009, p.204.

向了启蒙运动盛期的激进主义。① 当然，除此之外，我们还能了解到以往受到忽视的荷兰启蒙运动等信息，此处就不赘述了。

（二）学术研究的发展趋势

从宏观层面观察，隐藏在以上学术成果后面的其实是国外学术界启蒙运动研究的新趋势。我们可以从以下几个方面进行考察：

其一，启蒙运动的广域性。传统上，启蒙运动研究是以英法两国为中心的，这跟它们作为启蒙运动主要发生地的地位相称。不过，从历史的实际情形出发，人们还可以在遍及全欧的各个地方发现启蒙运动的身影，包括“神圣罗马帝国的德意志领地，奥地利，米兰，哈布斯堡帝国的其他地域，瑞士，两西西里王国，俄国，波兰，瑞典，丹麦，葡萄牙，西班牙，苏格兰和北美殖民地”。② 不仅如此，学者们越来越多地发现，启蒙运动绝不是一个局限于欧洲的历史事件，而是全球性交流与互动的产物。基于此，学术界越来越注重在全球背景下对启蒙运动的发生、传播、影响进行研究。③ 在《重估激进启蒙运动》中，限于篇幅，作者们不可能在这方面尽举无遗，虽然如此，像荷兰、美洲等先前未受到充分重视的国家和地区，在本书中占据了重要地位。尤其是荷兰，俨然享有启蒙运动发源地之一的地位（至少，是激进启蒙运动的重要发源地），究其缘由，在于荷兰哲学尤其是斯宾诺莎哲学中的激进主义对欧洲启蒙运动做出了关键性的贡献。④ 这对以往的启蒙运动研究来说是一个重大进步。

其二，启蒙运动的地方性。所谓地方性，是指启蒙运动在各地表现为不同的形式、不同的内容、不同的风格。从根本上说，这是因为启蒙运动在各地生根、发展，不能脱离各地的思想文化土壤、历史条件，无视它们的现实需求。这在荷兰早期启蒙运动的“激进性”（一种地方特色）身上可以得到很好的体现。怎样理解这种“激进性”？雅各布在《激进启蒙运动，泛神论者，共济会成员和共和派》一书中认为：激进启蒙运动逐渐兴起

① Margaret C. Jacob, *The Radical Enlightenment, Pantheists, Freemasons and Republicans*, pp.124-125.

② Peter Hanns Reill and Allen Judy Wilson (eds.), *Encyclopedia of the Enlightenment* (revised edition), p.179.

③ Sebastian Conrad, "Enlightenment in Global History: A Historiographical Critique", in *The American Historical Review*, Vol.117, No.4, 2012.

④ Wiep van Bunge, "Introduction", in Wiep van Bunge (ed.), *The Early Enlightenment in the Dutch Republic, 1650-1750 Selected Papers of a Conference held at the Herzog August Bibliothek, Wolfenbüttel*, 22-23, March 2001, Brill, 2003.

于17世纪80年代—18世纪20年代的英格兰与荷兰。当时的大背景是法国国王路易十四废除了带有宗教宽容色彩的《南特敕令》,于1685年发布以新教为非法的《枫丹白露敕令》,此举导致大批法国胡格诺教徒逃往英格兰、荷兰。荷兰共和国的思想、政治环境比较宽松,相对而言,不怎么受审查制度的影响。这些胡格诺派逃出生天与新得自由的经历使其思想内在地蕴含着激进化的趋势。[①]在政治上,那些共和派激进者不像伏尔泰、达朗贝尔等人那样,愿意将其信仰置身在经过启蒙的君主制下。在神学-形而上学层面,他们力倡泛神论,拒斥牛顿自然哲学信徒所捍卫的天命论。[②] 凡此种种,形成了荷兰启蒙运动的"激进性"。

其三,启蒙运动的多样性。所谓多样性,指的是人们从不同的视角出发,可以从启蒙运动本身析出复杂多样的表现形式。这种"多样性"可以是地域的,如苏格兰启蒙运动、德意志启蒙运动、荷兰启蒙运动;可以是群体的,如犹太人群体的启蒙运动(又称"哈斯卡拉运动")、天主教启蒙运动;也可以是运动本身的倾向、风格,如温和与激进启蒙运动。拿温和与激进启蒙运动来说,传统上,我们认为启蒙运动本身即蕴含着反封建、反教会、反宗教愚昧和迫害,宣扬理性,追求自由、民主、平等的意蕴,"激进"是其应有之义。然而,有关启蒙运动更全面、系统的研究让我们看到:在启蒙运动内部,还有一帮更激进的思想家,他们无论在哲学思想还是精神气质上,都与另一个相对而言不那么激进的群体形成了鲜明对照。他们"试图用全新的个体观念,即自由的、受过教育的、在平等的基础上参与社会和政治事务的开明公民,替代轻信、'无知'、'迷信'和'癫狂'"。[③] 后世人类自由的各种形式,"解放,法治,公民权,平等,对幸福的追求,教育权,追求真理的权利,政教分离的共和国的形成"[④],莫不与此有关。相比之下,许多我们先前认为也算激进的启蒙哲人,如伏尔泰、达朗贝尔等,倒属于温和启蒙运动的阵营了。他们虽然对宗教抱有怀疑,却在理性、信仰等问题上取调和态度;此外,在范围更广的社会、文化和教育问题上,比如启蒙的对象应是整个社

---

① Margaret C. Jacob, "How Radical Was the Enlightenment? What Do We Mean by Radical?", in *Diametros* 40(2014), p. 100.

② Margaret C. Jacob, *The Radical Enlightenment, Pantheists, Freemasons and Republicans*, pp.ix, xi.

③ Jonathan I. Israel, "'Radical Enlightenment': A Game-changing Concept", p.15.

④ John Eigenauer, "Untangling the Complexities of Radical Enlightenment", p.154.

会还是社会精英阶层，他们的看法也异于激进启蒙人士。[①]

值得注意的是，当今学界的启蒙运动研究尽管表现出以上发展趋势，但这并不意味着启蒙运动自身之整体性（as a whole）的瓦解。事实上，以伊斯雷尔、雅各布为代表的激进启蒙运动学者很自觉地维护这种整体性，并据此展开自己的研究。整体性与广域性、地方性、多样性是相辅相成、相互依赖的关系，这一点不可不察。

（三）复杂性与矛盾性问题

研究启蒙运动的学者们每每困惑于一个问题：什么是启蒙运动？从当时到今日，不断有人试图对这个问题给出自己的回答。然而，遗憾的是，到目前为止，我们距离一个权威、众所公认的答案不是越来越近，而是越来越远了。究其缘由，在于时代不同，历史环境不同，思考问题的角度不同，进行探索的思想家不同，得出的答案自然不同。当然，除了这些外在因素，从内在根源上说，此种情形的出现也与启蒙运动内容的复杂性、矛盾性有关。复杂性与矛盾性问题既造成了启蒙运动研究中的种种困难，又构成了推动此种研究不断向前发展的动力。它吸引一代又一代学者投身其中，竞创新说，从而形成启蒙运动研究的繁盛局面。

《重估激进启蒙运动》充分体现了这种复杂性与矛盾性。以下让我们来看几个例子。

1.温和与激进启蒙运动之分虽是伊斯雷尔力倡的观点，但实事求是地说，此种划分并非没有历史与事实依据，尤其是在18世纪下半叶的启蒙盛期。正是在这一点上，诸多学者认可该划分的必要性与有用性。[②] 虽然如此，这是否意味着这种划分就是决然正确，或者说，没有一点商榷与改进的空间呢？答案或许是否定的。前文说过，温和与激进启蒙运动之分已然体现了启蒙运动的多样性。而在本书中，通过几位作者的研究和介绍，我们看到，真实启蒙运动的情况比这还要复杂。更具体而言，温和与激进之分并非那么泾渭分明，而是有中间地带、过渡地带的。在《不那么激进的启蒙运动：法国启蒙运动的基督教之翼》一文中，帕尔默考察了存在于18世纪第二个25年期间的一个启蒙思想家群体，从而展现了这种中间、过渡地带的存在。这些思想家大多拥有神父教衔，故而被冠

---

① Jonathan I. Israel, "'Radical Enlightenment': A Game-changing Concept", p.16.

② Steffen Ducheyne, "An Introduction", p.1.

名为“法国启蒙运动的基督教之翼”，与伊斯雷尔所谓的温和、激进两翼并列。他们一方面与或属温和或属激进的启蒙哲人有来往，并在属于启蒙运动喉舌的杂志上表现活跃；另一方面，他们又有专注的思想领域——自然神论的一个分支自然神学(physico-theology)，意图通过经验证据显明神在创造天地万物时的大能之手。他们与启蒙运动的温和、激进两翼虽有特点上的不同，但确曾相处融洽。当然，这种局面随着启蒙运动进入盛期所出现的一个极化现象——温和与激进对比鲜明——而走向终结，伏尔泰对这个神父群体的攻击突出地表现了这一点。帕尔默一文以伊斯雷尔的观点作为自己的批判对象，它针对的是后者依据启蒙盛期的极化现象提出的简单二分法。帕尔默认为真实的历史要比这更为复杂，温和、激进之分并非天然如此，实是一个历史过程发展到最后的结果。这就体现了启蒙运动在内容上的复杂性。

2.复杂性与矛盾性是一对孪生兄弟，是一个问题在不同方面的展现。作为一次历时漫长、涵盖地域广阔、牵涉诸多行为主体的思想文化运动，启蒙运动内部充满种种矛盾是毫无疑问的。大到思想倾向的温和、保守与激进、凌厉，小到思想家群体乃至个人的理论与实践是否相符合、相统一，凡此种种，都展现了启蒙运动在内容上的矛盾性。我们可以举若干例子。在《激进启蒙运动：术语历史面面观》一文中，谢恩费尔特谈到孔多塞与狄德罗在奴隶制问题上的态度。身为激进派，他们当然认为奴隶制是惊人的犯罪，是对人类的冒犯。然而，他们针对终结奴隶制所提出的建议却并没有激进派应有的激进色彩，而具有渐进、温和的性质。按照谢恩费尔特的解释，采取此种做法的因由更可能是向当政者、奴隶主发出警告，从而达到改善奴隶境况的目的。无论事情的真相如何，孔、狄二人的做法体现出某种矛盾是没有疑义的。再如雅各布对共济会的看法。在雅各布那里，共济会与激进启蒙运动的兴起关系密切，其成员秉持的是平等主义思想。但是，共济会对那些身为门外汉的粗人又关闭大门。由此，这种平等主义又带上了精英气质，这一点反倒和启蒙运动攻击的对象天主教相似。雅各布又指出共济会成员对体面、尊荣的渴求，她评价后者尽管有追求民主的倾向，其“强力贯彻的或许也是一种深层次的社会保守主义”①。这同样体现出一种矛盾。

① Margaret C. Jacob, *The Radical Enlightenment: Pantheists, Freemasons, and Republicans*, pp.242-243.

复杂性与矛盾性是深植于启蒙运动内容中的两个特质。学人对它们的把握关系到是否能相对准确、全面地认识启蒙运动,探索相关问题。《重估激进启蒙运动》在这方面是能给予我们若干启示的。

结　语

激进启蒙运动研究的兴起与发展,体现了过去数十年间启蒙学术界的一个新的发展趋势,并为启蒙研究开拓了新的疆界、培育了新的增长点。《重估激进启蒙运动》虽不是一本入门著作,但无疑提供了许多有用信息,让我们能对相关研究的概貌有所了解。更难能可贵的是,作为一部论文集,该书并不追求思想上的和谐一致,它将立场有别甚至截然对立的观点熔于一炉,从而方便读者明了有关一些问题的疑点、争议点,对它们形成更深的认知。

当然,本书也不是没有缺憾。作为一部并非长篇大论的论文集,本书在内容上定然不是涵盖广泛的。不止如此,在主题的选择、内容的撰写上,可能也有某些不尽如人意的地方。① 比如有评论者认为,邦格的《激进启蒙运动在荷兰共和国的衰退》一文并不符合该书对伊斯雷尔论点做出回应的宗旨。除了这些,该书有些章节,对初入门者来说比较深奥难解,这就在一定程度上影响了读者进一步阅读的兴趣。

虽然如此,瑕不掩瑜。本书作为介绍另一个"启蒙"之面貌的论文集,定能让关注它的学人开阔视野,对启蒙产生更丰富、全面乃至特别的认识。而这反过来,又会促进相关研究的开展、深化。作为一片国内学术界的荒地,激进启蒙运动值得学人们加以探索和耕耘。我们有理由期待更多的研究成果涌现出来。

Another "Enlightenment": Reading *Reassessing the Radical Enlightenment*

Abstract: *Reassessing the Radical Enlightenment* is the first collection of essays about radical Enlightenment in English. It introduces the origin of the concept of "radical Enlightenment", the rise and development of relevant research, some cutting-edge issues and theoretical achievements. From this collection, we can learn about the development trends of international Enlightenment studies with its manifestations of globality, localness and plurality. In addition, we can also understand the

① John Eigenauer, "Untangling the Complexities of Radical Enlightenment", p.156.

complexity and contradiction of Enlightenment. All of these are helpful for Chinese scholars to broaden their views and get new knowledge to push forward our study of Enlightenment.

Keywords: radical Enlightenment, moderate Enlightenment, Jonathan Israel, complexity, contradiction

作者:屈伯文,深圳大学-韩山师范学院广东省博士后创新实践基地博士后

书 评

理性、革命和历史
——评《旧制度与大革命》

□杨长云

从文本的角度来看,托克维尔所著的《旧制度与大革命》是一根难啃的骨头。在中国,由于时任中纪委书记王岐山在2012年11月30日一次专家座谈会上说:"我们现在很多的学者看的是后资本主义时期的书,应该看一下前期的东西,希望大家看一下《旧制度与大革命》。"此后,学术界、出版界掀起了一股托克维尔"旧制度与大革命热"。据笔者粗略统计,目前《旧制度与大革命》的中文版本多达二十多种。依据中国知网搜索,2012年至今,主题为"旧制度与大革命"的论文有329篇,其中2013年就有169篇。2013年第2期《人民文摘》对《旧制度与大革命》进行了专题报道,刊登了张广昭的《王岐山为何推荐〈旧制度与大革命〉》、朱学勤的《历史以否定的形式焊接在一起》两篇专论;并且以"托克维尔之问"为题摘抄了托克维尔在《旧制度与大革命》序言中的观点。更值得一提的是,2013年4月24日,《世界历史》编辑部、《史学理论研究》编辑部、中国国际文化书院、中国社会科学院老专家协会等单位在北京组织召开了《旧制度与大革命》专题学术研讨会。随后在《世界历史》2013年第5期上刊发了一组颇有分量的"法国大革命与旧制度"专题文章。

反观西方学术界,从《旧制度与大革命》在1856年出版以来,按照J. P. 迈耶的说法,到1967年,这本书在法国共印行16版25000册,在英国已有13个版本。然而,在美国,虽然在1856年纽约哈珀兄弟出版社就出版了约翰·邦纳翻译的版本(*The Old Regime and the Revolution*, New York:Harper & Brothers,1956),[①]但总体来看,《旧制度与

① 其他版本并不多见,诸如斯图亚特·吉尔伯特(Stuart Gilbert)译本、弗朗索瓦·傅勒(François Furet)译本和吉拉尔德·贝文(Gerald Bevan)译本。其中贝文的英译版将题目译为"The Ancien Regime and the French Revolution"。

大革命》在美国受到的待遇显然比不上托克维尔的另一部著作《论美国的民主》。[①] 不过,就像《论美国的民主》出版后,《北美评论》就发表评论性文章一样(1838年),《旧制度与大革命》在美国的最早评论性文章也出自《北美评论》(1861年)。[②] 就笔者目力所及,在英语世界里,针对《旧制度与大革命》的书评也不多见,尽管如此,这也“决非说明其更不重要”。

这是一根不好啃的骨头,掩卷思索,犹感云里雾里。笔者指导学生阅读此书,许多同学表示把书从头到尾看了一遍,却不知其义;还有同学读到后面则忘记前面。的确,《旧制度与大革命》在某种程度上延续了《论美国的民主》的写作风格——絮絮叨叨地谈论历史现象。即便如此,如果说读不懂、看不明,那大概是“不识庐山真面目,只缘身在此山中”。为了更清楚地认识这本书和其中包含的托克维尔的深意,就需要跳出此书,就如托克维尔对英国的观察一样,以“局外人”(Outsider)的身份透过纷扰的大历史做比较分析。

一、理性的基调

法国大革命是一个经久不衰的命题,关于法国大革命的书籍,目前在中国是世界史领域译介最多的。像埃德蒙·柏克、阿克顿勋爵、米涅、乔治·勒费弗尔、亚尔培·马迪厄等西方史学大家的专著都已有中文版本。英国政治理论家柏克生活于18世纪下半叶,他算得上法国大革命时代的经历者。正是因为他生活的时代是法国大革命爆发的时代,并且他在法国大革命爆发后的第二年(1790年)就出版了《反思法国革命》(*Reflections on the Revolution in France*),这部也译为《法国革命论》的书于是便自然而然地倾向于分析革命的特征,因为柏克是历史的见证者,他更为关心的同时也更为可信地观察就是这场革命表现出来的特征。相比之下,托克维尔是在

① Donald J. Maletz, Review, Political Life in Democratic Times: On a New Biography of Alexis de Tocqueville, *Public Administration Review*, Vol.68, No.3(May-June, 2008), p.578.

② Reviewed Work, *The Old Régime and the Revolution* by Alexis de Tocqueville, John Bonner, *The North American Review*, Vol.93, No.193(Oct., 1861), pp.391—417.

攻占巴士底狱之后经历吉伦特派时期、雅各宾时期、热月党时期、拿破仑帝国、七月王朝、法兰西第二帝国这一长达近70年的时间后，写下《旧制度与大革命》。“托克维尔的生活环境已经全然不同。不再需要从革命爆发到他所处时代的六十年来适应暴力体制实现它的破坏力。因为这已经成为历史现象了。”[①]也就是说，托克维尔已经历了暴力革命造成破坏的年代，于是他在《旧制度与大革命》中的主要任务几乎都是说明法国大革命的起源。他说：“我献给公众的这本著作的宗旨是要阐明，这场在几乎整个欧洲同时酝酿的伟大革命为什么爆发于法国而不在他处，为什么它好像自发产生于它即将摧毁的社会，最后，旧君主制怎么会如此彻底、如此突然地垮台。”[②]

柏克不遗余力地证明法国革命者的事业是错误的，托克维尔则主要展现这场革命的来龙去脉。这是他们著作的显著不同之处。虽然如此，在这两部著作中，“理性”的基调始终贯穿其中。17—18世纪正是欧洲的启蒙时代，启蒙运动的重要遗产就是科学分析和理性思考。英国历史学家阿克顿勋爵在分析法国大革命背景的时候，提到达尔冈松（d' Argenson）时说：“尽管政治科学还处于婴儿时代，他却根据刚刚诞生的启蒙运动思想论证了理性的自由和所有阶级、宗教一律平等的思想，认为这才是政治的完美状态。这个世界不应当由羊皮纸和既定权力来统治，而应该由清晰的理性来统治，这种理性能够化繁为简，能够拆除横亘在国家与民主制度之间的一切东西，给予每部分国民以治理自己事务的权力。”[③]达尔冈松的想法能代表那个时代文人的普遍思想。柏克在其论述中表明，法国大革命的原则和实践是错误的，以阐明大革命的“荒谬”或者说“非理性”，他说：“法国革命乃是世界上迄今所曾发生过的最为惊人的事件、最可惊异的事件，在许多事例中都以最荒谬和最荒唐的手段并以最为荒唐的方式发生了，而且显然地是用了最为可鄙的办法。”[④]托克维尔从《旧制度与大革命》第一章开始就不断地援引柏克的话，托克维尔并不反对柏克对法国大革命“荒谬性”“非理性”的性质的界定。显然他认同柏克的观点，认为：“这个丑陋的怪物……无视一切固有的准则，无视一切

① *The North American Review*, p.396.

② 托克维尔：《旧制度与大革命》，冯棠译，北京：商务印书馆，1997年，第32页。

③ 阿克顿：《法国大革命讲稿》，姚中秋译，北京：商务印书馆，2012年，第12页。

④ 柏克：《法国革命论》，何兆武等译，北京：商务印书馆，2005年，第13页。

常规的手段,谁要是对它的存在不理解,便被他击倒。"[①]他自己也很重视大革命爆发时的"理性"政治环境:"大革命面貌的一个突出的却转瞬即逝的特征,是酝酿大革命并为其先奏的那些思想、激情、个别事件的暂时产物……人们有理由将18世纪哲学视为大革命的一个主要原因。的确,18世纪哲学带有深刻的非宗教性。"[②]托克维尔这里说的"18世纪哲学"就是达尔冈松和阿克顿所说的"理性"(Philosophy)。除了对理性思想的继承和援引外,托克维尔也用"理性"作为分析的工具来阐明革命时期的文人集团企图用"理性"来实现暴力革命的抽象目标。他说:"他们很容易就对旧事物和传统感到厌恶,自然而然地趋向于各自以理性为唯一依据,勾画出崭新的蓝图去重建当代社会。"[③]托克维尔批评革命前夕的法国作家们,他们只对政府问题的普遍抽象理论感兴趣,并且盲目地相信这些理论,他们的生活却远远脱离了实际。改革会面临何种障碍,革命将会带来什么危险,对于这些,他们连想都没想过。所以,同样跟他们一样愚昧的民众,对他们却言听计从,衷心拥戴。这些人"听说一切特权概应受理性的谴责,无不为之雀跃"。"遭贵族邻居的兔子祸害的小所有者"也将成为刽子手。[④] 托克维尔立即看到:"这是有史以来一场规模最大最为危险的革命。那些明天就将成为牺牲品的人对此全然不知;他们认为,借助理性,光靠理性的效力,就可以毫无震撼地对如此复杂、如此陈旧的社会进行一场全面而突然的改革。"[⑤]

法国大革命的思想基础无疑是启蒙主义,其中即包括理性。然而纯粹的理性并不能解决复杂的社会现实问题,托克维尔对这一点有清楚的认识。也正是如此,他使用理性这一工具,既批判柏克猛烈批判的非理性和荒谬性,也批判对革命的危险全然不知的"纯粹理性"。《北美评论》指出,《旧制度与大革命》这部著作的风格和精神是"冷静、公正和理性的思索,其中渗透着深刻的宗教感情;同时也表现出一种毫不含糊的是非观念"。[⑥]

---

① 托克维尔:《旧制度与大革命》,第43页。

② 托克维尔:《旧制度与大革命》,第45页。

③ 托克维尔:《旧制度与大革命》,第176页。

④ 托克维尔:《旧制度与大革命》,第177页。

⑤ 托克维尔:《旧制度与大革命》,第179页。

⑥ *The North American Review*, p.392.

二、托克维尔叙事中的三个维度

关于历史现象、历史过程的认识,可以从时间、空间和历史中的人三个维度来认识和理解。从《旧制度与大革命》叙述来看,托克维尔在其中是一个试图探究历史真相的调查员(investigation),似乎看不到他曾经作为政府官员而可能在其著述中表现出来的鼓吹者(advocate)特点。作为调查员的托克维尔延续了《论美国的民主》的叙事风格。支撑这一看法的重要依据就在于其中所包含的新旧时代、城乡区域、世俗化(公民)三重维度。

如前所述,托克维尔生活的时代与大革命时期渐行渐远,这使得托克维尔能够对已经成为历史现象的大革命各个方面做一个长时段的观察。从"旧制度与大革命"这个标题和作者在其中进行的各个方面的描述可以看出,"旧制度"和"大革命"这两个新旧时代是托克维尔叙事的首要维度。托克维尔在开篇就指出:"1789年,法国人以任何人民所从未尝试的最大努力,将自己的命运断为两截,把过去与将来用一道鸿沟隔开。"托克维尔明确指出,1789年的革命对法国人来说是一个新时代的开始,在这里,法国的过去和将来被分开。而人民通过制订种种限制,努力使过去的东西被带入这个新的时代。同过去许多王朝一样,竭力使自己异于过去,要创造一个面目全新的世界。旧时代与新时代对于1789年的法国人民来说自然是要对立起来的。然而,托克维尔接着却揭示:"我深信,他们在不知不觉中从旧制度继承了大部分感情、习惯、思想,他们甚至是依靠这一切领导了这一场摧毁旧制度的大革命;他们利用了旧制度的瓦砾来建造新社会的大厦,尽管他们并不情愿这样做。"①原来,当这场暴力革命发生后,狂热的法国人民终于发现,他们推翻了旧制度和波旁王朝的统治,却又不知道如何在废墟上建设新的家园;他们找不到建筑新社会这座大厦的砖瓦。所以,他们只好又将目光转移到"那逝去的、坟墓中的法国",以至于旧制度中的大量法律和政治习惯在突然消失后又重新出现。托克维尔后来在他的回忆录里说道:"我国从1789年到1830年的历史,无论是从长期来看,还是从整体来看,我都觉得它就像是旧制度,它的传统、它的回忆、它的希望、贵族阶级的代表与中产阶级所领导的新法兰西之间在41年中展开

① 托克维尔:《旧制度与大革命》,第29页。

的激烈斗争的画卷。”[①]《旧制度与大革命》的各个章节都体现了托克维尔对新旧时代这个时间维度的叙事关照，不止于此，他还就大革命本身作了阶段性划分：“大革命有两个截然不同的阶段，在第一阶段，法国人似乎要摧毁过去的一切；在第二阶段，他们要恢复一部分已被遗弃的东西。”[②]对于大革命目标的实现，托克维尔也有清醒的认识，“大革命……需要自身一点一滴地、长时间才能成就的事业”。

如果说时间的维度在《旧制度与大革命》中显而易见，那么城乡这个空间维度则要相对复杂一些。城乡维度包含复杂的社会关系，农民、领主、贵族、总督、代理、资产阶级；另一个层面则与宗教相关，脱胎于旧制度的法国，在其中还有一个关键性的概念：教区（parish）。从第二编开始，托克维尔以一种大历史视野、比较研究的方式回顾了整个欧洲的封建制度，其中的焦点便是乡村中的地产问题。托克维尔讨论了英国、德国和法国农民的不同情形。他指出，在英国也曾有过拥有地产的农民，但数目已大大减少。在德国，各个时代各个地方，都有一些拥有完全土地所有权的自由农民。不过，德国小地产主的数量微乎其微。而在法国，“这些土地大部分是由已经拥有土地的人买走的；因此，地产虽然易手，地产所有者数量的增加比人们想象的还是少得多。根据内克尔的通常浮夸但这次准确的用语：法国当时就已经存在大量土地所有者”。[③] 这些小地产主的大量存在与那些被严格地束缚于土地上的德国农奴不同，他们自行承担许多劳役，相对自由。他们在乡村中构成了在大革命中进攻旧制度的主力军。

在城市方面，法国的城市自由在封建制度崩溃后依然存在。当领主不再治理乡村时，城市仍保持自治权。托克维尔指出：“直到17世纪末，还能遇到这种自治城市，它们继续组成一个个小型民主共和国，行政官由全体人民自由选举，对全体人民负责，公共生活活跃，城市为自己的权利感到自豪，对自己的独立无比珍惜。”[④]直到后来出现卖官鬻爵，城市的各种职务从此可以鬻卖，这就造成“国王在各城市向某些居民出售永久统治他人的权利”。人民的福利和城市的

① 托克维尔：《托克维尔回忆录》，董果良译，北京：商务印书馆，2004年，第29页。

② 托克维尔：《旧制度与大革命》，第31页。

③ 托克维尔：《旧制度与大革命》，第67页。

④ 托克维尔：《旧制度与大革命》，第83页。

自由一起被牺牲掉,而本来可以作为人民庇护所或者说能够承担慈善功能的教区也被大革命摧毁,这一点在丽莎·迪卡普里奥的一篇文章里也得到了论述。人民的生存权受到威胁,社会陷入无序状态。① 托克维尔的论述未止于此,他大概对他在美国游历时的情景记忆犹新。在第二编的第三章中,他对比了美国农村村社的特点和新英格兰的镇区(township)。除此之外,他着重叙述了巴黎在大革命爆发前夕所获得的压倒性优势。在17、18世纪,国王们颁布大量敕令,旨在阻止城市的扩展。路易十四甚至在全盛时期六次试图阻止巴黎的发展,均告失败。地方的自由权利到处都在不断地消失,国家力量却未衰弱,这种力量日益集中到巴黎。乃至思想的动力只来自中央,借此巴黎吞噬了外省。托克维尔总结道:"行政上的中央集权制和巴黎的至高无上权力,是40年来在我们眼前不断更迭的所有政府垮台的重要原因。我无需费力便将使大家看到,旧君主制突然之间猛烈毁灭,很大一部分原因即在于此;它也孕育所有其他革命的第一场革命的主因之一。"②

托克维尔关涉的第三个维度则是历史中的人。具体来说是从旧制度到大革命、再到托克维尔生活的"当代",一系列政治关系、社会关系的变动。可能社会关系的变动至关重要。小罗伯特·T. 加内特曾经指出,托克维尔在他自己的研究中发现了那些地位正在上升的农民存在深刻的矛盾心理,这将影响他们作为公民去实现自己的权利,并且在大革命创造的民主政治社会中承担其责任。③ 在《旧制度与大革命》中,公民或称市民(Citizen)和公民权(Citizenship)使用频率很高。公民或市民是世界近代史上的一个重要概念,它与各种资本主义权利联系在一起,也与世俗化联结在一起。如果说通过文艺复兴、宗教改革,人性得到解放、人格得到提升,人们成为世俗统治者的臣民,成为城市中的公民或市民,而从作为上帝"子民"的严格束缚中解放出来,那么,通过启蒙运动,人性、公民权和自然权利、法律等理性观念更是紧密地结合在一起。然而,柏克却称,在法国"正处于一场革命的危机之中,正处于从一种政府形式到另一种政府形式的转变之中——你们却看不到人性也恰好是处

① Lisa Dicaprio, Women, Work, and Welfare in Old Regime and Revolutionary Paris, *Social Politics* (Spring, 1998), p.113.

② 托克维尔:《旧制度与大革命》,第115页。

③ Robert T. Gannett, Jr., The Shifting Puzzles of Tocqueville's The Old Regime and the Revolution, in Cheryl B. Welch, ed., *The Cambridge Companion to Tocqueville*, University of Chicago Press, 2003.

于我们在这个国家[英国]所看到它处于的那种同样的局势之中"①。柏克抨击革命者的冷酷,认为他们对自己的人权理论过于关心,以至于全然忘记了人性。托克维尔在第二编第十二章的最后对此做了回应:"其实即使他们真正挣脱了主子的统治,他们也无法摆脱主子灌输给他们的或听凭他们吸取的种种错误思想、罪恶习俗、不良倾向的束缚。人们有时看到,人民在行使自由权时,竟然把奴隶的好恶也搬了过去,对自己的行为不能控制,以致蛮横地对待自己的教师。"②

然而,最重要的还是社会关系和社会地位的变动。托克维尔指出,在法国还发生了另一场涉及人民社会地位的革命:农民不仅不再是农奴,而且已成为土地所有者。③ 在旧制度下和大革命后,原来彼此相似的人逐渐分割成陌生的小团体,相互之间漠不关心。资产者与贵族更加相似,但同时更加隔离。随着领地统治的瓦解,地方自由随之被毁灭,资产者与贵族在公共生活中再也没有联系。④ 而资产者与人民相互分离,几乎同贵族与资产者分离一样。由于居住地点不同,更主要由于生活方式不同,加上最常见的利害关系,资产者与农民分离了。⑤ 农民与上层阶级几乎完全隔离开了;他们与那些本来能够帮助他们、领导他们的乡亲们也疏远了。⑥ 最后,"当资产者与贵族彼此完全孤立,农民与贵族、与资产者也彼此隔离,当与此类似的现象在各阶级内部继续发生,各阶级内部就会出现特殊的小集团,它们彼此孤立,就像各阶级之间的情况一样,这时可能构成一个同质的整体,但其各部分之间再也没有联系。再也组织不起什么力量来约束政府,也组织不起什么力量来援助政府。最后,作为其基础的社会一旦动摇,这座君主的宏伟大厦顷刻之间就会全部毁灭"⑦。作为历史的主体,法国革命的参与者,个体是历史研究的对象;托克维尔对个体的关注也延续了《论美国的民主》的分析,只不过,在《旧制度与大革命》中,他通过阐明具体的社会关系

---

① 柏克:《法国革命论》,第85页。

② 托克维尔:《旧制度与大革命》,第172页。

③ 托克维尔:《旧制度与大革命》,第65页。

④ 托克维尔:《旧制度与大革命》,第123、125页。

⑤ 托克维尔:《旧制度与大革命》,第131页。

⑥ 托克维尔:《旧制度与大革命》,第160页。

⑦ 托克维尔:《旧制度与大革命》,第171页。

变动，对他曾在《论美国的民主》中提出警告的“个人主义”（individualism）这一概念涉及的问题进行了深入的分析。关于托克维尔对公民和公民权的论述，可以参见梅尔兹的文章。①

此外，根据托克维尔的叙述，在当时法国的社会结构里还有一个致命点：“由于中央政权已经摧毁了所有中间政权机构，因而在中央政权和个人之间，只存在广阔空旷的空间，因此在个人眼中，中央政权已成为社会机器的唯一动力，成为公共生活所必需的唯一代理人。”②也就是说，当人民被压迫到极限，一旦矛盾激化，人民便与中央政府（在当时是路易十六）直接敌对起来。缓和中央与地方、国王与人民的中间力量不复存在。从社会政治的角度来看，这样的社会结构是最危险的。而这一时期的中间阶层（the middle class）从托克维尔的叙述里指的是资产阶级，而资产阶级并不关心人民的死活。

三、历史学家托克维尔

前文提及，《北美评论》对埃德蒙·柏克的《反思法国革命》和托克维尔的《旧制度与大革命》做了比较评论。该文认为托克维尔的著作毫无疑问足以与柏克的著作相提并论，但它们之间也有明显的区别。从头到尾柏克在《反思法国革命》中不遗余力地证明革命者的事业是错误的；托克维尔则只是摆出事实还原历史本来面目。当然这两种方式并不矛盾。对于国家档案材料的使用，对包括会议记录、账册在内的各种历史材料的使用是《旧制度与大革命》的显著特点。托克维尔对于将在这一写作中使用丰富的历史材料有他的自觉意识：“我不仅重读了18世纪的名著，而且研究了许多不大知名而且不值得知名的著作，这些著作并非精雕之作，却更好地反映真实的时代精神。我仔细阅读所有的公共文告：大革命前夕，法国人在这些公共文告中表达了自己的见解与好恶。省三级会议以及后来的省议会的会议记录在这方面为我提供了大量启示。我特别研究了1789年三个等级起草的陈情书。这些陈情书的手稿长达数卷，它们是法国旧社会的遗嘱，是空的愿望的最高体现，是它的最终意志的真实反映。这是历史上独一无二的文献……我花了很长时间

① Donald J. Maletz, “Making Non-Citizens: Consequences of Administrative Centralization in Tocqueville's Old Regime”, *Publius*, Vol.33, No.2 (Spring, 2003), pp.17—35.

② 托克维尔：《旧制度与大革命》，第107页。

在巴黎和几个省研究政府留下的档案。”①

托克维尔之所以能够使用到这些档案材料，概因他曾经是政府部门公务员的身份带来的便利。他在二月革命后担任过众议员，参与制订宪法，在秩序党内阁中担任过外交部长。《北美评论》也对托克维尔使用历史档案表示了肯定：“作者使用的这些当代档案是其他人所缺少的，他们或者没有机会得到这些材料，或者没有兴趣去翻阅。这些档案材料主要包括国家文件，或者是保存在国家档案卷帙之中的可信文件；这些档案材料的特征是，它们揭示了旧制度政府机构最绝密的和最为错综复杂的行为动机。”② 不过，虽然托克维尔在主观上想要提供一个关于法国大革命的真实图景，而他留给后世的《旧制度与大革命》也确实容易给人留下真实的法国革命史的印象，但因为托克维尔选择不公开他使用的资料，历史学家们一度几乎无法追溯托克维尔思想的演进。③ 对于托克维尔使用的原始档案的真实性，尤其是当他在这些档案研究的基础上得出“革命并不是在那些中世纪制度保留得最多、人民受其苛政折磨最深的地方爆发，恰恰相反，革命是在那些人民对此感受最轻的地方爆发的”这一观点时，学者们也表示过怀疑。后来他们征得托克维尔家族后人的同意，将托克维尔在《旧制度与大革命》(第一卷)及其续篇中使用的档案的缩微胶卷，以及草稿和印刷证据展示在巴黎国家图书馆内，以供人们检阅。事实上，在托克维尔去世后的一百多年里，也没几个人或者历史学家会把他当作历史学家。后来，通过检视已被长久封存的托克维尔使用的那些档案，美国历史学家约翰·卢卡克斯大胆地宣称：“承认托克维尔是最近200年来最佳历史学家之一不能再回避了。”④

不管什么时候翻开托克维尔的《旧制度与大革命》，读者都能找到与自己时代相似的描述，这或许也说明了其经久不衰的生命力所在。究其原因则在于托克维尔这本具政治科学、社会政治和历史学特点的著作包含非常丰富的、仍有启发空间的词汇。比如“宗教”在旧制度到大革命中的意义，“女性”在这个时期

---

① 托克维尔：《旧制度与大革命》，第30~31页。

② *The North American Review*, p.391.

③ Robert T. Gannett, Jr., *Tocqueville Unveiled: The Historian and His Sources for The Old Regime and the Revolution*, University of Chicago Press, 2003.

④ John Lukacs, “Unveiling Tocqueville the Historian”, *Historically Speaking* (May/June 2004), p.10.

的地位，政府中央集权和行政中央集权的比较，“反革命”的潜在意识，“文学政治”的影响，与英国、德国“历史比较”的范式，等等。托克维尔提供了许多想象的空间，这些在《旧制度与大革命》中往往是浅尝辄止的，可能他计划中的第二卷将要充实这些主题，只可惜他还未来得及完成就匆匆离世。

这里就“反革命”多说几句话。柏克的《反思法国大革命》曾经这样叙述：“我在不止一个军团中看到纪律的约束松弛了或者是被破坏了：公然直接地和毫无遮掩地提出了最闻所未闻的种种要求；条令没有效力了；长官没有权威了；军用的箱箧和旗帜被拿走了；国王本人的权威遭到狂妄的挑衅；军官们被鄙视、被贬斥、受威胁和被驱逐，他们中的一些人成为他们军团里的囚犯，胸中满怀着厌恶和屈辱在苟延残喘。”①“权威丧失”一直是近代早期一个主要的问题，从文艺复兴、宗教改革使得人性解放、发现自我价值开始，传统的权威就开始瓦解；再经历“阿维农之囚”和几次宗教会议“吵闹”，宗教的权威也开始丧失。现在柏克发现，法国这些胆大包天的人全然不顾世俗的权威，既定的秩序荡然无存。柏克对法国革命的态度不只是反对（反革命），而且时常是透着极大“恶意”、敌视的。于是，他才匆匆忙忙地在1789年革命爆发没多久就写下了满含愤慨的“讨檄式”的文字。托克维尔对1789年的看法也很类似，他发现1789年的法国充满了荒诞、虚弱和不公，因此“必须革命”的观念便被强加到那些对改革的危险一无所知的人身上。但是，革命之后是不是整个社会结构、政治结构就发生了变化？托克维尔并不这么认为，他写道：“自1789年以来，行政结构在政治结构的废墟中始终存在。人们改变了君主的人身或中央政权的形式；但是事务的日常进程既未中断也未被打乱；每个人继续在与个人相关的细小事务中，遵循他熟悉的准则和惯例；他依赖他一直习惯与之交往的次级政府，而且往往与同一些官员打交道；因为，如果说在每次革命中，政府被砍掉了脑袋，它的躯体依旧完好无损地活着；同样的职能由同样的行政官员执行；他们通过各种各样的政治法规转达他们的精神和他们的经验。他们以国王的名义，随后以共和国的名义，最后以皇帝的名义审判和执政。然后，命运推动同一轮回，他们重又开始为国王、为共和国以及为皇帝审判和执政，永远是同一些人，永远用同一方式；因为，主

① 柏克：《反思法国大革命》，第273~274页。

子叫什么名字与他们何干？他们的工作不在于做公民，而在于做优秀行政官司和优秀法官。一旦初次震动平息，国内似乎也就再无什么变动。”①在托克维尔的笔下，大革命仿佛就是从那个旧制度中自动产生的。新的大厦在这个旧制度的废墟上建立起来，制度建设就好像“新瓶装旧酒”，就像换汤不换药。既然革命之后依然如此，尤其是当经历了六十多年、看淡了政权更迭，当初又何必革命呢？既然改革有危险，革命更危险（还可能出现为了平等丧失自由），又何必选择流血革命？“细思极恐”，原来托克维尔并不是革命的支持者，而是一个“反革命”。

作者：杨长云，历史学博士，江西师范大学历史文化与旅游学院副教授

① 托克维尔：《旧制度与大革命》，第233-234页。

书评

中国学者对英国『宪政王权』的阐释新理路

——评孟广林《英国『宪政王权』论稿》

□柴晨清

孟广林教授专著《英国“宪政王权”论稿——从〈大宪章〉到“玫瑰战争”》(以下称《英国“宪政王权”论稿》)一书已由人民出版社出版。孟广林教授长期躬耕中世纪英国政治思想史,曾在21世纪初出版《英国封建王权论稿》。此书是作者积十几年之功力推出的另一部英国政治制度史专著。这两本著作前后联结、贯通一体,将整个封建时代英国君主政治史的缘起、发展、研究的基本特征与主要脉络凸显出来。

本书以唯物史观为理论指南,在系统梳理、辨析学术史与审慎借鉴西方史学成果的基础上,充分运用外文文献资料,对13—15世纪的英国王权、议会、贵族、朝代更替以及政治思想等做出贴近历史实际的诠释,并对政治史研究的路径与原则进行阐发。笔者拟从传统史学研究的路径出发,以唯物史观为评判的根本遵循,探讨孟广林教授在书中的主要学术观点,总结他在新作中的重要思考和结论。

一、开拓自主性学术理路

从《大宪章》到“玫瑰战争”,是英国议会君主制时期,亦称“宪政王权”时期。作者在书中根据原始资料和前人研究的成果,对英国中古13—15世纪的政治史进行了详尽的描述。主要内容包括中古后期王权的本质属性、政治组织结构、政治群体的活动轨迹、国家制度的运行与其威权的限度,还特别讨论了当时政治思想的表现形式、产生的环境土壤以及对政治的反作用等。对于这些内容,作者将其在制度规定和运行轨迹、思想传统力量与现实社会政治实力、作用与反作用间寻求平衡,彰显了作者扎实的史学功底和严谨的写作逻辑。

在书中,作者将西方盛极一时的“辉格解释模式”至去辉格化这一漫长而复杂的学术史流变作为参照坐标,力图摆脱对西方学术的“路径依赖”,建构英国政治史研究新理路。

新时期以来,国内外学术交流日趋增多,沟通交流通道更加便捷快速,国外各种新学术理念、方法比以往任何一个时期都更快速地传到中国学界。诸多新学术理念和方法丰富了国内学术研究理路。与之相应,文明史、全球史、医疗社会史、环境史等史学研究分支相继兴起。在此情况下,“新史学”研究蔚然成风,传统史学的研究则相对暗淡。《英国“宪政王权”论稿》的出版,也是对当前此种史学学术趋向的回应。作者指出,要让“新史学”与传统史学研究齐头并进,相互推动,促进我国世界史研究的全面、整体发展。而要对传统的史学问题展开研究,须以唯物史观为指导,在批判借鉴西方学术的基础上开拓“自主性学术理路”,对相关问题“最大限度地做出接近于历史实际的诠释”。

在书中,作者力图解构“辉格解释模式”打造的“宪政神话”,努力探究“实际发生的政治”。作者认为,只有从利益原则和实力对比原则出发,将政治传统、政治制度和人的政治活动有机整合起来做系统深入的探究,将文本中的政治和制度中的政治与揭示实际发生的政治相结合,才能对这一时期的“宪政王权”的本质与运作“获得接近于历史实际的认识”。[①] 正如德国哲学家李凯尔特所说:“历史从不描述事情的结局,而向来是描写它们的进展过程。”[②]作者这种对“实际发生的政治”的探究即是对《大宪章》到“玫瑰战争”时期英国宪政王权进展过程的叙事与分析。

作者在开篇提出,英国史学中根深蒂固的辉格传统仍然有其不可忽视的影响,需要对西方史学界“辉格模式”的宪政主义观点予以辨析和质疑,进行深入的分析和判断。作者在借鉴欧美史学研究成果的基础上,详细探讨了这一时期的英国政治史,创造性地将“思想中的政治”“制度中的政治”与“实际发生的政治”结合起来作系统、辩证的研究。

对13—15世纪英国政治史的各个关键要素,作者都做了极为细致的贴近历史实际的描述,如对《大宪章》的历史底蕴、贵族阶层的政治行为与诉求、议会和王权的关系、王位和王朝鼎革事件的

① 孟广林:《英国“宪政王权”论稿——从〈大宪章〉到“玫瑰战争”》,北京:人民出版社,2017年,第334页。

② Heinrich Rickert,*Die Grenzen der naturwissenschaftlichen Begriffsbidung*,Tibingert,1929,p.427.

性质、“有限王权”的政治理想、税收的变化等都给予了新的解读与阐释，从而使得展现在读者面前的英国政治史并非空洞的说理，而是以一个个元素有机构成的“宪政王权”历史。

在论述“贵族”议会时，作者秉承历史学叙述的根本方法，从词根出发，描述详细，追根溯源。例如，当时议会的运行机理和模式与当代西方议会有着一定的差别，作者在书中力图还原议会的原生态，而非以当代议会概念去审视历史。作者指出，议会的作用在不同历史时期是不同的，将其看作是与国王斗争的机构在17世纪时可以成立，而在中世纪却不符合史实。这样我们可以看到，英国议会的演变过程是一个渐进的历史过程，而在其起初包含着根深蒂固的封建因素。作者通过对1399年革命的论述，得出这样的印象，即议会在起初更多的是对大贵族武力篡权给予确认，为其登上王位宝座披上合法外衣。论证了“辉格解释模式”难以成立。

二、围绕“实际发生的政治”这个根本核心

本书最大的特点，在于几乎全部文字都在论述一个核心，即“实际发生的政治”。

作者通过论述，向读者展现出这样一幅历史脉络图：“宪政王权”时期，虽然贵族与王权的关系较之封建王权时期发生了某些变化，出现了一些新的特点，相互冲突更为频繁和激烈，但是世俗贵族和教会贵族仍旧是王权的政治基础，两者仍是合作与冲突并存。这样的论述是贴近真实的历史的，因为新生事物取代旧事物，是一个漫长的过程，即使是革命式的突变摧毁了现存的元素，也不能立刻替代。作者指出，尽管贵族和王权存在权益之争，但是一般不会走上极端的对峙与分裂。

本书对该时期英国王权对世俗贵族的驾驭的历史实际做了详尽的考察。在论述《大宪章》时，作者对其产生之前一个半世纪中的王权与贵族实际政治力量对比做了细致入微的脉络梳理，即封建习惯中国王与贵族之间的口头契约如何变为最终的文本形式——《大宪章》。作者指出：“这一时期，英国不断政治集权，突破封建习惯的限制，对贵族阶层已享有的封建特权乃至教会教务‘自主’与城市的特权构成严重威胁。国王和贵族的冲突连绵不断。”①这一历史过程其实就是贵族阶层通过旨在维护封建权益而对

① 孟广林：《英国“宪政王权”论稿——从〈大宪章〉到“玫瑰战争”》，第49页。

王权的抗争，将观念中的“法大于王”即口头契约，沉淀为明确的文字表达，《大宪章》应运而生。

作者始终从历史的维度审视这一时期的王权。对《大宪章》的产生，作者并未像辉格史学家那样欢呼雀跃，而是从历史的实际来分析，指出：“《大宪章》彰显了那个时代固有的封建性。《大宪章》的主旨，乃是要通过字面上的明确约定恢复‘祖宗旧制’‘先王良法’，重构一个‘仁君’‘明君’治理下的，确保贵族、教会特权的‘合法’的封建统治秩序。”①作者进一步指出，《大宪章》不可能有效约束王权，国王对教会的控制仍不同程度存在。尤其重要的是，随着“宪政王权”的建构与发展，作为国王臣僚与“议会贵族”的高级教士，不仅卷入繁重的王国政务中，而且通过议会议政或维权，对王权的政治向心力日益加强。

《大宪章》的约束力最终取决于王权与贵族之间政治实力的对比。作者强调，“西方学术界‘辉格解释模式’的那种对《大宪章》所做的诠释，无疑是一种充满主观想象或望文生义的误读与曲解”。②

作者用大量篇幅描述了英国国王是如何沿袭“恩威并重”“宽猛相济”的传统策略的，如爱德华一世被迫签订《宪章确认书》、爱德华二世被废黜、爱德华三世的“擢新保旧”策略、理查德二世驾驭贵族的失控、亨利四世对珀西家族三次叛乱的镇压、亨利五世对国王和贵族合作关系的重构等。诸多史实表明这样一个趋势，即“在对贵族的驾驭中，王权通过对贵族身份、地位的掌控及对其反叛的镇压，保持了不可逆转的政治优势”，“中世纪后期的英国王权，是贵族及其家族命运的决定者，他们的幸运深寓在对王权的忠诚与效劳之中，一旦背离了这一传统的政治原则，无论他们以何种名义、何种手段来对抗、反叛王权，最终都必然会迅速衰落与覆灭”。③

在探求中古后期英国“实际发生的政治”中，作者始终秉承这样的学术理路，即从利益原则和实力对比原则出发，将政治传统、政治制度和人的政治活动有机整合起来做系统深入的解读，最终对这一时期的“宪政王权”做了贴近历史实际的认识：“比起《大宪章》之前的封建王权来，此时的‘宪政王权’虽然在权力象征、政治基础与运作方式上发生了

① 孟广林：《英国“宪政王权”论稿——从〈大宪章〉到“玫瑰战争”》，第 52 页。

② 孟广林：《英国“宪政王权”论稿——从〈大宪章〉到“玫瑰战争”》，第 57 页。

③ 孟广林：《英国“宪政王权”论稿——从〈大宪章〉到“玫瑰战争”》，第 57 页。

某些变化,但其封建国家权威的本质与功能并无实质性的改观。这一时期,随着'君权'(crown)理想的滋生和议会君主制的建构尤其是地方等级的议政参与,国王的公共权威形象更加凸显,其封建私家宗主的身份进一步淡化,与整个'王国共同体'的联结愈发密切。……从根本上讲,此时的'宪政王权'仍旧是封建主阶级的联合专政,是前期封建王权的继续和发展。"①

三、对"政治文本"的历史考察

值得注意的是,作者通过深究隐藏于法律、政治、神学著作与政治诗篇等"政治文本"中的政治现实进行有力的揭示,对布莱克顿的法治愿景、《刘易斯之战颂》的诉求、"王在教上"的异端政治理论等做了抽丝剥茧似的分析。这一研究方法将对"宪政王权"的探讨从实际发生的层面深入到"政治文本"的肌理,把对这一问题的研究挺立到一个新高度,这在国内中世纪史研究中是难能可贵的。

中世纪后期,政治哲人在对当时英国王权的属性、实施与权力边界等思考后写出了带有法学、神学色彩的"政治文本",在其中倾吐了他们的"王在法下"的理想。"那些文本包含着贵族扩展和家族权益的动机,或展示了法学家、政治思想家的治国理念,或反映了社会的普遍政治诉求。"对于这些"政治文本",作者在书中一针见血地指出,"它所表达的'有限王权'的政治主张,某种程度上折射的其实是对'王大于法'的国王专制的现实。到了15世纪,这一愿景在被系统加以勾勒的同时,也包纳着政治哲人挺立王权的潜在意旨。"②

与大多数国家一样,该时期的英国政治史充斥着不同政治理想的政治力量间的现实冲突。布莱克顿、福特斯鸠在文本中的政治主张是他们政治理想的表达。对于福特斯鸠的颇具"法治"色彩的"有限君权"学说,作者结合福特斯鸠的政治生涯和时代语境,做了追根溯源的探究:其学说最初具有倡导法律、议会限制王权的"面相",到了都铎王朝时期"新君主制"背景下一度沉寂,再到17世纪资产阶级革命时期反君主制斗争兴起后渐次"复活"。这样,作者真正"复原"了福特斯鸠政治学说的历史底蕴,即其既源于英国本土的"法治"传统,更是根植于他长期在特定环境中的政治实践,

① 孟广林:《英国"宪政王权"论稿——从〈大宪章〉到"玫瑰战争"》,第327页。

② 孟广林:《英国"宪政王权"论稿——从〈大宪章〉到"玫瑰战争"》,第278页。

正是后者,为其学说赋予了潜在的挺立君权的思想底蕴。[1]

总之,本书以唯物史观为理论指导,为中国学者构筑中世纪后期英国王权的解释模式提供了一个很有参考价值的学术范本。这对推动国内史学界对中世纪西欧尤其是英国政治史与思想史的研究,破解“西方文明优越”论乃至“西方中心”论,具有重要的学术价值与思想意义。

作者:柴晨清,中国人民大学世界史博士、人民出版社编辑

① 孟广林:《英国“宪政王权”论稿——从〈大宪章〉到“玫瑰战争”》,第305~306页。

书评

《朝圣之旅》：法国历史人类学的新实践

□董涵宇

20世纪末,历史人类学的方法逐渐进入历史学家的视野,产生了一批有影响力的著作,尤其是在宗教史领域获得了比较广泛的应用。代表作当数法国著名学者阿尔丰斯·迪普龙[①](Alphonse Dupront)的《论神圣:十字军和朝圣-图像及语言》(*Du Sacré:Croisades et pèlerinages-Images et langages*),作者运用人类学、社会心理学的方法研究了各种朝圣,揭示了朝圣心理中的神圣感和集体无意识的十字军想象在历史长时段中的联系。[②]2017年,曾担任迪普龙助手的多米尼克·朱利亚(Dominique Julia)教授的新著《朝圣之旅:近代西方的朝圣(15—18世纪)》(*Le Voyage aux Saints,Les pèlerinage dans L' occident,XVe-XVⅡe Siècle*)荣获法兰西学术院基佐奖[③]银章奖[④],使这一研究方向再次获得法国史学界的关注。

朱利亚是法国近代朝圣史研究的权威,早年从事法国大革命前后的教育史研究,1995年后转向研究近代朝圣史,1999年荣获法国国家科学研究中心(CNRS)银章奖,

---

① 法国高等社科研究院(EHESS)下欧洲宗教人类学研究中心(Centre d' anthropologie religieuse européenne)的创办者、巴黎四大首任校长。

② Alphonse,*Du Sacré:Croisades et pèlerinages-Images et langages*,Paris:Gallimard,1987,pp.12—15.

③ 法国历史学界有两个名称类似的"基佐奖"。其一称之为"基佐奖"(Prix Guizot),由法兰西学术院(Académie française)颁发,最早颁奖于1875年,现行评奖体制于1994年起实行,专门奖励在通史领域出版的杰出著作,每年颁发一次。其二称之为"基佐—法兰西学院奖"(Prix Guizot-Institut de France),由法兰西学院颁发,创立于2014年,其前身是始于1994年的卡尔瓦多斯省议会基佐奖(Prix Guizot du Conseil départemental du Calvados),每两年颁发一次。

④ 目前法兰西学术院基佐奖共有两档,第一档为银章奖(médaille d' argent),第二档为1500欧元奖金。

曾任欧洲宗教人类学研究中心①联合主任。② 朱利亚在宗教史方面的独著不多，多数为与另一位法国近现代宗教史权威、巴黎一大学前校长菲利浦·布特里(Phillipe Boutry)的合著。《朝圣之旅》其实是一本论文集，收入了朱利亚于近20年来在法国和意大利的多种刊物和会议上发表的论文，只有导言和个别章节为新作。不过该书编排得当，结构完整，系统地展现了朱利亚多年来的研究成果，是一本优秀的专著，法兰西学术院称"他这本充满热情的著作以独到的眼光审视了欧洲的宗教实践和我们当代人的精神焦虑"。

在法国宗教史研究的各个分支中，近代朝圣史研究相对比较简单。在朱利亚之前，除迪普龙外，该领域有影响的专著较少，值得注意的是1982年出版的通史性著作《神之路：从古至今的基督教朝圣史》(*Les Chemins de Dieu*：*Histoire des pèlerinages chrétiens des origins à nos jours*)中的相关章节，其中几个基本观点是学界共识的：在16、17世纪，由于受到宗教改革的刺激，朝圣作为天主教独有的宗教实践而兴盛；到了18世纪以后，由于受到启蒙运动的批判，朝圣逐渐衰弱。③对于朱利亚个人而言，他在担任迪普龙助手时曾在朝圣者中进行田野调查，感受到20世纪中叶朝圣在法国乡村的衰败，也见证了近几十年来圣雅各之路的复兴。2006年由他整理出版的《朝圣者吉尔·卡约丹(1724)：一个兰斯哔叽师傅的回忆录》(*Gilles Caillotin pèlerin 1724*：*Les Mémoires d'un maître sergier rémois*)更使他觉得有必要就宗教分裂背景下的朝圣作深入而系统的研究(第53页)。

《朝圣之旅》大致分成三个部分。第一、二章从概念和历史时间的角度梳理了自中世纪末起到法国大革命期间的朝圣实践。第三、四、五、六章以朝圣地为核心，分别研究了前往圣地亚哥-德孔波斯特拉④、罗马和圣米歇尔山的朝圣。第七、八、九章分别关注了不同的朝圣文本，包括朝圣者的招供、日记及文本写作套路等。

本书所关注的时间范围为15—18

① 该机构现在改名为宗教社会科学研究中心(Centre d'études en sciences sociales du religieux)。

② 另一位主任即菲利浦·布特里。

③ CHÉLINI, Jean, et BRANTHOMME, Henry, *Les Chemins de Dieu. Histoire des pèlerinages chrétiens des origins à nos jours*, Paris, Hachette, 1982, pp.235 et 259.

④ 圣地亚哥—德孔波斯特拉即圣雅各之路的目的地，前者从地名的习惯译法，后者从圣徒名的习惯译法。后文的圣米歇尔山和大天使米迦勒同理。

世纪,与法国史通用的近代概念基本一致。许多学者几乎是不假思索地在使用这一时间段概念,但作者探讨了一些时间节点对朝圣史本身的意义:近代朝圣和中世纪朝圣、现当代朝圣的异同。第一个时间节点是,从 1453 年拜占庭帝国灭亡起,到 1571 年勒班陀(Lépante)大海战,西欧各国与奥斯曼土耳其之间的战争愈演愈烈,使得朝圣者通过海路前往耶路撒冷越来越困难,直至近乎绝迹。这使得圣地逐渐被排除在西欧基督教世界之外,近代朝圣的主要目的地都在西欧,而中世纪朝圣的代表正是十字军(第 15-17 页)。基督教朝圣最原始的模式是去圣地、前往《圣经》中的各个地点,在近代逐步转变成膜拜供奉在西欧各个教堂(往往来自圣地)的圣物,例如洛雷托的圣屋(Santa Casa de Lorette),圣地重新在西欧的空间内被想象了出来。另一个重要的时间节点是 1517 年开始的宗教改革,无论是路德还是加尔文都否定圣徒崇拜、圣物崇拜以及朝圣,朝圣从中世纪西欧基督教世界共有的宗教实践,变成了天主教世界独有的宗教实践。随着天主教和新教的矛盾激化以及宗教战争的爆发,朝圣成了天主教徒与新教徒互相区别的标志(第 17-18 页)。新教军队过境之处,往往会有意识地破坏圣像、捣毁圣地,而天主教徒往往会在此后以“神迹”的方式重新“发现”圣像,重建圣地,改宗者更是会被要求去罗马朝圣。作者多次强调了天主教朝圣中对抗伊斯兰教或新教的意识形态,比如说前往罗马的朝圣彰显了教皇的权威,肯定了罗马“新耶路撒冷”的地位;圣母或大天使米迦勒成了天主教军队的保护者(第 30-31 页);前往圣米歇尔山的儿童朝圣更是对东方前线士兵的精神支援(第 272、276 页)。18 世纪末,法国大革命激进的反宗教政策显而易见地造成了历史的断裂,朝圣史也不例外,然而作者却强调其中的连续性。他找到了一些史料来证明在革命激进化以前,朝圣行为是被允许的,宗教仪式也曾经在革命初期伴随着革命前进(第 129 页)。即便是在 1793 年的革命恐怖之下,朝圣转入地下,也没有被彻底打倒,并且革命时期的迫害又造就了一批新的“殉教者”,为后来现当代朝圣的兴起埋下了种子(第 143-144 页)。这些探讨的意义不局限于朝圣史、宗教史,对总体的近代史时段划分很有启发:从中世纪到近代的过渡由一系列重大历史事件构成,而这些事件的影响触及了许多深层次的心态领域;强调朝圣在革命时期的连续性,隐约挑战了法国历史学界将大革命作为近代和现当代划分的做法。

本书史料翔实,史料运用有着浓厚

的历史人类学色彩。在朝圣史研究中，最常见的史料无非是各种游记、朝圣指南等，但作者并不满足于此。作者认为朝圣文本的写作是有套路的，出版商在印刷时会修改原文，不惜损害纪录的真实性：朝圣一定是经历各种磨难之后才抵达目的地的，这是对一些《圣经》情节的模仿；朝圣需按照某种约定俗成的路线进行；朝圣文本之间互相存在着抄袭；朝圣者个人的内心状态被避而不谈（第344–345页）。为了挖掘朝圣者真实的日常生活和心理状态，作者在这方面花了许多功夫，除了参考和印刷品有出入的手稿以外，有些史料的运用可以说是另辟蹊径：被当作流浪汉逮捕的朝圣者的招供、教堂中的还愿物等。以这些史料为依据，作者向我们展现了一个完全不同的朝圣者的世界：除了虔诚的信徒之外，还有好奇的游客、寻求治愈的病人、季节性的打工者、宗教小商品贩子等。朝圣的路上当然有困难，但也没什么戏剧性的情节，无非是当时的旅行者都会碰到的问题：寒暑雨雪、糟糕的食宿条件、出没无常的盗匪等，只是在主观层面上构成了对信徒的某种考验。此外，作者还大胆地质疑，所谓圣雅各之路只是后来的建构，历史学家没有必要去分辨"主要的"或是"次要的"路线，朝圣者会随意选择路线和参拜的教堂，只要最后抵达圣地亚哥–德孔波斯特拉都算完成朝圣（第148页）。对于大多数宗教史研究者来说，信徒是处于教士阴影下不说话的"哑巴"，作者能找出这些史料并从中解读出不一样的信息，对于从信徒的角度重构宗教史有着方法论上的意义。

在这些史料分析的基础上，作者尝试回答一些朝圣史研究中的核心问题：什么是朝圣？人们为什么要去朝圣？在作者看来，朝圣就是前往一个有着超自然力量存在的圣地，朝圣可以是纯粹宗教纪念性质的，也可以是祈求神迹、赎罪、还愿的（第9–13页）。一方面，这和正统的天主教信仰之间产生了一种特殊的张力，笔者将其归纳为朝圣"精神化"（spirituel）①和"民俗化"（folklorique）②之间的张力。诚然，天主教会在特伦特会议上重申了朝圣是合法的，圣物和圣像崇拜也是合法的，神迹成了天主教面对新教宣称自身信仰正统性的法宝，但是这些宗教实践和"迷信"其实只有一步之遥（第69–70页）。天主教的反宗教

① "精神化"这一术语，朱利亚在本书中常用，用来描述天主教会在宗教实践中排除民间信仰的趋势。

② "民俗化"这一术语，朱利亚在本书中罕用，但布特里经常用来描述19世纪宗教实践中民间信仰成分增多的趋势。

改革始终伴随着这一张力,需要利用迷信,但也要控制迷信。从教会的角度来说,它强调朝圣的精神价值是朝圣应当伴随着祷告和冥想,带来信仰上的提升。而信徒追求的是圣物本身,尤其是圣物所包含的神力。作者指出触摸圣物是朝圣过程中一个必不可少的环节(第123-124页),宗教本身成了次要的东西:在大赦年的罗马,朝圣者会以各种手段在济贫院骗吃骗喝,并不妨碍他们认为自己通过朝圣获得了救赎(第211-213页)。作者认为反宗教改革的精神在普通信徒中其实影响很有限(第332页)。另一方面朝圣也和现代性的思维方式有冲突。首先是新教伦理。在教义上,新教认为将神力限制于某个地点、某个圣物上是荒唐的,这有损于神的无限性。在加尔文看来,根本不值得为某种虚无缥缈的东西离开家庭、抛下产业,冒着路途的艰难前去朝圣——至少在经济上很不值得(第116-117页)。然后是启蒙运动和革命时期的官员,朝圣无疑被认为是粗鄙的迷信活动,与理性无益。甚至是近代国家,朝圣者需要证明自己不是不事生产的流浪汉,最好沿规定的线路前进,不要沿途乞讨(第304页)。作者明确肯定了朝圣的民间信仰性质,无论是从宗教神学出发还是从理性出发,朝圣都是存在着破绽的。朝圣的逻辑基础就是超自然和特定地点的结合,圣物、神迹这些“迷信”恰恰是朝圣追求的核心内容,朝圣的价值判断与现代社会迥异。因此在近代,朝圣连续受到了新教、冉森派、启蒙思想的批判,其非理性是基本特质。所以,研究朝圣应当注意采用人类学的方法,从下里巴人的角度去理解这一宗教实践。

在近代朝圣史这个颇为冷门的研究领域,朱利亚的学术成就目前看来是无人能及的。即便是与迪普龙相比,朱利亚的研究也有许多值得称道的地方。第一,尽管迪普龙对于朝圣心理的研究是前无古人的,但在笔者看来有些心理学方法的使用过于激进了,朱利亚在这方面显然要谨慎得多,其著作也有更多的历史学色彩;第二,与迪普龙将十字军和朝圣的关系作为历史长时段的主线来处理不同,朱利亚没有过多地强调十字军想象,而是将近代朝圣放在多重复杂的对立关系中加以考察,从而表现出其中特殊的张力;第三,朱利亚在史料的发掘和解读上颇有造诣,不仅使用了许多以前没有被学界关注到的史料,而且很注意去解构文本、挖掘文本背后的真实情感,这又展现出他的人类学功底。

本书是极具启发性的著作,使得历史学家可以从理性进步之外的视角重新审视近代史。朝圣所表现出的历史在下层的连续性被上层的进步长期掩盖,无论是人文主义还是启蒙运动,似乎都没有影响到底层民众对于圣物的渴望,这种渴望以粗鄙的“迷信”形式表现出来。这种历史连续性不仅适用于近代史,也适用于现当代史。1858 年在法国比利牛斯山区的卢尔德出现了一次圣母幻现事件(apparitions à Lourdes),到 19 世纪末发展为法国参加人数最多的朝圣地,据说使用当地的泉水能治百病,至今每年仍吸引数百万人前来朝圣。根据笔者的研究,卢尔德朝圣在文化上具有明显的反现代性特质,这无疑和朱利亚的研究是相通的。在近代,朝圣作为天主教徒和新教徒区别的标志;在现当代,朝圣也可以作为接受和拒斥现代性的标志。

本书也有一些不足之处,由于受制于论文集的体例,尽管作者已经做了调整,但是整体读来让人感觉还是碎片化的。对于不熟悉宗教史的读者,作者很多论述往往让人不知所云。本书最大的长处在于研究普通信徒的朝圣,相应地,最大的短处就是作者显然对教会主导下的朝圣关注太少了。尽管这一部分以前已经有学者做过研究,但缺乏对教会主导下的朝圣的描述,至少是缺乏框架性的描述,侧重于历史底层的朝圣研究就没有了对照。作者所表现出来的朝圣几乎都是信徒个人的行为,教士在本书中基本都是记录者、旁观者,而非发起者、组织者。据笔者所知,当时也有不少有组织的朝圣团体。所以作者的处理方式容易让读者误读近代朝圣的总体情况,因此没有揭示出朝圣在教会权力体系内的作用。众所周知,每逢大赦年,罗马教皇总能从朝圣中获得大量政治上和经济上的收益。就如同新教徒批判的那样,天主教会在纯洁的信仰和朝圣的经济利益中往往会选择后者。

总之,《朝圣之旅》是近年来法国优秀的历史人类学著作,值得中国学者学习、借鉴。

本文为国家社科基金重大项目“法国大通史编纂”(项目号:12&ZD187)阶段性成果

作者:董涵宇,上海杉达学院讲师

书评

重建"共和主义"的伦理向度

——简评《共和主义与德性》

□朱 兵

自20世纪60年代开始,由于对主流自由主义的不满,再加上"冷战"的特殊时代背景,在西方学界,一种理论和实践上的"共和主义"论题开始兴起,并渐成燎原之势。在学术领域,不少以"共和主义"为主题的原创性著述相继问世,至今余音绕梁。在历史学领域,英美史学界的诸多史家如巴龙、贝林、伍德、波考克、斯金纳、维罗里等人,用共和主义(公民人文主义)解释现代世界的诸多重大事件如文艺复兴、光荣革命、美国革命等,展现了共和主义的多重思想来源与多元演进模式,呈现出一套蔚为壮观、博大精深的共和主义思想史谱系;在法学领域,阿克曼、森斯坦、米歇尔曼等学者也将共和主义融入自身的法理体系之中,力图构筑法律共和主义;在哲学领域,阿伦特所倡导的共和主义积极自由观念,对于躲避在"消极自由"城堡中而日益沦为托克维尔所谓"柔性专制"下之"羊群"的个体公民,无疑是一剂醒世良言,诸如泰勒、桑德尔、沃尔泽、麦金泰尔等社群主义思想也在很大程度上援引了共和主义的知识资源,以批判与拓展主流自由主义;在政治学领域,佩迪特对共和主义的自由与政府进行了细致的勾勒,力图提出共和主义的非主宰式自由观,超越简单的消极自由与积极自由之二分法,拓展了自由观的视界。①

尤其值得一提的是,作为20世纪西方思想史研究之代表性流派,剑桥学派和施特劳斯学派都有自己关于共和

① 正如佩迪特所言:"在将共和主义思想传统视为一个富有成果的观念和理想资源方面,并不是我一个人在孤军奋战:历史学家如约翰·波考克和昆廷·斯金纳,在过去的几十年里,他们不仅将这一传统展示在我们面前,而且,他们向我们证明这一传统是如何为当代政治学提供一个崭新视角的。"[澳]菲利普·佩迪特:《共和主义:一种关于自由与政府的理论》,刘训练译,南京:江苏人民出版社,2006年,第8页。

主义的宏大理论以及见诸行事的著述问世。剑桥学派的诸位代表人物都有关于共和主义的皇皇巨著呈现,如斯金纳的《现代政治思想的基础》及《政治的视域》(第二卷)、波考克的《马基雅维利时刻》以及维罗里的《共和主义》和关于马基雅维利、卢梭以及贝卢斯科尼的诸多著述。除此之外,斯金纳等人所主编的《马基雅维利与共和主义》《共和主义:一份共同的欧洲遗产》等著述也对西方思想中的共和主义传统进行了系统的归纳与提炼,非常详尽完备。施特劳斯学派的拉厄、潘格尔和扎克特则有《古今共和主义》《现代共和主义的精神》《自然权利与新共和主义》以及关于马基雅维利的各类著述问世,共和主义是其考察古今之争的重要切入点。以上述诸位学者为代表的西方学界对于共和主义的研究,无论是从古希腊罗马共和主义思想到今天的共和主义思想的纵向考察与个案分析,还是横向的将理论与当代政治制度结合进行考察的诸多政治科学式著述,在20世纪的西方思想界形成了一道亮丽而迷人的风景,其中蕴含着对西方主流自由主义之薄弱处进行强补的现实忧虑与关怀,以及对西方自身历史文化传统之深切反思,时至今日虽不如当年火热,但绵延不绝,静水流深,有分量的著述还是不断面世。

共和主义不是一项虚拟的理论勾画,而是自古罗马①到今天在现实政治中的运作,经过中世纪在亚平宁半岛北部的蛰伏,在通向现代的转折点上强势归来,并与其他意识形态一起,经过创造性的合流,合力铸就了现代社会。共和主义不只是一具冰冷的肉身,而是有炽热的灵魂,除了关心制度建构,它也关心支撑制度之民情(mores)的培育,尤其是公民德性(civic virtues,有学者用“公民德行”一词表达)。正如有学者所指出的,古典共和传统中有两种交迭互补的治国方略,一是通过德行教育,引领公民对公共利益做出优先性的价值选择;二是通过多元均衡,防范公共权力蜕变为操纵在个别人或个别集团手中的私有物。②可见,对公民德性的诉求是共和主义区别于其他政治思想流派的特征之一,也是共和主义在现代引起争议和分歧的一个特征。共和主义的理论家们普遍认为,即使是最明智的宪政安排也不足以防范来自共和国内部的和外部的威胁。

① Sam Wilkinson, *Republicanism during the Early Roman Empire*, New York: Continuum, 2012; Daniel J. Kapust, *Republicanism, Rhetoric, and Roman Political Thought: Sallust, Livy, and Tacitus*, Cambridge: Cambridge University Press, 2011.

② 张凤阳等:《政治哲学关键词》,南京:江苏人民出版社,2006年,第103页。

除了良好的政制之外,共和国还需要仰仗良好的习俗和德行,即公民美德。所谓公民德性指的是公民通过审议、行动来增进共同善的意愿和能力,也就是将公共利益置于私人利益之上的品质和德行。[①] 在共和主义的诸多德性诉求中,除了抱负和审慎之外,还有伟大(greatness)、正义(justice)、法律之下的平等(equality under the law)、共善(the common good)、政治参与(political participation)、反僭主意识形态(anti-tyrannical ideology)、实践生活(vita activa)和爱国主义(patria)等。[②]

"共和主义"也是社会主义中国(中华人民共和国)这一庞大而充满活力的政治共同体之有机组成部分之一。自20世纪末以来,国内学界对西方共和主义思想的研究从无到有,由点到面,逐渐升温,除了译介上述诸位西方学者的经典著述外,一些具有代表性的高质量学术论文和专著也问世了,诸如张凤阳《共和传统的历史叙事》、储建国《调和与制衡:西方混合政体思想的演变》、刘训练《共和主义:从古典到当代》和萧高彦《西方共和主义思想史论》等。这些著述对于我们真正从严肃的学理意义上认识西方的共和主义思想传统,具有极大的启蒙、纠偏与引领作用。在此学术奠基之上,陈文娟博士的《共和主义与德性》[③]一书赓续之前的研究传统,从三个方面对论题主旨展开叙述:第一,从政治思想史视角梳理西方古典时期和文艺复兴时期重要思想家的政治德性论;第二,从理论视角阐释了自由与帝国、公民友爱与政治秩序、德性与公民教育这三个重要的共和主义政治德性议题;第三,从政治哲学的视角以及与自由主义进行参照对比的视角论述了责任共和主义、至善论共和主义的强政治德性主张,并与现代西方的自由主义民主的实践运作紧密结合起来,充满现实感与实践感。

全书以"作为一种政治意识形态的共和主义"的导论开篇,梳理了共和主义与自由主义、社群主义和社会主义的关系,指出"本书更愿意在合作的意义上,而非对立的意义上,来理解共和主义与其他意识形态之间的关系"(第8页)。作者继而论述了当代共和主义家族,简要勾勒了共和主义的历史谱系,从古希腊罗马,经美国建国,再至20世纪中叶以来的公民共和主义复兴运动。在对当

---

① 刘训练:《共和主义:从古典到当代》,北京:人民出版社,2013年,第32页。

② 对这些品质更为详细的论述,参见萧高彦《西方共和主义思想史论》,北京:商务印书馆,2016年,第8页。

③ 陈文娟:《共和主义与德性》,北京:中国社会科学出版社,2018年。

代共和主义流派的陈述中,作者列举了剑桥学派以及与剑桥学派密切相关的佩迪特、阿克曼、米歇尔曼以及森斯坦等注重于研究共和政体之制度基础的法律共和主义,以桑德尔为代表的社群主义、世界主义的共和主义以及施特劳斯学派对共和主义的论述。在后面的论述中,作者坦陈"旨在从政治伦理的角度探讨共和主义与德性,探讨共和政体和公民德性之间的关系"。(第15页)

全书第一章论述的是古希腊思想家的政治德性论,对苏格拉底、柏拉图以及亚里士多德的政治德性思想进行了大致梳理。

第二章论述了西塞罗的政治德性论。在西方共和主义政治思想史传统中,毋庸置疑,西塞罗是一位标杆式人物,他不仅从理论上为罗马传统的共和理想背书,而且积极投身政治活动,身体力行地反对独裁,捍卫共和,并为此付出了生命。此章首先论述了共和罗马的政治伦理传统,涉及撒路斯提乌斯、波利比乌斯等人,继而论述了政治生活与荣耀的价值,包括西塞罗赋予积极的公民生活以高于沉思生活的价值,以德性来限制、约束和提升荣耀。

第三章涉及的是马基雅维利的政治德性论。作为古今共和主义转捩中的中心人物,目之所及,马基雅维利几乎是所有关于西方共和主义思想的著述不能绕过的人物。马基雅维利对于理解共和主义与德性之间的复杂关联具有典范意义,在其政治思维框架之中,德性(virtue)是一个非常重要而复杂的概念。本章第一节以"从德性到德能"命名,展现出virtue一词在马基雅维利那里所发生的悄然转变,完成了由古至今的转换。诚如当今最为著名的施特劳斯主义者哈维·曼斯菲尔德所指出,马基雅维利对德性的理解不再是一种抽象的概念,而应该与行动结合起来进行评价,也就是实效真理(effectual truth)。因为在马基雅维利看来,德性完全是一种社会性的东西,能够给人留下深刻印象的德性是政治化的德性,政治效果是人们理解德性的依据。德性必须暴露在光天化日之下,必须产生一种可见的效果。统治的实效真理要求君主通过制造一种效果,从而获得这种效果;这里的效果具有双重意涵,它不仅能够产生实效,而且引人注目。在马基雅维利看来,无论是古典的、中世纪的还是人文主义的哲学传统,都建立在一种"立誓行善"而不是实效真理的基础之上。[①] 第二节借用了剑桥学派思想史家维罗里的著述名称“从政治学到国家理性”为标题，认为马基雅维利完成了从“古典政治”的公民哲学(civic philosophy)到“国家理性”的现实主义政治之转变，比维罗里所定位的要激进得多。第三节的“善恶辩证法”体现了作者伦理学出身的理论功底，认为“在政治实践领域，善恶之间可以相互对立、相互转化，不存在脱离实践主客体、超越具体情境的绝对善恶，政治家依据行为施动者、受动者、情境、时机、实施方式等具体因素，选择实施政治德性还是政治恶行，并依据行为的结果或效果来进行善恶评价”。(第80~81页)并且对马基雅维利提出如是批评：“然而，他可能并没有意识到他的善恶辩证法所内在隐含的道德相对主义危险，从而也就不可能想到去处理由此引申出的一个普遍性的现代伦理学难题，亦即如何在保持美德伦理特殊主义诉求之有效性的同时，防止道德相对主义。”(第87页)并指出这是马基雅维利善恶辩证法所无法解决的问题。马基雅维利所肇端的这种相对主义观点与施特劳斯对现代性三波浪潮的诊断密切相关，在施特劳斯笔下，马基雅维利是现代性浪潮第一波的开启者，他降低了政治生活的标准，模糊了善恶的边界，高贵的自然正当由此滑落为低俗的自然权利，并与现代民主建制和自由主义绑定起来，塑造了我们栖身于其中的现代世界。然而，要让马基雅维利解决道德相对主义与普遍主义之间的难题，也就是西方思想传统中绵延不绝的“一”和“多”的关系，这确实是有点苛求于他。第四节指出，由于其知识聚焦点以及现实关注点，马基雅维利只是一个过渡性人物，“马基雅维利的现代性只是一种未完成的现代性”。(第91页)

第四章“自由与帝国”是全书比较精彩的章节，对于自由与帝国这对既相互依存，又充满紧张关系的概念之间的关系进行了系统梳理。在古典共和主义的意涵中，共和国具有两个目的，一是内部的，集中于自由(libertas)；二是外部的，意图获取主宰权(imperium)、物质利益、伟大和荣耀等。在这个古典概念基础之上，从马基雅维利延伸到孟德斯鸠、麦迪逊，从古罗马至美国，自由与帝国逻辑的本质在于：在国内保持自由民主的宪政体制和在国外实行专制扩张的帝国体制之间的对峙紧张。(第114页)

---

① [美]哈维·曼斯菲尔德：《马基雅维利的 Virtue》，宗成河、任军峰译，载复旦大学思想史研究中心主编：《思想史研究第二辑——共和主义：古典与现代》，上海：上海人民出版社，2006年，第111~133页。

第五章"公民友爱与政治秩序",探讨了长期被现代思想家所忽略的启蒙运动三大口号之一的"博爱",也让我们想起了亚里士多德的《尼各马可伦理学》。此章首先陈述了古典政治学如亚里士多德和西塞罗对友爱的论述,以及友爱在其心仪政治体制中的作用。而到了现代,友爱从公共维度转向私人维度,这与"现代人的自由"之降临以及国家与社会之分殊密切相关,"除非我们重新审视公民友爱对于共同体的古典价值,否则既不能解决摆在人类面前的亟待解决的现实难题,也无法推动当代民主政治理论和实践的发展"。作者继而探讨了公民友爱与正义、信任与爱国主义的关系,并论述了共和主义公民友爱观的基本观点,并指出:这种体现人与人、人与共同体以及社会组织团体之间关系的友爱观念和友爱模式,乃是政治最基本、最重要的基础。因此,在当代政治生活实践中,倡导一种有温度、有厚度、有深度的共和主义公民友爱观,具有十分重要的价值和意义。(第 147 页)

第六章论述古典德性与公民教育的问题,分别论述了德性教育、整全教育和精英教育,这又让我们不免联想到柏拉图、洛克和卢梭。在古典共和主义政治思想中,教育是培育健全公民的必经之路,是除了制度建构之外的柔性价值建构,尤其是精英教育,肩负着培育统治精英的重任,也与古典共和主义之中惯常具有的贵族色彩相契合。作者继而论述了现代西方公民教育的缺陷,认为可以援引古典传统的公民德性教育来补充现代权利教育和自由化教育。其实这样的问题已被 20 世纪不少有识之士所察觉,诸如西方对通识教育的强调便借助于这一识见的激发,施特劳斯学派等不断强调教育需要阅读经典,这在施特劳斯的论文《论自由教育》以及布鲁姆的《美国精神的封闭》一书中都有论及。值得称道的是,作者始终关注中国问题,"面对现代性危机,古典共和主义公民教育虽不能包治百病,但其中关于德性教育、培养至善和卓越之公民的理念与实践对当代中国公民教育无疑具有重要参考价值"。(第 169 页)

第七章与第八章与之前风格有所变化,是纯义理的思辨,分别为"责任共和主义"与"至善论共和主义"。自由主义强调个人与国家的分离甚至对立,而共和主义更多强调公民的责任感与义务感,正如原文所述:"概言之,共和主义公民身份以责任为核心,注重'参与'而非'拥有',强调自由、法治和公民美德。它既是高度公共的,又是高度个性化的:为了防止个人沦为他人的奴隶和附属,它主张公民个人独立;为了防止腐化,它鼓励公民共同行动。共和主义要求公民积极参与政治,实际上是一个相当高的要求,因为这些要求或责任很少是人类的自然活动,他缺乏激励公民去行动的原始的、本能的动机。因此,作为一种生活方式,共和主义传统下的公民身份是一种较高的道德要求和政治理想。”(第186页)现实确实也是如此,共和主义的诸多观念已被自由主义所吸收转换,丰富了自由主义的内涵,夯实了自由主义的根基。第八章是与自由主义的参照中进行论述的,现代自由主义强调中立性,价值多元性,而共和主义的至善论则具有明显的精英主义色彩和压迫性色彩,二者之间存在价值上的根本冲突。作者考察了康德、罗尔斯和拉莫尔等人对于国家和个人关系的认识,继而论述了法律共和主义。在对至善论共和主义的论述中,作者认为其强调一种积极参与,通过国家来促进公民的良善生活,提倡一种“温和至善论”。

此书以“重申德性政治”结尾,“德性政治就是共和主义政治的主题”(第227页),“德性政治的核心在于,过一种有德性的公民生活”(第231页)。在对共和主义的阐述中,我们不仅应当注重刚性的混合政体,而且应该关注柔性的德性形塑。作者在文末提纲挈领地对主旨进行了进一步的升华:“在共和主义政治舞台上,公民生活方式在同伴关系中展开,通过‘交谈’‘说服’‘辩论’等形式,把各自的特殊美德结合起来,抑制服从于自身特殊性的腐化倾向,齐心协力追求普遍利益和公共利益,它能最终调和普遍与特殊之间的矛盾。(第231页)

纵观全书,既有对共和主义历史经脉的纵向梳理,也有对共和主义代表人物之思想轮廓的周全透视,同时不乏对关键性术语的条分缕析,剖析了共和主义之“自由与帝国”的内在矛盾,并且缕述了“公民友爱”“公民教育”等柔性因素对形塑共和主义政体的重要性,继而拓展共和主义的传统思想疆界,引申至责任共和主义和至善论共和主义等形而上层面。全书集历史语境还原、概念阐释、义理考辨与现实关怀于一身,既考察共和主义之肉身,也思量其灵魂,更设想了一种共和主义的未来愿景,试图重建被现代政治学所肇端的“政治与伦理”之分离,希冀将古典政治学的不少元素进行创造性转化以适应现代社会的政治情景,进行一种“复魅”(re-enchantment)式的政治哲学式理论作业。但作者并未陷入一种“时代误置”的尴尬境地之中,而是在对自由主义话语霸权体系下的现代性语境中的共和主义伦理叙事了然于胸并深表认同的前提下,在后现代的今天对古典共和主义遗产深情回眸,着手对共和主义进行一种理论上的清理，进而提出一些建设性的批判方案，是在一种颇为节制而审慎的学术雄心驱动下而为之。正如作者所言："无论自由主义具有何种缺陷，无论共和主义对自由主义的批判多么深刻，在现代情境中，共和主义都没有提供实质性的东西来指导我们丰富的生活。"（第 190 页）同时作者的煞尾之笔也耐人寻味：或许，在今天自由主义盛行的时代，重申德性政治这一古老传统是一件明智的事情。（第 231 页）这种返本开新式的理路与马基雅维利所言的回到事物的开端是一致的。尤其值得指出的是，从作者行文之字里行间，可以窥探出作者所依托的丰富智识资源：既有施特劳斯学派式对古典德性的重申，也有罗尔斯式自由主义的证成，还有剑桥学派的"德性政治学"理路，并将各路资源完美融合起来为己所用，丝丝合扣，自然融洽。对于中国学术界而言，这是一次极有意义的尝试，对于丰富我们对西方共和主义思想之广度与深度的认识，善莫大焉。

在肯定此书的学术贡献时，秉持一种知识人的学术真诚，善意提出一些个人感言，与作者商议。第一，由于此书标题涵盖太广，而关于共和主义与德性的不少问题书中并未论及，诸如中世纪是否有值得探讨的共和主义德性主题，诸如拉蒂尼（Brunetto Latini，约 1220—1294）、卢卡的托勒密（Ptolemy of Lucca，约 1236—1327）、奥坎姆的威廉（William of Ockham，约 1285—1347）、帕多瓦的马西利乌斯（Masilius of Padua，约 1275—1342/1343）这样的共和主义者是否值得研究，而涉及德性政治，诸如弥尔顿、西德尼、卢梭、马志尼、托克维尔和美国联邦党人政治思想之中的此种意蕴是否值得挖掘。第二，本文的标题究竟是一个并列结构，还是偏正结构？即究竟是同时论述共和主义和德性，还是论述共和主义式的德性？就行文看，作者是后一种意图。但细读下来，文章不少章节似乎将二者隔离开来，诸如苏格拉底和柏拉图是否具有共和主义思想，他们的德性论是共和主义德性论吗？亚里士多德的共和主义思想与德性论之间究竟具有何种密切关联？第三，此书标题所论及的德性究竟是一个包括诸如荣耀、抱负、审慎等诸多德性的一个根本性德性，还是单独的德性，正如亚里士多德所论的 Politeia 究竟是指所有的政体，还是单独描述的理想中的共和政体，文中似乎没有很清楚地提示，让人感觉迷惑。第四，文中第四章描述了共和主义政体的内在矛盾，论述作为政治德性之一的自由与帝国兴衰的内在逻辑，但问题在于，帝国一定是共和主义国家扩张的产物吗？有没有可能是自由主义帝国？是否需要做出更进一步的说明与区分？

在当下西方学界，对于共和主义的思想史叙事与深度义理解剖已经取得了巨大的成果，而且在广度和深度上不断细化与拓展，不少以前受到忽视的共和主义思想家以及共和主义思想之核心内涵，不断受到关注。相比起来，中国学界对西方共和主义思想的研究虽然也在不断推陈出新，但总体差距尚在。陈文娟博士的新著从一种德性的维度观察共和主义，企图在新的历史语境之下赋予政治以一种德性意涵，突出政治以善为最高目的之旨归，是一种重返古典政治学与伦理学之有机联系的理论努力。共和主义在当今的自由主义话语霸权之下可谓花果飘零，作者力图重建共和主义话语之尊贵性并为当代西方自由主义心灵之干涸与封闭注入源头活水，因为自由主义在当今受到的最大批评之一，便是其不关注德性。可以预见，假以时日，作者以书中框架为核心，不断扩充、细化与提炼，一幅更加波澜壮阔、有血有肉的共和主义伦理学叙事必将更为完整而清晰地呈现在读者面前。

本文为国家社科基金一般项目“意大利古典精英主义民主观研究”（项目编号：16BZZ004）阶段性成果

作者：朱兵，贵州大学历史与民族文化学院历史系副教授

征稿

人文科学在20世纪发生了巨大变化,尤其是最近几十年来,这种变化更为显著,波及发达国家与发展中国家。这就要求我们必须加强与国际学术界的对话和交流,与一流学者、学术机构和学术杂志直接联系、对话和合作。

我们在这方面做了初步尝试,取得了《历史与理论》(*History and Theory*,美国)、《观念史杂志》(*Journal of the History of Ideas*,美国)、《世界史杂志》(*Journal of World History*,美国)、《评论》(*Review*,美国)的中文翻译许可。我们希望通过《新史学》把这些著名的杂志陆续介绍到国内。当然,随着交流的进一步深入,我们的合作也会进一步深化、扩展,也希望让我们的本土学术走向国际。

来稿注意事项:标点符号用法要求符合国家质量监督检验检疫总局和国家标准化管理委员会2011年发布的《标点符号用法》;数字用法要严格遵循国家质量监督检验检疫总局和国家标准化管理委员会2011年发布的《出版物上数字用法》;文章要有中英文内容摘要、关键词;翻译文章要有原文,以备核对,要有文章翻译的授权许可。

具体要求:

1.论文必须是首发,理论上有创新,注重资料的搜集,不应在网上发表过。作者在可能的情况下,可为每篇文章配10幅左右的高清晰插图。

2.文章中出现的外文专门名词(人名、地名、专有名词等),除常见的以外,一律译出并附外文原文,用“(　)”标明;人名、地名、专有名词等术语的翻译一定要符合传统习惯,标准主要依据《辞海》《中国大百科全书》等常见工具书。

3.题目翻译成英文;300字左右的中文摘要;3~4个关键词。

4.翻译文章原来的注释一律采用尾注,译者注则采用脚注的形式。尾注按顺序依次为1、2、3、4……,要连续编号;脚注则以①②……的形式,每页重新编号。

5.原创文章采用脚注,置于每页下端;文中注释使用圈码,上标;所有由词组、语句构成的中文、外文引文内容,都需要标明出处,即作者(或编者):《书名》,(译文还要在这个位置注明译者),出版城市:出版者,出版年,页码。

5.1 中文著作引述范例:

①何兆武:《中国思想发展史》,北京:外文出版社,2003年,第55页。

同一页中文引文相同时,如下:

②同上,第66页。

③康德:《历史理性批判文集》,何兆武译,北京:商务印书馆,1996年,第43页。

5.2 中文论文引用时注明:作者:《论文名》,《刊物名》发表年、期,页码。如:

④陈节:《论存在与时间》,《哲学研究》1987年第43期,第40页。

5.3 外文著作全部不译成中文,书名使用斜体;外文字之间、字与标点符号之间不能连排,空一格,一定要符合外文排版规范。如:

⑤ Jane Dempsey Douglass, *Women Freedom and Calvin*, Philadelphia: Westminster Press, 1985, p.445.

5.4 外文期刊论文引用,刊物名使用斜体,文章名加引号,不用斜体。如:

⑥Sheryl O'Donnell, "Mr. Locke and the Ladies: The Indelible Words on the Tabula Rasa", *Studies in Eighteenth Century Culture*, 8(1979): 151-164.

或者处理如下:

⑦ Moi, T. , *Appropriating Bourdieu: Feminist Theory and Pierre Bourdieu's Sociology of Culture*, in D. Robbins, ed., *Pierre Bourdieu*, Vol. Ⅳ, London: Sage Publications, 2000, p.315.

外文引文同一页内如果与上面相同,注释如下:

⑧Ibid., p.155.

6.有一些著作采取正文夹注方式,则依照原样保留原注解方式。例如:

他从法律秩序中消除了约翰·奥斯丁(John Austin)的命令理论的含义;这种理论到那时为止一直很有影响(Michelman, 1988),但今天它的影响很小。

7.如遇注释中原作者加上其解说或讨论,此部分需全部译出。如:

Cf. my "A Sociological View of the Secularization of Theology", *Journal for the Scientific Study of Religion*, Spring 1967, for a more detailed analysis of this constellation.

顺序译出为：

参见我的“A Sociological View of the Secularization of Theology”，*Journal for the Scientific Study of Religion*，Spring 1967，其中对这类问题做了较详细的分析。

竭诚欢迎各界人士赐稿，文章的内容和风格不做统一要求，不以行文长短论优劣，而以学术内涵为准绳。所有来稿一律匿名评审，不论是否刊用，均尽快予以答复。文稿发表后即付稿酬与样刊。

通信地址：上海市徐汇区桂林路100号上海师范大学西部办公楼1015室，《新史学》编辑部收，邮编：200234。

E-mail：ch68@ shnu.edu.cn。

经过若干年积累，本刊在学术界产生了一定的影响，被中国社会科学研究评价中心正式列入《中文社会科学引文索引(CSSCI)来源集刊目录》。这是对我们过去工作的充分肯定，也是对我们未来工作的更高要求。恳请学术同人一如既往地支持本刊工作，进一步帮助提升办刊质量。